INDUSTRIAL PSYCHOLOGY

산업심리학의 이해

INDUSTRIAL PSYCHOLOGY

산업심리학의 이해

이순열 지음

머리말

산업심리학은 현재는 산업 및 조직심리학이라고 부르는 심리학 과목이다. 산업심리학은 조직에서 사람을 선별하고 고용하고, 평가하는 인사심리학에서 출발하였다. 그러다가 산업과 조직이 발달하면서 조직이나 집단 그리고 산업체에서 인간의 심리와 행동작용을 관리하기 위해서 조직심리학을 발달시켰다.

산업심리학의 한 부분으로 생각될 수 있는 광고심리학이나 소비자·마케팅 심리학은 인사심리학만큼이나 초기 심리학 분야에 속하지만 다소 다른 경로로 발달하였다. 인사심리학이나 조직심리학이 조직과 산업체 내에서 활동하는 인간에 대한 심리학적 탐구라면 광고심리학과 소비자·마케팅 심리학은 조직과 산업체가 제공하는 서비스나 재화를 확산시키고 소비시키는 과정에서 발생하는 심리학적 내용을 연구 대상으로 삼기 때문이다.

이밖에도 산업심리학 안에는 공학심리학과 안전심리학 등이 포함되기도 한다. 산업심리학에 공학심리학이 포함되는 것은 산업체가 점점 기계를 사용하는 경우가 많아지기 때문이다. 현대 산업사회에서는 극단적으로 공정의 시작에서 종료까지 모두 기계에 의존하기도 하고 완전히 자율적으로 움직이는 자동차가 곧 개발될 것이라고 전망되기도 한다. 공학심리학의 발달 역시 잠수함이나 비행기처럼 복잡한 전쟁무기가 나타나면서 일어난 것이기 때문에 기계 산업이 급속도로 발달하는 지금 시대에 공학심리학의 중요성은 더욱 커지고 있다. 또한 기계 산업 및 과학 문명이 발달하면서 인간의 궁극적인 생존에 영향을 미치는 안전에 대한 인식도 강화되고 있다. 따라서 안전과 위험에 대한 연구 역시 산업심리학의 일부로 파악할 수 있다.

이상의 산업심리학에 대한 분류는 산업심리학을 파악하기 위한 기본을 제공해 줄 것이다. 이 책에서도 이러한 산업심리학의 세분화된 분류를 기준으로 내용들을 다루고 있다. 이 책이 기술된 목적은 무엇보다도 산업심리학의 본류인 인간이 조직과 산업장면에서 기계와 도구를 사용할 때 어떻게 하면 보다 더 행복하고 즐겁게 좋은 성과를 만들어 내는가를 알아보는 것이다. 이러한 저자의 목표에 얼마나 도달되었는지는 독자들의 평가를 통해서 가늠해 볼 수 있을 것이다.

산업심리학에 대한 상술에 앞서서 산업심리학의 목표를 다시금 되새기는 것은 저자 역시 대학시절 산업심리학과 조직심리학을 공부한 것이 실제 직장이나 조직에 제대로 적용되지 못하는 것을 자주 목격하였기 때문이다. 더욱 안타까운 것은 산업심리학의 이론들이나 견해들이 오히려 사람들을 괴롭히고 인간을 도구화하는데 사용되는 경우를 보게 되기도 한다.

심리학에 관한 연구 중에서도 산업심리학만큼 우리 인간 삶의 현실과 맞닿아 있는 분야는 없을 것이다. 그런 의미에서 이 책에서 기술하고 있는 인간에 대한 이해와 탐구의 결실들이 진정으로 사람들을 위하고 조직과 산업이 인간을 중심으로 발달하고 변화하는 계기를 만들 수 있기 바란다.

2018년 무더운 여름에.

목차

목차

V. 직무수행평가 • 139

목차

목차

목차

목차

목차

•••

산업심리학은 현대사회에서 인간과 직업을 이해하는 데 반드시 필요한 학문이다. 산업심리학은 고용인과 피고용인 둘 다를 위해서 일하는 학문이다. 고용주를 위해서는 조직의 생산성 제고, 종업원과 회사와의 일체감 향상 방법 등등의 인사관리 및 경영정책을 과학화하고 합리화하는 데 기여한다. 피고용인을 위해서는 직무만족, 자아실현, 효과적인 대인관계 그리고 리더십 개발 등 보다 더 행복하고 만족스러운 직업 활동을 할 수 있도록 돕는다.

산업심리학은 심리학 혹은 관련된 학문분야 및 산업체 현장 실무자들에게 활용될 수 있는 지식을 다루고 있다. 우리는 누구나 어떤 형태로든 산업 활동과 연관되어 있다. 또 어떤 곳에서는 소비자로 행동하게 된다. 어디서 어떻게 살고, 무슨 일을 하든지 또 사회에서 어떤 역할을 수행하든지 우리의 생활은 심리학, 그중에서도 산업심리학의 범주를 벗어나는 경우는 거의 없다.

Ⅰ. 산업 속의 인간심리

산업심리학은 인간 사회 그중에서도 산업장면, 즉 직장이나 조직 및 기관에 적용되는 심리학의 제반 원리에 관심을 가지고 있는 학문분야이다. 산업심리학은 일터에서 종업원의 안녕을 증진시키고, 종업원의 행동을 이해하는 것에 관심을 가진다. 고도로 산업화되어 가고 있고, 조직의 크기나 형태가 다양해지고 있는 현대사회에서는 산업심리학에 대한 요구와 필요성이 더욱 커지고 있다. 이러한 현대 산업심리학은 크게 4분야로 구분할 수 있다.

첫 번째 분야는 인사심리학이다. 인사심리학은 종업원 선발원리 및 배치, 수행평가, 교육 및 훈련에 관한 것, 효과적인 직무 설계와 관련된 영역 등 인간의 개인차와 그것에 대한 평가에 관련된 것들을 주로 연구한다.

두 번째 분야는 조직심리학이다. 조직심리학은 선발된 조직원에 대한 성과와 효과, 태도 및 동기, 조직문화와 변화관리, 리더십 등을 연구한다. 인사심리학이 초기 산업심리학에서 발달하였던 분야라면 산업이 발달하고 고도화되면서 조직심리학 분야의 발달이 더욱 두드러지게 되었다. 조직심리학은 조직의 인간관계 운동으로부터 발전하였다.

세 번째 산업심리학에 포함된다고 볼 수 있는 분야 중에는 마케팅심리학이나 소비자 및 광고심리학이 있다. 산업체에 의해서 생산된 제품이나 서비스가 소비자에게 공급되는 과정과 절차, 광고 효과 등을 연구하는 분야이다. 소비자 및 마케팅심리학 그리고 광고심리학은 주로 마케팅, 소비자 의사결정, 광고 기법과 원리, 설득 전략 등을 연구한다.

네 번째로 산업심리학에 포함된다고 볼 수 있는 분야는 공학심리학과 안전심리학이다. 이 분야에서는 인간과 기계의 조화, 시간과 동작연구, 작업장 관리, 산업재해와 에러 감소를 위한 인간요인(Human Factor) 관련 연구 그리고 도구와의 효율 및 사고를 줄이기 위한 안전 관련 연구를 진행한다.

1. 산업심리학이란

산업(Industrial)은 현대 인간사회의 가장 큰 범주에 해당할 것이다. 조직(Organization)은 산업보다는 작은 규모이지만 인간 삶의 필수적인 요소이다. 인간은 사회적 동물로 조직을 이루고 영향을 받는다. 산업심리학은 이러한 인간 삶의 가장 큰 범주인 산업과 조직에 대해서 연구하고 인간 삶에 적용하는 심리학 분야이다.

인간은 어느 정도 성장하게 되면 대부분 어떤 직장이나 조직에 소속하게 된다. 산업 활동과 조직 활동은 경제적인 측면뿐만 아니라 정서적 안정과 행복까지도 좌우한다. 직업은 우리가 누구인지에 대한 정체감을 제공해준다. 일은 우리로 하여금 자존감, 동료의식, 소속감 등을 갖게 한다. 이처럼 직장과 가정 혹은 사회 속의 심리학을 다루는 것이 산업심리학이다. 산업심리학은 대표적인 응용심리학 분야로서 인간 생활에 실제적으로 공헌하며 영향을 준다.

1) 심리학의 여러 분야

심리학의 활동 분야는 광범위하다. 심리학을 연구하고 사용하는 분야들은 심리학적 지식을 활용하는 응용심리학 분야와 심리학적 지식 자체를 얻어내는 이론심리학 분야로 구별할 수 있다. 응용심리학에서 가장 왕성히 활동하는 분야로는 임상심리학, 상담심리학 등을 들 수 있다. 이론심리학에 포함되는 분야는 지각심리학, 학습심리학, 생리심리학, 사회심리학, 성격심리학, 발달심리학 등을 들 수 있다. 산업심리학은 심리학적인 지식을 산업체와 조직에 적용한다는 점에서 응용심리학의 한 분야이다.

응용심리학은 심리학적 지식을 실제 인간 삶에 활용한다는 면에서 이론심리학과 가장 큰 차이를 나타낸다. 그런 면에서 산업심리학은 현대 산업사회의 발전과 함께 응용심리학 분야 중에서도 가장 활발한 활동을 보이고 있는 분야이다. 다음은 몇 가지 응용심리학 분야의 적용 범위와 활용영역에 대한 내용이다.

(1) 임상심리학

임상심리학은 정서나 행동의 문제를 진단하고 치료하기 위해서 심리학 이론과 원리들을 적용하는 심리학의 한 분야이다. 주로 병원에서 의사, 간호사, 사회복지사 등과 함께 상호협력하며 정신 이상이나 정신 장애의 진단과 치료 활동에 참여한다.

임상심리학자는 인간의 비정상적인 행동에 대한 연구와 진단 및 치료에 종사하는 심리학자를 말한다. 임상심리학자의 주된 활동은 정신적 질병 치료 및 예방이다. 임상심리학자는 일상생활의 위기 상황에서 심각한 정신 이상에 이르기까지 심리적인 문제를 진단하고 치료하도록 훈련받는다. 또한 의료기관이나 공공기관의 요청에 따라 심리검사를 실시하고 채점 및 해석해서 그 결과를 제공하기도 한다. 임상심리학은 심리학 분야 중 가장 많은 인원이 속해 있는 분야이기도 하다. 활동무대가 비슷한 상담심리학자들까지 합친다면 그 수는 심리학 분야의 절반 정도에 달한다.

임상심리학자는 약물치료를 하는 정신의학자와는 달리 주로 언어를 사용하는 심리치료 방법을 쓴다. 임상연구는 심리진단과 더불어 임상심리학자의 주요한 담당업무 분야이다. 따라서 임상심리학자의 훈련에는 임상방법의 습득이 상당히 강조된다. 임상심리학자는 대개 진단, 치료 및 연구의 세 가지 업무에 대해 골고루 훈련을 받지만 실제 일에 종사할 때는 이 중 어느 하나에 치중하는 것이 보통이다. 임상심리학자가 일하는 장소는 주로 종합병원의 정신병동과 지역의 정신병원이고 그 밖에 다양한 정신치료 시설에서 근무할 수 있다. 그리고 심리치료 사업을 위해서 개인이 심리치료 시설을 개업하여 언어적 상담이나 치료를 진행할 수도 있다.

(2) 상담심리학

상담심리학은 임상심리학에서 다루는 정신질환 환자들보다는 비교적 가벼운 성격적인 문제나 대인관계 문제를 가지고 있는 사람들을 연구하고 상담하며, 치료하는 심리학 분야이다. 상담심리학자가 다루는 문제는 일반적인 적응문제나 진로결정과 같은 생활지도에 관한 사항들이다. 행동수정과 같은 프로그램을 개발하여 문제행동을 교정해주기도 한다.

상담심리학은 내담자가 당면한 환경에서 적응하는 데 중점을 두는 분야이다. 국내에서도 큰 대학에서의 학생생활연구소에 전임 상담심리학자가 있어서 직업, 진로, 학교공부, 일상생활의 문제나 학과 성적 등에 대한 적응상의 문제를 상담해준다. 또한 일반인이나 직장의 종업원을 대상으로 개인적 또는 집단적 상담을 실시하기도 한다.

상담심리학자는 의료시설 밖에서 일한다는 점에서도 임상심리학자와 차이점이 있다. 임상심리학자가 심각한 행동장애나 정신질환을 다루는 데 반해 상담심리학자는 정상인의 일시적인 정신적 문제, 직업선택, 학업문제, 결혼문제, 대인관계 등을 다룬다. 이것을 위해 사람들의 능력이나 흥미, 적성, 성격 등을 알아보기 위한 검사를 실시하고 그 결과를 알려주기도 하며, 그 밖에 필요한 정보를 공급함으로써 사람들이 적절한 판단을 내리는 것을 돕는다. 상담은 문제를 가진 또는 어려운 선택을 해야 하는 당사자만이 아니라 이들의 부모, 교사 또는 상사를 상대로 할 수도 있다. 따라서 상담심리학자가 일하는 장소는 여러 곳이다. 학교, 공장, 회사, 군대, 경찰, 정부기관 등 다양하고 가장 일반적으로는 각종 상담소가 상담심리학자의 일자리가 된다. 상담심리학자는 일반상담자와는 달리 심리학적 지식을 가지고 있으면서 심리문제를 다루는 면담 훈련을 받아야 한다. 또한, 심리검사를 적절히 사용할 줄도 알아야 하며, 심리치료 방법에 대해서도 전문가여야 한다. 상담심리학자는 가벼운 신경증이나 성격장애와 같은 정신적 문제를 직접 심리치료로 해결하지만, 문제가 심각한 정신질환을 내포한다고 판단되면 임상심리학자나 정신과 의사에게 환자를 보내 진단과 치료를 받게 하기도 한다.

(3) 산업심리학

직장 및 산업체에서 근로자의 작업능률과 직무만족을 향상시키고 더 나아가 직장생활을 통한 삶의 질적 향상을 위해 심리학적 지식을 응용하는 분야가 바로 산업심리학이다. 예를 들어, '생산성과 근로자의 복지를 어떻게 향상시키는가?', '직무에 적합한 사람을 어떻게 적절히 선발하고 훈련하고 평가해서 보상할 것인가?', '어떻게 근로자 직무만족을 향상시킬 것인가?' 하는 것들이 산업심리학자의 주요한 연구주제가 된다. 산업심리학은 현재는 산업 및 조직심리학이라고 불리는 경우가 많으며, 따로 소비자심리학이나 공학심리학으로 구별하기도 한다. 따라서 산업심리학자라고 해서 모두 조직심리학자는 아니다. 인사심리학자일 수도 있고, 공학심리학자일 수도 있다.

초기의 산업심리학자는 주로 지능검사나 적성검사를 실시하는 업무에 종사하였지만 현재는 조직과 산업 발달에 따라 활동영역이 다양하게 확대되고 있다. 심리검사는 주로 신입사원의 채용이나 배치와 관련해서 사용되는 것으로 이 경우 산업심리학자의 일은 주로 인사관리와 관계된 것들이다. 그 후 산업심리학자는 조직 진단 및 개선, 사원 상담, 갈등 해소와 협력 증진, 사원 교육, 시장 조사, 홍보 등의 업무도 맡게 되었다. 그 밖에 또 새롭고 중요한 활동 분야는 공학심리학 또는 안전심리학이라 부르는 것으로, 사람이 쓰는 기계나 도구의 설계로 인한 효율성과 안전에 관련한 업무이다. 이들은 기계설계자나 공학자 혹은 안전 전문가와 함께 일하는데 이러한 업무도 크게 보면 산업심리학의 일부이다.

산업심리학자는 대기업이나 회사에 고용되어 일할 뿐만 아니라 산업심리학자끼리 회사를 설립해서 산업체나 기업에 산업심리에 관련한 서비스를 판매하기도 한다. 이러한 산업심리관련 컨설팅 회사가 하는 일은 인원 선발, 사원교육 계획 수립 및 진행, 인간관계 진단, 시장 조사에 관한 자문이나 대행 등 다양하다.

2) 산업심리학의 정의

산업심리학의 정의와 연구영역은 시대에 따라서 변화하여 왔으며, 학자들마다 차이를 가지고 있다. 즉, 산업심리학은 완성된 학문이 아니라 태동에서부터 현재까지 환경과 인간 그리고 산업과 조직 사이에서 끊임없이 상호작용하며 변화하는 살아 있는 학문이다.

Guion(1965)은 “산업심리학을 인간과 일의 세계 간의 관계에 관한 과학적 연구”라고 정의하고 있다. Blum과 Naylor(1968)는 산업심리학을 “기업이나 산업체에서 일하는 사람들의 문제에 심리학적 사실이나 원리를 적용하는 것”이라고 정의한다. Schultz와 Schultz(1986)는 “심리학적 방법, 사실, 원리를 직장인들에게 적용하는 것”이라고 산업심리학을 정의하기도 한다. 우리나라의 경우에는 김원형, 남승규와 이재창(2006)이 산업심리학을 “직업상황에서의 인간행동에 관해 과학적・체계적으로 연구하는 학문분야”라고 정의하고 있다. 산업심리학에 대한 다양한 정의가 있지만 일반적으로 산업심리학은 일터에서 과학적 원리를 개발하고 적용하는 심리학의 응용분야이다. 산업심리학은 과학과 실천의 두 가지 측면을 가지고 있다. 과학적 측면은 일과 인간에 대한 지식을 증진시키고 도움을 주기 위한 유익한 연구결과를 도출하고 이것을 일반화하기 위해서 노력하는 것을 말한다. 실천적 측면은 과학적 노력을 통해 얻어진 지식을 실제 장면에 적용하는 것이다. 본서에서는 앞서 살펴본 산업심리학의 기존정의와 내포하고 있는 측면들을 종합적으로 고려하여, 다음과 같이 정의하고자 한다.

“산업심리학은 산업 및 경제 활동으로 발생하는 개인과 조직 내의 심리과정과 인간행동에 대해 과학적으로 연구하고 적용하는 학문이다.”

산업심리학의 정의에서 심리과정이란 스트레스, 리더십 유형, 갈등, 의사소통, 소비자 의사결정을 말한다. 인간행동이란 생산량, 이직, 구매여부, 직장 내 사고, 범죄행위 등 근로나 산업 혹은 조직 차원에서 일어나는 모든 인간 활동들이다. 이러한 내용들에 대해서 산업심리학자는 개인이나 조직 내 사람들의 심리과정과 행동에 초점을 맞추어서 연구한다. 또한, 이러한 연구들은 과학적인 절차에 따라 진행되고 믿을 만하고 타당한 결과로 인정받을 수 있어야 한다. 무엇보다도 이러한 산업심리학적 연구와 활동들은 산업과 인간 활동에 효과적으로 적용될 수 있어야 하며, 인류 발전과 번영에 기여하여야 한다.

2. 산업심리학 발전과정

1879년 독일의 심리학자 Wundt에 의해서 최초의 현대적 심리학이 탄생된 이후로 인간심리에 대한 연구는 다양한 방면으로 이루어졌다. 그중에서도 산업심리학은 순수한 인간심리에 대한 호기심으로 탄생된 것이 아니라 사회 변화와 환경의 요구로 인해서 만들어진 심리학의 한 분야이다. 대다수 응용심리학들은 이처럼 시대의 요구와 사회의 필요에 응답하는 형태로 탄생하게 되었고 변화하며 발전하였다.

1) 산업심리학의 태동(1900년~1916년)

산업심리학의 역사는 몇 가지 단계로 나누어 구분할 수 있다. 산업심리학의 역사를 구분하는 가장 큰 기준은 바로 1, 2차 세계대전이다. 인류사의 최대 격변기 중 한 시기였던 세계대전을 통해서 산업심리학은 큰 변화와 발전을 이룩하였기 때문이다. 가장 초기의 산업심리학 역사는 심리학의 탄생과 궤적을 함께하고 있다. 산업심리학의 초기 연구는 직무수행과 조직 효율성에 초점이 맞추어져 있다. 산업심리학 분야의 토대를 마련한 공헌자로는 다음에 소개할 학자들을 꼽을 수 있다.

(1) Bryan(1836년~1928년)

Bryan은 1897년에 전보기사의 모스부호 학습능력에 대한 논문을 출판하면서 직업과 심리학을 연관시킨 최초의 연구를 수행하였다. 특정한 직업을 가진 작업자의 심리과정에 대한 연구를 통해서 산업심리학이 출발하게 된 것이다. Bryan은 1903년 심리학회 회장 수록 연설에서 심리학이 일상생활에서 일어나는 구체적인 활동과 기능들을 연구해야 한다고 주장하기도 하였다. 하지만 이후 Bryan은 추가적인 연구가 없었기 때문에 산업심리학의 창시자가 아닌 선각자라고 보는 것이 옳을 것이다.

(2) Münsterberg(1863년~1916년)

그림 1. Münsterberg

Münsterberg는 Wundt의 제자로 주로 종업원 선발과 새로운 심리검사의 사용에 흥미를 가지고 있었다. 기능주의 심리학파를 이끌었던 James의 초청으로 독일에서 하버드 대학으로 옮겨온 Münsterberg는 1910년 전차운전수 적성검사법 개발에 대한 논문을 출판하였다. 시내전차 운전자 안전운행에 영향을 미치는 요인에 관한 최초의 안전심리학과 교통심리학 관련 연구였다. 이후 1913년 『심리학과 산업효율성(Psychology and

Industrial Efficiency)』이라는 책을 출판하기도 하였다. 이 책에는 최적의 인간(The best possible man), 최대 작업량(The best possible work), 최대 효과(The best possible effect) 등 인간과 효율에 대한 연구를 주로 담고 있다. Münsterberg는 종업원 선발, 작업환경 설계, 판매에서의 심리학의 응용에 관심을 가졌으며, 최초의 산업심리학 교과서를 출판하기도 하였다.

하지만 1차 세계대전에서 독일을 지지하면서 미국에서 추방되는데 이 때문에 산업심리학 관련 업적들이 후학들에게 제대로 계승되지 못하는 비운의 심리학자가 되었다. 그럼에도 불구하고 Münsterberg의 연구와 활동들은 산업심리학의 영향을 널리 퍼뜨리는 데 도움을 주었고, 1916년 심장마비로 갑작스럽게 사망한 후, '산업심리학의 아버지'로 불리게 된다.

(3) Scott(1869년~1955년)

그림 2. Scott

Scott은 종업원 선발과 심리검사에 대한 흥미와 함께 Watson이 주로 활동했던 광고심리학에도 관심을 가지고 있었다. Northwestern 대학교의 축구선수였던 Scott은 중국선교사가 되기 위해 신학과를 졸업하였지만, 당시 인기가 좋았던 중국선교사로 갈 수 있는 자리가 없었다. 선교사 대신 심리학자의 길을 선택하게 되는데 이렇게 시작된 심리학자의 길은 20세기의 전환점에서 그를 '광고심리학의 아버지'로 불리게 만들었다.

심리학에 관심을 보이는 기업 CEO들의 반응에 힘입어 Scott은 몇 편의 글을 썼고 그것들이 1903년에 『광고 이론(The theory of Advertising)』이라는 책으로 출판된다. 이 책에서 Scott은 사람들에게 영향을 미치기 위한 수단으로 심리학이 사용되어야 한다고 주장하였다. 1908년에는 『광고심리학』을 출판하였는데, 광고의 효과를 높이기 위해서 인간의 심리 중에서 모방, 경쟁, 충성, 주의와 같은 내용들을 집중적으로 다루었다. 이후 1차 세계대전 동안 미 육군의 인사절차에 기여하기도 하였다. Scott은 산업심리학을 대중과 산업체에 널리 알리고 신임도를 높이는 데 기여하였으며, 인사 선발 분야에서 기업들을 대상으로 서비스를 제공하는 산업심리학 컨설팅 회사를 설립하기도 하였다.

(4) Myers(1873년~1946년)

그림 3. Myers

Myers는 영국의 심리학자로 Cambridge 대학 인류학과를 나와 London 대학 심리학과 교수와 Cambridge 대학 교수를 지냈다. Myers는 정신영역의 학문으로만 생각되던 심리학을 일반산업 상업분야에 응용하여 인간적인 기업윤리를 정립하는 데 커다란 공헌을 하였는데, 1921년에는 NIIP(National institute of industrial psychology)라는 산업심리학 관련 회사를 설립하기도 하였다.

Myers는 산업 활동에서 최대 작업량보다는 쉬운 작업이 더 중요하다고 보았으며 이에 관련한 작업장 사고나 피로, 단조로움, 불안 등을 경감시키는 데 관심을 가졌다. Myers는 산업심리학이 피로와 작업동작, 작업지도와 작업자 선발 및 관리에 관해 연구해야 한다고 보았다.

(5) Taylor(1856년~1915년)

그림 4. Taylor

초기 산업심리학자로 살펴보려는 Taylor는 '경영학의 아버지'로 불리기도 한다. 주로 시간과 작업효율에 대해서 연구한 시간연구자이다. 종업원 생산성을 연구한 공학자이기도 했는데, Israel, Bethlehem의 강철공장에서 작업자, 감독자, 공장장으로 근무하면서 작업환경 재설계가 중요하다는 것을 인식하게 된다. 한 삽으로 운반할 수 있는 철광석의 최적 하중이 9.8kg이라는 것을 연구를 통해서 밝혀내기도 하였다. Taylor는 이러한 연구들을 통해 재료에 따라 삽의 종류를 변화시켜야지만 생산성이 향상될 수 있다는 과학적 관리방법을 주장하였다. 1911년에는 『과학적 관리 원칙(principles of scientific management)』이라는 책을 출판하였으며, 생산량을 증가시키고 동시에 종업원 임금을 상승시키기 위한 작업환경 재설계를 강조하였다.

Taylor가 강조한 과학적 관리 4원칙은 다음과 같다. 첫째, 효율적인 작업증진 방법은 경험이 아닌 과학적 연구에 의해 이루어지게 된다는 것이다. 과학적 연구는 과학적 방법, 기록, 평가를 말한다. 둘째, 일 표준 작업량을 과학적으로 설정하여야 한다. 이것을 통해서 협동심의 고취와 조직효율성이 증가할 수 있다고 보았다. 셋째, 과학적 방법으로 작업자를 선발하여야 한다. 과학적 선발과 교육을 통해서 조직 내 비효율적인 부분(학연이나 지연)을 배재하여야 한다고 보았다. 넷째, 노사의 항구적인 협력관계를 강조하였다. 이것을 위해서 성과에 대한 균등한 분배와 동기 고양, 직무만족, 능률 등에 관심을 기울여야 한다.

그러나 과학적 관리는 작업자들에 대한 착취나 실직증가와 과로, 종업원의 지위하락, 작업의욕 저하, 종업원 복지증진에 역행한다는 반론에 직면하기도 하였다. 이러한 비판에 대한 Taylor의 입장은 효율성의 향상이 종업원의 복지를 향상시킬 것이라는 것이었다. Taylor는 실직자들은 잠재력을 활용할 수 있는 다른 직무에서 일할 수 있다고 반박하였다. Taylor를 통해 산업심리학과 경영학은 밀접한 관계를 맺게 되었는데, 심리학이 개개인에 보다 관심을 기울인다면 경영학은 조직 전체의 효율에 보다 관심을 가진다는 차이점이 있다.

(6) Gilbreth 부부

그림 5. Gilbreth 부부

Gilbreth 부부는 기본적으로 Taylor의 아이디어를 바탕으로 연구를 진행하였다. 산업심리학 최초의 박사학위는 심리학사에서는 1921년 Bruce, V. Moore가 받았다고 기록되어 있지만, 1915년 Gilbreth 부부의 아내인 Lillian(1878~1972)이 받은 심리학 박사학위를 최초의 산업심리학 박사학위라고 주장하는 역사가도 있다(Brett, 2009).

Gilbreth 부부는 동작연구자로 불리며, 제조 작업의 경제 성과와 산업체 종업원들의 생산성에 관심을 가지고 산업장면에 있어서 시간과 동작에 관한 연구를 진행하였다. Lillian의 남편인 Frank(1868~1924)는 건축기술사의 벽돌 쌓는 동작을 영사기로 녹화하여 정밀하게 분석을 하였다. 그는 신체부위에 전구를 붙여서 작업하는 모습을 촬영한 영상을 분석하면서 쓸모없는 동작을 배제하는 방법을 알아내기 위해서 노력하였다. 아내 Lillian은 스트레스와 피로가 작업에 미치는 영향을 연구하였는데, 인간이 산업에서 가장 중요한 요소임을 언급하면서 심리학과 산업이 접목되어야 함을 역설하였다.

이후 Gilbreth 부부의 연구는 인간에게 가장 적합한 과학기술 설계방법을 연구하는 인간요인 분야의 토대가 되었다. Lillian은 소비재 설계로 관심을 돌리면서 발로 밟아서 뚜껑을 열 수 있는 휴지통과 냉장고 문 안쪽에 달린 선반 등을 개발하기도 하였다. Lillian의 자녀 중 2명은 그녀의 일생에 관하여 『12명의 개구쟁이들(Cheaper by the Dozen)』이라는 책을 저술하여 성공적인 학자이자 부모로서 Gilbreth 부부의 업적을 기념하기도 하였다.

2) 1차 세계대전과 산업심리학 발달(1917년~1918년)

1차 세계대전은 산업심리학이 인간의 일상생활에서 유용하게 사용될 수 있는 학문분야임을 사람들에게 인식시키는 계기가 되었다. 이 시기 산업심리학자의 가장 직접적인 기여는 전쟁을 수행하는 군인들이 적절한 기능을 가지고 있는지를 파악해내는 것이었다. 심리학자들로 구성된 위원회는 신병들의 동기, 사기, 훈련, 신체적 부상으로부터 오는 심리적 문제들을 연구하기 시작하였다. 군대를 통솔할 장교를 선발하고, 훈련하는 방법을 고안해내는 것도 산업심리학자들이 담당하면서 산업심리학의 활동 분야가 더욱 확대되는 계기를 마련하기도 하였다.

(1) Yerkes(1876년~1956년)

1차 세계대전 당시 미국심리학 회장이었던 Yerkes는 1916년 소령으로 임명받게 된다. 정부에 의해서 심리학이 전쟁수행에 도움을 주도록 하는 것을 주된 목표로 기용되었던 Yerkes는 신병모집에서 정신능력이 부족한 사람을 가려내고 선발된 신병들을 군대 내의 적절한 직무에 배치시키는 방법을 연구하였다. 이것을 위해서 1917년 집단지능검사 Army-A와 당시 군대지원자들 중 약 30%를 차지하던 문맹자를 대상으로 한 Army-B를 개발하였다. Yerkes가 개발한 집단지능검사는 개인을 적재적소에 배치하기 위해 개발된 최초의 심리검사라고 할 수 있다. 또한 Yerkes는 지능을 구성하는 요소로 이해력, 판단력, 논리력을 선정하면서 지능에 대한 개념 발달에 기여하였다. 하지만 Yerkes가 개발한 집단지능검사는 공식화를 마친

그림 6. Yerkes

3개월 후 1차 세계대전이 끝나면서 실제적인 사용에는 한계가 있었다.

전쟁 종료와 함께 군대를 전역 후 Yerkes는 카네기 공과대학에 판매기술 연구소(The Bureau of Salesmanship Research)를 설립하여 최초의 심리학과 산학협동 방식에 기여하게 된다. Yerkes의 연구소는 27개 회사들에게서 1년에 500달러씩 기부금을 지원받기도 하였다. 이러한 산학업적은 『판매원 선발을 위한 방법』이라는 저서 간행으로 이어졌는데, Yerkes의 연구소는 판매원뿐만 아니라 사무원 및 간부사원의 선발, 분류, 능력개발에 관한 연구를 집중적으로 실시하는 데 기여하였다. Yerkes의 조수이기도 한 Carl Brigham(1926)은 Army-A 제작 경험을 살려 미국 대학생을 선별하는 학업적성검사(SAT)를 제작하게 된다.

(2) Scott(1869～1955)

광고심리학에 주로 기여하던 Scott도 1차 세계대전에 징집되었다. Scott은 군대 내에서 병사들을 적절히 배치하는 것에 관여하는 연구를 진행하였는데, 주로 장교에 대한 수행평가를 실시하였다. Scott 등의 심리학자들은 1차 세계대전을 통해서 심리학자가 사회와 기업에 기여할 수 있음을 확인시켜 주는 성과를 내었다.

1차 세계대전 기간 중에 미국에서는 Journal of Applied Psychology(1917)가 창간되면서 최초의 산업심리학 학술지가 출판되었다. 1917년 창간호에는 Hall의 '심리학과 전쟁 간의 실용적 관계에 관한 연구'와 Mateer의 '전쟁에서 정신박약자의 문제' 그리고 Bingham의 '대학생의 정신능력검사 등에 관한 연구'가 소개되었다.

3) 산업심리학 연구의 활성화(1919년～1940년)

1921년에는 Cattell에 의해서 Psychological Corporation이 설립되었는데, 심리학을 기업에 접목시키려는 활동들이 늘어나면서 산업심리학의 유용성을 알리는 데 주력하였다. Cattell이 설립한 Psychological Corporation은 믿을 만한 권위 있는 심리학자에 관한 정보를 제공하면서 심리학자의 자격에 관련한 최초의 작업을 수행하였고, 가짜 심리학자들을 색출해서 심리학이 과학과 산업계에 받아들여질 수 있도록 공신력을 확보하기 위해서 노력하였다.

1921년에는 Pennsylvania 주립대학에서 Bruce V. Moore에게 최초의 산업심리학 박사학위 수여하였으며, 1924년에는 역사적인 호손연구가 실시되었다. 1932년에는 Viteles에 의해서 최초의 산업심리학 단행본이 출판되었다(Brett, 2009).

(1) Hawthorne 연구(1924년~1932년)

1924년부터 미국 하버드대학의 산업연구 학과장인 심리학자 Mayo는 Chicago 교외에 있는 Western Electric Company의 Hawthorne 공장에서 생산성과 조명의 효과를 알아보기 위한 실험을 실시하였다. 최초의 연구는 생산성과 조명이라는 물리적 작업조건과의 관계를 알아보는 것이었지만 결론은 생산성에 대한 영향은 작업장의 물리적 측면보다 인간적인 요소가 더욱 중요할 수 있다는 당시로서는 의미심장한 결론에 도달하게 되었다.

최초의 Hawthorne 연구(1924년 11월~1927년 4월)는 산업심리학이 종업원의 선발과 배치 그리고 작업장의 환경적 조건뿐만 아니라 인간관계, 사기, 동기 등의 더욱 복잡한 심리과정을 다루어야 함을 보여준 기념비적인 연구이다. Hawthorne 연구는 조직이나 산업체에서 왜 인간의 심리를 연구해야 하는지를 보여주었다. Hawthorne 연구를 통해 종업원들을 실험집단(test group)과 통제집단(Control group)으로 분리하여 여러 가지 다양한 조건으로 작업을 시켜본 결과, 실험집단의 경우 밝은 조명하에 높은 생산을 보였으며, 통제집단에서도 작업능률이 증가되었다. 더욱이 특이했던 것은 실험집단은 통제집단보다 열악한 조명상태에서도 지속적으로 생산성이 상승하였다는 것이다. 열악한 조명조건은 생산성이 떨어질 것이라고 가설을 세웠던 연구진들로서는 당황스러운 결과였다.

그림 7. Mayo

이러한 가설증명의 난제를 풀기 위해서 Mayo는 1927년 4월부터 1928년 6월까지 인간요인을 주요한 원인으로 다시 실험을 실시했다. 6명의 여공을 대상으로 작업관계 및 면접조사를 진행한 결과 기온이나 습도 그리고 조명 등의 조건들이 영향을 주지는 않았다. 따라서 이러한 일련의 연구 결과들에 대한 종합적인 검토를 통해, 작업장에서 나타나는 효율성은 작업장의 물리적 환경이 아니라 작업장 내의 사회적·인간적 관계의 작용이라는 결론에 도달하였다. 이후에 실시한 대단위 조사(1928년 9월~1930년 5월)에서도 약 2만 명의 종업원을 면접을 통해 연구한 결과, 공식적인 조직의 영향보다는 비공식적인 조직의 영향이 생산성과 관계있다는 결론을 얻게 되었다.

또 다른 실험 [Bank winding 관찰실험(1931년 11월~1932년 05월)]에서는 20세에서 40세의 남자 작업자 14명을 실험실에 옮겨놓고 관찰하였다. 작업자들의 기분이 상하지 않도록 각별히 유의하면서 관찰을 진행한 실험을 통해서 다음의 몇 가지 사항들이 발견되었다.

① 임금과 생산성이 비례하더라도 개별 종업원의 생산성은 집단 내의 여러 현상에 의해서 규제된다.
② 작업집단에서는 회사가 결정한 생산 수준보다는 그 집단이 적당하다고 생각하는 수준을 작업수준으로 정하였다.
③ 작업 집단의 생산수준은 작업자의 비공식조직에 의해 결정되었는데 이 같은 현상은 다른 직장에서도 동일하게 나타났다.
④ 경영자와 어떠한 갈등문제가 발생하면 비공식조직에서는 자신들의 결정을 우선시하였다.
⑤ 집단적 통제의 힘은 개인적인 지능검사나 생산량의 관계에 전혀 상관이 없었다.

그 후 연구자들은 Hawthorne 연구를 Eastcost 금속 공장과 South California 항공기 공장의 조사로 확대하여 실시하였다. 연구 결과는 호손 공장에서와 같았다. 물리적 작업조건보다는 비공식집단 내의 승인 및 인정이 보다 생산성에 강하게 관여한다는 결론에 도달하였다. 더불어 종업원들의 결속을 위해서는 일선 감독자의 역할이 중요하다는 점도 지적하였다.

인간관계 관리(human relation management)에 적용되는 호손연구의 결과물들은 종업원 의견 조사, 인사 상담, 개인 면접, 제안 구도 등의 구체적인 제도 실현에 모체역할을 담당하였으며 소집단 연구 등에도 많이 공헌하였다. 또한 능률성, 동기, 직무만족에 영향을 주는 리더십, 비공식 집단 형성, 태도, 의사소통 등 여러 인적 변수에 대해서 심리학이 접근할 수 있는 근거를 마련해주었다.

4) 2차 세계대전과 산업심리학 발달(1941년~1945년)

2차 세계대전은 2천 명이 넘는 심리학자를 전쟁 수행에 기여하도록 만들었다. 1차 세계대전이 산업심리학의 형성과 인정에 기여한 시기라면, 2차 세계대전은 산업심리학의 발전과 정교화에 기여한 시기라고 볼 수 있을 것이다. 2차 세계대전 중의 대표적인 산업심리학적 업적은 신병들을 군인의 책임과 의무를 배울 수 있는 능력에 따라 5개 집단으로 분류하는 군대일반분류검사[AGCT-Army General Classification Test]를 Brigham이 개발하였다는 것이다. 1,200만 명의 군인이 검사에 응하였고 군대 내의 직무배치에 검사결과가 활용되었다.

그림 8. Brigham

또한, 산업심리학자들은 장교 교육에 적합한 사람을 선발하는 방법을 개발하기도 하였다. 작업 유능성 검사와 보조적인 적성검사 개발 그리고 군대에서 필요한 상황적 스트레스 검사 개발과 사용에 참여하기도 한다. 공학심리학이 발전하면서 탱크나 전투 비행사의 선발과 훈련에 관여하기도 하였다.

대표적인 장교용 선발 검사로는 미국 전략 사무국(Office of strategic service: OSS)의 주도하에 이루어진 상황적 스트레스 검사 개발이었다. 이 검사는 3일에 걸쳐서 진행되는데 여러 가지 심리검사와 관찰로 이루어져 있다. 검사나 관찰은 예를 들어, 나무막대기, 나무못, 나무토막을 주고 1.5M의 정육면체를 제작하는 것이다. 이때 보조자는 피검사자의 실수를 조롱하거나 비난하는 역할을 한다. 과제를 성공적으로 수행하는 것보다 스트레스와 좌절에 대한 정서적 반응이 주된 평가대상이 된다. 이처럼 2차 세계대전 중 발전한 산업심리학의 선발 연구들은 산업장면에서 심리학에 기초한 채용검사 사용을 증가시켰다. 가장 관련된 대표적인 면접검사는 페르미 추정(Fermi estimate)의 문제들을 사용하는 것이다. 페르미 추정을 묻는 문제들은 정답을 원하는 것이 아니라 정답을 추정하는 과정과 의욕, 열의, 자세나 태도를 관찰하여 그 사람의 인간적 역량을 살피는 것이다.

2차 세계대전이 끝나갈 즈음에는 산업체에서 더 적극적으로 산업심리학에 관심을 가지게 되었고 근로자의 결근을 감소시키는 연구를 의뢰하기도 하였다. 1944년에는 미국심리학회에서 산업 및 경영심리학이 14번째 분과로 개설되었다.

5) 사회변화와 산업심리학 발달(1946년~현재)

2차 세계대전 이후 산업심리학은 폭발적으로 성장하게 된다. 산업심리학의 성장은 미국의 산업과 기술업체의 성장과 맞물려 이루어졌다. 많은 대학에서 산업심리학 과목이 개설되었으며 산업심리학 박사학위 수여가 이루어졌다. 1950년대 이후에는 잠수함이나 탱크와 같은 첨단 무기와 항공기의 발전으로 실험심리학과 산업심리학이 접목된 공학심리학이 나타나게 되었다. 초기 공학심리학은 주로 방위산업체와 제휴하면서 발전하였는데, 첨단 무기의 복잡한 계기판이나 기계 조작에서 인간과 기계의 조화가 중요하다고 인식되었기 때문이다.

1964년에는 미국에서 시민 권리 법령(Civil right act) 7조 703항이 제정되었는데, 이 법은 미국 내 여성과 유색인종 등 소수집단의 권리를 인정하도록 하는 법이다. 그리고 평등 고용 기회 기구(Equal employment opportunity commissions: EEOC)는 1972년 모든 구직자에게 인종, 종교, 성별, 국적에 관계없이 동등한 기회를 주어야 한다는 것을 핵심으로 하는 강화된 지침을 마련하였다. 이에 발맞추어 산업심리학자들은 고용과 차별에 관련한 연구들을 진행하였다.

1970년에는 미국심리학회 내 산업 및 경영심리학회 분과가 산업 및 조직심리학회로 개명하였으며, 1978년에는 고용주들이 고용지침을 만들어 차별이 없음을 증명하도록 법적 의무화가 진행되었다. 산업 및 조직 전반에서 심리학을 통해 평등하고 공정하게 선발과 배치 및 평가가 이루어지고 있음을 증명하도록 압력이 가해졌다. 이러한 정부의 개입은 산업심리학자들에게 선발의 공평성과 공정한 직무수행평가, 그리고 조직문화의 변화와 조직 내 갈등 등에 대한 연구를 진행하도록 하였다.

1970년대 이후의 급속한 사회변화는 적응의 문제, 소수자 문제, 그리고 고령자의 증가와 실업, 국제적 기업과 외국 노동자 등에 관한 연구를 산업심리학자들이 수행하도록 하였다. 또한, 합병과 인수의 빈번한 발생, 실직, 전근, 재배치에 따른 스트레스 관리와 갈등, 종업원에 관련된 비용이 증가하면서 경제적 효율과 종업원의 만족 사이의 균형을 이루는 직무설계에 대한 연구가 활발히 진행되었다.

현재에 와서 산업심리학은 경영자나 직원의 사생활관리와 직업 효율성, 종업원 여가 선용, 가족관계, 정서적 지원 등에도 관심을 가지게 되었다. IT와 정보화 그리고 인터넷과 전자 통신기술의 변화, 인공지능과 드론 및 4차 산업혁명에 이르기까지 인간과 산업 및 조직 그리고 직업과 기계, 소비와 의사결정 그리고 안전과 위험해결 등에 관한 연구가 진행되고 있다.

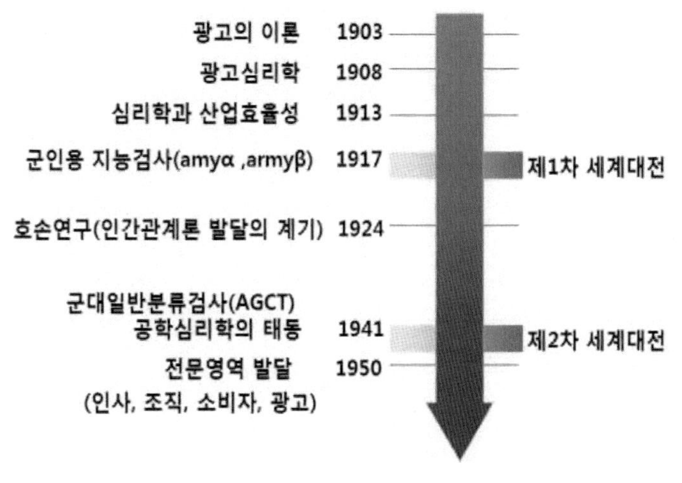

그림 9. 산업심리학 발달 연대기

3. 산업심리학의 범위

산업심리학에서 인사선발, 분류 및 배치, 훈련, 수행평가 등을 전문적으로 다루는 분야는 인사심리학이라는 이름으로 전문화되어 있다. 산업심리학 분야에서 조직심리학은 전통적인 산업심리학에 사회심리학, 사회학이 혼합되면서 분화하고 발전하게 되었다. 공학심리학은 실험심리학과 산업심리학 영역이 합쳐진 것이라고 볼 수 있다. 이 밖에도 소비자심리학과 마케팅심리학 그리고 광고심리학은 지각심리학과 인지심리학 등이 산업심리학 영역과 합쳐지면서 새로운 영역으로 자리매김하게 되었다.

1) 인사심리학

인사심리학(personnel psychology)은 산업체와 조직 내에서 개인차와 관련된 모든 분야를 다룬다. 대표적으로 종업원 선발과 배치, 종업원에 대한 평가, 교육 및 훈련, 경력개발 등의 분야들이다. 인사심리학은 산업심리학 분야 중에서 가장 오랜 역사를 가지고 있다.

① 직무분석

직무분석은 조직에 있는 특정 직무에 대해 정보를 수집하고 분석한다. 인적 자원 관리의 출발점이라고 볼 수 있으며, 해당하는 직무를 수행하기 위해서 어떤 능력이 필요한지를 분석하는 것이다. 직무분석을 통해서 직무의 세부사항과 자격조건을 알 수 있어야지만 종업원을 선발할 수 있다.

② 선발과 배치

인사심리학은 종업원들의 선발, 배치, 승진을 위한 측정방법을 개발하는 데 관심을 가지는 분야이다. 직무연구와 검사가 직무수행을 얼마나 잘 예측할 수 있는지를 연구한다. 개인의 기술과 흥미에 가장 적합한 직무들을 찾아내서 종업원을 배치하는 것이 목적이다. 직무에 필요한 능력과 적성을 가진 사람을 선발하고 배치할 수 있어야 한다. 예를 들어, 원전 안전 관리원에 대한 선발과 배치에서 선발기준을 안전기준에 대한 지식과 다각적 주의능력 그리고 체력 등으로 설정하는 심리학적인 근거를 마련하는 것이다.

③ 교육과 훈련 및 개발

교육과 훈련 및 개발은 직무수행을 개선하기 위해 종업원의 기술 향상에 관심을 가지는 것이다. 전문직 기술의 향상과 관리자 양성 프로그램 그리고 종업원들의 효과적인 근무를 위해 교육을 실시한다. 산업심리학자들은 교육 및 개발 프로그램이 성공적이었는지를 알 수 있도록 평가방법을 설계한다.

④ 직무수행평가

직무수행평가는 직무를 얼마나 잘 수행하는가를 측정하는 것이다. 인사결정과 자기개발의 기초자료를 제공하며, 인재를 선발하였는데 정말로 직무를 잘 수행하는가, 성공적인가 등의 준거로 사용한다. 직무평가 방법은 크게 수량적 평가와 비수량적 평가로 나눌 수 있다.

⑤ 노사관계

인사심리학에서는 고용주와 종업원 간의 여러 가지 문제를 다루기도 한다. 노사갈등의 원인을 분석하고 갈등을 줄이기 위해서 연구한다.

⑥ 경력개발

기업에서 종업원의 경력개발은 조직과 개인에게 매우 중요하다. 조직으로서는 경력개발을 통해 경력 통로를 추적하고 경력의 층을 개발하게 된다. 즉, 특정 종업원 집단이 성장할 수 있도록 지도하고 관리자적 역량과 기술적 재능이 조직의 성장에 도움이 되도록 정보를 탐색하게 한다. 한편, 경력개발은 종업원 입장에서 개인 목표를 확인하고 달성하기 위해 무엇을 할 것인지를 결정하는 과정이다. 사적 직업경력과 생활양식에 초점을 맞춘다.

⑦ 직무설계

직무설계는 작업자들이 만족스러운 근무 환경에서 일할 수 있도록 직무를 설계하는 일에 관한 연구이다. 작업을 수행하는 동안 작업자들이 보람과 만족을 느끼면서 높은 업무 효율을 보인다면 조직과 개인은 모두 성공적인 활동을 알 수 있다.

2) 조직심리학

조직심리학은 조직맥락이나 사회맥락에서 심리학적 연구방법과 이론을 적용하여 조직행동을 다루는 산업심리학의 한 분야이다. 대표적으로 조직심리학에서는 종업원의 태도와 만족감, 리더십이 조직에 미치는 영향 등을 연구 분야로 삼는다.

① 직무만족

직무만족은 종업원이 직무에 대해 갖는 대표적인 태도 중 한 가지이다. 직무에서 만족하는 것이 효율성과 어떠한 연관을 가지는지를 연구하며, 고객만족과 함께 직무만족에 대해서도 조직차원에서 관심을 기울여야 함을 강조한다.

② 작업동기

종업원의 작업동기를 높이기 위해서 직무와 작업조건의 고안과 개선에 대해서 연구한다. 아무리 종업원을 잘 선발하고 훈련이나 교육에 투자하더라도 종업원이 열심히 일하려는 동기를 가지고 있지 못하다면 원하는 결과를 얻을 수 없다. 이런 측면에서 종업원의 작업동기가 무엇인지 어떻게 원하는 방향으로 고양시킬 수 있는지를 연구하는 것은 매우 중요하다.

③ 조직의사소통

조직심리학에서는 조직 내 의사소통의 효율성 및 방법을 연구한다. 단순 업무는 일원화된 의사소통이 유리하고 복잡한 업무는 다원화된 의사소통이 유리하다고 본다. 조직에서의 의사소통은 혈액순환과 같은 작용을 한다. 제대로 이루어지지 않으면 건강에 안 좋은 것이 아니라 생존이 위협받을 수도 있는 중요한 문제이다. 의사소통의 문제는 조직 내 스트레스, 역할분담의 비효율, 사고 증가, 생산량 감소 등의 문제를 동반하게 된다.

④ 조직개발

조직개발은 조직을 보다 효율적으로 만들기 위해 조직을 개선하고 변화시키는 것이다. 이를 위해서 조직개발에서는 조직의 구조를 분석한다. 개인과 작업 집단 그리고 고객만족과 효과성을 극대화한다. 새로운 조직의 신설과 폐지에 관련 있는 심리학적 연구를 한다.

⑤ 조직문화

조직문화는 조직과 관련된 활동, 상호작용, 감정, 신념, 가치를 공유하는 행동양식과 사고방식이다. 경영전략과 경영체계 그리고 인적자원과 조직구조, 조직관리, 리더십을 유기적으로 조직문화와 연결하는 총체적 맥락을 연구한다.

⑥ 리더십

유능한 사람의 리더 배치와 역량에 대한 연구를 진행한다. 효과적인 리더십에 대한 분석 및 훈련을 진행한다. 리더십에 대한 연구는 대표적으로 선천성 대 후천성으로 구분할 수 있다. 리더의 성품과 리더십의 유형에 대한 연구가 가장 대표적인 리더십 연구이다.

⑦ 창업과 기업가 정신

창업은 새로운 사업이나 업종을 선택하여 회사를 구성하는 것을 말한다. 의미 있게 창업하기 위해서는 기업가 정신이 필요하다. 따라서 산업심리학에서는 기업가 정신, 창업의 종류와 단계, 벤처기업과 중소기업 창업 특성에 대해서 연구한다. 그리고 성공적 창업 모형, 창업 적성과 특성, 창업 실패 원인과 창업 역량분석을 연구한다.

⑧ 국제 인적자원 관리

기업은 점점 더 국제화되고 있다. 따라서 국제 활동무대에서 필요한 지식, 기술, 경험, 인적자원 개발과 관리를 위한 연구를 진행하여야 한다. 산업심리학에서는 글로벌 자원에서 관리하는 것, 주재원의 선발과 배치, 국제평가·국제보상체계, 이문화 경영, 국제노사관계, 글로벌 리더십에 대해서 연구한다. 국제 인적자원은 다른 나라의 문화에 대한 이해가 있어야지만 성공할 수 있음을 강조한다.

3) 소비자심리학

소비자심리학은 소비자를 대상으로 제품, 서비스, 아이디어와 같은 상품과 광고와 같은 정보를 어떻게 처리하고 어떻게 구매결정을 하게 되는지를 연구 분야로 삼는다. 대표적인 연구는 소비자의 구매성향, 정보처리 과정, 의사결정 그리고 광고에서의 심리학적 이론 활용 등이다.

① 마케팅심리학

마케팅심리학은 소비자 만족, 소비자 선택, 생산품질의 극대화 달성을 목적으로 한다. 마케팅심리학에서는 소비자 심리를 이해함으로써 마케팅의 효율성과 효과성을 높이고자 한다. 이러한 활동을 마케팅믹스(Marketing mix)라고 한다. 기업이 표적시장에서 마케팅 목표를 추구하는 데 사용할 수 있는 마케팅 도구의 집합이다. 기업의 통제 가능한 도구인 마케팅믹스는 흔히 4P, 즉 가격(Price), 제품(Product), 유통(Place), 촉진(Promotion)이며, 마케팅믹스의 각 요소들은 일관성을 가지고 상호보완할 수 있어야 한다.

② 소비자심리학

소비자심리학은 소비자 정보처리를 주로 연구한다. 대표적으로 인간이 정보에 노출되어 주의를 기울이고, 내용을 지각하여, 새로운 신념과 태도를 형성, 변화, 기억 속에 저장하는 과정에 관심을 가진다. 소비자는 정보에 노출되어 주의를 기울이고, 내용을 지각하여 새로운 신념이나 태도를 형성하고, 변화시킨다. 이것을 기억하고 저장하는 것이 정보처리 과정이다. 또한, 소비자는 목표지향적인 문제해결 과정을 거치게 된다. 문제해결 과정은 첫째, 문제인식, 둘째, 정보탐색, 셋째, 선택 대안 평가, 넷째, 구매행동, 다섯째, 구매 후 행동으로 이루어진다.

③ 광고심리학

광고심리학은 광고문안, 광고매체, 광고예산을 포함하는 전략과 구체적인 실현방법을 연구한다. 행동주의 심리학에서 많은 기여를 한 분야이며, 구체적인 광고전략을 실현하는 방법에 대해서 관심을 기울인다.

4) 공학심리학

공학심리학에서는 작업자의 안전을 향상시키고, 실수를 줄이며, 생산성을 증진시키기 위해 기계나 장비를 어떻게 설계하고 배치하는 것이 바람직한가에 관심을 가진다. 인간과 기계의 특성을 고려하여 양자의 장점을 극대화하기 위한 연구를 진행한다. 대표적으로 실수를 줄이기 위한 작업장 설계, 인간특성을 반영한 기계설계 등이다. 유럽 등지에서는 공학심리학을 주로 인간공학(Ergonomics)이라는 용어로 사용한다.

① 시간 · 동작분석

직무를 수행하는 방법을 재조정하고 작업도구를 디자인한 공학심리학의 초기 시도들이다. Taylor와 Gilbreth가 대표적인 학자이며 효율의 문제를 다루는 초기 산업심리학 연구분야라고 볼 수 있다.

② 인간 · 기계 시스템

작업자와 기계 사이의 전반적인 관계를 연구한다. 작업자와 기계 사이의 최적 할당, 정보 종류, 판단과 결정 과정을 연구한다. 자동차의 장치나 계기판 그리고 레이더나 비행기의 스위치들을 어떻게 설계하는 것이 오류를 줄이는가에 관심을 가진다.

③ 작업공간 디자인

작업 효율성을 높이기 위한 물자, 도구, 보급품 배치, 배열 등에 관심을 가진다. 공장에서의 도구 배치, 군대 총기분해 후 부품을 놓아두는 자리 등을 설계하는 것이 대표적인 사례이다. 분실이나 작업효율을 높이고 동선 낭비를 줄이기 위한 연구를 진행하기도 한다.

④ 안전심리

근로자 및 사용자가 안전한 상태로 작업하거나 사용할 수 있도록 하는 데 심리학적 지식을 사용한다. 재난이나 사고 혹은 사건에 적용되기도 하며 일생생활과 특수상황에 적용될 수 있는 안전에 관련한 심리학적 접근을 일컫는다.

• • •

심리학은 근거는 없지만 재미있는 이야깃거리가 되지 않기 위해서 줄기차게 노력해 왔다. 심리학의 정의에 '과학'이라는 단어가 빠지지 않는 이유도 바로 과학으로 인정받기 위해 심리학이 펼쳐온 부단한 노력들 때문이다.

과학은 관찰 가능한 사실을 보고, 듣고, 만지고, 측정하고, 기록할 수 있도록 체계화한다. 따라서 과학은 경험적이다. 즉, 과학은 소신이나 직관이 아니라 관찰과 경험에 바탕을 둔다. 과학이라는 연구방법과 결과는 객관성을 가지고 있어야 한다. 관찰한 사실은 공개하여 다른 과학자들에 의해서 검토되고 확인될 수 있어야 한다. 이러한 과학으로 인정받기 위해서는 심리학적인 내용들을 연구하는 방법이 과학적이어야만 한다. 과학적 학문이라고 할 때 '과학적'이라는 의미는 기본적으로 연구대상을 선정하고, 자료를 수집하고, 정리하는 방법이 과학적이라는 의미이다.

과학적 연구의 전형적인 단계는 다음과 같다. 첫째, 문제 정의 단계이다. 연구과제에 대한 조사와 선행 연구자료 분석을 통해 연구문제에 대해 이론적으로 정립하고 개념화하여 정의하게 된다. 둘째, 가설 설정 단계이다. 연구문제를 제기하고 구체적으로 가설을 설정한다. 셋째, 연구 설계 단계이다. 가설에 포함된 개념을 정리하고 변수와 변수 간의 관계를 정의하며, 자료 수집과 가설 검증을 위해서 연구를 어떻게 진행할 것인지를 결정하는 단계이다. 넷째, 자료 수집 단계이다. 설문조사, 면접, 참여관찰, 실험, 사례연구, 문헌조사 등 연구에 적합한 방법을 사용하여 자료를 수집한다. 다섯째, 자료 분석 및 가설 검증 단계이다. 수집된 자료를 분석하여 가설을 검증한다. 여섯째, 결과 평가 및 논의 단계이다. 가설검증의 결과를 중심으로 연구 결과를 정리하고 평가하며, 결과의 내용을 논의한다. 그리고 후속 연구 방향을 결정한다.

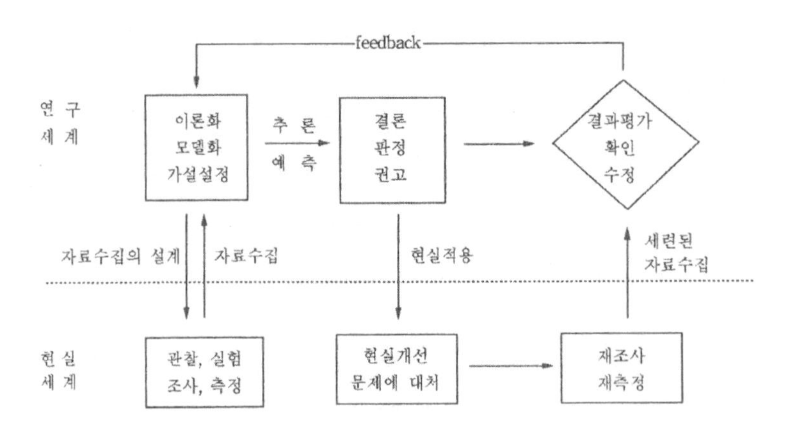

그림 10. 과학적 연구의 과정

II. 산업심리학 연구 방법

보이지 않는 마음 속 주관적인 세계를 객관적인 과학의 세계로 표현해내고 증명해보이는 것은 분명히 어려운 작업이다. 이것을 위해서 심리학자들은 다양한 연구방법들을 고안해내었다. 이번 장에서는 산업심리학에서 사용하는 여러 가지 연구 방법에 대해서 알아볼 것이다.

1. 산업심리학의 여러 가지 연구 방법

산업심리학은 산업 활동에서 종업원을 이해하고, 밝혀진 심리학적 이론들을 적용한다. 이를 위해서 과학적인 방법을 사용하는데, 변인과 변인 사이에서 가설적 명제들을 검증하는 방법을 사용함으로써, 객관적이고 합리적으로 그리고 체계적인 평가과정을 거쳐서 밝혀진 내용을 교정하고 확정하게 된다.

과학적 연구는 특정 변인에 주목하여 그 변인의 특성이나 다른 변인들과의 관계를 기술하고, 나타난 현상에 대해서 설명하고, 설명을 통해 보편타당한 지식체계를 정립함으로써 주어진 현상을 예언하고, 나아가 현상을 통제할 수 있다. 이러한 목적을 달성하기 위해서 산업심리학에서는 관찰법, 설문조사법, 실험법, 사례연구법, 심리검사법 등을 사용한다. 우선, 연구를 진행할 대상을 결정하는 표본과 표집은 모든 연구방법의 공통적 사항이다.

1) 모집단과 표본 그리고 표집

모집단은 관심의 대상인 모든 기본 단위들의 집합을 말한다. 보통 전체 인류 모두가 모집단이다. 하지만 전체 인류를 연구하기에는 여러 가지 제약이 따르기 때문에 심리학적 연구는 모집단 중의 일부인 표본을 표집하여 실시하게 된다.

표본은 실제 연구의 대상이 되는 집단으로 연구자의 현실적인 연구대상이다. 표집은 표본을 추출하는 과정이다. 모집단을 잘 대표하는 표본을 표집하는 것은 과학적 연구의 기본이다. 표집을 통해서 외적 타당도를 획득하게 되는데, 일반화 가능성이 높아지도록 표집함으로써 연구결과가 모집단을 대표한다고 주장할 수 있다.

(1) 표집의 종류

표집은 크게 확률표집과 비확률표집으로 구분할 수 있다. 다시 확률표집은 단순무작위 확률표집과 층화 확률표집, 체계적 무작위 확률표집, 군집 확률표집으로 나눌 수 있다. 비확률표집은 우연이나 우발적 사건에 의한 편의 표집과 연구자의 의도적 판단을 통해서 표집하는 의도적 표집으로 구분할 수 있다.

표집의 가장 기본적인 원리는 무작위(random)이다. 무작위는 연구에서 피험자들을 처치할 때 발생할 수 있는 체계적인 영향을 배제하는 절차를 말한다. 심리학적 연구는 여러 집단이 동시에 사용되는데 무작위로 표집된 대상들을 다시 여러 집단에 무작위로 할당하게 된다. 무작위할당(random assignment)은 비체계적인 방식으로 독립변인의 다양한 처치 조건이나 수준에 사람들을 할당할 때 성립된다.

2) 관찰법

관찰법은 가장 역사가 깊은 연구방법 중 하나이다. 관찰법은 관찰하는 연구자의 주관적 인식이 좌우할 수 있기 때문에 객관성과 정밀성을 높이기 위한 보조적인 방법을 사용하게 된다. 대표적인 것이 관찰용지와 관찰척도 등이다.

관찰은 크게 두 가지에 대해서 일어난다. 첫째는 일상생활에서 자연히 발생하는 것들로 통제나 계획 없이 관찰하는 비간섭 관찰법이다. 둘째는 관찰을 통제하고 계획하는 간섭 관찰법이다. 예를 들어, 간섭 방법(obtrusive method)에서는 일정기간 직무수행을 하고 있는 종업원들을 관찰한다. 종업원은 관찰자가 자신들이 하는 직무의 특정한 측면을 연구한다는 사실을 알고 있다. 비간섭 방법(unobtrusive method)에서는 연구대상자가 연구자의 존재를 알 수도 있지만, 자신이 연구대상이라는 사실을 알지 못한다. 관찰법의 장점은 자연성이 전혀 훼손되지 않는다는 것인데, 외적 타당도가 매우 높고, 한 번에 많은 변인들에 대한 자료를 동시에 수집할 수 있다. 또한 다른 연구방법들에 비해서 연구자의 편파가 개입될 가능성이 상대적으로 적다. 반면, 단점으로는 변인에 대한 조작이나 통제가 없기 때문에 인과성 추론을 거의 할 수 없고, 변인의 측정도 실험법에 비하여 엄밀하지 않고, 연구대상의 반응이 편파적이거나 전집을 대표하고 있지 못할 수도 있고, 관찰자의 주관을 배제하기 어렵다.

3) 설문조사법

심리학이 발전하면서 인간의 심리상태를 알아보는 여러 가지 방법들이 고안되었다. 가장 대표적인 것이 설문지를 이용한 조사이다. 설문조사법은 제한된 시간 내에서 많은 자료를 비교적 쉽게 수집할 수 있다. 신분노출을 꺼리는 연구나 정치적 성향이나 도덕적 성향 등 민감한 내용에 대해서도 실시할 수 있다. 하지만 이러한 설문조사가 타당하기 위해서는 우선 전체 모집단의 특성을 잘 대표하는 표본을 추출하여야 한다. 그리고 자료 분석이 통계적으로 오류가 없도록 주의를 기울여야 한다. 설문조사를 통해서 얻은 자료들을 통해서는 변인들 간의 관계를 알아볼 수 있을 뿐 원인관계를 알기는 어렵다는 제한이 있기도 하다.

4) 실험법

실험법은 매우 정교한 연구방법으로 원인이 되는 독립변인과 결과가 되는 종속변인의 인과관계까지 알아볼 수 있다. 실험법은 실험실 실험과 현장 실험으로 구분되기도 한다. 실험법은 과학적 연구에서 가장 많이 사용되는 방법으로 추후 보다 상세히 알아보도록 하겠다.

5) 질적 연구

질적 연구(qualitative)는 비정량적 연구방법(nonquantitative method)이라고도 부른다. 질적 연구는 정량적 연구의 대안이다. 질적 연구는 대표적으로 사례연구와 문헌연구 등이 있으며, 이 밖에도 참여관찰, 직접수행 및 인터뷰와 같은 다양한 방식들이 있다.

사례연구는 희귀한 일, 사고나 훼손 등 윤리적으로 실험이 불가능한 경우 사용된다. 변인의 통제는 불가능하며, 잘못된 기억이나 기록에 의해서 왜곡이나 편파될 가능성이 있다. 한 개인이나 대상을 심층 조사하는 방법을 사용한다. 하지만 사례연구를 통해서는 인과관계를 설명할 수 없다. 사례연구법은 과거중심적인 연구방법이다. 주로 개인이나 조직이 성장해온 사례를 연구하여 결과를 도출하는 방법을 사용한다. 기억이나 기록을 통해서 연구하기 때문에 회고적 방법을 사용하게 된다. 따라서 기억이나 기록에 의존하기 때문에 주관적일 수 있음을 염두에 두고 연구를 진행하여야 한다. 대표적인 사례는 Freud의 정신분석이론의 임상적 사례들을 들 수 있다. 이러한 연구들에서는 사례연구를 주요한 연구방법으로 삼고 있으며 유용하게 활용하고 있다. 이때 사용하는 사례 수집 방법은 주로 자연적 관찰법이다.

문헌연구는 기록들을 연구목적으로 검토하고 어떤 관계성을 찾기 위하여 그 정보를 조직화하고 해석한다. 문헌연구의 장점은 다량의 데이터를 수집할 수 있으며, 추세와 관계성을 조망할 수도 있다. 또한 다른 연구방법들보다 비교적 적은 비용이 든다는 장점이 있다. 단점은 데이터의 누락이 발생할 수 있으며, 선행 연구들의 신뢰성이 확보되어야 한다. 문헌이 왜곡되었거나 편파되었다면 연구결과의 심각한 오염을 발생시킬 수 있기 때문에 문헌의 신뢰성과 타당성에 대해서는 연구의 사전 단계에서부터 면밀히 검토하여야 한다.

6) 심리검사법

심리검사는 현대 심리학에서 가장 많이 사용되는 방법이다. 심리검사는 인간 심리 특성에 대해서 객관적이고 체계적인 방법으로 수량화하고 측정하는 연구도구이다. 그러나 심리검사를 사용하기 위해서는 신뢰도와 타당도가 획득되어야 한다는 여러 가지 까다로운 절차와 기준에 부합해야 하는 어려움이 있다. 심리검사는 인간의 지능이나 성격에 대한 측정뿐만 아니라 태도나 적성, 성과에 대한 객관적인 자료를 제공해준다는 면에서 유용한 연구도구이다.

좋은 심리검사는 몇 가지 요건이 있다. 첫째, 적합성이 있어야 한다. 즉, 측정하고자 하는 바를 실제로 잘 측정하여야 한다는 것이다. 둘째, 일관성이 있어야 한다. 검사결과를 일관성 있게 제시할 수 있어야 좋은 검사가 된다. 적합성과 일관성은 다른 말로 타당도와 신뢰도로 표현하기도 한다. 심리검사에 대해서는 본 장의 후반부에서 보다 상세히 살펴보도록 하겠다.

7) 과학적 연구의 특성

심리학은 하나의 과학이다. 과학이란 단순히 학문이란 말과는 다른 뜻을 가진다. 모든 학문은 체계화된 지식의 모음이다. 지식들이 일정한 이론적 근거 위에서 분류되고 배열될 때 우리는 체계화된 지식이라고 말할 수 있다. 그러나 과학이라는 말은 학문이라는 그 이상의 의미를 가진다. 경험주의, 체계적 접근, 체계적 관찰, 측정, 그리고 조작적 정의 등은 과학이 가지고 있는 특징이라고 할 수 있다. 여기에 더해서 심리학이 인간의 마음을 연구하기 위해서 사용하는 과학적 방법들은 더 많고 다양하다. 우선 공통적인 과학의 특징들에 대해서 살펴보자.

(1) 경험주의

과학은 단순히 합리적인 사색으로 이루어지는 학문과는 구별된다. 철학, 논리학 등은 사색의 합리성으로 어떤 사람의 주장이 옳고 그른지를 가려내지만, 소위 과학에서는 어느 사람의 타당성을 관찰한 결과를 통해서만 따진다. 과학자는 관찰을 통해 새로운 사실에 대한 주장을 검증한다. 따라서 과학으로서의 심리학은 관찰을 통해서 사람의 심리과정에 관해 많은 것을 알 수 있다는 생각을 가장 기본적인 바탕으로 삼고 있다. 관찰이 아니라 영감이나 추측을 통해 또는 예전의 자료에만 의존해 사람의 심리를 연구한다는 사람이 있다면 그는 마음을 연구하는 사람일 수는 있겠지만 과학으로서의 심리학을 연구하는 심리학자라고는 부를 수 없을 것이다. 그런 의미에서 심리학자는 어떤 사람이 직접 체험한 것이라고 해서 그대로 받아들이지는 않는다. 왜냐하면 체험 혹은 경험 속에는 관찰된 사실과 함께 추측과 공상 등이 뒤섞여 있기 때문이다. 따라서 심리학은 경험주의에 근거하고 있지만 객관적으로 측정되고 검증된 경험만을 대상으로 한다는 특성을 가진다.

(2) 체계적 접근

과학은 관찰을 하되 일정한 규칙에 따라서 한다. 무엇을 관찰할 것인가를 정하고, 어떤 조건에서 관찰할 것인지도 미리 계획된 절차에 따르게 된다. 따라서 단지 피상적으로 지나치면서 우발적으로 보게 되는 관찰과는 다른 체계적 방식을 택하게 된다. 우발적인 관찰도 완전히 없는 것보다는 좋을 수는 있겠지만 틀린 사실을 잘못하여 객관적인 사실로 받아들일 수 있다는 점에서 과학에서 지향하는 믿을 만한 관찰이 아니다. 특히 어떤 현상의 규칙성이나 사건들 간의 인과관계를 확인하기 위해서 실시하는 관찰에서는 반드시 관찰조건이 잘 체계적으로 관리되고 통제되어야만 한다.

다시 말해, 연구자가 원인과 결과라고 설정한 관계를 확인하기 위해서 원인과 결과 변인 외에 다른 변인이 변해서는 안 된다. 예를 들어, TV 시청시간이 많아지면 공격성도 증가할 것이라는 연구가설을 관찰을 통해 검증하고자 할 때, 다른 모든 조건이 동일한 상태에서 TV 시청시간만 달라야지만 믿을 수 있는 관찰 결과를 얻을 수 있을 것이다. 이상의 관찰된 결과를 가지고 결론을 이끌어 내는 방법을 귀납법이라 한다. 귀납법은 어떤 관찰 결과에서 어떤 일반적 결론, 법칙 또는 원칙을 이끌어낼 수 있도록 한다. 귀납법으로 결론을 이끌어내려면 일정한 조건하에서 관찰이 이루어져야 한다. 귀납에 의해 얻어지는 원리는 어떤 두 개 또는 그 이상의 변인 간에 함수관계 형태를 가지게 된다. "X이면 Y이다"라든가 "X는 Y를 유발한다"의 형태로 나타나게 된다. 즉, 귀납법에 의해서 발견한 원인과 결과의 관계를 글이나 수식을 통해서 제시할 수 있게 된다는 뜻이다.

귀납법과는 반대로 먼저 어떤 일반원칙이 주어지고 그 원칙에 부합하는 구체적 사례를 제시하여 결론을 내리는 논리적 방법은 연역법이다. 연역법을 통해서 얻은 결론은 과학에서는 다시 관찰을 통해서 입증하여야 한다. 연역법을 통해서 얻은 결론을 과학에서는 예언이라고 한다. 단순한 결론이 아니라 그것이 예언되기 위해서는 그 예언을 관찰로 확인할 수 있어야 한다. 연역법을 통해 제시된 이론을 관찰로 검증하기 위해서는 용어의 정확한 정의가 필요하다.

(3) 체계적 관찰

체계적 관찰 방법은 행동을 현장에서 관찰하고 기록하는 것 또는 질문지나 검사 등 도구를 사용하여 관찰 대상의 반응을 수집하는 일체의 방법을 말한다. 직접 행동하는 대상자를 관찰하는 경우를 제외하면, 대개의 경우는 주로 대상자의 말(언어)을 기록하게 된다. 이때 관찰 대상자는 흔히 조사 대상 혹은 연구대상이라고 부르며, 말이나 글로 자신의 행동 패턴이나 지식, 감정상태 등을 질문에 따라 알려준다. 관찰 대상자가 모르게 그의 행동을 관찰하는 것은 현장 관찰법이라고 하며 질문지를 사용하는 것은 질문지법 그리고 직접 대상자를 만나 구두로 반응을 듣는 방법을 면접조사법이라고 한다. 심리학자는 질문지법이나 면접조사법에서 주로 심리검사를 사용한다.

체계적 관찰을 위해서는 관찰할 변인을 미리 정해두고 관찰 절차도 체계적으로 계획해두어야 한다. 또 변인을 측정하여야 하는데 일단 측정이 되면 변인들 간의 상관관계를 알아볼 수 있다. 상관관계에서는 변인들 간의 인과관계를 알아볼 수는 없지만 변인들 간의 관계성에 대해서는 알아볼 수가 있다. 체계적 관찰은 두 개의 다른 집단 간의 차이를 알아보는 연구에 많이 쓰인다. 왜냐하면 체계적 관찰은 여러 변인을 관찰하고 기록할 수 있기 때문이다. 여러 변인 중에서 몇 개만이라도 차이를 보이면 연구자는 만족할 수 있는 것이다. 체계적 관찰의 또 다른 장점은 실험을 할 수 없는 현상들을 연구할 수 있다는 점이다. 심리적인 현상 중에는 실험을 할 수 없거나 실험을 해서는 안 되는 것들이 있다. 복잡한 현상이나 사회적으로 중요한 현상 혹은 윤리적인 문제가 발생할 수 있는 현상에 대해서는 실험하기 어렵다. 이러한 문제가 발생할 때에 체계적 관찰을 사용할 수 있다.

2. 측정

인간행동이나 심리과정을 어떻게 객관적으로 측정할 수 있는지는 중요한 문제이다. 하지만 심리학에서는 인간의 마음 중 무엇을 측정할 것인지에 답하는 것이 더욱 중요하다고 말한다.

표 1. 척도 종류에 따른 특징

척도	SPSS의 변수 척도 설정	수에 포함된 정보의 내용	대표값의 측정	적용가능 통계분석방법	예
명목척도	명목	집단구분	최빈값	빈도분석 비모수통계 교차분석	성별 분류 지역 구분 직업 구분
서열척도	순서	순위	중앙값	서열상관관계 비모수통계	직급 선호순위 사회계층
등간척도	척도	간격 비교 시간	평균	모수통계	응답자의 의견, 태도, 선호도
비율척도	척도	절대적 크기 비교	평균	모수통계	매출액 소득, 나이

1) 측정의 종류

측정이란 측정하고자 하는 대상을 척도로 재는 것을 말한다. 척도의 성질에 따라 측정치의 특성이 달라진다. 측정은 흔히 일정한 규칙에 따라 대상 또는 사건에 숫자를 붙이는 것이라고 정의할 수 있다. 무한히 많은 숫자들을 가지고 100명의 사람들에게 마음대로 숫자를 붙이는 경우를 생각해보자. 기분 내키는 대로 숫자를 100명에게 붙일 수 있다. 하지만 이런 방법은 정해진 규칙을 찾을 수 없다. 처음 고른 숫자는 가장 왼쪽에 있는 사람에게 붙이고 다음 숫자는 그 다음 사람에게 붙이는 정도라면 규칙이 있다고 볼 수는 있다. 하지만 이런 규칙도 숫자와 사람과는 아무런 관계가 없는 규칙이다. 숫자가 100명의 사람들과 어떤 관계가 있는 것이어야 한다는 최소한의 기준을 가진다면 여기에는 몇 가지 규칙을 생각할 수 있을 것이다. 심리학에서는 이러한 측정이 가지는 의미를 보다 쉽게 파악할 수 있도록 크게 4가지로 척도의 종류를 구분하고 있다.

① **명명척도** : 질적인 차이에 따라 숫자를 배정한 척도를 말한다. 예를 들어, 남자를 1, 여자를 2라고 함으로써 분류에 대한 정보를 제공하는 것이다. 비연속적으로 분리되어 이름처럼 구분될 수 있는 척도라고 하여 명명척도라고 부른다.

② **서열척도** : 유목 사이의 양적인 순서를 고려하여 숫자를 배정한 척도를 말한다. 예를 들어, 성적이 제일 좋은 학생은 1등, 그 다음 학생은 2등과 같이 서열을 나타내는 수치로 표현된다. 1등과 2등 사이의 차이가 2등과 3등 사이의 차이와 동일하지는 않다. 서열척도는 단지 분류와 서열에 대한 정보만을 제공한다.

③ **등간척도** : 양적인 서열뿐만 아니라 그 크기가 비교될 수 있도록 간격으로 숫자를 배정한 척도를 말한다. 온도계의 눈금이 가장 대표적인 사례이다. 10℃와 20℃ 사이의 차이는 20℃와 30℃ 사이의 차이와 등간이므로 같다. IQ점수도 등간척도 중 한 가지이다.

④ **비율척도** : 물리학에서 사용되는 cm(길이), g(무게), s(시간)의 척도가 여기에 해당한다. 절대적인 영점이 존재하는 척도이다. 비율척도에 배정된 숫자들은 비례적인 비교가 가능하다.

2) 조작적 정의

용어를 정확하게 정의하여야지만 오해가 줄어들고 연구자들 간의 이해가 높아진다. 연구자마다 사용하는 용어가 불분명하면 불필요한 논쟁이 생기기 쉽다. 용어가 분명하게 정의되어 있어야지만 예언된 것에 대해서 관찰로 확인할 수 있다. 용어를 분명히 정의하는 방법으로서 과학에서 사용되고 있는 것이 바로 '조작적 정의'이다. 조작적 정의는 용어를 관찰이 가능한 것으로 변형하여 정의하는 것이다. 예를 들어, 지능에 대한 정의는 학자마다 다를 수 있다. 하지만 지능에 대한 조작적 정의를 '타당도와 신뢰도가 인정된 지능검사의 점수'라고 규정한다면, 학자마다 지능검사 점수를 지능으로 파악하고 측정과 연구를 진행할 수 있을 것이다.

3. 통계

1) 자료와 통계

심리학자가 다루는 자료는 대부분 측정을 통해서 얻어진 것들이다. 예를 들어, 남자가 몇 명, 여자가 몇 명 하는 식의 자료는 남녀의 유목에 따라 사람을 분류하고 이에 속하는 사람을 세어서 얻은 수로 구성된다. 이렇게 얻은 자료는 빈도의 형태를 취한다. 계수에는 유목이 전제되는데 유목에는 연속적인 유목과 비연속적 유목이 있다. 남녀는 비연속적인 경우이고 '찬성', '약간 찬성', '중간', '약간 불찬성', 그리고 '불찬성'과 같은 5개의 유목은 찬성-불찬성 차원상에 있는 연속적인 유목의 사례가 된다. 만일 이들 연속적 유목들에 차례로 5, 4, 3, 2, 1의 숫자를 대응시키면 이 수치는 찬성의 정도를 나타내는 서열(혹은 등간척도, 비율척도 등)척도가 된다. 즉, 유목은 자연적인 유목 외에도 여러 가지 인위적인 방법으로 만들어낼 수 있다. 측정은 유목을 만들어내는 한 가지 방법이다.

심리학에서는 객관성을 확보하기 위해서 연구에 사용하는 자료의 수를 최대한 많이 모으려고 한다. 하지만 과학적 측정을 통해서 얻어진 자료의 수가 많기 때문에 모아진 자료들이 과연 의미 있는 결과를 가지고 있는지를 알아내는 것은 또 다른 문제이다. 이러한 문제를 해결하기 위해서 심리학자들은 통계적인 방법을 사용하여 자료를 체계적으로 정리하고 숨겨진 의미들을 찾아낸다. 심리학에서 사용하는 통계적 방법은 크게 두 가지로 나눌 수 있는데 하나는 기술통계이고 또 다른 하나는 추리통계이다.

2) 기술통계

기술통계란 쉽게 생각하면 자료를 분석하고 요약하여 자료의 특성을 한눈에 볼 수 있도록 정리한 결과물이라고 볼 수 있다. 예를 들어, 실험에서의 실험집단이나 학교에서의 학급집단과 같이 어떤 집단의 특성을 통계적인 방법으로 요약해서 기술하는 것을 말한다. 가장 간단한 기술통계 방법은 집단에서 얻어진 자료를 분포로 제시하는 방법이다.

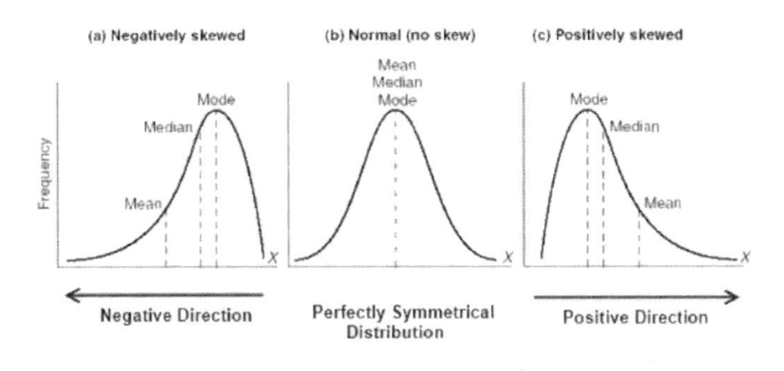

그림 11. 집중경향치(central tendency) 종류와 모양

대표적인 기술통계치들은 집중경향치(central tendency)와 변산도(variability) 등이 있다. 집중경향치는 집단의 분포가 어느 점수에 몰려 있는가에 의해 집단의 특성을 기술해주는 것으로 집단의 자료들이 어느 정도 집중되어 있는지를 의미한다. 대표적으로는 평균치(mean), 중앙치(median), 최빈치(mode)가 있다.

평균치는 등간척도 이상에서 사용하는 경우가 많은데, 자료의 합을 자료 수만큼 나눈 값이다. 평균치는 극단값이 있을 때 민감하게 반응하는 단점이 있기 때문에 표집이 안정되어 있다는 전제가 충족될 때 사용하는 것이 좋다. 중앙치는 서열척도 이상에서 사용하며 자료의 가장 중앙에 위치한 자료를 선정한다. 극단값이 자료에 존재하거나 제한이 없는 개방형 분포일 때 주로 사용한다. 최빈치는 명명척도 이상에서 사용하며, 수집된 자료 중 가장 빈도가 높은 자료를 최빈치로 선정하게 된다. 변산도(variability)는 분포가 얼마나 넓게 퍼져 있는가 하는 분산의 정도로 집단의 특성을 기술해준다. 편차는 변산도의 일종으로 표준편차, 평균편차, 4분 편차, 범위 등의 통계치로 표현할 수 있다.

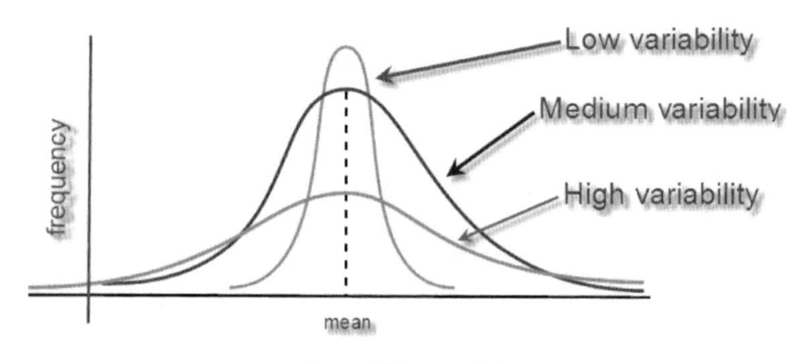

그림 12. 변산도(variability)

기술통계를 심리학 연구에 사용한다면 다음과 같은 사례를 들 수 있다. 한 학급에서 지능점수를 수집하였다고 생각해보자. 지능검사 점수들을 크기대로 배열하고 분류하여 일정한 분포를 얻을 수 있을 것이다. 대개 심리학에서 수집된 자료의 분포는 엎어 놓은 종 모양으로 보인다. 이런 분포에서 가장 집중된 점수가 무엇인지를 알아보기 위해서 평균치(mean), 중앙치(median) 등의 통계치를 계산하고 또 분포가 얼마나 넓게 퍼져 있는지를 알아보기 위해 표준편차(standard deviation)와 같은 변산도를 알려주는 통계치를 산출한다.

기술통계에서 중요한 또 다른 통계치는 상관계수인데 이것은 연구대상에 포함되어 있는 두개의 변인(예를 들어, IQ와 학교성적)에 관한 측정치를 살펴보고, 이 두 수치를 X와 Y축에 점찍어서 생기는 점들이 2차 함수의 기울기에서 어떤 관계를 나타내는지를 살펴보는 것이다. 상관계수는 0부터 ±1까지의 값을 가질 수 있는데 상관계수가 +1이면 점들은 일직선에 놓이고, 0이면 둥글게 펴져 있다는 뜻이다. 상관계수는 절대치가 클수록 X와 Y의 두 변인이 함께 강력한 관계를 가지고 있으며, 한 변인이 변할 때 다른 변인도 그만큼 변화될 것이라는 것을 보여준다. 한 변인(IQ)의 수치가 커짐에 따라 다른 변인(학교성적)의 수치도 커지면 상관계수는 +값을 가지게 된다. 이러한 +의 상관관계는 두 변인이 정적 상관관계에 있다고 말한다. 한 변인의 수치가 커짐에 따라 다른 변인의 수치가 작아지면 이때는 상관계수는 -값을 취하고 두 변인은 부적 상관관계를 이룬다고 말한다.

3) 추리통계

관찰에 참여한 소수의 자료를 통계적인 방법을 사용하여 전체 집단에 대해 추론하여 결론을 내리는 것을 추리통계라고 한다. 추리통계는 자료의 수집에서부터 모집단에서 추출된 표본을 대상으로 하기 때문에 오차가 생길 수밖에 없다. 이것을 보완하기 위해서 추리통계를 통해 나타난 결론은 확률에 근거하여 해석되고 제시된다. 연구에 사용되는 관찰된 수를 표본(sample)이라고 하고 연구목적에 부합하는 전체 집단을 모집단(population)이라고 한다.

추리통계를 심리학 연구에 사용한다면 다음과 같은 사례를 들 수 있다. 어느 학교에서 50명의 학생을 표본으로 추출하여 조사했더니 IQ 평균이 118로 나타났다. 학교 전체의 IQ 평균은 얼마쯤 될까? 또 전교 학생 전원의 IQ 평균이 118±20의 범위 안에 있다는 결론을 내렸을 때 그 결론이 맞을 확률이 얼마나 될까? 이런 질문에 답해주는 것이 추리통계를 실시하는 목적이다.

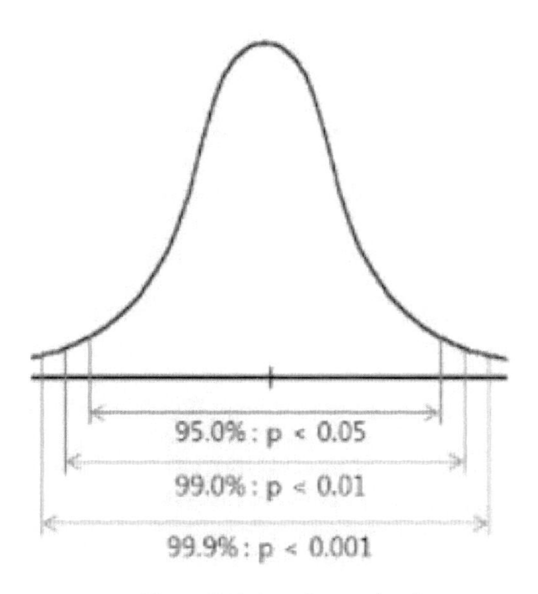

그림 13. 유의도(significance level)

추리통계의 또 다른 과제는 차이의 유의도(significance level)를 검증하는 일이다. 예를 들어, 어느 연구에서 담배를 매일 피우는 사람과 피우지 않는 사람들을 구분해서 정신적인 일을 시켰다. 작업이 일차로 끝난 다음 각 피험자에게 담배를 피우게 하고 이어 다시 정신적인 작업을 시켰다. 1차 작업 점수와 2차 작업 점수 사이의 차이를 살펴보니 담배를 피우는 집단의 수행성적 차이는 +0.25였고 피우지 않은 집단과의 수행성적 차이는 −5.1로 나타났다. 하지만 문제는 두 집단의 수행성적의 차이가 우연히 관찰된 결과인지 담배를 피운다는 변화가 가져온 필연적인 결과인지는 어떻게 알 수 있을까? 결과가 담배를 피운 것 때문이라고 자신 있게 대답하기 위해서 심리학자는 확률을 사용하는데 바로 이러한 작업이 유의도(significance level)를 검증하는 것이다.

관찰 혹은 실험의 결과가 우연히 생긴 것인지 아닌지는 우연히 그만큼 큰 차이가 생길 확률을 계산하여 그 확률이 100에 5보다 적으면 우연히 생긴 결과가 아니라고 결론을 내릴 수 있다. 통계적으로 그런 연구결과는 5% 수준에서 통계적으로 유의미하다고 말한다. 심리학에서는 엄격한 결과의 유의도 검증을 위해서 100에 5(5% 수준)뿐만이 아니라 100에 1, 즉 1%의 유의도(significance level)도 자주 사용한다.

4. 실험

조작적 정의를 사용하여 심리학에서는 눈에 보이지 않는 내적 심리과정을 눈에 보이는 관찰 결과로 수치화할 수 있다. 조작적 정의와 체계적 관찰 등의 절차를 통해서 실시하는 과학적 연구방법 중에서 가장 대표적인 것이 바로 실험법이다. 실험은 하나 또는 두 가지 이상의 변인에 대해서 관찰하면서 동시에 관찰 사항에 영향을 주는 다른 변인을 체계적으로 통제하여 그 효과를 알아보는 연구 방법이다. 이때 실험자가 의도적으로 변화시키는 변인 이외의 다른 변인들이 따라서 변하지 않도록 상황을 고정시켜 두어야 한다. 실험의 시작은 연구자가 어떠한 가설을 설정하는가로부터 출발한다.

1) 가설

가설은 연구를 이끌어가는 개념이며 잠정적 설명이거나 가능성에 대한 진술이다. 가설은 연구의 시작과 진행 방향을 제시한다. 연구를 위한 적절한 자료 및 변인을 찾도록 하고, 결론을 도출해낸다. 가설은 연구를 시작하기 이전에 연구자가 관찰하여야 하는 대상이나 조건을 설명해주고 연구가 끝나고 나서 도달하게 될 결과에 대해서 예리하게 짐작하거나 추리하는 것을 말한다. 간단히 말하면 가설은 둘 이상의 변인 간의 관계에 대한 추리를 문장화한 것이다. 따라서 가설은 변인 간의 관계를 추리하며, 연구문제에 대한 잠정적인 결론을 제공한다.

(1) 영가설(null hypothesis)

영가설은 연구에서 변화를 준 변인들에 따른 차이가 없다는 가설을 말한다. 즉, 집단 혹은 처치에 따른 차이가 '0'이라는 가설이며, 동일 집단일 경우에는 연구를 시작하기 이전과 이후의 차이가 없다는 가설이다. 영가설은 보통의 경우 기각되는 것을 연구목적으로 한다. 영가설을 제대로 기각하지 못하거나 잘못 채택할 때 발생하는 것이 오류이다. 영가설에 관한 오류는 1종 오류와 2종 오류 두 가지가 있다.

1종 오류는 영가설(H_o)이 참인데도 불구하고(실제로는 효과가 없거나 차이가 없음) 영가설(H_o)을 기각하는 잘못을 범하여 효과가 있거나 차이가 있음을 채택함으로써 발생하는 오류를 말한다. 2종 오류는 영가설(H_o)이 거짓인데도 불구하고(실제로는 효과가 있거나 차이가 있음) 영가설(H_o)을 채택하는 잘못을 범하여 효과가 없거나 차이가 없음을 채택함으로써 발생하는 오류이다.

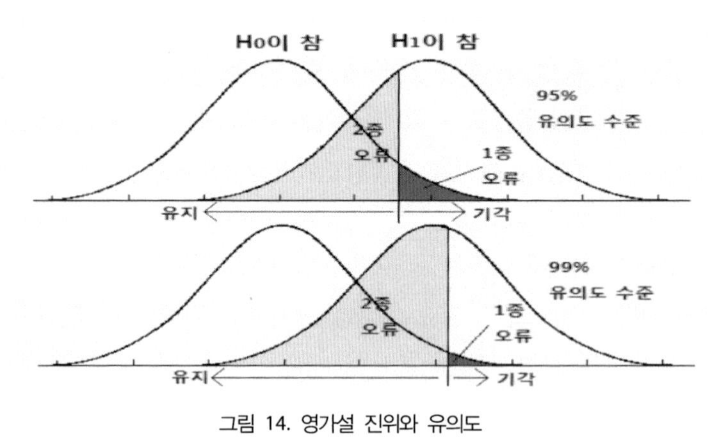

그림 14. 영가설 진위와 유의도

표 2. 영가설과 가설 검증의 관계

가설 검증에 의한 결정	영가설(H_o)의 진위	
	참	거짓
영가설(H_o) 기각	1종 오류	올바른 결정
영가설(H_o) 채택	올바른 결정	2종 오류

2) 실험절차

실험 절차와 방법은 대체로 다음의 세 가지 단계를 거치게 된다. 첫 번째로 실험자가 의도적으로 어느 변인을 변화시키고, 두 번째로 다른 변인들은 변하지 않도록 주의(통제)하며, 세 번째로는 의도적으로 변화시킨 변인이 행동에 어떤 영향을 주었는지를 주의 깊게 측정하는 것이다. 이러한 실험 연구방법을 구성하는 요소로는 독립변인, 혼입변인 통제, 종속변인이 있다.

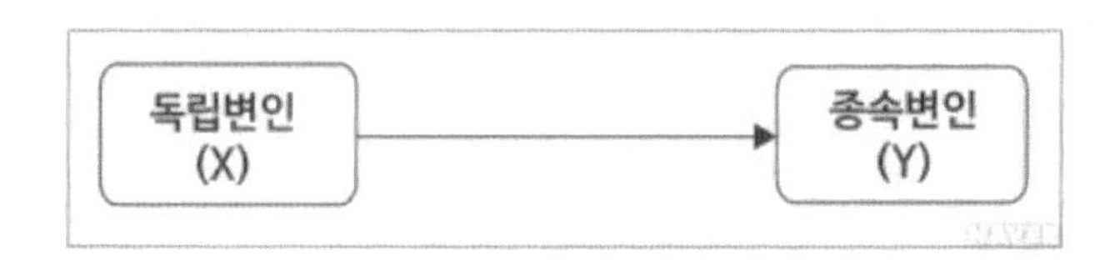

그림 15. 독립변인과 종속변인의 관계

(1) 독립변인

독립변인은 연구자가 효과를 알아보기 위해서 변화시키는 변인을 말한다. 독립변인은 동시에 몇 가지가 설정될 수 있으며, 대개는 외부의 어떠한 부분이다. 예를 들어, 조명이 작업량에 미치는 효과를 연구하는 실험이라면 조명이 독립변인이 된다.

(2) 혼입변인과 통제

혼입(오염)변인은 독립변인과 종속변인의 사이에 연구자의 의도와 다르게 영향을 미치게 되는 변인을 말한다. 두 가지 이상의 변인들이 서로 얽혀 있어 어느 한 변인 쪽으로 결론을 내릴 수 없는 상황일 때 발생하게 된다. 예를 들어, 연령은 근속 연수와 혼입되는 대표적인 요소이다. 왜냐하면 상대적으로 나이가 어리면 직무에 오래 종사했을 수가 없기 때문이다.

혼입변인의 종류에는 반복측정에 의한 연습효과, 중간이나 극단만 편향적으로 평가하는 반응편형, 신기한 실험환경이나 관찰을 의식함으로써 발생하는 호손효과 그리고 믿는 것이 관찰되는 위약효과, 마지막으로 처음에 제시되는 자극에 영향을 받는 초두효과나 마지막에 제시되는 자극에 영향을 받는 최신효과와 같은 순서효과가 있다.

이러한 혼입변인의 영향을 줄이기 위한 것이 바로 통제이다. 조명이 작업량에 영향을 미치는지 여부를 알아보기 위해서는 작업에 영향을 미칠 만한 다른 변인들, 예컨대 소음은 조명이 밝을 때와 어두운 때에도 항상 같은 크기로 고정되어 있어야만 한다. 만일 소음이 조명이 다를 때 함께 달라진다면 조명이 작업량에 영향을 미치는 것과 함께 소음의 크기도 작업량에 영향을 주었다고 생각할 수 있을 것이기 때문이다.

심리학에서 연구를 하는 가장 큰 목적은 대개 인과관계를 살펴보기 위해서이다. 실험만이 인과관계를 알아내는 방법은 아니지만 가장 쉽게 그리고 확실하게 인과관계를 알아보게 해주는 것이 실험방법이다. 따라서 실험을 통해 얻어진 측정치들이 인과관계를 나타내는가를 분명히 밝히기 위해서는 얼마나 통제를 잘 했는지가 결정적인 영향을 미치게 된다.

(3) 종속변인

종속변인은 독립변인으로 인해서 나타나는 결과 혹은 변화를 가리킨다. 조명이 작업량에 미치는 영향을 살펴보는 실험에서 종속변인은 작업량이 된다. 종속변인은 하나의 실험에서 여러 개가 설정될 수도 있다. 종속변인은 실험 전에 이미 정확하고 분명하게 조작적 정의가 되어 있어야 하고 믿을 만하고 타당하게 측정할 수 있는 것이어야 한다.

실험은 관찰 횟수를 높이고, 누구나 반복할 수 있으며, 인과관계를 결정하게 해준다. 관찰 횟수를 높이고 누구나 실험을 반복해서 앞선 실험결과를 확인할 수 있다면 과학 발전은 빨라질 것이다. 실험을 반복할 수 있게 하려면 실험절차를 자세히 기록하고 독립변인과 종속변인에 대한 조작적 정의를 분명히 밝혀두어야 한다.

5. 분석의 종류

1) 상관분석(correlation)

상관분석은 두 개 이상의 연속된 변인이 함께 변하는 정도(크기)와 함께 변하는 방향을 나타내는 데 사용되는 통계분석이다. 상관관계는 변인들 사이의 원인과 결과로 분석될 수 없지만 변인들 간에 서로가 영향을 주는 관계가 성립한다.

상관연구는 실험적으로 조작하지 않은 채 두 개의 변인들 간의 관계에 대해서 결정한다. 예를 들어, 작업장 밀도와 종업원 범죄율과의 관계가 상관을 나타낼 수는 있어도 인과관계를 설명하지는 못한다. 상관분석은 주로 pearson 적률상관 계수(pearson product-moment correlation coefficient)로 표시하는데 -1~+1 사이에 있다. 절대값 1에 가까울수록 변인들 간의 상관관계가 강한 것이며, -는 부적상관을 나타내며, +는 정적 상관을 나타낸다.

2) 원인분석

원인분석은 변인들 사이의 원인과 결과를 분석하는 통계분석 방법이다. 원인분석은 주로 실험법으로 연구가 진행된 경우 밝혀내기가 쉽다. 왜냐하면 실험연구의 경우 정확한 반복측정이 가능하며, 가외변인이라고도 부르는 오염변인들에 대한 통제가 가능하기 때문이다. 또한, 참가자와 실험조건의 무작위 배치가 가능하고, 독립변인의 자유로운 조작도 가능하기 때문이다. 하지만 실험연구의 단점은 통제와 조작이 인위적 개입이기 때문에 연구를 통해서 얻어진 결과들이 과연 자연적인 상태에서도 그러할지 장담할 수 없다는 것이다.

원인분석의 가장 대표적인 통계분석은 회귀(regression)분석이다. 회귀분석은 두 변인이 상관이 있을 때 얻을 수 있는 주요한 부산물로 한 변인을 다른 한 변인을 예측하는데 사용할 수 있다는 것이다. 회귀분석을 통해서 회귀방정식(regression equation)을 얻을 수 있다. 회귀방정식은 한 변인으로 다른 변인을 예측할 수 있게 하는 수학공식이다. 회귀방정식에 한 변인(예언변인)의 값을 대입하면 다른 변인(준거변인)의 값을 구할 수 있다.

3) 차이분석

차이분석은 변인이나 집단들의 원인이나 상관보다 얼마나 차이가 나는지를 알아보는 통계분석이다. 차이분석에 사용되는 통계분석 방법은 분산분석, 요인분산분석, 독립집단 t-검증, 상관에 대한 t-검증, 다중회귀분석, 통합분석 등이 있다.

분산분석(anova)은 둘 이상의 피험자 집단이 종속변인에서 유의미하게 다른지 결정하기 위해 사용한다. 요인분산분석(factorial Anova)은 한 종속변인에 대해 둘 이상의 독립변인의 효과가 유의미한지 결정하기 위해 사용하는 분석방법이다. 독립집단 t-검증은 두 집단이 종속변인에서 유의미하게 다른지 결정하기 위해 사용한다. 상관에 대한 t-검증은 두 변인 간의 상관이 0보다 유의미하게 큰지 결정하기 위해 사용하며, 다중회귀분석은 둘 이상의 예언변인이 준거변인을 유의미하게 예측하는지 결정하기 위해 사용하는 분석방법이다. 마지막으로 통합분석(meta-analysis)은 연구의 결과를 결합하는 양적 분석방법이다. 통합분석은 여러 결과의 단순한 기술적 요약일 수도 있고, 매우 복잡한 수학적이고 통계적인 절차일 수도 있다. 통합분석은 메타분석이라고도 불리며 여러 이전 연구결과에 대한 재분석이다.

4) 매개효과와 조절효과

매개효과와 조절효과는 연구에 사용된 변인들 간의 관계에 따라서 알아보는 영향관계이다. 매개효과는 연구자가 원인과 결과로 가정한 변인들 사이에서 직접적이거나 간접적 관계로 연결(매개)하는 변인(매개변인, mediator)의 효과를 통해서 밝혀진다. 조절효과는 연구자가 원인과 결과로 혹은 매개관계로 가정한 변인들 간의 영향관계가 변화되도록 하는(조절) 제3의 변인(조절변인, moderator)을 통해서 밝혀지는 효과이다.

6. 심리검사의 요소

키를 측정할 때는 자를 사용하고, 온도를 측정할 때는 온도계를 사용하듯이 인간의 어떠한 심리 특성을 측정하기 위해서 사용되는 것이 심리검사이다.

1) 변별력

일반적으로 심리검사는 사람들이 가지고 있는 특정한 심리 상태 간의 차이를 발견하기 위해서 사용한다. 따라서 좋은 심리검사는 사람마다 가지고 있는 심리 상태의 차이를 잘 구분할 수 있어야 하는데 차이를 잘 구별하는 이러한 능력을 바로 변별력이라고 한다. 만약 어떤 지능검사가 50명의 지능에 대해서 단지 높은 지능과 낮은 지능이라는 두 범주로밖에 구분하지 못한다면 그 지능검사는 변별력이 나쁜 지능검사이다. 높은 변별력을 가지고 있는 지능검사라면 아마도 50명의 지능지수가 각기 다르게 나타날 것이다.

2) 표준화와 규준

좋은 심리검사는 표준화된 절차를 가지고 있어야 한다. 표준화되었다는 것은 그 검사가 규준을 가지고 있음을 뜻한다. 표준화는 검사관리를 위한 조건과 절차가 일관성이 있으며, 통일되어 있다는 것을 말한다. 각 검사는 그것을 시행할 때마다 따라야 하는 표준화된 절차가 있어야 한다. 이러한 절차들이 지켜지지 않으면 검사를 통해서 얻은 점수를 믿을 수 없게 된다. 표준화는 검사조건과 함께 검사를 수행하는 과정에 대해서도 정해야 한다. 따라서 검사시행자들에 대한 표준화된 훈련도 필요하다.

심리검사 결과를 해석하기 위해서는 개인의 점수를 다른 사람들의 점수와 비교할 수 있어야 한다. 이러한 비교는 응시자와 유사하지만 더 크고 많은 집단의 검사 점수들을 제공하게 되는데 이것을 검사규준이라고 한다. 따라서 규준은 제작된 검사를 상당한 크기의 잘 정의된 집단, 즉 표준화 집단에게 실시하여 얻은 점수들의 평균 및 분포형태로 이루어진다. 표준화와 규준은 개인의 점수를 의미 있게 해석하기 위하여 반드시 필요하다. 가령 어떤 능력 검사에서 70점을 받은 개인은 그 검사를 받은 다른 사람들의 점수에 대한 정보를 가지고 있지 않으면 해석할 수 없다. 표준화 과정에서나 검사 점수를 해석할 때 유의해야 할 것은 검사를 받는 사람들과 표준화 집단 간의 비교가능성이다. 만약 두 집단이 상당히 이질적이라면 표준화 집단에서 얻어진 규준에 의거하는 검사 점수의 해석은 그 의미를 상실하게 될 것이다.

3) 신뢰도

심리검사의 목적을 심리 특성에 대한 개인차를 변별하는 것이라고 한다면 두 가지 중요한 문제가 제기된다. 하나는 그 검사가 항상 동일한 방식으로 변별해내느냐 하는 문제이고, 다른 하나는 타당도의 문제, 즉 그 검사가 본래 알아보고자 했던 것을 제대로 변별해내느냐 하는 문제이다. 첫 번째 문제를 신뢰도의 문제라고 한다. 어떤 검사가 항상 동일한 속성을 동일한 크기로 측정해낸다면 그 검사는 신뢰할 만하다고 말할 수 있다. 그러나 실제로 검사를 통해 얻은 점수에는 측정하려는 속성 이외에도 검사 당시의 개인 기분, 동기, 상황 등과 같은 여러 가지 의도치 않은 내용들이 포함된다. 이처럼 의도하지 않은 내용들이 측정되는 것을 오차라고 한다. 오차가 증가할수록 신뢰도는 감소한다. 검사가 얼마나 신뢰할 수 있는지를 알아보는 방법으로는 검사·재검사 신뢰도, 동형검사 신뢰도와 양분 신뢰도 등이 사용된다.

검사-재검사 신뢰도는 신뢰도의 정의에 가장 충실한 방법으로 동일한 검사를 같은 사람에게 두 번 실시하여 얻은 검사점수들 간의 상관관계를 통해서 신뢰도를 알아보는 방법이다. 검사와 재검사 간의 상관계수가 +1에 근접할수록 그 검사는 신뢰도가 높은 것으로 간주된다. 하지만 검사-재검사 신뢰도의 문제점은 두 번 시행된 검사의 점수 변화가 신뢰도와는 다른 요인에 의해서 일어나기 쉽다는 것이다. 만약 시행 사이의 시간 간격이 너무 짧다면 피험자는 처음 시행에서의 응답을 기억함으로써 두 번째 시행에서 높은 상관계수를 얻을 수 있다. 반대로 시간간격이 너무 길어지게 된다면 망각이나 새로운 학습 등으로 상관계수가 낮아지게 된다.

동형검사 신뢰도는 동일하지만 다르게 제작된 두 개의 검사를 사용하여 신뢰도를 알아보는 방법이다. 예를 들어, A형과 B형의 검사 두 가지를 개발하고 이 두 가지 검사를 동일인들에게 실시한 뒤, 두 개의 검사 점수들 간의 상관계수를 계산해서 신뢰도를 얻는 것이다. 동형검사 신뢰도의 문제점은 검사 도구를 두 가지 만들어야 하는 데서 오는 시간과 비용의 증가이다.

양분 신뢰도는 동형검사 신뢰도를 보완한 방법으로 한 가지 검사를 한 번 실시한 후 검사에 사용된 문항이나 문제들을 두 개로 분리해서 마치 두 개의 검사인 것처럼 분석하는 방법이다. 양분 신뢰도는 검사시행 간의 일관성을 나타내기보다는 검사문항들의 동질성, 즉 내적 합치도 지표로 해석하게 된다.

4) 타당도

타당도란 검사가 측정하고자 하는 것을 얼마나 정확하게 측정하는가를 통해서 성립된다. 따라서 타당도가 높은 검사는 측정하려고 하는 내용을 정확하게 측정하는 검사이다. 타당도는 물리적인 척도에서는 크게 문제가 되지 않는다. 우리는 몸무게를 잴 때 체중계를 사용하는데 가리키는 눈금이나 숫자가 지능 지수를 나타내는 것이 아닌지 고심하지 않는다. 그러나 심리적인 척도에서는 이와 같은 판단이 쉽지 않다. 왜냐하면 심리적인 개념은 직접적으로 확인할 수 없기 개념들에 대해서 조작적 정의를 통해 무엇을 측정할지를 결정하기 때문이다. 따라서 정직성 검사를 사용하기에 앞서서 사용되는 도구가 과연 사람의 정직함을 측정하고 있는 것인지 아니면 전혀 다른 속성을 측정하고 있는지는 타당성을 면밀히 살펴보아야만 한다. 그런 면에서 심리검사가 높은 타당도를 가지는 것은 매우 어렵지만 중요한 문제이다.

심리검사의 타당도를 측정하는 방법은 크게 세 가지로 구분할 수 있다. 그것은 내용타당도, 경험타당도 및 구성타당도이다. 내용타당도는 검사의 내용이 측정하려는 속성과 일치하는지를 논리적으로 분석하고 검토하여 얼마나 타당한지를 결정하는 것이다. 내용타당도는 주로 성취검사에서 사용되는 타당도인데, 대표적인 사례가 바로 학교에서 치르는 시험을 들 수 있다. 시험문제의 타당성은 해당 강의에서 다룬 중요한 주제들이 고르게 출제되었느냐에 달려 있다. 따라서 내용타당도는 검사시행 후에 경험적으로 평가되기보다는 검사를 제작하는 당시에 전문가(예를 들어, 교과목 선생님)의 안목과 지식에 의해서 확보되는 타당도이기도 하다.

경험타당도는 한 검사에서의 수행을 기준이 다른 독립적인 측정치와 상관계수를 구하여 타당도 계수로 나타내는 방법으로 얻는다. 경험타당도는 좀 더 구체적으로 예언타당도나 공존타당도로 구분할 수 있다. 만약 기준이 되는 측정치가 검사가 시행된 후에 얻어지는 것이라면 미래의 어떤 행동특성을 얼마나 정확하게 예언하는지를 나타내는 예언타당도가 경험타당도가 된다. 예를 들어, 지능검사가 학업 성적을 예언할 것이라고 생각한다면 지능 지수는 학업 성적에 대한 예언타당도로 사용되는 것이다. 이때, 지능 지수가 높은 학생의 학업 성적이 높게 나타날 때 지능 지수는 학업 성적에 대해서 높은 예언타당도를 가지는 지표라고 할 수 있다. 반대로 지능 지수가 높은 학생의 학업 성적이 오히려 낮게 나타난다면 지능 지수는 학업 성적을 제대로 예언해주지 못하는 타당도가 낮은 지표가 된다.

공존타당도는 새로 개발된 검사를 사용한 결과와 이미 타당도가 인정된 기존의 동일한 속성을 측정하는 검사 결과와의 상관관계를 통해서 나타난다. 예언타당도와 공존타당도의 설명을 통해서 알 수 있듯이 경험타당도는 직접적이고 명백하다. 하지만 공존타당도 기준이 되는 기존의 다른 검사들과의 비교를 통해서 타당도를 획득하는 방법을 사용하기 때문에 기존의 심리검사 자체가 타당하다는 전제를 필요로 하는 어려움이 있다.

마지막으로 구성타당도는 측정하는 속성이 불안, 지능, 권위주의, 외향성 등과 같은 개인차를 다룰 때 적합한 방법이다. 어떤 검사가 특정 개념을 측정한다고 할 때 그 검사에 의한 측정치가 그 개념을 설명하는 이론으로부터 나온 예언과 합치되어야지만 구성타당도를 인정받게 된다. 예를 들어 지능이 출생 후 15세 때까지 지속적으로 상승한다는 이론이 있으면 제작된 지능검사는 연령이 증가함에 따라 15세 때까지는 상승 곡선으로 나타나야 할 것이다. 경험타당도가 실용적 목적을 가진 검사의 개발에 유용한 지표라면, 구성타당도는 심리학 이론을 검증하기 위해서 사용되는 검사에 적합하다.

7. 심리평가와 측정의 한계

1) 평가와 위험

직원에 대한 평가가 잘못된다면 이것은 개인과 조직에 심각한 위험이 될 수 있다. 평가의 잘못이 위험을 고조시키고 결국 사건으로 이어진 안타까운 사례가 있다. Dougherty (2004)는 플로리다에 있는 Allstate 보험회사에서 일하는 Paul Calder의 사례에 대한 보고에서 잘못된 직원에 대한 평가나 고용이 얼마나 조직과 사회를 위험하게 만들 수 있는지를 제시하였다.

Calder는 평소 자신을 외계인이라고 말하고 다니며, ‘Blood’라는 글자와 다른 이상한 글들을 자기 컴퓨터 스크린에 써놓곤 했다. 그리고 업무 중에는 상사나 동료들이 자신의 컴퓨터는 보지 못하게 막았다. 환불을 거부하는 안마사를 죽이겠다고 협박하기도 했으며, 직장에 총을 가지고 출근을 하는 경우도 있었다. 하지만 상사는 그를 곧바로 해고했을 때 문제를 일으키지 않을까 걱정했다. 회사는 Calder를 조심스럽게 해고하기 위해서 구조조정을 핑계 삼아 퇴직금을 주겠다고 하면서 다른 곳에 취업할 수 있도록 좋은 내용으로 추천서를 써주었다. 추천서에는 Calder에 대한 부정적인 내용은 전혀 언급되어 있지 않았고 칭찬 일색이었다. 물론, 직원에 대한 근거 없는 중상모략도 문제가 되겠지만 명백한 위험을 언급하지 않고 숨기는 것은 새로운 위험을 만들어낼 수 있다. Calder는 다른 보험회사에 취업했지만 번번이 기괴한 행동으로 해고당했다. 몇 달 후, 자신을 해고한 사람들을 만나러 나간 Calder는 9밀리 권총을 소지하고 있었다. 3명의 남자와 2명의 여자를 사상시킨 Calder는 인근 강가에서 사살을 하면서 사건은 일단락 되었다. 하지만 Calder에 의해서 살해된 직원들의 가족들은 Allstate 보험회사로부터 받은 추천서가 Calder의 문제 행동을 숨겨준 것이라면서 수백만 달러의 소송을 걸면서 또 다른 형태의 문제를 발생시키게 되었다.

직원에 대한 평가는 있는 사실 그대로 이루어져야만 하는데, 이것은 개인마다 자신에 대한 평가와 상이할 수 있기 때문에 쉽지 않다. 조직차원에서도 직원에 대한 올바른 평가는 중요한 주제이며 고용의 출발이자 마지막이다. 직장에서 능력 있다는 것이 영어를 잘하는 것인지, 수리적 계산을 잘하는 것인지, 의사소통 능력이 좋다는 것인지 애매한 경우가 많다. 단지 명령을 잘 따르기만 하거나, 시험을 잘 치는 기술이 있는 사람을 우리는 유능하다고 보는 경우가 많다. 또는 묵묵히 자기 일을 충실히 하는 사람보다는 자기에 대한 홍보와 포장을 잘하는 사람이 더 큰 일을 하고 있다고 여기기도 한다.

2) 심리평가 도구의 무비판적 사용

심리검사와 평가 및 측정의 문제점 중 가장 일반적인 것은 무비판적 사용이다. 잘 꾸며진 설명 책자가 사람들의 깊게 숨겨진 동기와 오랫동안 형성된 성격 및 욕구의 수준과 앞으로 일어날 행동들을 하나도 빠짐없이 혹은 과장이나 축소시키지 않고 잘 설명해 줄 것이라는 것은 심리학에 거는 일반적인 기대이긴 하지만 가장 위험한 생각이기도 하다. 더욱이 엄정한 연구 결과를 통해서 신뢰도와 타당도가 공인되지 않은 심리평가 도구나 측정 검사들이 통용되는 것은 실로 큰 위험이 될 수 있다. 결과에 대한 어떠한 자료도 없지만 단지 호기심이나 기대만을 가지고 실시하는 심리평가나 측정들은 비효율적이기도 하지만 공정하지도 않기 때문이다.

한국 사람들이 심리평가에 대해서 가장 흔하게 접하는 사례 중 가장 대표적인 것이 아마 혈액형에 따른 성격유형일 것이다. 아무런 과학적 근거가 없음에도 불구하고 혈액형이 사람들의 성격을 알려줄 것이라는 생각은 심리학이라는 이름으로 포장되어 수많은 사람들의 선입견을 강화하고 있다. 사람들은 자신이 믿는 것을 강화시키려고 하는 경향이 있기 때문에 이미 추론한 상대방의 성격적 특징을 혈액형 때문이라고 규정하면서 완성시키려고 한다. 조소현, 서은국과 노연정(2005)은 연구에서 혈액형과 성격검사 간에는 아무런 상관이 나타나지 않았다고 보고하였다. 다만, 혈액형에 대한 고정관념이 강한 사람일수록 자신의 성격을 혈액형별 유형으로 보고하려는 경향이 강하게 나타났는데, 이것은 사람들이 자신이 그럴 것이라고 믿는 대로 본다는 것을 나타낸다. 더 큰 문제는 혈액형이나 별자리 같은 어리숙한 형태가 아니라 너무나 그럴 듯하게 보이는 심리검사 도구도 많다는 것이다. 더욱이 공신력 있는 검사라 하더라도 한 가지 검사 결과만을 너무나 확실히 믿어버리는 것은 인간 심리에 대해서 아무것도 모르는 것이나 마찬가지이다.

3) 적격자의 탈락

신뢰도와 타당도가 높은 검사조차도 완벽하게 만족스러운 결과를 가져오지는 못한다. 즉, 만병통치약처럼 모든 기대에 부응하는 심리평가 도구나 심리 측정 검사는 없다. 따라서 항상 부당한 심리평가나 측정으로 손해를 보는 사람들이 있을 수 있다.

정신병원 입원이나 고용 관계의 불이익 등 잘못된 심리평가와 측정은 개인에게는 기회를 잃게 만든다든지, 자유를 제한받는 결과를 가져올 수도 있다. 조직이나 사회에서도 잘못된 심리평가나 측정은 찾아내야 하는 사람을 못 찾아낸다든지, 예언해야 하는 것을 제대로 예언해내지 못하면서 위험을 고조시킬 수 있다. 적격자를 탈락시키거나 적격하지 않은 사람을 골라내지 못하는 문제를 해결하기 위해서는 여러 가지 신뢰할 만하고 타당도가 높은 심리평가 도구나 심리 측정 검사를 사용하여 그 결과들을 비교하는 것이 방법이다.

4) 거짓말

심리검사에서 피검사자의 거짓된 반응은 신뢰도와 타당도를 떨어트리는 주요한 원인이다. 검사에 대한 허위진술 여부는 일관적이진 않은데, 사람들이 모든 검사에 대해서 거짓된 반응을 보이지는 않기 때문이다.

상담 관련 연구에서 진행된 성격검사의 경우 1,023명의 검사자료와 직업에 지원하는 1,135명의 자료를 비교한 결과 성격검사는 허위진술로 얻어지는 결과물이 크지 않은 반면에 직업에 관련한 검사는 고용과 직접적인 연관이 있었다. 두 집단의 검사는 서로 유의하게 차이를 나타냈는데, 이것은 검사의 목적과 종류에 따라서 실제가 아닌 허위적인 반응이 증가할 수 있음을 보여주는 것이다(Stark, Chernyshenko, Chan, Lee, & Drasgow, 2001).

5) 보복과 감시를 위한 사용

심리검사나 평가를 보복이나 감시의 방편으로 사용하는 것도 문제가 될 수 있다. 대학교 교수들에 대한 학생들의 점수는 수업의 개선점이나 발전을 위해서 중요한 자료를 제공한다. 그러나 일반적으로 학생들에게 낮은 학점을 준 교수들의 강의평가 점수도 낮았다. 이것은 학생들이 자신들의 낮은 학점에 대해서 교수들에게 보복한 결과로 보인다.

몬테나 주립대학에서 실시한 강의평가와 학점 간의 관계를 검사하는 연구가 대표적인 사례가 될 수 있을 것이다. 몬테나 대학의 강의평가는 교수들의 급여 인상 기준 조건으로 4점 만점에서 3.6점 이상을 유지해야 했다. 강의평가와 학점 간의 관계연구 결과, 학생들에게 과제나 수업의 난이도가 높을수록 낮은 점수를 부여받았고, 반대인 경우에는 강의평가가 좋았다. 이러한 결과에 대해서 연구자는 강의에 대한 평가가 정말 대학 교육의 질이나 교수의 강의 내용에 대한 것이 아니라 그야말로 인기에 대한 결과를 보여주고 있다고 지적했다. 연구자는 높은 강의평가 점수를 받기 위해서는 학생들을 화내게 하면 안 되는데, 이것은 학생들이 자신의 강의평가가 교수의 연봉이나 능력평가에 사용된다는 것을 알면 알수록 더욱 그러하다고 지적했다. 즉, 교수들이 학생들에게 준 학점에 대해서 학생들은 강의평가를 통해 보복할 수 있는 기회를 가지게 되는 것이다. 이처럼 평가나 측정은 보복과 같이 처음에 의도하지 않는 결과로 사용될 수 있다. 단순히 평가된다는 것을 아는 것만으로도 문제가 발생할 수 있다. 그것은 평가하기 위해서는 관찰해야 하고, 관찰한다는 것은 누군가에게는 감시당하는 것으로 받아들여질 수도 있다(Schultz & Schultz, 2008).

6) 윤리적 문제

미국 심리학회(APA)는 상담과 임상장면 그리고 학교와 직장의 선별 과정에서 실시되는 심리평가나 측정들이 윤리적으로 이루어지고 있는지에 대해서 관심을 높이고 있다. 한국의 경우도 이러한 심리평가나 측정이 가지는 민감한 개인적 정보들이 올바르게 수집되고 사용되고 있는지 살펴보아야 한다. APA 윤리규정은 심리검사를 배포하고 사용하는 데 있어서 몇 가지 안전 규정들을 만들어두었다.

첫째, 심리검사를 실시하고 해석하는 사람은 심리검사의 한계에 대해서 분명하게 인식하고 있어야 한다. 검사 결과에 대해서 편향된 시각을 가지지 않도록 노력하여야 하며 해석에 있어서도 절대적이고 고정된 것이 아니라는 점을 인식하고 있어야 한다. 표준화된 검사 방법에 따라 결과는 정확하게 기록하고 공정하게 채점하기 위해서 최선을 다하여야 한다.

둘째, 검사문항이 공공매체를 통해서 인쇄되거나 공개되어서는 안 된다. 실제 문항과 유사한 예시정도는 공개되어도 되지만 실제 문항이나 채점의 형태, 해석의 방법 등은 보안이 유지되어야 한다. 그리고 이것을 책임 있게 사용할 수 있는 전문가에게만 공급해야 한다.

셋째, 검사 점수는 그것을 공정하고 합리적으로 해석할 수 있는 사람과 피검사자에게만 공개되어야 한다. 다른 사람이나 이해관계자 혹은 가까운 사람이라는 이유로 다른 사람의 심리평가나 결과물을 제공받을 수 없도록 해야 한다. 또는 직접적 검사자가 아닌 수련생이나 공부를 위한 목적으로 타인의 심리검사 결과에 함부로 접근할 수 있도록 허용해서는 안 된다. 나아가, 피검사자는 자신의 심리검사 결과에 대해서 어떠한 형태로 해석되었으며 결과가 나타났는지를 보고받을 권리를 가진다.

넷째, 심리검사 도구의 공개는 충분한 연구와 긍정적 지지 결과들이 보고된 이후에 이루어져야 한다. 신뢰도, 타당도 및 규준 자료를 포함하고 있는 검사 매뉴얼을 제공하여야 한다. 정확한 검사 설명을 제공하고 구조화된 검사와 해석 방법을 제공할 수 있는 검사 도구여야 한다.

이러한 규정에도 불구하고 불필요한 검사나 민감한 질문을 포함하고 있는 심리검사 도구들을 무분별하게 사용하는 것은 문제를 야기할 수 있다. Brown(2001)의 연구에 나타난 사례에서 Soroka의 이야기는 주목해볼 만하다. 캘리포니아 Target Store에서 경비원을 구한다는 정보를 보고 원서를 넣었던 Soroka는 몇 가지 심리검사를 수행해야 했다. 실시된 심리검사는 미네소타 다면적 인성검사(MMPI)와 캘리포니아 성격검사(CPI)처럼 심리학 분야에서 오랫동안 신뢰도와 타당도를 인정받고 있는 검사들이었다. 그러나 Soroka는 검사 질문들에서 저승사자나 지옥이 있다고 생각하느냐를 묻는 문항에 불쾌감을 느끼기 시작했다. 동료에게 성적 매력을 느끼는지 혹은 야한 꿈을 꾸는지를 묻는 문항에서는 개인적 정보를 침해받고 있다는 인상을 받게 되었다. 종교적 신념이나 일상의 공상들이 경비원 업무와 아무 관계가 없다고 생각한 Soroka는 자신의 구직활동 중 실시된 심리검사들로 인해 사생활이 침해받았다는 소송을 제기했다. 두 번의 재판 결과 첫 번째는 Soroka의 주장이 받아들여지지 않았지만, 항소법원에서는 Soroka의 주장을 받아들여 승소하게 되었다. 중요한 것은 경비원 선발에 심리검사를 사용했다는 것이 문제가 된 것이 아니라, 실시된 심리검사가 경비원 활동과 어떻게 관련이 있는지에 대해서 회사가 아무런 증거자료를 제시하지 못했다는 데 있었다. 그야말로 회사는 호기심이나 좋은 점이 있을 것이라는 막연한 기대를 가지고 개인의 심리적 정보들을 수집한 것이었고 법원은 그 점에 있어서 개인의 사생활 보호 권리를 인정해준 것이다.

•••

직무분석의 가장 기본적인 목적은 직무를 수행하는 사람들에게 직무수행과 관련한 다양한 정보를 제공하는 것이다. 따라서 직무분석은 종업원 인사선발의 가장 기초적인 자료가 된다. 종업원은 직무분석을 통해서 밝혀진 내용을 바탕으로 직무를 성공적으로 수행하기 위한 조건과 해당 직무에 관한 어떠한 지식과 능력, 기술 그리고 기타적인 사항을 갖추고 있어야 하는지를 알 수 있다.

Ⅲ. 직무분석과 직무평가 그리고 직무설계

1. 준거

준거(criterion)란 평가 또는 판단을 내릴 때 사용하는 기준을 말한다. 직무분석을 위해서는 우선 분석을 하려는 직무를 평가할 기준이 있어야 하는데 산업심리학에서는 직무평가의 기준을 준거라고 한다. 준거는 다시 개념준거(conceptual criterion)와 실제준거(actual criterion)로 구분할 수 있다.

실제준거는 주관적 준거와 객관적 준거로 구분되는데, 주관적 준거는 상사나 동료의 평정치 등이 되고, 객관적 준거는 생산량, 임금, 근속 연수, 결근, 사고, 징계나 포상 등이 된다. 준거는 신뢰성, 현실성, 대표성, 일관성이 있어야 하고, 전문가와 경영자가 인정하고, 수량화되고, 변별력이 있어야 한다. 안정적인 측정치를 제공해주고, 현실적이며 비용이 많이 들지 않고 측정이 어렵지 않아야지만 좋은 준거라고 할 수 있다.

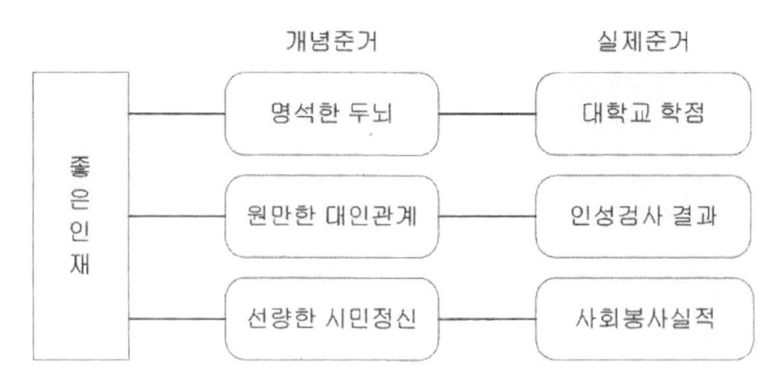

그림 16. 개념준거와 실제준거의 예

개념준거는 이론적인 준거 기준으로 대체로 추상적인 개념이다. 예를 들어, 기업이나 조직에 필요한 훌륭한 인재를 선발하고자 할 때, 개념준거는 탁월한 업무 능력과 원만한 대인관계 그리고 기업 내외의 훌륭한 성품 같은 것이 된다. 이에 반해 실제준거는 개념준거를 눈에 보이는 측정치로 규정한 것이 된다. 지능검사 점수나 학점, 성격검사의 사교성 검사, 동료나 상사의 평정점수, 사회봉사 점수나 자원봉사 시간 등이 바로 실제준거가 된다. 좋은 준거 개발을 위해서는 실제준거가 개념준거를 잘 측정해내어야 한다. 직무분석의 신뢰도와 타당도를 높이기 위한 기본 작업으로 좋은 준거를 개발하여야 하는데 산업심리학자의 주요한 연구분야이기도 하다.

개념준거에 대해서 실제준거가 잘 측정해내면 준거 관련성이 높아진다고 말한다. 하지만 개념준거를 실제준거가 잘 측정해내지 못하거나 전혀 다른 부분을 측정하면 준거오염(contamination)이 크다고 말한다. 준거오염이란 실제준거로서 측정은 하지만 개념준거와 전혀 다른 것을 측정하는 상황을 나타내는데, 준거를 오염시키는 정도에 따라서 크기가 달라진다. 개념준거에 대해서 실제준거가 측정하지 못하는 부분은 준거결핍(deficiency)이라고 한다. 준거결핍은 실제준거가 개념준거의 내용을 모두 나타내지 못하고 개념준거의 내용이 결핍되어 있는 정도를 말한다. 개념준거를 측정하는 실제준거에는 항상 어느 정도의 결핍이나 오차가 존재할 수밖에 없다. 준거결핍을 완전히 제거할 수는 없지만 실제준거를 신중하게 선택함으로써 준거결핍을 최소화할 수 있다. 준거오염과 준거결핍을 통틀어 준거왜곡(criterion distortion)이라고 한다.

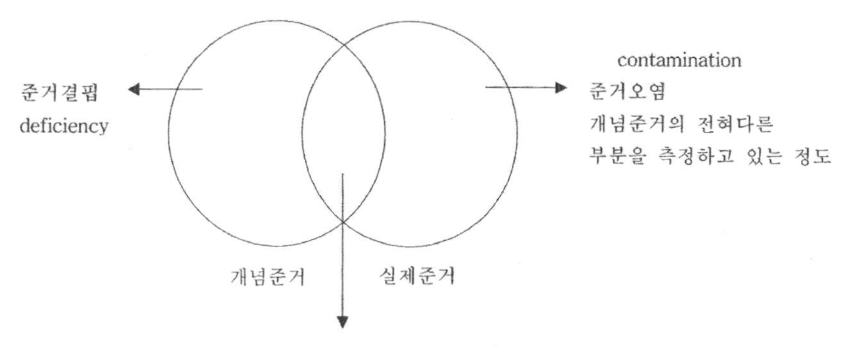

그림 17. 준거개념

1) 준거 종류

준거는 성격에 따라 여러 가지 종류가 있다. 우선, 평가 시점에 따라 현재에 초점을 두는 단기준거와 미래에 초점을 두는 장기준거로 나눌 수 있다. 두 번째로 준거측정치에 주관적 판단이 개입되는 정도에 따라 주관적 준거와 객관적 준거로 나눌 수 있다. 세 번째로는 평가에 사용되는 준거가 과정에 초점을 둔 것인지 아니면 결과에 초점을 둔 것인지에 따라 과정준거와 결과준거로 구분할 수 있다. 마지막으로 평가에 있어서

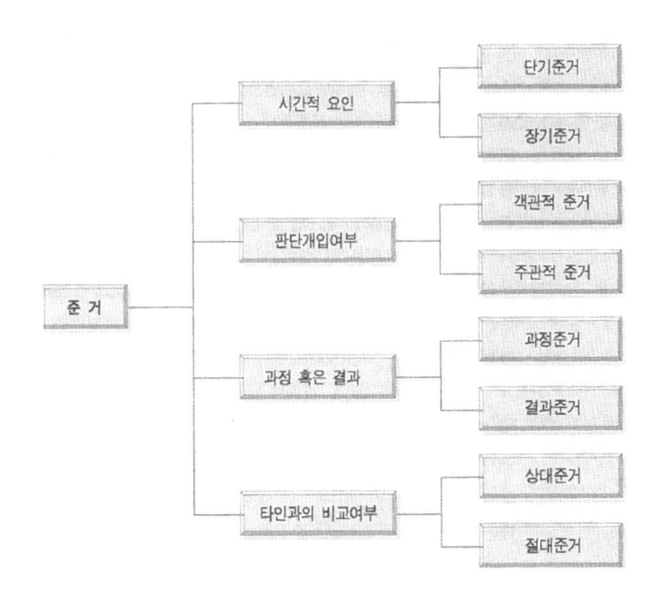

그림 18. 준거의 종류

타인과의 비교에 기초한 준거는 상대준거 그리고 미리 설정된 절대적 기준에 의해 평가하는 준거는 절대준거로 구분한다.

2) 준거 개발 방법

준거를 개발하는 방법에는 연역적 방법과 귀납적 방법이 있다. 연역적 방법은 기존 이론을 토대로 자신의 연구문제에 적합한 준거를 선정하는 것이다. 연역적 준거 개발 방법은 시간과 비용이 절감되는 장점이 있지만, 기존 연구가 없는 경우에는 사용할 수 없다는 단점이 있다. 귀납적 방법은 연구자가 얻은 경험적 자료로부터 적절한 준거를 개발하는 것이다. 귀납적 준거개발 방법은 시간과 비용이 많이 든다는 단점이 있지만 경험적 자료가 축적되어 있다면 동일한 주제의 후속 연구자들에게 이론적 배경을 제공할 수 있다는 장점이 있다.

3) 준거 개발 단계

준거 개발 단계는 우선, 목표와 요구를 분석하는 1단계가 있다. 2단계에서는 요구 분석과 목표 분석을 통해 바람직한 개념준거와 실제준거를 선정하게 된다. 예를 들어, 성실성이라는 개념준거에 대해서 실제준거는 이직률, 결근율, 생산량 등을 선정하는 것이다. 3단계에서는 선정된 준거들에 대해서 요인분석과 군집분석을 실시하여 분류하게 된다. 4단계에서는 3단계에서 찾아낸 차원들을 신뢰성 있게 측정할 수 있고, 구성타당도가 높은 준거측정치를 개발한다. 마지막 5단계에서는 예상타당도를 검토하여 준거 개발을 완료한다.

2. 직무분석

직무분석(job analysis)이란 어떤 일을, 어떤 목적으로, 어떤 방법에 의해, 어떤 장소에서 수행하는지를 알아내고 직무를 수행하는데 요구되는 지식과 기술 그리고 능력과 기타 개인적 특성들[$KSAO_s$(knowledge: K, skill: S, ability: A, other personal characteristics: O_s)]이 무엇인지를 과학적이고 합리적으로 알아내는 것을 말한다. 즉, 조직에 있는 특정 직무에 대한 정보를 과학적으로 수집하고 분석하는 것이 바로 직무분석이다.

Ghorpadem과 Atchison(1980)은 직무분석을 “조직의 계획수립과 설계, 인적 자원 관리, 기타 관리적 기능들을 수행하기 위한 기초 정보를 얻기 위하여 조직 내에서 직무에 관한 정보를 수집, 분석, 종합하는 관리적 활동”이라고 정의하였다.

직무분석의 목적은 근로자가 수행하는 구체적인 직무의 하위 작업 요소에 대해서 그 본질을 정확하고 명확한 용어를 사용하여 기술하는 것이다. 직무분석은 사용하는 장비나 도구, 수행하는 작업, 안전사고와 같은 직무의 독특한 면, 요구되는 교육이나 훈련, 급여 범위 등과 같은 정보를 모두 포함한다. 만약 어떤 조직이나 산업체에서 한 직무의 성공적인 수행을 위해서 요구되는 것이 무엇인지를 정확히 알지 못한다면 그 직무를 수행하려고 준비하는 사람들이 갖추어야 할 자격이나 능력이 무엇인지 알 수 없을 것이다. 또한, 직무분석이 필요한 이유는 어떤 구체적 직무에 대한 교육 및 훈련 계획을 세우기 위해서는 그 직무의 본질을 알아야 하기 때문이다. 즉, 그 직무를 성공적으로 수행하기 위해서 필요한 구체적 과제, 단계 그리고 작업을 알지 못한다면 회사는 사람을 직무를 수행토록 교육시키거나 훈련시킬 수 없다. 직무분석은 직무를 재조직하는데 도움을 주어 그 직무를 더욱 능률적으로 수행하게 해준다.

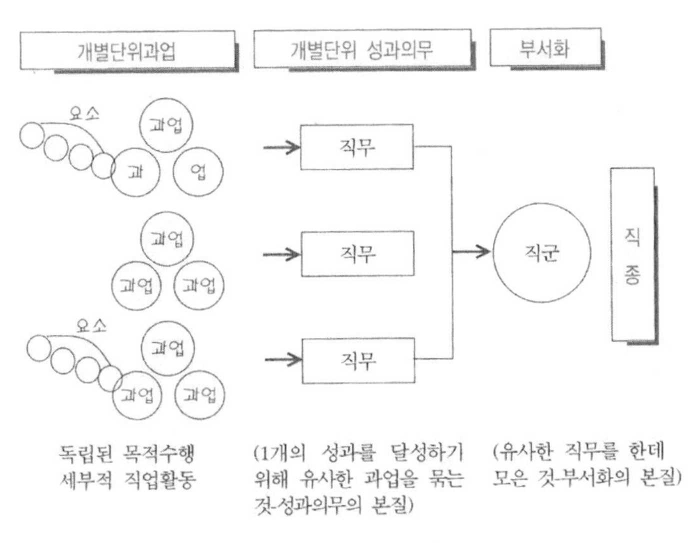

그림 19. 직군, 직무, 과업 등의 구분

1) 직무 하위영역

직무 영역들은 직위(position: 직책이라고도 함), 직종(occupation: 직업이라고도 함), 직군(job family), 직무(job), 과업(task), 요소(element)들로 이루어져 있다. 요소는 가장 세분화된 작업동작을 말하며, 일과 관련된 동작이나 정신적 과정의 최소단위이다.

야구팀에서 투수라는 직무를 예로 들면, 투수라는 직무의 요소는 공던지기와 공받기 등이다. 과업은 일정한 목적을 가지고 있으며, 특정 직무에서 분명히 확인할 수 있는 작업 활동을 말한다. 다시 말해, 개별 활동들의 집합, 목표 달성을 위해 독립적인 목적으로 수행되는 가장 기본적인 작업 활동이 과업이다. 투수라는 직무에서 과업은 투구, 수비, 견제 등이다. 유사한 과업들이 모여 하나의 일을 형성하는 것이 직무이다. 직무는 조직에서의 유사한 직위들의 집합으로 투수를 말하는 것이다. 유사한 직무들의 집단이 직군이며, 유사한 직무군들의 집단이 직종(직업)이다. 그리고 한 사람의 작업자에게 부여되는 일의 집합이 직위(직책)이다. 직위(직책)는 조직에 속한 종업원 각각이 수행하는 과업들의 집합을 말하는데 투수라는 직무에서의 직위는 투수1, 투수2, 투수3 등이 된다.

2) 직무분석의 용도

직무분석은 종업원이 수행하는 구체적인 직무 요소를 정확하게 밝혀내어서 명확하게 기술하는 것이다. 이렇게 밝혀진 직무분석 결과물들은 조직 내에서 발생하는 아래와 같은 문제들을 해결하는 목적으로 사용된다.

(1) 모집 및 선발

직무분석의 가장 기본적인 용도는 해당 직무를 수행할 종업원을 모집하는 것이다. 직무분석을 통해서 각 직무에서 요구되는 지식, 기술, 능력 등을 알아내게 되면 어떤 사람을 선발할지에 대한 전략을 수립할 수 있게 된다.

(2) 교육 및 훈련

직무분석의 결과는 직무를 성공적으로 수행하기 위한 종업원의 교육과 훈련에 사용되기도 한다. 각 직무에서 요구되는 활동이 무엇인지를 알아야지만 적절한 교육 및 훈련 내용을 구성할 수 있다. 직무분석은 훈련과정에서 다루어야 할 주요한 내용을 확인시켜주기 때문에 교육 및 훈련 프로그램 설계에 도움을 준다. 또한, 종업원의 직무만족과 경력개발을 위한 교육과 훈련에 직무분석의 결과를 사용할 수도 있다.

(3) 직무수행평가

직무분석을 통해서 밝혀진 기술이나 지식, 능력 등에 대해서 평가함으로써 종업원의 직무효율과 성과를 알아볼 수 있다. 직무수행평가의 결과는 임금이나 승진 등의 결정에 활용되기 때문에 직무분석의 객관성과 형평성은 조직운영에 결정적인 영향을 미치게 된다.

(4) 직무평가

직무분석은 임금을 결정하는 직무평가에 사용되기도 한다. 직무평가는 직무의 상대적 가치에 따라 등위를 정하는 것이다. 직무평가를 통해서 기업은 해당 직무를 수행하는 사람이 받게 되는 적정임금을 결정한다.

(5) 배치 및 경력평가

선발된 사람을 적성과 능력에 맞게 배치하는 것은 업무의 효율성을 향상시키고 직무만족도를 높이게 된다. 어떤 직무에서 요구되는 KSAO를 밝혀냄으로써 종업원이 경력을 개발하고 승진할 수 있도록 도움을 주기도 한다.

(6) 정원관리

직무분석을 통해서 해당 직무에 필요한 인원을 파악할 수 있다. 정원에 대한 관리는 법률적인 문제를 만들어낼 수도 있기 때문에 중요한 주제일 수 있으며, 현대 산업 및 조직에서는 장애인고용, 성차별, 연령, 학력차별의 근거나 처벌의 기준이 되기도 한다.

3) 직무분석 단계

(1) 준비단계

직무분석을 준비하는 단계에서는 어떤 직무를 분석할 것인지 결정한다. 그리고 직무분석을 왜 하는지를 결정하며, 조직 내에 직무분석의 필요성을 인식시키는 것이 필요하다. 직무분석을 통해 수집할 정보의 종류와 범위를 명시하고, 직무분석을 담당할 사람의 역할과 책임 및 한계를 결정하는 것이 준비단계에서 일어난다.

(2) 설계단계

직무분석을 준비하고 난 다음은 직무분석을 설계하게 된다. 설계단계에서는 직무에 관한 자료를 수집할 출처와 인원수를 결정한다. 자료 수집 방법으로 관찰법, 설문지법 중 무엇을 사용할 것인지를 결정하게 되며 설문지법을 결정하였다면 새롭게 제작할 것인지 기존의 것을 쓸지 결정하게 된다. 그리고 자료 분석 방법도 결정하게 된다.

(3) 자료수집과 분석

자료수집과 분석 단계에서는 직무분석의 목적에 따라 어떤 정보를 수집할 것인지 분명히 해야 한다. 직무분석과 관련된 직무요인의 특성을 찾게 된다. 직무정보의 출처로부터 실제로 자료를 수집하며, 수집된 정보가 타당한 것인지 현직자나 상사를 통하여 재검토한다. 직무에 관하여 수집된 정보를 분석하고 종합하는 단계이기도 하다.

(4) 결과정리

결과정리 단계에서는 직무기술서와 직무명세서를 작성하게 된다. 작업자 직무수행평가에 사용할 평가요인과 수행기준을 결정하고 직무평가에 사용할 보상요인을 결정한다. 그리고 유사한 직무들을 묶어서 직무군으로 분류하기도 한다.

(5) 배포 및 활용단계

배포 및 활용단계에서는 직무분석 결과를 조직 내에서 실제로 사용할 여러 관련 부서에 전달하게 되는데, 관련 분서에서는 직무분석 결과를 모집, 채용, 배치, 교육, 고과,

인력수급계획 등에 사용하게 된다.

(6) 통제단계(수정단계)

통제단계 혹은 수정단계에서는 직무분석의 내용을 최신 정보로 수정하게 된다. 직무 변화를 반영하여 직무정보를 최신의 것으로 수정하게 되는데 이것은 직무분석의 다른 모든 단계에 영향을 미치게 된다. 조직 내의 직무기술서 및 직무명세서의 사용자로부터 피드백을 받음으로써 이루어지기도 한다.

4) 직무분석의 유형

직무를 분석함에 있어서 초점을 어디에 두는가에 따라서 과제 중심적 직무분석과 작업자 중심적 직무분석으로 구분할 수 있다.

(1) 과제 중심적 직무분석

과제 중심적 직무분석(task-oriented job analysis)은 일 중심의 직무분석이다. 직무에서 수행하는 과제나 활동이 어떤 것인지를 파악하는 데 초점을 둔다. 주로 동사형의 문장으로 표현되는 특징이 있다. 예를 들어, 투수라는 직무에 대한 과제 중심적 분석은 '공을 잡는다', '공을 던진다' 등으로 표현한다. 이러한 형태는 과제를 중심으로 직무를 분석하기 때문에 과제분석(task analysis)이라고 부른다.

직무는 보통 네 가지로 구분되는데 바로 임무(duty), 과업(task), 활동(activity), 요소(element)이다. 임무는 직무의 중요 구성 원리를 말한다. 경찰관 직무를 예로 들면 임무는 범인을 체포하는 것이다. 임무는 다시 하나 이상의 관련된 과업들을 동반한다. 따라서 과업은 어떤 특정 목적을 완성하기 위한 일의 조각들이다. 각각의 과업들은 다시 여러 가지 활동들로 구분될 수 있는데 이러한 개별 활동들이 모여 하나의 과업을 만든다. 경찰관을 예를 들면 활동은 범인에게 수갑을 채우는 일이다. 이러한 활동을 완성하기 위해서는 여러 가지 요소가 필요하다. 따라서 경찰관 직무의 요소는 손이 빠져나가지 않게 수갑을 조정하는 것 등이 된다.

이처럼 직무는 여러 가지 임무로 구성되며, 임무는 몇 가지 과업으로 이루어져 있고, 과업은 몇 가지 활동들을 포함하며, 활동들은 또 다시 몇 가지 요소로 구성된다. 따라서 과제 중심적 직무분석은 특정 직무를 수행하는 데 필요한 정보를 찾아내는 방대하고 복잡한 작업이 될 수 있다. 또한, 각 직무에서 이루어지는 과제나 활동이 서로 다르기 때문에 분석하고자 하는 직무 각각에 대해 표준화된 분석도구를 만들 수 없다는 단점을 가지기도 한다.

(2) 작업자 중심적 직무분석

작업자 중심적 직무분석(worker-oriented job analysis)은 직무를 수행하는 데 요구되는 인간의 능력에 초점을 두고 작업자의 개인적 요건들 중심으로 직무를 분석하는 것이다. 재능과 능력에 초점을 두기 때문에 투수라는 직무에 대한 작업자 중심적인 직무분석은 '공을 빨리 던지는 능력', '견제하는 능력' 등으로 표현된다. 작업자 중심적 직무분석에서는 분명한 KSAO를 추출할 수 있으며, 직무명세서를 작성하는데 중요한 정보를 제공해준다는 장점이 있다.

McCormick, Jeanneret과 Mecham(1972)은 작업자 중심적 직무분석을 위해서 직위분석 질문지(Position analysis Questionnaire: PAQ)를 개발하였다. PAQ는 직무를 수행하는데 요구되는 인간의 특성들을 기술하는 데 사용되는 194개의 문항으로 구성되어 있으며, 이 문항들은 직무수행에 관해 6개의 하위차원에 대해 평정한다. 6개 차원은 다음과 같다.

첫째, 정보의 입력(information input)이다. 작업자가 직무를 수행하는 데 사용하는 정보의 원천에 관한 것이다. 정보의 입력과 관련된 행동을 포함한다. 둘째, 정신적 과정(mental processes)이다. 중재적 처리과정과 관련되어 있다. 셋째, 작업 결과(work output)이다. 종업원이 입력된 정보에 따라 어떤 행동을 하고 그 결과 서비스 또는 결과물을 생산해야 한다는 점을 반영한다. 넷째, 타인과의 관계(relationships with other persons)이다. 인간관계 활동으로서 협상, 설득, 지시 등의 내용으로 구성된 척도이다. 다섯째, 직무맥락(job context)이다. 작업환경 및 직무맥락과 관련된 것으로 소음, 좌절 상황, 대인 접촉에 의한 긴장 등으로 구성되어 있다. 여섯째, 기타 직무 특성(other job characteristics)이다. 작업계획, 임금, 시간적 압박, 책임 등 다양한 측면의 내용을 다룬다.

작업자 중심적 직무분석은 인간의 다양한 특성들이 각 직무에서 어느 정도나 요구되는지를 분석하기 때문에 직무에 관계없이 표준화된 도구를 만들기 쉽고, 다양한 직무에서 요구되는 인간 특성의 유사 정도를 양적으로 비교하는 것이 가능하여 폭넓게 활용되는 장점이 있다. 그러나 설문지로 측정된 점수를 바탕으로 개별 직무의 성과표준을 직접 산출하기 힘들다는 단점이 있기도 하다.

5) 직무분석을 위한 정보수집 출처

(1) 주제관련 전문가

주제관련 전문가(Subject Matter Expert: SME)란 직무에 관한 직접적인 최근의 경험을 가지고 있는 사람을 말한다. 주로 현재 직무를 수행하고 있는 현직자나 그 직무의 상사인 경우가 많다. 중요한 직무 요소에 대한 견해에서는 아마도 현직자와 상사가 차이가 있을 것이다. 예를 들어, 벽돌 쌓기의 경우 현직자는 줄 맞추기가 중요하다고 여긴다면, 상사는 속도와 같이 업무성과에 영향을 미치는 요소를 더욱 중요하게 볼 수 있다.

주제관련 전문가에 대한 정보수집은 충분한 협조와 이해가 필요하다. 이를 위해서 몇 가지 지침을 마련해두기도 하였다. 첫째, 피조사자는 누가 면접관인지, 왜 그렇게 많은 질문을 하는지 그리고 모든 것을 다 정직하게 대답하는 것이 왜 중요한지에 대해서 자세하게 설명을 들어야 한다. 간단히 말해서 근로자들은 무엇을 묻게 되는지, 왜 그것이 필요한지에 대해서 충분히 이해한 상태에서 정보를 제공하게 된다. 둘째, 질문은 미리 철저하게 계획되고 말로 꾸며져야 한다. 공표된 직무분석에서 이러한 정보에 관해 도움을 받을 수 있다. 직무분석 자료는 분석가가 무엇을 조사해야 하는지에 관한 아이디어를 제공한다. 셋째, 면접관은 가능한 한 빨리 정보를 얻어내야 하고 근로자가 면접관보다 직무에 대해 더 많이 알고 있다는 것을 인식하고 피면접자를 존중하는 자세를 가져야 한다.

(2) 직무분석가

많은 직무들 간에 비교가 필요할 때 사용하는 방법으로 조사자는 직무분석 방법에 익숙한 전문가들이다. 여러 직무에 대해서 가장 일관된 평정을 내릴 수 있는 능력을 갖추고 있다. 큰 조직에서는 같거나 유사한 직무를 과거에 분석했을 수 있다. 비록 그러한 조사가 현재 분석에는 직접적으로 적용되지 못할지라도 자료 자체로서 유용한 정보를 제공해줄 수도 있다.

(3) 고객

고객만족이 강조됨에 따라 고객과의 접촉이 많은 직무에서 고객이 직무에 관한 중요한 정보를 제공해주는 비율이 점점 확대되고 있다. 고객이 제공하는 정보는 객관적일 수 있으며, 실제 고객을 응대하는 조직에서는 핵심적인 사항에 대한 정보를 준다는 점에서 중요하다.

6) 정보수집 방법

직무분석에 관한 자료를 얻는 방법은 여러 가지가 있는데, 가장 대표적으로 관찰법과 면접법, 설문조사법, 작업일지법 그리고 결정사건법 등이 있다. Muchinsky(2003)는 세 가지 이상의 방법을 함께 사용할 것을 권하고 있다.

(1) 관찰법(Observation method)

분석하려는 직무를 수행하는 근로자에 대한 직접적인 관찰로 직무내용을 파악하는 방법이다. 관찰법은 직무분석에서 직무에 대한 가장 기초적인 지식을 제공해준다. 효과적으로 관찰하기 위해서는 관찰자와 적당한 거리를 유지하는 것이 중요하다. 작업자의 수행을 방해하지 않고 평소대로 일하는 것을 관찰하여야 하기 때문이다. 단점은 너무 많은 시간이 소요될 수 있다는 것이며 피험자가 관찰을 의식하게 되면 결과가 믿을 수 없게 된다는 것이다. 이러한 대표적인 사례가 바로 호손연구에서 나타났다. 따라서 관찰법에서는 관찰자의 존재를 노출하지 않는 것이 중요하다.

관찰법은 직무에 대하여 상대적으로 객관적 시각을 유지할 수 있으며, 수행된 직무의 상황, 환경, 여건에 대한 파악이 쉽다. 그러나 이러한 관찰법은 정신과정을 주로 하는 직무에서는 제대로 사용하기 어렵다는 단점과 시간과 비용이 비교적 많이 소비된다는 단점이 있다.

(2) 설문지법(Questionnaire method)

설문지법을 사용하기 위해서는 먼저 관찰법이나 면접법을 통해서 사전정보를 갖추어야 한다. 그리고 무엇보다도 직무수행자가 성의를 가지고 정직하게 설문지에 응답하도록 하는 것이 중요하다. 설문지법은 직무수행자에게 설문지를 나누어주어 반응하게 하는데 이때 직무내용, 수행방법, 수행과정, 직무수행자의 자격 등이 설문지에 포함되어야 한다.

설문지는 분석하려는 직무에 따라 자체적으로 제작되거나 어떤 직무에도 사용될 수 있는 표준화된 설문지를 사용하는 방법이 있다. 직무마다 자체적으로 설문지를 사용하는 것은 직무의 특성에 대해서 보다 많은 정보를 자세히 제공할 수 있지만 비용과 시간의 증가가 단점이다. 표준화된 설문지는 비용과 시간이 절약되지만 절차가 까다롭고 제한된 정보만을 줄 수 있다는 단점이 있다. 가장 대표적인 표준화된 직무분석 설문지는 직위분석설문지(PAQ)이다.

질문지는 면접보다 시간은 덜 걸리지만 두 가지 정도의 단점이 있다. 첫째, 근로자들은 보다 개인적인 면접상황에서라면 심사숙고하고 정확하게 대답하지만 인격적 접촉이 부족한 질문지에서는 그런 동기화가 낮다. 둘째, 질문지에 응답하는 대답이 상세하지 못해서 포괄적인 분석이 어렵다. 따라서 여건이 허락된다면 질문지보다는 면접법이 보다 선호되는 직무분석 방법이다.

(3) 작업일지법(Employee recording method)

작업자들이 정해진 양식에 따라 직접 작성한 작업일지로부터 직무관련 정보를 수집하는 방법이다. 작업일지법은 주로 관찰하기 어려운 직무에서 주로 사용된다. 예를 들어, 과학자나 엔지니어, 고급관리자 등의 직무에 주로 사용된다. 만약 작업일지가 제대로 작성되었다면 관찰할 수 없는 상세한 직무내용을 수집할 수 있을 것이다. 대체로 장기적으로 작성된 작업일지의 경우에는 신뢰도가 상당히 높다. 하지만 작성자가 작업일지를 얼마나 성실히 작성하였는가에 의해서 정보가 왜곡될 수도 있다.

(4) 결정사건법(Critical incidents method)

직무행동 성과와 관련하여 효과적인 행동과 비효과적인 행동을 구분하여 사례를 수집하고 행동 패턴을 추출하여 분류하는 방법이 결정사건법이다. 일반적으로 직무에 대한 정보가 부족할 때 주로 사용하게 된다. 단점은 한두 가지의 결정적인 사건에 의존하기 때문에 사건이 왜곡되거나 평가자의 주관성이 개입할 여지가 커지는 것이다. 결정적 사건법의 목적은 직무를 성공적으로 수행하는 근로자와 그렇지 못한 근로자를 구별하는 것이다.

결정적 사건법은 직무의 바람직하거나 그렇지 못한 결과를 초래하는 특정한 행동에 초점을 둔다. 결정적 사건법은 직무행동과 직무수행 간의 관계를 직접적으로 파악할 수 있기 때문에 특정 직무의 핵심적인 요인을 결정하는 데 적합하다. 그러나 대표적으로 어떤 요인이 관련되어 있는지 정확하게 확인하기 어렵고, 어떤 직무에서 일어난 사건을 개인의 특성으로 귀인(attribution)할 수 있는지 결정하기가 어렵다. 또한, 수집된 직무행동을 분류하고 평가하는데 많은 시간과 노력이 소요되며, 제한된 정보를 통해서 해당 직무에 대한 포괄적인 정보를 얻기 힘들다는 단점이 있다.

(5) 면접법(Interview method)

면접법은 몇 가지 장점이 있다. 직무와 직접적으로 연관되어 있는 사람들은 그 일의 상세한 것을 알 수 있는 최적의 위치에 있다. 근로자와 직무분석가 간의 직접적인 상호작용은 근로자로 하여금 직무 분석가가 무엇을 얻어내려고 하는지 이해할 수 있게 해준다. 일반적으로 자신들의 역할 중요성을 충분히 알고 있는 근로자는 그렇지 못한 사람들보다 큰 도움을 주고 협조적이다. 면접법은 면접하는 장소를 결정하는 것이 중요한데, 일반적으로 직무가 수행되는 현장에서 면접하는 것을 선호한다. 하지만 다른 수행자들에게 방해가 되어서는 안 된다. 면접자의 자질과 기술도 중요한 요인이다. 효과적으로 좋은 자료를 얻기 위해서는 편안한 분위기의 조성, 고정관념이나 편견의 배제, 대답 유도 기술, 부드러운 질문 기법 등이 필요하다. 면접에 앞서서 면접의 이유와 절차 및 과정에 대해서 충분히 설명하는 것이 필요하다.

면접법은 관찰법에 비해 비교적 긴 시간을 필요로 하는 직무에 사용되는 것이 좋다. 또한 수행자의 정신적 활동까지 파악할 수 있는 장점이 있다. 그러나 피면접자가 자신의 진술로 피해를 볼 수 있다고 생각하게 되면 정확한 응답을 하지 않게 된다는 단점이 있기도 하다. 또한, 자료의 수집에 많은 시간과 노력이 들며, 수량화된 정보를 얻기 힘든 단점이 있다.

(6) 직접 수행하기

직무분석 정보를 수집하는 방법으로 분석자 자신이 분석 대상이 되는 직무를 집적 수행하는 것이 있다. 이때 기존의 종업원이 담당하고 있는 직무를 그대로 가감 없이 수행하는 것이 중요하다. 직무를 담당하는 종업원과 동일한 조건이 되지 못하면 정확한 직무정보를 얻기 어렵다. 따라서 이 방법은 현장경험을 통해 종업원이 어떻게 직무를 수행하는가를 비교적 정확히 알려준다. 하지만 실제로 이러한 방법은 자주 사용되기 어렵다. 왜냐하면 다른 방법들에 비해서 많은 시간과 비용이 들기 때문이며 분석가가 기존의 종업원만큼 직무의 숙련도를 높이기 힘든 것도 하나의 이유가 된다.

7) 질문지를 이용한 정보수집

(1) 직무 요소 질문지(Job components inventory: JCI)

직무요건과 근로자의 특성을 동시에 파악할 필요성이 대두되면서 영국에서 개발되었다. 직무에서 필요로 하는 요건과 특정한 사람이 보유하고 있는 KSAO를 동시에 평가할 수 있다.

표 3. JCI 5요소

구성요소	기술
도구와 장비	펜의 사용 전화기 사용
지각능력과 신체 사용조건	선택적 지각과 주의 손목/손가락/손놀림
수학능력	소수점 사용 정수 계산
의사소통	타인에게 충고하거나 도움주기 문서정보 이해
의사결정과 책임	작업순서 결정 작업량 결정

JCI에는 기술 목록을 포함하여 대표 직무들 400여 개 정도가 있으며, 400여 개 각각의 직무에 필요한 특성들을 5가지 구성요소별로 밝히고 있다. JCI를 구성하는 5요소의 첫째는 해당직무를 수행하는 데 필요한 도구와 장비들, 둘째는 직무를 수행하는 데 필요한 지각능력이나 신체조건, 셋째는 직무에서 요구되는 수학적 능력(mathematics), 넷째는 의사소통 유무나 의사소통의 깊이, 다섯째는 의사결정과 책임(일의 순서, 기준

결정) 등이다.

(2) 기능적 직무분석법(Functional job analysis: FJA)

기능적 직무분석법은 미국의 산업심리학자 Fine(1989)에 의해 개발된 것으로 과업지향적 직무분석의 고전적인 예이다. 직업명칭 사전(Dictionary of occupational titles: DOT)에서 규정한 직무들을 분류하기 위해서 개발된 분석법이다. 미국의 직업사전(DOT)은 오랜 기간의 대규모 직무분석 결과, 직업분류체계에 관한 정보를 제공해주는데 이를 통해 구직자에 대한 직업지도나 상담에 활용되어 왔다. 한국에서도 한국고용정보원에서 DOT와 유사한 한국직업사전을 발간하였고 인터넷으로도 확인 가능(O*NET)하다.

DOT는 9자리로 된 코드로 직무를 분류하는데 예를 들면, [185.137-101]이라는 코드에서 처음 3자리 185는 산업코드를 나타내는데 fast food 산업을 말한다. 다음의 가운데 세 자리 137은 FJA코드로 자료, 사람, 사물과 관련된 기능에 대해서 직무수행자에게 요구되는 책임과 판단을 의미한다. 1은 조정기능, 3은 감독기능, 7은 조작기능을 말한다. 다음의 마지막 세 자리는 직책코드를 말하는데 일반적으로 숫자가 작을수록 책임과 판단력이 증가한다. 따라서 010은 fast food 산업에서 점포관리자(manager)를 의미한다.

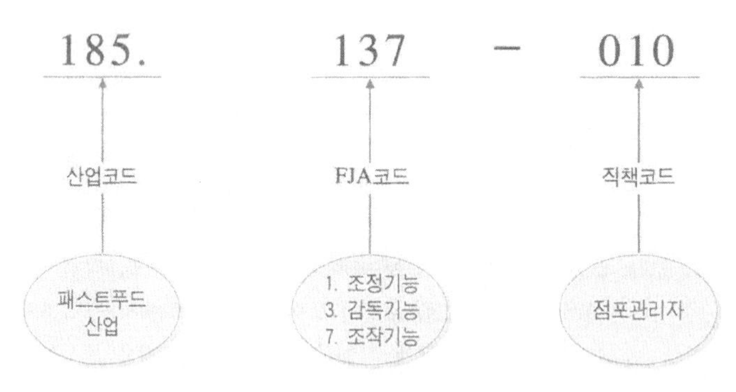

그림 20. DOT 코드의 의미

자료(data)	사람(people)	사물(Things)
0 종합	0 멘토링	0 설치
1 조정	1 협상	1 조준
2 분석	2 지시	2 운전-통제
3 정리	**3 감독**	3 작동-통제
4 계산	4 기분전환	4 조작
5 복사	5 설득	5 손질
6 비교	6 대화	6 원료 공급
	7 서비스 제공	**7 조작**
	8 지시된 내용 도와 줄 대화	

그림 21. FJA 코드

이러한 방법으로 DOT는 2만 가지 이상의 직무를 효과적으로 기술하고 있다. 이 기법은 작업자의 작업행동에 초점을 맞추었기 때문에 행동 종류, 복잡성, 그리고 이에 따라 요구되는 자격요건의 수준을 보다 체계적으로 파악할 수 있는 장점이 있다.

FJA는 일, 작업자, 작업조직의 상호작용 관계를 전체적으로 조망하고, 작업자가 특정 과업을 수행하는 데 있어서 어떻게 기능적 능력과 적응능력을 동시에 발휘할 수 있는가를 전체적으로 파악할 수 있도록 한다. FJA는 인사를 위한 기초자료를 제공하는 것이므로 인사관리 담당자는 FJA 정보를 인사부서에 적용하여 급여 결정의 기초가 되는 직무평가에 이용하고, 교육훈련 수요조사 자료로도 활용할 수 있으며, 인사평가 기준으로 사용하기도 한다.

(3) 직위분석 질문지(Position analysis questionnaire: PAQ)

미국에서 개발된 방법으로 PAQ는 194개의 문항으로 구성되어 있으며 6개의 하위차원으로 이루어져 있다. 하위척도 6개는 첫째, 정보의 입력(직무를 수행하는 데 이용되는 정보를 어디에서, 어떻게 얻는가?), 둘째, 정신적 과정(직무수행에 필요한 논리, 의사결정, 정보처리활동 계획은 무엇인가?), 셋째, 작업의 결과(필요한 육체적 활동은 무엇이며, 기계, 도구, 수단은 무엇인가?), 넷째, 타인과의 관계(다른 사람들과 어떤 상호작용이 필요한가?), 다섯째, 직무맥락(어떤 물리적, 사회적 상황에서 직무가 수행되는가?), 여섯째, 기타 직무특성(기타, 활동, 조건, 특성 등은 무엇인가?)이다.

PAQ의 문항을 통해서 사용범위, 소요시간 그리고 직무의 중요성, 발생가능성 등의 정보를 얻을 수 있다. PAQ는 이미 기존 직무를 위한 과업요소와 KSAO의 프로필이 만들어져 있다. 이러한 프로필은 PAQ Database에서 수백 개의 직무와 비교할 수 있도록 해준다. PAQ를 통해 조사된 모든 직무의 과업요소, KSAO 및 비교할 분석대상인 목표 직무와의 상대적 비율이 표시되는데 이때 이 비율이 낮다는 것은 일반적인 직무보다 목표 직무가 덜 중요하다는 것을 의미하며, 비율이 높다는 것은 일반적인 직무보다 목표 직무의 과업요소와 KSAO가 더 중요하다는 의미가 된다. 이처럼 PAQ의 장점은 바로 이러한 다양한 목표 직무를 일반직무와 비교할 수 있다는 것이다.

그러나 이러한 기법들도 한국어로 번역될 때 오는 문화적 차이나 인식의 차이로 인해서 신중함이 요구된다. 따라서 산업심리학자는 직무분석을 위한 최상의 방식이란 없다는 것을 항상 인식하고 있어야 한다.

(4) 과업질문지(Task inventory: TI)

과업질문지는 분석 대상 직무에서 수행될 수도 있는 특정한 과업들의 목록을 담아내는 질문지이다. 이러한 목록에는 각각의 과업을 분석하기 위한 여러 개의 평가척도가 들어 있다. 평가 척도는 네 가지 차원으로 구성되어 있다.

첫째, 과업을 하는 데 걸리는 시간

둘째, 직무를 잘하기 위하여 과업이 중요한 정도

셋째, 과업 학습의 난이도

넷째, 과업의 중요도이다.

표 4. 과업질문지를 통해 추출된 경찰관 직무의 주요 차원들

- 자동차 운전하기와 경찰차량 운전하기
- 범인 체포하기
- 용의자나 일반인과 인터뷰하기
- 일상적 순찰기간 중 상황 살피기
- 사고 및 사고관련 문제점 조사하기
- 순찰일지 및 조서 작성하기
- 교통범칙금 서류 발부하기
- 가정폭력과 같은 위기상황에 개입하기
- 시민 보호하기

(5) 직무분석 시스템(Job analysis system: JAS)

직무분석 시스템은 직무수행에 필요한 능력이 있는지 판단하는 도구이다. 직무에 필요한 능력에 대한 범주를 52개 항목으로 분류하였고, 항목은 능력에 대한 설명과 비교하여 점수화되어 있다. 항목별로 7점 척도에 응답하는 방법으로 직무에 필요한 능력요건의 정도를 판별할 수 있게 된다. Fleishman(1964)에 의해서 개발된 JAS는 질문지를 자체적으로 만들 때는 KSAO에 관한 진술문들로 만들고 다음의 세 측면으로 물어보는 문항을 포함하고 있다.

① 얼마나 자주 사용되는가?

② 얼마나 중요한가?

③ 직무에 들어오기 전 그것들을 얼마나 갖추고 있는가?

8) 직무분석의 결과물

직무분석자는 직무에 대한 정보수집을 위한 적절한 방법을 선택하고, 그 결과로 직무기술서(Job description)와 직무명세서(Job specification)를 작성하게 된다. 직무기술서는 직무내용, 직무수행에 필요한 재료, 설비, 작업도구, 직무수행 방법 및 절차, 작업조직 등 직무 내용에 대한 내용을 기록한다. 직무명세서에는 해당 직무를 수행하는 작업자가 갖추어야 할 자격요건을 인적 사항 중심으로 기록한다.

표 5. 직무기술서와 직무명세서 내용

직무기술서	직무명세서
직무명칭	직무명칭
직종	직종
직무내용 요약	요구되는 교육수준
수행과업	요구되는 기술수준
수행 방법 및 절차	요구되는 지식
사용되는 장비 및 도구	요구되는 능력(정신 및 육체)
작업조건	요구되는 작업경험

(1) 직무기술서

직무기술서는 직무에 대한 묘사의 정확성과 포괄성이 중요하다. 작업환경을 그려볼 수 있어야 하고, 현재형 시제, 능동형 문장, 간결하고 직접적인 문체, 동사로 표현한다.

수량적 용어를 사용하며, 현직자에 친숙한 용어를 사용하게 된다. 과제 중심적 직무분석의 결과물이다.

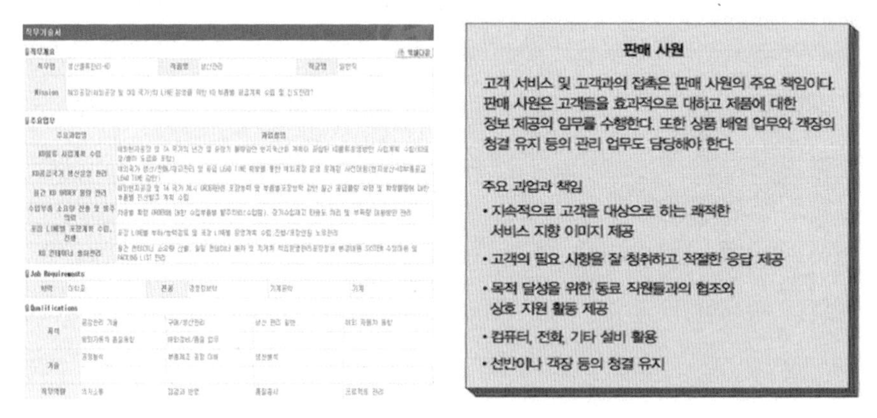

그림 22. 직무기술서 예시

그림 23. 직무기술서 내용

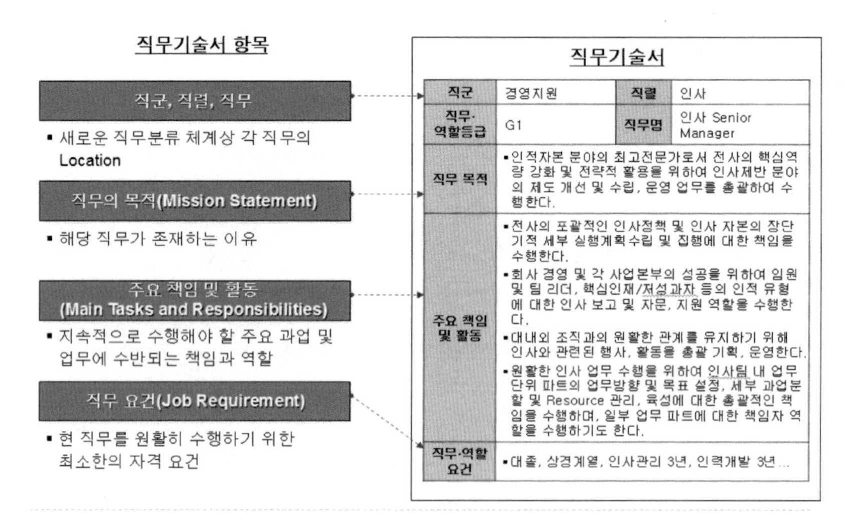

그림 24. 직무기술서 작성 예시

(2) 직무명세서(작업자 명세서)

직무명세서(작업자 명세서)는 직무를 성공적으로 수행하는 데 필요한 인적 요건들을 명시하고 있다. 직무명세서의 내용으로 성공적인 직무수행에 필요한 지식(Knowledge), 기술(Skill), 능력(Ability), 기타(Other personal characteristic)를 기술하게 된다.

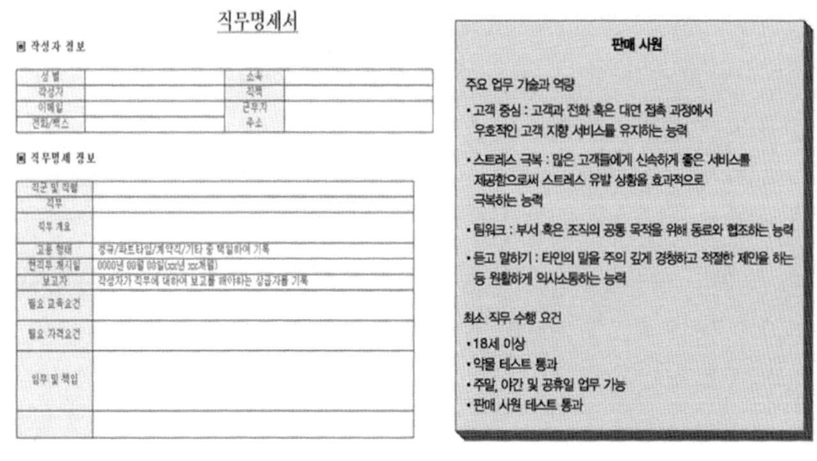

직무명세서

■ 작성자 정보

성별		소속	
작성자		직책	
이메일		근무지 주소	
전화/팩스			

■ 직무명세 정보

직군 및 직렬	
직무	
직무 개요	
고용 형태	정규/파트타임/계약직/기타 중 택일하여 기록
현직무 재직일	0000년 00월 00일(xx년 xx개월)
보고자	작성자가 직무에 대하여 보고를 해야하는 상급자를 기록
필요 교육요건	
필요 자격요건	
임무 및 책임	

그림 25. 직무명세서 예시

판매 사원

주요 업무 기술과 역량

- 고객 중심 : 고객과 전화 혹은 대면 접촉 과정에서 우호적인 고객 지향 서비스를 유지하는 능력
- 스트레스 극복 : 많은 고객들에게 신속하게 좋은 서비스를 제공함으로써 스트레스 유발 상황을 효과적으로 극복하는 능력
- 팀워크 : 부서 혹은 조직의 공통 목적을 위해 동료와 협조하는 능력
- 듣고 말하기 : 타인의 말을 주의 깊게 경청하고 적절한 제안을 하는 등 원활하게 의사소통하는 능력

최소 직무 수행 요건

- 18세 이상
- 약물 테스트 통과
- 주말, 야간 및 공휴일 업무 가능
- 판매 사원 테스트 통과

그림 26. 직무명세서 내용

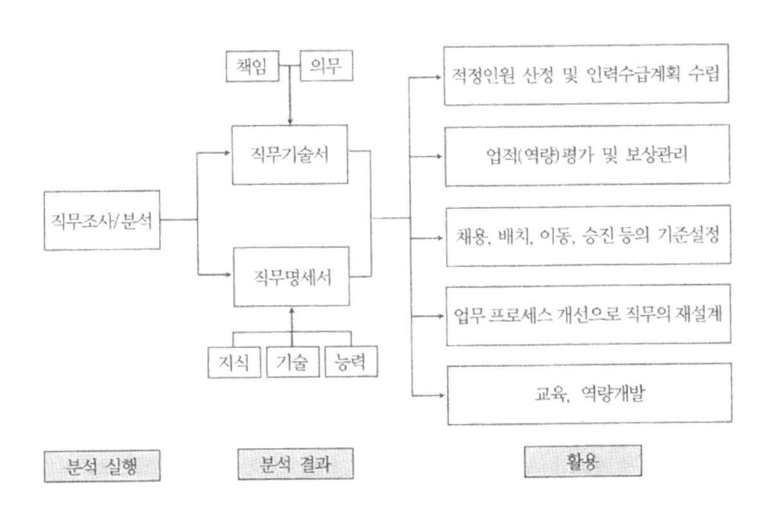

그림 27. 직무분석도

(3) 직무분석의 새로운 경향

현대 직무분석의 가장 큰 특징은 정보 출처의 변화라고 볼 수 있다. 조직 안에서 직무분석 정보를 수집하는 것과 함께 조직 밖에서의 정보수집 필요성이 증가하고 있는데 대표적인 조직 밖 정보 출처가 바로 고객이다. 또한 기술의 발달로 자동적으로 종업원의 직무수행을 기록하는 장비가 증가하면서 직무분석에 필요한 정보들을 컴퓨터를 통해서 얻는 비율도 증가하고 있다. 더불어 개인 작업이 아니라 팀 수행 및 고객과의 접촉이 증가하면서 과제 외 수행, 조직시민행동, 성격요인에 대한 분석 필요성이 증가하

고 있다. 이러한 직무분석의 변화를 종합적으로 고려하게 되면서 기존의 직무분석과 함께 역량중심의 분석이 필요하게 되었다. 역량중심의 직무분석 요구를 반영하여 역량 모델링 기법이 사용되고 있다.

'역량(competency)'이라는 개념은 McClelland(1973)에 의해서 처음 도입되었다. 역량은 특정 상황이나 직무에서 준거에 따른 효과적이고 우수한 수행의 원인이 되는 개인의 내적 특성이다. 역량은 다양한 상황에서 일반적으로 나타나고 비교적 오랜 시간 지속되는 행동 및 사고방식이다. 따라서 직무분석에서 사용되는 역량모델링은 종업원이 직무를 성공적으로 수행하는 데 요구되는 바람직한 인적 특성들을 찾아내는 절차로서 현재 가장 많이 사용되는 직무분석의 방향이다.

역량이란 조직에서 종업원이 갖추어야 할 특성이나 자질, 지식, 기술, 능력 및 기타 특성(Critical KSAO)을 말하는데, 작업자 중심적 직무분석과 역량분석의 가장 큰 차이는 조직의 최고 성과자가 가지고 있는 인적특성을 강조하는 것에 있다. 역량모델링의 기술을 예로 들면 다음과 같다. "항상 높은 수준의 성실도를 가지며 다른 종업원을 존중하고 배려하는 품성과 최신기술이나 지식을 지속적으로 습득하는 노력 그리고 개인의 성공보다 조직의 성공을 중요시하는 태도를 가지고 있다." 또한, 역량모델링은 수행에 요구되는 인적요건을 찾아내는 것에만 초점을 두고 일 자체에 대한 분석을 고려하지 않는다는 면에서 작업자 중심적 직무분석이나 과제 중심적 직무분석과 차이가 있다.

기존의 직무분석과 역량모델링의 차이는 좀 더 구체적으로 살펴보면 다음과 같다. 첫째, 직무분석에서는 조직 내에 존재하는 서로 다른 직무들 각각의 수행에 요구되는 독특한 KSAO를 찾아낸다. 예를 들어, 비서에게 요구되는 KSAO와 관리자에게 요구되는 KSAO를 각각 다르게 분석해서 찾는다는 것이다. 반면, 역량모델링은 조직에 존재하는 모든 직무에 일반적으로 적용될 수 있는 역량을 찾아낸다. 이런 역량은 KSAO보다 더 보편적이고 추상적인 성격을 가지기때문에 조직에서 요구하는 핵심역량이라고 부른다.

둘째, 직무분석 전문가들은 직무정보를 도출하기 위한 전문적 방법을 사용하여 각 직무에서 요구되는 KSAO를 밝혀낸다. 따라서 종업원은 직무분석의 전체 과정에 대해서는 모르는데, 역량모델링은 역량을 제대로 분석하였는지를 전체 회의를 거쳐서 검토하기 때문에 종업원 모두가 파악할 수 있다.

셋째, 역량모델링은 종업원의 개인적 자질을 조직의 전반적 사명과 연관시키고자 한다. 역량모델링의 목적은 종업원이 어떤 활동이든지 기꺼이 하도록 만드는 특성들을 알아내고 종업원이 조직문화에 부합하도록 만드는 것이다.

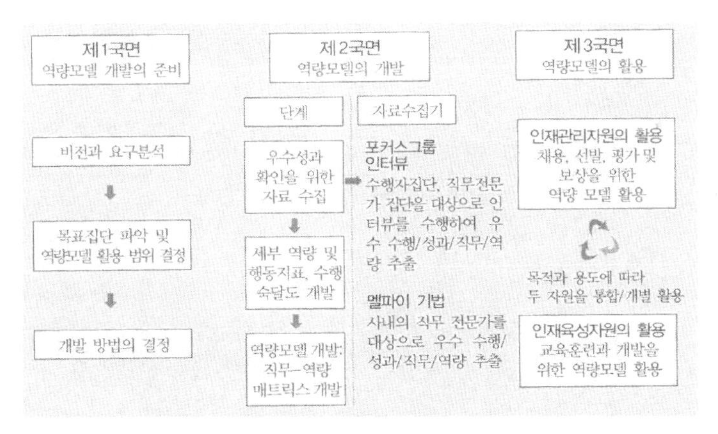

그림 28. 역량모델링 기법 및 활용

3. 직무평가

1) 직무평가란

직무를 어떻게 수행하도록 하느냐는 직무설계에 대한 문제이고, 직무의 내용을 밝히는 것은 직무분석이다. 그리고 직무분석의 결과에 따라 직무의 가치를 부여하는 것이 직무평가(job evaluation)이다. 직무평가를 통해 직무에 따른 임금 수준이 적절한가를 판단하게 된다. 따라서 적절한 직무평가를 통해 유능한 직원이 조직이나 해당 직무에 계속 몰입할 수 있도록 돕고, 일정 금액 이상의 임금을 계속 유지하도록 할 수 있다.

표 6. 직무분석, 직무평가, 직무수행평가의 비교

	직무분석	직무평가	직무수행평가
목 적	직무내용 파악	직무의 상대적 가치 결정	종업원 개인의 수행 평가
대 상	직 무	직 무	종 사 자
가치판단	×	○	○

직무평가를 통한 임금 산정의 합리적 기초는 직무수행평가(인사고가)에 의해서 결정된다. 따라서 직무평가의 핵심은 여러 가지 직무들의 상대적 가치를 결정하여 임금을

정하는 양적인 기법이며 이것은 직무분석과 유사하게 이루어지지만 직무들 간의 상대적인 가치를 판단한다는 점에서 직무분석과는 다르다. 직무평가는 조직이나 종업원에게 아주 민감한 문제이며 형평성과 만족도에 결정적인 영향을 미치게 된다.

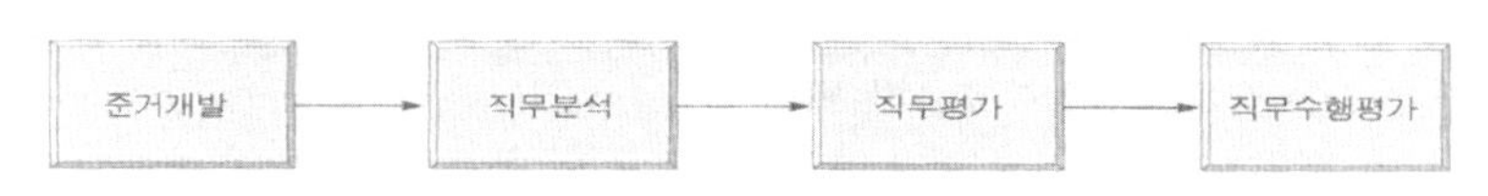

그림 29. 직무분석과 직무평가의 관계

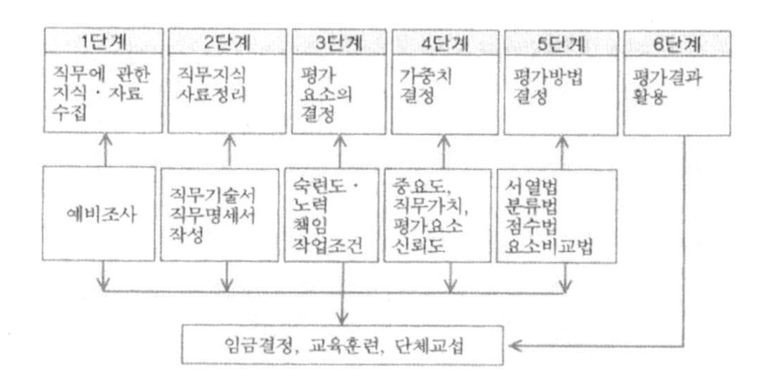

그림 30. 직무평가 과정절차

2) 직무평가 방법들

직무평가는 직무분석과 유사하기 때문에 직무분석을 하면서 동시에 직무평가를 실시할 수도 있다. 대표적으로 PAQ 직무분석 질문지를 사용하여 직무평가를 수행하기도 한다. 직무평가 방법들에 대한 구분은 크게 계량적 방법과 비계량적 방법이 있다.

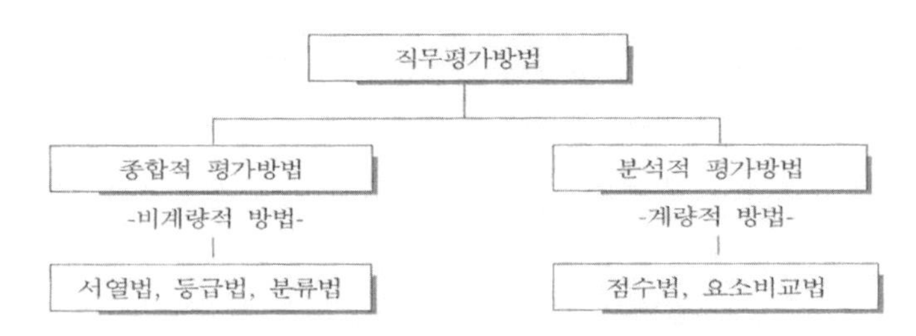

그림 31. 직무평가 방법들의 구분

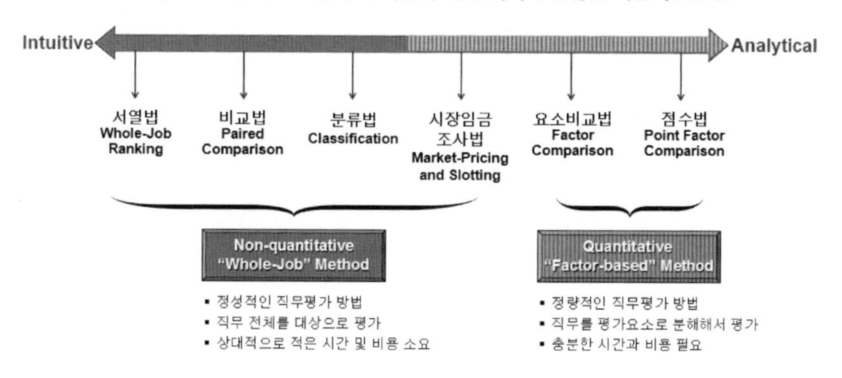

그림 32. 직무평가 방법들의 특징

(1) 비계량적 평가방법

직무평가를 위해 사용하는 방법들 중 비계량적 방법으로는 서열법과 분류법 등이 있다.

① 서열법

서열법(ranking method)은 평가자가 평가하려는 직무기술서 및 직무명세서를 통해 직무의 상대적 가치에 따라 가장 낮은 직무에서부터 가장 높은 직무까지 서열을 매기는 것이다. 예를 들어, 학급에서 성적에 따라 석차를 매기는 것과 같다. 서열법은 직무평가 방법들 중에서 가장 쉬운 방법에 속하며, 조직이나 산업 현장에서 직무평가에 민감하지 않을 때 사용한다. 그리고 직무의 수가 많지 않을 때 적합한 방법이기 때문에, 복잡한 조직이나 대기업에는 적절하지 않을 수 있다.

직무평가에서의 서열법은 한 번에 모든 직무에 서열을 부여하는 단순서열법과 평가대상 직무들을 2개씩 짝을 지어 서열을 매기는 쌍대비교법(paired comparison method) 그리고 모든 직무를 놓고 가장 가치가 높은 직무와 가장 가치가 낮은 직무를 먼저 선정하고 그다음 남은 직무들을 대상으로 동일한 방법을 반복하여 서열을 정하는 교대서열법(alteration ranking) 등이 있다.

	직무 B	직무 C	직무 D	직무 E	직무 F
직무 A	B	A	D	A	A
직무 B		B	D	B	B
직무 C			D	C	C
직무 D				D	D
직무 E					E

- 1) 각 직무들을 비교하여 상대적 가치가 높은 직무의 이름을 빈칸에 표시
- 2) 각 직무별로 수를 집계
  - A : 3, B : 4, C : 2, D : 5, E : 1, F : 0
- 3) 순서 2)에서 높은 숫자를 가진 직무부터 서열을 정함.
  - 1순위 : 직무 D
  - 2순위 : 직무 B
  - 3순위 : 직무 A
  - 4순위 : 직무 C
  - 5순위 : 직무 E
  - 6순위 : 직무 F

그림 33. 쌍대비교법 예시

② 분류법

분류법(classification method)은 등급법(job grading method)이라고도 한다. 분류법은 조직 내에 존재하는 모든 직무들을 대상으로 하여 먼저 각 계층을 대표할 수 있는 대표직무(key job or benchmark job)를 정한 후 나머지 직무들을 계층에 따라 분류한다.

이때 대표직무의 요건은 다음과 같다. 첫째, 직무의 내용이 잘 알려져 있고 잘 변하지 않아야 하며 대부분의 직무수행자들이 인정하는 직무이어야 한다. 둘째, 어느 특정 회사에만 국한되지 않고 여러 회사에 보편적으로 나타나는 직무이어야 한다. 셋째, 비슷한 부류의 직무를 대표할 수 있는 직무이어야 한다. 넷째, 임금 수준을 정할 수 있도록 외부 노동시장에서 대표직무로 받아들여질 수 있어야 한다.

이러한 대표직무를 사전에 정해 놓고 기술된 각 등급별 내용과 비교하여 어느 한 등급에 분류시켜 그 직무의 등급을 결정하는 것이 분류법이다. 분류법은 직무의 수가 많지 않을 때 사용하며, 정확성보다는 간편하게 직무를 서로 비교할 때 주로 사용된다. 직무급을 사용하지 않고 직무가치에 수당을 지급하는 우리나라 기업 특성에 잘 맞는 직무평가 방법이라고 볼 수 있다. 분류법은 내용이 단순하여 조직구성원들을 이해시키기 쉽다는 장점이 있지만, 직무의 수가 많을 때는 적용하기 곤란하며, 각 단계의 수준을 정의하기 어렵다는 단점이 있다. 또한, 직무평가자의 주관적인 판단이 개입될 가능성이 높다는 것도 염두에 두어야 한다.

(2) 계량적 평가방법

직무평가를 위해 사용하는 방법들 중 계량적 방법으로는 점수법과 요소비교법 등이 있다.

① 점수법

형평성과 공정성을 위하여 주로 계량적 방법을 사용하여 직무평가를 실시하는데, 계량적 방법 중 점수법(Point method)을 가장 많이 사용하고 있다. 점수법은 다음의 4단계를 거치게 된다.

첫째, 관리자나 다른 구성원들로 이루어진 패널들이 직무평가를 통해 보상하려는 요인들을 추출해낸다. 보상하려는 요인에는 평가의 기초가 되는 특정치들로 직무수행에 있어서 발생되는 실수의 정도, 책임감, 요구되는 교육수준, 요구되는 기술수준 등이 포함된다. 이러한 직무평가 요소를 추출할 때 다양한 요소들이 포함될 수 있다.

둘째, 앞서의 패널일 수도 있고, 또다시 새롭게 구성한 패널일 수도 있는 패널들이 직무들의 보상하려는 요인들을 점수로 비교하게 한다. 개별직무들의 4가지 요인들에 점수를 부여함으로써 정량적 척도로 비교하게 된다.

셋째, 4가지 요인들의 점수를 각각의 직무별로 합산한다.

넷째, 개별직무의 총점을 통해 실제 임금수준을 결정하게 된다. 여기서 숫자가 높으면 높을수록 높은 임금을 받을 수 있는 직무이다.

점수법은 숫자로 척도화되어 있는 보상 요소별 수준을 결정하고, 각 보상 요소의 상대적 중요도를 나타내는 비중의 특성에 의해 계량적으로 평가하게 된다. 보상요소와 가중치 등은 직무분석을 통해서 타당성을 인정받아야만 조직의 불평이나 불공정에 관련한 불평이 발생하는 것을 방지할 수 있다.

보상요소	척도수준	보상요소의 상대적 비중	예) 직무 A 척도수준 x 보상요소의 상대적 비중=점수
기술	1 2 3 4 5	40%	기술 1 2 3 4 5 x 40% = 80
노력	1 2 3 4 5	30%	노력 1 2 3 4 5 x 30% = 90
책임	1 2 3 4 5	20%	책임 1 2 3 4 5 x 20% = 60
작업조건	1 2 3 4 5	10%	작업조건 1 2 3 4 5 x 10% = 10
			직무A의 점수 = 240

그림 34. 점수법 예시

② 요소비교법

요소비교법(Factor comparison method)은 보상기준이 되는 요소와 대표직무들의 임금수준을 사용하여 비교하는 방법이다. 요소비교법으로 직무평가를 실시하기 위해서는 우선 직무명세서를 통해 보상요소 혹은 직무평가 요소를 선정하여야 한다. 핵심직무를 10개 이내로 선정하여 정확한 가치를 부여한 후 서열을 정한다. 그다음 다른 직무를 평가할 요소를 결정하게 된다. 예를 들어, 직무평가 요소로 정신적 요건, 육체적 요건, 기술, 책임, 작업환경 등을 선정할 근거를 가져야 한다.

다음으로 보상요소의 구체적인 내용을 결정하여야 하는데 정신적 요건의 경우 직무수행요건 중 지식과 능력, 작업환경의 경우 열, 소음, 먼지, 환기, 냄새 등으로 구체화하는 것이다. 그리고 분류법과 유사하게 대표 직무를 선정하고 각 보상 요소별로 대표직무의 임금을 각 보상요소에 할당한다. 이후, 각 보상요소의 서열과 할당된 임금의 서열을 비교하고 직무비교 척도를 설정하고, 척도를 다른 직무에 적용하여 직무에 대한 평가가 이루어지게 한다.

직무평가는 상대적으로 상세하고 특정적이기 때문에 구성기준 평가가 가능하다는 장점이 있다. 또한, 계량적 방법이기 때문에 구성원들에 대한 설득이 용이하고 직무가 변동될 때 즉시 적용이 가능하다. 반면, 평가방법이 복잡하여 종업원에게 요소비교법에 대해서 이해시키는 것이 어렵고, 평가 중인 직무가 변동 시에는 적용이 쉽지 않다는 단점도 있다.

4. 직무설계

Taylor는 직무를 단순화하고 표준화하여 생산성을 증진시키기 위해 직무를 설계해야 한다고 보았다. 단순화란 직무를 작은 과업들로 나눈 후 전체 과정의 작은 부분만을 작업자가 수행하도록 하여 전문화를 이루는 것이다. 표준화는 작업자가 수행하는 활동의 순서를 같게 하여 작업과정을 표준화시키는 것이다. 이러한 직무설계는 생산성의 증가와 전문화된 과업수행과 훈련 시간의 감소라는 효과가 있다. 하지만 몇 가지 문제점도 있다. 우선은 고도로 전문화되고 반복적인 직무들에 대해 혐오감을 느끼게 될 수도 있다. 그리고 단조로운 일은 도전의식을 결여시키고 권태감과 불만족을 초래할 수 있다. 불만족은 지각, 결근, 이직, 스트레스, 약물복용, 태업 등을 유발하여 효율성을 저해한다.

조직은 직원과 직무 사이의 조화가 중요하다. 이들이 서로 잘 조화될수록 조직은 더욱 효율적으로 운영된다. 인사선발, 인사배치, 교육훈련도 이러한 노력 가운데 일환이다. 하지만 직무를 그대로 두고 직원들을 직무내용에 맞추려고 시도한다면, 직원들의 직무만족도에 문제가 발생하게 된다. 조직의 목표를 달성하고 개인의 직무만족을 높이기 위해서 직무수행자와 직무내용과 방법을 설계하는 것이 직무설계(job design)이다. 직무설계는 직무분석의 결과를 기초로 직무수행에 영향을 미치는 인적, 조직적 요소를 규명하여 직무수행자에게 직무만족과 동기부여를 제공하고 생산성을 높이는 업무수행 방법을 찾는 것을 목적으로 한다.

과거에는 Adam Smith의 분업이론에 입각한 전문화와 효율성에 기초한 직무설계에 치중하였다. 하지만 인간관계를 소홀히 여겼기 때문에 불만족, 이직, 결근, 품질저하 등의 많은 문제점들이 발생하였다. 이처럼 전통적인 직무설계는 사람을 직무에 적응시키는 효율성에 바탕을 두는 것이다.

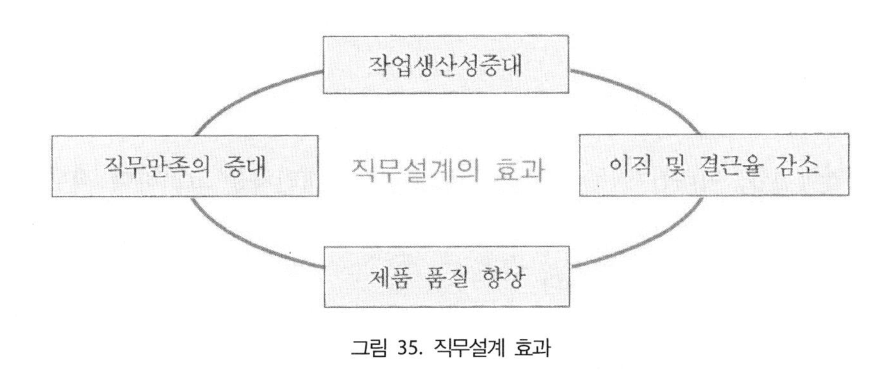

그림 35. 직무설계 효과

반면에 현대적인 직무설계는 직무수행자에게 의미와 만족을 줄 수 있도록 직무내용과 작업방법을 설계하여 개인의 욕구도 충족시키고 조직의 목표도 달성하려고 한다. 현대적 직무설계는 조직목표의 달성을 위해 종업원에게 동기를 부여하기 위한 전략으로 이를 효과적으로 수행하면 직무만족의 증대, 작업생산량 향상, 이직 및 결근율 감소, 제품의 개선, 원가절감, 훈련비용의 감소와 같은 유익한 결과를 기대할 수 있다.

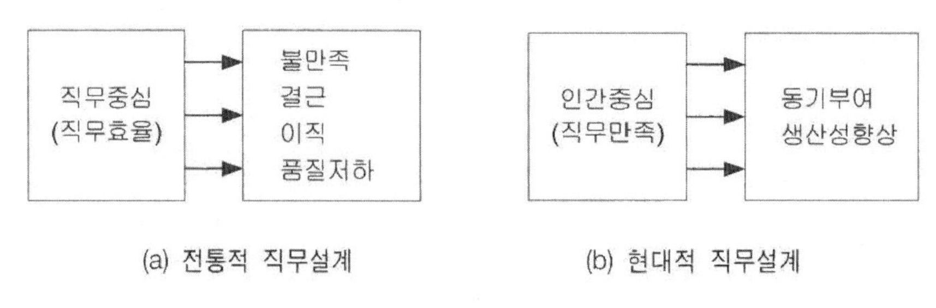

그림 36. 직무설계의 변화

1) 직무설계란

1940년대 이후부터 조직들은 작업의 전문화보다는 종업원의 욕구를 만족시키는 쪽으로 직무구조가 변화되어야 한다는 것을 인식하기 시작하였다. 이러한 인식의 실천 중 한 가지가 바로 직무설계(job design)이다. 다시 말해, 조직의 목표를 달성하고 개인의 직무만족을 높이기 위해서 직무수행자의 직무내용과 방법을 설계하는 것을 직무설계라고 보면 된다.

2) 직무설계 방법

과학적 관리법에 의한 직무설계 방법으로 두 가지 원칙이 있다. 첫째는 작업내용을 설계하는 원칙, 둘째는 개인을 직무에 적합시키는 원칙이다. 전자에는 ① 기술의 전문화, ② 필요기술의 최소화, ③ 훈련시간의 최소화, ④ 작업분화의 균등화, ⑤ 직무만족, ⑥ 노동조합 요구의 수용 등이 있다. 후자는 개인을 직무에 적응시키는 원칙으로 ① 직무내용을 구성하는 과업 및 활동의 수와 다양성, ② 반복 작업의 극대화, ③ 최소훈련시간 부여 등이 있다.

3) 직무설계 유형

좋은 조직이 되기위해서는 종업원과 직무 사이의 조화가 중요하다. 이 둘이 서로 잘 조화될수록 조직은 더욱 효율적으로 운영된다. 인사선발, 인사배치, 교육훈련도 이러한 조화를 위한 노력의 한 가지이다. 직무설계는 종업원에게 직무를 맞추기 위한 노력의 일종이다.

(1) 직무확장(job enlargement)

직무확장은 작업 흐름 중에서 작업자가 맡은 과업을 증가시킴으로써 직무에 대한 만족도를 높이고 결근이나 이직률이 감소될 수 있다. 직무확장은 같은 권한을 가진 다른 사람들의 직무를 양적으로 늘리는 양적 직무확대와 상위 권한을 가진 직무를 흡수하는 질적 직무확충이 있다. 따라서 직무확장(확대)은 종업원의 업무량을 늘리고 다양화하여 직무에 대한 단조로움에서 벗어나 직무만족을 높이려는 직무설계이다. 한 가지 업무만을 수행하던 종업원이 다른 업무를 담당하게 되면 직무에 대한 권태감이 감소하고 도전의식을 갖는 동기유발 효과를 얻을 수 있다. 그러나 종업원에게 너무 쉽거나 너무 어렵지 않은 적절한 수준의 업무를 할당하는 것은 쉽지 않다. 또한, 직무확장을 실시하면 종업원의 작업량이 늘어나게 되므로 종업원 감축의 수단으로 이용된다는 비판도 있다.

직무확장의 효과는 다음의 몇 가지가 있다. 첫째, 직무확장은 직무만족과 동기를 개선한다. 둘째, 단조로운 직무들의 확대만으로는 작업자의 동기를 유발하지 못한다. 셋째, 직무확장을 실시하면 생산의 질이 향상되는 경향이 있다. 넷째, 직무확장은 직무를 다양화시켜 훈련비용이 증가된다. 다섯째, 직무확장을 실시하면 과업이 복잡하게 되어 신규사원의 채용기준이 높아지게 된다. 여섯째, 직무확장과 생산성 관계는 입증되지 않았다.

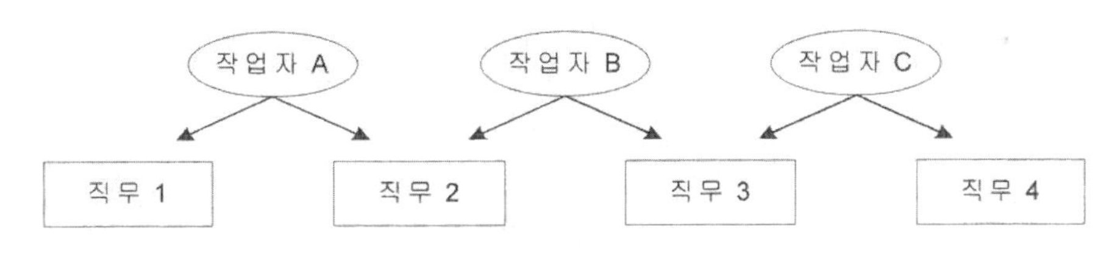

그림 37. 수평적 직무확장(양적 직무확대)

① 수평적 직무확장(양적 직무확대)

양적 직무확대라고도 부르는 수평적 직무확장은 직무내용의 다양성을 살리기 위해서 동일한 직무 위계에 있는 다른 과제들을 기존의 직무에 더 부과하여, 직무를 구조적으로 크게 변화시키는 기법으로 수평적으로 직무의 부하를 높이도록 만드는 것이다.

② 수직적 직무확장(질적 직무확충)

질적 직무확충이라고 부르는 수직적 직무확장은 직무를 의미 있고 흥미 있으며, 도전할 만한 가치가 있도록 만들기 위하여 상위 직급의 직무를 더 부과하여 직무를 크게 변화시키는 방법으로 수직적으로 직무의 부하를 높인다.

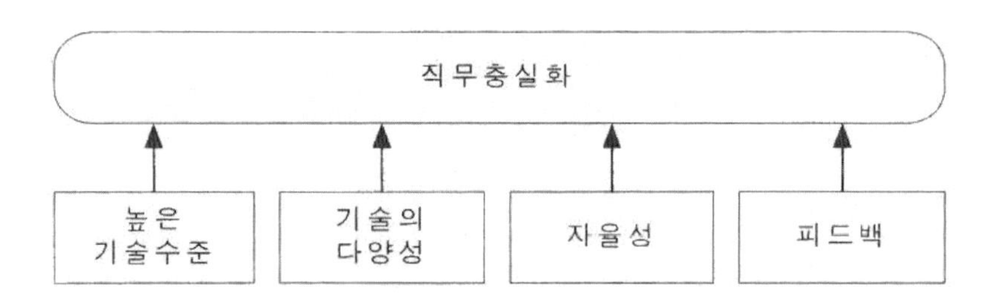

그림 38. 직무충실화

(2) 직무충실화(job enrichment)

직무설계의 현대적 방법으로 직무충실화가 있다. 직무충실은 단순한 직무확대가 아니라 직무내용을 풍부하게 만드는 것으로 작업상의 책임을 증가시켜서 능력을 발휘할 수 있는 의지를 만들고, 도전적으로 보람 있는 일이 되도록 직무를 구성하도록 하는 것을 의미한다.

직무충실화는 Herzberg(1959)에 의하여 이론적 토대가 마련되었다. 직무충실화는 직무를 단순히 구조적으로 확대하는 것이 아니라 종업원의 동기가 자연적으로 고양되어서 직무의 내용을 풍부하게 만드는 것을 의미한다. 즉, 종업원에게 직무에 관한 자율적 권한과 책임을 부여하며, 도전적이며 보람 있는 일이 되게 하며, 능력을 발휘하게 하며, 성취감을 느끼게 하는 활동이다. 직무확대가 단순히 직무의 양을 증가시키는 것이라면 직무충실화는 장기적으로 종업원의 직무만족과 생산성을 동시에 향상시키는 효과가 나타난다. 직무충실화에서는 높은 기술수준, 기술 다양성, 자율성, 피드백이 강조되고 있다.

기술수준(skill level)은 직무충실화에서 가장 중요하게 여기는 요소로, 직무에서 요구하는 지식과 기술의 수준이 높을수록 직무의 중요성이 크고 구성원의 능력도 많이 활용된다. 기술다양성(skill variety)은 과업수행에 있어 다양한 기술을 사용하는 정도를 말한다. 업무의 세분화를 피하고 업무의 연결성을 중심으로 다양한 기술을 하나의 업무로 통합되도록 추구한다. 자율성(autonomy)은 과업을 수행함으로써 스스로 수행방법을 결정하고, 언제 어떤 일을 할 것인가에 대해 권한을 가지고 있는 정도를 말한다. 자율성이 클수록 구성원은 더 큰 책임감을 느끼게 되고 성취동기를 높이기 때문에 과업성과가 높아진다. 마지막으로 피드백(Feedback)은 자신이 수행한 과업의 결과에 대해서 분명한 정보를 제공받는 것으로, 피드백이 원활할수록 구성원의 적극적인 참여와 협조가 증진된다.

Herzberg는 직무충실화를 효과적으로 실시하기 위한 방법으로 다음의 여섯 가지를 제시하였다. 첫째, 통제를 없애는 대신 자율과 책임을 부여한다. 둘째, 개인에게 완전한 작업 단위를 부과한다. 셋째, 종업원의 활동에 부가적인 권한을 부여한다. 넷째, 책임자뿐만 아니라 작업자에게도 정기적으로 보고한다. 다섯째, 새롭고 보다 어려운 과업을 도입한다. 여섯째, 전문화된 과업을 할당하여 그 분야의 전문가가 되도록 한다.

(3) 직무순환(job rotation)

직무순환은 경영자 및 관리자가 종업원을 다른 직무들 사이에서 순환시킴으로써 다른 기능을 개발할 기회를 가지도록 하며, 전체 생산과정에 대한 시야를 넓힐 수 있기 때문에 권태감과 단조로움이 감소된다고 가정한다. 구체적으로 직무순환은 일정한 근무기간이 경과되면 타 부서 및 타 직무로 이동하는 방법이다. 직무순환은 종업원으로 하여금 여러 직무를 순환하여 수행하게 함으로 다양한 직무 경험을 쌓도록 한다. 종업원은 작업에 지장을 주지 않는 범위 내에서 여러 과업을 순환하게 된다. 직무순환을 실시하게 되면 종업원에게는 다양한 능력을 개발할 기회가 주어지며, 전체 업무에 대한 시야를 넓혀준다. 또한 업무에 대한 권태감과 단조로움이 감소되는 효과도 있다.

직무순환을 실시하려면 실제로 순환이 가능한 업무인지 판단해야 한다. 실제로 업무의 기술적 수준이 높아지게 되면 직무순환이 어려워지는 문제점이 있다. 또한 직무순환은 단조로움과 권태감을 일시적으로 완화시킬 뿐이며, 또 다른 단조로운 직무에 접하게 한다는 비판도 있다. 직무순환을 효과적으로 실시하려면 다음의 내용을 고려해야 한다.

첫째, 숙련에 필요한 기간을 고려하여 직무순환을 실시한다. 직무순환의 주기가 너무 빠르면 적응이 어렵고 너무 길면 지루해진다. 둘째, 직무 간의 연관성을 고려하여 직무순환을 실시한다. 셋째, 작업자의 특성이나 희망을 고려하여 직무순환을 실시한다.

(4) 직무재설계

직무재설계의 유형 중 작업 시간의 재설계는 중요하다. 작업시간의 재설계는 변동근무시간제, 단축근무주제도, 근무시간 일시단축, 주 4일 근무제 등이 있다. 직무재설계는 직무만족을 증가시킨다. 직무가 확충될수록 직무를 수행하는 사람들이 더 많은 만족감을 느끼게 된다.

직무재설계를 통해 확장된 직무가 동기적인 관점에서는 개선되었지만, 기계공학적 관점에서는 오히려 나빠졌을 수도 있음을 고려하여야 한다. 재설계된 직무는 더 큰 만족을 제공하는 이점이 있지만, 더 많은 훈련이 필요하고, 더 높은 수준의 기술이 요구되며, 임금수준이 높아지는 단점도 있다. 직무특성과 직무수행에서는 변화 간의 관계에 대한 연구결과가 일치하지는 않는다. 무엇보다도 직무재설계의 효과가 늦게 나타날 수도 있기 때문에 조직차원에서는 어느 정도의 인내심이 필요하다.

표 7. 직무재설계 특징들

구 분	탄력적 근로시간제	선택적 근로시간제
① 내 용	근로일과 근로시간제가 정해지면 모든 근로자들이 일률적으로 근로	의무시간대에만 일률적으로 근로 나머지 조업시간→근로자 자율적
② 목 적	사용자의 경영편의	전문직근로자, 연구직, 주부근로자, 근로자의 편의나 능률향상을 고려
③ 방 법	・2주단위 : 취업규칙 ・1월단위 : 근로자대표와 서면 합의	취업규칙, 근로자대표와의 서면합의로 1개월 이내의 단위
④ 신 고	고용노동부장관에게 신고(서면합의사항)	신고할 필요 없음(무신고)
⑤ 최장근로	・2주단위 : 1일 제한부, 1주 48시간 ・1월 단위 : 1일 12시간, 1주 56시간	최장근로시간에 대한 제한 엄수
⑥ 적용제외	・15세 이상 18세 미만 근로자 ・임신 중의 여성 근로자	15세 이상 18세 미만의 근로자
특징	① 단위시간(정산기간) 평균기준 근로시간 내 특정일 또는 특정주에 기준시간을 초과하여 근로 ② 사용자의 가산임금 등 지급의무 없음	

•••

심리학은 개인차를 다루는 학문이다. 사람들은 저마다 개성과 특성이 있으며, 흥미나 능력에서도 차이가 난다. 따라서 이러한 인간의 개인차를 고려할 때 조직 구성에서 발생하는 가장 직접적인 문제는 조직이 수행해야 하는 일을 어떤 사람에게 어떻게 부여할 것인지, 즉 어떤 사람들을 모집에 응하게 하여 선발할 것인가이다.

모집(recruitment)은 어떤 구체적인 직책에 응시하는 사람들의 숫자에 영향을 주는 행위이다. 따라서 모집을 통해서 채용 과정에서 요구되는 최소한의 요건을 결정한다. 모집 과정은 채용도구의 정확성에 직접적으로 영향을 미친다. 예를 들어, 선발을 위한 심리검사의 탈락 점수는 선발인원보다 모집된 인원이 더 많을 때 높아지게 될 것이다. 계획적으로 잘 관리되는 모집 활동은 우수한 지원자를 유인하지만 그렇지 않은 경우에는 조직에 적합한 인재를 유인할 수 없게 된다. 즉, 우수한 지원자들이 그 조직에 대한 정보를 가지지 못할 때에는 어떠한 관심이나 지원도 없게 되므로 조직구성원으로 선발될 수 있는 기회가 없어지는 것이다.

조직이나 산업체는 기본적으로 다양한 사람들 중에서 맡은 업무를 잘 처리하며 조직 전체에 도움이 되는 사람을 모집하고 선발하기를 바란다. 따라서 조직이나 산업체에 적합한 사람을 모집하고 선발하는 원리를 개발하고 활용하는 것은 산업심리학의 주요한 부분이다.

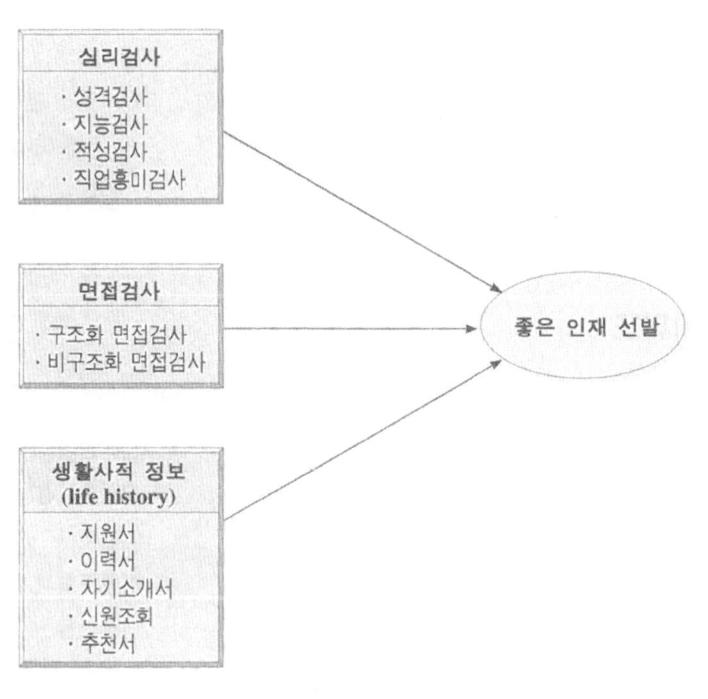

그림 39. 선발을 위해 사용하는 여러 가지 방법들

Ⅳ. 모집과 선발의 원리와 방법

1. 모집 특성 및 모집 원리

모집이 효과적이라면 조직은 유능한 인재들을 종업원으로 고용할 확률이 높아지게 된다. 그래서 조직이나 회사에서는 자신들의 모집 방법이 얼마나 효과적인지 관심을 가지고 있는 경우가 많다. 신입직원의 경우에는 대부분 신문광고나 인터넷 홍보에 의존하며 간부나 경력직의 경우에는 보다 복잡하고 비용이 많이 드는 모집 방법을 사용한다. 직업을 구하는 사람들이 조직이나 기업체의 모집에 효과적으로 응답하기 위해서는 몇 가지 고려점이 있다.

우선 모집에 응하는 사람들도 모집하는 사람들의 특성에 영향을 받는다. 모집자는 모집하는 조직의 얼굴이며 조직 그 자체로 비추어질 수 있다. 응시자는 모집자의 모습과 반응에 따라서 조직의 특성을 판단하는 근거로 삼는다. Texas 대학교 학생들을 대상으로 한 연구에서 대학생들은 다음과 같은 모집자에게 호감을 보였다. 바로 전문적인 지식이 있고, 열정적이고, 회사에 헌신적이며, 호감이 가는 외모에, 설득력 있으며, 학생 개개인에게 관심을 가지는 사람이었다. 보다 구체적으로는 35~55세 사이의 연령으로 자기 대학 출신자 그리고 학생 자신의 전공분야에 경험이 있는 모집자를 선호하였다. 반면, 모집자에 대한 불평은 학생 개개인에 대한 관심 부족과 모집 할당량에만 급급한 사람, 학생들에 대해서 비인간적으로 접근하는 사람들이 꼽혔다. 응시자들은 비록 직원으로 선발되지 않더라도 모집하는 회사나 산업체가 생산한 물품과 서비스를 이용할 수 있는 잠재적인 고객이다. 응시자들은 자신을 평가하고 있는 모집자에게 순응하는 것처럼 보이지만 응시자들 또한 고객으로서 모집자의 태도를 평가하고 있다.

모집의 가장 기본은 모집 응시자들이 어떤 일을 원하는가를 파악하는 것이다. 한 연구에서는 처음 직업을 구하는 사람들이 중요하다고 생각하는 직무요인(job factor)들을 10가지 기준으로 다음과 같이 정리하였다. 그것은 첫째, 안정된 직무 둘째, 적정한 보수 셋째, 공정한 고용주 넷째, 복지수준 다섯째, 출-퇴근 편리성 여섯째, 흥미로운 직업 일곱째, 좋은 작업 환경 여덟째, 다양한 직장 동료 아홉째, 승진 열 번째, 유급휴가이다.

1) 모집의 정의

모집은 인력 선발을 전제로 양질의 지원자를 확보하는 적극적인 고용활동이다. 조직 내부와 외부로부터 충원 또는 재배치에 의해서 이루어진다. 모집은 조직의 이미지를 선보이는 가장 최초의 활동이기 때문에 단순히 조직이나 기업이 종업원을 구한다는 의미로 접근하는 것은 근시안적일 수 있다. 모집에 대한 정보를 제공받는 사람들도 그 조직이나 기업체에 대해서 평가할 수 있다.

2) 모집 목표

모집의 첫 번째 목적은 구직자들이 반응을 보일만한 방식으로 그 직위에 관해 알리는 것이다. 이를 통해 모집자는 보다 많은 신청을 받아 직무요건에 가장 적합한 개인을 찾을 수 있는 기회가 더 커진다. 두 번째 모집의 목적은 자격을 갖추지 못한 지원자가 스스로 직무에 지원하지 않을 수 있도록 그 직무에 관해 충분한 정보를 제공하는 것이다. 자격이 갖추어지지 않은 지원자를 선발과정에서 걸러내기 위해 조직차원의 에너지를 사용해야 하기 때문이다.

3) 모집 절차

모집 절차는 크게 네 단계를 거친다. 1단계는 모집 계획이다. 모집계획은 모집의 필요를 느끼고 모집인원과 시기, 비용을 계획하는 단계이다. 가장 중요하고 기본적인 모집계획은 조직에서 필요한 정원수를 결정하는 것이다. 2단계는 전략개발이다. 전략개발은 어떤 방법을 사용하여 모집할 것인가를 결정하는 것이다. 즉, 선발예정자의 자격요건을 검토하는 것이다. 3단계는 모집활동이다. 모집활동은 채택한 방법에 따라 모집 절차를 진행하는 것을 말한다. 4단계는 선별이다. 신별은 모집된 인원을 토대로 모집계획과 전략에 맞게 선별하는 것이다.

4) 모집에 영향을 주는 요인

(1) 조직 이미지

지원자에게 취업 기회를 추구하도록 흥미를 유발하는 요인으로는 조직의 긍정적인 이미지도 중요하다. 지원자들에게 조직에 대해서 매력을 느끼도록 하여야 한다. 일류기업이거나 글로벌 기업, 높은 임금이나 파격적인 조직복지 혹은 사회공헌적인 조직 등 지원자들을 유인할 수 있는 매력이 있어야지만 효과적인 모집활동이 가능하다.

(2) 직무 특징

모집활동이 제대로 이루어지기 위해서는 충원되어야 할 직무가 매력적이어야 한다. 예를 들어, 반복적이거나 지루하거나, 보수가 낮거나, 승진의 기회가 적거나, 자기개발에 도움이 되지 않는 것처럼 보이는 직무의 경우 자질 있는 지원 인력을 확보하기 힘들다. 반대로 재미와 의미가 있으며, 창조적 역량을 발휘하고 개발할 수 있는 업무, 보수가 높고, 승진의 기회가 많은 업무, 자기개발에 도움이 되는 업무라면 많은 사람들이 모집활동에 반응을 보일 것이다.

(3) 조직내부 정책

조직내부에서 어떤 정책을 추구하느냐에 따라 모집 결과가 달라질 수 있다. 예를 들어, 내부로부터의 승진을 추구한다면 조직내부의 인사에게 우선권이 가면서 외부로 향하는 모집활동이 위축될 것이다.

(4) 모집비용

모집 노력에는 비용이 많이 든다. 따라서 모집활동에 어느 정도의 예산을 투자할 수 있느냐에 따라서 모집 방법이 달라질 것이고, 이로 인해 다시 모집활동의 효과성도 달라질 것이다.

(5) 모집자

모집자는 지원자가 만나는 조직의 첫 번째 사람이다. 모집자는 해당 직무의 직무기술에 대해서 잘 알고 있어야 한다. 둘째, 모집자의 특성은 그 회사의 직무특성에 대한 지원자의 지각과 그 회사에 입사할지의 여부를 결정하는 데 중요한 영향을 미친다.

5) 모집자원

(1) 작업 미경험자

기관이나 학교에서 배출되는 졸업생을 말한다. 이들은 경험자보다는 부과된 직무나 회사의 방침에 순응적이다. 교육훈련으로 유능한 종업원으로 성장할 가능성도 높다.

(2) 작업 경험자

미경험자로는 잘 수행할 없는 경우 직업을 이미 경험한 경력직 종업원을 모집하게 된다. 경험자들은 이미 일의 요령을 알고 있으며, 기존의 대인관계 경험을 통해서 일반적으로는 원만한 대인관계를 유지할 수 있다. 반면에 열정이나 의욕은 작업 미경험자보다 부족할 수 있다.

(3) 직업교육 수료자

직업교육 수료자는 공공 직업훈련소나 기술학교의 수료자를 말한다. 취업 즉시 필요한 작업기능을 이용할 수 있다는 장점이 있다.

(4) 자격증 보유자

자격증 보유자는 취업학원이나 교육시설에서 자격증을 취득한 사람들이다. 직무 중에 일정한 자격조건을 갖추지 못하면 고용하지 못할 수 있다. 의사자격증이나 변호사 면허증 등은 관련 업무에 종사하기 위해서는 절대적인 기본이 된다. 이 밖에도 국가에서 주관하는 각종 자격증 시험이나 면허시험 등이 있다.

6) 내부노동시장에서의 모집

(1) 사내공모제(job posting and bidding system)

사내 게시판에 지원자를 찾는다는 모집공고를 내는 것이 가장 일반적인 방법이다. 미국의 경우 기업 생산직의 75%, 사무직의 60%가 사내공모제를 통해 모집되고 있다고 한다. 사내공모제의 장점으로는 상위직급의 경우 종업원에게 승진의 기회를 제공해주고 사기를 진작시켜주며, 지원자에 대한 평가를 정확하게 할 수 있으며, 모집비용이 저렴하며, 이직률이 낮다는 점이다. 반면 단점으로는 외부 인력의 영입이 차단되어 조직이 정체될 가능성이 있으며, 조직 내 파벌이 조성될 가능성이 있으며, 지원자의 소속부서 상사와 인간관계가 훼손될 문제가 있으며, 선발과정에서 여러 번 탈락되었을 때 심리적 위축감이 고조될 수 있다.

(2) 내부추천제

부서장의 추천을 통해 적임자를 내부에서 확보하는 방법이다. 부서장의 주관적인 평가로 특정 인물이 선정될 가능성이 있기 때문에 한국의 경우 학연과 지연 등이 배제되도록 하여야 할 것이다. 또한, 상위직급의 내부추천일 경우에는 연공서열의 붕괴로 조직균열이 발생할 수도 있다. 하지만 이러한 단점을 극복해낸다면 능력 위주의 조직문화를 형성할 수 있으며 노력에 보답한다는 구성원들의 인식이 높아지면서 조직효율이 향상되는 장점이 발생할 수도 있다.

(3) 자료목록 활용

종업원의 다양한 측면을 평가해 놓은 자료목록을 참고하여 적임자를 탐색하는 방법이다.

7) 외부노동시장에서의 모집

(1) 광고

조직의 결원을 일반에 알리는 가장 대중적 방법이다. 매체를 선택하고 광고 문안을 작성하거나 디자인을 결정하는데 전문성이 요구된다.

(2) 직업소개소

모집과 선발기능을 동시에 대행하는 조직이 직업소개소이다. 다른 방법에 비해서는 비교적 경제적인 방법으로 모집과 선발이 가능하다.

(3) 인턴제

대학 졸업 예정자들을 현업 부서에 배치하여 업무를 맡기고 그것이 계기가 되어 학생과 기업이 취업으로 연계될 수 있는 방법을 강구하는 제도이다. 졸업 예정자들을 졸업 전에 일정기간 현업 부서에 배치하여 업무를 맡기고 그것이 계기가 되어 학생과 기업이 취업으로 연계될 수 있는 방법이다. 개인의 능력과 적성을 파악할 수 있고, 이직률이 낮다. 종업원의 경우 업무와 기업문화를 파악할 수 있어서 적성에 맞는 직장 선택에 도움을 준다.

(4) 교육기관(고등학교와 대학)

교육기관에서 기업에 요청하거나 기업에서 교육기관에 요청하여 최근의 졸업생을 모집할 수 있는 기회를 제공하는 것이다.

(5) 종업원에 의한 추천

현직 종업원으로부터 해당하는 직무에 적절한 인물을 추천받는 방법이다.

(6) 자발적 지원

이력서, 자기소개서, 기타 서류를 가지고 기업을 직접 방문하거나 우편 및 인터넷 등을 통해 취업상담을 자발적으로 지원한다. 지원서는 그 내용이 얼마나 정직한가가 관건이다. 지원자들이 특히 그들의 이전 직업명, 임금, 직책에 대해 거짓 정보를 제공하는 경우가 있다. 거짓 정보는 추후면접 일정과 회사가 지원서에 적힌 정보를 확인할 것이라고 경고하는 것만으로도 감소될 수 있다. 지원서처럼 이력서 등에서도 거짓 진술이 문제가 될 수 있다. 어떤 지원자들은 자신의 직업경력이나 인생경험에 대해 보다 긍정적으로 표현하기 위해서 자신의 답변을 왜곡시킨다. 간혹 지원자들에게 그들의 응답이 점검될 것임을 충고해주면 이러한 문제가 감소된다. 또한 거짓 진술을 탐지하기 위한 검사도 포함되어 있다거나 채점 시스템이 정직하지 않은 응답의 점수를 뺄 것이라는 것을 알려주는 경고문도 효과적일 수 있다.

(7) 특별행사

특별한 행사를 통해 모집하는 것이다. 대표적인 사례가 바로 취업박람회이다.

8) 모집에 대한 대안적 방법

(1) 초과근무

기존의 직원들의 근로시간을 일시적으로 늘리는 방법이다. 단기적인 작업량의 변동이나 단기적인 인력 수요에 대처하기 위해 사용하는 방법이다.

(2) 임시직 종업원

임시로만 종업원을 고용하여 사용하는 것으로 단기적인 변동 충족에 효과적이다.

(3) 종업원 대여

다른 조직의 남는 종업원을 임대해서 사용하는 방법이다. 임시직 종업원에 비해 장기간 고용하는 경우에 주로 사용한다.

(4) 독립계약자

독립계약자는 주로 프리랜서라고 불린다. 단기적인 작업량의 변동이나 단기적인 인력 수요에 대처하기 위한 방법 중 하나이다.

(5) 아웃소싱

아웃소싱은 기업에서 수행해야 할 직무의 일부를 다른 기업에 의뢰하고, 의뢰한 직무를 위해서 다른 기업이 종업원을 대신 고용하는 것이다. 고용관계가 불안한 경우가 많다.

9) 모집 방법과 예측타당도

모집방법과 수행결과 간의 연구를 살펴보면, 전문잡지 광고를 통해 입사한 연구원과 자발적으로 입사한 연구원이 작업의 질, 협동성 및 직무태도에서 높은 점수를 얻은 것으로 나타났고, 대학의 취업상담소가 가장 효율성이 떨어지는 것으로 나타났다. 그리고 신문광고를 통해 입사한 연구원의 결근율이 가장 높게 나타났다. 이러한 연구로부터 알 수 있는 사실은 직무에 대해 보다 정확하고 완전한 정보를 제공받은 사람이 그렇지 못한 사람보다 더욱 생산적으로 직무를 수행하고 직무에 대한 만족도 높다는 것이다.

2. 선발

선발(selection)이란 모집활동을 통해 획득한 지원자를 대상으로 미래에 수행할 직무에 가장 적합한 지원자를 선별하는 것이다. 조직에 가장 적합한 사람을 추려내는 소극적 고용활동의 일종이다. 종업원의 선발방식과 관련하여 중요한 개념은 예언변인(predictor)이다. 예언변인이란 직무수행 결과를 예측할 수 있는 변인을 말한다.

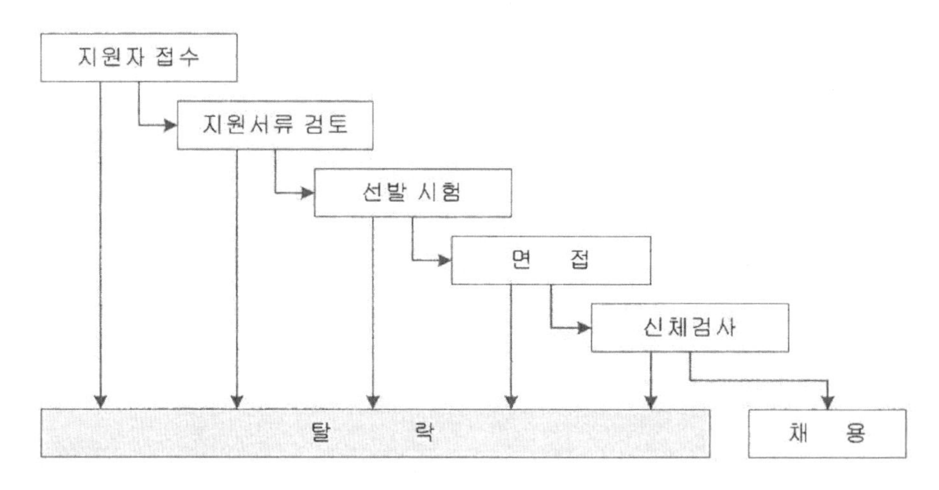

그림 40. 사무직무의 전형적인 선발절차

1) 선발 원리

(1) 신뢰도

신뢰도는 측정한 검사 결과가 얼마나 일관성을 가지는가에 의해서 측정된다. 신뢰도가 높은 선발방법일수록 좋다. 선발방법에 대해서 알아보는 신뢰도는 검사·재검사 신뢰도와 동형검사 신뢰도 그리고 반분 신뢰도 등이 있다.

첫째, 검사-재검사 신뢰도(test-retest reliability)는 한 종류의 검사를 실시하고 일정 기간이 지난 후 동일한 검사를 한 대상에게 다시 실시해서 두 검사 점수가 어느 정도 일치하는가를 확인하여 얻는 신뢰도이다. 둘째, 동형검사 신뢰도(alternate-test reliability)는 검사-재검사 방법처럼 검사를 두 번 실시하는 것이 아니라 각각 검사 문항은 다르지만 같은 특성을 가지고 있다고 가정되는 두 개의 검사를 실시하는 것이다. 셋째, 반분 신뢰도(split-half reliability)는 한 검사 문항을 반반씩 실시하고 그 결과에 따라 신뢰도를 분석하는 방법이다.

(2) 타당도

타당도(validity)는 검사가 무엇을 측정하고 있는가, 다시 말하면 측정하고자 하는 것을 제대로 측정하고 있는가의 정도를 알아보는 것이다. 타당도의 종류에는 경험타당도와 합리적 타당도 등이 있다. 경험타당도는 준거관련 타당도라고도 하며, 다시 공인타당도와 예언타당도로 나눌 수 있다. 합리적 타당도는 내용타당도와 구인타당도로 구분할 수 있다.

경험타당도(준거관련 타당도) 중에서 공인타당도(concurrent validity)는 두 개의 검사 또는 예언변인과 준거 간의 관계를 측정하여 얻는다. 시간간격 없이 동시에 측정하는 것이 특징이다. 이미 직무에 종사하는 사람들에게 검사를 실시하여 타당도를 산출한다. 검사 결과와 그들의 직무수행능력과의 관계를 알아보는 방법이다. 경험타당도 중에서 예언타당도(predictive validity)는 하나의 검사 또는 예언변인이 가진 예언력을 측정하여 타당도를 얻는 것이다. 따라서 현재 검사들 간에는 시간간격이 있으며, 어떤 특정 시기에 모든 지원자들에게 검사를 실시하게 된다. 그리고 검사 점수와는 관계없이 모두 고용하여 시간이 지난 후 각 종업원의 직무수행능력을 측정하는 방법을 사용하기도 한다.

합리적 타당도 중에서 내용타당도(content validity)는 하나의 검사가 모집단을 얼마나 잘 대표하고 있느냐의 정도 측정으로 이루어진다. 주로 전문가들에 의해서 설문문항이나 조사도구가 가지고 있는 합리성을 평가받게 된다. 합리적 타당도 중에서 구인타당도(construct validity)는 논리적 타당도라고도 하는데 가장 이론적이면서 복잡한 형태의 타당도이다. 기존의 검사와 새로 만든 검사의 상관을 내어서 타당도를 측정한다.

2) 선발 방법

(1) 전기적 자료(biographical information)

전기적 자료는 지원자 개인에 관련된 것으로 지원자의 신상에 관한 모든 정보를 말한다. 전기적 자료는 개인이 현재까지 이루어온 발달과 노력 및 성취의 기록이라고 보면 된다. 전기적 자료는 과거의 기록을 통해서 미래를 예측할 수 있도록 돕는 유용한 자료이다. 대표적으로 생활사 검사와 입사지원서 및 이력서 그리고 자기소개서 등이 있다.

생활사 검사(biographical inventory)는 전형적인 응시원서보다 개인의 배경에 대해 더 상세하게 묻는다. 응시원서가 이전의 교육수준과 업무 경험에 대해 질문한다면 생활사 검사는 학교와 직장에서의 구체적 경험을 비롯한 삶의 여러 측면에 대해서 질문한다. 경험적 생활사 검사(empirical biographical inventory)는 특정 직업의 종업원 집단에게 많은 예비문항을 실시하여 개발한다. 객관적 생활사 검사(rational biographical inventory)는 KSAO 요구분석을 한 후 도출된 KSAO를 반영하여 문항을 개발한다.

입사지원서(application blank)는 개인에 대한 정보뿐만 아니라 면접의 근거를 제공해준다. 이력서는 지원서와 비슷한 의미에서 지원자의 배경, 특성, 지식 정도 등에 관한 정보를 얻는다. 지원서를 통해 가치 있는 예언정보를 얻을 수 있다. 후보자 재정 상태나 결혼여부에 대한 지식은 정서안정과 책임감에 대한 지표를 제공해준다고 생각된다. 과외활동은 리더십의 증거가 되고 면접 때 알아볼 수 있는 성격특성의 단서를 제공해주기도 한다. 이력서에는 주로 그 사람이 이전에 무엇을 경험했는지를 알아보기 위해 경력을 기재하도록 한다. 자기소개서에는 성장환경, 학력 및 경력 소개, 지원동기, 장래희망 등을 기재한다. 자기소개서에 대해서는 타당성이 검증되지 않았지만 전기적 자료가 이전의 경험에 대해서만 기술하고 있다는 면에서 자기소개서를 통해서 미래의 포부나 가능성을 파악할 수 있다는 보완이 가능하다.

(2) 신원조회 및 추천서

신원조회는 지원자를 알고 있는 사람들에게 지원자에 대한 정보를 수집하거나 관공서 등에 정보를 의뢰하여 지원자의 신원에 대해서 알아보는 것이다. 추천서는 지원 분야의 권위자나 명망 있는 사람에게 지원자에 대한 평판을 '편지' 형태로 적어 달라고 요청하거나 미리 만들어진 설문지에 응답하는 형태로 수집하게 된다. 보편적으로 사용되는 정보이지만 가장 타당도가 낮은 방법이기도 하다.

(3) 현장조사법

이직을 위해서 선발에 응시한 사람이라면 응시자가 현재 근무하고 있는 직장이나 이전 직장을 직접 방문하여서 응시자에 대한 정보를 수집하는 것이 현장조사법이다. 현장조사법은 동료들의 평판이나 근무열의, 사생활 문제와 같은 서류에 기입하지 않은 부분을 살펴볼 수 있다. 그러나 자칫 구직자의 민감한 사생활을 침해하거나, 구직활동에 대한 정보가 누출되면서 현 직장 생활에 문제를 발생시킬 수도 있다.

(4) 면접

면접은 가장 일반적으로 사용되는 선발방법으로 직접 대면하여 선발에 관한 결정적인 정보를 수집한다. 면접에 관련한 Scott의 가장 초기 연구에서부터 Carson(1972)의 연구에 이르기까지 타당도 계수가 .15～.25로 나타났는데, 이것은 예언변인으로서 상당히 낮은 점수이다. 그럼에도 불구하고 고용주들은 선발할 사람들을 직접 보고 확인하는 것을 원한다. 면접의 유형은 크게 구조적 면접(structured interview)과 비구조적 면접(unstructured interview)으로 구분할 수 있다. 구조적 면접은 정해져 있는 면접 질문의 목록을 가지고 특정 직무의 모든 지원자들에게 사용하는 방법이다. 비구조적 면접은 정해진 양식 없이 지원자에 대한 정보를 획득하는 방법이다.

면접 결과에 영향을 주는 요인들로는 지원자에 대한 정보 특성이 있는데, 이것은 지원자에 대한 부적 정보가 정적 정보보다 더 중요한 영향을 끼치는 것을 말한다. 다음으로 지원자에 대한 정보가 제시되는 시점에 의해서도 면접 결과가 영향을 받을 수 있다. 즉, 중요한 면접 정보를 얻는 시기가 면접결과에 영향을 미치게 된다. 중요한 정보가 처음에 나타나서 영향을 미치는 것을 초두효과(primacy effect)라고 하고, 마지막에 나타나서 영향을 미치는 것을 최신효과(recency effect)라고 한다.

Schmitt(1976)는 면접결과에 영향을 주는 요인들에 대해서 정보 특성과 정보 제시 시간뿐만 아니라 면접자의 고정관념, 피면접자들 간의 비교 효과, 성별, 면접자의 경험, 직무에 대한 정보 효과, 면접구조화 정도를 선정하였다.

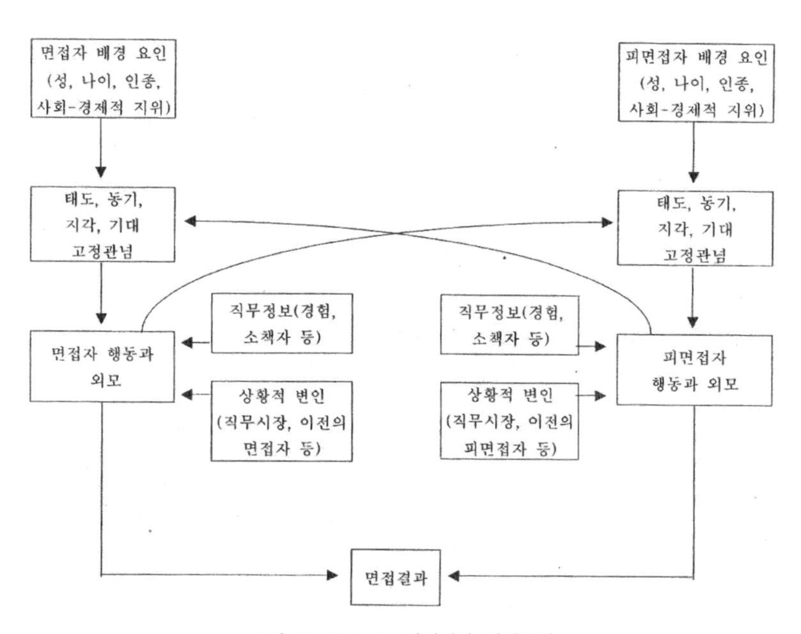

그림 41. Schmit 면접결과 결정요인

(5) 작업표본 검사

작업표본 검사는 작업의 대표적인 표본을 지원자에게 제시하여 완수하도록 요구하는 것을 말한다. 지원자는 자신이 선발되었다고 생각하고 수행해야 할 직무내용 중에서 가장 대표적인 과업을 발췌하여 한정된 시간 내에 처리하도록 한다. 예를 들어 아나운서 선발에 사용되는 작업표본 검사는 가상의 10분 뉴스를 진행하는 것이 될 수 있다. 이러한 작업표본 수행을 통해서 지원자는 과제를 해결하는 자신의 능력을 실제적으로 평가받을 수 있다.

작업표본 검사의 장점은 매우 높은 타당도와 지원자의 호의적인 반응이다. 하지만 단점은 기계적인 작업 또는 물건의 조립과 같은 단순 노동에 주로 적용될 수 있다는 것이다. 또한 직무의 강도는 평가하지 못한다. 작업표본은 초보자를 고용할 때보다 숙련된 사람을 고용할 때 더 적합하다. 시간과 경제적 부담이 큰 것도 단점인데 개별검사라는 점과 감독자가 필요하기 때문에 비용과 시간이 많이 소모된다.

(6) 평가센터 : 모의 상황 기법

평가센터는 지원자들을 모의 상황에 배치하고 어떻게 행동하는가를 관찰하고 평가하는 방법이다. 모의 상황 기법은 상황적 검사(situational testing)라고 부르기도 한다. 가장 최초의 평가센터에서 실시한 모의 상황 기법은 2차 세대대전 중 미국 전략사령부(office of strategies service: OSS)의 비밀요원 선발이었다. 이후 많은 회사에서 평가센터 기법을 도입하였다.

보통 평가센터에서는 한번에 6명에서 12명의 후보자들을 참가시켜 며칠 동안 여러 가지 과제나 해결해야 할 문제를 던져준다. 이때 과제나 문제의 해결 여부도 중요하지만 문제를 해결하는 자세나 태도, 협동성 등에 대한 종합적인 평가를 할 수 있다. 후보자들은 심리검사와 집중적인 면접도 받지만 대부분은 모의 상황 속에서 과업을 수행하게 된다.

① 서류함 기법

모의 상황 기법 중에는 서류함 기법이라고 부르기도 하는 자료제시 검사가 있다. 이것은 각 지원자에게 실제 모든 관리자나 간부들의 책상에서 볼 수 있는 서류나 메모, 보고서를 주고, 제한된 시간 내에 내용을 파악, 제시된 문제를 풀기 위해 조치를 취하게 하는 것이다.

AT & T 회사의 경우 서류함 기법을 비중 있게 사용하고 있다. 관리자 역할을 맡은 모든 참가자들은 25개의 자료(e-mail, 상부 지시 등)를 3시간 내에 처리해야 한다. 훈련된 평가자들은 참가자들을 관찰하면서 이들이 체계적인지, 우선순위를 고려하는지, 부하들에게 자율성을 부여하는지, 혹은 사소한 문제에 집착하게 되는지 등을 살핀다.

② 리더 없는 집단토의 기법

또 다른 평가센터 모의 상황 기법으로는 리더 없는 집단토의 기법이 있다. 지원자들로 구성된 집단을 형성해주고 실제의 직무문제에 대해 리더 없이 토의하게 한다. 이 기법을 통해 평가자는 집단토론이 진행되는 동안 각 지원자의 행동에 대한 관찰과 다른 지원자와의 상호작용 방법, 리더십과 설득력을 평가하게 된다. 어떤 참가자들은 화를 내며 집단의 결속력을 분열시킨다. 그 결과 스트레스 하에서도 일을 잘 수행해낼 수 있는 사람과 그렇지 못한 사람의 대조가 명확해진다. 역할연기(role-play)도 모의 상황 기법 중 하나인데 지원자에게 조직 내의 특정 역할을 맡은 사람처럼 행동하도록 요구한다.

(7) 문제해결 과제(problem-solving simulation)

문제해결 과제는 피평가자에게 문제를 주고 해결책을 강구하게 하며, 주로 보고서를 작성해 내게 한다. 문제에는 보고서를 쓰는 데 충분한 배경 정보가 제시된다. 예를 들어, 피평가자는 새로운 조립공장을 설립하는 비용과 예상되는 수입에 대한 정보를 받는다. 여기에서 지원자의 과업은 공장 신설에 대한 타당성검토 보고서를 작성하는 것이다.

3) 심리검사의 종류와 유형

선발에서 가장 많이 사용되는 것이 바로 심리검사이다. 심리검사는 직업에서뿐만 아니라 일생동안 광범위하게 사용된다. 심리검사는 측정하고자 하는 심리 상태가 무엇인가에 따라서 성취검사, 지능검사, 적성검사 및 태도와 성격검사 등의 종류로 나눌 수 있다. 또 심리검사에 걸리는 시간, 검사 형태와 형식에 따라서 몇 가지 유형으로 구분할 수도 있다.

심리검사의 유형에 따라 첫 번째로 개인검사(individual test)와 집단검사(group test)로 구분할 수 있다. 개인검사는 한 개인에 대한 보다 깊은 정보를 수집하는 것이다. 집단검사는 동시에 많은 사람이 검사를 받는다. 두 번째는 속도검사와 능력검사로 구분할 수 있다. 속도검사(speed test)는 검사에 일정한 시간제한이 있어서 일정시간 동안 얼마나 많은 문제를 해결했는지가 주된 측정치이다. 능력검사(power test)는 일반적으로 시간제한 없이 피검사자들이 문제를 해결하는지를 측정하게 된다. 세 번째는 지필검사와 동작검사가 있다. 지필검사(paper & pencil test)는 질문지에 응답하는 형태로 검사가 진행되는 것을 말하며, 동작검사(performance test)는 동작이나 행동을 수행하는 정도를 측정하는 것을 말한다.

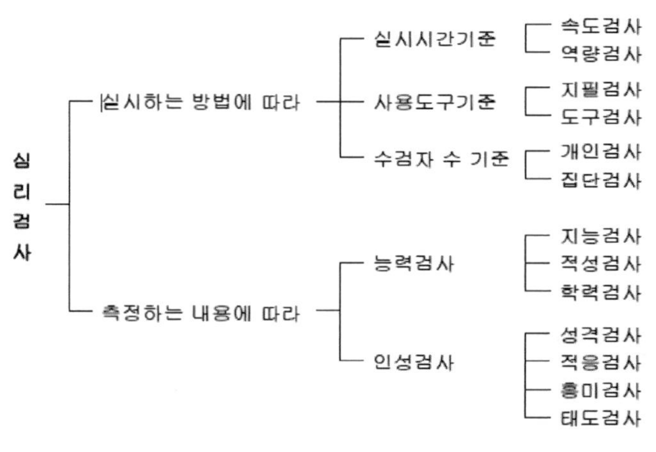

그림 42. 심리검사의 분류

개인지능 검사는 집단지능 검사보다 비교적 더 믿을 만한 검사 점수를 준다. 또 수줍음이 많고 과묵하거나 검사에 대한 불안으로 검사를 받을 수 없는 사람들과 개인검사는 1:1로 라포를 형성해가며 적절하게 실시할 수 있다. 개인 지능검사는 언어적인 요인이 대부분이지만 집단검사보다 언어독해 능력이 그렇게 많이 요구되지는 않는다. 하지만 개인검사는 개인별로 실시되기 때문에 집단검사보다 비용이 비싸고 시간도 많이 소비되며, 고도로 훈련된 사람에 의하여만 실시가 가능하다는 단점이 있다. 이러한 단점 때문에 검사의 목적에 따라서는 비교적 간편하게 사용할 수 있는 집단 지능검사가 개발되었다. 대부분의 집단검사는 어느 정도(최소한)의 경험만 있으면 비전문가라도 실시가 가능하다.

최초의 집단 지능검사는 1차 세계대전에서 전쟁에 내보낼 군인들이 과연 전투에서 부여받은 임무를 적절히 수행할 수 있는 지능을 가지고 있는가를 알아보기 위해서 제작되었다. 바로 Yerkes(1920)가 개발한 Army Alpha와 Army Beta 검사이다. Army Alpha는 언어성 집단검사이고 Army Beta는 글자를 모르는 문맹자를 위해 제작된 비언어성 집단검사이다.

그림 43. 심리검사 방법에 따른 유형

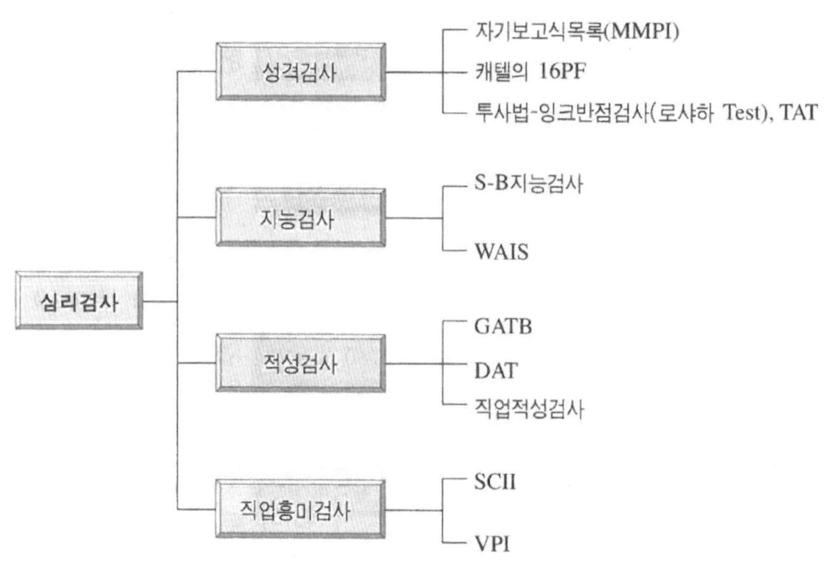

그림 44. 심리검사 내용에 따른 분류

(1) 지능검사

지능검사는 특정 영역에서의 지식이나 기술의 획득에 있어서의 정신능력을 측정하는 검사를 말한다. 적성이나 지능, 성격 등은 심리검사 점수들로부터 추론되어져야 하기 때문에 간접적으로 평가되는 데 반하여 지능검사에서는 검사 점수들이 정신성취 수준의 직접적인 측정치를 제공한다.

지능검사는 대체적으로 맞춤법, 읽기 능력, 수리력과 관계가 있다. 지능검사는 가장 오랫동안 인사선발에서 사용되어온 대표적인 검사이다. 지능검사는 성취도가 아니라 성취능력을 측정한다는 점에서 성취검사와 구별되며 특정 영역의 능력이 아니라 일반적인 정신능력을 측정한다는 점에서 적성검사와 구별된다. 얻고자 하는 측정치가 하나의 일반적인 측정치를 얻었다면 지능검사이고, 여러 가지 다양한 요인이나 특수한 요인을 측정하고 있다면 적성검사일 것이다. 지능에 대해서 연구를 시작한 초기에는 지능을 유전적 특성으로 생각하였다. 오늘날도 이러한 견해가 크게 자리 잡고 있지만 적성검사는 유전적 특성이 거의 없는 출생 이후에 배양된 능력을 가리키는 용어라고 볼 수 있다.

지능검사는 오랜 역사를 가지고 있다. 최초의 지능검사는 교육적인 목적을 위하여 아동을 분류하기 위하여 개발되었다. 개인차에 대한 관심과 과학적인 측정 그리고 자료에 대한 해석을 선구적으로 실시한 학자는 Galton(1822～1911)이다. Dawin의 사촌이기도 한 Galton은 방대한 자료를 수집하고 분석한 끝에 모든 사람의 지문이 다르다는 것을 발견하기도 하였으며, 회귀분석에 중요한 아이디어를 보태기도 하였다. Galton은 지능을 측정하기 위하여 신체적 특성, 시각 및 청각의 예민성, 반응속도 등을 포함하는 검사를 만들었다. Galton의 지능검사는 감각능력이 지나치게 강조되고 단순하였기 때문에 제대로 지능을 측정하였다고 볼 수는 없다고 타당도의 문제를 지적받았다. 그러나 지능을 측정하려는 첫 번째 시도라는 점에서는 의의가 있을 것이다. 지능검사로는 Otis 자기-시행형 지능검사, Wondelic 인성검사, Wesman 인성검사, Stanford-Binet 지능검사, Wechsler 성인지능 검사 등이 있다.

① Otis 자기-시행형 지능검사(Otis Self-administering tests of mental ability)

책임 소재가 낮은 작업자를 선발할 때 주로 사용하는 검사도구이다. 집단검사로 짧은 시간이 소요된다. 지능에 대해서 대략적으로 빠르게 측정할 수 있다는 장점이 있지만 지능의 섬세한 면이나 고차적인 지능에 대해서는 알 수 없다는 단점이 있다. 사무직, 조립라인 종업원, 일선 감독자와 같은 직무의 지원자를 심사하는 데 유용하다고 알려져 있다. 일선 감독자와 같은 직무의 지원자를 심사하는 데 유용하다.

② Wondelic 인성검사(Wondelic personnel test)

50문제로 이루어진 일반적인 지능검사이다. 다양한 사무직 근로자들의 선발을 위해서 사용되는 검사이다. 비행기 승무원, 은행원, 매장관리자, 산업 엔지니어 등 비즈니스와 산업영역에 속한 140개 이상의 직업에 이용 가능하다. 12분이라는 시간제한이 있기 때문에 경제적인 검사도구이다. 검사 문항들은 지시문을 이해하는 능력, 직업관련 문제를 해결하는 능력, 새로운 작업 상황에 활용할 수 있는 아이디어를 제안하는 능력들을 측정한다. 예전에는 Otis 검사와 함께 차별이나 격차를 정당화하는 고용주들의 무기로 자주 사용되기도 하였다.

③ Wesman 인성분류 검사(Wesman personnel classification test)

집단검사로 약 30분 정도가 소요된다. 종합점수뿐만 아니라 언어에 관한 점수와 수에 관한 점수가 각각 분리되어 제공된다. 판매사원이나 생산관리자, 사관생도에 대한 표준점수가 제공되어 있다. 시험방법은 적당한 단어를 골라서 괄호를 채우는 형태로 진행된다. 수에 관한 부분은 수적 연관성을 이해하는 형태로 구성된다. Otis 검사나 Wondelic 검사보다 더 높은 수준의 지능을 검사할 수 있다.

④ Stanford-Binet 지능검사

오늘날 사용되는 지능검사와 같이 비교적 제대로 인간의 정신기능을 측정하는 지능검사는 프랑스 학자인 Alfred Binet(1857~1911)에 의해서 처음 만들어졌다. Binet은 프랑스 정부로부터 정신지체 아동을 선별하기 위한 검사개발을 위탁받아 1905년 Simon과 공동으로 최초의 지능검사를 제작하였다.

Binet-Simon 검사라고 이름 붙여진 이 검사는 정신지체 아동의 기억력, 상상력, 이해력 등과 같은 복잡한 심리과정들을 측정하는 여러 가지 하위검사들로 구성되어 있다. Binet-Simon 검사는 미국 Stanford 대학의 교수였던 Terman(1877~1956)에 의하여 오늘날 사용되는 정교한 Stanford-Binet 검사로 발전되었다. 1916년에 처음 제작된 Stanford-Binet 검사는 우리나라에서는 고려대학교 교수였던 전용신이 1970년에 번안 및 표준화하여 고대-Binet 검사로 제작하였다.

Binet 검사에는 검사결과를 의미 있게 해석하기 위하여 두 가지 중요한 개념이 고안되었다. 하나는 정신연령(mental age: MA)이고 다른 하나는 지능지수(intelligence quotient: IQ)이다. 정신연령은 생활연령(chronological age: CA)과 대조되는 개념이다. Binet은 지능이 연령에 따라 발달한다는 생각을 기초로 각 연령의 아동들에게 적절한 수준의 문항들을 골라서 검사를 구성하였다. Stanford-Binet 검사에서는 한 연령당 6개의 문항이 배정되어 있고, 한 문항에 정답을 할 때마다 정신연령이 2개월씩 가산된다. 가령 어떤 아동이 6세에 해당되는 문항에 대해서 전부 정답을 하고, 7세의 문제는 정답 3개, 8세의 문제는 정답 1개 그리고 9세에 해당하는 문항은 전혀 정답을 하지 못하였다면 그 아동의 정신연령을 6년+3×2개월+1×2개월=6년 8개월이 된다.

지능지수의 개념은 독일의 심리학자 Stern(1871~1938)에 의해서 제안된 것을 Terman이 지능검사의 결과를 나타내는 지표로 도입하였는데 정신연령과 생활연령 간의 비율로 표현된다. 따라서 정신연령과 생활연령이 같으면 지능지수(IQ)는 100이 된다. IQ의 분포는 대부분의 사람들이 중간에 몰려 있는 종모양의 정상분포 곡선을 그린다. Stanford-Binet 검사는 평균을 100으로 하고 표준편차는 16으로 계산한다.

지능지수(IQ)=정신연령(MA)/생활연령(CA)×100이다.

여러 연구에서 Stanford-Binet 검사는 오랜 세월에 걸쳐서 개선되어 왔으며 신뢰도가 높은 검사로 받아들여지고 있다. 그러나 현재는 몇 가지 문제점 때문에 많이 사용되지 않는다. 첫째는 Stanford-Binet 검사에서는 검사결과가 단일점수, 즉 단일한 IQ로 표현된다. 그러나 많은 연구들에서 지능이 여러 하위능력으로 구성되어 있음이 밝혀졌다. 또한, Stanford-Binet 검사는 언어능력에 지나치게 비중을 두고 있다는 비판을 받고 있다. 둘째, Stanford-Binet 검사는 아동의 정신능력을 측정하는 목적은 훌륭히 달성하고 있으나 성인의 지능측정에는 적절치 못하다. Stanford-Binet 검사에서는 정신연령을 근거로 IQ를 산출하는 것이 일정 연령(16세) 이상에 해당하는 문항을 만들 수 없었고 또한 초기에 생각했던 것과는 달리 IQ가 일생 동안 변하지 않는다고 가정할 수 없다는 것이 밝혀졌다. 이런 이유들로 해서 새로운 유형의 지능검사들이 출현하게 되었다.

⑤ Wechsler 성인지능 검사

Wechsler 성인지능 검사(Wechsler adult intelligence scale: WAIS)는 언어검사(verbal scale)와 동작성검사(performance scale)로 구성되어 있으며, 모두 11개의 하위검사로 구성되어 있다. 각 하위검사에서 얻은 원 점수는 평균 10, 표준편차 3인 표준점수로 변환하여 지능지수를 나타낸다. 각 하위검사의 점수로 개인 간의 비교와 개인 내 비교가 가능하다. 전체 검사의 총점은 물론, 언어검사와 동작성검사의 총점도 편차 지능지수로서 평균 100, 표준편차 15로 구성되고 언어검사와 동작성검사의 반분 신뢰도계수는 .93 이상, 검사 전체의 반분 신뢰도계수는 .97 이상으로 상당히 믿을 만한 지능검사 도구이다. 앞에서 지적한 Stanford-Binet 검사의 문제점들을 해결하기 위해 만들어진 검사가 바로 Wechsler 지능검사이다.

미국의 임상심리학자인 Wechsler(1896~1981)는 1939년 Wechsler-Bellevue 성인용 지능검사를 제작하였다. 이 검사는 1955년 Wechsler 성인용 지능검사(WAIS)로 개정되어, 1949년에 출판된 Wechsler 아동용 지능검사(WISC)와 더불어 광범위하게 사용되는 지능검사로 발전하였다. 한국에서는 전용신, 서봉연과 이창우(1963)가 WAIS를 번안하여 한국판 Wechsler 지능검사(K-WIS)를 제작하였고, WISC도 이창우와 서봉연(1974)에 의하여 한국판 아동용 Wechsler 지능검사(K-WISC)로 번안되었다.

Wechsler 지능검사는 언어검사와 동작성검사(performance)로 크게 나누어져 있다. 언어검사는 상식문제, 이해문제, 산수문제, 공통성문제, 숫자문제, 어휘문제의 6개 하위검사로 구성되어 있다. 동작성검사는 바꿔 쓰기, 빠진 곳 찾기, 토막 짜기, 차례 맞추기, 모양 맞추기의 5개 하위검사로 구성되어 있다. Wechsler 검사는 전체를 단일검사로 간주한 표준화된 규준이 마련되어 있을 뿐 아니라 언어검사와 동작성검사의 규준이 별도로 갖추어져 있다. 따라서 Wechsler 지능검사에서는 언어지능, 수행지능, 전체지능이라는 3개의 IQ를 얻게 되고, 이들을 비교함으로써 지능의 어떤 측면이 우수하고 부족한가를 알 수 있다.

Stanford-Binet 검사는 연령척도(age scale)인 데 반해, Wechsler 검사는 점수척도(point scale)이다. 또 Stanford-Binet 검사대상은 18세 이하의 아동이고, Wechsler 검사(WAIS)의 대상은 19세 이상의 성인이 대상이다. 그리고 Stanford-Binet 검사는 총체적인 지능지수를 한 가지 점수로 보여주는 반면, Wechsler 검사는 언어검사와 동작성검사가 독립적인 점수로 나타날 수 있다. 두 검사는 서로 상관계수가 높게 나타나고 있고, 각각 .9 이상의 신뢰도 수준을 보이는 매우 믿을 만한 지능검사이다. 또한, 피검사자가 학업적으로 성공할 수 있는지를 잘 예측해주는 매우 타당한 검사이기도 하다. 두 검사 모두 실시와 결과의 해석에 있어서는 전문가에 의해서만 가능하도록 표준화시켜 놓고 있다.

(2) 적성검사

적성검사(aptitude)는 성취검사와는 달리 특정영역에서의 능력을 측정하는 검사이다. 적성검사의 가장 대표적인 사례는 한국의 수학능력시험이나 미국의 학업적성검사(scholastic aptitude test: SAT)이다. 적성검사는 학생들의 학업성적을 성공적으로 예측하는 데 아주 유용한 도구이다. 하지만 적성검사와 학업성취도검사가 완전히 일치하는 것은 아니다. 적성검사가 개인이 앞으로 얼마나 잘 학습할 수 있는가를 예측하는 것이라면 학업성취도검사는 현재 상태의 지식이나 기술, 혹은 성취도 수준을 측정한다. 두 검사의 근본적인 차이점은 측정하는 것이 무엇인가가 아니라, 검사를 제작하는 방법과 제작자의 목적에 있다.

적성검사와 성취검사의 구분은 역사적으로 두 가지 점에서 이루어져 왔다. 첫째, 적성은 선천적인 데 반하여 성취도는 대체로 학습과 경험 정도를 반영한다. 둘째, 적성검사는 흔히 미래의 수행을 예언하는 데 사용되어온 데 반하여 성취검사는 이미 실시된 훈련이나 교육의 효율성을 측정하기 위하여 사용되어 왔다는 점이다. 성취검사의 가장 흔한 사례는 학교에서 실시되는 시험이다.

이러한 차이점으로 인해서 적성검사는 주로 선발과 직업상담 및 경력개발의 목적으로 사용된다. 적성검사의 종류로는 Minnesota 사무직 검사나 일반사무직 검사, 개정된 Minnesota 필기형 검사, Bennett 기계이해 검사, Macquarrie 기계능력 검사, Purdue pegboard 검사, O'Conner 손재주 검사, Minnesota 조작속도 검사 등이 있다.

① Minnesota 사무직 검사(Minnesota clerical test)

Minnesota 사무직 검사는 숫자비교와 이름 비교로 구분되어 있는 개인검사와 집단검사가 있다. 15분짜리 검사로 두 부분으로 구성되어 있다. 숫자비교(200쌍의 숫자)와 명칭비교이다. 이 검사는 주로 소프트웨어 개발업체, 금융회사, 제조업과 같은 세부적인 주의를 요하는 직무에 유용하다. 그리고 제한된 시간 안에서 수행되는 정확도를 평가할 수 있는 속도검사이다. 검사는 수검자들이 실수 없이 가능한 신속히 일을 하도록 요구한다.

② 일반사무직 검사(General clerical test)

일반사무직 검사는 두 개의 검사로 구성된 집단검사이다. 검사 A는 속도와 수, 검사 B는 언어에 대한 적성을 검사한다. 일반사무직 검사는 회계나 경리 그리고 비서를 선발할 때 적합한 검사로 사용될 수 있다.

③ 개정된 Minnesota 필기형 검사(Revised minnesota paper form board test)

개정된 Minnesota 필기형 검사는 기계 적성을 측정한다. 공간상에서 물체를 상상하거나 조작하는 역량을 필요로 하는 적성으로 산업 디자이너나 전기기사와 같이 기계를 다루거나 예술적인 작업을 하는 직업에 필요한 기술이다. 지원자들은 2개 이상의 조각난 이차원 기하학 모형이 합쳐지면 어떤 모형이 될지를 찾는 64개 문항을 20분 이내에 풀어야 한다. 이 검사는 생산, 전기 유지보수, 기계 조작, 전기 재봉기계 조작 및 다양한 산업 과업들의 수행을 성공적으로 예측해주는 것으로 나타났다.

④ Bennett 기계이해 검사(Bennett mechanical comprehension test)

Bennett 기계이해 검사는 기계적인 원리를 묻는 문제들을 그림의 형태로 제시하고 있다. 훈련생과 경력사원으로 구분하여 규준점수가 제시되어 있어서 여러 수준의 수검자들을 대상으로 실시할 수 있다는 장점을 가진다. 읽기 능력이 떨어지는 지원자를 위해서 녹음된 지시문이 제공된다. 이 검사는 항공, 건설, 화학공장, 정유, 유리 제조, 철강, 종이 및 합판 제조, 광산 등의 직무에 사용된다.

⑤ Macquarrie 기계능력 검사(Macquarrie test of mechanical ability)

Macquarrie 기계능력 검사는 필기형태로 운동능력을 측정하는데 7가지 정도를 검사한다. 첫째, 추적은 아주 작은 직선의 통로를 통해 선을 그리기이다. 둘째, 두드리기는 가능한 빨리 종이 위에 점을 찍기이다. 셋째, 점찍기는 가능한 빨리 원 안에 점을 찍기이다. 넷째, 위치는 보기와 동일한 위치에 점찍기이다. 다섯째, 블록은 그림에서 블록의 개수를 센다. 여섯째, 추적은 미로 속의 선 따라가기를 통해서 검사한다. 일곱째, 베끼기는 간단한 모양들을 그대로 그리는 것이다.

⑥ Purdue pegboard 검사(Purdue pegboard test)

Purdue pegboard 검사는 10분 동안 실시하는데 조립 작업, 일반 공장작업, 작업 복귀에 요구되는 손가락의 민첩성과 눈과 손의 협응을 측정한다. 판에 뚫린 구멍에 50개의 나무못을 가능한 신속하게 꼽는 것으로 처음에는 한쪽 손을 사용하고, 다음에는 다른 손을 사용하며 다음에는 양손을 사용한다. 각 과제는 30초의 시간제한이 있다. 양손을 동시에 사용하는 것은 1분이다. 비언어적 검사이기 때문에 지원자의 언어능력과는 관계가 없다.

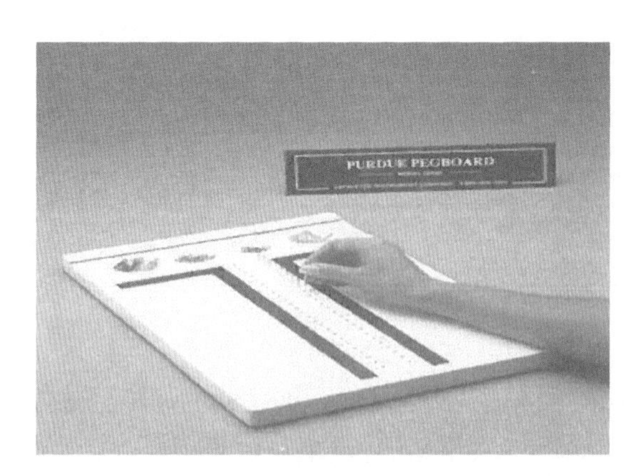

그림 45. Purdue pegboard 검사

⑦ O'Conner 손재주 검사(O'Conner finger dexterity test)

O'Conner 손재주 검사는 손과 핀셋을 사용하여 얼마나 빨리 조그만 구멍에 핀을 집어넣는가를 측정한다. 손가락의 기민성을 측정하는 대표적인 검사이다. 정밀하고 정교한 솜씨가 필요한 여러 가지 직무의 성공을 예언한다.

⑧ Minnesota 조작속도 검사(Minnesota rate of manipulation test)

Minnesota 조작속도 검사는 두 부분으로 구성되어 있다. 첫 부분에서 수험생의 과제는 판에 있는 60개의 구멍에 원뿔형 원통 60개를 넣는 것이다. 두 번째 과제는 모든 원통을 원상태로 만드는 것이다. 이 검사는 각 과제를 종료하기까지 걸린 시간을 측정한다.

⑨ Crawford 부속 손재주 검사(Crawford small parts dexterity test)

Crawford 부속 손재주 검사는 정확한 눈과 손의 협응 능력을 측정한다. 두 개의 과제 중 첫 번째 과제에서 피검사자는 구멍에 핀을 넣기 위해서 핀셋을 사용하고 그리고 그 핀에 고리를 건다. 두 번째 과제에서는 작은 나사못을 구멍에 끼우는 데 드라이버를 사용한다. Crawford 부속 손재주 검사에는 전기전자 조립공을 포함하는 몇몇 피고용자 집단을 위한 규준점수가 나와 있다.

⑩ Purdue 손 정확성 검사(Purdue hand precision test)

Purdue 손 정확성 검사는 주로 손을 사용하는 공장 노동자에게 실시한다. 구멍이 있는 위쪽 원반이 회전할 때 피검사자는 철필을 원반 아래 바닥의 목표지점에 넣어야 한다. 점수는 철필이 목표지점에 도달할 때 자동적으로 계산된다.

(3) 흥미검사

흥미검사(interest test)는 개인의 흥미, 즉 무엇에 관심이 있느냐를 측정하는 심리검사이다. 현재까지 주로 사용되고 있는 검사로는 Strong-Campbell 흥미검사(Strong-Campbell interest inventory: SCII), Kuder 직업 흥미검사(Kuder Occupational Interest Survey: KOIS) 등이 있다.

① Strong-Campbell 흥미검사(Strong-Campbell interest inventory: SCII)

Strong-Campbell 흥미검사(SCII)는 40년 이상 사용되었던 Strong 직업 흥미검사(Strong vocational interest blank)를 대처하는 317문항의 집단검사로 선호하는 직업, 전공, 여가활동, 인간형, 작업에 대해 묻고 있다. 응답자는 좋음, 싫음, 관심 없음으로 반응한다. 직업에 대한 흥미는 여섯 가지 유형으로 분류되어 각각의 흥미수준을 평가한다. 여섯 가지 유형은 예술형, 사무형, 사회형, 현실형, 탐구형, 진취형이다. 100가지 직업을 6가지 흥미유형으로 구분한다. 성별 차이가 나타나기 때문에 남자와 여자의 별도 규준이 마련되어 있다. 시간이 경과되어도 안정성이 높은 검사이다. 적성검사는 개인이 어떤 직업이나 분야에 능력이 있는지를 측정하는 검사인 반면, 흥미검사는 어떤 직업이나 분야를 좋아하는지 측정한다는 면에서 차이가 있다.

② Kuder 직업 흥미검사(Kuder Occupational Interest Survey: KOIS)

Kuder 직업 흥미검사(Kuder Occupational Interest Inventory)는 10개 흥미영역에서 점수를 얻는다. 10개 흥미영역은 기계, 계산, 과학, 설득, 예술, 문학, 음악, 사회봉사, 서기 등 광범위한 흥미영역들이다. 거짓반응을 걸러내기 위해서 타당성 척도를 가지고 있기도 하다. Kuder 직업 흥미검사는 3개씩 대안 행동을 묶어놓은 100개의 묶음이 나열되어 있다. 지원자는 3개의 대안행동 중에서 자신이 가장 선호하는 행동과 가장 선호하지 않는 행동을 하나씩 선택한다. 이 검사는 100개 이상의 직업에 대한 흥미점수를 보여줄 수 있다. 문제점은 지원자가 해당 직업에 보다 적합해 보이기 위해 허위진술을 할 수 있다는 것이다.

(4) 태도와 성격검사

능력검사가 인지적 측면을 측정한다면 태도 및 성격검사는 기질, 사회적 태도, 스트레스 아래에서의 대응 양식과 같은 비인지적 측면을 측정한다. 태도 및 성격검사는 능력검사와 마찬가지로 변별을 잘하고 표준화되고, 믿을 만하고, 타당하여야지만 유용한 검사로 인정된다.

태도는 사회적으로 중요한 대상에 대하여 개인이 가지고 있는 생각이나 감정을 일컫는다. 태도는 행동으로부터 추론하거나 혹은 질문지에 대해 스스로 응답하는 자기보고 형태로 알아볼 수 있다. 자기보고는 태도척도를 사용하는 방법인데 가장 흔히 사용되는 태도척도로는 Thurstone 척도, Guttman 척도, Likert 척도 등이 있다.

Thurstone 척도는 유사 동간 척도라고도 하며 검사문항의 중요도에 따라 가중치가 부여된다. 대표적인 사례로는 NAST 알코올 의존 척도가 있다. Guttman 척도는 척도분석법이라고도 부르며, 태도를 측정하기 위해 고안되었다. 태도에 대한 문항들은 단일 차원성을 만족하고, 태도에 대한 호의적 또는 비호의적 문항(진술)은 그 정도에 따라 순서대로 나열할 수 있어야 한다. Likert 척도는 종합평정 척도라고 하며, 문항 전체에 동일한 값을 설정하여 평균을 중심으로 평가하도록 하는 척도이다.

성격검사는 개인이 가지고 있는 어떤 기질이나 성향을 측정하는데 자기보고식(self-report inventory) 성격검사와 투사적(projective) 성격검사로 구분할 수 있다. 자기보고법은 성격의 여러 측면을 기술하는 문항들에 대하여 자기가 스스로 진술을 하게 하는 방법이다. 자기보고 형식의 성격검사는 엄격한 검사 제작 절차를 통해서 만들어지므로 신뢰도와 타당도가 높은 반면, 문항이 고정되어 있으므로 피검사자가 자유로이 자기표현을 할 수 없는 점과 피검사자가 자기를 왜곡하게 보고할 가능성 등이 단점으로 지적된다. 왜곡된 자기진술의 경향성 중 가장 심각한 문제를 수반하는 것은 자신을 사회적으로 바람직한 성격으로 기술하려는 반응이다.

널리 사용되는 성격검사로는 MMPI(Minnesota Multiphasic Personality Inventory, 다면적 인성검사)나 16-성격요인검사, 캘리포니아 성격검사(California Psychological Inventory: CPI), MBTI(Myers-Briggs type indicator), Guilford-Zimmerman 기질검사 등이 있다.

① MMPI(Minnesota Multiphasic Personality Inventory)

MMPI는 1940년 개발되어서 8개의 정신임상척도(건강염려증, 우울증, 히스테리, 반사회성, 편집증, 강박증, 정신분열증, 경조증)를 측정한다. 1946년에는 2개의 정신임상척도(남성성-여성성, 내향성)가 추가되어 총 566개 문항을 이루게 되었다. 4개의 타당도 척도와 10개의 임상적 척도를 사용하여 피검사자의 성격 및 정신적 문제를 파악하기 위해서 사용되는 심리검사 도구이다. 이후 보다 적은 문항을 가진 축약형 문항을 개발하기도 하였으며, 시대변화나 정신병리적 이론의 발전을 반영하여 개정된 MMPI-2를 내놓기도 하는 등 계속적인 개선이 이루어지고 있다.

② 16PF(Personality factor)

16-성격요인검사는 Cattell에 의해서 개발된 374문항을 통해서 성격을 검사한다. 요인분석을 통해서 성격을 16개 차원으로 구분하여 검사하고 있다. 산업장면에서 성공적으로 경력을 개발한 사람들의 성격 특성이 무엇인지를 파악하고, 신규 임용자를 뽑을 때 유사한 성격유형을 나타내는 사람을 선발하는 것이다.

③ California 성격검사(California psychological inventory: CPI)

California 성격검사는 MMPI와 비슷한 문항들을 사용하며 MMPI 검사보다는 정상인의 성격 특성을 더 많이 측정한다. CPI는 지배성, 사교성, 자기수용성, 책임감, 사회화 등을 측정한다. 이 검사는 제작 당시부터 일반인을 대상으로 하였기 때문에 병리적인 모습보다는 일상에서 다른 사람들보다 두드러지게 구별되는 성격적 특징들을 구분해내는 검사이다.

④ MBTI(Myers-Briggs type indicator)

MBTI(Myers-Briggs type indicator)는 Jung의 심리유형론에 근거하여 인간의 성격을 16가지로 분류하여 설명하고 있다. 외향-내향, 감각-직관, 사고-감정, 판단-인식 등 네 개의 차원에 근거해 사람들의 성격유형을 다양하게 분류한다. 활용 목적에 따라 선발 단계에서뿐만 아니라 교육 및 상담장면에서도 사용할 수 있으며, 팀 빌딩, 의사소통훈련, 갈등관리, 문제해결훈련 등 다양하게 이용될 수 있다.

ISTJ 세상의 소금형	ISFJ 임금 뒷편의 권력형	INFJ 예언자형	INTJ 과학자형
ISTP 백과사전형	ISFP 성인군자형	INFP 잔다르크형	INTP 아이디어 뱅크형
ESTP 수완좋은 활동가형	ESFP 사교적인유형	ENFP 스파크형	ENTP 발명가형
ESTJ 사업가형	ESFJ 친선도모형	ENFJ 언변능숙형	ENTJ 지도자형

그림 46. MBTI

⑤ Guilford-Zimmerman 기질검사(temperament survey)

Guilford-Zimmerman 기질검사는 널리 사용되는 필기용 성격검사로 10개의 성격특성에 대해서 독립된 점수를 산출할 수 있다. 10가지 성격특성은 일반 행동, 억제력, 우월감, 사회성, 정서적 안정성, 객관성, 친절성, 신중성, 대인관계 그리고 남향성 등이다. 이 검사에는 응답의 의도적 허위 또는 불성실을 검사하기 위해 MMPI와 같이 타당성 척도가 포함되어 있다.

⑥ 성격 5요인 검사(Big 5 theory of personality)

최근 성격연구자들은 인간의 성격특성을 5개로 파악하면서 이것을 Big 5라고 규정하였다. 성격구조에 관한 5요인 이론은 직무수행을 예측하는 데 유용하다는 연구가 축적되면서 선발에 사용되기도 한다. 성격의 5요인은 정서적 민감성, 외향성, 개방성, 호감성, 성실성이다.

(5) 투사적 성격검사법

투사법은 애매한 자극을 제시함으로써 피검사자가 자극의 해석을 통하여 자신을 표출하도록 하는 기법이다. Rorschach 검사와 주제통각 검사(Thematic Apperception Test: TAT)가 대표적으로 투사법을 사용하는 심리검사이다. 투사법은 응답자가 자유로이 자신을 표현할 수 있다는 장점이 있는 대신에 검사 해석에서의 신뢰도와 타당도가 문제점으로 지적된다.

Freud는 꿈을 자유연상과 유사한 것으로 일차적 과정의 표현으로 보았고 원하는 대상의 심상을 일으킴으로써 원망을 성취하거나 긴장을 감소시키는 것으로 생각했었다. Freud는 꿈의 해석을 통해 무의식적인 영역을 이해하는 것으로 느꼈었다. 투사법도 대체로 이와 같은 이론적 배경을 가지고 있다.

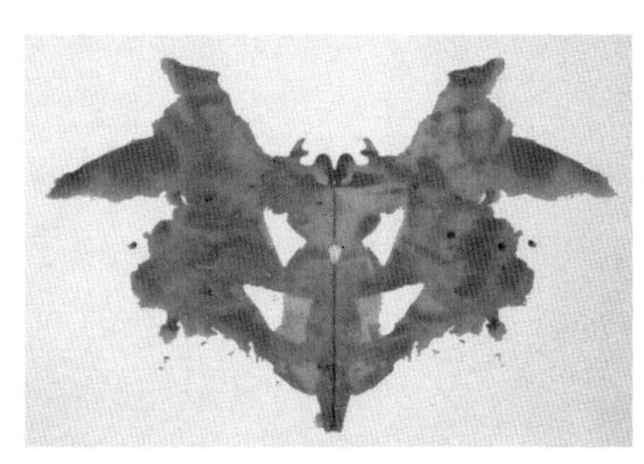

그림 47. Rorschach 검사의 잉크반점

그림 48. TAT의 그림

① Rorschach 검사

Rorschach 검사는 1921년에 스위스의 정신과 의사인 Rorschach에 의해 제작된 투사법 검사로서 10매의 카드로 구성되어 있으며 각 카드의 복잡한 대칭형 모습들이 무엇처럼 보이는가를 이야기하도록 지시받는다. 이렇게 하여 나오는 반응들은 반응을 보이는 그림 속 위치, 결정요인, 회귀성, 내용 등에 따라 점수화된다. 여기서 위치는 반응을 일으키게 한 모습의 부위를 말한다. 결정요인은 형태, 색채, 음양, 동작 등으로서 피검자의 지각을 결정하게끔 한 요인들이며, 희귀성은 반응의 창조성이나 독특성 등을 의미한다. 여러 반응의 빈도가 채점이 되고 해석이 되며 검사자는 처리결과를 가지고 피검자의 창조성, 성숙도, 현실과의 접촉, 정서적 통제, 불안 등과 같은 성격의 국면들을 알아내려 한다.

② 주제통각 검사(Thematic Apperception Test: TAT)

주제통각 검사(Thematic Apperception Test: TAT)는 1930년대에 하버드 대학교의 Morgan과 Murray에 의해 제작된 투사법 검사이다. TAT는 한 장의 백색카드를 포함한 30매의 카드로 구성되어 있고 각각의 카드에는 서로 다른 그림이 인쇄되어 있다. 30매의 카드는 남성용, 여성용, 소년용, 소녀용, 겸용 등으로 분류되어 있는데 한 피험자에게 20매를 제시하도록 구성되어 있다. 피험자는 그림에 대해서 그림 내용의 과거, 현재, 미래를 연결하는 이야기를 하도록 지시받으며 상상력을 크게 동원하도록 요청받는다. TAT 검사는 피험자에게 애매한 자극이 제시되었을 때 독자적인 방법으로 이것을 지각할 것이며, 이렇게 하는 과정에서 피험자의 내면적인 역동성들이 표출될 것이라고 믿는다.

(6) 투사법의 특징

Rorschach 검사와 TAT 검사 같은 투사법의 특징은 과제가 애매하도록 검사상황이 구성되어 있다는 점이다. 검사의 목적은 원래의 목적과 다른 것 같은 인상을 주도록 하며 피검사자는 스스로의 취향에 따라 자유로이 반응하도록 권장한다. 투사법 검사에서는 피검사자에게 모호한 자극과 애매한 질문이 주어진다. 예로 Rorschach 검사의 경우에는 카드를 보이면서 "이것이 무엇일까요?" 혹은 "이것을 보면 무슨 생각이 납니까?"와 같은 질문이 주어지고, TAT의 경우에도 그림을 보이면서 "어떻게 해서 이러한 상황이 되었고 그 결과가 어떻게 될 것인가를 포함하여 이 그림의 사람들의 생각과 느낌에 관하여 당신이 할 수 있는 가장 상상적인 이야기를 만들어 보십시오"와 같은 지시가 주어진다. 투사법은 정신분석적 이론을 따르는 사람들에 의해 흔히 이용되는데 그 이유는 이들이 투사법 검사상황에서 주어지는 반응들이 적어도 부분적으로 '무의식적 내면'을 반영하는 것으로 보기 때문이다.

(7) 투사법 검사의 타당도

수많은 연구가 투사법의 타당도를 검증하기 위하여 실시되어 왔다. 주된 투사법 검사들에 관한 전체적인 결과는 어느 정도의 높은 타당도와 상관이 있음을 나타내고 있으나 임상장면에서는 방법론적인 문제 때문에 이러한 관계를 확실하게 해석하는 것이 어렵다. 예를 들어, 피검사자가 의사라는 것이 알려져 있는 경우에 검사자는 검사 이외의 단서들에 의하여 반응의 해석에 영향을 받을 수 있다. 또, 표집된 대상자들 간의 차이 정도가 검사자의 이러한 차이에 대한 식별기능에 영향을 줄 수 있다. 예로 Rorschach 검사의 결과로 대학생과 정신분열증 환자의 식별이 신뢰성 있게 이루어질 수 있으나 학생 개개인 사이의 차이는 구별하기가 어려울 수 있다. 방법상의 부적절성 때문에 상관관계가 증가할 수 있다는 사실을 제외하더라도, 투사법 검사는 개인에 관하여 정확한 판단을 내리기에는 상관이 너무 낮아 검사의 사용이 제한될 수밖에 없다는 의견도 있다.

그러나 이러한 제한이 있다는 의견에도 불구하고 다른 한편에서는 투사적 상황이 성격을 연구하는 데 있어 훌륭한 방법이 된다고 믿는 학자들이 있다. 이들은 Rorschach 검사 같은 것을 지각검사나 면접의 보조자료 등으로 생각한다. 타당도나 기타의 문제들이 있다는 의견에도 불구하고 일상의 임상장면에 있어서의 투사법 검사들의 활용은 매우 활발하다.

4) 선발의사 결정

(1) 인사선발 모델

인사선발 모델은 1단계-직무분석, 2단계-준거 및 예언변인 선정, 3단계-준거 및 예언변인 측정, 4단계-예언변인과 준거 간의 관계, 5단계-예언변인의 유용성 평가, 6단계-선발체계의 효용성에 대한 지속적 평가로 구성되어 있다.

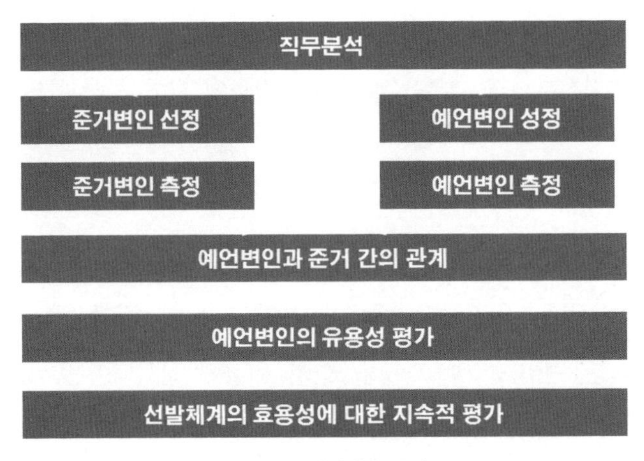

그림 49. 인사선발 모델

(2) 선발 합격점수의 결정

기초율(baserate)은 모든 지원자를 고용했을 때 그 직무에서 성공할 지원자의 백분율이다. 선발률(selection ratio)은 조직이 고용해야 하는 직무 지원자의 비율이다. 선발률은 채우고자 하는 빈자리 수를 지원자의 수로 나눠서 계산한다.

통과 합격점수(passing score)란 그 점수 이상을 획득한 지원자는 합격시키고, 그 미만의 점수를 보이는 지원자는 탈락시키는 구분점이다. 통과 합격점수를 결정하기 위해서 단순회귀분석과 중다회귀분석 방법 등을 사용하게 된다. 단순회귀분석(simple regression analysis)은 하나의 독립변인(X)으로부터 종속변인(Y)을 예측하는 방법이다. 단순회귀분석의 수식은 Y=a+bX의 형태를 가진다. 예를 들어, 직무수행 평정 점수=1+0.5(지능검사 점수)라는 형태로 기술될 수 있다.

중다회귀분석(multiple regression analysis)은 두 개 이상의 예언변인에 근거하여 다른 변인을 예언하는 방법이다. 중다회귀분석의 수식은 Y=a+b1X1+b2X2+・+bnXn의 형태를 가진다. 예를 들어, 직무수행 평정 점수=2+.4(직무적성검사 점수)+.5(중국어시험 점수)라는 형태로 기술될 수 있다. 두 개 이상의 방법을 사용하는 것을 중다라고 하는데 선발전략은 주로 중다적인 방법을 사용한다. 구체적으로 중다회귀법과 중다통과법 그리고 중다장애법이 있다.

① 중다회귀법

중다회귀법은 두 개 이상의 예언변인들로 하나의 준거점수를 예측하기 위한 방법이다. 다른 예언변인에서의 부족한 특성을 보상할 수 있도록 여러 가지 준거들을 사용하여 선발하는 것이다. 준거를 수리적으로 추정하기 위해서 각 예언변인 점수를 방정식에 대입한다. 회귀방정식을 사용하면 컴퓨터 판매직에서의 월별 실제 판매액을 예측할 수 있다.

② 중다통과법

중다통과법은 직무에 성공하기 위해서 모든 예언변인에 대해서 필요한 최소한의 점수를 요구하는 방법이다. 즉, 지원자가 어떤 예언변인에서 요구되는 점수 미만을 기록할 때는 채용결정에서 제외된다. 따라서 이 방법은 하나의 예언변인에서 높은 점수를 기록하더라도 다른 예언변인에서의 낮은 점수를 보상해줄 수 없다. 이 방법은 사용하기가 용이하다는 장점이 있지만, 최소 통과점수(cutting score)를 결정하기가 어렵다는 단점이 있다.

③ 중다장애법

중다장애법은 지원자가 여러 시기에 걸쳐 실시되는 장애 또는 예언변인에서 좋은 점수를 얻어야 최종 합력이 결정되는 방법이다. 따라서 성공적인 지원자는 각 장애를 모두 통과해야 한다. 각 예언변인에 대해 기준을 설정한다. 만약 지원자가 특정 기준을 달성하면 그 부분은 통과된다.

(3) 선발결정

인사선발결정의 목표는 범할 수 있는 오류를 최소화하는 것이다. 선발결정에서 집단의 구분을 통해서 지향하는 선발결정과 지양하는 선발결정으로 나눌 수 있다.

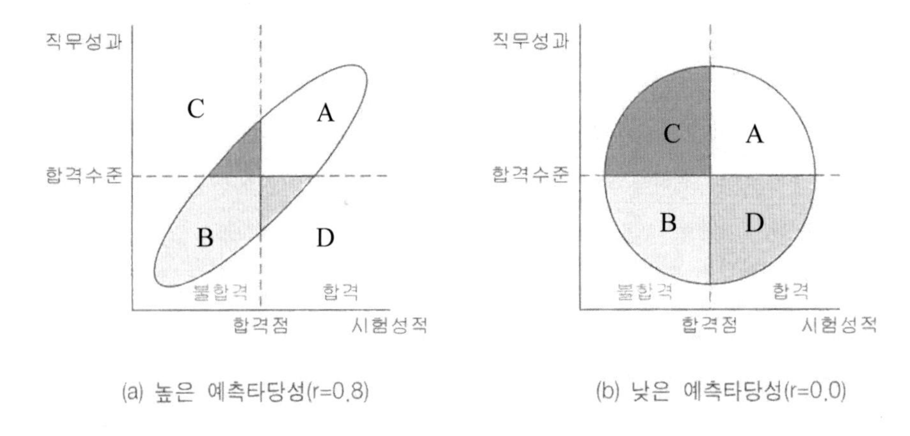

그림 50. 선발도구의 타당성

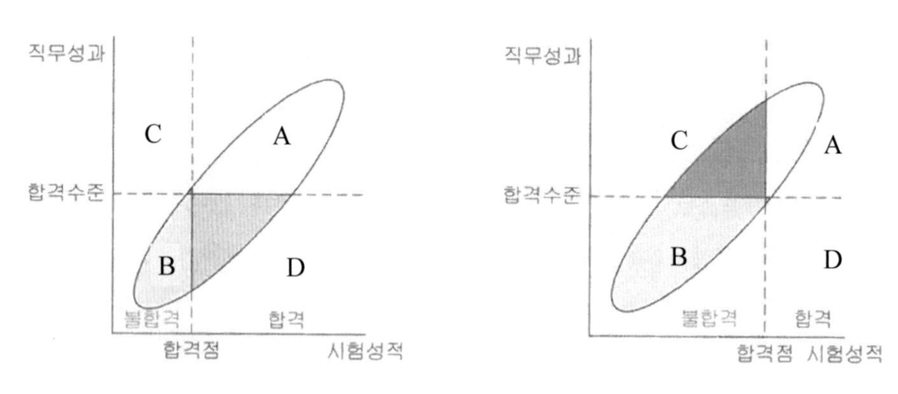

그림 51. 선발결정의 오류

A 영역은 예언변인과 준거점수 모두에서 구분점 이상의 점수를 받은 지원자 집단으로, 선발된다면 좋은 근로자가 될 수 있으며, 조직차원에서는 반드시 선발해야 하는 사람들이다. B 영역은 예언변인과 준거점수 모두에서 구분점 이하의 점수를 받은 지원자들로, 선발된다면 조직의 부담이 될 수 있으며, 조직차원에서는 반드시 탈락시켜야 하는 사람들이다. C 영역은 예언변인검사에서는 불합격하였지만, 만일 채용의 기회가 주어졌다면 성공하였을 사람들이다. 이러한 사람들이 많다면 조직차원에서는 유능한 인재를 얻지 못하는 상황에 놓이게 된다. D 영역은 예언변인검사에서는 합격하였지만 채용된 후에 만족스럽지 못한 수행을 나타내는 사람들이다. 조직차원에서는 이러한 사람들로 인해서 훈련이나 교육비용이 증가하게 되고, 조직의 효율성이 떨어지는 부정적인 영향을 얻게 된다. 이러한 사람들이 많아지면 조직의 생존자체가 위협받을 수도 있다.

• • •

사람은 누구나 평가를 받고 평가를 한다. 문제는 평가를 수용할 수 있으면 좋겠지만 때론 근거 없는 평가로 상처를 받기도 한다는 것이다. 조직과 산업체에서도 평가는 이루어진다. 여러 가지 이유가 있기 때문에 앞에서 말한 평가가 가지고 있는 근원적인 문제에도 불구하고 조직차원에서는 보다 체계적으로 평가가 실시되고 있다.

종업원은 자신의 직무수행이 생산성과 우수한 성과를 달성하는 데 기여한다면, 지지적인 피드백과 바람직한 보상을 기대한다. 따라서 공식적이고 체계적인 수행평가는 종업원의 직무동기를 향상시켜 안정되고 향상된 직무수행을 조성할 수 있지만, 그렇지 못한 경우 수행평가는 불안하고 저조해질 것이다.

Murphy와 Cleveland(1991, 1995)는 직무수행평가가 단순히 종업원의 업적을 평가하는 것이 아니라 조직자체에도 도움을 준다고 보았다. 직무수행평가가 조직에 주는 도움은 첫째, 급여인상, 승진, 해고 등의 조직 결정의 질을 향상시킨다. 둘째, 경력 선택에서부터 장래 자신의 장점 개발에 대한 결정의 질 향상이다. 셋째, 훌륭한 직무수행평가 체계는 종업원의 몰입과 만족을 증진시킨다. 공식적인 직무수행평가는 인사결정에 대하여 합리적이고 법적으로 방어할 수 있는 기초를 제공한다.

Ⅴ. 직무수행평가

직무수행평가를 실시하는 것은 조직차원에서는 많은 비용과 시간이 소모되는 일이다. 그럼에도 불구하고 고용주와 종업원의 입장에서 각각 의의가 있다. 먼저 고용주의 관점에서 종업원의 개인차를 측정하는 것은 중요하다. 또, 수행평가와 피드백을 문서화하는 것은 법적 방어를 위해서 필요한 일이다. 수행평가는 임금이나 상여금을 평가하는 근거를 제공한다. 평가차원과 기준들이 분명한 것은 수행에 대한 기대를 명료하게 해준다. 종업원 개인별로 피드백을 주는 것은 수행관리 과정의 일부분이며, 전통적으로 개인에 초점을 두었음에도 불구하고, 평가준거들이 조직구성원들의 협동이나 단결력 평가의 초점이 될 수도 있다.

종업원의 관점에서 직무수행평가가 가지는 의의는 자신의 수행이 올바로 이루어지고 있는지 피드백으로서의 작용이다. 따라서 작업자들 간의 수행수준 차이가 공정하게 측정되어야 하고 이러한 차이가 결과에 공정하게 영향을 미쳐야 한다. 평가와 수행수준에 대한 인정은 수행이 개선되도록 동기를 부여할 수 있다.

1. 직무수행평가의 목적

직무수행평가의 목적은 개인이 직무를 얼마나 잘 수행하는지에 대한 정확한 측정치를 제공하는 것이다. 이를 바탕으로 종업원 개인과 조직에 영향을 미칠 여러 가지를 결정하게 된다.

Barrett(1966)은 직무수행평가의 목적을 인사관리(임금, 승진, 인사조치 등), 업무수행 향상 목적(교육 및 훈련, 조직개발 등), 연구목적(인사선발과 훈련절차의 타당화 평가준거) 등의 세 범주로 나누고 있다. 직무수행평가가 공식적이고 체계적으로 이루어지게 되면 종업원의 동기를 향상시키는 작용을 하지만 그렇지 않을 때에는 직무동기와 수행성과를 하락시키는 원인이 되기도 한다.

1) 인사선발 및 결정기준의 타당화

종업원 선발방법의 타당성을 입증하기 위해서는 직무수행 성공 여부와 관련지어 보아야 한다. 직무수행평가를 통해서 얻어진 결과들은 승진과 임금, 배치를 위한 자료로 사용된다. 또한, 직무수행평가의 중요한 용도로 종업원에게 피드백을 준다. 피드백을 통해서 종업원의 장점과 약점을 알 수 있게 해야 한다. 그리고 평가는 오직 직무 관련 행동에 관해서만 이루어져야 한다.

대부분의 종업원들은 객관적인 근거가 부족함에도 불구하고 자신의 직무수행이 다른 사람들보다 우수하다고 생각하는 경우가 많다. 그리고 자신의 우수한 업무성과에 대해서 조직이 합당한 보상을 주어야 한다고 여긴다. 하지만 이러한 보상체계가 불합리하다고 생각한다면 조직에 대한 불평과 이직 욕구가 높아지게 되는데, 이것은 조직차원에서도 위험요소가 될 수 있다. 실제로 업무 성과가 높은 종업원이라면 이직하거나 태만해짐으로써 조직 효율이 떨어질 것이며, 업무 성과가 높지 않은 종업원이더라도 조직에 대한 불만과 불평이 증가되는 것은 협력관계에 부정적인 영향을 줄 것이기 때문이다.

2) 종업원 훈련 및 개발의 필요성

직무수행을 신중히 평가함으로써 구체적인 직무기술, 지식, 심리적인 태도상의 장단점을 발견할 수 있다. 필요에 따라 추가적 훈련을 통하여 능력을 개선할 수 있다. 직무수행평가는 종업원 훈련을 시행한 후 직무수행이 얼마나 개선되었는가를 파악함으로써 훈련 및 교육 프로그램의 효과를 측정하는 수단으로도 사용될 수 있다.

3) 직무설계의 자료

직무를 담당하고 있는 거의 모든 종업원의 성과가 낮을 때, 낮은 성과의 원인이 종업원의 능력부족이 아니라 직무의 구조나 환경적인 문제일 수 있다. 이럴 경우 종업원의 교육 및 훈련을 통한 성과의 향상보다 직무를 재설계하는 것이 더 바람직할 수 있다. 낮은 성과의 원인이 능력부족이 아니라 직무의 구조 및 환경 문제일 수 있기 때문이다.

4) 직무수행평가와 법률

Malos(1998)는 법적으로 안전한 수행평가가 필요하다고 주장하였다. 그리고 법적으로 안전한 수행평가를 위한 준거와 절차에 대한 권고사항을 몇 가지 제안하였다.

법적으로 안전한 직무수행 평가 준거
◈ 주관적이기보다는 객관적이어야 한다. ◈ 직무와 관련되어 있거나 직무분석에 근거해야 한다. ◈ 특성보다는 행동에 근거해야 한다. ◈ 피평가자가 통제할 수 있어야 한다. ◈ 전반적 측정이 아니라 구체적인 기능과 관련되어 있어야 한다.

법적으로 안전한 직무수행 평가 절차
◈ 직무군 안에 있는 모든 종업원들에게 표준화되어 있고 동일해야 한다. ◈ 종업원들에게 공식적으로 전달되어야 한다. ◈ 수행에서의 결함에 대한 지적을 해주어야 하고 고칠 수 있는 기회를 주어야 한다. ◈ 종업원들에게 자신의 평가결과를 볼 수 있는 기회를 주어야 한다. ◈ 종업원들의 의견을 들을 수 있는 공식적인 항의절차를 마련해야 한다. ◈ 다수의 다양한 편파되지 않은 평가자를 사용해야 한다. ◈ 평가자들이 교육을 위하여 문서화된 자료를 마련하여야 한다. ◈ 개인의 지식에 기초하여 평가자들이 철저하고도 일관성 있는 평가를 할 수 있도록 수행의 구체적인 예들을 포함하는 문서화된 자료를 마련해야 한다. ◈ 잠재적인 차별 가능성이나 체계 전체의 불합리성을 감지할 수 있는 체계를 설립해야 한다.

2. 직무수행측정의 유형

1) 객관적 측정치

가장 대표적인 객관적 측정치들은 이직, 사고, 생산량, 판매액, 불량률 등이 있다. 동일한 업무라도 본질이 다를 수 있기 때문에 객관적 측정치의 사용에 있어서도 주의를 기울여야 한다. 객관적 자료는 직무수행에 대한 완벽한 측정치는 아니다. 왜냐하면 수행의 차이가 개인이 통제할 수 없는 요인에 의해서 나타날 수 있기 때문이다. 따라서 양적인 객관적 측정치 못지않게 질적인 주관적 측정치도 중요하다.

이직이나 결근 혹은 사고를 기록한 인사자료는 객관적 측정치라고 볼 수 있다. 이직도 종업원의 자발적 이직인 사직서 제출이 있고, 비자발적 이직인 해고가 있다. 사고는 직무수행의 측정치로 사용될 수 있지만 제한된 직무에서만 사용될 수 있다. 객관적 측정치 중에서 판단적 자료는 수행평가에서 주로 사용하는 방법으로 도식적 평정 척도와 종업원 비교법, 행동 체크리스트 등이 있다.

2) 주관적 측정

비생산업무의 측정은 질적인 측면에서 측정해야 한다. 평가자가 일정기간 종업원의 직무수행 활동을 관찰하고 수행의 양적인 면이 아니라 질적인 면에 있어서도 평가할 수 있어야 한다. 그러나 주관적 측정은 사람의 판단에 의존하기 때문에 편파나 오류가 일어나기 쉽다.

3. 직무수행 평가자

1) 상사평가

직무수행평가를 하는 평가자가 상사인 경우는 일반 기업이나 정부기관의 경우 95% 이상이다(Lazer & Wilkstrom, 1977). 상사는 조직의 전체 목적에 비추어 각 부하의 수행을 가장 잘 평가할 수 있다고 여겨진다. 상사는 보상과 처벌을 결정하는데 책임이 있기 때문에 부하의 효율적인 수행을 인사 조치에 결합시킬 수 있어야 한다. 그러나 직속 상사는 부하의 직무태도에 대해 올바른 정보를 획득하기 어려운 점이 있다. 왜냐하면 대부분의 부하는 상사 앞에서 회사에 대한 충성심, 열성 등을 실제보다 높게 보여준다.

상사를 통해서 직무수행을 평가하는 경우 몇 가지 장점이 있다. 첫째, 일상 업무수행에 대한 관리 효율이 높아진다. 둘째, 직무평가를 통하여 부하의 동기와 복종을 유도할 수 있다. 셋째, 조직 목표를 부하직원의 성과목표로 연결할 수 있다. 넷째, 승진이나 보상 같은 인적 자원 관리에 공정하게 연결할 수 있다. 다섯째, 부하직원을 항상 관찰함으로써 이해의 폭이 넓어질 수 있다. 하지만 상사가 무능력하거나 불합리한 경우에는 직무수행평가가 합리적으로 이루어지지 못할 수도 있다.

2) 동료평가

군대에서 장교를 평가할 때 가장 널리 사용할 뿐만 아니라 일반 기업에서도 종업원의 승진을 위해 잠재력을 평가하는 경우 많이 사용하고 있다. 동료평가 방법은 동료지명법, 동료평가법, 동료서열법 등이 있다.

동료지명법은 각자가 집단 내에서 가장 우수한 동료를 지명하는 방법이다. 동료평가법은 각 개인이 평정척도를 사용하여 다른 동료들을 평가하는 방법이다. 동료서열법은 각 개인이 다른 동료들에 대하여 최상으로부터 최하까지 서열을 매기는 방법이다. 하지만 동료평가는 몇 가지 문제점을 가지고 있다. 우선, 친한 사이이거나 경쟁자인 동료를 평가할 때는 왜곡되거나 편견이 작용할 여지가 크다. 또한 동료는 직업 업무지시를 하지 않기 때문에 피평가자인 동료의 현재 능력 및 성과에 대해 판단하기 어렵다.

3) 부하평가

IBM이나 Ford와 같은 다국적 기업에서 중간관리자에 대한 부하평가가 실시되고 있기도 하다. 부하직원은 상사의 직무수행을 다른 관점에서 평가할 수 있다. 부하평가는 상사평가와 높은 상관을 나타내는데 상사평가에 대한 타당한 예언변인이라고 할 수 있다. 하지만 조직 내에서 부하평가를 사용하기 위해서는 목적과 과정에 대해서 세심한 주의가 필요하다. 부하직원들에게 인기를 얻기 위해서 상사가 잘못된 선택을 할 수도 있다. 또한, 부하평가가 제대로 이루어지기 위해서는 완벽한 익명성이 보장되어야 하며 신뢰롭고 개방적인 분위기가 형성되어야 한다.

4) 자기평가

자기평가는 자신의 수행을 스스로 평가하는 것이다. 일반적으로 간부사원을 평가하는 방법으로 사용되는 경우가 많다. 대부분 자기평가의 일차적 의미는 인사결정보다는 상담과 자기개발의 목적으로 사용되는 경우이다. 자기평가는 상사, 동료, 부하에 의한 평가보다 관대화 경향이 높아지는데 타인의 판단과는 상관이 낮다는 문제점이 지적된다. 그러나 자신을 평가하는 당사자는 자신의 직무에 대해서 종합적으로 평가하기 때문에 다른 사람들의 평가보다는 후광효과가 낮다는 특징을 가진다.

5) 고객평가

금융기관의 창구 직원 등 고객과 밀접한 상호작용을 하는 직무에서 주로 고객평가를 사용하고 있다. 고객에 의한 평가는 조직 내부의 구성원이 아닌 조직 외부의 사람들로부터 전혀 다른 관점에서 평가받는 것이다. 특히 고객과 접촉하는 것이 주요 직무인 업종에서는 인사고과에 유용하게 활용되기도 한다.

6) 다면평가

다면평가 방식은 360도 피드백 또는 다중출처 피드백(Multi-Source Feedback)이라고 부르기도 한다. 평가대상이 되는 종업원은 상사, 동료, 부하, 자신, 고객 등을 포함하여 중요한 사람들로부터 모두 평가를 받는 것이다. 다면평가는 여러 고과담당자가 서로 다른 관점에서 고과대상자의 직무수행을 평가하게 되므로 한 사람이 평가했을 때 발생할 수 있는 여러 가지 편견이나 문제를 최소화할 수 있다.

다면평가의 장점은 첫째, 평가자들이 서로 다른 관점을 통해 피평가자의 수행에 대해 다양하고 광범위한 평가를 제공해준다. 둘째, 한 사람의 상사가 평가했을 때 발생할 수 있는 편파를 최소화할 수 있다. 그러나 단점은 평가자들이 지니고 있는 고유한 평정 편파의 영향을 받아서 평가의 정확성이 떨어질 수 있다는 것이다.

4. 직무수행 평가기법

1) 평정법

평정법(rating scale)은 가장 널리 사용되는 방식으로 보통 5점이나 7점 리커트 척도 상에서 수행을 평가한다. 직무에 요구되는 특성으로는 직무 이해도, 직무 양, 직무의 질, 직무능력, 판단력, 협동, 창의력, 태도, 동기 등이 있다. 각각의 평가특성마다 가중치를 부여하여 직무평가를 효과적으로 실시할 수 있다. 직무수행평가의 목적에 따라 평가요소를 개발하여 평가한다면 상당히 타당도가 높은 결과를 제공해준다. 하지만 신뢰도 측면에서는 단점을 가지고 있기도 하다. 평가자가 의도적으로 낮은 점수나 높은 점수를 줄 수 있기 때문이다.

2) 등위법

등위법(ranking method)은 가장 오래되고 단순한 직무수행평가 방법이다. 실시가 쉽고, 전문적인 지식이 필요 없으며, 관대화 경향과 중심화 경향을 극복할 수 있다는 장점이 있다. 일반적으로 등위법은 종업원들을 수행에 따라 순위를 매기는 것이다.

하지만 종업원의 수가 너무 많을 때에는 비효율적이고 정확한 능력 비교나 판단이 어렵다는 단점이 있다. 또한 순위 차이에 따른 수행평가의 차이가 얼마나 되는지를 알

수가 없다. 평가기준이 불분명하다면 결과에 대한 설득력이 부족해지고 조직 내 불평이 많아질 것이다. 따라서 등위법은 종업원의 수가 적고 종업원들에 대한 상대적 위치 외에 더 자세한 정보가 필요 없는 경우에 사용한다.

표 8. 등위법 예시

	생산량	협조성	결근일	순위
A	3	2	1	2
B	2	3	3	3
C	1	1	2	1

3) 짝진 비교법

짝진 비교법(paired comparison)은 부서나 팀 내 한 종업원을 다른 모든 종업원들과 짝지어서 비교, 평가하는 것이다. 비교되는 피평가자 짝의 수는 n(n-1)/2의 공식으로 계산된다. 만일 3명의 종업원을 비교해야 한다면 3(2)/2, 3번을 비교평가하면 되지만, 6명을 비교해야 한다면 6(5)/2로 15번을 비교평가해야 한다. 짝진 비교법의 장점은 판단과정이 비교적 단순하다는 것이다. 그러나 역시 대상이 많아질수록 비교 쌍의 수도 많아지게 되고, 단순한 순위를 정할 뿐 수행평가의 차이를 알 수는 없다.

4) 강제배분법

강제배분법(forced distribution)은 많은 수의 사람들을 평가할 때 가장 유용한 방법이다. 이 방법은 종업원의 수행수준이 정상분포되어 있다는 가정에서 출발한다. 정해진 백분율의 비율로 종업원의 수행수준을 구분하여 배분하는 것이다. 관대화나 중앙집중경향 편파를 줄일 수 있다는 장점이 있다. 그러나 강제배분법은 집단자체가 열등하거

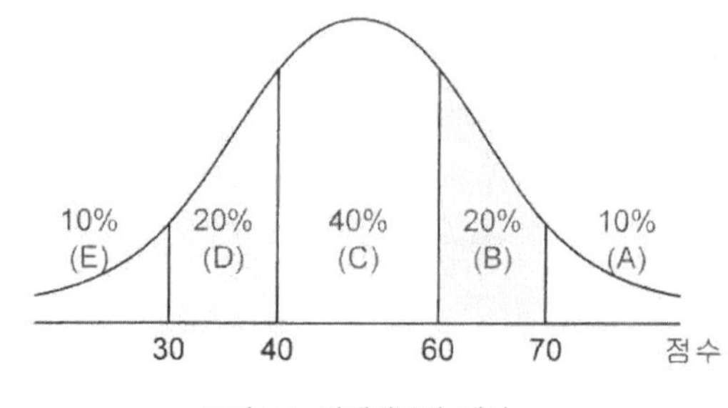

그림 52. 강제배분법 예시

나 우월할 경우 오류를 범할 수도 있다.

5) 강제선택법

강제선택법(forced choice)은 평가자 오류를 줄이기 위해서 고안되었다. 평가자의 관대화 오류를 줄이고 개인들 간에 객관적인 비교가 가능하다. 강제선택법에서는 평정자에게 한 쌍 혹은 두세 묶음으로 된 일련의 문장들을 제시하고 그중에서 평가할 종업원을 가장 적절히 묘사한 문장을 반드시 선택하도록 한다. 문장은 종업원에 대해서 호의적으로 묘사한 것과 비호의적으로 묘사한 것으로 쌍을 이룬다. 기존의 평정방법은 평가자가 자신이 좋은 평정을 하는지 나쁜 평정을 하는지 알 수 있는 반면에 강제선택법은 평가자 자신의 평가가 피평가자에게 어떠한 영향을 미치는지 알 수 없다. 하지만 개발비용이 많이 들고, 종업원의 장단점에 대해 회사가 얻는 정보가 유용하기는 하나 매우 한정되어 있다는 단점이 있다.

긍정적 표현

① 그는 부하에게 합리적이고 명확한 지시를 한다.(　　　)

② 그는 부여된 어떤 직무도 달성할 수 있다.(　　　)

부정적 표현

① 그는 특정 부하를 편애한다.(　　　)

② 그는 말을 거칠고 함부로 한다.(　　　)

그림 53. 강제선택법 예시

6) 결정사건법

결정사건법(critical incident)은 Flanagan(1954)에 의해 개발된 기법이다. 평가자가 종업원의 행동을 관찰하여 직무의 성공을 좌우하는 결정적 행동들을 기록하는 것이다. 결정사건법은 일반적으로 직무지식, 의사결정능력, 리더십 등과 같이 수행의 여러 측면에 의해 범주화된다. 하지만 중대사건은 수량화된 정보를 통해서 얻어지지는 않는다. 결정사건법은 실제 직무행동에 초점을 두기 때문에 종업원 개개인을 상담하는 경우에 매우 유용하다. 하지만 결정사건 목록을 정확하게 수집하기 위해서는 많은 시간과 노력이 필요하다는 단점이 있다.

7) 행동관찰척도

행동관찰척도(behavioral observations scale: BOS)는 결정사건법에 근거하여 특수한 행동적 사건들의 발생빈도를 평가한다. 평가자가 평소 종업원들의 행동을 관찰하여 얼마나 자주 발생하는 일인지를 기록함으로써 중요한 사건에서 종업원의 행동을 평가하게 된다. 행동관찰척도는 산업심리 전문가에 의해서 제작되기 때문에 내용타당도가 높다는 장점이 있지만, 평가자가 직무에 관해 관찰한 행동들을 기억하는 능력에 영향을 받을 수 있다.

경쟁제품의 가격을 알고 있다.				
전혀 모른다	거의 모른다	조금 안다	대충 안다	정확히 안다
1	2	3	4	5

그림 54. 영업사원 직무에 대한 행동관찰척도 예시

8) 행동기준 평정척도

행동기준 평정척도(Behaviorally Anchored Rating Scale: BARS)는 결정사건법과 행동관찰척도를 혼합하여 사용하는 방식이다. 수행은 척도상에 평정되지만 척도 점수들에 행동적 사건들이 제시되어 있다. 행동기준 평정척도 개발에 시간이 많이 필요하지만 제대로 개발되어 사용된다면 유용한 가치가 있다. 평가자는 피평가자의 수행을 가장 비슷하게 기술한 행동을 선택한다. 행동은 수행의 효과성 수준에 따라 가장 낮은 수준부터 가장 높은 수준까지 척도상에 순서대로 기재되어 있다.

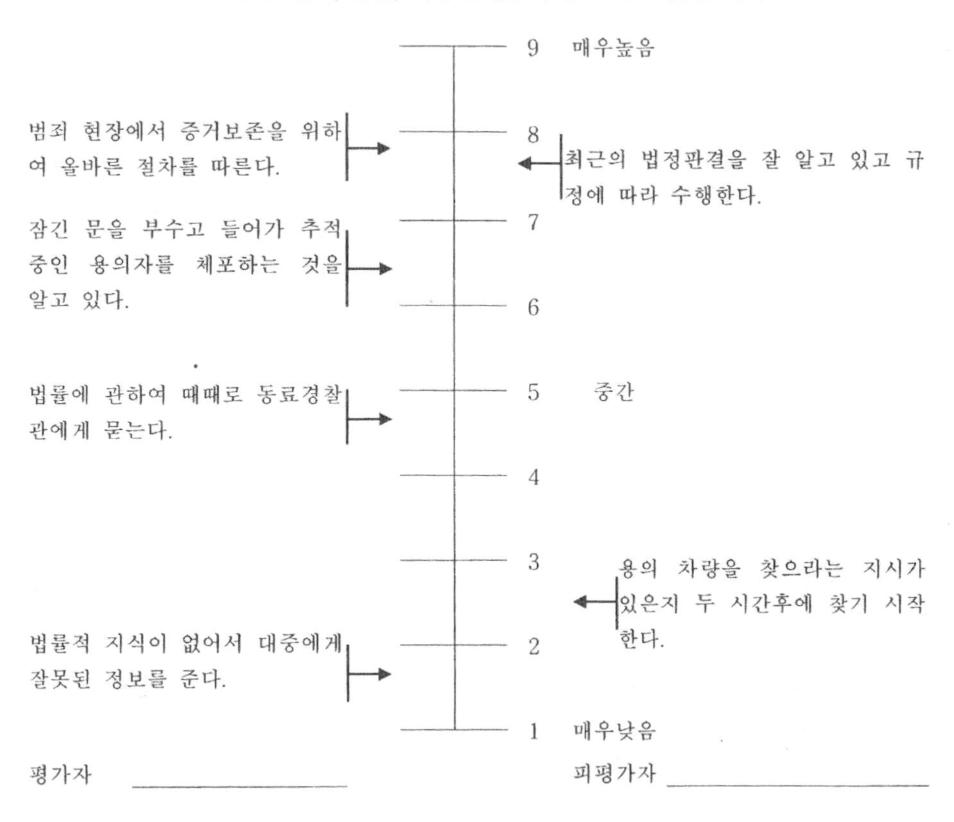

그림 55. 경찰관 직무에 대한 행동기준 평정척도 예시

9) 혼합표준척도

혼합표준척도(Mixed standard scale: MSS)는 Blanz와 Ghiselli(1972)에 의해서 개발되었다. 효율적인 직무수행과 비효율적인 직무수행을 변별해주는 문항들을 감독자로부터 얻어서 평가하는 항목에서 '우수(G)', '평균(A)', '평균 이하(P)'를 나타내는 문항 세 가지를 선택하게 된다. 그리고 선택된 문항들을 기준으로 평가자는 피평가자가 제시된 진술문보다 수행이 높은지(+), 같은지(0), 낮은지(-)를 결정하게 된다. 혼합표준척도에서는 측정하려는 차원과 기준들을 평가자가 알아차리지 못하도록 혼합하여 배열한다.

진술문	G.A.P	평가
1. 가끔 확신이 없을 때도 있긴 하지만 보통의 자신감을 갖고 개방적이다.	(A)	○
2. 그는 능률이 약간 결여되어 있는데 임무완수에 많은 시간을 쓰며 시간 내에 임무를 마치지 못하기도 한다.	(P)	+
3. 그의 서류와 구두보고는 형식이 잘 갖추어져 있으며 완벽하기 때문에 좀처럼 부가적 설명이 필요 없다.	(G)	+
4. 그는 약간 소심하며 확신이 없어 이따금 자신의 입장을 밝히기를 꺼려한다.	(P)	+
5. 그는 충분히 효율적으로 일하며 적당한 시간 안에 임무와 작업을 마친다.	(A)	+
6. 가끔 그의 보고서는 불완전하고 서투르게 만들어져 가치가 별로 없는 경우가 많다.	(P)	+
7. 그는 신속하며 능률적이어서 작업을 예정대로 추진할 수 있으며 실제로 새로운 과업을 맡길 원한다.	(G)	○
8. 그는 자신있게 행동하며 주저하지 않고 확신있게 모든 상황에 반응한다.	(G)	−
9. 거의 보고서는 유용하고 의미있긴 하나, 보통은 약간의 부가적 설명이 필요하다.	(A)	+

그림 56. 혼합표준척도 예시

5. 직무수행평가의 오류

1) 후광효과

후광효과(halo effect)는 가장 보편적인 오류이다. 종업원의 어느 한 측면이 매우 뛰어나다는 것을 발견하면 그의 다른 모든 면도 높게 평가되는 것이다. 이를 줄이기 위해서는 첫째, 서로 다른 평가자가 평가하여 선입견이 상쇄되도록 하여야 한다. 둘째, 평가자가 각 종업원의 모든 특성을 한꺼번에 평정하지 않고 한 번에 한 가지 특성을 평가하도록 한다.

2) 순서에 의한 오류

초두효과(primacy effect)는 최초의 정보가 후에 나타나는 정보에 비해 최종평가에 더 큰 영향을 주는 것이다. 반면 최신효과(recency effect)는 마지막 정보가 앞선 정보들에 비해 최종평가에 더 큰 영향을 주는 것이다.

3) 중앙 집중경향

중앙 집중경향(central tendency)는 평가자가 극단적으로 높거나 낮은 평정을 하지 않고, 평균치에 가까운 평정을 하려는 경향을 말한다. 중앙 집중효과가 생기는 이유는 첫째, 평가자가 평가방법을 이해하지 못하거나 평가할 수 있는 능력이 부족할 때 생긴다. 둘째, 평가방법이나 평가요소가 명확하지 않기 때문에 발생할 수도 있다. 셋째, 낮게 평가하는 경우 생길 수 있는 고과대상자와의 감정적 대립을 우려하기 때문에 발생할 수도 있다. 넷째, 평가에 사용할 수 있는 시간이 부족할 때 발생하게 된다.

중앙 집중경향을 줄이기 위해서는 평가자를 훈련시켜야 한다. 또는 평가점수의 분포를 강제배분법을 사용하여 할당하거나, 평정치에서 중간치를 제외시키는 것도 방법이다.

4) 관대화 경향

관대화 경향(leniency tendency)은 피평가자의 능력이나 성과를 실제보다 더 높게 평가하는 것이다. 이러한 원인은 피평가자를 나쁘게 평가하여 대립할 필요가 없고, 둘째, 자기 부하를 타 부서 종업원에 비해 유리하도록 하기 위해서이며, 셋째, 나쁜 평가가 곧 평가자 자신의 책임으로 간주될 수 있기 때문이다. 넷째, 평가방법에 대해서 잘 모를 때 발생할 수 있다. 다섯째, 낮은 직무수행평가의 책임이 평가자에게 돌아갈 때 나타나기도 한다. 이러한 관대화 경향을 줄이기 위해서는 강제배분법을 사용하거나 평가자에 대한 훈련이 필요하다.

실제 수행성적보다 엄격하거나 낮게 평가하는 것은 부적 관대화이며, 실제 수행성적보다 높게 평가하는 것은 정적 관대화라고 한다.

5) 엄격화 경향

엄격화 경향(harsh tendency)은 관대화 경향과는 반대로 피평가자의 능력이나 성과를 실제보다 의도적으로 낮게 평가하는 경우이다. 엄격화 경향이 발생하는 이유는 피평가자에 대한 기대수준이 지나치게 높거나, 피평가자와의 갈등관계에 대한 보복일 수 있다.

6) 편견

평가자의 편견은 오류의 기본이다. 평가자는 자신이 가지고 있는 고유의 기준과 표준이 있기 때문에 나름의 편견을 가지기 마련이다. 편견에 사로잡히면 자신의 기준 이외의 정보에 대해서는 주의를 기울이지 못하거나, 정확한 평가를 내리기 힘들어진다. 따라서 훌륭한 평가자의 조건 중의 한 가지는 편견의 최소화일 것이다.

6. 직무수행평가 오류의 감소

평가가 아무리 복잡하고 과학적으로 이루어지더라고 근본적으로 주관적이라는 한계를 벗어날 수는 없다. 평정법이나 등위법 절차에서 아무리 통제를 하더라도 선입견이나 동기, 감정, 태도 등에 영향을 받게 된다. 산업심리학자들은 평가에서 발생하는 오류를 감소시키기 위해서 노력한다.

1) 평가도구 개발

믿을 만하고 타당한 평가도구의 개발을 통해 오류를 최소화할 수 있다. 그리고 잘 구조화된 평가도구일수록 평가자의 편견이나 오류가 발생할 가능성을 줄이게 된다. 세심하고 정밀하게 그리고 법적으로 안정적인 평가도구를 개발하는 것은 직무수행평가 오류를 감소시키는 가장 기초적이고 기본적인 방법이다.

2) 평가자 훈련

직무수행평가의 오류를 감소시키기 위해서 평가자를 훈련시키기도 한다. 훈련의 목표는 평가자에게 평정 오류를 인식시켜서 잘못된 평정 형태를 피하도록 가르치는 것이다. Day와 Sulsky(1995)는 참조틀 훈련(Frame of reference training)이 평가자 오류를 줄이는 좋은 훈련 방법 중 하나라고 밝혔다. 참조틀 훈련의 목표는 평정 과제에 대한 공통적인 이해를 제공하는 것이다. 평가자는 평정할 각 차원에서 수행의 다양한 수준을 나타내는 구체적 행동 예를 제공받았다. 이러한 훈련으로 평정 오류가 감소한다는 사실은 대부분 연구에서 밝혀지고 있지만 평정의 정확성도 함께 감소하는 대가를 치러야 하는 경우도 자주 있다. 예를 들어, 평가자는 평정치에서 후광효과와 관대화 오류를 줄이도록 훈련받으면 동시에 평정치가 실제 수행수준을 반영하는 정확성 면에서도 떨어지게 될 수 있다는 것이다.

7. 직무수행평가의 활용

직무수행평가의 주요한 목적은 종업원 수행능력 향상이다. 이를 위해서 수행평가 결과는 종업원에게 전달되어야 한다. 직무수행평가에 대한 피드백은 정보적이고 동기 고양적 기능을 모두 가지고 있어야 한다. 우선 정보적 피드백은 종업원이 앞으로 수행의 향상을 위해서 무엇을 하여야 하며, 무엇을 하지 말아야 하는지에 대한 정보를 제공해주어야 한다는 것이다. 동기 고양적 기능은 올바른 행동을 강화하고 잘못된 행동을 소거 하려는 종업원의 의지가 고양되어야 한다는 것이다.

이를 위한 효과적인 직무수행평가 피드백의 조건을 Cederblom(1982)이 제시하였다. 첫째, 부하의 직무와 수행에 관해 상사가 지식을 갖추고 있어야 한다. 둘째, 상사의 부하에 대한 지원이 있어야 한다. 셋째, 부하의 참여를 환영하는 분위기가 조성되어야 한다.

이러한 직무수행평가 피드백이 올바르게 일어나기 위해서 Greenberg(1990)은 다음과 같은 조건을 제시하였다. 첫째, 평가에 관해 종업원이 평가할 수 있는 기회를 준다. 둘째, 평가를 양방적인 의사소통이 가능하도록 한다. 셋째, 평가결과에 대해서 소명할 기회를 주어야 한다. 넷째, 올바른 평가자가 평정을 하여야 한다. 다섯째, 수행평가 준거들이 일관성(방법, 시간 등) 있게 적용되어야 한다. 여섯째, 실제 성과에 기초하여 평정한다. 일곱째, 급여나 승진에 대한 제안을 객관적인 평정에 기초하도록 한다.

• • •

경력(career)은 한 개인이 일생을 두고 일과 관련하여 얻게 되는 경험 및 활동에서 지각된 일련의 태도와 행위라고 정의할 수 있다. 따라서 경력은 개인이 평생 동안 가지게 되는 경험의 과정을 뜻하는 것으로 이력서에 나타날 모든 직무들의 집합을 말한다. 경력은 성공한 사람이나 실패한 사람을 구분할 수 없으며, 전문적인 경험이든 비전문적인 경험이든 한 개인이 직업 활동을 통해 지나온 경험 과정을 의미하는 것이다.

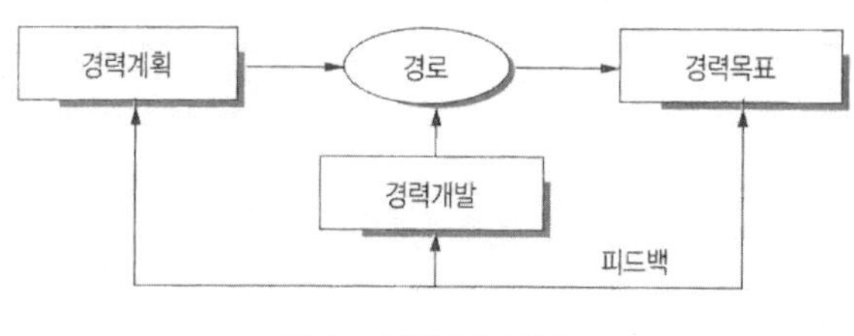

그림 57. 경력관리 3요소

Ⅵ. 경력개발과 조직개발

1. 경력개발의 의미와 중요성

경력은 개인이 평생 동안 직업을 통해 가지게 되는 경험과정이며, 경력개발은 개인적인 경력목표를 설정하고 이것을 달성시키기 위한 경력계획을 수립하여 조직의 욕구와 개인의 욕구가 합치되도록 경력을 개발하는 활동을 말한다. 따라서 경력개발은 조직과 개인 모두의 의식적인 노력이 필요하며 조직의 요구와 개인의 욕구를 일치시킬 때 가능한 것이다.

경력개발은 다음과 같은 장점을 가지고 있다. 첫째, 잠재능력을 발휘할 수 있게 해준다. 둘째, 전문능력을 향상시킨다. 셋째, 종업원의 개성과 자아존중 욕구를 충족시킬 수 있다. 넷째, 성과향상에 기여할 수 있다. 다섯째, 구성원의 만족감이 높아지게 된다. 여섯째, 인적자원 비용이 감소한다. 일곱째, 직무 전문화가 증대된다.

[사례-순환근무를 통한 경력개발]

현대차와 기아차는 한 부서에 오래 근무한 직원들을 대상으로 희망자에 한해 다른 부서로 이동시키는 '경력개발제도'를 단계적으로 추진키로 했다. 현대·기아차는 직원들이 한곳에 얽매이지 않고 다양한 경험을 하도록 회사가 유도하기로 하였는데, 어떤 상황에도 대처가 가능한 'Multi-Player'를 양성하겠다는 것이 목표이다. 이를 위해 부서 이동 근무 연수 제한 기준을 1년~4년, 4년~7년의 2단계로 구분하였다. 조건에 해당하는 직원 중 희망자에 한해 본인이 희망하는 부서로 이동시킨다는 계획이다.

1) 경력목표

경력목표란 개인이 경력상 도달하고 싶은 미래의 직위(position)를 말한다. 또는 개인이 도달하고 싶은 최고의 성공목표를 의미한다. 장래에 무엇이 되고자 하는가의 최종목표를 실현해가는 경력과정의 목표를 가리킨다.

2) 경력계획

경력계획이란 경력목표를 설정하고 이 경력목표를 달성하기 위한 경력경로를 구체적으로 선택하는 과정을 설정하고 경력성과를 실행하는 과정을 말한다. 즉, 경력목표를 실현시키기 위한 실행프로그램을 의미한다.

3) 경력개발

경력개발이란 개인적인 경력계획을 달성하기 위하여 개인 또는 조직이 실제적으로 참여하는 활동을 말한다. 경력목표, 경력계획, 경력개발을 3요소로 갖는 경력관리라고도 볼 수 있다. 경력계획의 절차는 조직 내의 개인으로부터 경력목표와 그 경력목표를 달성할 수 있는 경력경로를 알 수 있게 해준다. 그리고 경력개발의 제반활동을 통하여 각 개인은 자기 자신을 개발하고 나아가서는 경력목표의 달성을 촉진시키는 방법을 찾게 되며, 목표와 실제 활동 사이에서 발생하는 오차는 피드백 과정을 거쳐 경력계획과 경력개발 활동에 반영된다.

2. 경력개발 목적과 경력욕구

1) 경력개발 목적

경력개발의 목적은 사회 가치관의 변화에 대응하는 인간 욕구와 그에 따르는 삶의 질 향상과 더불어 조직의 생산성 향상에 있다. 또한 개인이 일생 동안의 경험과정을 통한 인생목적의 이념실현과 조직의 목적을 동시에 실현시키는 데 있다. 경력개발의 목적은 기업의 입장과 종업원의 입장에서 살펴보면 다음과 같다.

첫째, 경제적 효율성면에서 볼 때 기업이 추구하는 목적으로 종업원의 경력개발을 통해 인적자원을 효율적으로 확보하는 것이다. 경력개발이란 결국 종업원에게 여러 종류의 직무를 수행할 수 있는 능력을 갖추도록 하는 것인데 이렇게 함으로써 기업은 미래에 필요한 인력을 보다 효율적으로 확보할 수 있다. 경력개발의 중요한 목적은 능력있는 종업원을 성장시킬 수 있는 프로그램을 설계하는 것이다.

둘째, 올바른 경력개발을 통해 진부화를 방지하는 데 있다. 경영자와 종업원의 부적절한 훈련과 동기부여 부족으로 발생하는 인력의 구식화를 방지할 수 있다. 제대로 경력개발을 진행하게 되면 기업은 조직의 노하우를 체계적으로 축적하여 경쟁력을 제고시킬 수 있다. 앞으로는 현재에 존재하지 않는 많은 새로운 직무가 생성될 것이며, 또 직무의 전문화가 가속될 것이므로 이들을 보다 포괄적으로 관리하기 위한 인적자원의 경력개발이 필요하게 된다.

셋째, 경력개발을 통해 종업원의 기업조직에 대한 일체감을 제고시켜 기업 내 협동시스템 구축이 보다 원활해진다. 이러한 일체감과 협동 시스템의 구축은 이직과 인사비용을 감소시킨다. 기업이 종업원의 경력을 계획하도록 도와줄 때 보다 낮은 이직률과 인사비용이 소요된다.

넷째, 인적자원의 보다 효율적인 활용이 필요하다. 즉, 앞으로의 기술은 보다 전문화가 가속되고 그 수준도 높아지기 때문에 조직은 인적자원의 보다 효율적인 활용이 요청되며, 이는 경력개발과 결합될 때 그 가능성이 높아진다. 경력개발이 갖는 장기적이고 계속적인 속성 때문에 조직 내에 훈련된 전문 스텝 개발의 체계를 구축할 필요성이 높아진다.

2) 경력욕구

개인차원의 경력개발은 여러 가지가 있다. 개인 경력개발에서 가장 기본은 개인이 가지고 있는 욕구가 어떠한 방향인가를 파악하는 것이다. 그것을 경력욕구라고 한다. 경력욕구란 경력개발의 필요성을 인식하는 근거가 되는 것으로서 종업원 개인이 추구하는 경력개발 방향과 조직이 추구하는 경력개발 방향으로 구분되어 파악될 수 있다.

(1) 개인 경력욕구 형성과정

경력욕구 형성의 근원은 바로 경력역할과 경력 상황에 의해 결정된다. 여기서 경력역할이란 개인의 경력욕구와 관련하여 조직으로부터 기대되는 행동을 의미하며, 경력상황이란 조직이 제공하는 경력기회, 즉 자기가 원하는 직무가 조직에 존재하는지, 그리고 자기가 걸어가고 싶은 경력경로를 얼마나 많은 다른 종업원들이 동시에 추구하는지 그 경쟁상태 등을 말한다. 따라서 경력역할 수행이 매우 어렵고 원하는 경력경로에 대한 경쟁이 조직 내에서 치열할 경우 개인은 자기가 원했던 경력경로에 대해 다른 방면으로 생각하게 된다.

(2) 개인 경력욕구 유형

① 관리지향

관리지향 유형에 속하는 사람들은 관리자가 되기를 원하다. 이들은 여러 기능분야에 대한 지식의 중요성과 필요성을 알면서도 경영 전문가가 되어야지만 일반관리자로서의 기능을 제대로 수행할 수 있다고 생각한다. 이 유형의 사람들은 책임수준, 리더십 발휘 기회, 전체 조직에 대한 공헌 기회 증대, 높은 수입 등을 의미하는 승진을 주요 가치와 동기로 생각한다.

② 기술지향

기술지향 혹은 기능지향 유형에 속하는 사람들은 특정 종류의 작업에 강한 재능과 동기를 가지고 있으며 직무의 내용에 관심이 많다. 이 유형에 속하는 집단은 도전할 만한 업무를 원하며, 과업에서 지루함을 느끼게 되면 다른 과업을 탐색한다.

③ 안전지향

안전지향은 자신의 직업 안정과 고용안정 등에 강한 욕구를 가지고 있는데 크게 두 가지로 나눌 수 있다. 첫째는 조직을 자신과 강하게 동일시하여 직장 안전을 전제로 직무순환, 근무지역 등 거의 모든 사항을 조직에 위임하는 사람들이다. 둘째는 자신과 특정지역을 연계하여 특정 지역에 근무하는 대신 타 회사로의 이직이나 생활수준의 상대적인 저하를 감수하는 사람들이다.

④ 사업가적 창의성 지향

사업가적 창의성을 지향하는 유형은 신규조직, 신제품, 신규서비스 등을 창출하는 창의성을 중요시한다. 즉 무엇인가 새롭고 기발한 것을 만들어내려고 하는 강렬한 욕구를 가지고 있는 사람들이다.

⑤ 자율지향

자율지향의 욕구를 가진 사람들은 조직이란 개인을 규제하려고 하며, 비이성적이고 강압적이라고 생각하므로 자유로운 직업을 갖기를 원한다.

⑥ 봉사지향

봉사지향의 사람들은 자신이 가진 특정 직무의 가치를 기준으로 평가한다. 이들은 공헌에 대한 공정한 보상을 원하지만 보수보다 더 중시하는 것은 공헌을 인정하는 승진제도이다. 이들은 승진을 통해 보다 사율적인 행동을 많이 할 수 있는 기회를 가지기를 바란다.

⑦ 도전지향

도전지향은 항상 어렵고 도전적인 문제의 해결기회를 많이 제공하는 직무를 좋아하며 일상의 업무를 전투라고 생각하고 승리를 최대의 목표로 삼는다.

⑧ 생활지향

생활지향 유형에서는 경력은 덜 중요하며, 얼핏 경력 닻이 없는 것처럼 보이지만 실제로는 경력은 자신의 전체적인 생활스타일과 잘 혼합되는 것이 중요하다. 이러한 유형은 개인사, 가족생활, 경력을 제대로 통합할 수 있는 방법을 찾는 것을 더 중요시한다.

3. 경력개발관리 원칙

1) 적재적소의 원칙

경력관리는 인재를 적재적소에 배치하는 것(the right man, the right place)을 원칙으로 한다. 즉, 종업원의 적성, 지식, 경험 및 기타 능력과 조직의 목표달성에 필요한 직무가 잘 조화되도록 맞추는 것을 골격으로 한다. 이를 위해서는 자격요건과 종업원의 적성 및 선호구조에 대한 정보를 충분히 파악하여야 한다. 즉, 경영정보시스템의 일환으로 인사정보시스템을 적극적으로 개발하고, 특히 노동집약적인 기업에서는 원가관리의 주요 대상으로 인재를 적재적소에 배치하는 것이 중요하다.

2) 승진경로의 원칙

경력관리는 명확한 승진경로의 확립을 그 원칙으로 하고 있다. 이 원칙은 기업의 모든 직위는 계층적인 승진경로로 형성되고 정의되며, 또 기술되고 평가되어야 한다. 즉, 과학적인 직계를 이루고 그에 따른 승진관리가 이루어져야 한다는 것이다. 승진경로의 설정은 질적 인사계획 수립에 있어서 본질적인 문제해결의 길잡이가 된다. 승진직계는 각각 직무평가의 과정을 거쳐서 제시되므로 이것은 노동의 질과 양을 존중하는 기초자료가 되기도 한다.

3) 후진양성과 인재육성의 원칙

경력관리는 기업내부에서 후진양성의 확립을 원칙으로 자체적으로 유능한 인재를 확보하는 것을 말한다. 즉, 인재확보를 외부에서 발탁하는 방법보다는 내부에서 자체적으로 양성하는 것을 원칙으로 삼으며 이것은 종업원에게 성장의 동기부여를 제공하고 기업에 적극 동참함으로써 인재를 확보할 수 있다. 기업내부의 인재 육성으로 기업 외부로부터 들어온 신입사원이 겪는 소외감과 더불어 조직, 작업 스타일, 직무 분위기 등에 대한 적응시간과 비용을 절감할 수 있다.

4. 개인차원의 경력개발 모델

1) 경력앵커 모델

Schein은 1960년대 MIT 경영대학원 졸업생들을 대상으로 한 연구에서 경영자의 경력개발을 위한 모델을 제시하였다. 이것을 경력앵커(career anchor) 모델이라고 부른다. 경력앵커란 조직 내의 개인들이 경력을 선택하고 발전하도록 영향을 주는 욕구나 추동의 조합을 말하는데 대표적으로 다섯 개의 닻(anchor)을 들고 있다.

Schein은 연구 대상을 다섯 개의 경력앵커로 분류하여 소득의 중앙값을 계산한 결과, 관리능력의 경력앵커를 가진 집단에서는 소득이 가장 높았으며, 자립과 독립의 경력앵커를 가진 집단의 소득이 가장 낮았음이 밝혀졌다. Schein은 개인의 경력개발을 위해서는 각 개인이 어떤 경력앵커를 가지고 있는지를 발견하고, 개인에게 적합한 경력을 계획할 필요가 있음을 강조하였다(Schein, 1990).

(1) 관리능력

경영자의 기본적 욕구는 관리라는 개념을 뜻하고 이것은 일련의 행위가 능숙한 것을 의미한다. 사람들은 이 관리능력의 경력앵커를 갖고자 하며 여기에는 세 가지 능력의 구성요소가 있다. 첫째는 대인적 능력(interpersonal competence)이다. 조직목적을 효과적으로 달성하기 위하여 다른 사람들에게 영향력을 행사하는 감독, 조정, 통제 등의 능력을 말한다. 둘째는 분석적 능력이다. 불확실하고 불완전한 정보 상황에서 개념적 문제를 인식하고 분석하여 개선책을 마련하고 그 문제를 해결할 수 있는 능력을 말한다. 셋째는 감정적 안정(emotional stability)이다. 감정적 또는 대인적 위기에 직면하여 나약성을 나타내는 태도가 아니라 높은 수준의 책임감을 감당하는 능력과 열정의 태도를 말한다.

(2) 기술적-기능적 능력

개인들이 숙달되는 경력요구는 기능직 또는 기술직 관리자들이 원하는 기술적 앵커이다. 이러한 사람들은 기능이나 기술이 필요 없는 다른 부문으로 승진하기보다는 오히려 조직을 이탈하려고 한다. 따라서 기술적, 기능적 능력의 앵커를 경력으로 갖고자 원한다.

(3) 안전(security) 또는 안정(stability)

개인의 경력욕구가 특정조직이나 특정업무에 강하게 밀착되어 있을 경우 안전의 경력 앵커가 나타난다. 따라서 이러한 앵커를 쥐고 있는 사람들은 해당 조직에 종속되기를 원하며 또 그 일에 최선을 다하려고 한다. 그래서 자립과 독립을 포기하는 경우가 많다.

(4) 창의성(creativity)

창의성의 경력앵커를 가지고 있는 사람들은 새롭고 기발한 것을 만들어내려고 하는 강렬한 욕구를 가지고 있다. 이들은 새로운 사업방법, 신제품, 새로운 서비스 등을 추구한다.

(5) 자립과 독립(autonomy and independence)

자립과 독립의 닻은 조직이 개인생활을 제약하며 비합리적 침입을 한다고 생각하는 사람들이 가지는 앵커이다. 대학교수, 컨설턴트, 자유기고가 등이 있다. 이들은 좀 더 독립성을 허용받는 경력을 쌓으려고 한다.

2) 경력단계 모델

경력단계 모델은 Yale대학교 심리학과 교수 Levinson의 인생단계이론(life stage theory)에 기초를 두고 있다. Levinson은 다시 Erikson의 발달이론에 기초해서 경력단계 모델을 수립하였다. Levinson은 개인의 인생이 하나의 안정된 구조를 가지며, 또 이 구조는 시간의 흐름에 따라 때로는 점진적으로 때로는 급진적으로 변화한다고 보았다. 그리고 Levinson은 인생의 구조가 급진적으로 변화하는 위기적 현상에 주목하였으며 이것을 변이(transition)라고 하였다. Levinson은 개인의 일생은 크게 네 번의 위기적 변이를 경험하는 과정으로 진행된다고 보았다.

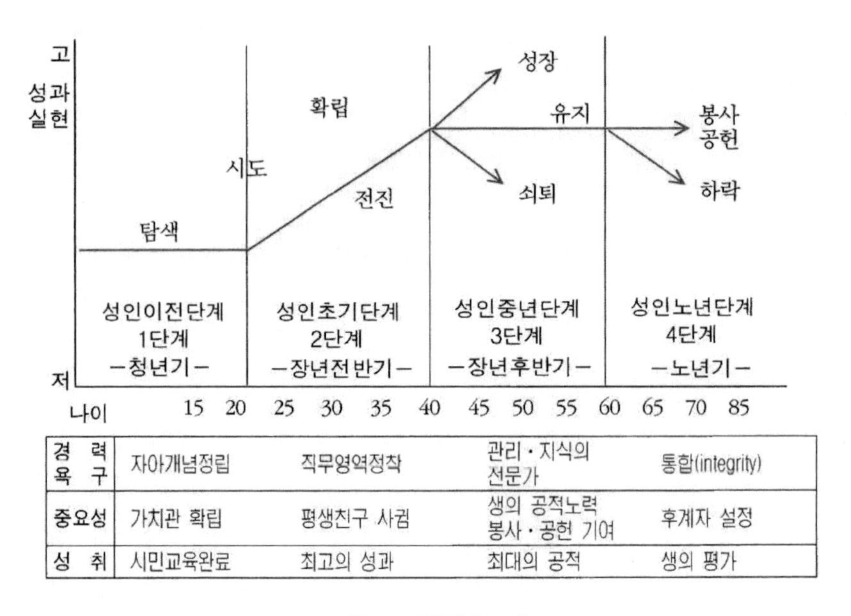

경력욕구	자아개념정립	직무영역정착	관리·지식의 전문가	통합(integrity)
중요성	가치관 확립	평생친구 사귐	생의 공적노력 봉사·공헌 기여	후계자 설정
성취	시민교육완료	최고의 성과	최대의 공적	생의 평가

그림 58. 경력단계 모델

(1) 경력이전 단계(0～20세)

경력을 개발하기 위해서 준비하는 단계이다. 주로 교육과 훈련이 이루어지는 시기이며, 가치관과 적성을 개발하고 확립하게 된다.

(2) 경력초기 단계(20～40세)

약 40세 이전의 단계로 Erikson의 성인 초기 단계와 거의 일치한다. 자신의 경력에서 최고의 성과를 내고 확고하게 정립하는 것이 중요한 과제이다.

(3) 경력중기 단계(40～60세)

자신의 성취를 재평가하는 단계로 일의 중요성을 재점검하게 된다. 젊은 사람들을 위한 '멘토'로서의 역할을 수행할 필요가 발생하는 단계이기도 하다.

(4) 경력후기 단계(60세 이후)

이 시기의 개인은 자신의 가치를 유지하려고 노력한다. 은퇴를 예측하고 은퇴 후 계획을 수립하게 된다.

3) Hall의 경력단계 모형

Hall은 조직행동론의 몇 가지 이론적 발견을 토대로 개인의 경력을 개발하는 데 도움을 주는 경력성공 순환모형(career success cycle model)을 제시하였다. 경력성공 순환모형의 기본 가정은 인간은 자신의 직무로부터 보상과 적극적 강화를 얻으려고 한다는 것이다. 보상은 봉급인상 등의 외적인 것과 성취감 같은 내적인 것일 수도 있다. 또 다른 가정은 보상받은 행위는 반복된다는 것이다. 세 번째 가설은 사람들은 자부심을 증가시키려고 노력하고, 자부심이 저하되는 것을 회피하려 한다는 것이다.

이러한 가정 아래 성공이 성공을 만들어낸다고 생각하면서 경력성공 순환모형을 만들었다. 작업목표는 독립적인 노력을 하도록 하여 목표를 달성하게 한다. 성과는 심리적인 성공감을 맛보게 하고, 심리적인 성공감은 자부심을 증가시킨다. 물론 자부심이 증가하면 직무에 대한 몰입이 증가하고 증가된 직무몰입은 다시 보다 높고 큰 작업목표를 세우게 한다.

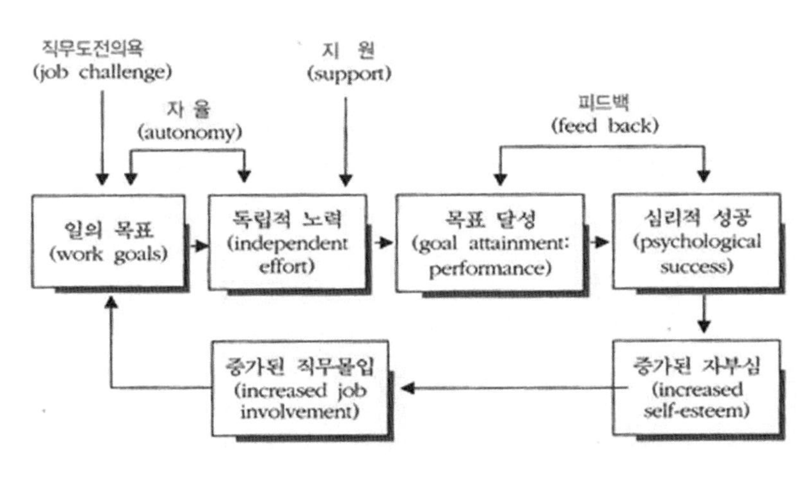

그림 59. 경력성공 순환모델

5. 조직차원의 경력개발 모델

조직차원의 경력개발은 개인 못지않게 기업의 경력개발이 필요하다. 기업은 기업환경에 적합한 조직전략을 구상하고 전략을 달성하기 위한 조직구조와 경영과정을 통해 높은 수준의 성과를 이룩해야 한다. 조작차원의 경력개발 모형은 개인차원의 경력개발

모형과 독립적으로 존재하지 않는다. 조직의 목적은 조직에 필요한 인적자원을 개발하는 데 있으며, 언제라도 조직에 적합한 인적자원을 공급받는 데 있는 것이다. 그러나 이러한 목적도 개인의 욕구를 감안해서 조화될 수 있어야만 달성될 수 있다.

1) Leach 모델

Leach는 경력개발을 위한 경력관리 시스템을 제안하였다. 경력관리 시스템이란 종업원의 경력활용을 향상시키도록 의도된 프로그램이나 전략을 계획, 조직 및 통제하도록 설계된 시스템을 말한다.

모든 경력협상의 중요한 두 주체인 종업원과 조직은 각각 시소의 양쪽 한자리를 차지하는 당사자로 표시되고 있다. 그리고 시소 받침은 균형점의 역할을 하는데 이 시소 받침을 떼어버리게 되면 경력관리 시스템이란 이루어질 수 없게 된다. 이것은 시소가 균형 상태를 이루고 있을 때만 경력관리 시스템이 만족스럽게 운영된다는 것을 말해준다.

이러한 균형 상태에서는 조직과 종업원 사이에 많은 사전교환이 이루어져야 한다. 예를 들면 시소가 조직 쪽으로 기울 경우 종업원은 기업에 중요한 계획투입 요소를 전달할 필요가 있다. 반면에 시소가 종업원 쪽으로 기울 경우에는 경력투입 요소가 조직으로부터 종업원에게 전달되어야 한다. 이러한 시스템 아래에서는 인사관리의 역할이 중요한데, 여기서의 인사관리 기능은 곧 시소를 움직이는 중심으로서 작동한다. 이 경력관리 시스템의 전제조건으로는 시간, 예산, 조직풍토, 새로운 역할, 의사소통 등이 있어야 한다.

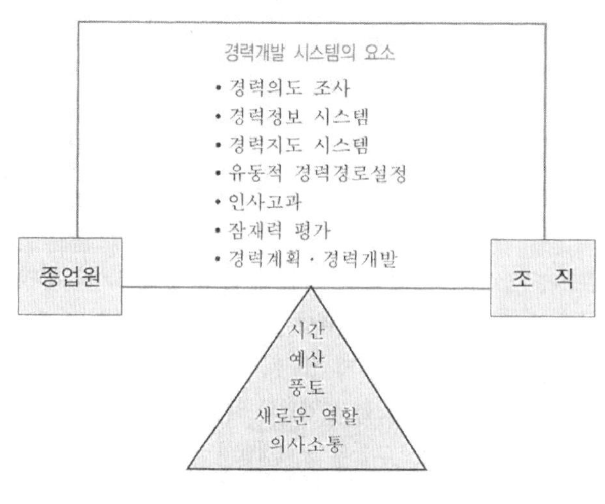

그림 60. Leach 경력개발 모델

6. 경력개발 기법

경력개발 제도란 조직 내에서 종업원 개인의 경력을 적극적으로 개발하여 인적자원을 유용하게 활용하려는 장기적이고 종합적인 인사관리 제도의 한 부분이다. 따라서 인사관리를 위한 제도 중 교육 및 훈련, 승진 제도, 인사기록 제도, 인사고과 제도는 모두 경력개발과 연결된 대표적인 제도이다. 특히, 경력개발을 목적으로 한 제도는 자기신고 제도, 직능자격 제도, 직무순환 제도, 평가센터 제도, 기능목록 제도 등이 있다.

1) 자기신고 제도

자기신고 제도란 기업이 종업원에게 자기의 직무내용, 직무담당에 있어서 능력의 활용정도, 능력개발에의 희망, 적성여부, 전직희망, 취득한 자격 등에 대해서 일정한 양식의 자기신고서에 기술케 한 후, 관리자를 통하여 인사에 정기적으로 활용하는 제도를 말한다. 이 제도는 종업원의 알려지지 않은 개성이나 특기 등을 정확히 파악할 수 있을 뿐만 아니라 그들의 능력개발 필요성과 지도방향을 올바르게 파악하고 지도할 수 있게 된다.

이와 같은 자기신고 제도는 인사고과 제도와 병용하여 인사이동, 교육 및 훈련 등에 반영된다. 또한, 상사와의 면담도 수반하게 되므로 상사와의 의사소통과 대화의 장을 제공한다는 점에서도 유익한 제도이다.

2) 직능자격 제도

직능자격 제도 또는 직능자격 등급 제도란 직무수행 능력의 발휘도, 신장도를 단계적으로 구분하여 직능자격을 설정하고, 그 직무수행능력의 내용과 정도를 규정한 직능자격 기준을 말한다. 이 직능자격 기준은 배치, 이동, 교육훈련의 지표가 되고, 직무수행능력 신장도의 평가기준이 되어 그 평가결과를 승진이나 임금처우에 관련시켜 운영하는 제도이다. 즉, 동일능력과 동일자격을 가진 종업원에게는 동일임금을 지급하고, 능력 향상에 따라 상위자격을 얻게 되면 상위직급에 승진하게 된다.

이 제도는 일본기업에서 성공하여 새로 도입된 인사관리로 그 성격을 정리해보면 다음과 같다. 첫째, 능력이 향상되면 자격등급이 상승하고 그 후 본인의 적성을 고려하여 직위나 직무가 상승된다. 둘째, 능력이 향상되면 어떤 종업원이든지 승격되기 때문에 원칙적으로 정원제는 있을 수 없다. 셋째, 동일자격이면 동일기회, 동일처우가 원칙이다. 이상의 이런 원칙에 따라 직무순환이 절실히 요구되며, 능력에 따라 등급화되기 때문에 능력이 변하지 않는 한 승격은 없다.

3) 직무순환 제도

직무순환 제도란 각자의 담당직무를 순차적으로 교체함으로써 기업의 직무전반을 이해하고 지식, 기술, 경험을 풍부하게 하는 제도이다. 종업원이 직무순환을 통해 경력관리의 평가와 방향설정 단계에서 획득한 자신의 적합한 직능이 무엇인지 실제 경험할 수 있으며 또한 새로운 동기부여, 새로운 업무기술을 습득하여 유연한 과업 활동을 돕는 제도이다.

4) 평가센터 방법

평가센터 방법은 고과시점에서 고과대상자의 업적이나 행동을 평가하며, 고과대상자의 장래성을 체계적으로 예측하여 선발, 배치, 승진, 능력개발 및 경력개발을 위해 이용하는 고과방법이다. 이 평가센터 방법은 기업 연수원 내에 평가센터를 설치하여 조직의 목적과 평가자의 평가변수를 다양하게 만든다. 그리고 관리자로서의 잠재능력과 개발필요성, 기업의 성장도에 기여하는지를 객관적으로 타당성 있게 평가한다. 평가센터에서는 6~12명 정도의 고과대상자를 한 개의 군으로 평가하는 것이 적합하다.

5) 기능목록 제도

기능목록 제도란 흔히 인재목록 제도라고도 하며 종업원의 직무수행능력을 평가하는데 필요한 정보를 파악하기 위한 개인별 능력평가표이다. 이 제도는 궁극적으로 경력개발제도의 중요한 구성요소이다. 이 제도는 장기와 단기의 인원계획, 승진배치계획 내지 채용계획에 이용하기 위하여 기업 자신이 보유하고 있는 여러 기능의 인재에 대한 조사이다.

목록에 기입하는 기능에는 특정한 작업 기능이나 작문 기능뿐만 아니라 인간관계 기능, 관리 기능, 환경적응 기능 및 단체교섭 기능까지도 포함된다. 기능목록 제도에서 종업원별로 기능보유 색인(index)을 작성하여 저장한다. 구체적으로 인사기록, 경력 및 자격, 교육훈련 경력, 인사고과 기록 등이 기록된다. 예를 들어, 하나의 직위에 공석이 생겼을 때 기능목록에서 일정한 선발 기준에 의하여 후보자를 선출하고 승진이나 배치를 결정할 수 있다.

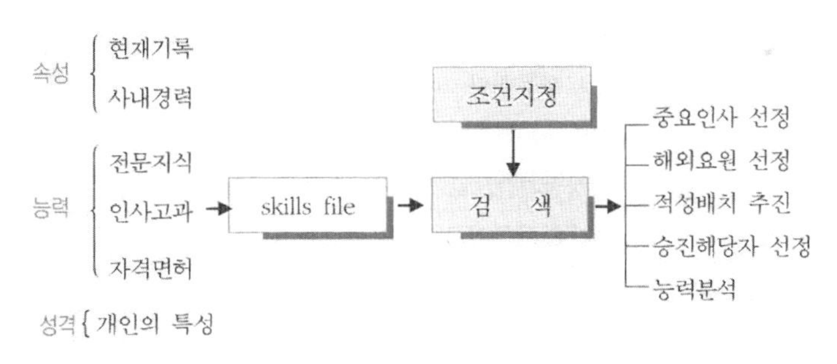

그림 61. 기능목록제도 과정

6) 경력개발 실천기법

경력개발의 실천적 기법은 개별적 기법, 조직단위 기법으로 구분된다. 개별적 기법은 최고경영자 과정, 경영자개발 위원회, 경력 경로화, 중간경력의 쇄신, 예비퇴직 상담제 등이 있다. 조직단위 기법은 직무중심의 경력개발 제도인데, 이 제도는 직무평가 시스템의 도입, 직무개발 계획의 설정, 목표 직무 최단경로의 설정, 합리적 직무개발 이동의 규정, 미래직무에 대한 훈련의 필요성 규정, 공석에 대한 인력 풀(pool)의 규정 등을 두어야 한다.

7) 수정된 생애 경력단계

수정된 생애의 경력단계는 고령화 사회에 따라 경력개발 모델을 수정한 것이다. 30세까지는 학력성취기와 입사시기로 교육기간을 거치면서 과업을 준비하고 탐색한다. 다음은 직업선택 결정기이다. 31~45세까지로 전문가 실현기로 직업 활성과 직업 진행 과정을 거치면서 직무성장 기간으로 성장, 전진, 확립기로 활동한다. 이 기간에 최고의 성과를 실현한다. 46~65세까지는 성장, 확립유지, 쇠퇴 및 몰락과정 등을 겪는다. 그러나 이 시기를 성공적으로 보낸다면 최고관리직에 오를 수 있다. 66~85세까지는 봉사, 공헌, 침체, 몰락으로 접어든다. 이 시기에는 은퇴와 후계자 설정 및 훈육지침을 남긴다. 노년기도 노년 전반기와 노년 후반기로 구분할 수 있다.

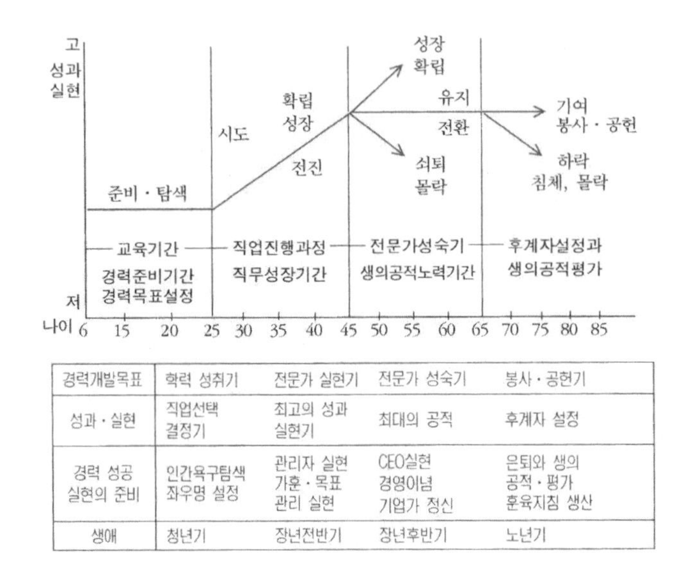

경력개발목표	학력 성취기	전문가 실현기	전문가 성숙기	봉사 · 공헌기
성과 · 실현	직업선택 결정기	최고의 성과 실현기	최대의 공적	후계자 설정
경력 성공 실현의 준비	인간욕구탐색 좌우명 설정	관리자 실현 가훈 · 목표 관리 실현	CEO실현 경영이념 기업가 정신	은퇴와 생의 공적 · 평가 훈육지침 생산
생애	청년기	장년전반기	장년후반기	노년기

그림 62. 수정된 생애 경력단계

7. 조직개발

Huse와 Cummings(1985)는 조직개발이란 조직의 효과성을 향상시키기 위한 목적으로 조직의 전략, 구조, 과정의 강화와 계획된 개발을 위해 행동과학적 지식을 조직체계 전체에 광범위하게 적용하는 것이라고 정의하였다.

1) 조직개발의 목적

조직개발의 방향을 가장 크게 좌우하는 것은 사회적 및 경제적 변화이다. 국제적 경쟁이 경제적 압박을 초래하는 요인이 되었고, 수많은 직무들이 사라졌다. 조직은 비용 절감의 수단으로 종업원을 감축한다. 자신을 언제라도 내보낼 수 있는 사람이라고 느끼게 되면 조직에 대하여 충성심이나 몰입을 느낄 수 없다. 따라서 지속적인 성장과 발전을 가져오도록 종업원과 조직 간의 관계를 재설정하는 것이 조직개발의 초점이다.

최근의 조직개발은 부드러운 측면으로 간주되는 가치, 비전, 문화, 통합에 초점을 두고 행해지기도 한다.

조직개발은 집단역학의 과정을 잘 이해하기 위한 시도로부터 탄생되었다. 가장 대표적인 것이 상담 장면에서 주로 진행되는 T-group(Training group)이다. 집단역학을 이해하기 위한 행동과학적 교육이나 상담에 활용되는 집단 활동이 바로 T-group이다. T-group은 모르는 사람들이 사전에 정해진 방식이나 리더십 없이 자연스럽게 어울리게 된다. T-group의 배경적 논리는 사람들이 스스로 이해하는 것을 배우고, 집단이 어떻게 운영되는지를 알게 된다면 이러한 지식을 조직효과성을 향상시키는 단계까지 도달할 수 있을 것이라는 생각이다.

조직개발의 목적은 크게 네 가지가 있다. 첫째는 조직효과성, 둘째는 조직적응력, 셋째는 조직의 자기쇄신, 넷째는 조직의 새롭고 창의적인 문제해결 능력을 향상시키는 것이다.

2) 조직개발의 세 가지 기본개념

(1) 변화주도자(change agent)

변화주도자는 문제를 진단, 분류하고, 행동절차를 알아내고, 변화를 위한 절차를 추천하고, 어떤 경우에는 변화를 실제로 실행한다. 변화주도자는 구성원들로부터 신뢰를 얻도록 노력해야 하고, 조직 번영과 개선에 진심으로 관심을 가지고 있다는 것을 보여주어야 한다. 변화주도자는 조직이 현재 직면하고 있는 문제에 대한 장기적으로 효과가 있는 해결책을 제시하도록 해야 한다.

(2) 대상자(client)

대상자는 변화를 위한 시도를 받아들이는 사람이다. 개인, 집단 혹은 조직 전체가 대상자가 될 수 있다.

(3) 개입(intervention)

변화주도자가 대상자를 위해 실행하는 것이 개입이다. 개입방법은 몇 가지가 있다.

첫째 진단적 활동이다. 진단적 활동은 체계의 상태, 문제의 정도, 현재 이루어지고 있는 방식을 알아내는 것이다. 둘째, 집단 간 활동으로 상호의존적인 집단들이 효과성을 향상시키게 된다. 셋째, 교육과 훈련 활동이다. 교육과 훈련을 통해서 기술, 능력, 지식을 향상시키게 된다. 넷째, 지도와 상담 활동이다. 학습목표를 정의하도록 하고, 다른 사람들이 자신의 행동을 어떻게 보는가를 알게 하고 새로운 행동이 목표달성에 도움이 된다는 것을 알게 하여 새로운 기술을 배우도록 하는 것이다. 다섯째, 인생과 경력을 위한 계획수립 활동이다. 개인들이 인생과 경력의 목표에 초점을 두게 하고 그들이 어떻게 그것을 성취할 수 있는가를 알게 하는 방법이다.

3) 조직변화 모델

(1) 조직의 작업장면

조직의 작업장면은 조직편성, 사회적 요인, 물리적 장면, 그리고 기술로 구분할 수 있다. 먼저 조직편성은 조직의 구조, 전략, 행정체계, 보상체계를 말한다. 사회적 요인은 조직문화와 경영방식이다. 물리적 장면은 조직의 공간적 배치, 실내설계, 물리적 환경이다. 기술은 장비, 기계, 작업흐름의 설계를 말한다.

(2) 개인행동

개인행동은 작업장면에 의해 영향을 받는다. 조직개발에서 중요한 결과 중 첫 번째는 조직수행의 증진이다.

(3) 조직수행

조직수행은 개별구성원이 열심히 일하고, 책임을 지고 주도적으로 일하고, 직무를 잘 배우고, 직무에 몰입하면, 조직 전체의 수행이 좋아질 가능성이 커진다는 개념이다.

(4) 개인의 발전

조직개발에서 또 하나의 중요한 결과는 개인의 발전을 이루는 것이다.

4) 조직개발을 위한 개입의 세 가지 차원

(1) 변화주도자에 의한 변화대상

변화주도자는 개인, 작업자, 집단 혹은 전체 조직을 변화시키려고 한다.

(2) 변화 종류 또는 성질

조직변화의 종류에는 개념적 변화와 행동적 변화 그리고 절차적 변화, 구조적 변화가 있다. 개념적 변화는 새로운 정보나 지식의 변화를 말하며, 행동적 변화는 새로운 기술의 변화이다. 절차적 변화는 새로운 정책이나 실행, 구조적 변화는 조직 내 보고 체계를 말한다.

(3) 변화주도자 역할

변화주도자의 역할은 수용자적 역할과 촉매적 역할 그리고 대면적 역할, 처방적 역할이 있다. 수용적인 역할은 대상자 스스로가 자신의 문제와 감정을 탐색하도록 소극적인 지원을 제공하는 역할을 말한다. 촉매적 역할은 대상자의 문제에 피드백을 줌으로써 대상자의 자기성찰을 자극한다. 일반적으로 변화주도자는 변화를 위한 촉매자의 기능을 한다. 대면적 역할은 탐사를 위한 질문을 하고 그들의 대답과 모순되는 자료를 제시하고, 대상자에게 동기를 부여할 대안을 제시함으로써 대상자의 태도나 절차에 정면으로 도전한다. 처방적 역할은 전문가의 입장에서 상황을 통제하고, 처방한다.

5) 변화에 대한 조직 저항 극복

(1) 심리적 주인의식

심리적 주인의식(psychological ownership)은 Dirks(1996)가 개발한 변화에 대한 저항 극복 방법이다. 주인의식은 자기고양, 자기지속, 통제와 효율의 요인들로 구성되어 있다. 자기고양은 높은 수준의 자존심을 달성하고 유지하려는 개인적 욕망이다. 자기지속은 시간과 상황에 관계없이 자신의 안정성을 유지하려는 욕망을 말한다. 통제와 효율은 개인은 자신이 통제한다는 느낌과 효율성을 유지하려는 욕망이다.

(2) 심리적 주인의식과 관련된 조직변형의 유형

심리적 주인의식과 관련된 조직변형 유형으로는 세 가지가 있다. 첫째, 자기 주도적 변화 對 강요된 변화이다. 둘째, 점진적 변화 對 혁신적 변화가 있는데, 혁신적 변화는 기존 조직의 구조 자체를 바꾸기 때문에 위기감을 줄 수 있다. 셋째, 가산적 변화 對 감산적 변화이다. 가산적 변화는 직무를 확장하는 것이고 감산적 변화는 조직 감축을 의미한다.

6) 권한위임

권한위임(empowerment)은 조직개발을 위한 시도에서 성취하고자 하는 목적 또는 조직개발이 의도하는 결과라고 언급한다. 권한위임의 개념은 개입을 설계하는 데 유용한 틀을 제공한다. 성공적인 조직개발을 위한 개입의 한 가지 결과는 종업원에게 권한을 위임하는 것이다. 권한위임은 동기, 만족, 자존심, 직무수행, 조직개발의 개념들을 통합한 것이다.

Spreitzer(1996)는 권한위임의 일반적 차원에 대해서 4가지로 구분하였다. 첫째, 의미는 활동이 자신의 가치체계에 부합될 때 느끼는 것이다. 권한을 위임받은 개인은 일로부터 의미를 느끼게 된다. 둘째, 유능감은 자기효능감 또는 개인적 유능감을 느끼는 것이다. 셋째, 자결성은 책임감을 느끼고 주인의식을 갖는 것이다. 넷째, 영향력은 스스로를 영향력이 있는 사람이라고 간주하는 것이다.

7) 조직개발을 위한 개입

조직개발을 위한 대표적인 개입은 조직문화와 총체적 품질관리이다.

(1) 조직문화의 변화

조직문화 변화과정에 중요한 요소는 강력한 지도자, 분명한 비전, 작업절차의 개발, 학습에 대한 개방적인 조직 등이다. 강력한 지도자는 문화적 변화를 이끌고 유지할 수 있는 강력한 지도자를 말한다. 분명한 비전은 조직 방향이나 비전이 있어야 한다는 것이다. 그리고 새로운 문화가 어떤 것인지에 대한 공유된 신념이 있어야 한다. 조직이 새롭게 채택한 문화적 가치를 지지하는 새로운 작업절차를 개발할 필요가 있다. 학습에 대한 개방적인 조직은 지도자에서 말단까지 조직 내의 어느 누구도 한 사람이 문제해결의 모든 정답을 가지고 있다고 생각해서는 안 된다.

(2) 총체적 품질관리

총체적 품질관리(Total Quality Management: TQM)는 행동적 개념뿐만 아니라 사업전략과 의사결정에 도움을 주는 통계정보를 포함하는 종합적인 조직개발 접근이다.

① 종업원 관여체계

Lawler 등(1985)은 총체적 품질관리를 위한 종업원의 관여체계로 다음의 네 가지를 꼽았다. 첫째는 사업수행과 계획 및 목표에 관한 정보의 공유, 둘째는 종업원이 기술개발 과정에 관여, 셋째는 조직에 기여하는 수행에 대한 보상, 넷째는 권한 재분배의 필요성이다.

② ISO 9000

국제표준화기구(International Organization for Standardization: ISO)의 품질에 관한 ISO 9000은 품질이 좋은 제품을 생산하고 표준화된 과정과 체계를 사용하는 조직을 인증해준다. ISO 9000의 목적은 제품의 질을 향상시키고 일관된 질을 유지하려는 총체적 품질관리의 목적과 동일하다.

8) 조직개발의 가치와 윤리

조직개발의 윤리를 기술하는 데 사용되는 개념에는 가치, 규범, 과학, 법률, 윤리가 있다. 가치는 어떤 아이디어, 사물, 행위가 좋고, 옳고, 바람직하고, 중요한지에 대하여 개인이나 집단이 가지고 있는 신념이나 이상을 말한다. 규범은 집단 구성원의 행동규칙, 방식, 행동에 관하여 구속력을 가지고, 그들이 무엇을 해야 하고, 그들에게 기대되는 것이 무엇이고, 특수한 상황에서 요구되는 행동이나 기대 수준이 무엇인지를 규정한 아이디어, 개념, 신념, 기술이다. 과학은 체계적, 통합적, 교정적 과정을 통하여 목표지향적인 정보를 찾는 과학적 방법에 의해 얻어진 지식 체계를 말한다. 법률은 인정된 권위를 통해 법적 구속력을 가지며, 인간행위의 옳고 그름에 관한 사회적 규칙, 규범, 행동기준에 대한 체계이다. 윤리는 인간의 어떤 행동과 행동의 결과가 옳고 그른지를 판단하는 가치에 대하여 개인이나 집단이 가지고 있는 개념이나 기준이다.

White와 Wooten(1985)은 조직개발의 윤리영역을 설명하였다. 윤리는 가치, 규범, 과학, 법률과 같은 네 가지 개념이 교차되어 있는 부분이다. 따라서 조직개발이 이끌어내는 윤리적 결과를 생각하지 않고 조직개발을 단지 변화를 위한 기법으로 맹목적으로 사용해서는 안 된다. 생명을 다루는 다른 전문가처럼 조직개발 전문가는 정직성을 지녀야 한다.

• • •

기업이나 조직이 자신들의 우위성을 확보하고, 내부의 다양한 구성원들이 서로 조화롭고 발전적인 관계를 유지하고, 예측 불가능한 상황에서 기업과 구성원이 생존하기 위해서는 변화하는 환경에 능동적이고 효율적으로 대처하는 수밖에 없다(Campbell & Lee, 1988). 기업은 변화 속에 존재하는 조직체다. 교육 및 훈련 활동과 관련된 변화의 요소에는 기술의 변화, 노동시장의 구조 변화, 종업원의 욕구의 변화 등을 들 수 있다. 성공적인 직무수행을 위해서 교육 및 훈련은 당연히 필요한 활동이다. HP 같은 기업은 연간 수입의 약 5% 이상을 교육 및 훈련에 지출하고 있다.

[사례 : 교육이 필요한 A사 분석]

LCD 모니터를 생산하는 A사에는 큰 문제가 하나 생겼다. 갑작스레 늘어난 불량률 때문에 수익이 급감하고 있는 것이다. 이전에는 0.5%도 되지 않았던 불량률이 10%대에 근접하게 되어 생산라인의 가동을 일시적으로 중단해야 할 수준에 이르렀다. 원인을 분석해본 결과, 최근에 바꾼 장비의 사용에 있었던 것으로 밝혀졌다. 생산성 향상을 목적으로 생산에 사용되는 장비들을 최신형으로 교체하였는데, 기존의 장비와 조작법이 크게 달라서 직원들이 제대로 장비를 사용할 수 없었다는 것이다. 결국 A사는 장비를 구입한 업체의 도움을 받아 종업원들에게 새로운 장비의 작동법을 교육시키고, 다시 생산라인을 가동할 수 있었다. 이처럼 기업 내 교육과 훈련은 한 기업의 사활을 좌우할 수도 있다.

그림 63. 교육 및 훈련 방정식

Ⅶ. 산업훈련 및 교육

조직에서 그 목표를 효율적으로 달성하기 위해서는 종업원의 능력을 충분히 활용해야 한다. 일반적으로 종업원의 능력개발은 교육과 훈련의 형태로 이루어진다. 교육은 이해와 지적 활동의 활성화를 통하여 지식과 기능을 습득하는 정신적인 과정이라면 훈련은 반복적인 연습을 통하여 지식 및 기능을 습득하는 육체적이고, 기술적인 과정이다. 하지만 일상에서는 지식과 기능의 습득과정이 교육인지 혹은 훈련인지 분명하게 구분되지 않는 경우가 많다.

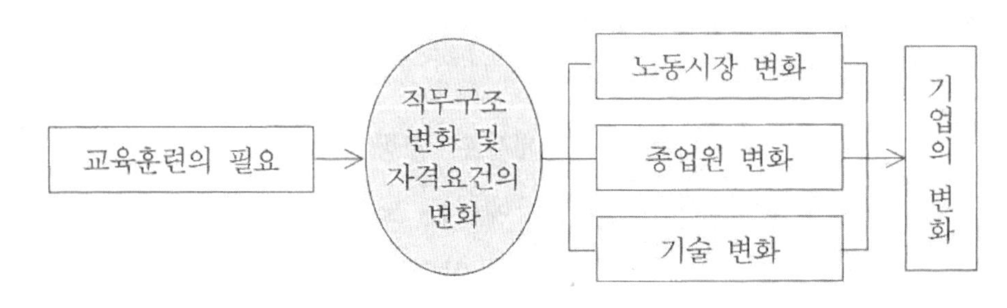

그림 64. 교육 및 훈련의 필요성

1. 산업훈련의 목적과 전략

요즈음과 같이 급속하게 변화하는 환경 속에서 기업이 성장하고 구성원들이 발전하기 위해서는 끊임없는 교육과 훈련이 필요하다. 다시 말해 기업이나 조직이 자신들의 우위성을 확보하고, 내부의 다양한 구성원들이 서로 조화롭고 발전적인 관계를 유지하고, 예측 불가능한 현대 사회에서 기업과 구성원들이 변화하는 환경에 능동적이고 효율적으로 대처하고, 새로움과 도전에 적응하도록 끊임없이 훈련하고 교육할 필요성이 있다.

1) 산업훈련 및 교육의 목적

1990년대 들어오면서 특히 교육과 훈련의 중요성이 부각되고 있다. 그 이유는 몇 가지가 있는데, 첫째는 직업을 가지려는 의욕은 강하지만 기술도 없고 기업에서 원하는 교육을 체계적으로 받지 못한 사람들의 수가 증가한 것이다. 둘째는 기술의 체계가 갈수록 정교해짐에 따라 훈련 및 재훈련에 대한 필요성이 증가하였다는 것이다. 셋째는 많은 조직이 치열한 경쟁을 해야 하는 상황에서 교육 및 훈련에 대한 요구가 증가하고 있다는 것이다.

실제로 HP 같은 대기업은 연간 수입의 5% 이상을 교육 및 훈련에 지출하고 있다. 훈련은 보통 특정한 직무 기술에 대한 지식을 제공하기 전에 수학적 기술과 기본적인 읽고, 쓰는 능력을 가르치는 기초 단계부터 시작한다.

회사에서 종업원을 대상으로 교육하고 훈련하는 이유는 다음과 같다. 신입사원의 경우 회사에서 실시하는 교육과 훈련을 통해서 회사의 업무에 신속하게 적응할 수 있게 된다. 또 조직에서 실시하는 교육 및 훈련을 통해 경력개발의 단계를 파악할 수 있다. 다음으로 종업원은 교육과 훈련을 통해서 자신의 장점과 단점을 파악할 수 있으며 이를 통해 자기 경력개발의 방향을 정할 수 있다. 기업차원에서도 교육과 훈련은 전체 종업원의 직무만족을 향상시키고 직무 충실화로 조직태도가 좋아지는 계기가 될 수 있다. 훈련 및 교육 장소는 직원들 간의 의사소통 창구가 되기도 하며, 이직과 사고발생이 줄어들게 된다. 이를 통한 인적자원 관리비용이 절감될 수 있다.

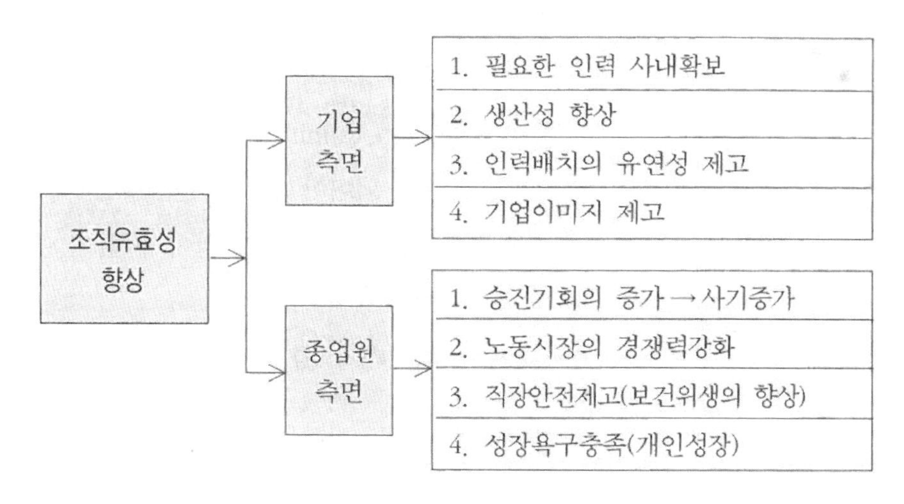

그림 65. 교육 및 훈련의 효능

2) 산업훈련 및 교육의 전략

산업훈련 및 교육을 실시하는 것에는 전략적 가치가 존재한다. 첫째가 속도전략(speed strategy)이다. 제품이나 서비스의 시간을 단축함으로써 고객에게 경쟁력 있는 가치를 제공하는 것이다. 둘째는 혁신전략(innovation strategy)이다. 차별화된 제품이나 서비스를 개발하는 것을 말한다. 셋째는 품질향상전략(quality-enhancement strategy)이다. 품질이 더 좋은 제품이나 서비스를 제공하는 것이다. 넷째는 비용절감전략(cost-reductions strategy)이다. 인건비에 드는 비용을 낮춤으로써 경쟁력을 확보하려는 전략이다.

2. 산업교육 및 훈련의 본질

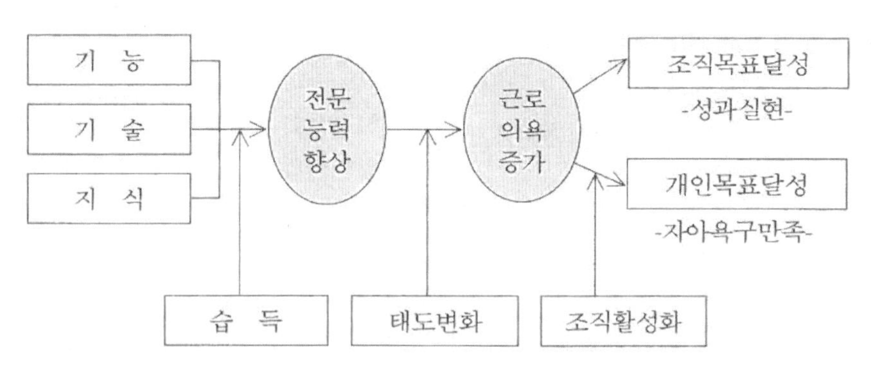

그림 66. 교육 및 훈련의 본질

1) 산업훈련 및 교육의 성격

교육 및 훈련은 조직에서 어떤 의도나 목표를 가지고 필요에 의해서 공식적으로 행해지는 체계적인 활동이고, 피교육자 또는 피훈련자의 학습과정을 수반하게 되며, 교육 및 훈련의 결과는 피교육자의 직무 행동에서 어떤 구체적인 변화가 일어나야 한다.

상사나 동료들이 간접적 혹은 직접적으로 종업원들에게 전달하는 훈련 프로그램은 가치경영을 보여주는 단서들과 결정들을 포함함으로써 훈련 전 환경을 만들게 된다. 이러한 요소들은 조직의 정책, 훈련에 대한 상사의 태도, 훈련이 유용한 자원들 그리고 요구분석에 종업원을 참여시켜서 포함되도록 한다. 이러한 단서들은 종업원들의 훈련에 노력을 기울여서 얼마나 회사를 지지하는지를 보여주기 때문에 훈련 프로그램의 효과성에 영향을 주게 된다.

2) 훈련 및 교육의 속성

훈련 전 속성은 첫째, 능력의 개인차이다. 개인이 가지고 있는 지적능력이나 운동능력 차이, 개인 간은 작업에 필요한 지적요소를 파악하여 교육 및 훈련을 구성하여야 하는데 이러한 능력에는 차이가 있다. 이러한 차이는 훈련과 교육과정에서도 발생된다. 둘째, 훈련 전 기대감 차이이다. 훈련 프로그램이 피훈련자의 기대에 미치지 못하면 그들은 그 프로그램을 덜 완수할 수 있다. 셋째, 동기의 차이이다. 배움에 대한 동기나 열정은 훈련 프로그램에서 종업원의 성공에 대단히 중요하다. 넷째, 직무관여도이다. 직무관여도는 일과 자신이 밀접하게 연관되어 있다고 느끼는 동일성의 정도를 말한다. 높은 직무관여도를 보이는 피훈련자들은 덜 몰입하는 피훈련자보다 학습에 대한 동기가 더 높다. 다섯째는 통제소재이다. 통제소재는 발생한 현상의 이유를 자기 자신으로 돌리는지 아니면 외부로 돌리는지를 말한다. 내적 통제소재를 가지고 있는 사람은 임금과 승진과 같은 일 관련 보상과 직무수행이 그들 자신의 행동, 태도, 노력에 의존하는 개인적 통제하에 있다고 믿게 된다. 반면, 외적 통제소재를 하는 사람들은 작업장 안팎에서의 사건들이 그들의 통제 밖에 있다고 믿는다. 그들은 운, 기회 또는 그들의 상사가 자신들을 좋아하는지 여부와 같은 외부적 힘에 의존한다. 마지막으로 여섯 번째는 자기 효능감이다. 이것은 자신의 과업수행능력에 대한 믿음이다.

3. 산업훈련 및 교육의 과정

Parker(1976)은 산업훈련 및 교육 과정이 다음과 같은 7단계를 통해서 진행된다고 보았다.

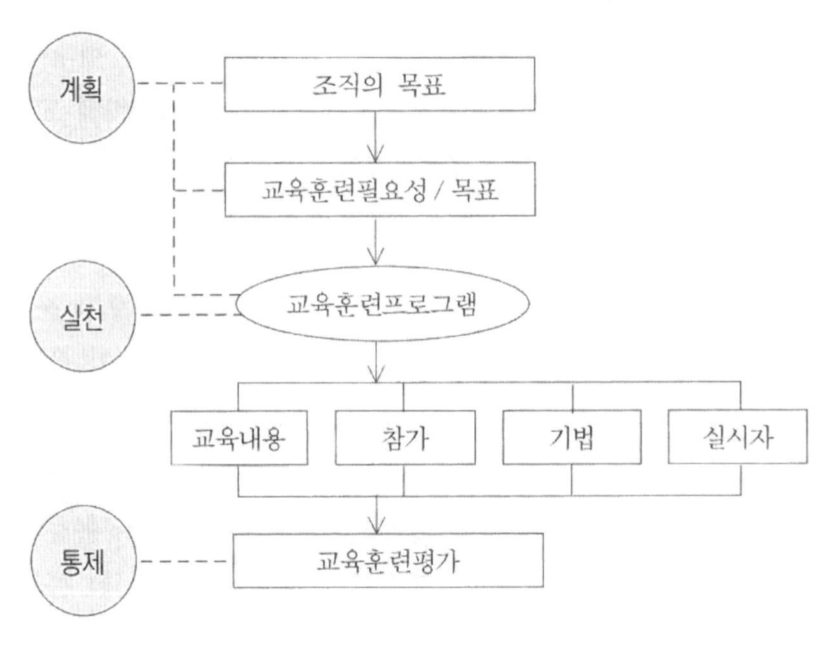

그림 67. 교육 및 훈련 진행 과정

1) 1단계 : 교육 및 훈련에 대한 요구분석

교육 및 훈련은 어떤 필요에 의해서 행해지게 된다. 따라서 가장 처음의 교육 및 훈련 과정 단계는 현 시점에서 근로자가 보유하고 있는 직무기술을 전제로 교육 및 훈련이 필요한지를 살펴보는 것이다. 이것을 요구분석이라고 하는데 개인분석, 과제분석, 조직분석의 세 단계를 거치게 된다.

2) 2단계 : 구체적인 교육 및 훈련목표의 수립

교육 및 훈련에 대한 요구가 무엇인지를 분석하고 나면 그에 따라서 구체적인 목표를 정하여야 한다. 이때 교육 및 훈련의 목표, 즉 그 훈련을 통해서 변화시키고자 하는 행동이 무엇인지를 명확하게 기술할 수 있어야 한다. 만일 교육 및 훈련목표가 분명한 행동이 아니고 애매하고 일반적으로 기술된 경우에는 훈련자나 피훈련자 모두 그 훈련을 통해서 무엇을 달성하려는 것인지 분명하게 이해할 수 없게 되고, 그 훈련이 효과가 있었는지를 평가하는 기준도 애매하게 되므로 처음부터 훈련 자체가 어떤 한계를 가지고 출발할 수밖에 없다.

3) 3단계 : 교육 및 훈련방법들에 대한 이해

목표가 명확히 정해지고 나면 목표를 달성하기 위해서 어떤 훈련방법들을 사용할 수 있는지를 모색하고, 방법들의 장단점을 분석하여 목표달성에 적합한 방법을 선택해야 한다.

Campbell(1971)은 산업훈련 분야에서는 매년 새로운 훈련 기법들이 나오고, 새로운 기법 또한 다른 기법에 의하여 밀려나는 순환과정이 계속되고 있다고 하였다. 즉, 교육 및 훈련을 할 수 있는 기법들은 너무나 많고 다양하기 때문에 어떤 기법들이 어떤 효과를 나타내는지를 잘 이해하고 있어야지만 제대로 된 교육 및 훈련 과정을 수립할 수 있을 것이다.

4) 4단계 : 교육 및 훈련 프로그램의 개발

위에서 결정한 교육 및 훈련방법에 따라 구체적인 훈련프로그램을 개발하고 이것을 언제, 어디서, 누구를 대상으로, 어떻게 실시할 것인지에 관한 제반 사항들을 계획한다. 기초능력이 요구되는 신입사원이 대상자인지, 간부사원이 대상자인지에 따라서 교육 및 훈련은 크게 달라질 것이다. 또한 무엇을 교육할 것인지에 대한 것도 중요하며, 그것을 어떠한 방법(강의, 토의, 실습 등)으로 교육하고 훈련할지도 중요하다. 그리고 얼마나 오랜 시간을 할애할 수 있는지도 조직차원에서는 중요한 문제가 될 수 있다.

5) 5단계 : 교육 및 훈련 평가계획의 수립

교육 및 훈련 프로그램이 개발된 후, 실시하기 전에 반드시 그 프로그램의 효과가 어떻게 나타났는지를 평가하기 위한 평가계획을 먼저 수립해야 한다. 평가에 대한 구체적인 계획 없이 먼저 훈련을 실시하고 나서 나중에 평가를 어떻게 할 것인지를 고려하다 보면 올바른 평가를 위한 자료수집 시점을 이미 놓쳐버리는 경우가 종종 있기 때문이다.

6) 6단계 : 교육 및 훈련 프로그램의 실시

평가계획까지 모두 고려된 후에는 앞에서 수립한 교육 및 훈련계획과 평가계획에 따라서 훈련을 실시하게 된다. 교육과 훈련 프로그램이 아무리 잘 설계되어도 부적절하게 실시된다면 기대하는 효과를 얻지 못할 것이다. 설계된 프로그램의 내용이 제대로 실시되고 있는지를 지속적으로 확인해야 한다.

7) 7단계 : 교육 및 훈련에 대한 평가

마지막으로 실시된 교육 및 훈련에 대해 여러 가지 관점에서 평가를 해야 하며, 이 평가 결과는 다시 두 번째의 구체적인 훈련 목표의 수립 단계에 반영되어 그 프로그램의 질을 향상시키고, 그다음 교육 및 훈련을 증진시키는 데 활용하게 된다. 교육대상자들이 얼마나 훈련 내용을 습득하고 이해하고 있는지 그리고 훈련 효과가 실제로 나타나고 있는지를 확인하는데 주로 생산량, 불량률, 품질, 근로의욕 등을 평가하게 된다.

4. 교육 및 훈련에 대한 요구분석

[사례 : ○○重, 교육훈련 프로그램 대회 대상]

○○중공업은 사내 기술교육원의 교육 내용이 '우수 교육훈련 프로그램 경진대회'에서 대상을 수상했다고 밝혔다. ○○중공업은 '제관 용접 양성 프로그램'으로 이 대회에 참가한 43개 교육 프로그램이 경합을 벌인 결과, 교육 훈련의 성과, 훈련 내용 및 교수·학습방법의 적정성, 훈련 프로그램의 필요성 등의 항목에서 우수한 성적을 거둬 '집체훈련 양성과정'에서 대상을 수상하였다. ○○중공업 기술교육원 관계자는 "현장 전문가를 강사로 활용하고 실습을 강화하는 등 현장 맞춤형 교육과정을 운영해 수료생들의 현장 적응력을 높이고 있다"며 "업체의 인력 수요까지 고려해 교육에 반영하는 등 기업의 요구에 유연하게 대응한 점을 높게 평가받았다"고 말했다. ○○중공업 기술교육원은 이 회사가 자체적으로 인력을 양성하기 위해 설립한 기능 인력 양성기관으로, 우리나라 산업화 초기인 지난 1972년부터 수십 년간 ○○중공업을 비롯한 산업 현장에 양질의 기능 인력을 공급하며 한국 중공업계의 성장을 뒷받침해왔다고 평가하고 있다.

산업교육 및 훈련에서는 무엇보다도 먼저 그것이 왜 필요한지, 그것이 우리 기업에서 현재 요구되는 것인지, 어떤 종류의 과제활동에서 요구되는 것인지, 누구에게 요구되는 것인지 등을 분석하는 요구분석(need analysis)이 이루어져야 한다. McGehee와 Thayer(1961)는 요구분석을 개인분석, 과제분석, 조직분석 등 3단계로 체계화하였다.

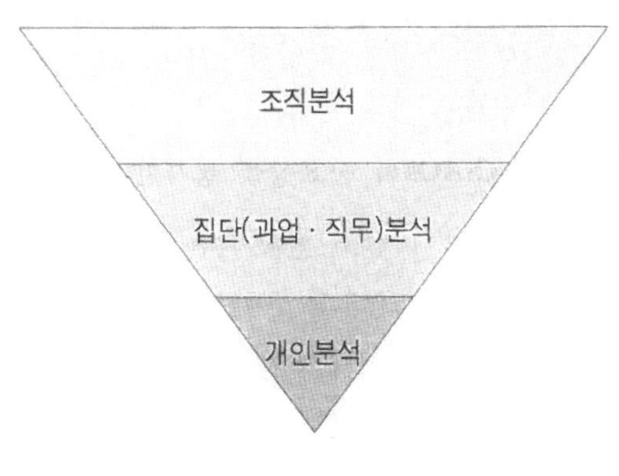

그림 68. 교육 및 훈련 분석 단계

1) 개인분석

개인분석이란 조직구성원들을 대상으로 그들 중 누구에게 교육 및 훈련이 필요하고, 구체적으로 그에게 어떤 능력에 관한 교육과 훈련이 필요한지를 분석하는 것이다. 대다수의 개인분석은 직무수행평가를 통해서 이루어진다. 개인분석을 위해서는 먼저 종업원들 개개인의 현재 직무수행 정도가 어떠한지를 알아야만 한다. 만일 어떤 종업원의 직무수행 정도가 매우 만족할 만한 수준이라면 특별한 교육 및 훈련이 필요 없겠지만, 수행 정도가 어떤 기준 이하로 저조하다면 훈련이 필요한 것으로 판단할 수 있다.

2) 과제분석

과제분석이란 어떤 과제활동을 분석하는 것으로, 이를 통해 구체적으로 어떤 과제에 대해서 훈련이 필요한지를 파악하는 것이다. 예를 들어, 판매직 사원들이 이미 컴퓨터를 잘 다루고 있는 상황에서는 컴퓨터 사용법에 대한 교육을 실시할 필요가 없을 것이다. 그러나 반대로 이들에게 의사소통 기술이 부족한데도 이에 대한 교육 및 훈련 요구를 제대로 파악하지 못한다면 그들의 판매실적은 상대적으로 낮게 나타날 수 있다.

Wexley와 Latham(1981)은 이러한 과제분석을 다섯 가지 과정으로 구분하였다. 첫째, 해당 직무에 대한 직무기술서를 작성한다. 둘째, 해당 직무에서 작업자가 수행하는 여러 활동 중에서 작업자가 자주 행하고, 중요하며, 직무수행을 향상시키는 데 반드시 필요한 행동들을 직접적으로 관찰 가능한 행동적 수준에서 나열해놓은 과제 항목표를 작성한다. 셋째, 작업자에게 요구되는 지식, 기술, 능력을 파악한다. 넷째, 피훈련자들이 습득하고 있어야 할 구체적이고 바람직한 행동들로 명확하게 서술되어야 한다. 다섯째, 실제 교육 및 훈련 프로그램 결정이다. 앞에서 수립된 과정목표를 달성하기 위해서는 일정한 훈련 프로그램이 필요한데, 이때 우선 결정해야 할 사항은 그것을 훈련 부서에서 자체적으로 개발할 것인지, 다른 기관으로부터 기존의 프로그램을 사들이거나 또는 임대해서 사용할 것인지를 결정하는 일이다.

3) 조직분석

조직분석이란 교육 및 훈련, 개발이 과연 필요한지, 그리고 이것이 과연 문제해결의 방편이 될 수 있는지 등을 조직이 처해 있는 환경을 포함해서 조직 전체를 대상으로 분석하는 것이다. 또는 교육에서 배운 기술을 실제 직무로 전이시키는 것을 촉진하거나 저해하는 조직체계의 전반적인 요인들을 분석하는 것들이 포함된다.

조직효과성 변수들에 대해서 조사기법 등을 활용한 조직진단(organizational diagnosis)을 실시해서 어떤 문제점이 있는지 살펴볼 수도 있다. 이 경우 주의해야 할 점은 조직진단 결과로 나타난 문제들이 교육 및 훈련에 의해서만 개선될 수 있는 것은 아니므로, 그중에서 교육 및 훈련을 통해 문제해결이 이루어질 가능성이 있는 것을 가려내야 한다. 예를 들어, 조직이 현재 보유하고 있는 인적자원 현황을 조사해놓은 차트나 최근에 각 기업에서 개발하고 있는 전산화된 인적자원 Database 등을 이용하면 현재 조직구성원의 수, 연령, 각자의 기술이나 능력수준, 단위 부서 이직률 등과 같은 자료를 알아낼 수 있으며, 이를 통해 미래에 요구하는 인력 분야와 수, 향후 인력수급 계획, 승진 예상인원에 대한 계획 등을 수립할 수 있다.

5. 학습 원리

1) 적극적 연습

우리는 흔히 말하는 것처럼 연습이 항상 무언가를 완벽하게 해주는 것은 아니지만 도와준다는 것을 알고 있다. 예를 들어, 건설 크레인의 작동법을 읽거나 그것을 누군가가 작동하는 비디오를 보는 것은 충분하지 않다. 훈련 프로그램은 피훈련자들에게 운전석에 앉아서 직무에서 수행해야 할 기술들을 직접 학습할 기회를 제공해야만 한다.

2) 집중학습과 분산학습

어떤 과업들은 훈련 프로그램이 하나 또는 작은 수의 비교적 긴 부분으로 구성되었을 때 상대적으로 더욱 쉽게 학습된다. 반면, 다른 과제들은 비교적 많은 수의 단기학습 세션들을 필요로 한다. 일반적으로는 분산학습이 운동기술에 대한 학습에서 더 나은 결과를 보인다.

3) 전체학습과 부분학습

전체 혹은 부분학습이란 개념은 학습 자료 단위의 상대적 크기를 말한다. 훈련과정 내용은 개별적으로 각각의 작은 부분으로 나눠지거나 그 학습 자료가 전체의 내용을 담을 수도 있다. 예를 들어, 운전하는 법을 배울 때에는 안전벨트 하는 법, 시동을 거는 법, 비상 브레이크를 잡는 법, 앞쪽 옆의 거울을 조정하는 법 등을 따로따로 배워야만 한다.

4) 학습전이

조직 훈련은 종종 실제 직무환경과는 여러 방식으로 다른 인위적 환경, 훈련 시설에서 이루어진다. 따라서 이러한 훈련과 직무상황 간의 불일치는 해소되어야 한다. 만약 훈련요구들과 직무요구들이 밀접하게 일치한다면, 정적 전이가 높아질 것이다. 반대로 훈련 상황과 작업상황 간의 유사성이 적으면, 부적 전이가 일어날 것이다.

5) 피드백

사람들은 자신이 일을 얼마나 잘 하고 있는지에 대해 명백하게 인지할 때 더 쉽게 배울 수 있다. 피드백은 또한 동기를 유지시키는 데 있어서 중요하다. 따라서 피드백은 학습의 중요한 구성요소이다. 피드백이 있어야지만 학습의 효과를 알 수 있다. 피드백은 학습자가 정확한 자료를 학습하고 있는지 알 수 있도록 적절하게 포함되어야 한다.

6) 강화

행동에 따른 보상이 클수록, 더욱더 쉽고 빠르게 행동이 학습될 것이다. 보상 또는 강화는 시험에서의 좋은 성적, 상사로부터의 칭찬이나 훈련 프로그램의 성공적인 수료에 대한 승진 등 많은 종류가 있다.

6. 성인교육의 특징 및 원리

1) 학교교육의 특징

학교교육은 Pedagogy 모델에 근거해 교육을 시킨다. "peda"란 그리스어로 '어린이'란 뜻이며 "gogy"는 '이끌다'란 뜻이다. 즉, 어린이들을 이끌어서 교육을 시키는 것이다. 이 모델은 무엇이, 언제, 어떻게 학습되어야 하는지에 관한 모든 책임과 결정을 교사에게 맡긴다. 따라서 학생들은 단지 지시에 복종하는 수혜자의 역할만 부여받고, 교사가 가르치는 내용을 전해 받을 뿐이다. 이것은 학생들을 단지 의존적이고 수동적인 존재로 보는 것으로서, 학습의 준비가 타인에 의해서 결정되게 된다. 학습의 방향이 주제중심적이며, 외적인 압력이나 보상에 의해서 학습이 이루어진다.

2) 성인교육의 특징

성인교육에 대한 접근은 Andragogy 모델에 근거한다. "andra"는 그리스어로 '성인'이란 뜻이다. 즉, 어른들을 이끌어서 교육을 시키는 것이 andragogy 모델의 핵심이다. 안드라고지 모델은 성인들은 무엇인가를 왜 배워야 하는지에 대해서 알고자 하는 욕구를 가지고 있음을 인정한다. 그리고 학습에 대한 준비를 점차 사회적 역할과 관계되는 발달과업에 바탕을 두며, 학습이란 실제 생활에 즉각적으로 적응하기 위한 것으로, 학습 성향은 교과중심이 아니라 문제해결중심에 맞추어져 있다. 즉, 성인교육은 정보를 어떻게 전달할 것인가에 초점이 맞추어져 있고, 과제 중심적(task-centered)으로 학습하며, 교육자와 피교육자가 양방향적(two-way)으로 정보를 전달하는 방식으로 진행된다.

3) 성인교육의 기본 원리

성인교육의 기본 원리를 살펴보면 몇 가지가 있다. 첫째, 자발적 학습의 원리이다. 성인은 개인이 스스로 학습의 주체가 되어 자기학습의 속도나 그 결과에서 평가에 이르기까지 스스로 결정하려는 욕구를 가지고 있다. 둘째, 자기주도적 학습의 원리이다.

성인 개인이 스스로 학습의 주체가 되어 자기학습의 속도나 그 결과에서 평가에 이르기까지 스스로 결정하는 교육이 진행되어야 한다. 셋째, 상호학습의 원리이다. 성인교육은 상호작용을 통해서 학습의 효과를 높이도록 여러 가지 집단과정을 활용할 필요성이 있다. 넷째, 현실성의 원리이다. 성인교육의 목적이나 결과가 생활 속에 즉각적으로 활용될 수 있도록 설계되고 실시되어야 한다. 다섯째, 다양성의 원리이다. 성인 학습자들은 다양한 적성, 능력, 기능, 흥미, 욕구 등을 가지고 있고, 그들의 직무내용, 성, 연령, 학력수준 등도 다양하다. 따라서 이러한 여러 가지 요인들을 고려하여 학습능률을 높이기 위해 다양한 방법을 사용하여야 한다. 여섯째, 능률성의 원리이다. 성인대상의 교육은 투입되는 노력, 시간, 경비에 대한 최대의 효과를 얻도록 해야 한다. 일곱째, 참여교육의 원리이다. 성인교육은 계획에서부터 목적 및 내용의 선정, 교수방법의 채택 및 실시, 평가에 이르기까지 전문가와 학습자가 같이 참여할 수 있는 기회가 필요하다.

학교교육	성인교육
pedagogy 모델	andragogy 모델
학교교육	기업 및 조직교육
무엇을 전달할 것인가에 집중	어떻게 전달할 것인가에 집중
주제중심적 학습	과제중심적 학습
일방향적 전달 방법	양방향적 전달 방법

4) 성인교육의 촉진 원리

성인교육의 촉진 원리를 살펴보면 몇 가지가 있다. 첫째, 자발적 참여이다. 성인은 일반적으로 새로운 지식이나 기술을 발전시키려는 욕구가 있다. 이러한 욕구에 의해서 자발적인 참여를 유도하면 교육자는 많은 시간과 노력을 절감시킬 수 있으며, 교수방법에 대한 저항감도 감소하게 된다. 둘째, 상호존중이다. 성인학습 촉진의 기본적 요소는 교육 참여자들이 독립된 존재로서 각자의 가치를 인정받는 것이다. 셋째, 협동적인 정신이다. 협동적인 활동은 자발적 참여와 학습자에 대한 존경을 바탕으로 이루어진다. 넷째, 행동과 숙고이다. 연습이나 실습은 효율적인 학습 촉진에 있어서 가장 중요한 요소이다. 다섯째, 비판적 사고이다. 성인학습의 목적은 비판적인 사고를 길러주는 것이다. 여섯째, 자기주도적 활동이다. 학교교육과 달리 성인학습에서는 학습자가 주도적으로 학습내용을 검토하고 그 결과를 평가한다.

7. 산업교육 및 훈련의 방법

1) 직장 내 훈련(on the job training: OJT)

직장 내 훈련은 현재 부여받은 직무를 그대로 수행하면서 직장 상사나 선배 동료로부터 여러 가지 교과내용을 학습하는 방법이다. 주로 새로 입사한 종업원을 실제로 직무가 수행되는 곳에서 교육시킨다.

(1) 코칭

코칭(coaching)은 경험과 지식에서 앞서는 사람이 그렇지 못한 사람에게 보다 나은 특정 부분의 문제를 깨닫고 개선할 수 있도록 도움을 주는 일대일의 의사소통을 통한 교육방법이다. 이 방법은 상하 간의 의사소통 능력을 향상시킬 수 있으며, 코치와 학습자의 동시성장이 가능하며, 업무수행 성과와 직접적으로 관련되어 있다는 장점을 가지고 있다. 반면, 교육의 성패가 코치의 능력에 의해 지나치게 좌우되며, 일대일 방식이므로 코치의 시간이 많이 소요되며, 코치와 학습자 간의 계약관계는 학습에 지장을 줄 수 있다는 단점이 있다.

(2) 직무순환

직무순환(job rotation)은 학습자가 기업의 직무내용 전체를 이해하도록 하기 위해 일련의 직무들을 실제로 수행해보도록 하는 교육방법이다. 작업자가 다양한 직무를 순환하면서 교육받는 방법이다. 직무순환의 장점은 몇 가지가 있다. 첫째, 전사적인 업무의 이해로 리더의 자질향상에 기여한다. 둘째, 실제적인 상황에서 훈련이 이루어지므로 전이효과가 높다. 셋째, 직무를 전반적으로 이해하게 되어 업무부서 간 협동적 태도가 길러진다. 왜냐하면 역지사지의 마음이 생기기 때문이다.

하지만 직무순환의 단점도 있는데 첫째는 지나친 직무순환으로 각 분야별 전문가 양성에 방해가 될 우려가 있다는 것이다. 둘째는 새로운 학습자의 등장으로 업무 현장의 수행의 질이 떨어질 우려가 있다. 따라서 직무순환 방법의 사용에서 주의해야 할 점은 단순히 여러 일을 해보도록 한다는 측면보다는 학습자의 경력개발에 어떻게 도움을 줄 수 있을까에 대한 고려를 전제로 실시해야 한다.

[사례 : 직무순환제 도입을 통한 조직역량 향상]

○○반도체는 우수 직원을 원하는 부서에 배치하는 직무순환제도를 도입한다고 밝혔다. 이번 제도에 희망 직무·직군에 제한을 두지 않고, 연구·제조·마케팅 등 다양한 분야에 걸쳐 폭넓은 지식을 가진 전문가를 육성한다는 계획이다. 인사평가에서 중상 이상의 자격조건을 갖춘 직원만을 원하는 직무에 배치, 우수 직원에게 주도적인 경력개발의 기회를 제공할 수 있게 했다. 이번 제도의 기획자는 제도개편을 통해 직무순환의 효과는 물론 각 팀도 우수 인재 이탈 방지를 위한 노력을 강화해 전반적인 조직역량 향상에 도움이 될 것이라고 설명했다. ○○반도체는 이번 신(新) 직무순환제를 시작으로 향후에도 조직 유연성 확보를 통한 경쟁력 강화와 임직원 만족도 향상을 위한 다양한 인사 제도를 기획한다는 계획이다.

(3) 멘토링

멘토링(mentoring)은 경험 많은 종업원이 경험 없는 종업원에게 진로 지도와 상담, 정서적 지원을 해주고, 역할모델 노릇까지 하는 두 종업원 사이의 특별한 업무관계의 일종이다. mentor라는 단어는 그리스 신화에서 유래된 말이다. 그리스의 영웅 Odyssey는 Troy와의 전쟁에 출정하면서 그의 친구인 Mentor에게 아들 Telemachus를 훌륭한 통치자가 되도록 훈련시켜 주기를 요청하였다. Mentor는 Telemachus에게 필요한 내용을 미리 계획하여 유능한 리더로 성장시켜주었다.

이처럼 멘토링은 먼저 입사한 연장자가 연하의 동료나 신입사원에게 업무수행에 필요한 지식, 기술, 기능 등 먼저 터득한 경험을 전수해주는 것을 말한다. 멘토링의 장점은 매우 상세하고 구체적이며, 실무적인 교육을 실시할 수 있다는 것이다. 그리고 신입사원과 중도채용 사원의 업무적응력을 높이며, 교육비용이 많이 들지도 않는다. 상사나 중견사원의 자기계발에도 도움이 된다는 점에서 조직차원에서는 일석이조일 수 있다.

(4) 도제제도

도제제도(apprentice training)란 일정기간 작업장 내에서 훈련대상자가 상사나 선배 동료들로부터 기능을 배우는 것이다. 오랫 동안 숙련자에게 교습을 받는다는 점에서 숙련된 작업이 중요한 직무에 알맞다. 특히, 정교한 수작업이 요구되는 공예, 용접, 배관, 목수직 등에 주로 적용되며 훈련기간은 3~4년 정도 소요된다.

2) 직장 외 훈련(off the job training :Off-JT)

산업훈련 및 교육을 전문가가 행하는 것으로서 교육·훈련 대상자가 현재 수행하는 직무를 벗어나 오로지 교육·훈련만을 받는 방법이다.

(1) 강의법

강의법은 강사가 가진 지식, 정보, 기술이나 기능, 철학과 신념을 전달하고 피교육생이 이해하고 납득하여 공감함으로써 강사의 견해를 받아들이도록 하는 교육 행위이다. 강의법을 교육 및 훈련 방법으로 활용할 경우 강사는 강의법을 잘 알고 짧은 시간 내에 많은 양질의 정보를 제공할 수 있어야 한다. 또한, 피교육생이 강의내용을 이해할 수 있는 충분한 경험과 학습동기를 가지고 있을 때 효과가 좋다. 강의법은 주로 피교육생의 인원수가 다른 기법을 사용하기에는 너무 많을 때나 강의실 환경이 강의에 적합할 때 사용하기 좋다. 단점은 참가자가 듣기만 하는 수동적인 자세를 취할 수 있으며, 학습 진도를 개인별로 조정하기 어렵다는 것이다. 강의법은 강사에 의해서 진행되는데 최근에는 학습을 촉진시키기 위해 경험적인 방법을 활용하여 교육생들이 좀 더 쉽게 학습할 수 있도록 도와주고 활성화시키고 이끄는 촉진자의 역할을 수행한다.

(2) 토의법

토의법은 강사와 피교육생 간에 토론과정을 가지므로 교육 및 훈련 내용에 대한 명확한 이해가 요구될 때 유용하다. 주로 한곳에 피교육생을 모두 집합시키지 못하고 개별학습을 시킬 때, 피교육생 간 학습능력이 큰 차이를 보일 때, 교육내용이 다양하지 않고 안정적일 때 사용할 수 있다.

토의법은 훈련대상자들이 훈련과정에 적극적으로 참여하게 되어 학습의욕을 높일 수 있다. 아울러 피드백을 통하여 자기반성과 함께 자신의 태도를 수정하도록 유도하는 장점이 있다. 토의법의 성공여부는 토의를 이끌어 가는 인도자의 능력에도 크게 좌우된다.

(3) 사례연구법

하버드대학교 Langdell에 의해서 개발된 사례연구법(case study)은 사례에 대한 상황

진술문을 부여하고 해결책을 모색하게 한 후, 해결책을 평가하고 피드백을 받는 형태의 교육 및 훈련 방법이다. 사례연구는 사례제시, 자료 및 정보수집, 해결방안을 위한 연구와 준비, 해결방안의 발견과 검토의 순서로 진행되는 것이 일반적이다. 사례연구법의 효과는 의사소통 기술향상과 능동적인 참여와 사고력 증진, 고정관념의 탈피 기회 제공, 인간행동에 대한 이해, 독립적인 판단력 향상, 동일한 사실이나 문제에 대한 각자의 다른 관점을 파악할 수 있다는 것이다. 또한, 참가자의 동기를 유발하여 관심을 높일 수 있고, 기업의 현실적인 문제에 대한 학습이 가능하다는 점이다.

구체적인 장점은 정적인 지식의 축적이 아닌 집중과 의사소통을 통해 살아 있는 사고력(분석, 종합, 평가)을 가지게 한다는 것이다. 그리고 토론 과정을 통해 서로 간의 차이점을 인식하게 하고 안목을 키워줄 수 있으며, 사례 속의 문제를 다양한 관점에서 바라볼 수 있도록 한다. 무엇보다도 의견을 조율하는 과정에서 의사소통 기술이 향상될 수 있다.

단점은 적절한 사례를 확보하기가 어렵고, 학습 진도를 측정하기 힘들며, 체계적인 지식습득이 어렵다는 점이다. 또, 사례를 활용하지만 학습자에게는 실제 상황이 아니기에 실제적인 체험이 되지는 못할 수 있으며, 학습자의 의사결정이 타당한지 검증할 수 없다는 문제점이 있기도 하다. 또한, 의사소통에서 리더의 역할이 지나치게 중요하며, 학습자들이 사례를 처음 대했을 때에는 정확히 이해하기 어렵거나 당황하기 쉽다. 그리고 제대로 사례를 다루어 해결책을 모색하기 위해서는 시간이 오래 걸리는 단점이 있다. 이러한 장점과 단점을 고려하여 사례연구법을 사용할 때에는 주의사항이 있다.

사례연구법의 목적이 선례를 통해서 문제를 파악하고 해결 과정 등을 살펴봄으로써 차후의 현실적 적응력을 키우는 것임에도 불구하고, 실제로 사례연구를 실시하다 보면 주어진 사례의 문제에 대한 해결책만 도출하기에 급급하게 될 우려가 있다는 점이다. 이러한 문제점을 극복하기 위해서 사례를 개발하거나 선정할 때 사전에 점검해야 할 몇 가지가 있는데 다음과 같다.

① 사례가 현실감이 있는가?
② 실제적인 해결방안이 나올 수 있을 정도의 충분한 자료가 사례 속에 수록되어 있는가?
③ 강사가 학습자들에게 학습시키고자 하는 이론이나 원칙이 사례 속에 반영되어 있는가?

④ 제한된 시간 내에 마칠 수 있는 정도의 수준인가?

이러한 점검을 하고 다음의 사례를 가지고 토의해보자.

"당신은 ○○회사의 팀장이다. 얼마 전 회사로부터 중국으로 3년간 파견을 나갈 직원 한 명을 팀 내에서 추천해달라는 요청을 받았다. 팀원들에 대한 자료를 검토해본 결과 아래의 3명 중 한 명을 추천하기로 했다. 당신이라면 3명 중 누구를 추천하겠는가?"

① 오랜 지병으로 언제 돌아가실지 모르는 어머니를 모시고 사는 ○○○씨

② 부모님 없이 혼자 어린 동생을 데리고 사는 ○○○씨

③ 얼마 전 큰 사고를 당해 우울증 치료를 받고 있는 ○○○씨

(4) 역할연기법

역할연기(role playing)는 단순히 사례나 문제 상황을 제시하여 해결책을 모색케 하는 데 그치지 않고, 피교육생에게 직접 문제 상황의 당사자 역할을 해보게 함으로써 사람들 간의 상호작용을 이해하고, 역할연기 후에는 그 경험이 어떠했는지, 연기 도중에 특정한 행동을 왜 했는지, 문제에 효과적으로 대처하기 위해서는 어떤 행동이 필요하다고 보는지 등을 토의케 하는 방법이다. 주로 대인관계 기술이나 판매 기법을 향상시킬 목적으로 자주 사용된다.

Shaw(1967)는 역할연기법이 다음과 같은 점에서 학습이론에 따른 효과가 있다고 주장하고 있다. 첫째, 피교육생의 적극적인 참여를 통해 문제 상황에 대한 실험적이고 시행착오적인 학습이 가능하다. 둘째, 피교육생은 다른 역할 연기자가 문제를 처리하고 해결하는 성공적인 행동을 관찰하여 모방하거나 모델링하는 효과가 있다. 셋째, 자신의 역할행동이 문제해결에 얼마나 효과적인가에 관해 교육자나 다른 역할 연기자로부터 피드백을 받을 수 있다. 넷째, 문제 상황에 대한 반복적인 역할연기 행동은 실습효과가 있으며 피교육생은 자연스럽게 문제해결에 대한 개념적 원리를 학습하게 된다. 이처럼 역할연기법은 참가자에게 흥미를 주며, 연기에 나타난 문제점을 파악함으로써 교육 참가자 개인이 갖고 있는 장점이 있는 반면, 기업에서 요구하는 수많은 역할 중 몇 개 정도만 연기해볼 수밖에 없다는 단점이 있기도 하다.

(5) 행동 모방법

행동 모방법(behavior modeling)은 역할연기법을 적용한 것으로 지식이나 정보의 제공보다는 태도와 행동을 변화시키고자 할 때 사용하는 학습법이다. 이를 위해서는 반드시 모방할 대상이 있어야 한다. 특정 상황에 대한 이상적인 행동을 보여주고 이것을 피교육생에게 이해시키고 이를 반복적으로 연습하게 함으로써 행동의 변화를 유도한다. 행동 모방법은 어떤 상황에서 가장 바람직하고 효율적인 행동모델이 있을 때 사용하며, 표준화된 직무수행을 할 때 반드시 필요한 행동이 있을 때, 교육자가 피교육생의 행동을 관찰, 통제, 피드백할 수 있을 때, 피교육생이 행동모델을 받아들이려고 할 때 사용하게 된다.

(6) 비즈니스 게임법

역할연기법은 피교육생들에게 타인의 입장을 연기하도록 하는 데 반해 비즈니스 게임법은 관리자의 입장에 있는 피교육생들에게 관리자의 역할이라는 자신의 원래 입장에서 게임을 하게 한다. 3~5개의 팀으로 구성하고 각각 경쟁관계에 있는 모의기업 책임자로 경쟁에서 이길 수 있는 의사결정을 도출하라는 임무를 줄 수 있다.

3) 자기개발훈련(self development training)

자기개발훈련(self development training)은 자신의 이해와 평가에 의해 성장, 향상의욕을 고취하고, 주도적으로 노력하는 방법이다. 이것은 교육훈련을 대상자 자신이 하는 방법으로 교과내용 및 기법을 스스로 정할 수 있다.

(1) 프로그램 학습법(programmed learning: PI)

프로그램 학습법은 강사나 훈련자가 없이 피교육생 스스로 속도 조절을 하면서 자율적으로 학습하는 방법이다. 즉, 일련의 학습 자료들을 단계적으로 제시하여 주는 것을 말하며, 이러한 과정이 기계적으로 이루어지도록 만든 장치가 '자동학습기계(automated teaching machine)'이다. 프로그램 학습법은 일련의 설명문과 질문들로 구성되어 있으며 학습자는 설명문을 읽고 각 질문에 대하여 답을 하도록 되어 있다. 프로그램 학습법은 어린 시절 해봤던 스스로 학습지 풀기라고 볼 수 있다. 학습 속도를 자신이 결정한다는 점에서 능동적인 학습방법이다. 프로그램 학습법에서 실시하는 교육 및 훈련은 단락 지워진 교육내용으로 구성되어 있으며, 각각에 대한 학습 피드백이 가능하다. 교육내용은 잘 구성된 연속과정으로 나뉘어져 있다.

(2) 웹 기반 기업교육의 확산

집합식으로 이루어진 교육의 형태가 현업에서의 이탈로 인해 발생하는 많은 문제들을 해결하고, 비용의 효율성과 학습자 주도적 교육을 진행할 수 있는 장점으로 인해 웹 기반 교육(computer-assisted instruction: CAI)으로 변화하고 있다. 웹 기반 교육 프로그램을 개발하는 단계는 기획단계, 설계단계, 제작단계로 구분된다. 웹 기반 교육의 효과는 전통적인 강의실 교육만큼 효과적이며, 두 가지 교육을 받은 학습자의 학습 성취도에서 유의미한 차이가 없는 것으로 나타났다. 개별교육이 가능하고, 교육시간이 단축되며, 교육받기 위한 별도의 장소가 필요하지 않는다는 점에서 장점을 가진다. 또한 교육생의 입장에서도 자신의 학습 속도에 맞게 교육을 조절할 수 있으며, 원할 때 학습의 시작과 종료를 결정할 수 있다는 점에서 조절가능하다는 장점이 있다. 그리고 현재 성취 수준에 따라서 다른 교육을 시작할 수도 있다.

(3) 웹 기반 기업교육 프로그램의 개발 단계

웹 기반 교육은 3단계의 개발 과정을 거치는데 첫 번째는 기획단계이다. 웹 기반 교육을 하고자 하는 것이 무엇인지를 정확히 결정하고 구체적인 실행을 계획하는 단계이다. 두 번째는 설계단계이다. 기획단계에서 나온 결과물을 바탕으로 학습해야 할 내용과 교수방법을 구체화한다. 세 번째는 제작단계이다. 설계단계에서 나온 줄거리와 장면에 따라 텍스트 자료를 개발하여 사용자의 피드백을 받고 사진, 그래픽, 오디오, 비디오, 애니메이션 등 멀티미디어 자료를 통합하여 웹 기반 기업교육 프로그램을 구축한다.

(4) 웹 기반 교육의 효과

Hiltz(1994)는 온라인 교육의 효과를 다음의 4가지로 요약하였다. 첫째, 학습내용의 습득은 강의실 수업과 같거나 더 우수하다. 둘째, 학습자들의 학습 참여도는 증가한다.

셋째, 학습내용에 대한 흥미도가 증가한다. 넷째, 학습자들이 복잡한 문제를 다루고 정보를 종합하는 능력이 향상된다.

8. 교육 및 훈련 프로그램의 평가

Kirkpatrick(1959)은 교육 및 훈련은 경영환경에 따라 새로운 관점에서 계속적으로 평가된다고 보았고 교육 및 훈련 프로그램을 평가하는 4가지 기준을 제시하였다.

표 9. 교육 및 훈련 평가단계

단계	초점	내용	평가방식
1	반응	참가자가 교육훈련 프로그램을 어떻게 이해했는가?	질문지법
2	학습	어떤 원칙, 사실, 기술, 학습내용 등을 배웠는가?	시험 및 질문지
3	행동	교육훈련을 통해, 어떤 변화나 행동이 실제로 나타나고 있는가?	인사고과
4	결과	교육훈련을 통해 비용절감, 품질개선, 생산성 증대, 의식개혁 등이 나타날 것인가?	성과예상

1) 평가의 기준

교육 및 훈련 프로그램에 대한 평가는 몇 가지 기준을 가진다. 가장 첫 번째로 훈련 참가자의 반응이다. 참가자들의 교육 및 훈련 프로그램에 대한 반응, 즉 참가자가 교육훈련 프로그램을 어떻게 이해했는가를 살펴보는 것으로 주로 질문지를 통해서 측정하게 된다. 다음으로는 학습내용이다. 훈련기간에 받은 교육내용이나 지식을 얼마나 습득하고 있는지의 정도를 살펴보는 것으로 시험이나 질문지를 통해서 살펴본다. 세 번째는 행동 변화로 교육과정을 통해 습득한 지식, 태도, 기능 등의 현업 적용도를 평가하는 단계이다. 네 번째는 객관적 결과로 교육이 궁극적으로 조직에 어떤 공헌을 했는가를 평가하는 단계이다.

2) 교육 및 훈련의 타당도

훈련타당도는 훈련에 참가한 사람들이 훈련기간 내에 처음에 설정했던 목표나 기준을 달성했는지의 정도를 통해서 알 수 있다. 교육 및 훈련이 실시되기 전 목표로 했던 기준에 교육 및 훈련 실시 이후에 도달하게 된다면 훈련타당도가 높다고 말할 수 있을 것이다.

전이타당도는 훈련에 참가한 사람들이 직무에 복귀한 후에 실제 직무수행에서 훈련 효과를 보이는 정도를 말한다. 즉, 종업원의 직무수행이 교육 및 훈련을 통해서 어느 정도 향상되었는지에 따라서 평가될 수 있다.

훈련타당도와 전이타당도를 높이기 위해서는 몇 가지 방법이 있다. 첫째, 훈련 상황과 직무 상황 간의 유사성을 최대화하여야 한다. 둘째, 훈련내용과 직무내용 간에 튼튼한 고리를 만들어야 한다. 셋째, 피훈련자들이 배운 원리를 완전히 이해할 수 있도록 해주어야 한다. 넷째, 훈련에서 배운 것은 실제로 사용해야 함을 명확하게 해야 한다.

(1) 조직 내 타당도(intra-organizational validity)

조직 내 타당도는 교육이 동일 조직 내의 다른 집단에 실시된 경우에도 효과를 보이는지의 정도이다. 예를 들어, 관리부서원에게 유용했던 교육이 판매부서원에게도 유용한가의 문제이다. 교육 및 훈련 효과가 같은 회사의 다른 교육생에게도 같은 효과를 낼 때 조직 내 타당도가 높다고 말할 수 있다.

(2) 조직 간 타당도(inter-organizational validity)

교육이 다른 조직에서도 효과가 있는지의 정도이다. 조직 간 타당도는 조직 간 유사성이 낮을수록, 수행과제나 직무유사성이 낮을수록, 조직문화나 풍토의 차이가 클수록 낮아진다. 교육 및 훈련 효과가 다른 회사의 동일한 직무에 종사하는 교육생에게도 같은 효과를 낼 때 조직 간 타당도가 높다고 말할 수 있다.

•••

우리 모두는 어떤 형태든 조직에 속해 있다. 가정도 하나의 조직이며 일정한 규칙이 있다. 학교나 군대, 직장은 전형적인 조직이다. 조직은 형태나 형성과정이 다르기 때문에 저마다 특성이 있다.

Ⅷ. 조직이론 및 조직구조

현대사회에서 고립되어서 일하는 사람은 거의 없다. 어떤 조직이나 여러 명의 종업원이 함께 일을 하고, 교류하는 가운데 성과물을 도출하게 된다. 그야말로 조직을 통해서 성과물을 만들어내는 것이다. 따라서 종업원으로 구성된 조직구조가 피라미드인지 자유롭게 변형이 되는 유기체와 같은 형태인지를 파악하는 것도 중요한 과제일 수 있다. 즉, 조직구조를 파악하고 조직에 관련한 이론적 체계를 수립하는 것 역시 조직이 성공적으로 성장하고 유지하는 데 중요한 부분이다.

1. 조직이론 형성의 배경

조직이론은 20C 초반에 출현하게 되었다. 조직의 구조적 관계에 초점을 맞추면서 변화 성장하였으며, 조직의 기본요소에 대한 분석과 조직이 목적을 잘 달성하기 위하여 어떻게 구성되어야 하는지에 대해 설명하는 다양한 이론들로 발달하였다.

1) 관료주의(bureaucracy)

오늘날 우리는 관료주의를 비효율적이고 비대하고, 관습적이며 고리타분한 형태의 조직이라고 생각한다. 주위 어디에나 관료주의 형태의 조직이 넘쳐나지만 아무도 관료주의적인 조직에서 일하고 싶어 하지는 않는다. 이것은 조직체계 안에서 겪는 일상적인 경험과 조직의 이론 및 구조의 차이 때문이다. 관료주의는 오늘날의 창의적이고 혁신적인 조직형태처럼 당시에서는 놀라운 변화였다. 관료주의는 조직생활의 질을 개선하기 위해서 만들어진 최초의 근대적 조직이론을 바탕으로 하고 있다. 관료주의는 산업혁명 초기 조직의 특징이던 불공평, 착취 등을 시정하기 위해서 고안된 것이다.

관료주의는 비참한 시대적 상황을 시정하기 위해서 독일의 사회학자 Max Weber (1947)가 집대성한 조직이론이다. Weber는 사회적, 개인적 불공평을 없애는 방식으로 운영되는 새로운 조직형태를 제안하였다. 관료주의는 합리적이고 공식적인 구조로 이루어져 있으며 관리자 및 근로자의 역할을 엄격하게 규정하고 있다. 관료주의는 공식적이고 법적인 경로를 통해서 운영되며 질서가 있고, 예측 가능한 체계이다. 마치 기계와 같이 관리주의는 정확하고 효율적으로 운영되며, 개인적인 편견에 영향을 받지 않는다.

(1) 관료주의의 특징과 특색 그리고 4원칙

관료주의는 몇 가지 특징이 있는데 첫째, 구성원 모두에게 적용되는 규범이 있으며 이 규범은 목표달성을 효과적으로 수행하도록 합리적인 것이다. 둘째, 구성원의 행동은 규범에 의해서 규제되며, 상사나 관리자에 의해 멋대로 다루어지지는 않는다. 셋째, 부여된 직위에 대해 한정된 권리와 의무만을 가진다. 넷째, 상사의 지시에 따르는 것은 상사의 인격에 복종하는 것이 아니라 상사의 권한에 바탕을 둔 규범에 복종하는 것이다. 다섯째, 상사와 하급자의 관계는 근무 장소와 근무 시간에만 유효하며 공사의 구분이 엄격하다.

관료주의는 다시 조직 내 구성원이 가지는 특색도 있다. 첫째, 등가치의 교환으로 보다 안정된 고용에 대한 특정한 의무를 가지는 것으로 인정된다. 충성심을 개인의 인격에 대한 것이 아니라 비인격적인 조직, 즉 기능적 목적에 대한 것으로 간주한다. 둘째, 선거에 의해 지위가 확보되기보다는 상위자에 의해 임명된다. 그리고 지위는 보장된다. 관료주의에는 4원칙이 있다. 그것은 바로 분업, 권한위임, 통제범위, 조직구조이다.

① 분업

노동의 분업이란 기능의 전문화를 말한다. 분업은 조직에서 각각 다른 업무에 책임을 지고 있는 전문화된 직책을 일컫는다. 자동차 생산과 같은 복잡한 제조과정에서는 전체 과업을 수많은 개별적 부분으로 나눈 분업화가 이루어져 있다.

② 권한위임

권한위임은 과제, 책임, 의무 등의 결정권을 하위지위로 넘기는 것을 말한다. 분업은 조직 내에서 누구도 조직 전체의 일을 담당하는 사람은 없다는 것을 의미하는 것이다. 따라서 최상위에 있는 사람은 조직의 상품과 서비스의 생산을 아래에 있는 사람들에게 의존하게 된다. 이때 각 상급자는 특정 업무를 완수하기 위해 자신 아래에 있는 사람들에게 권한을 위임하여야 한다.

③ 통제범위

통제범위는 한 상사가 효과적으로 관리하고 책임질 수 있는 부하의 수를 일컫는다. 관료주의에서는 최소 2명에서 최대 15명까지 가능하다고 본다. 이러한 통제의 폭이 클수록 조직의 꼭대기에서 바닥까지 작은 수의 단계가 존재하는 수평적 조직이라고 보고, 통제의 폭이 작으면 조직의 꼭대기에서 바닥까지 많은 단계가 존재하는 수직적 조직이 된다.

④ 조직구조

조직구조는 조직 내의 각 직책이 line이나 staff 중 하나로 분류된다. line은 조직의 주요 목적과 직접적으로 관련된 직책을 말한다. 군대에서는 전투병, 교육에서는 교사, 조립공장에서는 조립자, 소매에서는 판매직원이 line 직책이다. 또한 line직에는 이러한 직책을 감독하는 모든 상위 관리자 계층도 포함된다. staff직은 line직의 활동을 지원한다. 급여나 복리후생, 인사선발, 교육 등이 staff직 사람들이 수행하는 기능이다.

(2) 관료주의의 4요소

관료주의는 기본적으로 조직의 구조적 관계에 초점을 맞추고 있는 이론이다. 관료주의 조직이 되기 위해서는 4가지 기본요소가 있다. 첫째는 서로 다른 활동체계이다. 둘째는 사람이다. 셋째는 목적을 위한 협력이다. 넷째는 권한이다.

서로 다른 활동체계란 조직 내에서 수행되는 서로 다른 활동, 기능 그리고 이러한 활동과 기능들 간의 관계로 구성된다. 사람은 과업의 수행과 권한 행사의 주체이다. 목적을 위한 협력은 공통의 목적을 달성하기 위해 다양한 활동을 수행하는 사람들 사이에 협력이 필요하다는 것이며, 마지막으로 권한은 상사와 부하 간의 관계에서 설정되며, 조직의 목적을 추구하는 이들 사이에 협력을 보장하기 위해 필요한 힘을 말한다.

(3) 관료주의의 장 · 단점

관료주의의 장점은 우선, 조직의 구조에 관해 해부학적 지식을 제공해준다는 것이다. 둘째는 조직의 형태와 본질을 포괄적인 방식에 의해 처음으로 표현한 이론이라는 점이다. 셋째는 고전이론의 네 가지 원칙들이 오늘날 조직의 실제 구조에도 여전히 존재하는 생명력이 긴 이론이라는 것이며, 마지막 넷째는 line과 staff 간의 관계, 조직에서 단계의 수, 분업, 조정, 통제의 폭은 조직이론에서 여전히 주요 관심사라는 것이다. 이러한 관료주의의 장점은 이후 과학적 관리와 Hawthorne 연구 등을 통하여 신고전주의 조직이론과 현대적인 조직이론 등으로 변화하고 발전하게 된다.

하지만 관료주의도 몇 가지 단점이 있는데 우선 관료주의는 인간의 가치, 욕구, 동기와 같은 인적 요소를 무시한다. 둘째, 인간을 기계와 같은 부품으로 생각하기 때문에 개인의 성장이나 자아실현 기회가 주어지지 않고 종업원이 자기문제를 스스로 결정할 능력이 없다고 보기 때문에 참여 기회가 부족하다. 셋째, 새로운 사회와 기술적 변화에 효과적으로 적응하기 어렵다. 넷째, 조직에 대한 관점에 "심리학적"인 것이 전혀 포함되지 않았다는 것이다. 다섯째, 조직의 안정성, 영속성 추구로 경직성이 발생할 수 있는데 이것은 새로운 사회와 기술적 변화에 효과적으로 적응하기 어렵게 한다. 마지막 여섯째로 이론적 조직과 실제 조직 간의 불일치 경향이 발생할 수 있다.

2) 과학적 경영 관리

과학적 경영 관리에 대한 최초의 시도는 초기 산업 심리학자이자 경영 관리자였던 Taylor에 의해 주장되었다. Taylor는 시간연구자로 초기에는 동일한 시간에 최적의 작업효율을 올리기 위해서는 종업원의 선발과 협동, 과학적 작업도구의 개발 등이 중요하다고 주장하였다. 표준화에 의한 생산량 증가와 금전적 유인가에 의한 임금상승을 위한 작업환경의 재설계를 주장하였다. 이러한 주장의 뒷받침으로는 과학적 경영 관리론이 있다. Taylor는 과학적 경영 관리에는 네 가지 원칙에 있다고 주장하였다. 첫째는 과학적 선발이고, 둘째는 협동, 셋째는 배분의 공정성, 넷째는 과학적인 효율성 연구이다.

3) Hawthorne 연구

Hawthorne 연구는 Mayo에 의해서 진행된 인간관계 중심의 연구이다. Western Electric company의 Hawthorn 공장에서 진행된 연구는 작업조건과 생산량의 관계에 대한 연구로 시작되었다. 하지만 생산량이 물리적 작업조건에만 영향을 받는 것이 아니라 공식조직과 비공식조직 등에 의해서 영향을 받으며, 관찰자 효과 등의 인간요인들에 의한 복합적 작용이라는 연구결과를 얻게 된다. 조명 강도와 같은 물리적 작업조건보다 인간의 직무동기와 같은 심리적 조건이 더 중요하다고 결론을 내렸다. 종업원의 조직이나 직무에 대한 태도, 동정적이고 이해심 많은 감독, 조직의 종업원에 대한 인간적인 대우 및 비공식집단 등이 생산성에 더욱 영향을 미친다는 사실을 발견한 것이다.

그리고 비공식집단(informal group)은 공식조직 내에서 자생적으로 형성된 집단으로 관리자의 통제를 받지 않으며 공식적 조직구조도에도 나타나지 않지만, 공식집단의 효율성과 성과에 지대한 영향을 미친다는 사실을 발견하였다. 즉, 조직과 산업장면에서 인간이라는 조건이 가장 강력한 변인일 수 있음이 나타난 연구결과이다. 이러한 Hawthorne 연구의 결과를 토대로 인간관계와 인간변인에 초점을 맞춘 조직이론들이 발생하게 된다.

2. 조직이론

1) 고전이론

고전이론은 조직의 구조적 관계에 초점을 맞춘 이론으로 관료주의를 예로 생각할 수 있다. 조직이라는 체계의 기본요소와 기능을 중시하며 사다리 원칙에 따라서 조직의 수직적 성장을 다루고 조직에 대한 새로운 직급이 추가되어 명령 계통이 늘어난다고 본다. 각 위계에서는 조직 목적을 달성하기 위하여 고유한 권한과 책임을 가지며, 높은 임금수준일수록 권한과 책임이 커지는 구조로 발전한다. 부하는 한 명의 상사에게 귀속되는데 이것을 명령 계통의 일원화라고 한다. 명령권을 가진 사람이 분업에 의해 야기되는 분열을 조정할 수 있다고 본다. 그리고 line과 staff의 원칙과 통제의 폭에 대한 원칙을 가지고 피라미드 구조의 조직구성 형태를 가지게 된다.

2) 신고전적 조직이론

고전적 조직이론은 조직구성원 개인에 대한 고려 없이 전체 조직의 기능에만 초점을 두었는데 비해 신고전적 조직이론은 개개인 근로자들의 욕구에 초점을 맞추고 있다. 즉, 신고전적 조직이론에서는 인간의 지적·감정적·동기적 측면을 인정한다.

신고전적 조직이론은 Hawthorne 연구 결과에 기초하여 1950년대부터 발전하기 시작하였다. 고전적 조직이론의 경직성을 비판하면서 심리학적이고 행동적인 문제의 중요성을 부각하였다. 신고전적 조직이론에서는 전통적 고전주의 이론의 4가지 원칙에 대해서 비판하였는데 대표적으로 분업이 개인을 비인간적으로 만든다고 보았다. 즉, 지루하고 동일한 작업에만 내몰리는 종업원은 소외감을 느끼고 불만족하게 된다는 것이다. 그리고 공식적인 상사와 부하 관계 이외에 비공식적인 조직의 역할과 중요성을 주장하였으며, 통제의 폭은 상사의 관리 능력과 관리의 강도에 의해서 결정되어야 한다고 보았다.

(1) System 이론(체계 이론)

System 이론은 Katz와 Kahn(1978)에 의해서 제기된 이론이다. System 이론에서는 조직 간 상호작용이 전체적인 안정과 성장, 적응을 위해서 이루어진다고 강조한다. 즉, 조직을 하나의 살아있는 유기체로 보는 것이다. 살아있는 유기체는 생존을 위해서 노력하는 것처럼 조직의 목적은 안정성을 지니고 성장하고 적응하는 능력을 가지고 있다. System 이론에서는 조직이 유기체로 성장하기 위해 다음의 System적 조직 특징을 갖추어야 한다고 제안하였다.

첫째, 조직은 상호 복잡하게 연결된 System으로 보아야 한다는 것이다. 즉, 조직도 조직을 둘러싼 환경과 상호의존적 시스템으로 적응해나가야 한다고 보고 있다. 예를 들어, 한국에서의 출산율 저하는 사회적 변화이지만 이러한 사회적 변화는 산업 환경에서는 아동산업의 퇴조를 예측하게 하며 실버산업으로 조직역량을 이동시켜야 할 수도 있는 것이다. 둘째, 체계적으로 유기적인 조직이 되기 위해서는 조직체계를 둘러싼 외부환경에 대해 투입-변환-산출-재투입의 과정을 거치게 되어 있다. 이러한 개방체계는 조직이 유기체와 같이 내적 안정성을 추구하면서도 지속적으로 성장하고 환경에 적응하는 역량이 있어서 생존할 수 있는 것이다.

조직 System은 몇 가지 구성요소가 있는데, 첫째는 개인이다. 개인은 고유한 성격, 능력, 태도를 가지고 있는 존재이며 System에 참여함으로써 성취하고자 하는 욕구를 가지고 있다고 본다. 둘째는 공식적 조직이며, 셋째는 소집단이다. 넷째는 지위와 역할이다. 조직 System은 지위와 역할을 통해서 개인의 행동을 규정한다. 마지막 다섯째는 물리적 장면이다. 외적인 물리적 환경과 기술수준 정도도 System을 구성하는 하나의 요소가 된다.

(2) McGregor X, Y 이론

McGregor(1960)는 인간의 성향을 두 가지로 크게 구별하였고, 그에 따른 관리전략도 두 가지로 분류하였다. 우선 X 이론은 전통적인 관점에서 비관적인 인간해석에 기반하고 있으며, Y 이론은 긍정적인 인간해석을 기반으로 한다.

① X 이론의 인간해석

인간을 천성적으로 게으르고 일하기 싫어하는 존재로 파악하는 것이 X 이론 관점의 인간관이다. X 이론에 따르면 인간이란 자기의 경제적 욕구나 이기적 목표를 추구하는 데에는 상당히 적극성을 띠지만 그 밖에는 신경을 쓰지 않으며 게으르다. 불로 소득을 좋아하며 열심히 일하는 것은 염두에 두지 않는다. 인간은 경제적 욕구를 가장 합리적으로 추구하는 경제적 동물이다. 경제적 욕구만 충족되면 된다고 생각하여 돈에는 아주 철저하고 타산적이다. 경제적 욕구 이외엔 별로 큰 욕망은 없으며, 자기행위에 대해서 책임지는 것을 싫어한다. 따라서 자발적으로 솔선수범하는 것보다는 남에게 끌려다니는 것을 좋아한다.

X 이론에서 바라보는 인간은 자기중심적이며 철저히 이기주의적이다. 자기이익에만 급급하다보니 자기통제 능력이 없으며, 또 철저하게 자기중심적이기 때문에 봉사정신이나 희생정신이 없다. 따라서 갈등을 유발할 능력은 있지만 스스로 이 갈등을 해결할 능력은 없다. 인간은 사물을 판단할 능력도 없고 어리석기 때문에 남들의 엉터리 사기

극에 쉽게 넘어간다. 안전한 것만을 원하고 변화를 귀찮아한다. 인간은 피동적 존재이기 때문에 기계의 부속품처럼 다룰 수 있고 외부조건에 의해서 조정될 수 있다.

② X 이론의 관리전략

X 이론은 인간을 위의 설명대로 받아들일 때 다음과 같은 관리전략이 필요하다고 본다.

첫째, 경제적 보상체제의 강화이다. 인간의 욕구충족이나 동기유발의 원인제공을 적절한 보수나 경제적 보상으로 강화시켜야 한다. 그러기 위해서는 능력급제와 작업할당제 등을 적용하여 게으르고 일하지 않으면 경제욕구가 충족되지 못하도록 하며, 작업실적이 높은 사람에게는 더 많은 혜택이 주어질 수 있는 관리전략이 적절한 수단으로 등장한다.

둘째, 권위주의적 리더십의 확립이다. 인간의 피동성과 무능력성은 자연히 권위주의를 유발시킨다. 중요한 결정은 고위층에서 이루어지며, 근로자들은 그 결정만 무조건 따르면 된다. 이것은 한마디로 노예근성을 나타내기 때문에 토론이나 권한의 위임은 어렵게 되고 하위층에서는 오로지 집행과정에 대한 내용만 보고하면 된다.

셋째, 면밀한 감독과 엄격한 통제이다. 이기적이며 무책임한 조직구성원에게는 강제와 위협이 통제수단으로 작용하며 필요에 따라서는 처벌제도도 요구된다. 구성원들은 감독자의 위협과 처벌의 두려움 때문에 경솔한 행동을 하지 않을 것이라고 생각하기 때문이다.

넷째, 상부 책임제도의 강화이다. 일반 조직구성원들은 책임지는 것을 싫어하기 때문에 모든 책임이 상부에 지워진다. 따라서 하부에서 잘하면 보상이 상부로 돌아가는 것처럼 하부의 실패도 상부가 책임져야 한다.

다섯째, 조직구조의 고층화다. X 이론에서는 명령하달 체제가 발달하기 때문에 계층성을 띠게 되고 그것도 고층화로 발달된다. 왜냐하면 인간은 자발적이며 능동적인 경우보다는 피동적이기 때문에 외부의 규제를 필요로 하며, 규제 내용이 많거나 강화될 경우에는 당연히 관리계층도 늘어나게 된다.

③ Y 이론의 인간해석

X 이론과는 반대로 Y 이론은 인간이 천성적으로 일을 싫어하는 것이 아니라 노동자체를 휴식이나 놀이처럼 자연스럽게 여기고 있는 것이지 경제적 욕구를 채우기 위한 수단으로 생각하지 않는다고 말한다. 인간의 행위는 경제적인 욕구보다 사회·심리적 욕구에 의해서 좌우되고 결정된다고 보는 것이 Y 이론이 바라보는 인간관이다. 인간은 어느 욕구보다도 사회·심리적 만족을 추구하는 존재이므로 돈 때문에만 행동하는 것이 아니다. 인간은 적절한 조건만 갖추어지면 책임을 받아들일 뿐만 아니라 그것을 갈구한다. 책임을 피하려는 것, 야망이 없는 것, 안전만을 중시하는 것 등은 대체로 경험의 결과물이지 본성은 아니다. 인간은 자기 이익만을 생각하는 이기적인 존재가 아니라 타인들과 공존하고 번영하기를 바라는 사회중심적인 존재이다. 따라서 고독이나 분리된 상태를 싫어하며 조직이나 타인의 이익을 위해서도 노력한다.

Y 이론의 인간은 외부 압력이나 처벌의 위협만으로 행동하는 것이 아니라 자기가 받아들이기로 마음먹은 일은 스스로 규제하며 자율적으로 통제한다. 대부분의 조직성원들은 문제해결에 있어서 상상력과 창의력을 발휘하는데 이것은 누구의 지시에 의해서라기보다는 스스로의 창의력으로 조직의 문제를 해결하기 원하는 욕구가 있기 때문이다. Y 이론에서는 인간의 발달 가능성은 무한한데 현대의 조직생활에서는 인간이 가지고 있는 지적 잠재력의 일부만이 활용되고 있다고 보고, 인간의 숨겨진 잠재력이 발휘되도록 도와야 한다고 주장한다.

④ Y 이론의 관리전략

Y 이론의 관리전략은 통합의 원리로 구성된다. 조직구성원들은 조직의 목표를 성취시킴으로써 자신을 성장시키고 자신의 목표를 성취시킨다. 다시 말해서 조직목표와 자신의 목표를 통합시키는 것이다. 이러한 관점의 구체적인 관리전략은 다음과 같다.

첫째, 민주적 리더십의 확립이다. 조직의 중요한 결정은 고위층의 일반적인 결정에 의한 것이 아니라 집단토론이나 조직구성원들의 참여에 의해서 결정되도록 한다. 리더의 중요한 임무란 명령하는 것보다는 하도록 유도하는 것이다. 따라서 지도자의 역할은 독자적인 결정보다는 조직구성원들의 의견을 규합해서 정책을 결정하는 것이다.

둘째, 분권화와 권한위임이다. 민주형 리더십은 자동적으로 분권화와 권한위임을 촉진시킨다. 권한이 상부 한 곳에만 집중되어 있지 않고 분산되어 있기 때문에 구성원들은 자발적으로 노력하고 해결하려 할 것이며, 이것을 토대로 스스로의 만족감과 성취감도 느낄 수 있을 것이다. 따라서 조직은 활력을 찾아 보다 발전적이며 생산적인 방향으로 유도된다고 본다.

셋째, 목표에 의한 관리이다. 목표에 의한 관리는 조직구성원 전체가 조직운영에 참여하는 총체적 관리이다. 조직목표의 설정에서부터 집행에 이르기까지 모든 조직구성원이 참여하고, 책임의 한계도 명백히 규정되고 있기 때문에 자발적이며 적극적인 참여를 유도할 수 있다.

넷째, 직무확장이다. 조직 내에서 분업이 너무 세분화되어 있으면 단조롭고 무력감을 느끼기 때문에 인간이 부품화되어 버린다. 즉, 한 사람이 한 가지 일만 하게 되면 비인간화되어 소외감마저 느낄 수 있기 때문에 여러 가지 일을 경험하게 하거나 순환보직제도를 활용하여 시야도 넓히고 지식도 확장시켜서 심리적인 성취감을 가지도록 하여야 한다.

다섯째, 비공식조직의 활용이다. 비공식적 조직은 인간의 사회·심리적 요소를 토대로 자연적으로 발생되었기 때문에 조직 내의 욕구를 충족하고 있다. 따라서 공식적 조직이 사회·심리적 욕구를 충족시키지 못할 때는 비공식조직이 이것을 보완해준다.

여섯째, 자체평가제도의 활성화이다. 조직구성원의 업적을 감독관이 평가하는 것이 아니라 구성원 스스로가 평가하게 하는 것으로서 스스로 자기실적을 평가할 때 보다 진지해지고 자기역할의 중요성을 더욱 인식하게 된다.

일곱째, 조직구조의 평면화이다. 조직구조가 계층성을 이루고 있으면 상급자와 하급자의 거리는 그만큼 멀어져서 하급자는 늘 심리적 패배감을 느끼며 산다. 그러나 조직구조가 평면화를 이루고 있으면 계층수가 적어지기 때문에 상급자와 하급자 간에는 거리감이 적어지고 심리적 패배감도 적어진다.

이상의 관리 처방을 살펴보면 X 이론에서의 인간 관리전략은 인간의 외적 통제에 의존하는 반면 Y 이론에서의 인간 관리전략은 자율적 행동과 자기규제에 의존하고 있다는 것을 알 수 있다.

(3) Z 이론

Z 이론은 1972년 Lundstedt에 의해서 제창된 것으로 McGregor 이론이 인간해석을 너무 단순하게 이원화시키고 있다고 비판하면서 인간은 그렇게 단순한 것이 아니라 복

잡한 면이 있다는 것을 강조하면서 나타났다. Z 이론은 기존의 X, Y 이론을 부정하는 것이 아니라 그것들이 포착하지 못한 공백을 메우고 보강함으로써 인간에 대한 해석을 좀 더 구체화시키고 있다고 볼 수 있다.

① Z 이론의 인간해석

Z 이론에서는 인간이 조직의 규율과 제도의 억압 속에서 사는 것을 원하지 않는다고 파악한다. 즉, 인간은 아무런 구속이 없는 무정부상태에서 살기를 좋아한다는 것이다. 따라서 인간은 제약을 받지 않을 때 더 생산적이고 창의력이 발휘될 것이라고 가정한다. 인간은 선천적으로 과학적 탐구정신을 가지고 있기 때문에 매사에 의문을 제기하고 있다. 따라서 Z 이론에서는 인간을 설정된 가설을 시험하고 시행착오를 거듭함으로써 새로운 탄생을 이룩하고 생활을 발전시켜 나가려는 자발적이고 창조적인 존재라고 여긴다.

② Z 이론의 관리전략

Z 이론에서는 인간이 조직의 규율과 제도의 억압 속에서 사는 것을 원하지 않는다고 파악하고 있기 때문에 자유와 방임 그리고 선택의 기회를 최대한으로 보장하는 것을 목표로 한다. 이것을 바탕으로 한 Z 이론에서의 인간 관리전략은 다음과 같다.

첫째, 지도자의 자유방임이다. 지도자는 조직구성원의 자유를 신체적·정신적인 면에서 최대한 보장해주어야 한다. 왜냐하면 만약 구성원들을 제약하고 속박할 때는 창의성에 지장을 줄 수 있기 때문이다. 이를테면 연구소의 경우 지도자는 단지 연구원의 요구사항만 해결해줌으로써 생산력이 향상될 수 있다고 본다.

둘째, 비조직적인 사회생활의 장려이다. 비조직적이고 자연발생적인 활동을 통해서도 인간은 욕구를 충족시킬 수 있다. 대학 동아리 활동이나 사회에서 흔히 보는 동호회 모임에서도 새로운 발견이 시도되고 사회적 변화를 촉진하기도 한다.

셋째, 허술한 조직구조이다. 조직을 되도록 허술하고 느슨하게 구성하여 구성원들이 자유롭게 활동하고 조직생활에 편안함을 느낄 때 창조성이 유발되고 결실을 보게 된다.

(4) Shein의 복잡한 인간관

Shein(2010)은 인간의 본질이 시대 변천에 따른 철학적 관념을 대체로 반영하는 것이며, 그러한 가정은 각 시대의 조직이나 정치체제를 정당화시키는 데 기여해왔다고 전제하였다. Shein(2010)은 역사적인 등장순서에 따라 인간모형을 다음과 같은 네 가지로 분류하였다. 첫 번째는 합리적 경제적 인간, 두 번째는 사회적 인간, 세 번째는 자기실현적 인간, 그리고 마지막 네 번째로 현재의 복잡한 인간이다.

① 복잡한 인간해석

Shein(2010)은 현 시대의 인간모형을 복잡한 인간으로 설정하였고 현대의 인간을 복잡하게 해석하여야 한다고 보았다. 복잡한 인간해석이란 인간을 합리적·경제적 모형, 사회적 모형, 자아실현적 모형 등에서 설명하는 것처럼 단순하게 바라보는 것이 아니라 매우 복잡하고 고도의 변이성을 가진 존재로 파악하는 것이다.

예컨대 돈의 소유가 경제적인 욕구 하나로만 해석되는 것이 아니라 자아실현의 수단으로도 작용하듯이 여러 가지 욕구들이 상호배타적이거나 독립적으로만 존재하는 것이 아니라 상호보완 관계에 있다는 해석이다. 더욱이 인간은 조직생활 경험을 통해서 새로운 욕구를 배울 수 있다. 따라서 욕구는 달라질 수도 있다. 정치집단에 속해 있는 사람일수록 정의 실현의 욕구는 강해질 것이고 기업을 운영하는 사람일수록 돈에 대한 욕구는 커지게 된다. 소속해 있는 조직의 성격이나 개인이 맡은 역할에 따라 욕구는 달라질 수 있다.

인간은 복잡하기 때문에 누구나 정도의 차이는 있을지언정 X 이론, Y 이론의 양면성을 다 포함하고 있다. 문제는 어느 쪽이 더 강하느냐에 따라 상황이 달라질 수 있다는 것이다. 또한 동일한 인간이라고 하더라도 경제적 욕구나 사회·심리적 욕구가 고정되어 있는 것이 아니라 상황의 변화에 따라 달라진다. 사람은 그들의 욕구체계와 능력 및 담당 업무에 따라 서로 다른 관리전략에 순응할 수 있다. 따라서 어떤 한 가지의 관리전략이 모든 사람에게 언제나 효과적으로 적용된다고 믿는 것은 잘못이다.

② 복잡한 인간의 관리전략

복잡한 인간모형은 관리자들이 훌륭한 진단가가 되어야 하며 처방에는 높은 탐구정신이 필요하다고 강조한다. 자기에게 속해 있는 사람들의 능력과 욕구는 매우 다양하기 때문에 각각의 욕구를 감안하고 진단하여 다양하게 처방해야 한다고 본다.

첫째, 조직성원의 차이를 감지해야 한다.

둘째, 개인차를 고통스러운 사실로 생각하여 배제하려 하거나 무시하려 해서는 안 된다. 오히려 개인차를 존중하고 개인차의 발견을 위한 진단과정을 중요시해야 한다.

셋째, 부하들의 욕구와 동기가 서로 다른 만큼 그들을 다르게 취급해야 한다. 관리자는 상대방이 누구냐에 따라 자기의 행동을 바꿀 수 있어야 한다. 즉, 복잡한 인간관에는 복잡하게 적응해야 하는 것만이 유일한 방법이다.

(5) 사회기술체계 이론

사회기술체계 이론에서는 조직 환경 맥락에서 사람과 기술 간 상호관계의 관점을 통해 조직을 바라본다. 사람은 조직의 종업원과 그들 상호 간의 관계를 중심으로 파악한다. 기술은 장비와 재료, 도구 등 비인간적 요소를 뜻한다. 환경은 그 속에서 조직이 기능을 발휘해야 하는 물리적, 사회적 상황을 말한다. 사회기술 체계 이론은 사람들이 기술에 어떻게 영향을 미치는지와 기술이 어떻게 사람에게 영향을 미치는지를 설명한다. 사회기술 체계 이론은 바람직한 조직 원리를 제공하기 위해 연구결과들을 사용한다는 점에서 규범적이다.

(6) 상황연계 이론

Woodward(1958)는 기업이나 산업에서 사용하고 있는 기술 수준은 효율적인 조직을 설계하는 데 영향을 미칠 수 있다고 주장했다. 기술 수준에 따라 조직을 일반적으로 소규모 생산 조직, 대량 생산조직, 지속적 생산 과정 조직의 세 가지 조직 유형으로 분류하고 있다.

Lawrence와 Lorsch(1967)는 기계적 조직과 유기적 조직의 조직 유형이 존재하며, 환경의 안정성에 따라 효율적인 조직 형태가 달라진다고 가정했다. 기계적 조직은 공식적 규칙과 통제에 의해 관리되며, 상위 직급에서 경영 의사결정이 내려지고, 관리자의 통제범위는 작은 조직을 의미한다. 한편, 유기적 조직은 덜 공식적인 절차에 의해 조직이 운영되며, 중간 수준에서 경영 의사결정이 내려지고, 통제범위는 넓은 조직을 말한다.

Tavistock(1940)는 사회 기술적 접근을 주장하게 되는데, 기술 변화에 따라 업무를 함께하는 동료들 간의 사회적 관계 역시 변화한다는 것을 밝혀냈다. 사회 기술적 접근은 기술의 변화가 서로 만족하며 안정적으로 일해 왔던 작업 집단의 사회적 관계를 붕괴시키고 라이벌 의식, 결근, 불만족과 같은 역기능을 초래할 수 있음을 제시해준 이론이다.

3. 조직구조

1) 조정기제

조직이 작업을 조정하는 기본적인 방식을 설명하기 위해 조정기제가 필요하다. 이것이 조직을 하나로 묶는 아교와 같은 역할을 하며, 조직구조의 기본 요소가 된다. 이러한 조정기제는 5가지 기본 요소가 있다.

첫째, 상호조종이다. 상호조정은 종업원들 간의 비공식적인 의사소통 과정을 통하여 작업에 관한 조정이 이루어진다는 것이다. 둘째, 직접적인 감독이다. 이것은 한 사람이 다른 사람의 작업에 책임을 지고 지시를 내리고 그들의 행동을 통제함으로써 조정이 이루어지는 것을 말한다. 셋째는 작업과정의 표준화이다. 작업과정을 구체적으로 명시함으로써 조정이 가능하게 된다. 이때 작업수행 방법에 대하여 개인의 재량권이 없으며 이 직무를 누가 수행하던 동일한 과정을 거치도록 작업설계가 이루어진다. 넷째는 작업산물의 표준화이다. 시간이나 위치에 관계없이 똑같은 산물이 나오도록 작업이 설계된다. 다섯째는 기술과 지식의 표준화이다. 작업수행에 요구되는 교육의 종류를 구체적으로 명시해 놓을 때 지식과 기술이 표준화된다.

고전적 조직이론은 조정기제로서 직접적 감독과 표준화 두 가지를 강조하였다. 또한 통제의 폭과 line/staff, 명령계통의 단일화 개념이 공식적 구조를 구성하는 요인이라고 보았다. 이러한 견해의 대표적인 학자가 Taylor이다. 신고전적 조직이론에서는 비공식적인 조직이 가지는 조정기제에 주목하였다.

2) Mintzberg 조직의 다섯 가지 기본 부분

Mintzberg(1992)는 모든 조직이 다섯 가지 기본적 부분으로 구성되어 있다고 제안하였다. 다섯 가지 기본적 부분은 운영의 핵심, 전략적 수뇌부, 중간층, 기술구조 인력, 지원스텝이다.

운영의 핵심은 작업을 수행하는 작업자를 말한다. 전략적 수뇌부는 최고경영층으로 조직의 방향을 결정하는 역할을 수행한다. 중간층은 공식적 권한을 가진 중간계층 관리자가 운영의 핵심과 수뇌부를 연결한다. 기술구조 인력은 작업을 설계하고, 계획하며, 작업자를 교육시키지만 작업 자체를 수행하는 것은 아닌 조직을 말한다. 마지막으로 지원스텝은 조직의 기본적인 임무 완수를 위하여 돕는 역할을 수행하게 된다.

Mintzberg는 조직은 분권화되어 간다고 보았는데, 그 이유는 첫째, 전략적 수뇌부가 조직의 모든 의사결정을 내릴 수가 없기 때문이다. 둘째, 부서별로 변화하는 상황에 빨리 적응하기 위함이다. 셋째, 동기부여의 자극제가 필요하기 때문이다.

3) 재조직화와 감축

조직구조는 환경에 적응하기 위한 수단일 뿐이다. 조직이 환경에 보다 잘 적응하기 위하여 스스로 형태를 바꾸는 것이 재조직화이다. 대부분의 조직에서 가장 많은 비중을 차지하는 경비조직에 지불하는 임금을 줄이거나 자동화 등 작업 과정의 기술적 변화를 통해 재조직화가 일어나는 것이 가장 흔하다. 조직 내의 다섯 가지 부분 중에서 감원의 대상이 되는 부분은 주로 중간관리자, 기술구조, 지원스텝이다. 그중에서 가장 많은 직무가 없어지는 곳은 중간관리자층인데 조정을 통해 표준화로 전환하기 가장 용이하기 때문이다.

감원은 감원의 대상이 된 종업원과 살아남은 종업원 모두에게 영향을 준다. 우선 감원된 종업원은 경제적 혜택뿐만 아니라 심리적 혜택도 잃게 된다. 학습된 무력감과 자기효능감 저하, 우울증상이 나타날 수도 있다. 사무직에 종사했던 나이 많은 종업원은 조직에 대한 배신감과 사기저하를 강하게 느끼고 냉소주의에 빠지는 경향이 생길 수도 있다. 살아남은 종업원은 조직이 심리적 계약을 깼기 때문에 신뢰감과 몰입의 저하를 겪을 수 있다. 조직공정성과 해고 종업원에 대한 조직의 배려행동(상담, 은퇴 후 설계 등)에 의문을 가질 수도 있다. 이것은 조직원들로 하여금 친사회적 행동을 적게 하며 반사회적 행동을 하도록 조장할 수도 있다.

4) 사회적 체계의 구성요소

물리적 또는 생화학적 시스템은 눈으로 확인할 수 있는 해부학적 구조와 생리적 구조를 동시에 가지고 있다. 그러나 사회적 시스템은 해부학적 구조를 가지고 있지 않기 때문에 실체를 이해하기가 쉽지 않다. 사회적 시스템은 실제로 구성요소를 가지고 있지만 구체적인 것은 아니다. 하지만 사회적 체계도 몇 가지 구성요소로 나누어 볼 수 있다. 역할, 규범, 조직문화, 작업팀이 그것이다.

(1) 역할

역할은 특정지위에서 기대되는 적절한 행동으로 정의된다. 역할은 분화할 수 있는데, 동일한 집단에 속한 종업원들이 수행하는 역할은 서로 다를 수 있다. Scott 등(1981)은 역할의 다섯 가지 측면을 제시하였다. 첫째 역할은 비개인적이라는 것이다. 역할은 직무에서 기대되는 행동을 나타내는 것이지 개인이 하는 행동을 나타내는 것이 아니다. 둘째 조직에서의 역할은 특정 직무에 대해 기대되는 행동이다. 셋째 다른 사람이 역할을 정의하기 때문에 우리의 역할이 무엇인지에 대하여 의견이 서로 다를 수 있다. 넷째 역할은 빨리 학습되고 중요한 행동 변화를 가져올 수 있다. 다섯째 역할과 직무는 다를 수 있다. 한 직무에서 여러 가지 역할을 수행할 수 있기 때문이다.

이러한 역할은 제대로 조정되지 않으면 갈등이 생길 수도 있다. 개인의 역할 내용과 역할 구성요인들의 상대적 중요성에 대한 지각적 차이로부터 역할 갈등은 발생하게 된다. 가장 대표적인 역할 갈등의 종류는 바로 역할 과부하이다. 역할 과부하는 수행의 양이나 질을 동시에 충족시킬 수 없을 때 발생하게 된다.

(2) 규범

규범은 적절한 행동에 대하여 집단이 공유하고 있는 기대로서 비공식적인 규칙을 말한다. 역할은 특정 직무에서 적절한 행동을 정의하고 있는 반면, 규범은 받아들일 수 있는 집단행동으로 정의된다. 규범은 세 가지 특성이 있는데 첫째, 규범에는 행동을 규정하는 의무와 당위가 존재한다는 것이다. 둘째, 규범은 집단에서 중요하다고 판단되는 행동에 대하여 보다 분명하게 존재한다. 셋째, 규범은 집단에 의해 강제성을 띤다.

이러한 규범이 생성되고 발전되는 과정이 있다. 우선, 규범이 정의되고 전달되어야 한다. 이 과정은 명시적 혹은 묵시적으로 이루어진다. 다음으로 집단이 행동을 감시할 수 있어야 하고, 규범이 잘 지켜지고 있는지를 판단할 수 있어야 한다. 그리고 규범을 따르는 것에 대해서 집단이 보상을 주고, 따르지 않는 것을 처벌할 수 있어야 한다. 규범이 올바르게 규정되고 지켜진다면 조직의 목적을 달성하도록 촉진할 수도 있지만 그렇지 않다면 오히려 조직의 목적 달성을 저해하는 요인으로 작용할 수도 있다.

(3) 조직문화

Fumban과 Gunter(1993)는 조직문화의 특성에 대해서 다음과 같이 제안하였다. 우선, 조직문화 특성은 조직 설립자로부터 나온다고 보았다. 그리고 외부환경에 대하여 조직이 겪어온 경험으로부터 발전하게 된다. 다음으로 종업원들 간의 관계를 효율적으로 유지하기 위한 필요에서 발전하게 된다.

Schneider(1987)는 이러한 조직문화에 대해서 ASA 모델을 제안하였다. ASA 모델(attraction-selection-attrition model)에 따르면 유사한 성격과 가치를 가진 사람들이 어떤 조직으로 몰려들고(유인), 조직에 선발되고, 조직에서 공유되는 가치와 맞지 않는 사람은 떠나가게 된다고 보았다.

이러한 조직문화를 기업으로 적용하여 보면, 기업문화에서는 사람, 자원, 자본 그리고 정보가 경영의 자원이라고 본다. 경영자원으로서의 기업문화는 기업목표를 위해서 종업원의 힘을 수렴하도록 한다. 그리고 종업원의 동기를 향상시키는 데 기업문화와 이념과 가치를 수용하여 자기의 이념과 가치가 되도록 노력하고 이러한 노력이 종업원 자신의 이상추구와도 부합하는 것이다. 다음으로 명령이나 지시 또는 규정이나 절차에 의한 행동통제가 아니라 기업문화란 가치관에 의해서 행동방향을 결정하게 된다. 즉, 기업문화는 종업원의 행동지침으로서 작용하게 되고 이를 통해 불확실한 상황에서의 행동불안을 감소시켜줄 수 있다.

(4) Team

Larson과 Fasto(1989)는 팀 유형을 문제해결 팀과 창의적 팀 그리고 전략적 팀으로 구분하였다. 문제해결 팀의 구성원들은 사전에 결정되어 있는 입장이나 결론에 초점을 두는 것이 아니라 해결대상이 되는 문제에 초점을 둔다. 문제해결 팀이 수행을 잘하기 위해서는 문제해결 과정에 높은 신뢰를 가지고 있어야 한다. 창의적 팀은 새로운 제품이나 서비스를 개발하기 위한 포괄적 목표를 가지고 가능성과 대안을 탐색하는 팀이다. 전략적 팀은 정의되어 있는 계획을 착실하게 실행하면 된다.

표 10. Larson과 Pasto(1989)이 밝힌 팀 유형의 특징들

포괄적 목표	지배적 특징	과정에서의 강조점	사례
문제해결	신뢰감	문제해결에 초점을 둠	질병통제 센터
창의적	자율성	가능성과 대안들을 탐색함	IBM PC 팀
전략적	명료성	지시적 매우 전문화된 과업 역할명료성 잘 정의된 수행기준 정확성	심장수술 팀

Morgan(2007)은 팀의 의사결정에 4가지 요소가 있음을 밝혔다. 첫 번째는 상황평가이다. 상황평가는 문제의 존재를 인식하기 위해서 단서들을 감지하고 해석하는 것이다. 두 번째는 초인지(meta-cognition)이다. 문제에 대한 정의를 내리고 문제해결을 위한 전략을 만들어낸다. 세 번째는 공유된 정신모델이다. 문제와 전략에 대해서 공통적으로 이해할 수 있는 능력을 개발한다. 네 번째는 자원관리이다. 과업수행에 있어서의 팀 기술과 능력을 효율적으로 관리해야 한다.

Hollenbeck, LePine 그리고 Ligen(1996)은 팀 의사결정에 있어서 Multi-level 이론을 주장하였다. Multi-level 이론은 결정해야 하는 문제에 대한 충분한 정보를 가지고 있느냐의 정도인지 일반적 수준의 정보인지가 결정되어야 한다고 본다. 그리고 팀은 정확한 결정을 내릴 수 있는 능력이 서로 다른 사람으로 구성되어 있어야 한다. 구성원 타당성 개념은 정확한 결정을 내릴 수 있는 팀 구성원의 능력의 평균을 말한다. 그리고 양자 간 민감성 수준을 살펴보아야 하는데 팀 리더는 구성원들의 서로 다른 의견이나 권고를 자주 들어야 한다는 것이다.

Mcintyre와 Salas(1995)는 좋은 팀이 되는 원칙을 다섯 가지로 제안하였다. 첫째, 서로 피드백을 주고받을 수 있어야 한다. 둘째, 구성원들을 돕고자 하는 의지와 준비, 그리고 성향을 가지고 있어야 한다. 셋째, 상호작용에 의해 집단의 성공이 좌우된다고 느껴야 한다. 넷째, 상호의존성을 증가시켜야 한다. 마지막으로 다섯째는 리더십에 의해 팀 수행의 차이가 발생하여야 한다.

Yeatts와 Hyten(1998)은 팀에서의 대인관계에 대해서 연구하였다. 팀에서의 의사소통은 비공식적 만남과 공식적 회의가 있다. 그리고 갈등이 존재하게 되는데 갈등은 서로의 견해와 관심을 이해하려는 상황에서 발생하는 유익한 갈등과 각자의 입장만을 강력하게 주장하고 서로 이기려는 시도에서 생기는 경쟁적 갈등이 있다고 보았다. 그리

고 팀의 응집력에 대해서도 살펴보았다. 팀의 과업에 대한 매력과 팀 구성원에 대한 매력에 기초하여 응집력이 생긴다. 하지만 응집력이 있는 집단이 타인의 의견에 반대하기보다는 동의하는 동지의식이나 집단사고를 갖기 시작하면 의사결정에 중요한 정보라고 하더라도 응집력을 약화시키는 것으로 간주하여 중요한 정보를 받아들이지 않을 가능성이 있다고 보았다. 마지막으로 팀 내에서의 대인관계에는 신뢰도 중요한 요인이 될 수 있다. 신뢰는 어떤 사람이 상대방과의 이해관계를 떠나서 상대방에게 도움을 주는 방법으로 행동하리라는 신념이라고 정의내릴 수 있다.

Prieto(1994)는 팀을 위한 인사선발에 대해서 연구하였는데, 다섯 가지 사회적 기술이 집단의 수행을 향상시킨다고 보았다. 첫째는 집단으로부터 인정을 받는 것이다. 둘째는 집단의 결속을 강화시키는 것이다. 셋째는 집단의식을 갖는 것이다. 넷째는 집단과의 일체감을 공유하는 것이다. 다섯째는 자신에 대한 타인들의 인상을 관리하는 것이다. 이러한 팀을 위한 교육은 개인교육과 구조적으로는 동일하다. 그리고 팀 구성원들이 성공하기 위해서 가져야 할 지식, 기술, 태도에 관한 정보를 제공하여야 한다. 다음으로 교육활동은 팀 구성원들에게 공유된 정신모델과 지식구조를 제공하는 데 주안점을 두어야 한다.

• • •

조직 효율성에 큰 영향을 미치는 것은 종업원의 동기와 만족감이다. 동기와 만족은 다시 리더십이나 승진, 직업안정성, 그리고 심리적이고 물리적인 작업분위기 등에 영향을 받는다. 산업심리학자들은 종업원이 최고의 동기를 보이고 최상의 만족을 느낄 수 있도록 조직을 구성하고 배치하여야 한다. 종업원의 관심과 고민 그리고 직무환경을 어떻게 만족스럽게 바꿀 것인가는 산업심리학자들의 중요한 활동영역이다.

직무동기와 직무만족이 중요시되는 이유는 동기가 직무수행, 즉 생산성과 연관성이 높다고 생각하기 때문인데 산업심리학에서 상당한 의미를 가지는 호손실험을 통해서 증명된 부분이다. 일에 대한 동기가 부족하고 불만족하게 되면 전체 생활에까지 파급되고 신체적·정신적 건강까지 해칠 수 있기 때문에 동기와 만족에 관한 연구는 조직과 산업체에 도움이 된다.

Ⅸ. 직무동기와 직무만족

직무동기란 작업환경에서 작업과 관련된 행동을 유발시키고, 방향을 설정하며 유지시키는 데 영향을 미치는 조건들이다. 직무동기는 강도와 방향 그리고 유지의 3요소로 구성되어 있다. 강도(intensity)란 일정한 방식으로 행동을 유발하기 위해 행동을 활성화시키며 노력을 기울이는 정도이다. 방향(direction)은 우리가 어떠한 활동에 노력을 기울일 것인지를 설정하여 여러 활동 중에서 특정 활동을 선택하는 과정이다. 유지(maintenance)란 자신이 선택한 활동에 대해서 노력을 얼마나 지속적으로 유지할 것인지를 의미한다.

1. 동기

'동기(motive)'의 어원은 라틴어의 movere에서 유래하는데, '무엇을 움직이게 하는 것'이라는 의미다. 일반적으로 심리학에서 동기는 두 가지 차원에서 정의하고 있다. 하나는 각성상태, 즉 유기체의 행동을 가능하게 하는 생리적 에너지를 말하고, 다른 하나는 행동을 조절하는 힘을 말한다. 다시 말해서 동기는 행동하게 하는 힘의 근원으로서의 기능과 행동의 조절자로서의 기능을 한다. 동기에 대한 가장 일반적인 정의는 행동을 시작하게 하고, 방향을 결정하고, 끈기와 강도를 결정하는 힘이라고 할 수 있다. 동기와 관련된 개념으로 욕구, 추동, 동기화 또는 동기유발이 있는데 이 세 가지 개념은 서로 연관성을 가지고 있다.

사람들은 다른 사람 또는 자신의 행동을 관찰하고 그렇게 행동하는 이유를 알고 싶어 한다. 예컨대 그 사람이 나에게 그런 말을 하는 까닭이 무엇인가? 왜 그 사람이 나에게 갑자기 친절한가? 우리는 타인의 행동의 원인을 가능한 정확히 추리하려고 할 뿐만 아니라, 많은 경우 자신이 어떤 행동을 하게 된 원인을 알아내려고 한다. 예컨대 내가 그 상황에서 왜 그러한 말을 했는가? 정말로 내가 그 사람에게 호감을 가지고 있는가? 객관적 상황과 이것에 대한 한 개인의 행동을 매개한다고 가정되는 심리, 생리적 과정들은 다양한 유형의 동기들을 바탕으로 추리된다.

동기가 있는 행동은 뚜렷한 동기가 없는 행동에 비해서 더 오래 지속되고 활발할 뿐만 아니라 어떤 목표를 지향하는 특징을 보인다. 왜냐하면 어떤 의도가 달성될 때까지 노력하기 때문이다. 동기는 행동을 활성화시키고 행동에 방향을 부여하므로 한 사람이 여러 상황에서 보이는 다양한 행동들을 한 핵심적 동기를 중심으로 용이하게 묶을 수 있다. 어떤 사람이 어떤 문제에 관해 찬성하는 말을 했다고 하자. 이때 심리학 연구자가 관심을 가지는 것은 그가 찬성을 하게 된 동기일 것이다. '그 사람이 그 문제에 관심과 흥미를 가지고 있고, 또 신념이 있어서 찬성하는 말을 했는가? 아니면 그 상황이 압력이라든지, 자신의 처지 때문에 마음에도 없는 찬성을 한 것일까?' 이러한 상황에서 그 사람의 동기를 어떻게 판단하느냐에 따라 그 사람과 관찰자 간의 이후 관계가 영향을 받게 되며, 그 사람에 대해 각기 다른 판단을 내리게 될 것이다.

이처럼 인간을 심층적으로 이해하고, 행동을 제대로 설명하려면, 마음의 동기를 간과해서는 안 된다. 한 사람이 여러 상황에서 보이는 다양한 행동을 초래하는 주요한 동기를 모른다면, 우리가 단편적 행동에서 일관되고 조직적인 인상을 어떻게 형성하며, 또 타인이나 자신을 어떻게 제대로 이해할 수 있겠는가?

1) 동기개념

동기란 유기체로 하여금 어떤 행동의 준비 또는 일련의 행동을 지속시키도록 하는 유기체의 내적, 외적 조건을 지칭한다. 현재 심리학에서 채택되는 개념으로 발달하기 전 처음에는 본능론이 우세하였다. 본능론은 우리가 어떤 행동을 하는 것은 그 행동에 대한 본능이 있기 때문에, 기계적으로 그런 행동을 하게 된다고 본다. 본능론은 합리주의와는 반대되는 입장을 취한다. 즉, 근본적으로 동물이나 인간의 행동은 무의식적이고 비합리적인 내적 힘 때문에 결정된다고 보는 견해가 본능론이다. McDougall(1911) 같은 사회심리학자는 인간에게는 혐오, 호기심, 만들기, 도망 등의 19가지 본능이 있고 이 본능들이 학습에 의해 수정되거나 조합되어서 다양한 행동들이 결정된다고 생각하였다. 하지만 이러한 본능론의 문제는 본능의 가짓수가 계속해서 많아지게 될 뿐만 아니라, 특정 행동이 본능 때문이라고 하는 것은 행동의 원인을 설명한다기보다는 기술하는 것에 지나지 않다는 데 있다. 말하자면 본능론은 인간이나 동물의 행동을 설명하기보다 행동들을 분류하는 수준에 지나지 않는 초보적 이론이다.

1920년대에 Woodworth라는 심리학자에 의해 본능이란 개념 대신 추동이란 개념으로 행동의 원인이 설명되었다. 추동은 생리적 요구 때문에 생긴 일종의 흥분상태로 정의 된다. 추동이 커지면 유기체는 어떤 행동을 더 활발히 하게 된다. 다른 말로 하면, 추동은 동물들이 어떤 요구를 충족시키는 방향으로 행동하게끔 몰아댄다. 이 개념은 심리학에서 밝혀진 동질정체(homeostasis)의 원리에 바탕을 두고 있다. 예를 들면, 건강한 사람의 경우 100cm^{3}의 혈액당 60~90mg의 혈당을 유지하는데 이 수준 이하가 되면 심한 경우 혼수상태에 빠지게 되고, 반대로 상당 기간 이 범위 이상이면 당뇨병에 걸린다. 만약 제한된 범위 내의 혈당수준을 유지하는 동질정체가 깨어진다면, 공복상태가 유발되고, 유기체는 이러한 긴장상태에서 벗어나기 위해 음식을 먹는 행동을 해야 한다.

유기체가 내적으로 균형 잡힌 상태를 유지하려 한다는 동질정체의 틀에서 보면, 요구란 최적상태로부터의 생리적 이탈이며, 요구에 대한 심리적 상태가 바로 추동인 셈이다. 추동감소이론에 의하면, 생리적 내적 불균형이 회복되면(예를 들어, 음식을 먹음으로써), 추동이 감소되고 이에 따라서 동기가 유발시킨 여러 활동(예를 들어, 먹는 행동이나 음식을 찾는 행동)이 중단된다. 추동감소이론은 특히 하등동물의 행동의 원인을 잘 설명해 주는 것으로 간주되었다. 그러나 1950년대에 이르러 이 이론이 의문시되었다. 생명체가 내적인 추동만으로 어떤 행동을 활발히 하지 않는다는 것이다. 예컨대 배고픈 상태가 아니더라도 맛있게 보이는 음식 자체가 먹는 행동을 추동한다. 뿐만 아니라 사람들은 모험을 즐기기도 하는데, 이것은 추동감소이론의 예상과는 반대되는 행동이다.

추동 때문에 어떤 행동을 목표 지향적으로 활발히 선택한다는 입장은 점차적으로 외부 자극이 행동을 유인한다는 입장으로 발전되었다. 이것은 동기를 유인론적 견해로 파악한 것이다. 사람들은 돈, 명예, 칭찬 같은 정적 유인물에는 접근하려 하고 벌이나 비난 같은 부적 유인물로부터는 피하고자 한다. 유인론에 의하면 유기체의 동기화는 환경 자극과 유기체의 생리상태 간의 상호작용으로 이해되어야 하며, 유인물은 행동을 촉발시킨다. 예컨대 목이 마른 동물의 경우 물은 정적 유인물로서 마시는 행동을 하도록 한다.

이처럼 동기에 관한 이론은 본능론과 추동감소이론을 거쳐 유인론으로 발전되어 오면서 결국 목표 지향적이며, 활성화된 행동은 내재적 동기(예: 흥미, 관심)와 외재적 동기(예: 상황의 압력, 동기유발 대상)의 상호작용 내지는 어느 하나의 주도하에서 결정된다는 생각으로 이어지고 있다.

2) 동기유형

유기체 특히 사람의 경우, 동기를 크게 생리적 동기와 심리적 동기로 나눈다. 전자는 학습되지 않았고, 동기의 작용에 관여하는 생리과정과 해부학적 위치가 다소 분명한데 비해서 후자는 개인이 사회생활을 하면서 학습하고, 무의식 내지는 의식적인 특징을 띠고 있으며, 생리적 바탕이 분명하지는 않다는 특징이 있다. 생리적 동기에는 기(hunger), 갈(thirst), 성(sex), 호기심(curiosity) 등이 있고, 심리적 동기에는 자존심, 성취, 자기실현 등이 포함된다.

인간의 행동에 직접 영향을 주는 면에서 또 결핍이 되면 균형 상태로의 회복을 요구하는 강도에서 대부분의 경우 생리적 동기가 심리적 동기보다 목표 지향적 행동을 더 강력하게 유발한다. 예컨대 전쟁터에서 허기진 배를 채우고 나서야 전투에서 사망한 동료 생각으로 슬픔을 느끼는 상황은 생리적 동기를 충족시키는 것이 심리적 동기를 충족시키는 것보다 선행할 수 있음을 보여준다.

(1) 동기부여

동기부여는 마음속으로 다른 사람들이 따라올 수 있도록 여건을 조성하는 행위를 말한다. 동기부여는 개인적 욕구를 충족하는 동시에 조직의 목표를 달성할 수 있게 해주는 핵심요소이다. 동기부여는 방향에 따라서 내재적 동기부여와 외재적 동기부여로 구분할 수 있다. 내재적 동기부여는 구성원과 과업과의 직접적인 관계를 가지며 종업원의 성취감, 도전감, 자아실현, 책임감, 정신과 관련된다. 외재적 동기부여는 외부요인의 자극에 의해서 구성원의 동기부여로 이루어지며 급여, 보너스, 휴가, 승진 등의 유인가를 사용한다.

3) 동기이론

동기이론은 특성론과 환경론으로 구분할 수도 있으며, 내용이론과 과정이론으로 구분할 수도 있다. 특성론적 동기이론이란 인간은 태어날 때부터 어떤 사람은 동기가 높고, 어떤 사람은 낮아서 평생 그 동기수준을 유지한다는 이론이다. 환경론적 동기이론은 환경요인이 인간의 동기를 결정한다는 이론이다. 내용이론(content theory)은 직무행동에 영향을 주는 동기의 내용에 관심을 가지고 연구하는 동기이론이며, 과정이론(process theory)은 인간의 동기가 유발되는 과정에 초점을 맞춘 이론을 말한다.

4) Maslow의 동기이론

Maslow는 인간에 대한 염세적이고 한정된 개념을 부정한다. 대신 Maslow는 인간의 보다 밝고 나은 측면에 초점을 맞추고 전체적인 인간의 모습을 제공하고자 시도하였다. Maslow는 정신적으로 건강한 인간 개념을 제시한다. 우선 인간은 자신의 본질적인 속성을 가지고 있는데 이 속성은 선하거나 중성적이다. 둘째, 건전하고 정상적인 바람직한 발달은 인간의 본성을 실현시키고, 그 잠재력을 계발하며, 숨겨진 내면적인 성질에 따라 성숙하게 된다. 셋째, 비정상적인 것은 이러한 인간의 본질적인 성질을 좌절시키거나 방해하거나 거부하는 모든 것이다. 따라서 심리치료란 사람이 자아실현과 자신의 내적 본성에 따르도록 돕는 모든 수단들이다.

Maslow는 기본욕구와 보다 고차적인 욕구를 구분하는 동기화이론을 주장하였다. 기본욕구란 기아, 사랑, 안전, 자기존중 등의 욕구인데 이 욕구들은 계층적인 순서로 배열된다. 그리고 보다 고차적인 욕구는 정의, 선, 미, 질서, 조화 등의 욕구인데 이것은 개인의 성장욕구이다. 또한 Maslow는 보다 완전하고 포괄적인 인간과학을 발달시키기 위해서는 자기의 잠재력을 충분히 깨달은 사람들을 연구하는 것이 중요하다고 생각하고 자아실현을 이룩한 사람들에 대해서 집중적으로 연구하였다. 연구를 통해서 밝혀진, 자기실현자의 특성으로는 실현 지향적이고, 자기중심적이 아니며 자발성을 많이 가지고 있다는 것들을 들 수 있다. Maslow는 소위 절정경험(peak experience)의 성질도 연구하였다. Maslow에 의하면 절정경험을 체험할 때 사람들은 보다 통합적이고, 보다 세계와 일체가 되고, 보다 독특하고, 보다 자발적이며, 보다 미적으로 느낀다고 한다.

Maslow(2012)는 인간 삶의 동기를 다섯 가지로 구분하였다. 특징은 5가지의 욕구가 위계를 이루고 있으며 하위 단계의 충족을 통해 상위 단계로 향상된 욕구의 전환이 일어난다는 것이다. 가장 기본적인 욕구는 생리적인 욕구이며, 그다음 상위 단계에 속하는 욕구는 안전과 안정의 욕구이다. 세 번째는 애정과 소속감의 욕구이며, 네 번째는 존경과 존중의 욕구, 마지막 다섯 번째 가장 상위의 욕구는 자아실현의 욕구이다. 생리적 욕구는 굶주림, 갈증, 성(性), 수면 등의 기본적인 생리적 욕구를 의미한다. 생존에 필요한 기본적인 생리적 욕구들이 충족되어야만 다음 상위 단계인 안전과 안정을 위한 욕구들을 실현시키기 위해서 동기화될 수 있다는 것이 Maslow 이론의 핵심이다. 구체적으로 안전과 안정의 욕구는 범죄, 추행, 학대, 사고(재해), 질병, 전쟁의 위협이나 위험으로부터 자유로워지고 싶은 욕구를 말한다. 상위 욕구로 갈수록 사회적 욕구의 성격이 강해지고 하위욕구는 생물학적 성격이 강해진다.

(1) Maslow 욕구위계 이론

Maslow(2012)가 말하는 생리적 욕구는 모든 욕구 중에서 가장 강렬하고 우선순위가 높은데 본능적인 욕구에 해당한다고 볼 수 있다. 생리적 욕구가 어느 정도 충족되면 안전 욕구가 부각된다. 생리적 욕구와 안전 욕구가 충족되지 못해서 생기는 불안을 감소시키고 공포를 회피하기 위해서 동기화되는 것이다. 생리적 욕구와 안전 욕구가 어느 정도 충족되면 애정적인 욕구가 부각되는데 이것은 단순한 성적 욕구와는 구별되는 것으로 사랑을 받으려는 욕구뿐만 아니라 사랑을 주려는 욕구도 포함하고 있다. 다음으로는 존경과 긍지를 얻고 싶은 욕구가 나타나는데 자신 있고 강하고 무엇인가 진취적이며 쓸모 있는 사람으로 인식되기를 바라는 욕구이다. 명예, 신망, 위신, 지위 등과 관계되는 것으로 자기의 하는 일에 자부심을 느끼며 타인으로부터 존경을 받고자 하는 것을 말한다. 마지막 단계인 자아실현의 욕구는 자기의 잠재력을 최대한 살리고 자기가 하고 싶었던 일을 실현하려는 최상위의 욕구이다. 자아의 실현은 궁극적으로 행복과도 연결되어 있다.

Maslow(2012)는 자아실현의 욕구가 강한 사람의 특성을 다음과 같이 7가지로 제시하였다.

① 현실적인 성향으로 자신과 타자 그리고 세계를 편견 없이 받아들인다.
② 선통과 관례보다는 자연스런 행동성향을 가지고 인정이 있으면서도 타인과의 거리를 유지하며 사생활을 즐긴다.
③ 자기보다 문제나 임무를 중심에 두며, 목적과 수단을 구분하되 목적을 보다 중요시한다.
④ 독자성이 강하며, 자기 자신의 계속적인 성장에서 최대의 만족을 얻는다.
⑤ 무비판적으로 획일화되는 것은 싫어하지만 집단의 잘못된 점은 거부하는 것이 아니라 참여하여 개선을 시도하는 창의적인 성격을 가진다.
⑥ 인류를 위하여 봉사하려는 욕구를 가지고 있다.
⑦ 많은 사람들과 방만한 관계를 유지하는 것이 아니라 특별히 좋아하는 소수인들과 긴밀한 관계를 좋아한다. 한편 고집을 부린다든지 하는 성격상의 사소한 결함을 가지고 있는 경우도 있다.

Maslow(2012)가 지목한 다섯 가지 욕구들은 반드시 계층 순서대로 유발되는 것이 아니라 순서가 바뀌는 예외도 있을 수 있다. 이러한 경우는 성장 배경이나 특수한 경우에서 발견되는 극히 예외적인 경우이다. 이를테면 오랫동안 굶주림에 시달려온 사람은 남은 생애동안 배불리만 먹으면 그 이상의 욕구는 갖지 않을 수도 있고 어릴 때부터 사랑을 받지 못하고 자란 사람은 병적인 성격이 되어서 애정 욕구를 영구히 상실하는 경우도 있다.

또한 욕구충족의 경우에 있어서도 모든 욕구가 만족할 정도의 수준은 못 되지만 골고루 분포하는 사례도 있다. 예컨대 생리적인 욕구는 85%, 안전에 대한 욕구는 75%, 애정적인 욕구는 55%, 존경과 긍지에 대한 욕구는 35%, 자아실현의 욕구는 10% 정도만으로 충족감을 느낄 수 있다는 것이다. 사실 어떤 행동의 동기유발에 작용하는 욕구는 대개 복합적이다. 하나의 욕구가 어떤 행동 유발에 유일하게 작용하는 경우는 찾아보기 어렵다. 예를 들어, 직장에 취직하는 것은 조직에 소속되는 애정적인 욕구도 느낄 수 있지만 보수를 사용해서 생리적 욕구를 해결하고 일생에서 비롯되는 위험한 상황이나 공포 상태를 극복하기 위해 노력하는 복합적인 활동이다. 또한, 직장생활을 통해서 얻는 긍지와 어느 정도의 자아실현도 있다.

(2) 자기실현적 인간

Maslow(2012)에 의하면 잘 적응된 사람은 자기를 '실현'하는 사람이다. 자기를 실현하려는 사람은 다른 사람들의 평가보다는 자신의 충족과 성장에 가장 적합하다고 생각하는 방향으로 살아간다. Maslow(2012)는 유명인과 우수한 대학생들을 대상으로 연구한 결과를 토대로 자기를 실현한 사람들에게는 다음과 같은 15개 특성이 있다고 보고하였다.

① 현실에 대한 정확한 지각을 가진다. 자기를 실현한 사람들은 현실적으로 다른 인간과 사건을 판단하며 불확실성을 더 잘 수용한다.
② 자기와 다른 사람을 수용한다. 자기를 실현한 사람들은 자신과 다른 사람들을 있는 그대로 받아들이며 자기 자신에 대해서 죄의식을 갖거나 방어적이지 않다.
③ 자발성이 높다. 자기를 실현한 사람들은 행동에는 다소 관습적이지만 사고방식에 있어서는 자발성이 많다.
④ 문제 중심성이 높다. 자기를 실현한 사람들은 자기 자신의 이익보다 문제해결에 더 관심이 있고 중요하다고 생각하는 행동 목표들을 가지고 있다.
⑤ 초연하다. 자기를 실현한 사람들은 개인적 시간을 필요로 하고 혼자 있는 것에 부담을 느끼지 않는다.
⑥ 자율적이다. 자기를 실현한 사람들은 환경에 지배되지 않고 독자적인 행동을 할 수 있다.
⑦ 신선한 감각을 가진다. 자기를 실현한 사람들은 비록 반복되는 경험이라도 새롭게 느끼고 의미를 감상할 수 있다.
⑧ 신비적 경험 또는 절정경험을 한다. 자기를 실현한 사람들은 우주 자연과의 일체

감, 자기를 잊을 수 있는 신비감 등을 경험한다.

⑨ 인류사회적 관심을 가진다. 자기를 실현한 사람들은 인류에 대한 공동체의식을 갖는다.

⑩ 친숙한 대인관계를 맺는다. 자기를 실현한 사람들은 많은 인간과 사귀기보다 선택된 소수의 인간들과 깊고 친숙한 관계를 맺는다.

⑪ 민주적 성격구조를 가진다. 자기를 실현한 사람들은 인간을 판단하는 데 성별, 인종, 출생 배경, 종교 등과 같은 것에 비교적 영향을 받지 않는다.

⑫ 결과와 수단을 구별한다. 자기를 실현한 사람들은 최종목표에 급급하기보다 활동 자체를 즐기며.수단과 결과 간의 차이를 분별한다.

⑬ 유머감각이 있다. 자기를 실현한 사람들은 적대적인 농담보다는 철학적이며 비공격적인 유머를 사용한다.

⑭ 창의성이 높다. 자기를 실현한 사람들은 새로운 생각을 이끌어내는 창의성이 있다.

⑮ 기성문화의 압력에 대해 저항한다. 자기를 실현한 사람들은 기성문화에 대해 항상 반항하는 것은 아니지만 대체로 그 영향을 받지 않고 독립적이다.

Maslow는 자기실현적 인간이 완전하다고는 말하지는 않았다. 자기실현적인 인간에게서 발견될 수 있는 단점으로서 다른 인간에게 신경을 쓰지 않거나 모든 사람들의 기대와 행동을 반드시 따르지 않는 측면을 들 수 있다. 또한 위의 15개 특성을 어느 정도 가지고 있다고 해서 반드시 '자기실현적'이라고 단정할 수는 없다. 다만 자기실현적 상태에 접근하기 위해 노력하는 인간이라고 말하는 것이 정확할 것이다.

5) ERG 이론(Existence, Relatedness and Growth need theory)

ERG 이론은 Alderfer(1972)에 의해서 제안된 이론이다. Maslow의 이론과 유사하게 동기의 중요한 요인을 개인의 욕구라고 가정하고 있다. 여러 가지 실증적인 연구 성과를 통해서 Maslow 이론을 수정 보완하는 기여를 하였다. Alderfer(1972)는 동기수준을 생존과 관계 그리고 성장으로 위계화된다고 보았는데, Maslow의 욕구위계이론을 보다 간단하게 분류하였다. Alderfer(1972)의 생존욕구는 Maslow의 생리적 안전(생존)과 물리적 안전에 해당하고, 관계욕구는 소속과 인정의 욕구에 해당한다. 마지막 성장의 욕구는 자존감이나 자아실현의 욕구에 해당한다. Alderfer(1972)와 Maslow의 이론은 다소간의 차이가 있다.

첫째, Maslow는 욕구의 위계성과 충족으로 인한 상위욕구로의 진전으로 간단히 표현하고 있다. 하지만 Alderfer(1972)는 위계를 이루고 있는 욕구가 충족되면 상위 욕구로 전진하지만 충족되지 못하면 하위 욕구로 퇴행할 수도 있다고 보았다. 또 욕구 수준이 충족에 이르더라도 상위 욕구로 전진할 수 있는 환경적 여건이 마련되지 못하면 동일한 욕구 위계에 계속 머물러 있을 수도 있다고 본다. 둘째, Alderfer(1972)는 세 가지 욕구 위계 중에서 하나 이상의 욕구들이 동시에 작용하거나 활성화될 수 있다고 보았다. 물론 욕구의 강도는 다를 것이다. 셋째, Alderfer(1972)는 욕구가 의식적으로 인식될 수 있다고 본다. 특히 우세한 욕구일수록 더 잘 인식할 수 있다. 따라서 욕구를 선택하고 충족을 위해서 노력하는 것은 의식적 과정에서 일어난다고 본다.

표 11. Alderfer와 Maslow의 욕구 위계 비교

Alderfer	Maslow
성장(Growth: G)	자아실현 자존감
관계(Relatedness: R)	인정 소속
생존(Existence: E)	물리적 안전 생리적 안전

6) Herzberg의 동기-위생 이론

Herzberg(1959)는 두 요인 이론이라고도 불리는 동기-위생이론을 주장하였다. Herzberg (1959)는 직무 만족에 영향을 미치는 요인과 직무 불만족에 영향을 미치는 요인으로 구분하여 직무 불만족에 영향을 미치는 요인들을 위생요인으로 파악하고 직무 만족에 영향을 미치는 요인들을 만족 요인으로 파악하였다. Herzberg(1959)는 동기-위생이론의 특징은 불만족 요인이 충족된다고 해서 만족에 이르는 것이 아니라 단지 기본적인 위생이 지켜지는 상태라고 보는 것이다. 따라서 만족 혹은 충족 수준까지 나아가기 위해서는 만족요인이 해결되어서 동기가 충족되는 상태까지 이르러야 한다고 주장한다.

표 12. 위생요인과 동기요인

위생요인	동기요인
• 급여 • 회사의 정책 및 관리 • 작업조건 • 감독 • 상사, 동료, 부하와의 인간관계 • 지위 • 직장의 안정성	• 성취감 • 성장 발전 • 칭찬, 인정 • 자율, 책임부여 • 직업 그 자체의 흥미 • 승진 • 직무의 도전성

조직 활동에서 나타나는 대표적인 위생요인들은 불만족 상태에 영향을 미치는데 회사정책, 관리, 감독, 대인관계, 작업조건, 임금과 안정성 등이다. 만족요인들은 만족 상태에 영향을 미치는데 성취, 인정, 직업 특성, 책임 및 승진 등이다.

동기-위생이론에 대한 비판은 다음과 같다. 첫째, 불만족과 만족 등의 개념에 대한 진술이 모호해서 실증적 검증이 어렵다는 것이다. 둘째, 실시된 실증적 연구들의 결과들이 대부분 중간수준의 만족을 경험한다고 보고하는데 동기요인과 위생요인의 비교가 잘못된 것이 아닌가 비판받기도 한다. 셋째, 만족요인과 불만족요인의 구분이 실제로 존재한다고 하더라도 주로 만족요인은 내적 귀인으로 분류될 수 있고 불만족 요인은 외적 귀인으로 분류될 수 있는 항목들이었다. 따라서 귀인 성향의 문제를 동기로 혼동하고 있다는 비판을 받기도 한다. 넷째, 만족과 불만족에 대해 집중하고 있기 때문에 동기에 대한 것이 아니라 만족감에 대한 이론이라고 비판받기도 한다.

그러나 Herzberg(1959)의 동기-위생이론은 인간 생의 동기를 과제와 욕구 수준으로 분화시키는 최초의 연구라는 의의를 가지고 있다. 인간이 점점 더 상위 욕구를 쫓아간다는 생각들은 단순히 생리적 욕구 충족에 머물지 못하는 존재라는 인식에 기반하고 있다. 즉, 위생수준이라는 생존이나 존재 자체에만 머무는 것이 아니라 보다 상위의 욕구를 추구해서 생존과 존재의 완성을 추구한다는 개념을 최초로 고안해낸 것이다.

Herzberg(1959) 이론을 곱씹어 보아야 할 것은 우리가 스스로의 내면과 행동을 바라볼 때 시사하는 점들이 많기 때문이다. 삶의 여러 가지 과제로 Herzberg(1959)의 동기-위생이론을 확장시켜 볼 수 있다. Herzberg(1959)의 동기-위생이론은 인간이 여러 삶의 과제를 해결하는 것만으로 만족하는(위생요인의 만족) 존재가 아니라 삶의 여러 욕구의 만족(동기요인의 만족)까지를 추구하는 존재라는 개념을 도출해내게 된다.

7) 성취동기이론

McClelland에 의해서 1950년대에 주장된 이론이다. Maslow와 Alderfer와 같이 인간 욕구에 기초한 동기이론을 설명하고 있다. 성취동기이론에서는 무엇인가를 이루고, 수행을 잘하고, 최고가 되려는 동기는 모든 사람들이 가지고 있는 전형적인 욕구라고 본다. 즉, 성취동기를 일을 수행함에 있어 장애를 극복하여 업적을 이루려는 기본적인 욕구로 파악하면서 모든 사람들이 가지고 있는 기본적인 동기로 본 것이다. McClelland는 사람들이 가지고 있는 성취욕구의 차이를 주제통각검사(TAT)로 통해서 측정할 수 있다고 보았다.

(1) 성취동기이론의 욕구유형

성취동기이론의 욕구는 크게 3가지이다. 성취욕구와 친화욕구 그리고 권력욕구이다. 성취욕구(need for achievement)는 업무를 효율적으로 수행하여 목표를 성취하려는 욕구를 말한다. 성취욕구가 높은 사람은 목표성취에 대한 열망이 있으며 과업에 몰두하는 경향이 있다. 이들은 다소 높은 목표를 설정하는 경향이 있으며, 스스로의 노력으로 목표를 달성하려고 한다. 또한 맡겨진 업무에 대하여 책임감이 있으며, 수행하고 있는 일에 대한 즉각적인 피드백을 좋아한다. 친화욕구(need for affiliation)는 다른 사람들과 우호적으로 지내려는 욕구이다. 친화욕구가 강한 사람은 타인과 우호적인 관계를 가지려고 하고, 타인의 규범과 가치를 존중하는 경향이 있으며, 타인의 감정에 주의를 기울인다. 이들은 협조적이며 우호적인 분위기에서 더욱 열심히 일하는 경향이 있다. 권력욕구(need for power)는 다른 사람을 통제하고 영향력을 행사하고 싶은 욕구를 말한다. 권력욕구가 강한 사람은 집단에서 리더가 되고 싶어 하고, 다른 사람 앞에 나서기를 좋아한다. 권력 욕구는 개인 중심적 권력욕구와 사회 중심적 권력욕구로 구별된다. 개인 중심적 권력 추구자는 다른 사람들을 지배해야만 욕구가 충족된다. 조직에 대한 책임보다는 개인적인 이익을 얻는 데 더 관심이 있다. 반면에 사회 중심적 권력 추구자는 집단 목표에 관심을 가지고 구성원들을 동기화시켜 그 목표를 성취하는 활동에 노력을 기울인다.

표 13. 성취동기이론에 따른 선호하는 직무와 업무

욕구종류	선호하는 직무	선호하는 업무
성취욕구	개별적이며 책임이 있는 업무 피드백이 정확히 주어지는 업무	성과급이 주어지는 영업 업무 피드백이 정확한 성과 중심적인 업무
친화욕구	대인접촉이 많은 업무	고객 담당자나 상담자
권력욕구	다른 사람에게 영향력을 미치는 업무	감독 및 책임자

(2) 성취동기 유형이 높은 사람들의 특성

McClelland가 제시한 성취동기가 높은 사람들의 특징은 다음과 같다. 첫째, 문제를 해결하는 데 있어서 개인적 책임감을 가질 수 있는 작업조건을 선호한다. 이런 사람들은 만약 문제의 해결안을 찾는 데 단독적으로 책임지지 못하는 상황이라면 성취감을 가지지 못할 수도 있다. 자신들의 통제가 미치지 않는 외적인 요인이나 우연에 의해서 문제가 해결되는 상황을 좋아하지 않는다. 따라서 조직은 이러한 사람들에게는 도전적이고 책임감을 가질 수 있는 자율성을 주어야 한다.

둘째, 계산된 위험을 추구하는 경향이 있고 적당한 수준의 성취목표를 정한다. 성취욕구가 높은 사람은 적정수준의 성취목표, 즉 적당히 어려운 직무를 택해야지만 성취욕구를 만족시킬 수 있다. 성취욕구가 높은 사람들은 중간 정도의 난이도 과제를 선택하며 중간 정도의 모험 이행 경향을 보이며, 만약 직무나 목표가 너무 쉬우면 성취감은 거의 없고 너무 어려우면 성공하지 못해서 역시 성취감을 갖지 못할 것이다. 적당히 어려운 목표나 새로운 문제점을 끊임없이 직면할 수 있도록 작업조건이나 직무를 배열해야 한다. 셋째, 성취동기가 높은 사람들은 자신의 성과에 대해 명확하고 지속적인 피드백을 받아야 한다. 그들의 직무에 대해서 인정받지 못하거나 자신이 얼마나 잘하고 있는지에 관해서 명확하게 알지 못할 수 있기 때문이다. 성취동기가 높은 사람들은 상사로부터 편지나 봉급인상, 승진 등의 보상을 받는다면 성취감을 더욱 느끼게 될 것이다. 성취동기가 높은 사람들은 성취 정도를 알 수 있는 수행 결과에 대한 피드백을 중요시한다. 또한 이들은 성취로 인한 외적 보상보다는 성취 자체와 과정을 중시하며, 정력적이고 혁신적 활동을 즐기기도 한다.

(3) 성취동기이론과 조직 환경

성취욕구가 높은 사람은 지나치게 개인적이고 성취 지향적인 성향이 있다. 반면에 친화욕구가 높은 사람은 결단성이 없어 구성원의 과오를 막지 못한다. McClelland는 사회 중심적 권력욕구가 경영 성공에 가장 중요한 욕구라고 말하였다. 사회 중심적 권력 추구자는 구성원들과 함께 목표를 달성하려고 노력하는 과정에 자신의 권력 욕구를 충족시킨다. 그에 비하여 개인 중심적 권력 추구자는 권력을 얻을 때까지만 노력하고 그 이후에는 노력하지 않는다. 채용, 배치, 이동 등의 인사관리에서는 개인의 욕구를 고려하여 적재적소에 사람들을 배치하는 것이 필요하다. 최고경영자를 영입할 때는 권력욕구가 강한 사람을 중간이나 그 이하 관리자를 채용할 때는 성취욕구가 강한 사람을 선발하는 것이 적절할 수 있다.

(4) 성취욕구와 성과

조직은 목표성취를 위하여 집단을 형성하고 있으므로 성취동기이론의 3가지 욕구 가운데 성취욕구를 가장 중요하게 여긴다. 실제로 업무성과는 성취욕구와 밀접한 관계가 있다. 따라서 직원을 선발할 때는 성취욕구가 높거나, 높은 성취실적이 있는 사람을 우선하는 것이 바람직하다. 또한 일단 입사한 직원들에게는 높은 성취욕구를 가지도록 훈련시켜야 한다. 직원들의 성취욕구를 높이기 위해서는 몇 가지 방법들이 효과적이다. 첫째, 직무 내용과 목표를 보다 도전적으로 만들어준다. 둘째, 훌륭한 성취모델을 제시하고 모범으로 따르도록 한다. 셋째, 회사 내에서 높은 성취경험을 초기에 얻을 수 있도록 훈련시킨다. 넷째, 높은 성취를 최고로 발휘할 수 있도록 제반 환경을 만들어준다.

8) 직무특성이론

직무특성이론은 특정한 직무특성이 심리적 상태를 유발하고 결과적으로 높은 성장욕구를 가진 종업원들에게 동기, 수행, 만족을 준다는 이론이다. 직무특성이론 혹은 직무재설계이론은 자신이 하고 있는 직무가 재미있고 열심히 일하도록 잘 설계되어 있다면 사람들은 그러한 직무를 통해서 매우 동기화될 수 있다고 제안하고 있다. Hackman과 Oldham(1976)은 작업자들이 자신이 수행하는 직무의 핵심적인 특성에 따라서 만족스런 심리상태를 경험하게 된다고 보았다. 핵심적인 직무특성은 5가지이다. 바로 기술다양성, 과제정체성, 과제중요성, 자율성, 피드백이다.

기술의 다양성(skill variety)이란 개인이 직무를 통해 수행해야 하는 활동이나 기술이 다양한 정도이다. 수행하는 과업이 다양한 기술을 필요로 할 때 직무의 폭이 넓어지고 종업원은 자신의 업무에서 보람을 느끼게 된다. 과제 정체성(task identity)은 수행하는 과업이 전체에서 차지하는 정도를 가리킨다. 즉, 담당하고 있는 업무가 처음부터 끝까지 전체를 완성하는 것인지, 아니면 한 부분만을 수행하고 있는 것인지를 가리킨다. 맡고 있는 업무 정체성이 분명하게 자신이 하고 있는 일을 잘 인식하고 있을 때 작업자는 보다 큰 보람을 느끼게 된다. 과제 중요성(task significance)은 자신이 하는 직무가 중요하고 의미 있는 직무여서 조직 내부나 외부에 영향력을 행사할 수 있는 정도를 말한다. 119 구급대원 등 비록 일이 힘들고 급여가 생각보다 적은 업무지만 중요성에 있어서 큰 보람을 느낄 수가 있다. 따라서 상사는 부하직원들에게 담당하는 업무의 중요성을 인식시키고 자부심을 가지도록 유도해야 한다. 자율성(autonomy)은 자신이 수행할 직무가 재량권을 발휘할 수 있고 절차와 시간 관리를 결정할 수 있는 자유도를 말한다. 업무에서 자율성이 증대될수록 더 큰 책임감을 느끼게 된다. 스스로 수행방법을 결정하고 언제 어떤 일을 할지 결정할 때 모든 책임이 자기에게 귀속된다는 느낌을 가지게 되고 이를 통해서 만족감을 느낄 수도 있다. 과제 피드백(task feedback)은 직무를 통해 행한 수행활동이나 결과를 자신이 직접 확인할 수 있고 그에 대한 정보가 되돌아오는 정도이다. 종업원이 수행한 과업에 대하여 그 결과를 즉시 알게 되면 동기가 높아지는 도움이 될 수 있다.

직무특성이론에서 조직구성원의 동기를 유발할 수 있는 직무를 재설계하는 과정을 직무확충이라고 한다. 즉, 직무확충은 특정 직무영역을 확장시키는 노력을 통해 종업원들이 계획, 수행, 평가에 있어서 더 큰 역할을 하게 하는 것이다.

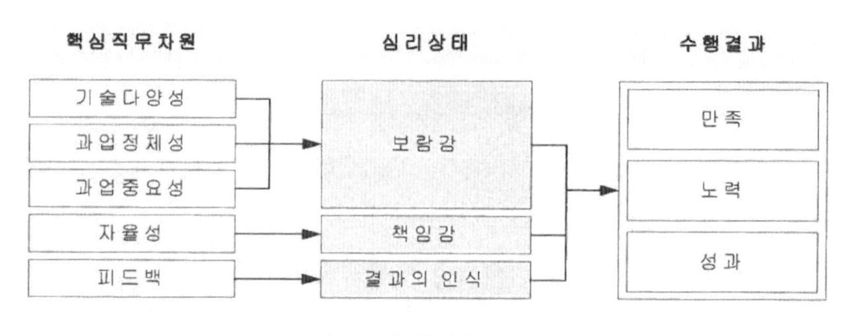

그림 69. 직무특성이론 모델

(1) 직무특성이론과 직무설계

직무특성이론을 통해서 직무설계를 할 수도 있다. 직무특성이론은 얻고자 하는 개인성과 및 직무성과가 직무의지로 얻어진다고 본다. 이러한 직무특성이론은 종업원의 개인차를 고려하여 직무특성과 성과변수 사이의 관계를 제시하고 각 직무특성 차원을 명확히 하여 실행개념까지 도입하여 실질적인 직무설계를 제시하는 것이다.

직무특성이론의 5가지 핵심차원(기술다양성, 과업정체성, 과업중요성, 자율성 그리고 피드백)은 개인행동과 심리상태에 영향을 미치게 된다. 기술다양성, 과업정체성, 중요성을 가지고 있을 때 작업의 의미를 강하게 경험할 수 있다. 작업결과에 대하여 경험하는 책임감은 자율성의 정도에 의해서 영향을 받는다. 그리고 작업 활동 결과에 대한 지식은 피드백에 의해서 결정된다.

Hackman과 Oldham(1976)은 직무특성이론에서 성장욕구강도(growth-need strength, GNS) 개념을 제시하였다. 성장욕구강도는 충족시키려는 욕망의 개인차를 측정한다. 성장욕구강도가 높은 사람은 직무와 관련된 중요한 심리적 상태를 경험할 것이다. 직무특성이론의 다섯 가지의 핵심차원에 기초한 동기부여 잠재력 점수(motivation potential score: MPS)를 산출할 수 있다.

$$\text{동기부여 잠재력 점수} = \frac{\text{기술다양성} + \text{과업정체성} + \text{과업중요성}}{3} \times \text{자율성} \times \text{피드백}$$

MPS에 의하면 종업원들에게 동기를 불러일으키려면 다양한 기술을 사용하고, 과업정체성과 중요성을 높여주고, 동시에 자율성과 피드백이 주어져야 한다. 자율성과 피드백은 곱하는 형태로 영향을 미치기 때문에 이들이 주어지지 않는 경우 동기를 불러일으키는 것은 불가능해질 수 있다.

(2) 직무특성이론 특성

Hackman과 Oldham(1976)은 직무특성이론의 특성을 다음과 같이 소개하였다. 첫째, 직무의 핵심차원은 심리적 상태들과 관련되어 있다. 지각된 의미성을 예측하기 위해서 기술다양성, 과업정체성, 과업중요성을 결합하여 사용하였고, 의미 있는 작업을 만드는 데 기여하는 요인을 밝힐 수 있었다. 둘째, 세 가지 중요한 심리적 상태는 특히 높은 수준의 직무만족과 내적 동기와 관련되어 있다. 셋째, 성장욕구강도가 높은 사람은 중요한 심리적 상태를 경험한 후에 개인과 작업에 대하여 바람직한 반응을 나타낼 가능성이 높다. 넷째, 자율성과 피드백은 각각에 상응하는 중요한 심리적 상태인 책임감 경험과 결과에 대한 지식과 명확하게 관련되어 있지 않았다. 그리고 중요한 심리적 상태들이 결근이나 수행과는 매우 약하게 관련되어 있었다.

9) 형평 이론

Adams(1965)의 형평 이론(equity theory)은 Festinger의 인지부조화 이론에 근거하여 동기는 타인과 비교해서 자신이 얼나나 형평성 있는 대우를 받는가에 관한 자신의 지각에 영향받는다고 본다. 개인은 자신의 투입에 대한 성과 비율을 먼저 산정하고, 자신의 비율을 타인의 투입에 대한 성과의 비율과 비교한다고 주장하는 것이다. 따라서 형평이론에서 중요한 개념은 개인과 타인 그리고 투자와 성과이다. 개인은 자신이며, 타인은 자신과 비교대상이 되는 인물이다. 그리고 투자는 자신이 직무를 수행하는 데 투입한 자산, 교육, 지능, 경험, 기술, 근무시간, 노력 정도를 포함한다. 성과는 임금, 수당, 작업조건, 지위상승, 근속, 성과금 등이다.

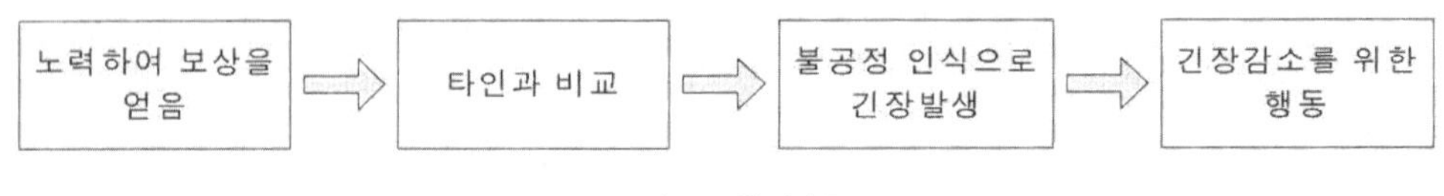

그림 70. 형평이론

(1) 형평성 과정

개인이 평가하는 형평성은 다음의 과정을 거쳐서 형성되게 된다. 첫째, 개인과 개인 또는 개인과 조직 간에 교환관계에 초점을 두면서 자신의 투입에 대한 결과를 상정하고 타인의 투입과 성과를 비교한다. 이때 투입과 성과는 모두 공통적인 단위로 수량화할 수 있다고 가정한다. 예를 들어, 개인이 직무를 수행하는 데 들인 모든 투입요소를 50이라고 가정한다. 같은 방식으로 성과를 평가하여 50이라고 가정하였을 때 개인의 투입과 결과의 비율은 50:50이다. 타인의 투입과 성과 역시 각각 50:50이라면 평가자는 형평성이 있다고 지각할 것이다.

다른 경우로 타인이 50:75의 비율이라고 지각된다면 불공평을 지각하게 될 것이다. 이러한 불공평에 대한 지각은 개인에게 긴장감을 야기하게 된다. 형평이론에서는 이러한 긴장감이 동기의 근원이라고 본다. 불형평에서 오는 긴장감은 과소지급(underpayment)과 과다지급(overpayment)으로 구분할 수 있다. 과소지급은 개인과 타인이 동일하게 투입하였지만, 자신의 성과가 타인보다 적다고 지각하는 것이다. 과다지급은 개인과 타인이 동일하게 투입하였지만, 자신의 성과가 타인보다 많다고 지각하는 것이다.

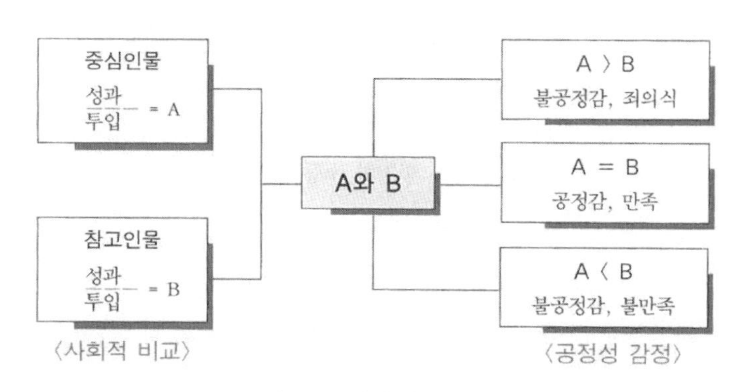

그림 71. 공정성 이론과 감정

(2) 형평성 회복방법

① 행동적 방식에 의한 불공평 회복방안

첫째, 투입의 변경을 통한 불공평 회복방안은 개인은 자신이 불공평하다고 느꼈다면 자신의 투입을 변화시키려고 하는 전략을 의미한다. 즉, 자신이 직무에 들이는 노력 정도를 조절하여서 불공평을 공평으로 바꾸려고 하는 것이다. 둘째, 개인이 불충분한 혹은 과도한 보수를 받고 있다고 느끼게 될 때 임금인상이나 스스로 임금삭감을 요구하는 것이다. 즉, 자신의 성과를 변경하는 것을 통해서 형평을 회복하려 한다. 셋째, 타인의 투입과 성과를 변경시키는 방안이다. 한 개인이 자신보다는 불공평을 초래한 타인의 투입과 성과를 변화시키도록 압력을 행사하는 방법이 여기에 해당한다. 넷째, 보다 공평한 직무를 찾기 위해서 직무 자체를 그만두는 방법이다.

② 인지적 방식에 의한 불공평 회복방안

첫째, 자신의 투입과 성과를 왜곡하는 방법을 사용한다. 개인이 과다지급을 지각하였다면 자신의 투입과 성과를 인지적으로 왜곡하여서 자신이 그런 성과를 받을 만한 이유가 있다고 생각하는 것이다. 둘째, 타인의 투입과 성과를 왜곡하는 방법을 사용할 수도 있다. 개인이 과소지급을 지각하였다면 타인의 투입과 성과를 인지적으로 왜곡하여서 타인이 그런 성과를 받을 만한 이유가 있다고 생각하는 것이다. 셋째, 비교대상 자체를 변경하는 방법이다. 개인에게 불공평을 초래시킨 타인을 비교대상에서 제외시키고 새로운 비교대상을 찾는 것이다.

10) 기대이론

Vroom(1964)은 Tolman과 Lewin에 의해서 제시된 동기부여 과정이론을 토대로 기대이론(expectation theory)을 주장하였다. 기대이론은 인간이 본능에 따라 행동한다는 생각을 거부하고, 이성을 가진 존재로 행동방향에 대해서 의식적인 선택을 한다는 가정에서 출발한다. 기대이론은 직무수행을 하려는 동기적 힘(노력)이란 개인이 미래 성과들에 대해서 갖고 있는 기대들과 그 성과들 각각의 가치를 곱한 값의 총계와 함수관계를 이룬다고 본다.

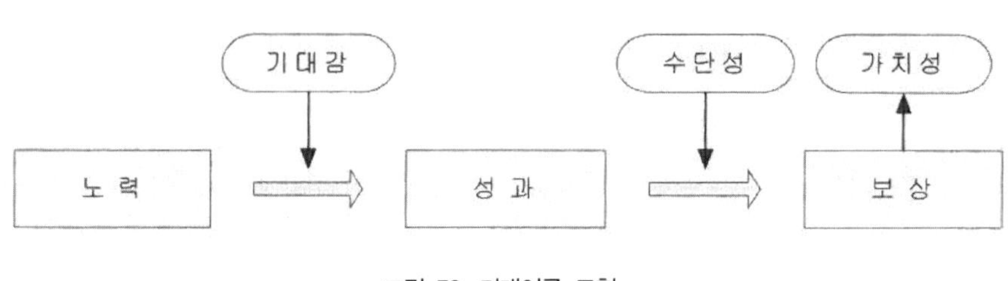

그림 72. 기대이론 모형

(1) 기대이론의 요소

기대이론을 설명하기 위해서는 몇 가지 요소에 대해서 개념을 정리해두어야 한다. 첫째, 직무성과는 승진, 급여, 휴가 등과 같이 조직이 종업원에게 제공할 수 있는 것들이다. 둘째, 가치성(valence)은 성과에 대해 종업원이 느끼는 감정으로 성과가 지니는 매력의 정도 혹은 성과로부터 예상되는 만족이라고 정의한다. 종업원이 유인가를 산출하게 되는데 보통 -10에서 +10까지의 척도를 사용해서 평가한다. 셋째, 수단성(instrumentality)은 수행과 성과 획득 간의 관계에 대한 지각으로 정의된다. 수단성 지각은 종업원의 심리적 작용이다. 급여인상이 전적으로 직무수행에 달려 있다고 생각한다면, 급여인상과 관련된 수단성은 매우 높은 것이다. 가치성과 마찬가지로 수단성도 개인이 산출한다. 도구성은 보통 확률로 표현되며 0에서부터 1까지의 값을 가진다. 넷째, 기대감(expectancy)은 노력과 수행 간의 관계에 대한 지각이다. 어떤 직무에서는 열심히 노력하면 반드시 더 좋은 수행이 나타날 것이라고 기대할 수 있다. 기대도 개인이 산출하며, 확률로 표현할 수 있다. 다른 구성요소들과 다르게 개인은 노력-수행 간의 관계를 나타내는 하나의 기댓값만을 산출한다. 다섯째, 힘(force)은 동기가 부여된 개인이 가지고 있는 노력 혹은 압력의 양이다. 힘이 크면 동기도 커진다. 기대이론에서 동기를 불러일으키는 힘(motivational force: MF)은 가치와 수단, 기대의 곱이다.

MF=가치(Valency)×수단(Instrumentality)×기대(Expectancy)

(2) 기대이론의 특성

기대이론은 다른 동기이론에 비하여 포괄적인 특성이 있다. 첫째, 기대이론은 인지적인 이론이다. 기대이론에서 직무에 관한 동기부여는 노력과 성과의 기대감, 성과와 보상의 수단성, 보상과 만족의 가치성에 대하여 개인이 느끼는 기댓값으로 결정된다. 둘째, 기대이론은 동기과정에 기초한 이론이다. 기대이론은 사람의 행동을 유발하는 욕구에 대하여 다루는 이론이 아니라, 사람의 욕구가 어떠한 과정을 통하여 진행되는지를 설명하는 이론이다. 마지막으로 기대이론은 곱셈모형이다. 기대이론에서 동기를 불러일으키는 힘은 기대, 수단, 가치의 곱으로 설명한다. 이것은 3가지 요소 가운데 하나라도 0이 되면 동기가 일어나지 않는다는 것이다.

(3) 기대감, 수단성 그리고 가치성을 고양하는 방법

조직에서 직원들이 노력할 때 성과가 나타날 것이라고 기대감을 높이려고 한다면 다음과 같은 사항에 유의하여야 한다. 첫째, 직원들이 달성할 목표를 정확히 제시해준다. 둘째, 교육과 훈련을 통하여 개인의 능력이나 기술을 개발해준다. 셋째, 적절한 직무를 부여하거나 재배치한다. 넷째, 직원들에게 목표 달성에 대한 확신을 주어 자신감을 높여준다. 다섯째, 직원들이 상하급자들로부터 도움을 받게 된다. 여섯째, 직무수행을 위한 충분한 정보와 자원을 공급해준다.

가치성을 높이기 위해서는 직원들이 원하는 것을 올바로 보상해주어야 하는데, 이것을 위해서는 직원들의 욕구를 분명히 알아야 한다. 설문이나 인터뷰를 통하여 직원들이 원하는 것들을 올바로 파악하고, 이들을 보상으로 제시해야 한다. 직원들이 원하는 것들을 보상으로 제공하지 않으면서 그들의 동기유발을 기대할 수는 없다.

수단성을 높이기 위해서는 첫째, 신뢰할 만한 성과 측정방법을 사용한다. 둘째, 보상에 대한 객관적인 기준을 사전에 명확히 제시한다. 셋째, 보상의 약속을 철저히 지켜야 한다.

11) 목표설정이론

Locke(1968)는 목표설정이론(goal setting theory)을 통해서 작업 상황에서의 일차적 동기는 특정 목표를 성취하려는 욕망으로 설명될 수 있다고 보았다. 목표설정이론은 사람들이 합리적으로 행동할 것이라는 가정에 기초한 이론이다. 목표설정이론은 개인이 정한 목표가 그 성과를 좌우한다는 이론으로 목표가 동기부여의 요인이 된다.

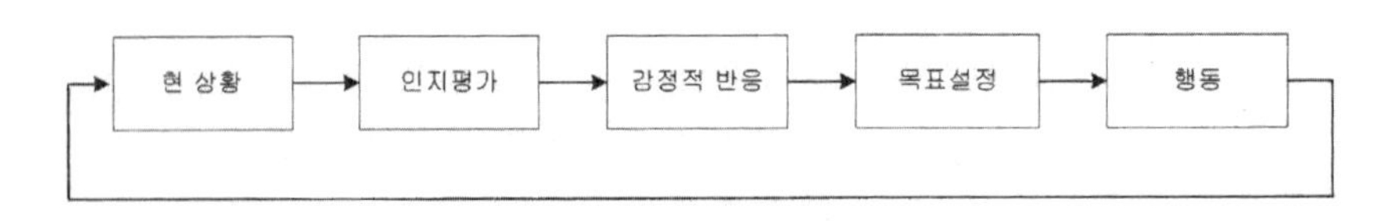

그림 73. 목표설정이론

(1) 목표의 정의와 기능

목표는 장래의 어떤 시점에서 도달하고자 하는 상태로 정의내릴 수 있다. 목표는 동기의 기초이며 특정한 방향으로 행동을 이끈다. 목표는 행동의 방향을 결정하며, 조직이나 개인 업적의 평가기준이다. 목표는 개인이 오랫동안 노력을 지속하도록 한다. 목표가 수행에 긍정적으로 기능하기 위해서는 두 가지 조건이 있는데, 우선 개인이 목표를 알고 있어야 하고, 무엇을 성취해야 하는지를 알고 있어야 한다. 둘째 개인이 목표를 기꺼이 달성할 수 있다고 받아들여야 한다. 목표가 너무 어렵거나 너무 쉽게 보일 때 또는 개인이 목표 달성을 위해 어떤 행동을 해야 하는지를 알지 못할 때 개인이 목표를 수용하지 않을 수 있다.

목표설정이론은 현재 상황 그리고 현재 상황에 대한 인지적 평가, 인지적 평가에 대한 감정적 반응 그리고 목표설정, 마지막으로 목표달성의 5단계를 거친다. 자동차 영업직 사원을 예로 들어 올해 매출실적이 전년도 동일 월에 비해서 10% 감소한 것으로 가정해보자. 인지적 평가는 매출실적이 떨어졌다는 것이다. 감정적 평가는 작년에 비해서 올해 실적이 불만족스럽다는 것이다. 따라서 목표설정은 올해 매출실적을 전년대비 동일하거나 10% 증가시키는 것으로 삼는 것이다. 목표달성은 설정된 목표를 성취하기 위해서 노력하는 것이다.

(2) 목표설정의 효과

목표를 설정하면 설정하지 않았을 때보다 업무성과가 커진다. 또한 설정한 목표를 달성하게 되면 성취감을 경험하게 되므로 동기유발효과가 발생한다. 따라서 맡은 업무를 효과적으로 수행하려면 반드시 목표가 설정되어야 한다. 목표를 설정할 때는 다음의 몇 가지 사항을 유의하면 효과가 상승하게 된다.

첫째, 목표가 없을 때보다 있을 때, 그리고 최선을 다하라는 식의 애매하거나 추상적 목표보다는 양적인 형태로 제시된 구체적 목표를 제시할 때 그 효과가 높다. 둘째, 쉬운 목표보다는 어려운 목표일 때 목표에 대해 더욱 몰입하게 되므로 과제에 대한 흥미와 동기, 수행이 높아진다. 셋째, 설정된 목표를 자신의 목표로 삼는 목표수용을 전제로 할 때 목표설정의 효과성이 나타난다. 넷째, 목표수행에 대한 피드백을 통해 자신이 어느 정도 목표에 접근했는지에 대한 정보를 획득할 수 있어야 한다. 얼마나 더 노력을 기울여야 하는지에 대한 강도와 얼마나 더 계속 시도해야 하는지에 대한 지속성이다. 다섯째, 목표를 개인적으로만 설정하고 인식하고 있을 때보다는 공개적으로 설정했을 때 더 높은 목표몰입 행동이 나타난다.

(3) 목표설정이론에 대한 검증

Latham과 Baldes(1975)는 제재소로 통나무를 나르는 트럭운전사들에게 두 가지 조건에서 작업을 수행하도록 하였다. 첫 번째 조건은 트럭에 통나무를 적재하는데 최선을 다하라고만 말한 상황이다. 두 번째 조건은 트럭이 법적 무게 제한의 94%까지 통나무를 적재하도록 구체적인 목표를 설정해준 상황이다. 법적 무게 제한에 가깝게 통나무를 싣게 되면 트럭 운행횟수는 줄어들게 된다. 두 번째 조건의 운전자에게 매번 통나무 중량을 측정하여 알려줌으로써 피드백을 주었다. 연구 결과, 48주 동안 두 번째 조건에서 일했던 운전사의 수행 실적이 크게 향상되었다.

또한 Locke 등(1981)은 12년 동안의 목표설정이론에 대한 연구를 통해서 이론의 타당성을 확인하였고, 목표설정은 다음 조건을 충족시킬 때 과업수행을 향상시키는 것으로 밝혔다. 첫째, 피험자들이 충분히 능력을 가지고 있을 때. 둘째, 수행 도중에 목표와 관련된 피드백이 제공될 때. 셋째, 목표달성에 대하여 보상이 주어질 때. 넷째, 경영층이 지원적일 때. 다섯째, 개인이 할당된 목표를 수용할 때이다.

(4) 목표관리

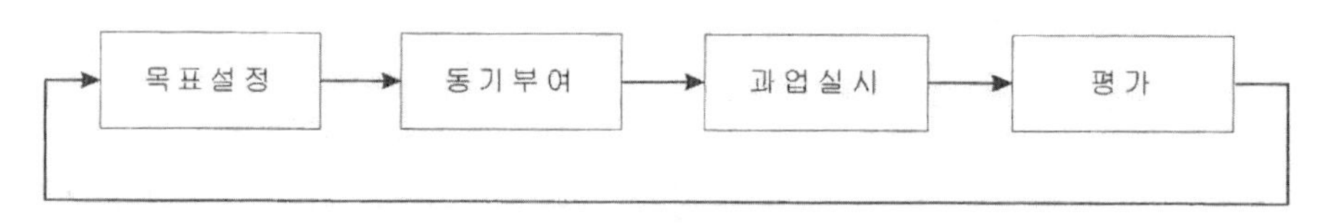

그림 74. 목표관리 과정

Drucker에 의해서 1950년대 개발된 목표관리(management by objective: MBO)는 목표설정이론을 기업에 적용하여 업무성과를 높이려고 시도한 기법이다. 목표관리는 상사와 부하직원이 함께 목표를 설정하고 6개월에서 1년에 걸쳐 부하직원들의 활동을 추적하며 목표를 검토하는 관리방법이다. 목표관리의 과정은 목표설정, 동기부여, 과업실시, 평가의 순으로 한다.

목표설정은 상사와 부하직원이 함께 상의하면서 목표를 정한다. 목표는 수용 가능한 범위 내에서 어렵고, 도전적이며, 구체적인 것으로 정한다. 이때 목표의 범위와 시기, 계량된 목표량 등이 결정된다. 동기부여에서 상사는 부하직원에게 목표의 중요성을 잘 설명한다. 목표달성에 따르는 보상을 제공하고 부하직원이 목표를 수용하고 기꺼이 노력하도록 동기를 제공한다. 과업실시에서는 상사는 부하직원이 목표달성에 필요한 기술을 확보하도록 훈련하고, 필요한 정보를 제공하게 된다. 또한 업무수행 정도를 지속적으로 피드백을 통해서 목표달성을 위해 노력하도록 유도한다. 목표를 달성할 가능성이 없거나 예상 외로 쉽게 달성할 수 있을 때, 상사는 부하직원과 함께 상의하여 목표를 수정할 수 있다. 마지막으로 평가에서는 부하직원이 설정한 목표를 달성하게 되면 잘한 내용과 잘못한 내용을 평가하여 다음 목표설정에 적극 활용한다.

목표관리이론에 따르면 종업원이 과업을 수행하는 도중에 피드백된 현재의 성과와 목표의 차이를 인식하게 되면 그 차이를 줄이기 위해서 노력하게 된다. 하지만 그 차이를 인식했다고 해서 반드시 노력하게 되는 것만은 아니다. 기대이론에 의하면 아무리 노력해도 목표에 도달할 가능성이 없다고 생각되는 경우에는 아예 노력을 포기할 수도 있다.

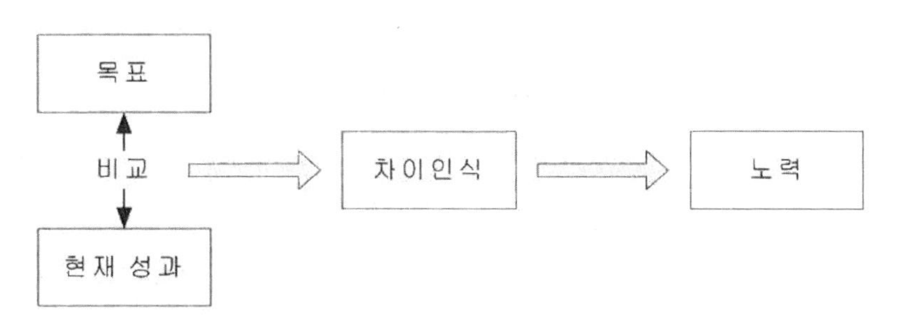

그림 75. 피드백과 목표달성

12) 관리시스템이론

Likert는 관리시스템이론을 전개하여 최하의 수준에서 최고의 수준까지 과정을 측정할 수 있도록 시스템화하였다. Likert는 관리시스템이론을 조직변화와 민주적 리더십 향상 프로그램으로 사용하기도 하였다. Likert는 조직특성 프로파일(POC) 질문지를 사용하여 관리방식을 네 가지 시스템으로 분류하였다. 독선적 전제적인 경영시스템을 시스템 1로 하고, 시스템 2, 3을 거쳐 서서히 집단참가적인 시스템으로 되기까지의 연속적 변화는 마치 X 이론으로부터 Y 이론으로, 미성숙으로부터 성숙으로, 위생요인만의 충실로부터 동기부여요인의 충실로 이행하는 바와 같이 하였다. 그리고 자기가 소속한 기업이 시스템 1로부터 시스템 4까지의 어느 방식에 속하고 있는지 관리자가 스스로 측정할 수 있도록 여러 가지 항목을 만들었다.

연구 결과, 생산성과 이익성이 높은 기업일수록 시스템 4에 가까운 관리방법을 취하고, 생산성과 이익성이 낮은 기업일수록 시스템 1에 가까운 관리방법을 취하는 것을 발견하였다. 그럼에도 불구하고 회사가 곤란한 상태에 빠졌을 때나 이익률의 향상을 꾀하려고 할 때에는 시스템 1에 가까운 편의 관리를 취하려고 하는 경향이 있다. 그렇게 함으로써 일시적으로는 생산성, 이익률이 올라가게 된다. 하지만 종업원의 태도, 수행목표, 의욕은 두드러지게 저하하고, 이직이나 결근이 많아지며, 결국은 생산성 등의 저하가 나타난다. 오늘날 Likert의 관리시스템은 최하에서 보통으로 그리고 최고까지 측정하는 과정의 척도로 사용되고 있다.

관리시스템이론에서 집중적으로 개발하는 요소들은 지지와 팀 빌딩, 목표 강조, 일에 대한 도움 등이다. 지지는 부하들의 문제를 경청하고 부하가 말한 내용에 주의를 기울인다. 팀 빌딩은 한 팀으로서 부하들을 격려하고 의견과 아이디어의 상호교환을 촉진한다. 목표 강조는 목표달성을 위해 최선을 다하고 최상의 목표 수준을 유지한다. 일에 대한 도움을 주는 것은 부하에게 더 나은 업무 추진방식을 제시하고 부하가 업무를 조직화하고 계획하도록 도와준다.

	내 용
시스템 1	관리자는 부하를 전혀 신뢰하지 않는다. 의사결정은 최고책임자에 의해서만 행해지고 하부로 전달된다. 부하는 공포나 불신에 쌓여 있다.
시스템 2	관리자는 부하를 어느 정도 신뢰하고 있지만, 종속적 관계이다. 의사결정은 한정된 부분에 의해서만 하부에서 진행된다. 부하에 대한 동기부여는 보수와 처벌의 방법을 주로 사용한다.
시스템 3	관리자는 부하를 상당히 신뢰하고 있다. 중요한 의사결정은 최고책임자에 의해서 행해지지만, 차원이 낮은 결정은 부하에게 맡긴다. 상하 간의 의사소통이 일어나고 있으며, 동기부여에는 처벌과 보수가 사용되지만 어느 정도의 참여가 존재한다.
시스템 4	관리자는 부하를 전적으로 신뢰한다. 의사결정은 각 부서에서 광범위하게 행해진다. 전체 조직의 의사소통이 활발하다. 동기부여는 참여를 통한 보수 제도에 의거하고, 수행평가에 있어서는 집단적 참여와 관여를 사용한다.

13) 조직행동수정이론

Luthans와 Kreitner(1975)의 조직행동수정이론(organizational behavior modification theory)은 자극-반응 학습이론과 Skinner의 강화이론(reinforcement theory), Bandura의 사회학습이론을 기초로 하여 성립되었다.

조직행동수정이론에서 자극(stimulus)이란 어떤 행동반응을 유도해내는 어떤 변인이나 조건을 말한다. 유기체(organism)는 행동을 실제 수행하는 개인을 의미하며, 반응 혹은 행동(response, behavior)은 일정한 자극에 의해 이루어지는 반동과 자신의 행동을 한 결과로 얻게 되는 보상에 의해서 조건화된 조작적 행동을 말한다. 그리고 상황연계(contingency)란 반응(행동)과 결과(강화) 간의 연계성을 말하며, 결과(consequence)는 한 개인이 유도된 행동반응에 기초하여 그 개인에게 제공하는 가치 있는 보상을 의미한다. 이러한 조직행동수정이론의 여러 변수는 상호작용을 하는데, 반응-보상 간의 연계성으로 인해 후속 반응 빈도에 영향을 미칠 수 있다.

(1) 강화계획

강화계획이란 조건형성할 행동과 관련지어서 보상을 공식적으로 설계하는 것을 의미한다. 강화계획은 강화물의 출현에 따라서 연속강화계획, 부분강화계획으로 구분할 수 있다. 연속강화계획이란 바라는 조작행동이 개인이 행했을 때마다 매번 그 행동에 대해 보상을 주는 방식이다. 부분강화계획은 바라는 조작행동을 개인이 행했을 때마다 매번 그 행동에 대해 보상을 주는 것이 아니라 그중 일부 행동에 대해서만 보상해주는 방식이다. 부분강화계획은 다시 고정간격계획과 변동간격계획 그리고 고정비율계획과 변동비율계획으로 구분할 수 있다.

① **고정간격계획** : 일단 강화를 해준 시점에서 일정한 시간이 경과한 다음 보상을 주는 계획이며, 대표적인 예로 월급을 들 수 있다.
② **변동간격계획** : 평균적으로는 일정한 시간이 경과한 다음 보상을 주는 계획이지만 각각의 보상이 주어지는 시간 간격은 서로 다르게 제시하는 계획이다.
③ **고정비율계획** : 바라고 있던 반응이 일정한 양만큼 나타났을 때 보상을 주는 계획이다.
④ **변동비율계획** : 일단 보상이 주어지고 그다음의 보상을 주어질 때까지 바라는 반응의 수가 서로 다르게 일어나도록 되어 있다.

(2) 조직행동수정이론에 대한 검증과 비판

Prichard 등(1976)은 다양한 보상 지불 계획이 종업원들의 전기지식에 대한 자율학습 정도에 미치는 효과를 살펴보았다. 조건은 시간급 보상과 세 개의 검사를 통과할 때마다 보상을 지불하는 고정비율보상 그리고 몇 개의 검사를 통과해야 보상을 받게 되는지를 변동시킨 변동비율보상의 세 가지로 구분하였다. 연구 결과, 비율보상을 받은 사람들은 전체 검사들 중에서 60% 정도 통과하였고, 시간에 의해서 보상을 받은 사람들은 전체 검사의 40%를 통과하였다. 고정비율보상과 변동비율보상 간의 검사수행에는 차이가 없었다.

조직행동수정이론에 대한 비판은 보상의 가치에 대해서 개인차가 있다는 것을 무시한다는 것이다. 또 강화이론과 관련된 윤리적인 문제가 지적받기도 한다. 이러한 견해를 받아들여서 스웨덴에서는 성과급제가 작업자의 긴장을 유발하고 궁극적으로는 정신적, 육체적 건강을 손상시킨다면서 폐지하기도 하였다.

2. 직무만족

첫 직장에 들어가서 5년 안에 회사를 그만둘 확률은 거의 50%이다. 힘들게 들어간 조직을 나오는 이유는 다양하지만 가장 근본적인 이유는 자신의 직무에 만족하지 못하기 때문이다. 직무에 불만족하는 것은 그 이유가 무엇이든지 간에 개인과 조직 모두에게 손실을 발생시킨다.

직무만족은 개인이 자신의 직무에 대해서 가지고 있는 전반적인 태도, 직무를 평가하거나 직무를 통해서 얻은 경험을 평가해서 얻게 되는 유쾌하거나 긍정적인 정서 상태로 정의할 수 있다. 따라서 직무만족은 종업원이 자신의 직무를 통해서 얻는 즐거움의 정도로 측정될 수 있다. 직무만족은 직무로부터 개인이 가치 있다고 생각하는 것을 실제로 얻을 수 있다고 지각할 때 발생한다. 직무만족감은 상당히 주관적으로 직무에 대해 다양한 반응이 존재할 수 있다.

1) 직무만족의 특징

직무만족이 높은 수준에 있는 사람은 자신의 직무에 대해서 긍정적인 태도를 가지고 있고, 반대로 직무만족 수준이 낮은 사람은 직무에 대해 부정적인 태도를 가진다. 직무만족은 직무에 대한 정서적 반응으로, 직무로부터 개인이 가치 있다고 생각하는 것을 실제로 얻을 수 있다고 지각할 때 발생한다. 사람들이 자신의 직무로부터 기대하는 것에는 개인차가 존재하기 때문에 직무에 대해 다양한 반응이 존재할 수 있다. 직무만족의 중요성은 종업원의 입장과 조직 내부의 입장으로 구분한다. 정신건강 측면에서 직무만족은 중요할 수 있다. 사람들은 자기생활의 한 부분이 불만스러우면 그것이 전이효과를 가져와서 그와 관련 없는 다른 부분의 생활도 불만족스럽게 보이는 경향이 있다. 직무만족은 작업자의 성과에 영향을 준다. 원래 평소에도 자기가 좋아하는 일을 하면 더 열심히 하게 되고, 이를 통해 성과도 높아질 것을 예상할 수 있다. 또한 자신의 직무를 좋아하는 사람은 조직 외부에서뿐만 아니라 조직 내부에서도 원만한 인간관계를 유지해나갈 수 있다. 조직의 입장에서 볼 때, 종업원의 직무만족이 높으면 이직률과 결근율이 감소되고 이것이 생산성 증가로 이어지게 된다. 마지막으로, 자신의 직장생활에 긍정적인 감정을 지닌 사람은 밖에 나가서도 자기가 속해 있는 조직에 대해서 호의적으로 말하게 되므로 조직민족은 조직홍보 효과도 수행할 수 있다.

2) 직무만족의 종류

직무만족은 크게 전반적 직무만족과 단면적 직무만족으로 구분할 수 있다. 전체적 직무만족(global job satisfaction)이란 직무에 대한 일반적인 감정으로서 수많은 감정이나 태도를 총괄하는 만족을 말한다. 직무에 대한 전반적인 느낌이라고 볼 수 있다. 단면적 직무만족(job facet satisfaction)은 통계적인 요인 분석적 접근이나 개념적 접근에 의해서 대체로 5~20개 정도의 단면별 직무만족요인에 의해서 측정이 된다. 대표적인 요인으로는 상사, 동료, 승진, 급여 등이 있다.

(1) 전반적 직무만족의 측정

전반적 직무만족은 개인이 직무역할에 대하여 가지고 있는 총체적인 감정반응이다. 직무의 특정 중요 측면들에 대한 만족 측정치를 합산하고 조합하여 직무만족을 측정하는 방식으로 직무만족지표, 직무기술지표, 안면직무만족척도 등이 사용된다.

① 직무만족지표(job satisfaction index: JSI)

직무만족지표 척도는 미 육군에서 직무만족을 더욱 직접적이고 간편하게 측정하기 위해 1951년에 Brayfield와 Rothe에 의해 개발되었다. 문항에 대해서 '동의한다' 혹은 '동의하지 않는다'로 응답하게 된다.

표 14. JSI 척도의 문항 예시

나는 현재 하고 있는 직무에 대해 대체로 만족하는 편이다.
나는 대부분의 나날들을 나의 일에 대한 열정으로 보낸다.
내가 일하는 매일 매일은 결코 끝날 것 같지 않다.
나는 진정으로 일 때문에 즐겁다.
나는 내가 하고 있는 일이 다소 불쾌하다고 생각한다(R: 역채점).

각 문항이 당신 직무의 특정한 측면들을 잘 설명하면 문항의 앞쪽 빈칸에 '예'라고 쓰고, 만일 그 문항이 직무를 잘 설명하지 못한다면 문항 앞의 빈칸에 '아니오'라고 써넣으시오. 만일, 결정하기 곤란하면 문항 앞의 빈칸에 '?'를 쓰지오.

<u>작업</u>
—— 재미있다.
—— 판에 박혀 있다
—— 도전할 만하다
—— 성취감을 준다
—— 즐겁다

<u>승진</u>
—— 능력에 따라 승진한다
—— 승진 가능성이 없다

<u>동료들</u>
—— 매우 열심히 일한다
—— 지나치게 잡담을 한다

<u>감독</u>
—— 기분을 맞추기 힘들다
—— 일을 잘하면 칭찬한다
—— 완고하다

<u>봉급</u>
—— 적절하다
—— 부당하게 적다

그림 76. 직무기술지표(JDI)의 문항 예시

② 직무기술지표

직무기술척도(job descriptive index: JDI)는 Smith, Kendall 및 Hulin(1969)이 개발한 척도로서 5개의 직무 단면인 직무 자체, 감독, 임금, 승진 및 동료작업자에 대한 만족도를 측정한다. 직무기술지표 척도의 예를 보면 직무에서 현재 하고 있는 일, 현재 임금 등의 영역에 대해서 매력적이다, 즐겁다와 같은 형용사가 있고, 거기에 '예', '아니오', '모르겠다'로 답하는 방식으로 되어 있다. 이런 직무기술지표에 대한 반응은 다소 부적 반응으로 편향되어서 나타날 수 있다는 단점이 있다. 왜냐하면 응답자의 반응 중 결정하기 어렵다의 반응인 '모르겠다'로 반응한 경우에 중립적으로 반응하기보다는 다소 부정적 반응으로 간주하기 때문이다.

③ 안면직무만족척도(faces job satisfaction scale: FJSS)

Kunin(1955)이 개발한 안면직무만족척도는 전체적인 직무만족을 측정하는 단일 문항 척도이다. 작업, 임금, 감독, 승진기회, 동료 등을 모두 포함해서 직무에 대해 어떻게 생각하는지를 알아보는 단일 문항으로 직무만족 정도에 대한 반응을 얼굴 표정으로 제시한다.

그림 77. 안면 직무만족 척도의 예

④ 직무일반척도(job in general scale: JIG)

직무일반척도는 직무의 단편적 측면을 측정하고자 하는 것이 아닌 포괄적 직무만족 측정을 위한 척도이다. 이 척도는 JDI와 아주 유사하다. 일반적인 직무에 대하여 18개 문항으로 일련의 형용사나 간단한 문장으로 질문이 이루어진다. 연구자들에 의하면 직무의 단편들에 대한 만족의 합과 포괄적 직무만족은 전혀 다르다고 주장한다. 따라서 포괄적 직무만족과 단편적 직무만족을 구분할 것을 주장하기도 한다. 포괄적 직무만족이란 개인이 직무역할에 대해서 가지고 있는 총체적인 감정반응을 말하며, 반면에 단편적 직무만족이란 임금, 감독, 승진기회 등과 같은 직무의 여러 측면에 대한 정서반응을 의미한다.

(2) 단면적 직무만족의 측정

단면적 직무만족이란 임금, 감독, 승진기회처럼 전반적인 측면이 아니라, 직무 각각의 측면에 대한 정서반응을 측정하여 얻게 된다. 작업의 본질, 직무조건, 직무에서의 보상 등과 같은 직무의 상이한 측면에 초점을 두고 있다. 단면적 직무만족을 측정하는 장점은 개인의 직무만족 수준은 각각 다르기 때문에, 단면적 측정을 통해 직무만족의 완전한 모습을 자세하게 관찰할 수 있다는 데 있다. 예를 들면, 어떤 종업원이 임금이나 복리후생에는 매우 불만족하지만, 동시에 작업의 본질이나 감독자에 대해서는 매우 만족하는 경우가 있을 수 있는데, 단면적 직무만족 측정방식을 통해서 이러한 세부적인 부분까지 측정할 수 있다.

① Minnesota 직무만족 질문지

Minnesota 직무만족 질문지(minnesota satisfaction questionnaire)는 Weiss, Dawis, England와 Lofquist(1967)가 개발하였으며 20개 단면을 측정하는 20개 문항으로 구성

된 5점 척도이다. 직무기술지표에서 제시하지 못한 성취, 능력, 활동성과 같은 여러 직무의 측면들을 새롭게 정교화하였다. Minnesota 직무만족 질문지는 직무나 과업의 본질 자체에서 작업자들이 느끼는 만족인 내재적 만족과 임금, 복리후생과 같은 작업 상황의 측면에서 느끼는 만족인 외재적 만족을 측정하는 데 종종 사용되고 있다. JDI 척도와 마찬가지로 사용 절차가 간단하고 짧은 시간에 많은 대상에게 실시할 수 있다는 장점이 있다. 일반적으로 다양한 단어를 사용하여 여러 직무에 사용할 수 있는 질문지이다. 하지만 자기보고식 항목으로만 구성되어 있어서 응답자가 정확하게 기술하려는 의지와 노력이 있어야지만 정확히 측정할 수 있다. 문항의 의미가 동일하게 인식되리라고 가정하지만 다르게 받아들여질 수도 있다.

현직무에서 다음의 측면에 대하여 어떻게 느끼는가?	매우 불만족	만족	결정 못함	만족	매우 만족
1. 항상 바쁘게 보낼 수 있는것	☐	☐	☐	☐	☐
2. 직무에서 혼자 일하는 기회	☐	☐	☐	☐	☐
3. 때때로 다른 일을 수행하는 기회	☐	☐	☐	☐	☐
4. 공동체의 일원이 될 수 있는 기회	☐	☐	☐	☐	☐
5. 상사에게 부하를 다루는 방식	☐	☐	☐	☐	☐
6. 의사결정에서 나의 상사의 역량	☐	☐	☐	☐	☐
7. 양심에 거스리지 않는 일을 할 수 있는 것	☐	☐	☐	☐	☐
8. 직무가 안정된 일자리를 제공하는 점	☐	☐	☐	☐	☐
9. 다른 사람들을 위해 일할 수 있는 기회	☐	☐	☐	☐	☐
10. 사람들에게 무엇을 하라고 말하는 기회	☐	☐	☐	☐	☐
11. 나의 능력을 활용하는 일을 할 수 있는 기회	☐	☐	☐	☐	☐
12. 회사의 정책이 실행되는 방식	☐	☐	☐	☐	☐
13. 임금과 수행하는 일의 양	☐	☐	☐	☐	☐
14. 현 직무에서의 승진기회	☐	☐	☐	☐	☐
15. 자신의 판단을 사용하는 재량	☐	☐	☐	☐	☐
16. 자신만의 직무수행 방법을 시도할 수 있는 기회	☐	☐	☐	☐	☐
17. 작업 조건들	☐	☐	☐	☐	☐
18. 내 동료들이 서로 교류하는 방식	☐	☐	☐	☐	☐
19. 훌륭한 직무수해에 대한 칭찬	☐	☐	☐	☐	☐
20. 직무로부터 얻은 성취감	☐	☐	☐	☐	☐

그림 78. Minnesota 직무만족 질문지 예시

3) 직무만족에 영향을 미치는 요인

직무특성이나 조직의 특성과 같은 환경적 측면이 직무만족에 가장 큰 영향을 준다는 연구 결과들이 있다. 하지만 점점 개인적 측면에 관심을 가지게 되면서 사람들이 어떤 성격 유형을 가졌는가에 대해서도 중요도를 가중해서 주고 있으며 인간과 직무의 상호 작용에 주목하고 있다. 직무만족의 선행요인에는 환경요인, 개인요인, 개인과 직무의 적합요인 3가지가 있다.

(1) 환경요인

환경적 요인으로는 대표적으로 직무특성, 역할변수, 일-가족 갈등, 보상이 있다. 사람들은 그들의 직무가 도전적이고 내용이 충실하기를 바란다. 직무특성이론에 따르면 직무의 성격으로서 기술다양성, 과업정체성, 과업중요성, 자율성 및 피드백을 충분히 살리는 설계, 즉 직무의 충실화를 목적으로 해서 직무의 단순성을 없애고 도전적인 직무를 만드는 것이 중요하다고 주장한다.

다음으로 역할변수에는 역할모호성과 역할갈등이 있다. 역할모호성은 역할을 맡은 사람이 개인의 직무나 과업 등이 명확하지 못하거나 해야 하는 행동이 분명히 규정되어 있지 않을 때 경험하는 문제이다. 역할모호성은 직무내용이 복잡하거나 종업원 자신의 책임한계나 직무기능이 명확하지 않을 때 높아지는 경향이 있다. 역할갈등은 지각된 역할과 실제의 역할이 차이가 날 경우나 두 가지 이상의 역할을 동시에 수행해야 할 경우에 나타나는 문제를 말한다. 역할모호성이나 역할갈등이 높을수록 직무만족 수준은 낮아지게 된다. 일-가족 갈등은 역할갈등의 한 유형으로, 작업의 요구와 가족생활의 요구 간에 나타나는 갈등을 말한다. 갈등은 자녀가 있거나 이혼을 해서 혼자서 양육을 책임지는 상황에서 더 많이 경험한다. 보상은 임금요인에 있어서 임금자체의 실질적인 수준보다는 임금의 공정성을 말한다. 사람들은 공정한 관리절차에 의해 임금수준이 결정되었을 때, 다른 사람보다 상대적으로 임금을 적게 받더라도 수용하며, 동기부여가 되어서 더 열심히 일하게 되는 경향이 있다고 보고된다.

(2) 개인적 요인

대표적으로 개인적 요인들은 성격, 연령, 문화와 인종의 차이 등이다. 성격에 따라서 직무만족 수준이 달라진다. 예를 들어, 내향적이고 혼자 있기 좋아하는 사람에게 판매, 영업직을 시키면 자기의 적성과 맞지 않는다고 생각하여 스트레스가 증가하고 직무에 불만족하게 된다. 나이가 들어감에 따라서 더 많은 직무만족을 경험하게 되기도 한다. 이것은 젊은 사람들에 비해 나이가 많은 직원이 연차나 직급이 더 높고, 작업조건이나 봉급도 높기 때문에 직무만족감도 높을 것이라고 유추해볼 수 있다. 문화나 인종의 차이에 따라서도 직무만족도는 다르게 나타난다. 한국 직장인들은 만족스러운 직업의 필수조건으로 '높은 연봉과 복리후생'을 뽑은 반면에, 캐나다 직장인들은 '일과 가정생활의 균형이 이뤄질 수 있는 근무조건'을 가장 우선시하는 것으로 나타났다.

(3) 상호작용적 접근(개인-직무 적합요인)

개인과 직무 간에 좋은 적합이 이루어질 때만이 직무만족이 일어난다고 보고, 종업원 자신이 직무에서 원하는 것과 자신이 가지고 있는 직무 간에 얼마나 일치하는지의 정도로 파악하는 요인이다. 따라서 상호작용적 접근은 자기 직무와 자기가 원하는 정도의 차이가 적으면 적을수록 직무만족이 증가한다고 본다. 직무특성이론에서 제기된 성장욕구강도를 통해서 직무와 개인의 직무만족에 영향을 주는 상호작용 효과에 대해서 설명할 수 있다. 직무특성이론에 따르면 성장욕구강도는 자아실현 욕구와 같은 고차원 욕구를 충족하려는 바램에 반영하면서 변하게 된다.

4) 직무만족의 영향

직무만족은 여러 가지 선행요인들과 조직몰입, 스트레스, 건강과 같은 상관변수에 영향을 받아서 생산성, 동기부여, 조직몰입, 스트레스 등과 같은 결과를 나타내게 된다. 연구에 따르면, 직무만족과 결근율은 약한 부정적 상관관계를 가지고 있다. 직무불만족이 높은 구성원이 결근할 가능성이 높긴 하지만 보상체계나 개인의 작업윤리와 같은 다른 많은 요인들도 직무만족과 결근의 관계에 영향을 미치고 있다.

한 예로, 우리나라 서비스업에 종사하는 종업원 204명을 대상으로 직무불만족과 결근과의 관계를 연구하였다. 연구결과 역할갈등이 직무만족을 떨어뜨리는데 이렇게 발생한 스트레스를 풀기 위한 음주행위로 이어져서 결국 결근에 이르게 된다는 사실이 밝혀진 바가 있다. 직무불만족과 결근과의 관계는 단순하지 않고 직무 불만족이 바로 결근으로 이어지는 것은 아니다. 직무만족과 조직시민행동은 약한 긍정적 상관관계를 가지고 있다.

직무만족이 조직 내에서 다른 사람을 돕는 것과 같은 조직시민행동으로 이어질 수 있다. 그러나 직무만족과 조직시민행동 사이의 관계는 조직 공정성이 지각될 때에만 나타난다는 것이다. 조직 공정성은 조직의 신뢰와 관련이 있고, 따라서 직무에 대해서는 만족하더라도 조직에 대한 신뢰가 없다면 그것을 돕는 조직시민행동으로는 이어지지 않는다는 것이다.

직무만족과 분명한 상관관계를 보여주는 것은 고객만족이다. 이 둘은 강한 긍정적 상관관계를 보이고 있는데, 직무만족이 고객만족으로 연결되고 이것이 궁극적으로 기업의 이윤과 경쟁력을 강화하는 효과를 내게 된다. 직무만족이 높은 조직원의 긍정적 감정이 고객에게 전달되고, 그러한 고객은 다시 긍정적 감정을 조직원에게 전달해주고, 이것이 다시 조직원의 긍정적 감정과 직무만족을 높여주는 선순환을 일으키게 되는 것이다.

• • •

리더는 직원들에게 영향을 미치는 다양한 동기부여 방법과 정서적 요인들에 대해서 알고 있어야 한다. 부하들에게 좋은 영향력을 발휘할 수 있는 방법들에 대해서 산업심리학자들은 점점 더 많은 관심을 기울이고 있다. 그리고 모든 조직체는 리더를 발굴하고 훈련시키는 데 중점을 두고 있다. 그 이유는 조직의 성패가 리더에게 달려 있다고 보기 때문이다. 어떤 연구에 따르면 새롭게 생긴 사업체는 채 2년이 되지 못하고 도산하며, 남은 기업의 3분의 1정도만이 5년을 넘긴다. 이러한 실패의 주요한 원인으로 리더십이 제기되면서, 리더에 대한 선발과 훈련, 자질을 알아보는 방법들은 더욱 중요하게 되었다.

리더십은 기본적으로 지도자의 선출을 누가 결정하는가에 따라서 유형이 달라진다. 선발에 의한 리더가 가지는 영향력과 세력의 사용방법 등은 리더십 연구에 포함된다. 반면, 지명이나 상부에서 보내진 리더는 헤드십(headship)을 사용한다. 헤드십은 부하들의 활동을 통제하고 감독하는 권한을 보장받는다.

표 15. 헤드십과 리더십의 차이

개인과 상황변수	헤드십(headship)	리더십(leadership)
권한행사	임명된 헤드	선출된 리더
권한부여	상부에서 위임	하부에서의 동의
권한근거	법적 또는 공식적	개인능력
권한귀속	공식화된 규정에 의함	집단목표에 기여한 공로인정
상사와 부하와의 관계	지배적	개인적인 영향
책임귀속	상사	상사와 부하
부하와의 사회적 거리	넓음	좁음
지휘형태	권위주의적	민주주의적

Ⅹ. 리더십

리더십이란 집단이나 조직의 목표를 결정하고, 목표를 달성하기 위해서 여러 가지 방법으로 집단이나 조직구성원에게 영향을 미치는 과정이다. 이러한 리더십은 접근방법에 있어서 몇 가지로 구분할 수 있다. 첫째, 세력이라고 부르는 영향력을 행사할 수 있는 능력을 중심으로 한 접근이다. 리더가 가지고 있는 세력의 양, 세력 유형 또는 세력 행사 과정에 초점을 맞춘 리더십 접근이라고 볼 수 있다. 둘째, 특성을 중심으로 한 접근이다. 리더가 된 사람의 개인적 특성, 지능, 성격 등이 어떠한가에 관심을 가진 접근이다. 셋째, 행동을 중심으로 한 접근이다. 실제로 리더가 보이는 행동, 리더의 행동에 대한 종업원들의 반응 등 효율적인 리더 행동과 비효율적인 리더 행동에 대해서 관심을 가지고 연구하는 접근이다. 넷째, 상황을 중심으로 한 접근이다. 리더가 놓인 상황, 혹은 리더십이 행사되는 상황에 따라 가장 적합한 리더십 행동이 있다는 가정에서 출발한 접근이다.

1. 세력 및 영향력

리더십의 본질은 리더가 부하에게 어떠한 영향을 어떻게 미치는지 그 과정에 대한 것이다. 영향력이란 리더가 부하에게 미치는 효과를 말하는데, 세력은 이러한 영향력을 미칠 수 있는 능력이라고 구분할 수 있다.

1) 세력의 근원

세력의 근원은 지위세력(position power)과 개인적 세력(personal power)으로 구분할 수 있다. 지위세력은 합법적 권위이며 단순히 자신이 가지고 있는 지위를 이용하여 다른 사람에게 영향력을 행사하는 것이다. 권위가 효과적으로 전달되기 위해서는 먼저 그 사람의 현 지위에 대한 합법성이 인정되어야 한다. 그리고 지위세력은 자신이 가진 자원 및 보상에 대한 통제를 통해서 영향력을 행사하는 것도 포함한다. 자원(인원, 장비, 시설)과 보상(승진, 임금 보너스)에 대한 통제권이 많아질수록 지위세력이 커지는 것이다. 지위세력은 부하의 입장에서는 상사가 얼마나 보상을 줄 수 있다고 믿는지에 따라서 달라지기도 한다. 지위세력은 벌에 대한 통제도 포함한다. 해고나 징계, 인사고과를 결정할 권한이 있는 리더는 더 강한 지위세력을 행사할 수 있다. 마지막으로 정보에 대한 통제권도 지위세력의 요소이다. 중요 정보에 접근할 수 있고, 그것을 다른 사람에게 알려줄 수 있는 통제 권력은 지위세력의 일종이다.

개인적 세력은 개인이 가지고 있는 특성에서 나오는 매력으로 인해서 영향력을 행사하는 것을 말한다. 개인적 세력의 요소 중 첫째는 전문성(expertise)이다. 전문지식이 많을수록 부하에게 영향력을 행사하기 쉬워진다. 둘째는 친밀감과 충성이다. 부하를 친근하고 인간적으로 대하고, 그들의 욕구와 감정에 관심을 보이고, 공정하게 대할 때, 리더를 좋아하고 충성심을 가지게 된다. 셋째는 카리스마이다. 추종자들의 요구, 희망, 가치가 무엇인지를 알 수 있는 통찰력 그리고 미래에 대한 비전제시에 따라서 리더의 개인적 세력은 변화될 수 있다.

표 16. 세력 유형에 따른 부하행동 결과

세력 유형	결과 유형		
	몰입	응종	저항
참조세력	요구가 리더에게 중요하다고 생각되는 경우	요구가 리더에게 별로 중요하지 않다고 생각되는 경우	요구가 리더에게 불이익을 가져오는 경우
전문세력	요구가 설득적이며 부하가 리더의 과업 목적을 공유하는 경우	그 요구가 설득적이지만 부하가 과업목표에 대해 무관심한 경우	리더가 거만하고 무례하거나 부하가 과업 목적에 반대하는 경우
합법세력	요구가 정중하며 매우 적절한 경우	요구가 합법적이라고 생각되는 경우	거만하게 요구하거나 요구가 적절하지 않은 경우
보상세력	보상이 미묘하고 매우 사적인 방식으로 제시되는 경우	보상이 자동적이고 기계적인 방식으로 제시되는 경우	보상이 조작적이며 거만하게 제시되는 경우
강압세력	발생할 가능성이 거의 없음	도움을 주며 비처벌적인 방식으로 사용되는 경우	적대적이거나 조작적인 방식으로 사용되는 경우

2) 세력의 유형

세력의 종류에는 다섯 가지가 있다. 첫째는 보상세력(reword power)이다. 자원과 보상을 통해서 행사하는 세력을 말한다. 둘째는 강압세력(coercive power)이다. 벌에 대한 통제를 통해서 행사하는 세력을 말한다. 셋째는 합법세력(legitimate power)이다. 권한이 있다는 것을 내세워 영향력을 행사하는 것이다. 넷째는 전문세력(expert power)이다. 전문지식이나 기술에 바탕을 둔 세력이다. 마지막으로 다섯째는 참조세력(reference power)이다. 다른 사람을 존경하고, 그 사람처럼 하고 싶어 하고, 좋아하는 것에 기초한 세력을 말한다.

표 17. 리더십 접근 방향

연구주제	분석단위	관심변인	연구문제
지위세력	조직에서의 역할과 지위	영향력 행사 책략, 세력의 사용	조직은 어떤 상황에서 강한 세력을 사용하려고 하는가?
리더	개별 리더	성격특성, 리더행동	어떤 특성과 행동이 효과적인 리더십인가?
부하	작업집단과 부하들	집단크기, 부하의 경험	어떤 유형의 부하들이 보다 철저한 감독을 원하는가?
영향력 행사과정	상사-부하 관계	영향에 대한 수용성, 영향력 행사의 성질	어떤 상황에서 리더가 부하들에게 영향력을 발휘하기가 좋은가?
상황	리더십이 발생하는 환경 또는 맥락	리더행동에 대한 상황효과, 호의적인 상황을 정의하는 요인	서로 다른 상황이 행동을 어떻게 변화시키는가?
리더 출현과 효과성	개인 또는 집단	집단역동성과 개인 특성	개인이 어떻게 리더로 인정받게 되는가?

2. 리더십의 유형

리더십 이론들은 리더를 강조한 이론과 상황을 강조한 이론, 그리고 현대적 리더십으로 구분할 수 있다. 리더를 강조한 특성이론과 행동이론 등은 리더십의 효율성이 리더에게 달려 있다고 보는 관점이다. 상황을 강조한 이론들은 출현한 리더와 상황이 적절할 때 리더십의 성과가 높아진다고 보는 견해이다. 현대적 리더십 이론들은 리더나 상황을 강조한 이론들보다 복합적으로 리더십을 살피는 모델들이다.

표 18. 리더십 유형 구분

리더 강조	상황 강조	현대적 리더십
특성이론, 행동이론	상황적합성 이론, 경로-목표 이론, 상황적 리더십 이론	섬기는 리더십, 변혁적 리더십 등

1) 특성이론

특성이론은 리더가 가지고 있는 지능, 경험, 욕구와 기대, 상황판단 능력 등의 특성이 탁월할 것이라고 생각한다. 관련된 연구들은 몇 가지가 있다.

(1) Greatman 이론

Carlyle(1907)는 리더란 대중을 사로잡을 수 있는 독특한 자질을 부여받은 위대한 인물이라고 정의하였다. Greatman 이론에서 리더십을 위대한 인물로 정의함으로써 연구 방향은 역사를 빛낸 인물들의 역량, 세력, 상황 등에 초점을 맞추었다. Greatman 이론은 케네디 대통령, 루터 킹 목사와 같은 변혁형 리더를 연구대상으로 하는 변혁형 리더십에 영향을 주었다.

(2) Miner의 관리 동기 연구

Miner(1965)가 개발한 문장완성척도(sentence completion scale: SCS)는 일종의 투사법 유형을 이용한 검사이다. SCS를 사용하여 관리자의 6가지 관리 동기를 측정하였다. 6가지 관리 동기는 ① 권위가 있는 인물에 대한 긍정적 태도, ② 동료들과 경쟁하려는 욕구, ③ 자신감 있는 인물에 대한 긍정적 태도, ④ 세력을 행사하려는 욕구, ⑤ 집단에서 홀로 서려는 욕구, ⑥ 단순한 행정 업무를 처리하려는 욕구이다.

Miner(1965)는 여러 연구 결과를 통해서 6개의 동기유형을 합산한 전체적 동기점수와 승진 사이에 정적 상관이 있음을 보고하였다. 또한 각 동기유형별로 나누었을 때 권력행사 욕구와 경쟁욕구 및 권위에 대한 정적 태도 등이 승진과 가장 일관성 있게 관련되었다.

(3) McClelland의 관리 동기 연구

McClelland는 영향력을 미치고, 두려움, 놀라움, 분노, 즐거움 등의 정서 반응을 일으키도록 하고, 논쟁에서 이기려 하는 것이 권력욕구의 발로라고 보았다. McClelland는 권력욕구가 강하고, 성취욕구도 어느 정도 있으며, 유친욕구는 비교적 낮은 사람이 성공한 리더가 된다고 보았다. 유친 욕구가 강하면 타인과의 친분 관계를 깨는 일을 잘 하려 하지 않기 때문에 부하들에게 제대로 일을 시키기가 어렵게 된다. 성취욕구가 강해야 목표로 세운 일을 처리하려는 성향이 강하며 동시에 권력욕구가 강하면 부하들에게 영향력을 행사하려는 욕구가 강하기 때문에 일처리를 혼자 하는 것이 아니라 부하들에게 일을 시켜서 처리해나가게 된다.

(4) McCall과 Lombardo의 연구

McCall과 Lombardo(1983)는 최고경영자 가운데 성공한 사람과 실패한 사람들에 대해서 연구하였다. 연구 결과, 정서적 안정감과 침착성이 높은 사람 그리고 문제가 발생했을 때 자기실수를 인정하고 책임지고 해결하려는 사람이 성공할 확률이 높다고 보았다. 사려 깊고 민감하고 전문지식과 인지능력이 좋은 사람 역시나 성공한 리더가 될 가능성이 높게 나타났다.

(5) 카리스마 리더십

리더의 특성에 관한 연구에서 카리스마는 빼놓을 수 없는 주제이다. 카리스마(Charisma)는 다른 사람을 매료시키고 영향을 끼치는 능력을 가리킨다. 카리스마를 뜻하는 영어인 Charisma는 "재능", "신의 축복"을 뜻하는 그리스어 Kharisma에서 유래하였다. 카리스마란 말은 사람들의 관심 및 존경 혹은 반대로 작용할 경우는 혐오감을 쉽게 끌어내는 특성을 가리키는데 이것은 인격이나 외모 혹은 둘 다의 작용으로 인한 것이다.

리더십에서 말하는 카리스마는 도전할 미래에 대한 비전을 제시하는 능력을 말한다. 리더는 비전을 공유할 사람들을 모아서 팀을 구성하게 되는데, 이때 카리스마를 통해서 팀 구성원들과 돈독한 관계를 유지하게 된다. 부하들이 비전을 지지하고 일을 잘할 수 있도록 설득하는 것도 카리스마의 일종이다.

카리스마 리더십에서는 위기상황을 조장할 수도 있으며, 집단 성원 간 의존도가 높을 경우에는 집단의 리더가 카리스마 리더로 지각될 가능성이 높다. 부하들에게서 정서적 몰입이 일어나지 않으면 카리스마 리더라고 할 수 없으며 리더는 비전에 대해서 강한 애정을 가지고 있으며 부하들은 리더의 신념을 자기 것으로 수용하고 있다. 카리스마 리더십을 발휘하는 리더는 비전을 제시하는 능력과 함께 비전을 전달하는 언어적 능력 그리고 믿을 만한 이미지를 형성하는 능력, 비언어적 표현이나 매력을 가지고 있다.

2) 리더행동이론

상황이론에 따르면 리더는 태어나는 것이 아니라 만들어지는 것이다. 즉, 누구든지 모범적인 리더가 될 수 있다고 본다. Tannenbaum과 Schmit에 의해서 제시된 독재-민주 리더십 이론과 Ohaio 주립대학의 연구, Michigan 주립대학 연구 등은 이러한 리더 행동에 대해 연구하였다.

(1) 독재-민주 리더십

Tannenbaum과 Schmit는 리더의 행동이 리더, 부하, 상황의 3가지 요소에 의해서 결정된다고 보았다. 리더는 목표달성에 대한 리더의 확신, 부하에 대한 기대감을 말하며, 부하는 자율에 대한 욕구정도, 과업에 대한 책임감, 목표에 대한 이해도이다. 상황은 조직형태, 전통, 조직규모 등이다.

독재-민주 리더십은 독재적 리더십과 민주적 리더십을 양극으로 하여 리더행동유형을 연속선상에 나타내고 있다. Tannenbaum과 Schmit는 리더 행동을 7가지 유형으로 분류하면서 상황에 적합하다면 어느 유형이나 효과적인 리더십이 될 수 있다고 주장하였다. 리더가 취할 수 있는 행동은 다음과 같다.

유형 1: 리더가 결정하고 공표한다.
유형 2: 리더가 결정한 내용을 부하에게 수용시킨다.
유형 3: 리더가 의견을 제시하고 질문하도록 한다.
유형 4: 리더가 변경 가능한 의사결정을 내린다.
유형 5: 리더가 문제를 제시하여 방법을 제안하게 한 후 결정한다.
유형 6: 리더가 한계를 명시하여 집단으로 하여금 스스로를 결정하게 한다.
유형 7: 리더가 위임한 권한 내에서 자유롭게 활동하게 한다.

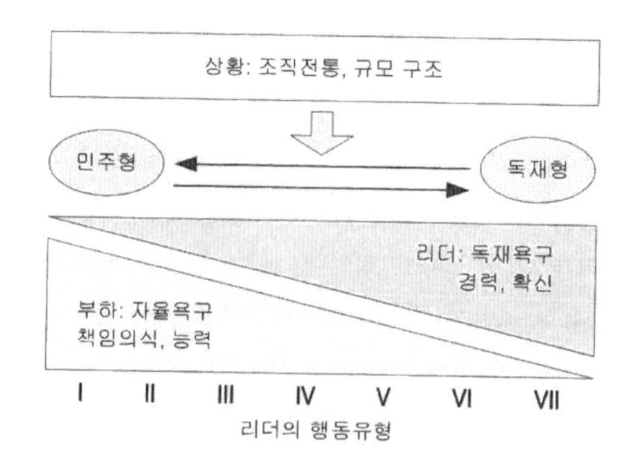

그림 79. 독재-민주 리더십 유형

(2) Ohio 주립대학 연구

1950년대 이후 미국 Ohio 주립대학에서는 리더 행동에 대한 연구를 진행하였다. 리더가 배려적 행동(consideration)을 하는지 과업주도적 행동(initiating structure)를 하는지에 따라서 결과가 달라진다고 보았다. 부하들에게 친근하고 따듯하게 대하며, 관심을 표명하고 복지에 신경을 쓰는 배려적 행동은 목표 달성을 위해서 자신과 부하의 역할을 명확히 하고 구조화하는 과업주도적 행동보다 이직률이 낮았다. 리더십의 두 차원은 배려적(consideration) 리더십과 구조 주도(initiating structure) 리더십이다.

배려적 리더십이란 상사와 부하 간의 상호 신뢰, 존중, 다정함 등을 나타내는 행동들이 포함된다. 즉, 부하들의 의사결정 과정에의 참여, 하의상달 의사소통 경로의 개설, 상사와 부하 간의 개인적 인간관계 형성, 정당한 대우 등을 내포하고 있는 리더십인 반면 구조 주도 리더십이란 조직목표 달성을 위해 리더와 부하의 역할을 명확히 구조화하는 리더십을 의미한다. 또한 리더는 집단활동 및 리더-부하 관계를 조직화하고 규정하며 리더가 부하의 할 일을 계획, 배정, 집행시키는 리더십이다.

배려적 리더십과 구조 주도적 리더십 척도에는 리더가 여러 상황에서 어떻게 행동하는지에 관해서 부하가 100문항, 리더 48문항으로 구성된 감독 행동 기술 질문지(supervisory behavior description questionnaire: SBDQ, Fleishmen, 1989a)가 있다. 또한 SBDQ보다는 덜 효율적이지만 이상적 리더십과 감독방법에 관해서 리더 자신이 반응하게 한 리더 의견 질문지(leader opinion questionnaire: LOQ, Fleishman, 1989b)가 있다.

(3) Michigan 주립대학 연구

Michigan 주립대학에서도 리더 행동에 대한 연구를 진행하였고, 리더 행동유형을 세 가지로 구분하였다. 배려적 행동에 대응되는 관계중심 행동(relationship-oriented behavior)과 과업주도적 행동에 대응되는 과제중심 행동(task-oriented behavior)과 부하를 감독하지 않고 집단 회의 등을 통해 의사결정에 참여시키는 참여행동(participative behavior)이다.

과제지향적 리더란 구조 주도적 리더십과 유사하게 과제중심적인 행동을 보이며 목표를 설정하고, 부하들이 업무를 달성하도록 일정, 계획 등을 통해 관리하는 리더십이다. 관계지향적 리더십은 배려적 리더십과 같이 부하와의 인간관계 형성과 개인적인 상담과 상호 신뢰를 기반으로 하는 리더십이다. 참여적 리더십은 의사결정 과정에 부하들을 참여시키면서 이로 인해 부하들이 의사결정에 관여하도록 하는 리더십을 말한다. 참여적 리더십이 미시간대 연구에서 새로 제시한 리더십이라고 볼 수 있다.

Patchen(1974)에 의하면 과제지향뿐만 아니라 관계지향을 하는 복합 리더십이 생산성을 향상시키고, 부하의 효율성을 제고할 수 있다고 했다. 즉, 과제와 관계 복합지향 리더십은 부하와의 인간관계 유지 및 부하에 대한 보상 제공을 통해 최상의 생산성을 나타낸다는 것이다. 인간관계형 리더는 만족만을 증가시키는 반면 인간관계적이면서도 과제지향적 리더는 자신의 생산성이 가장 높게 나타나고, 부하들의 생산성 역시 높게 나타나고 있다. Blanke와 Mouton(1964) 역시 과제지향적 리더와 관계지향적 리더 둘 다의 특성을 지닌 9.9형 리더십이 부하의 만족과 수행을 높인다고 보았다.

최근 Misumi(1985)는 PM이론에서 과제지향적이면서도 인간관계형인 PM 유형의 관리자가 P 혹은 M리더십 하나만을 사용한 관리자보다도 생산성에서 보다 나은 업적을 가져 온다고 주장하고 있다. 한 예로, Misumi(1985)는 종업원들의 상사에 대한 평가를 Mitsubishi 조선에서 일하는 근로자를 대상으로 실시한 결과, PM 리더의 성공률은 91.2%, M 리더는 34.7%, P 리더는 60.4%, 평균 이하 PM 유형은 11.3%로 나타났다. 즉, PM 리더가 M 리더나 P 리더보다 업적이 확실히 높았던 것이다.

3) 상황이론

(1) 상황적합성 이론

Fiedler(1964, 1967)는 상황적합성 이론(contingency theory)을 통해서 리더십에 대한 상황 요인 연구를 수행하였다. Fiedler는 가장 싫어하는 동료 작업자 평가 척도(last preferred coworker: LPC)를 개발하였다. LPC 점수를 리더의 동기 위계와 관련하여 연구하였는데 그 결과, LPC 점수가 높으면 부하를 포함한 다른 사람들과 친밀한 관계를 유지하는 것으로 나타났다. Ohio 주립대학의 배려적 행동과 유사하게 원만한 관계를 유지하여야 과업 목표를 달성하게 된다는 연구결과를 내놓았다.

Fiedler는 리더와 부하의 상황이 리더십 발휘의 변수로 작용하게 된다고 보았는데, 구체적으로 Fiedler가 상황적 변수로 제안한 것은 리더와 부하의 관계(친근하고 협력적인지, 서로 적대적인지의 정도), 과업구조(구조화되었는지), 지위세력(보상이나 벌을 줄 수 있는 권한)이다. 상황차원은 8가지가 나타나는데 제1상황이 리더에게 가장 유리한 상황이고, 제8상황이 리더에게 가장 불리한 상황이다. 상황이 아주 좋거나(1, 2상황), 아주 나쁠 때(7, 8상황) LPC 점수가 낮은 리더(과업지향적 리더)가 집단 효율성을 높이게 된다. 상황이 중간 정도인 경우에는 LPC 점수가 높은 리더(관계지향적 리더)가 집단 효율성을 높게 가진다.

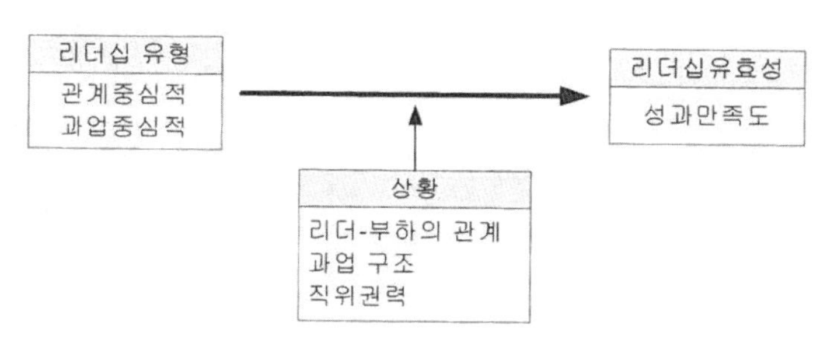

그림 80. Fiedler 상황적합성 이론

리더에게 상황이 유리한지 불리한지 여부를 결정하는 것은 리더-부하 관계, 과업구조, 직위권력의 3가지 요소에 따라서 결정된다.

① 리더-부하 관계

리더-부하의 관계(leader-member relationship)는 리더에 대하여 부하가 가지고 있는 신뢰와 존경의 정도를 의미한다. 부하들이 리더를 신뢰하고 존경하며 친밀한 관계를 유지하고 있으면 리더에게 유리한 상황이다. 이와 반대로 서로 간에 관계가 좋지 않으면 리더에게 불리한 상황이다.

② 과업구조

과업구조(task structure)는 과업이 구체적이고 분명하며, 의사결정체계가 잘 정비되어 있는 정도를 말한다. 과업이 구조화되고 잘 정비되어 있으면 리더에게 유리하다. 반면에 과업이 제대로 정비되어 있지 않으면 리더에게 불리하다.

③ 직위권력

직위권력(position power)은 리더가 부하 직원에게 영향력을 행사할 수 있는 권력을 가진 정도를 의미한다. 리더가 부하 직원에게 영향력을 행사할 수 있다면 리더에게 유리하고, 영향력을 행사할 수 없다면 리더에게 불리하다.

아래 그림은 상황요소에 따른 리더십의 효과를 보여주고 있다. 3가지 상황요소가 모두 긍정적인 경우 리더에게 유리한 상황이며, 반대로 모두 부정적이면 불리한 상황이다. 이 같은 2가지 상황에서는 리더가 과업중심적으로 행동하는 것이 효과적이다. 하지만 위의 3요소들 가운데 한두 가지만 좋다면 관계중심적으로 행동하는 것이 보다 효과적이다.

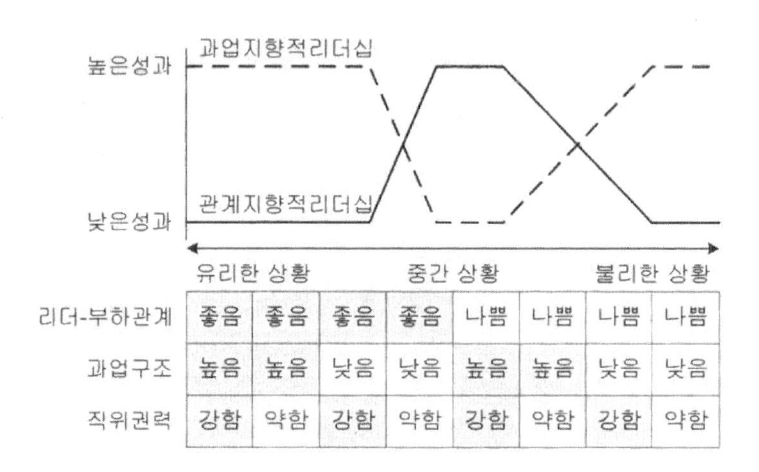

리더-부하관계	좋음	좋음	좋음	좋음	나쁨	나쁨	나쁨	나쁨
과업구조	높음	높음	낮음	낮음	높음	높음	낮음	낮음
직위권력	강함	약함	강함	약함	강함	약함	강함	약함

그림 81. 상황에 따른 리더십 효과

대학생의 교육을 예로 들어보자. 과업구조에서 대학교의 교육내용은 반복적이며 상당히 정비되어 있으므로 리더에게 유리하다. 리더-부하의 관계에 있어 교수와 학생의 친밀성이 아주 높은 것은 아니므로 리더에게 다소 불리하다. 리더의 권한에 있어서는 학생들이 교수평가, 수강 거부 등을 할 수 있으므로 리더에게 불리하게 작용한다. 상황요소 가운데 2가지가 부정적이고 1가지가 긍정적이기 때문에 대학생들의 교육에는 관계지향적 리더십이 보다 효과적이다.

또 다른 예로 전쟁 중의 군대를 생각해보자. 전쟁 중에는 과업이 잘 정비되어 있지 못하므로 리더에게 불리하다. 리더와 부하의 관계에서 친밀성이 높지 않으므로 이 역시 리더에게 부정적이다. 리더 권한에 있어 부하들은 상사의 명령에 불복종하는 비호의적인 상황이 가능하므로 리더에게 부정적이다. 이처럼 3가지 상황요소 모두가 부정적이므로 전쟁 중의 군대조직에서는 과업지향적 리더십이 더 효과적이라고 말할 수 있다.

(2) 상황적 리더십 이론

Hersey와 Blanchard(1969, 1982)는 Ohio 주립대학 연구를 바탕으로 과제행동과 관계행동이라는 리더 유형이 부하의 성숙수준이라는 상황요인과 어떻게 상호작용하는지를 연구하였다. 이것을 상황적 리더십 이론(situational leadership theory: SLP)이라고 부른다. 부하의 성숙수준은 가장 낮은 M1에서 가장 높은 M4까지 4단계를 가진다. 부하의 성숙수준에 따라서 리더의 행동 적합도가 달라진다. M4일 때는 위임형 리더 유형이 적합하며, M1일 때는 지시형 리더 유형이 적합하다. M2, M3 유형일 때는 참여형과 판매형 리더가 더 효과적이다.

상황적 리더십 모델에서 리더십 유형의 선택은 부하의 성숙도에 달려 있다. 여기서 부하의 성숙도(follower maturity)란 부하들의 일에 대한 능력과 업무수행의지를 뜻한다. 부하의 성숙도는 낮은 성숙도(M1)에서부터 높은 성숙도(M4)까지 4단계로 구분된다.

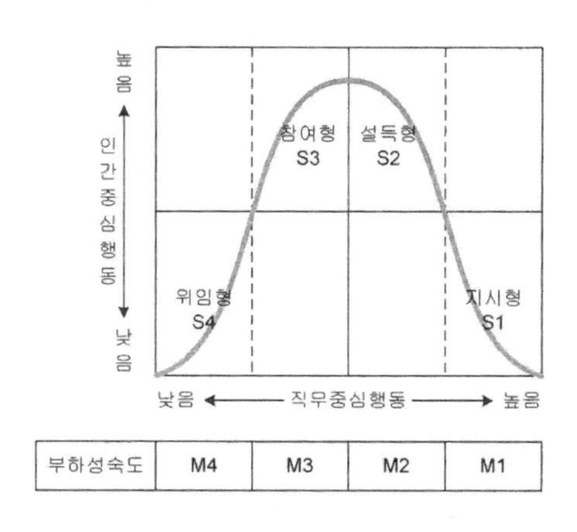

그림 82. 상황적 리더십

- M1: 직무를 수행할 능력과 의지가 모두 없는 부하
- M2: 직무를 수행할 의지는 있으나 능력이 없는 부하
- M3: 직무를 수행할 능력은 있으나 의지가 없는 부하
- M4: 직무를 수행할 능력과 의지가 모두 있는 부하

부하의 성숙도가 리더십 유형을 결정하는 유일한 변수가 된다. 따라서 리더는 부하의 태도나 행동을 보고 그의 성숙도를 판단하여 적절한 리더십을 선택해야 한다.

· 성숙도가 M1인 부하에게는 지시적 리더십이 적합하다.
· 성숙도가 M2인 부하에게는 설득적 리더십이 적합하다.
· 성숙도가 M3인 부하에게는 참여적 리더십이 적합하다.
· 성숙도가 M4인 부하에게는 위임적 리더십이 적합하다.

부하 직원이 미숙하고 게으르면 지시적 리더십을 사용해야 한다. 부하직원의 경험이 어느 정도 쌓여 일을 잘 처리해 나가는 경우에는 참여적 리더십이 적합하다. 나아가 부하직원이 매우 성숙한 수준에 이르렀다고 판단되면 위임적 리더십을 사용하고, 리더는 조언자로 남는 것이 효과적이다.

① 지시적 리더십

지시적 리더십(directing leadership: S1)은 높은 지시와 낮은 협력의 리더십이다. 부하에게 기준을 제시하고 지도하며 일방적인 의사소통과 리더 중심의 의사결정을 실시한다.

② 설득적 리더십

설득적 리더십(coaching leadership: S2)은 높은 지시와 높은 협력의 리더십이다. 리더는 결정사항을 부하에게 설명하고 부하가 의견을 제시할 기회를 제공하는 등, 쌍방적 의사소통과 공동 의사결정을 지향한다.

③ 참여적 리더십

참여적 리더십(participating leadership: S3)은 낮은 지시와 높은 협력의 리더십이다. 아이디어를 부하와 함께 공유하고, 부하들과의 인간관계를 중시하며, 부하들을 의사결정에 많이 참여시킨다.

④ 위임적 리더십

위임적 리더십(delegating leadership: S4)은 낮은 지시와 낮은 협력의 리더십이다. 의사결정과 과업수행에 대한 책임을 부하에게 위임하여 그들 스스로 자율적 행동과 자기통제하에 과업을 수행하도록 한다.

(3) 경로-목표 이론

House에 의해서 개발된 경로-목표 이론(path goal theory)은 부하들의 원하는 것을 확인하고 이것을 보상으로 제시하며, 보상을 얻을 수 있는 방법을 명확히 하는 것이 좋은 리더라는 관점을 가지고 있다. 경로 목표 이론은 동기이론의 기대이론(expectancy theory)에 근거하고 있다. 경로-목표 이론에서 제시하는 리더십의 유형은 4가지이다. 과제지향적 리더십과 유사한 지시적(directive) 리더십과 관계지향적 리더십과 유사한 지원적(supportive) 리더십 그리고 상의하고 의사를 반영시키는 참여적(participative) 리더십 마지막으로 도전적인 목표를 제시하고 수행의 개선을 강조하는 성취지향적(achievement) 리더십이다.

상황요인으로 파악되는 부하특성은 두 가지로 구분된다. 부하의 능력과 부하의 통제위치이다. 부하가 능력이 있다고 지각할 경우 지시적 리더 행동을 수용하려 하지 않고 부하가 능력이 부족하다고 지각할 경우에는 지시적 리더 행동을 선호하게 된다. 부하의 통제위치에서 결과가 자신 때문이라고 귀인하는 내적 통제 성향의 부하이면 참여적 리더 행동이 선호되지만 결과가 외부 때문이라고 귀인하는 부하라면 지시적 리더 행동을 선호하게 된다.

경로-목표 이론에서는 또 다른 상황요인으로 부하 요인 말고도 작업환경 특성이 있다. 과업이 구조화되고, 단순하며, 권위체계가 잘 잡혀 있어서 부하의 행동을 쉽게 제한하며 작업집단이 수행에 명확한 규범이 있다면 지시적이거나 성취지향적 리더 행동은 부하에게 불필요한 것으로 지각된다.

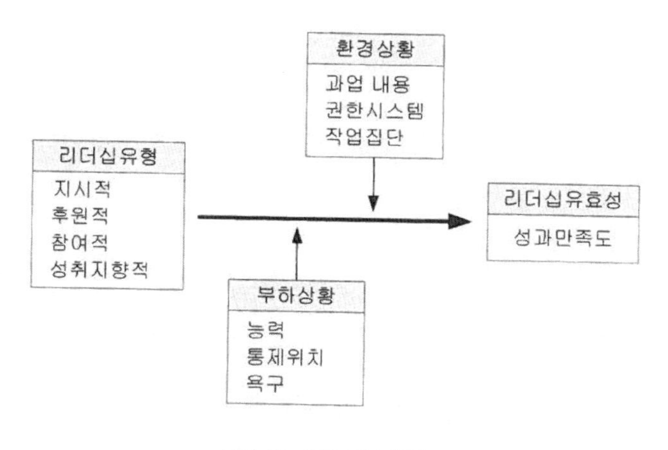

그림 83. 경로-목표 이론

경로-목표 이론에서는 부하들의 특성과 환경요인의 2가지 상황요소를 제시하고 있다. 부하들의 특성으로는 능력, 통제 위치, 욕구와 동기가 있다. 환경요인으로는 과업의 내용, 조직의 공식권한 시스템, 작업집단이 있다. 4가지 유형의 리더십은 부하들의 특성과 환경요인의 상황요소에 따라 달리 선택되어야 한다. 이제까지 밝혀진 연구들을 종합해 보면 다음과 같은 예측이 가능하다.

- 과업이 구조화되지 않았고 애매모호할 때는 지시적 리더십이 적합하다.
- 과업이 구조화되었고 명확할 때는 후원적 리더십이 적합하다.
- 통제 외재론자들은 지시적 리더십을 선호한다.
- 통제 내재론자들에게는 참여적 리더십이 적합하다.
- 안전욕구가 강한 부하는 지시적 리더십을 좋아한다.
- 권위주의적인 부하일수록 지시적 리더십을 받아들일 가능성이 크다.
- 부하직원들이 자신감이 없을 때는 후원적 리더십이 적합하다.
- 부하직원들이 의사결정에 참여하기를 원할 때는 참여적 리더십이 적합하다.
- 성취동기가 높은 부하에게는 성취지향적 리더십이 적합하다.
- 리더가 배려의 태도를 보이는 경우, 부하는 지시적 리더십을 기꺼이 수용한다.

4) 거래적 리더십과 변혁형 리더십

Burns와 Bass는 전통적인 리더십 이론이 대부분 거래적 리더십에 기초해 있다고 보고 그보다 한 차원 높은 변혁적 리더십을 제안하였다.

(1) 거래적 리더십

거래적 리더십(transactional leadership)에서 리더와 추종자의 관계는 거래와 협상에 기초한다. 즉, 거래적 리더(transactional leader)는 자신이 원하는 것을 추종자로부터 얻기 위하여 그들이 원하는 것을 제공한다. 교류적 리더십은 경로 목표 리더십과 유사하게 부하들의 수행 결과에 따라 상황별로 보상하는 리더십을 의미한다. 추종자들의 욕구를 만족시키는 보상과 리더가 필요로 하는 것을 상호 교환하는 것이다. 이러한 과정을 통하여 리더는 부하들에게 기대하는 성과를 달성하도록 유도한다. 거래적 리더십은 반복적이며 기대성과 수준의 측정이 가능할 때 효과적이다. 거래적 리더의 활동은 2가지 내용으로 이루어진다. 하나는 부하들의 성과에 따라 적절히 보상하는 것이며, 다른 하나는 부하가 규정을 위반했을 때 개입하여 시정하는 것이다.

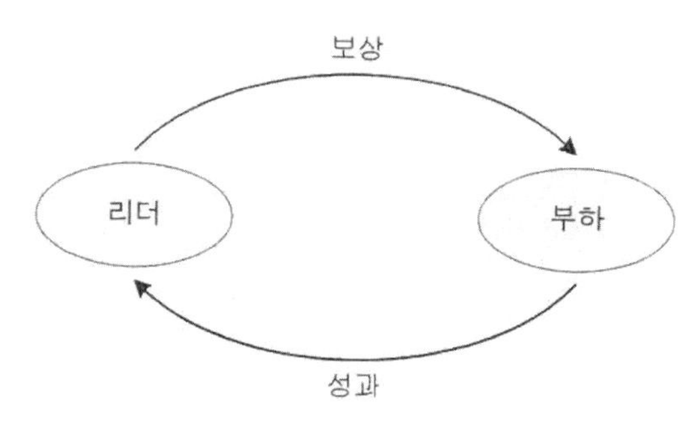

그림 84. 거래적 리더십

(2) 변혁적 리더십

리더와 부하 간의 교환 또는 특성과 상황과의 연계 이상의 리더십 개념이 있다고 보았다. Burns(1978)는 리더와 부하 간의 교환적 관계를 나타내는 교류적(transactional) 리더십과 부하들을 변화시키는 변혁형 리더십(transformational leadership)이 있다고 제시했다. 변혁적 리더십은 협약에 기초한 거래적 리더십과는 달리, 추종자들로 하여금 기대 이상의 성과를 올리도록 이끌어간다. 변혁적 리더십은 거래적 리더십과는 대조적이며, 카리스마적 리더십과 상당히 유사하다. Bass(1998)에 따르면 변혁형 리더는 부하들에게 비전을 제시하고, 배려적 인간관계를 형성하며, 부하에게 지적 자극을 주고, 부하들이 리더와 동일시하고, 부하에게 영감까지 주는 리더십이다.

변혁형 리더십에 대한 요인 분석 결과 이상화된 영향력, 부하에게 감흥을 주는 영감적 리더십, 지적 자극 리더십, 개인적 배려 요인이 있는 것으로 탐색되었으며, 변혁형 리더십을 측정하는 리더십 척도로 다중요인 리더십 설문지(multifactor leadership questionnaire)를 개발하였다.

① 변혁적 리더십의 개념

변혁적 리더십(transformational leadership)은 추종자들의 요구를 비전으로 반영하여 기대 이상의 성과를 달성하도록 동기를 부여하는 리더십이다. 변혁적 리더에게 가장 중요한 자질은 카리스마적 리더와 마찬가지로 비전제시와 동기부여이다.

리더는 조직의 발전을 위한 장기적인 비전을 제시하고 추종자들에게 비전을 따르도록 동기를 제공한다. 리더는 비전을 달성할 수 있다는 강한 확신 속에서 모범을 보이며 추종자들이 기대감을 가지고 자아실현에 이르도록 조언하며 격려한다. 리더의 확신과 헌신적인 태도에 추종자들은 존경과 신뢰를 갖는다. 또한 리더가 제시한 비전을 함께 공유하며 자발적인 충성을 다하게 된다.

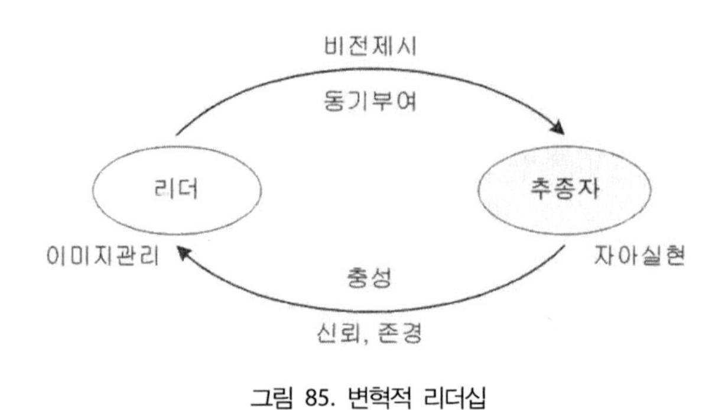

그림 85. 변혁적 리더십

② 거래적 리더십과 변혁적 리더십 차이

거래적 리더십과 변혁적 리더십에는 차이가 있다. 거래적 리더십과 변혁적 리더십의 특성은 매우 대조적이지만 상호 배타적인 것만은 아니다. Bass(1998)는 2차 세계대전 당시의 프랑스 대통령 드골과 미국 대통령 루즈벨트 같은 세계적인 리더들을 예를 들면서, 상황에 따라 두 가지 리더십을 동시에 구사할 수 있다고 주장하였다. 더 나아가 거래적 리더십과 변혁적 리더십을 함께 적절히 사용할 줄 알아야 유능한 리더가 될 수 있다고 주장하였다.

표 19. 거래적 리더십과 변혁적 리더십 차이

구분	거래적 리더십	변혁적 리더십
목표	현재 상태를 유지함	현재 상태를 변화시킴
시간	단기적 목표를 위해 노력	장기적 목표를 위해 노력
동기부여	즉각적인 보상으로 동기부여	자아실현과 같은 높은 수준의 개인적 목표를 추구하도록 동기부여
행동기준	규칙과 관례를 따름	변화되고 새로운 목표에 도전하도록 격려
문제해결	부하들에게 문제의 해결방법을 제시함	부하들 스스로 문제를 해결하도록 격려하거나 도와줌

5) 카리스마 리더(charisma leader)

앞서 설명한 리더의 특성 및 행위와 상황이론과 같은 전통적 리더십 이론들은 그 어느 것도 리더십에 관한 의문점들을 명쾌하게 대답하지 못하고 있다. 따라서 최근에는 새로운 관점에서 연구된 현대적 리더십 이론들이 등장하고 있다. 그중에 한 가지가 특성이론의 대표이기도한 카리스마 리더 이론이다.

(1) 카리스마적 리더십의 개념

카리스마(charisma)는 '은혜' 또는 '선물'을 뜻하는 그리스어 'charis'에서 유래된 단어로 '천부적인 것', '불가항력적인 것'을 의미한다. 카리스마적 리더십은 1920년대 Max Weber에 의하여 제시된 이론으로, 추종자들로 하여금 불가항력적으로 따르게 하는 천부적인 리더십을 말한다. 추종자들은 카리스마적 리더십을 가진 리더의 비전이나 가치관에 대하여 신뢰감을 갖고 열정적으로 리더를 따르게 된다.

(2) 카리스마적 리더의 특성

카리스마를 리더 개인이 갖는 특성(traits)으로 보는가 하면, 사회적 교환관계에서 해석하는 연구도 있다. 카리스마를 개인의 특성으로 보는 관점은 앞서 리더십의 특성이론과 유사하다. 카리스마의 대표적인 특성으로 강렬한 눈빛과 매력적인 목소리를 꼽기도 한다. 그러나 신체적인 특성들이 개인의 카리스마 형성에 어떻게 작용했는지에 대한 실증적인 연구는 많지 않다.

사회적 관계차원에서 카리스마를 살펴보자. 카리스마적 리더와 추종자들은 서로 상호의존적인 관계를 갖는다. 리더는 추종자들의 지원과 적극적인 복종을 필요로 한다. 반면에 추종자들은 리더가 자신들의 욕구를 해결해 주고 도움을 줄 것으로 기대한다. 따라서 카리스마적인 리더를 따르는 추종자들은 일반인들과 달리 다음과 같은 특징을 갖는다.

- 리더에 대한 높은 존경심을 갖는다.
- 리더에게 충성과 헌신을 다한다.
- 리더에 대한 애정이 있다.
- 고도의 성취를 기대한다.
- 무조건적으로 리더에게 복종한다.

(3) 카리스마적 리더의 자질

카리스마적 리더에게 요구되는 자질로는 비전의 제시, 비전의 전달능력, 비전의 실천, 이미지 관리가 있다.

① 비전 제시

리더는 현실의 문제점을 비판하고 미래의 이상적인 비전을 제시하며 달성할 수 있다는 강한 신념을 추종자들에게 불어넣는다. 이때 리더가 제시하는 비전은 추종자들의 희망과 기대를 반영하는 것이어야 하며, 그 결과 추종자들을 결집시켜 기대 이상의 성과를 달성하도록 동기를 불러일으키게 된다. 카리스마적 리더는 추종자에게 군림하는 대신 그들의 욕구를 자신의 리더십에 투영하여 조직을 이끌어간다. 따라서 카리스마적 리더십에서 가장 필요한 덕목은 비전제시와 동기부여이다.

② 비전의 전달

카리스마적 리더는 제시한 비전의 중요성을 추종자들에게 분명하게 전달하여 꿈과 용기를 불어넣어야 한다. 리더는 고도의 자신감과 자기 신념에 의한 높은 확신을 가지고 있으며, 이것은 추종자들로 하여금 리더를 믿고 추종하게 만든다. 리더는 추종자들의 욕구와 관심을 잘 알고 있으며, 그것을 채워줄 수 있는 능력이 자신에게 있다고 강조한다.

③ 비전 실천

카리스마적 리더는 모범을 보여줌으로 추종자들의 행동뿐만 아니라 가치관, 태도, 감정 등 모든 것을 자신이 원하는 방향으로 변화시킨다. 이들은 제시한 비전을 달성하기 위하여 헌신하며 상당한 위험까지도 감수한다. 추종자들은 리더의 그 같은 실천적인 행동을 보면서 리더를 신뢰하며 따르게 된다. 카리스마적 리더들은 비전을 실천하는 일에 있어서 관습에 얽매이지 않으며, 독창적인 방안들을 개발해내기도 하며, 때로는 과장되거나 거짓된 행동도 서슴지 않는다.

④ 이미지 관리

이미지 관리는 카리스마적 리더에게 매우 중요한 요소이다. 개인적 이미지는 표정, 말, 의상에 의하여 대부분 결정된다. 카리스마적 리더는 얼굴표정, 의상, 장식물 등을 이용하여 사람들 앞에서 매력적인 외모와 당당한 태도를 늘 유지한다. 또한 넘치는 에너지, 남다른 지구력, 뛰어난 웅변술 등으로 추종자들로부터 존경과 신뢰를 받는다.

(4) 카리스마적 리더십 이론

카리스마적 리더십 이론은 매우 많다. 그들 가운데 많이 알려진 House의 카리스마적 리더십 이론과 Shamir의 카리스마적 자아개념모델을 소개한다.

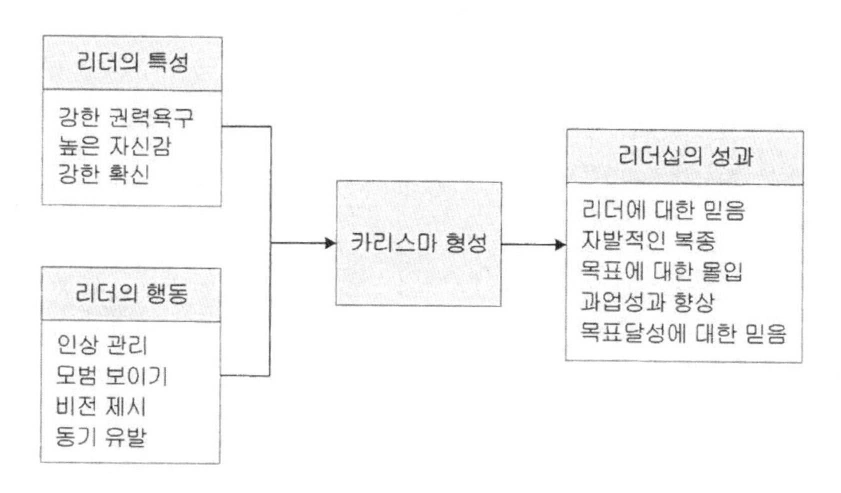

그림 86. House 카리스마적 리더십 이론

① House의 카리스마적 리더십 이론

House는 카리스마를 리더와 추종자들의 특수한 관계에서 발생한다고 생각했다. 추종자들이 리더의 생각을 옳게 생각하고 그가 내세우는 조직의 목표에 대하여 감성적인 몰입에 빠지게 될 때 리더는 카리스마를 갖게 된다는 주장이다. 하우스는 리더가 카리스마를 형성하는데 영향을 미치는 변수들과 카리스마의 효과를 포함하는 모델을 제시하였다.

리더는 강한 권력 욕구를 가지고 자신감으로 자신의 관점에 대하여 강한 확신을 가진다. 또한 외모에서 풍기는 자신의 인상을 관리하고, 모범을 보이며, 추종자들에게 높은 기대를 설정하게 하고, 비전을 제시함으로 그들의 동기를 유발한다. 이러한 리더의 특성과 행동은 추종자들에게 카리스마로 나타난다.

카리스마의 성과는 특히 위기적 상황에서 위력을 발휘한다. 추종자들은 리더를 신뢰하여 자발적인 복종심과 애정을 가지고 리더의 주장을 거의 무조건적으로 수용하게 된다. 이들은 리더와 동질화하는 가운데 리더의 목표에 감성적으로 몰입하게 되며 성과가 극대화됨에 따라 목표 달성이 가능하다는 믿음을 가지게 된다.

② Shamir의 카리스마적 자아개념모델

Shamir(1991)와 그의 동료들은 카리스마적 리더가 추종자들에게 영향을 미쳐 뛰어난 성과를 발휘하는데 작용하는 심리적 과정을 '카리스마적 자아개념이론'으로 설명하고 있다. 카리스마적 자아개념이론은 개인적 동일화, 사회적 정체성, 내면화, 자기효능감(self-efficacy)의 4가지 요소들로 이루어진다.

개인적 동일화는 추종자가 자신과 리더를 동일시하여 리더의 행동을 흉내 내고 리더와 같은 태도를 갖게 되는 것을 의미한다. 또한, 사회적 정체성의 형성은 개인이 특정 집단과 동일시하는 것을 의미한다. 카리스마적 리더는 자신의 조직을 다른 조직들과 차별화시켜 매력적인 정체성을 확립함으로써 사람들로 하여금 참여하고 싶도록 만든다. 카리스마적 리더의 추종자들은 리더의 비전을 자신의 것으로 만들고 그가 대변하는 가치관과 이념을 내면화한다. 리더는 현재보다는 미래의 더 큰 보상을 강조하여 추종자들의 기대감을 극대화시킨다.

외적 보상보다는 비전을 성취함으로써 얻게 되는 내적 보상을 더 중요시하는 것이다. 마지막으로 카리스마적 리더는 추종자들의 자기효능감을 향상시켜 기대 이상의 성과를 나타내게 한다. 이상과 같은 Shamir의 자아개념모델을 도식화하면 다음과 같다.

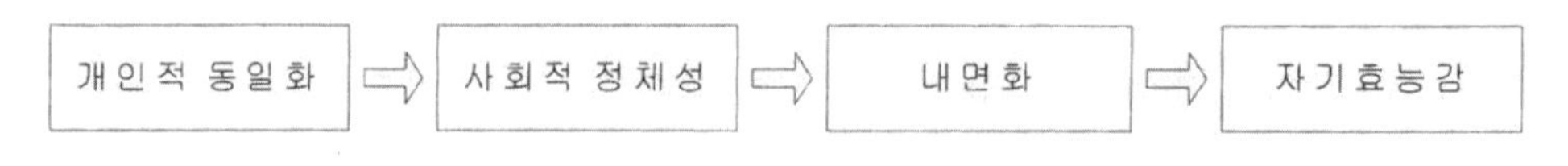

그림 87. Shamir 카리스마적 자아개념 모델

(5) 카리스마의 어두운 면

카리스마적 리더십에 있어서 가장 문제가 되는 것은 '카리스마의 어두운 면(the dark side of charisma)'이라고 일컬어지는 부작용이다. 이것은 윤리적 문제로부터 법적인 문제에 이르기까지 다양한 형태로 나타난다. 카리스마적 리더가 윤리적 기준을 넘어서게 되면 믿고 따르는 추종자들을 자신의 개인적인 야망이나 목적을 달성하는 데 이용할 수 있다.

카리스마적 리더들은 반대의견에 귀를 기울이지 않으며, 자신의 주장만을 고집하는 경우가 자주 있다. 이들은 확고한 자신감, 추종자들의 몰입, 설득력 등을 갖추고 있으므로 웬만한 반대 의견은 크게 문제시하지 않는다. 이런 카리스마적 리더의 아집으로 인하여 자신과 조직을 파국으로 몰고 갔던 사례는 얼마든지 찾을 수 있다.

6) 자기리더십

Sims와 Lorenzi(1992)는 자기리더십(self leadership), 초월적 혹은 초리더십(super leadership)을 제시하였다. 'super'는 강하다는 뜻이 아니라 부하들로 하여금 자기 스스로 업무 추진을 하게 만드는 상사로 부하들에 대한 업무관리를 초월한다는 의미이다. 자기리더십은 진정한 리더란 부하들의 역량을 개발하여 부하들로 하여금 자율적으로 업무를 추진하게 하고 스스로, 자기조절 능력을 갖게 만드는 것을 말한다. 자기리더십의 특징은 자기목표 설정, 자기관찰, 자기강화, 자기처벌, 자기효능감 등이 있다. 자기리더십은 부하들이 스스로 자신을 리드하는 역량과 기술을 갖도록 만드는 리더십이다. 즉, 조직의 진정한 리더는 부하들이 그들 각자가 '자기리더(self-leader)'가 되는 것이다.

자기리더십은 전통적인 리더십과 큰 차이가 있다. 전통적인 리더와 부하들 간의 관계는 조직의 지위계층을 기반으로 형성되었다. 따라서 리더는 조직의 목표달성을 위해 부하들을 지시 통제하는 데 역점을 두었다. 이에 반해 자기리더십은 조직의 지위계층보다는 상호호혜적인 관계에서 리더와 부하들 간의 관계를 설정한다. 즉, 리더는 부하들이 충분히 역할을 수행할 수 있도록 지원하며 부하들은 자신의 능력발휘를 통해 리더와 상호작용한다. 리더는 부하들이 효율적으로 행동하도록 지도하고 격려함으로 동기를 제공한다. 부하들에게 최대한 자율권을 부여하고 리더 자신은 지배자나 감독자가 아닌 코치와 상담자의 역할만 담당한다.

(1) 자기리더십 조건

부하들을 효율적인 자율집단으로 만들어 자기리더십을 발휘하기 위해서는 다음의 몇 가지 조건이 만족되어야 한다. 첫째, 부하나 자기관리 경영팀이 자율적으로 단기목표와 장기목표를 설정하고 현재와 목표 수준 간의 차이를 분석하여 자율 수정할 수 있는 자기목표 설정이 필요하다. 둘째, 수행 결과를 스스로 피드백할 수 있는 자기관찰이 필요하다. 셋째, 수행에 대한 자기강화와 수행 결과에 대한 내적 보상인 자기보상이 필요하다. 넷째, 자신이 자율적으로 설정한 목표에 도달하지 못한 데 대한 자기비판과 자기처벌이 필요하다. 마지막으로 다섯 번째, 부하들로 하여금 할 수 있다는 생각과 자신감을 부여해주는 자기효능감이 필요하다. 이러한 자기 리더십을 발휘하는 리더의 조건은 다음과 같다. 첫째, 리더는 자기리더가 되어야 한다. 둘째, 리더는 부하들을 자기리더로 만들어야 한다. 셋째, 리더는 조직을 자율경영체계로 전환시켜야 한다.

① 자기리더가 되라

자기리더가 되려면 먼저 리더 자신이 자기리더가 되어야 한다. 리더가 자기리더가 되는 것은 스스로 나아갈 방향을 정하고, 자기계발을 통하여 자질과 능력을 향상시켜 부하직원들로부터 인정과 신뢰를 받는 것을 전제로 한다. 이렇게 될 때 리더는 모범적인 행동을 통해 자연스럽게 부하직원들의 역할모델이 된다.

② 부하들을 자기리더로 만들라

리더는 부하직원들에게 스스로 목표를 설정하게 하여 목표달성에 대한 의욕과 책임의식을 심어준다. 또한 부하직원들이 스스로 설정한 목표에 따라 자기리더십을 계발해 나가도록 격려하고, 목표를 제대로 수행하고 있는지 지도한다. 리더는 부하직원들의 능력이 뛰어나다는 암시를 자주 던져주어 그들이 자신의 능력에 대하여 긍정적인 믿음을 가지게 한다. 부하직원들이 주도적으로 직무를 수행한 경우에는 적절히 보상하고 그렇지 못한 경우에는 지도와 질책을 병행한다.

③ 자율경영체계로 전환시켜라

조직을 자율경영체계로 전환하는 것은 부하직원들의 자발적인 행동을 격려하기 위하여 반드시 필요하다. 자율적인 경영체계가 불가능한 경우에 부하직원들의 자기리더십은 현실화되기 어렵다. 자율경영팀의 활동을 통해 팀원들의 자기리더십 행동을 촉진하고 자기리더십 문화를 정착시킨다. 이렇게 될 때 팀원들은 스스로 결정하고 행동하는 자기리더가 되고, 리더는 자기리더를 만드는 자기리더가 된다. 자기리더십이 효과적으로 발휘되면 조직에는 다음과 같은 긍정적인 효과가 나타난다.

· 구성원의 조직몰입과 동기수준이 높아지고 각자의 역량이 배가된다.
· 조직의 성과가 향상되고 혁신이 활성화된다.
· 구성원들의 자기리더 육성과 슈퍼 리더 탄생이 가능해진다.

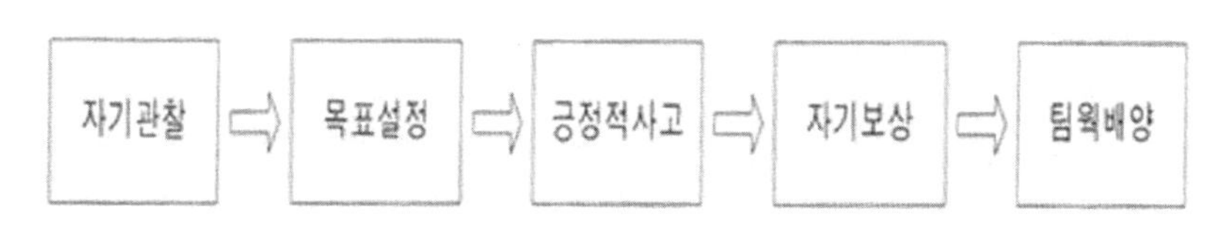

그림 88 자기리더십 과정

(2) 팀리더십과 자기리더십

팀은 오늘날 조직 내에서 대표적인 작업 집단이 되었다. 따라서 기업조직은 물론 행정조직, 병원, 대학조직에서도 모든 업무는 팀으로 이루어진다. 팀에서 팀장의 역할은 종래 일선 관리를 맡던 부장이나 과장과는 다르다. 팀장의 역할은 다음과 같이 요약된다. 첫째, 팀장은 팀과 관계된 외부와의 연결자 역할을 한다. 둘째, 팀장은 팀이 문제에 부딪혔을 때 회의와 협상을 주도하고, 외부의 도움을 요청하며, 때로는 자신이 직접 해결을 도모한다. 셋째, 팀장은 팀원 간에 갈등이 있을 때 이를 해결할 뿐만 아니라, 갈등을 최소화하기 위하여 보상, 업무할당, 배치 등에 팀원과 계속 협의해나간다. 마지막으로 팀장은 팀원에게 할 일을 제시하고 가르쳐주며, 지원하며, 장단점을 관찰하여 알려준다. 팀의 궁극적 목표는 스스로 발전하는 자율경영팀이며, 팀을 효과적으로 이끌어가는 이상적인 리더십은 자기리더십이다.

자기리더십(self-leadership)은 스스로 목표를 설정하고 최선을 다하여 목표를 실현시키는 자기경영 마인드이다. 즉, 자신을 변화시키는 지속적인 과정이 자기리더십이다. 성공한 사람들을 살펴보면 그들이 자기리더십을 실천해왔다는 사실을 알 수 있다. 성공한 사람들은 자신과의 싸움에서 끝까지 인내했으며, 끊임없이 변화에 도전하여 자기계발에 혼신의 힘을 다하였다. 자기리더십에는 자신을 바꾸는 전략이 필요하며, 자기관찰, 목표설정, 긍정적 사고, 자기보상, 팀 의식 배양의 과정으로 이루어진다.

· 자기관찰 : 현재 내가 누구이고, 앞으로 무엇이 될 것인지 끊임없이 질문을 던지며 살핀다.
· 목표설정 : 목표를 정하면 효과적으로 자신의 행동을 관리할 수 있다.

· 긍정적 사고 : 긍정적 사고는 삶을 좋은 방향으로 개선하도록 이끌어준다.
· 자기보상 : 자신의 바람직한 행동에 대하여 스스로 보상하여 다음 행동에 영향을 준다.
· 팀 의식 배양 : 팀으로 함께 일함으로 더 많은 성취를 얻는다.

7) 서번트리더십

서번트리더십(servant leadership)은 종과 리더가 합쳐진 개념이다. 종래의 리더십이 전제적이고 수직적인 데 비하여, 섬기는 리더십은 추종자들의 성장을 도우며 팀워크와 공동체를 세워나가는 현대적 리더십이다. 서번트리더십이란 역설적 아이디어는 서번트와 리더라는 두 단어의 창조적이고 의미 있는 방식의 결합을 통해 출현한 것이라고 말할 수 있다. 서번트리더십은 리더 자신의 관심보다는 부하들의 이익을 우선시하는 리더십의 이해와 실천이라고 정의한다. 혹은 서번트리더십은 팀제 및 공동체에 기반하여 사람들을 의사결정에 참여하게 하고, 윤리적이고 배려적인 행동을 하며, 부하들의 인적성장을 추구하는 서비스적 리더십이라고 정의할 수 있다. 특징은 도덕적인 영역을 지향한다.

(1) 서번트리더십 개념

섬기는 리더십의 이론을 정립한 Greenleaf는 '훌륭한 리더는 하인처럼 행동하는 사람'이라고 말하였다. 하인은 자기중심이 아니라 타인(주인)의 요구에 따라서 타인에게 우선권을 주는 사람이다. 따라서 섬기는 리더십은 자신보다 부하 직원, 고객, 지역 사회를 섬기는 것을 우선으로 하며, 과업보다는 인간을 최대한 배려한다. 섬기는 리더의 대표적인 예는 미국의 대통령인 링컨을 들 수 있다. Greenleaf는 섬기는 리더십의 아이디어를 헤르만 헤세의 소설 '동방으로의 여행'에서 얻었다. 이 소설은 귀족 등 상류층 인물들의 동방여행을 소재로 삼고 있다. 그 소설에서는 허드렛일을 도맡아하는 레오가 주인공이다. 레오는 일행의 온갖 심부름을 도맡아 했고 여행은 순조롭게 진행되었다. 그러나 어느 날 그가 떠나자 일행은 혼돈에 빠지고 분열되어 결국 여행은 중단되고 만다. 레오가 없어진 후에야 사람들은 그가 없으면 아무것도 할 수 없다는 사실을 깨닫는다. 세월이 흐른 후 일행 중 한 사람이 레오를 만나 여행을 후원했던 교단에 함께 가게 된다. 거기서 레오는 그 교단의 책임자인 동시에 정신적 지도자이며 훌륭한 리더라는 사실을 알게 된다. 레오는 섬기는 리더의 전형인 것이다.

(2) 서번트리더 요건

섬기는 리더가 갖추어야 할 요건으로는 경청, 공감, 치유, 청지기 정신, 구성원의 성장을 위한 노력, 공동체 형성이 있다.

- 경청 : 구성원들의 말을 존중과 수용적인 태도로 귀담아 듣고 이해하려는 태도이다.
- 공감 : 구성원들의 감정에 동감을 표시하며 그들이 실수했을 때 함께 안타까워한다.
- 치유 : 구성원들의 어려움과 실패를 위로하며 해결해주기 위하여 노력한다.
- 청지기 정신 : 청지기의 자세로 조직의 물적, 인적 자산을 관리하고 봉사한다.
- 구성원 성장 : 구성원들의 능력을 개발, 성장시키기 위하여 노력하며 필요한 자원을 제공한다.
- 공동체 형성 : 서로 존중하며 봉사하는 공동체 의식을 구성원들에게 심어주기 위하여 노력한다.

8) 글로벌 리더십

최근의 산업심리학자들은 각 문화권이나 국가별 리더십 유형과 이론을 소개하고 글로벌 리더십 역량을 제시하고 있다. 문화별 리더의 개인적 가치관과 문화별 성취, 유친, 권력욕구, 문화별 리더의 개인목표, 문화별 리더의 역량 차이, 문화별 리더십 능력 등을 종합해서 Global 리더십이라고 한다. Rhinesmith(1996)는 변화하는 세계에서 Global 리더십을 육성하기 위해서는 6가지 역량이 필요하다고 보았다.

① Global 경영관리역량

Global 경영관리역량이란 자본, 기술, 공급자, 설비, 시장기회 및 인적 자원을 세계 각국에서 조달하기 위한 정보를 세계적 차원에서 수집하는 역량과 이들 정보를 조직의 경쟁 우위 확보와 이윤 증대를 위해 활용하는 역량과 지식이다.

② 사업 환경 다양성 인식역량

사업 환경 다양성 인식역량이란 개인과 조직 효과성에 영향을 미치는 복잡하고 다양한 관계를 Global 차원에서 인식하고 분석하며 직관적으로 관리하고 개념화하는 역량이다.

③ 탄력적 조직적응역량

탄력적 조직적응역량이란 여러 가지 사업, 기능, 업무과제에 대한 의사결정을 집권화하거나 분권화하는 능력이다. 그리고 Global 차원에서 잘 조정되고 빠른 의사결정과 실행이 이루어지도록 환경 변화에 유연하고 탄력적인 Taskforce Team을 구성하고 해체하는 역량을 말한다.

④ 이문화팀 관리역량

이문화팀 관리역량이란 기능적 기술, 경험수준, 문화적 배경이 다양한 팀을 이문화 민감성과 자기문화 인식을 함께 가지고 관리하는 감수성 역량이다.

⑤ 불확실성에 대한 관리역량

계속적인 환경 변화와 불확실성을 관리하는 역량을 의미하며 불확실성에 대한 인내와 관리를 통해서 조직은 환경 변화에 적절하게 대처할 수 있다.

⑥ 학습조직의 조성역량

학습조직 조성역량이란 새로운 지식과 문화적 관점을 탐색하고 Global 차원의 피드백을 탐색하여 개인학습과 조직학습을 제고하는 역량이다.

9) 팔로어십

Kelley는 기존의 리더십이론이 리더에게만 초점을 맞춤으로 추종자들이 가지는 특성을 무시했다고 비판했다. 아울러 추종자인 팔로어(follower)들이 가지는 팔로어십을 따로 연구해야 리더 중심의 리더십이론을 보강할 수 있다고 주장하였다.

(1) 팔로어십 개념

리더가 성공적으로 역량을 발휘하도록 도와주는 것이 팔로어십(followership)이다. 팔로어십에 의하면 추종자들이 적절한 역할을 해주지 못하면 리더십의 성과가 나타나지 못한다고 한다. 팔로어십을 꾸준히 연구해왔던 Kelley는 조직의 성공에 있어서 리더가 기여하는 정도는 10～20%에 불과하고 나머지 80～90%는 추종자들에 의하여 결정된다고 주장하였다.

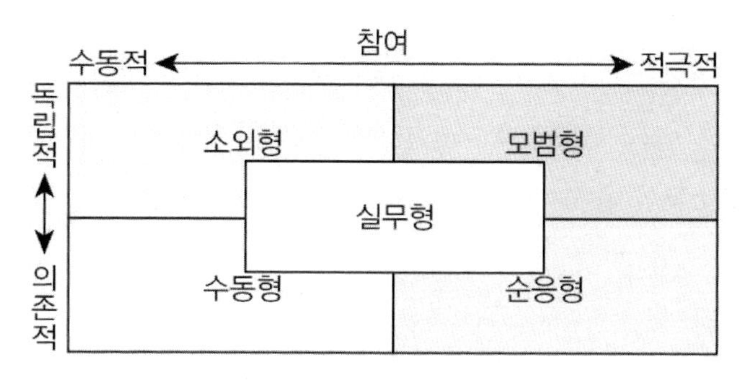

그림 89 팔로어 유형

(2) 팔로어 유형

Kelley는 추종자들을 독립적-의존적 사고와 수동적-능동적 참여의 2가지 차원으로 구분하여, 소외형, 순응형, 수동형, 모범형, 실무형의 5가지 유형을 제시하였다.

① 소외형

소외형은 소극적이지만 독립적이고, 비판적인 사고를 하는 유형이다. 이런 유형의 사람들은 어떤 문제든지 독립적으로 사고하지만, 정작 그 문제를 해결하는 데에는 참여하지 않는다. 이들은 동료들의 문제를 적극적으로 도와주지는 않으며 냉소적이고 적대적이다.

② 순응형

순응형은 과업에 적극적으로 참여하지만, 비판적인 사고를 하지 않는 유형이다. 이런 유형의 사람들은 무엇이든지 적극적으로 나서서 실행하려고 하지만 창의성에서 다소 뒤떨어진다.

③ 수동형

수동형은 창의적, 비판적으로 사고하지 않으면서, 동시에 적극적으로 참여도 하지 않는 유형이다. 이런 유형의 사람들은 책임지지도 않으려 하고, 앞에 나서서 일하는 것도 싫어한다. 이들은 시키는 일을 감독을 받고 있을 때에 행한다.

④ 모범형

모범형은 창의적이고, 비판적이며, 적극적으로 참여하는 유형이다. 이런 부류의 사람들은 어떤 지위에 있는 사람이든지 동일하게 대하며, 위험을 기피하지 않으며, 변화를 주도하고, 스스로 책임지려고 한다.

⑤ 실무형

실무형은 다른 4가지 유형을 조금씩 포함하는 유형으로, 이런 유형의 사람들은 자신의 위험을 최소화하고 이익을 극대화하려고 한다. 이들은 자신을 드러내지 않는 것이 최선이라고 판단될 때는 수동형의 자세를 취하고, 규칙과 절차를 따라야만 하는 상황에서는 순응형이 된다.

10) 코칭리더십

끊임없이 질문하는 '산파술'은 소크라테스의 핵심 교수법이다. 이것은 당연하다고 여기는 내용에 대하여 계속해서 질문을 던져서 스스로 잘못을 깨닫게 하는 교육방식이다. 최근 코칭리더십(coaching leadership)이 전 세계에 붐을 타고 있다. 이것은 부하직원이 모르는 것을 상사가 직접 가르쳐주는 것이 아니라 질문을 던져 스스로 깨닫게 하여 목표에 도달하게 하는 현대적 리더십이다.

(1) 코치의 의미

코치의 어원은 마차(coach)에서 유래되었다. 즉, 코치는 마차에 타고 있는 손님을 목적지까지 올바로 도착하도록 인도하는 마부의 역할을 한다. 코치의 역할을 담당하는 상사는 부하직원의 현재 모습을 진단하고 의사결정이나 문제해결을 도와준다. 이것은 부하직원이 스스로 파악하지 못한 부분에 통찰력을 갖게 하고 내면의 변화를 행동으로 옮기도록 하는 과정에서 큰 역할을 한다. 코칭은 개인의 변화와 발전을 지원하는 파트너십 과정이다. 다른 사람의 성장에 관심이 있는 사람이라면 누구나 코치가 될 수 있다. 이러한 코칭기술을 자신에게 적용할 때 자신을 위한 '셀프코치'가 된다.

(2) 코칭의 기술

코치인 상사는 부하직원이 원하는 것을 깨닫게 하고, 부하의 발전과 변화를 돕는 동역자의 역할을 한다. 코치는 부하직원이 스스럼없이 자신의 생각을 표현할 수 있게 해야 하며, 효과적인 질문을 통하여 부하직원이 스스로 해결책을 찾아내도록 도와주어야 한다. 코칭에서 가장 중요한 요소인 듣기, 질문하기, 피드백, 태도의 기술에 관하여 살펴보기로 하자.

① 듣기

코칭에서 듣기는 부하직원을 이해하는 가장 중요한 수단이다. 코칭에서 듣기는 일반 대화에서 듣기와 차이가 있다. 코칭에서는 상대방의 말을 판단하지 않고 있는 그대로 수용하며, 상대방의 입장에서 그의 생각과 감정을 이해하려는 마음자세로 듣는다. 상사가 적극적 경청의 자세로 대할 때, 부하직원은 자신이 이해받고 있다고 느끼며 쉽게 마음을 열게 된다.

② 질문하기

코칭리더십의 핵심은 질문이다. 사람은 지시를 받게 되면 그 지시만 이행하려 할 뿐 생각을 하지 않는다. 그러나 질문을 받게 되면 답변을 생각하게 되고, 답변과 관련된 말을 해야 한다. 예전에는 경험 많은 상사가 조직에서 일어나는 문제와 그 해답을 대부분 알고 있었으므로 지시가 효과적이었다. 하지만 오늘날의 급변하는 상황에서는 상사도 경험하지 못한 문제들이 자주 생겨나게 된다. 따라서 현장을 잘 알고 있는 부하직원들이 스스로 해답을 찾는 것이 보다 효과적이며, 이를 위해 필요한 것이 질문이다. 코치는 부하직원들에게 질문을 던지고 생각하게 하면서 그들의 능력을 이끌어낸다. 그런 의미에서 코치는 부하를 단순히 도와주는 조력자(helper)가 아니라, 부하가 능력을 발휘하도록 지원해주는 지원자(supporter)에 가깝다.

③ 피드백

피드백은 부하직원의 행동에 대하여 긍정적이고 미래지향적인 반응을 함으로 동기를 제공하는 것이다. 코치인 상사는 부하직원이 무엇을 잘하고 있는지, 어떤 일에 재능이 있는지, 성장발전하려면 무엇을 해야 하는지 등을 구체적으로 말해주어야 한다. 부하직원은 이러한 피드백을 통하여 자신의 장단점을 깨닫게 된다. 피드백의 기술은 긍정적 피드백과 발전적 피드백으로 구분된다. 긍정적 피드백은 칭찬과 인정을 가리키며, 이것은 부하직원의 자신감을 강화시킨다. 또한 발전적 피드백은 부하직원에게 발전이 필요한 부분을 구체적으로 언급함으로 스스로 개선방안을 세우게 하는 데 도움을 준다.

④ 태도

태도는 상사가 부하직원에게 전달하는 지지, 기대, 신뢰로서 모든 코칭의 기술이 효과적으로 발휘될 수 있는 기반을 마련한다. 상사가 부하직원을 지지한다는 것은 부하직원의 생각이나 감정에 대하여 공감을 표시하는 것이다. 상사가 기대를 갖고 있다는 것은 상사가 원하는 이상으로 부하직원이 성과를 달성할 것으로 바라고 기다리는 것을 말한다. 상사가 신뢰한다는 것은 부하직원이 설정한 목표에 도달할 능력이 있다고 여기는 것을 의미한다.

(3) 팀과 코칭리더십

조직에서 팀의 중요성이 높아지고 있다. 따라서 구성원 개개인의 능력보다는 팀원들의 상호교류를 통한 전체 구성원의 능력을 이끌어내는 리더십이 요구된다. 이를 위하여 팀의 리더는 스포츠 팀의 코치처럼 행동해야 한다는 코칭리더십이 강조되고 있다. 팀장은 관리나 통제가 아니라 팀 내외의 정보 흐름과 소통을 촉진해야 한다. 또한 자율을 최대한 보장하며 팀원들에게 적시에 적절한 내용으로 충고해야 한다.

(4) 코칭리더십 기대효과

코칭리더십의 기대효과를 개인과 조직의 차원에서 각각 생각해보자. 개인의 차원에서 살펴볼 때 코치와 부하직원은 파트너십을 통해 성과를 이끌어낸다. 코치는 부하직원에게 자신의 목표를 설정하도록 함으로써 성취감을 느끼게 하고, 성공의 경험을 통해 자신감을 배양하도록 하며, 지속적인 자기계발을 통해 성공을 이어나가게 한다.

조직의 차원에서 볼 때, 코칭은 부하직원의 필요를 만족시키며 높은 성과를 가져다주는 핵심 인재를 육성하게 한다. 또한 지시, 명령 하달의 일방적인 의사소통을 질문과 답변으로 이루어지는 상호 간의 의사소통으로 바꿈으로, 인간관계를 개선하고 신뢰를 구축하는 데 기여한다. 그 외에 코칭은 상호존중의 문화를 구축하여 자신을 더욱 자유롭게 표현하게 하는데, 이것은 창의력 개발로 이어져 막대한 조직성과로 나타난다.

•••

조직태도와 직무태도 이론들이 산업심리학에서 중요한 이유는 일과 직무를 통해서 행복을 추구하는 것이 인간의 기본적인 속성이기 때문이다. 조직태도와 직무태도의 가장 기본에는 직무만족과 조직몰입, 조직동일시, 조직 시민 행동, 조직공정성, 조직의사소통, 신뢰이론, 역할이론, 직무스트레스 등이 있다.

XI. 조직태도와 직무태도

1. 조직태도

1) 직업몰입과 조직몰입

직업몰입을 개인이 자신의 직업(career)에 대한 감정적 몰입을 하는 것이라 정의한다면 직업몰입과 조직몰입 둘 다 정서에 의해 유사하게 결합되어 있다고 볼 수 있다. 하지만 약간의 구별점도 있는데 직업몰입은 직업이 아닌 자신이 실제 수행하고 있는 일인 직무에 관여되어 있는 상태이기 때문에 조직 자체에 몰입하는 조직몰입과는 다른 개념이다.

(1) 직업몰입

Reilly와 Orzak(1991)은 직업몰입(career commitment)을 종업원이 자신이 속한 조직에 대하여 충성심을 느끼는 정도, 조직에 대한 개인의 정서적, 감정적 애착이라고 정의 내렸다. 전문직일 경우 직업과 조직에 대해 이중 몰입을 할 수 있다. 연령과 재직기간에 따른 직업몰입은 서로 다른 경력 단계와 관련되어 있다.

경력 단계모델에서는 재직기간과 연령으로 경력단계를 결정할 수 있다. 첫 번째 탐색단계는 재직기간이 24개월 미만일 경우이며, 연령은 30세 이하 단계이다. 두 번째 확립단계는 재직기간이 24개월 이상이며 연령은 38세 정도까지이다. 세 번째 유지단계는 재직기간이 20년 이하이며 연령은 44세 정도까지이다. 마지막으로 네 번째 이직단계는 20년 이상 장기 재직기간이며 연령은 45세 이상을 기준으로 한다.

Wanous(1974)는 종업원들이 입사 전 몰입단계 기간 동안 자신의 장래와 지위에 대한 기대로 조직 애착을 갖게 된다고 보았다. 입사 초기단계에는 작업집단, 감독, 임금과 같은 요인들이 조직에 대한 책임감을 증가시킴으로써 몰입을 증진시키게 된다고 보았다. 초기단계에서 신입사원의 몰입 수준은 급격하게 증가하기보다는 서서히 안정적으로 증가하며, 입사 후 몇 달이 직업몰입에 결정적인 시기이기 때문에 이직 시기도 입사 후 6개월에서 12개월까지가 많다. 확립단계에서는 임금과 흥미로운 과제, 자율성과 책임감 정도에 따라 직업몰입이 증가하게 된다. 유지단계에서는 정해진 직업에 정착하여 직업몰입 수준을 유지하고자 한다. 이직단계에서는 직무 이탈 행동이 나타나며 은퇴를 생각하게 된다. 따라서 일반적으로 이직단계에서는 몰입이 약해진다.

(2) 조직몰입

조직몰입(organizational commitment)에 관한 최초의 개념은 Allen과 Meyer(1990)가 제안하였으며, 조직 목표의 수용, 조직을 위해 기꺼이 열심히 일하고자 하는 마음가짐, 조직에 계속 있고자 하는 욕구의 세 가지 요소로 구성되어 있다고 보았다. 즉, 조직몰입의 유형으로 정서적 몰입과 지속적 몰입 그리고 규범적 몰입의 세 가지 유형을 제시한 것이다.

정서적 조직몰입이란 조직을 감정적 애착이나 조직에 대한 정서적 유대감의 관점에서 조직을 바라보는 것이다. 정서적 몰입은 종업원이 정서적인 애착 때문에 조직에 계속 머물고자 할 때 발생하게 된다. 정서적인 몰입은 직무조건과 기대 충족에 의해서 영향을 받는다. 기대 충족이란 직무가 종업원이 기대한 보상을 제공해주는지의 여부를 말한다.

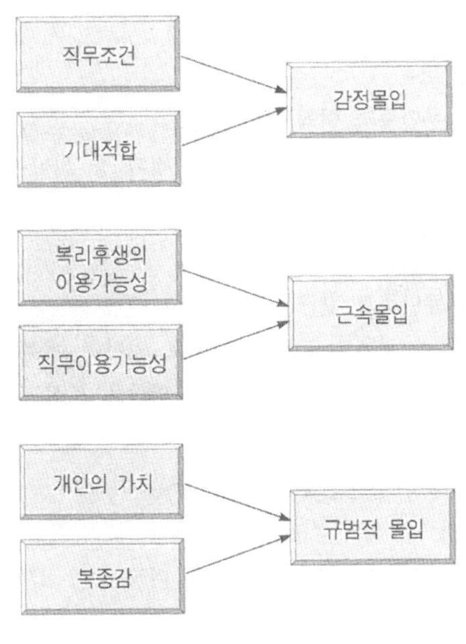

그림 90. 조직몰입 유형

지속적 몰입은 종업원이 혜택이나 임금이 필요하거나 혹은 다른 직무를 찾을 수 없어서 조직에 어쩔 수 없이 남아야 할 때 나타나는 몰입이다. 즉, 몰입은 조직 이직과 연관된 비용의 관점에서 몰입을 보는 것이다. 지속적 몰입은 조직을 위해 일함으로써 얻어지는 이익과 다른 가능한 대안적인 직무가 없을 때 생겨난다.

규범적 몰입은 종업원의 가치에서 비롯되는 것으로, 종업원이 조직에 남아야 하는 이유가 남는 것이 옳기 때문이라고 믿는 것을 말한다. 한 개인이 재직기간에 따른 지위 상승이나 회사가 그에게 주는 만족이나 보상과는 상관없이 그 회사에 계속 재직하는 것이 옳다고 믿거나 도덕적인 규범 때문에 나타나게 된다. 규범적 몰입은 종업원의 개인적인 가치와 고용주에 대해서 개인이 느끼는 의무감에서 생겨난다. 여기서 의무감은 조직이 개인에게 준 도움들로 인해 생기게 된다.

조직적 몰입은 직무 확충, 자율성, 기술을 사용할 수 있는 기회, 작업집단에 대한 긍정적인 태도를 포함한 높은 조직몰입을 꼽는다. 조직몰입은 종업원들의 지각에 영향을 받는다. 종업원들이 지각한 조직몰입이 높을수록, 그들이 만약 조직의 목표를 달성하기 위해 일을 하면 공정한 보상을 받을 것이라는 종업원들의 기대도 높아진다. 연구에서 조직몰입은 직무만족, 직무관여와 상당한 정적 상관관계를 보이지만 직무수행이나 이직 등과는 큰 상관관계를 보이지 않았다.

조직몰입은 다른 직무 및 조직태도 변수들과 깊은 연관성을 맺고 있다. 대표적으로 상사의 변혁적 리더십은 조직구성원들로 하여금 상사나 조직으로부터 지원적 작업환경과 강력한 리더십을 제공받고 있다는 인식을 갖게 해주어서 조직에 정서적, 규범적 몰입을 할 수 있는 역할을 하는 반면, 개인 이해를 추구하는 지속적 몰입은 감소하게 된다. 조직에서의 갈등과 사회적 교환을 통해 조직몰입이 결정된다.

표 20. 조직몰입 측정 문항들의 예시

나는 이 조직의 문제를 나의 문제인 것처럼 느낀다.
나는 이 조직에 대해서 개인적으로 상당한 의미를 부여하고 있다.
만일 지금 내가 이 조직을 떠나고자 결심한다면, 내 인생에서 너무나 많은 부분이 붕괴될 것이다.
나는 한 조직에 충성스럽게 계속 남아 있는 것이 가치 있는 것이라고 배웠다.

2) 조직 시민 행동

조직 시민 행동은 조직이 공식적으로 규정한 직무행동도 아니며 그 행동이 조직으로부터의 공식적인 보상체계와 관련성도 없지만 조직구성원이 조직 효율성 증진을 위해 자발적으로 행한 자유재량행동이다. 다시 말해, 개인이나 집단, 조직의 안녕과 복지를 증진시키기 위해 조직구성원이 자신의 조직역할과 상호연관된 타인이나 집단, 조직을 대상으로 행하는 의무 이상의 행동이 조직 시민 행동이다. 조직시민행동은 인적요인으로는 성격과 성실성 등에 영향을 받으며, 조직적 차원에서는 조직 공정성에 영향을 받는다.

Moorman(1991)이 실시한 조직 공정성과 조직시민행동에 관한 연구에 의하면, 종업원은 조직이 공정하다고 지각하기 때문에 조직시민행동을 한다고 가정된다. 조직시민행동이 절차공정성과 관련이 있지만 분배공정성과는 관련되어 있지 않는 것으로 파악된다. 예의행동은 절차공정성과 강하게 상관관계를 보였다. 조직시민행동은 친사회적 조직행동, 역할 외 행동, 맥락행동으로도 부르며 다섯 가지 요인들로 구분할 수 있다.

① 이타행동(Altruism)

이타행동은 조직의 과제나 조직에서 발생한 문제를 지니고 있는 특정 조직구성원을 도와주는 임의적 행동이다.

② 성실행동(Conscientiousness)

성실행동은 조직에서 구성원에게 요구하는 최소 수준 이상의 역할을 수행하는 행동으로 정의되고, 응종(generalized compliance)이라고도 언급된다.

③ 예의행동(Courtesy)

예의행동은 사전정보의 제시, 정보 공유, 상담과 브리핑해주기와 같이 조직구성원의 의사결정에 영향을 미칠 수 있는 조직구성원들 간의 정보공유행동이나 조직구성원과 문제 발생 소지가 있을 경우 사전에 예방할 수 있도록 하는 행동을 의미한다. 이타행동이 이미 발생한 문제에 대해 사후 도움을 주는 것이라면, 예의행동은 조직에서 발생할 가능성이 있는 문제를 사전에 예방하거나 문제 악화를 완화시키기 위해서 노력하는 행동들이다.

④ 시민도덕행동(Civic Virtue)

시민도덕행동은 조직에서 주관하는 활동이나 행사에 적극적으로 참여하는 행동을 의미하며 조직생활에 책임감을 가지고 참여하는 행동이다.

⑤ 스포츠맨 정신(Sportsmanship)

스포츠맨 정신은 가급적 조직에 대한 불만을 삼가고 사소한 불평을 조직에 공식화하지 않으며, 개인적으로 감내할 수 있는 조직 내 애로사항을 과대 포장하지 않는 등 조직이나 구성원들에게 비난행동보다는 스포츠맨다운 모습을 보이는 행동을 말한다.

3) 조직 공정성

조직공정성(organizational justice)은 조직에 있는 사람들에 대한 공정한 대우와 관련되어 있다. 종업원들이 조직에서 공정하게 대우한다고 지각하면 자신의 자존심을 증진시켜주는 조직에 대해 사회적 정체성이 형성되어 조직동일시가 일어나거나 조직에 대한 몰입행동과 조직시민행동을 하게 된다. 조직공정성은 조직구성원이 조직으로부터 받는 성과나 결과에 대한 공정성을 말하는 분배공정성과 조직구성원이 받는 성과를 결정하는 절차에 대한 절차공정성으로 구분할 수 있다.

McFaclin과 Sweenley(1992)는 분배공정성이 조직몰입에 주 효과를 나타내지만 구성원들이 절차공정성이 높다고 지각한 조건보다는 낮다고 연구결과를 통해서 밝혔다. 즉, 지각한 조건에서 분배공정성이 조직몰입에 미치는 상호작용 영향력을 검증하였다.

인간은 조직 내 다양한 사회적 관계 속에서 갈등 상황에 직면하게 되며, 갈등이 지나치면 위기가 발생할 수 있기 때문에 갈등은 관리해야 할 필요가 있다. 조직 내 갈등과 협동 척도는 관리자들이 조직이나 팀 내 타인들과 협동 또는 경쟁하는 정도와 다른 관리자들의 목표와 자신의 목표를 통합하려고 노력하는 정도를 측정한다. Schmidt와 Kochan(1972)은 조직 갈등의 원천을 조직 목표의 비양립성, 상호의존성, 조직자원의 공유라고 하였다. 조직 내 갈등은 적당할 경우 오히려 도움이 되기도 한다.

(1) 분배공정성

분배공정성(distributive justice)은 형평(equity), 평등(equality), 필수(need)의 세 가지 원칙에 영향을 받는다. 형평은 사람들이 어떤 상황에 기여한 정도에 따라 보상을 받아야 한다는 생각이다. 평등은 사람들을 능력과 같은 특성에 구별하지 않고 성과나 보상을 받을 기회를 모든 사람들에게 똑같이 주어야 한다는 생각이다. 필요는 보상이 개인의 필요에 기초해서 분배되어야 한다는 주장이다. 개인주의 문화는 경쟁과 자립을 강조하기 때문에 형평이 공정성에 더 큰 영향을 미칠 수 있다. 집단주의 문화에서는 단결, 조화, 응집을 강조하기 때문에 평등이 공정성에 더 큰 영향을 미칠 수 있다.

(2) 절차공정성

절차공정성(formal procedure justice)은 결과를 성취하기 위해서 사용되는 수단으로서의 공정성을 의미한다. 공식적 절차를 실행함에 있어서나 공식적 절차를 설명함에 있어서 종업원들이 공정한 대우를 받았는지에 대한 느낌이다. 절차공정성은 개인이 의사결정에 영향을 미치는 정도나 자신의 의사를 말할 수 있는 기회를 가지고 있을 때 영향을 받는다. 또한, 의사결정 과정에서 절차적 규칙의 준수여부가 절차공정성을 결정한다. Greenberg(1990)는 절차공정성은 시스템에 대한 만족에 영향을 주고, 분배공정성은 수행결과에 대한 만족에 영향을 주는 것으로 밝혔다.

(3) 공정성의 하위분류

공정성은 분배적 공정성과 절차적 공정성으로 크게 구별할 수 있지만 어디에 초점을 두느냐에 따라서 구조적 공정성과 사회적 공정성으로도 구분할 수 있다. 구조적 공정성은 다시 절차공정성의 하위분류로 System적 공정성, 분배공정성의 하위분류로 구성적 공정성으로 구분할 수 있다. 사회적 공정성은 다시 절차공정성의 하위분류로 정보적 공정성, 분배공정성의 하위분류로 대인간 공정성으로 구분할 수 있다.

① System적 공정성

System적 공정성은 구조적 수단을 통하여 성취된 절차공정성의 한 유형이다. 맥락을 구조화하는 의사결정 수단을 통해서 수립된다. 사람과 시기에 관계없이 일관되고, 정확한 정보에 기초하며, 모든 집단의 관심사를 반영하고, 그 시대에 지배적인 도덕과 윤리적 기준에 맞게 이루어져야 한다.

② 구성적 공정성

구성적 공정성(configural justice)은 구조적 수단을 통하여 성취된 분배공정성의 한 유형이다. 다양한 환경 속에서 공정한 것으로 받아들여지는 자원배분의 형태를 나타낸다. 앞에서 말한 형평, 평등, 필요의 분배 법칙을 예로 들 수 있다.

③ 정보적 공정성

정보적 공정성(informational justice)은 절차공정성에 대한 사회적 결정요인을 의미한다. 사람들이 관심을 가지고 있는 절차에 대한 지식을 제공함으로써 달성하게 된다. 정보를 개방적으로 공유하는 것이다.

④ 대인간 공정성

대인간 공정성(interpersonal justice)은 분배공정성의 사회적 측면을 말한다. 개인이 받는 대우에 관하여 관심을 보여줌으로써 달성된다. 경찰과 법원 같은 국가기관이 국민들에게 시민으로서의 권리에 대한 예우와 존중을 외현적으로 보여줌으로써 국민들이 공정한 대우를 받고 있다고 지각할 수 있다. 그리고 사과는 자신의 잘못을 표현함으로써 행위의 부정적 효과를 완화시켜주기 때문에 대인간 공정성을 향상시킨다.

4) 권한위임

(1) 권한위임의 개념

경영환경의 다양한 변화에 적절하게 대응하는 조직구성원의 역량이 기업을 성공적으로 이끄는 핵심요소로 부각되면서 기업들은 어떻게 하면 조직구성원이 업무를 의미 있는 것으로 인식하고, 자율적으로 조직에 헌신하는가에 관심을 가지고 권한위임 개념이 더욱 중요하게 인식하게 되었다.

Conger(1986)는 권한위임을 관계적 개념과 동기적 개념으로 구성된다고 파악하였다. 관계적 권한위임이란 조직구성원들이 지각하고 있는 권한이나 영향력 혹은 통제력으로 정의할 수 있다. 동기적 개념의 권한위임이란 단순한 권한 배분 및 이양하는 것이다. 목표설정과 목표관리(MBO), 품질관리분임조 활동(QCC)과 같은 참여적 경영기법을 추구하는 관계적 개념의 권한위임 과정만으로 권한위임이 완성되는 것은 아니며, 조직구성원들 간의 자기효능감을 증대시키는 과정으로 개인 수준의 동기적 권한위임인 심리적 권한위임까지 포함해야 함을 강조하기도 한다.

(2) 권한위임 조직

Henkel, Repp-Begin과 Vogt(1994)는 권한위임된 조직을 참여적 의사결정을 하는 조직으로 정의하였다. 권한위임된 조직의 구성원들은 공통의 임무와 미션에 대한 책임감을 느끼며, 상호적 가치관에 대한 믿음을 가지고 있다. 권한위임을 하기 위해서는 개인이나 조직은 변화를 능동적으로 받아들일 준비가 되어 있어야 한다. 조직 내에서 권한을 위임하고 유지하기 위해서는 조직구성원들은 변화과정에 몰입하여야 하며 권한위임 원리들에 충실하여야 한다.

5) 조직의사소통

사람들은 대부분의 시간을 말하고, 듣고, 쓰면서 서로의 의견과 생각을 나누는 데 사용한다. 조직에서도 이러한 의사소통의 중요성은 마찬가지이다. 조직의사소통은 조직의 사소통의 질(정확성, 세밀함 등), 정보의 양과 종합성, 조직의사소통의 시기적절성, 조직체제에 대한 이해성 등 여러 많은 의사소통의 적절성 과정이 포함된다.

조직의사소통의 적절성과 부적 영향을 미치는 변수들은 조직모순과 조직 내부 불일치, 조직정보의 왜곡, 조직 지시 위반 변수 등이 있다. 조직의사소통의 적절성과 정적 인과관계를 나타낸 변수들은 조직의사결정의 시기적절성, 조직 공식화 정도, 개인적인 발전의 강조, 조직목표에 대한 공유와 명료함, 계획의 적절성, 수평적인 조직의사소통의 개방성, 시행착오에 대한 조직의 관대함, 작업흐름의 조정, 권한위임의 적절성 등이 있다.

6) 신뢰

(1) 리더에 대한 신뢰

Mayer, Davis 및 Schoorman(1995)은 리더에 대한 신뢰(leader trust)를 세 가지 구성요소로 파악하였다. 첫째는 리더의 능력(ability)에 대한 신뢰로서 특정 영역에서 리더가 가지고 있는 기술, 역량, 특성들에 대한 부하들의 신뢰이다. 둘째는 리더의 선의(benevolence)에 대한 신뢰이다. 셋째는 일관성(Integrity)이다. 일관성은 리더가 부하들이 수용할 만한 원칙들을 고수하고 일관성을 유지한다는 부하들의 지각이다. 이러한 리더에 대한 부하들이나 구성원들의 신뢰는 리더십 행동의 효과성에 매우 중요한 영향을 준다.

(2) 조직에 대한 신뢰

Cook과 Wall(1980)의 연구에서 조직구성원의 조직에 대한 신뢰는 조직몰입과 높은 상관관계를 가지는 것으로 나타났다. 이러한 결과로 볼 때, 조직 내 조직이나 집단 간의 신뢰가 조직의 장기적인 성장을 위해서도 매우 중요한 요소이다. Cook과 Wall(1980)은 조직에 대한 신뢰를 3가지 수준으로 구분하였다. 가장 상위수준으로 전체 조직에 대한 신뢰, 중간 수준의 경영진에 대한 신뢰와 조직구성원에 대한 신뢰, 가장 하위수준에서 경영진에 대한 신뢰는 경영자에 대한 확신감과 경영자에 대한 믿음으로 구분된다. 그리고 조직구성원에 대한 신뢰는 조직구성원에 대한 확신감과 조직구성원에 대한 믿음으로 구분된다.

7) 심리적 계약

심리적 계약(psychological contract)이란 조직구성원과 조직 사이에 존재하는 상호 간의 의무에 대한 지각이다. 종업원은 조직에 대한 자신들의 의무뿐만 아니라 조직이 그들에게 가지고 있는 의무에 대해서도 믿음을 가지고 있다. 종업원은 조직을 위해 열심히 일하고 충성하는 것에 대한 교환조건으로 조직이 직업안정성과 승진기회를 제공해준다고 믿는다.

Rousseau와 Robinson(1994)은 심리적 계약을 크게 거래적 계약과 관계적 계약으로 분류하면서 연속적인 선상에 존재한다고 보았다. 거래적 계약(transactional contract)은 외적 보상과 보수에 관한 계약으로서 연봉을 협상할 때처럼 구체적인 의무사항을 포함하고 있다. 짧은 기간 동안만 지속되고 구체적인 의무사항을 포함한다. 재정적 자원이 교환에서 중요한 매개물이 된다. 관계적 계약(relational contract)은 조직과의 관계에 중점을 두며 보다 암묵적인 상호의무를 포함한다.

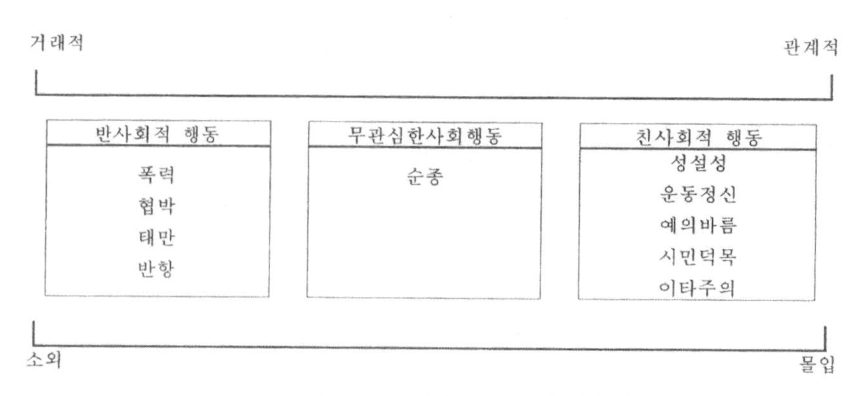

그림 91. 심리적 계약과 사회적 행동 범위 간의 관계

Rousseau와 Robinson(1994)은 암묵적 교환 개념으로서 심리적 계약은 장기적인 성장을 위해서도 매우 중요한 요소라고 주장하였다.

(1) 계약의 위반

심리적 계약은 종업원과 고용주를 묶어주고 서로가 본분을 다하면 이러한 관계가 서로에게 이익이 된다는 것을 보장해준다. 따라서 위반은 결속을 약화시키게 된다. 계약위반에 대한 종업원의 반응 연구에서 단기간의 거래적 계약의 위반은 장기간의 관계적 계약 위반보다 격한 감정이 덜하고 위반한 것을 고칠 수 있는 것으로 나타났다. 위반정도에 대한 지각에 있어서 중대한 위반의 경우에는 계약의 현상 회복이 어렵고, 종업원의 상처가 심하게 된다. 위반에 대하여 고용주가 직접적인 책임이 있다고 지각하는 정도에 대해서는 자발적인 또는 의도적인 계약위반이라고 믿는 경우 더 심각한 영향을 미친다.

이러한 계약위반에 대한 종업원의 반응은 우선, 위반에 대한 우려를 표시하고 원상태로 돌리려고 노력하게 된다. 이러한 표현이 성공하지 못하면 침묵으로 나아갈 수 있다. 이것은 조직에 순종하는 것이 아니라 조직에 몰입하지 않는 것을 나타내는 것이다. 다음으로 수동성과 태만 그리고 책임회피 같은 보복 행동이 나타나게 된다. 더 나아가서는 절도나 위협, 업무방해와 같은 고용주에게 물리적인 피해를 주는 상황에까지 도달할 수 있다. 최종적으로는 종업원 스스로 조직을 그만두거나 조직이 해고할 수밖에 없는 상황으로 치닫게 된다.

8) 조직동일시

조직동일시(organizational identification)는 종업원의 회사에 대한 소속감과 조직에 대한 의미부여, 조직과 자신과의 관련성 설정, 조직효율성 등 조직 영역 전반에 걸쳐 영향을 주고 있는 한 개인의 조직행동을 결정하는 주요한 동인 개념 중 하나로 간주된다. 조직에 소속되어 있는 개인은 자신과 조직을 분리할 수 없다는 하나의 동일성을 지각하고 있으며, 그가 속한 조직의 장단점, 조직의 성공과 실패를 공유함으로써 조직과 자신을 공동 운명체로 인식하게 되는데, 이러한 개념을 조직동일시라고 한다.

조직동일시 개념은 사회 정체성 이론을 통해서 설명할 수 있다. 사회정체성 이론에 의하면 한 개인의 자기개념에는 개인적 속성을 포괄하고 있는 개인정체성과 자기가 속한 집단 분류, 사회적 범주에 의해 자기를 정의하는 사회정체성을 가지고 있다고 본다. 사람들은 자신과 타인을 조직구성원, 종교, 성별, 연령과 같은 다양한 범주로 분류하는 성향이 있으며, 개인은 각 범주 내의 성원들이 가지고 있는 원형적 특성들을 단서로 자기를 정의 내리게 된다(Tajfel, 1982).

(1) 조직동일시 개념

조직동일시 개념은 첫째, 조직구성원들 간의 상호작용이나 응집력이 없어도 형성된다. 애국심이나 스포츠팀 지원행동은 구성원들 간의 특별한 관계없이도 개인의 정체성, 사회적 정체성을 통합할 수 있는 심리적 실체를 지닌 집단을 형성했기 때문이다. 최소집단 이론에서와 같이 한 개인을 무작위로 한 집단에 할당하는 것 자체만으로도 사회적 동일시가 형성될 수 있으며, 자신의 자유의지로 선택한 조직이 아닐 경우에도 조직동일시는 일어난다.

둘째, 조직동일시는 조직과 개인에게 순기능 역할을 한다. 조직동일시는 개인에게 자연적으로 생김으로써 조직을 확장된 자기정체성으로 간주하게 된다. 즉 확장된 자기로 조직을 간주함으로써 조직성취에 대해서도 대리적으로 자기성취감으로 맛볼 수 있으며, 자신의 성공이 곧 조직의 성공이라는 동일성 지각은 지속적으로 성원들의 조직에 대한 공헌감을 갖도록 해준다. 그러나 조직동일시는 실무적인 것은 아니다. 개인은 여러 사회적 범주에 중복적으로 정체성을 갖고 있기 때문에 개인이 각각의 사회적 범주에 동일시하는 강도는 차이가 있다. 자신의 회사보다는 주말 여가 클럽에 자신을 더 동일시하는 사람이 있듯이 자기 자신의 가치를 높여주거나 자존심을 고양시킬 수 있는 사회적 범주에 조직동일시 강도를 높인다는 것이다.

(2) 조직동일시 변수들

조직동일시와 관련 있는 변수들 중 조직의사소통이 있다. 일반적으로 조직의 중요 정책이나 경영의사 결정을 모든 조직구성원들이 공유함으로써 조직원들로 하여금 현재 조직의 상황을 인지시키는 조직의사소통은 조직동일시에 중요한 영향을 미친다.

조직공정성이 조직동일시에 영향을 미치기도 한다. 종업원들이 조직에서 공정하게 대우받는다고 지각하게 되면 자신의 자존심을 증진시켜 주는 조직에 대해 사회적 정체성이 형성되어 조직동일시가 일어나게 된다. 조직으로부터 공정하게 대우받고 있다는 경험을 통해 조직의 사회적 수용이라는 메시지를 전달받게 되며 이로 인해 개인의 사회적 정체성은 고양되어 조직동일시의 향상으로 나아가는 것이다.

2. 직무태도

1) 직무관여

직무관여(job involvement)는 개인의 직무에 대한 자아관여와 애착으로 정의된다. 즉, 직무관여는 한 직무에 심리적으로 일체감을 가지고 있는 인지적 상태라고 볼 수 있다. 그러므로 직무에 관여된 개인은 자신의 정체성을 직무를 통해 반영하고 있으며 자신의 생활에서 일이 차지하는 중요도가 매우 높은 사람이라고 볼 수 있다. 직무 자체가 개인 정체성의 중요한 부분이기 때문에 직무에 관여된 개인은 자신의 직무에 완벽을 기하려고 하든지 직무를 위해서 개인시간을 희생하거나 회사 업무가 가장 우선되고 중요한 부분을 차지하게 된다. 자신의 일과 심리적으로 일체감을 가지고 있으며 자아상에서 자신의 일이 차지하는 중요도를 통해서 직무관여 정도를 측정할 수 있다.

표 21. 직무관여 측정 문항들의 예시

나는 나의 직무가 나의 존재에 매우 중요하다고 생각한다.
나는 나의 직무에 개인적으로 매우 관여되어 있다.
나의 개인적 인생목표들의 대부분은 직무 지향적이다.
내 인생에서 일어난 가장 중요한 것들은 일과 관련되어 있다.
인생에서 일은 중요하게 여겨져야 한다.
사람들이 일에 열중할 때만 인생은 살아갈 가치가 있다.

사람들은 자신의 일에서 자신의 존재의미를 찾고 일에 깊게 관여될 수도 있지만 어떤 사람들은 일로부터 정신적, 정서적으로 멀어지거나 일로부터 개체성의 상실감을 맛볼 수 있다. 이것을 직무소외라고 한다. 개인 전체 삶의 질은 직무에 대한 관여나 소외 정도에 의해서 영향을 받을 수 있다. 직무관여에서는 중요한 개인적인 특성들로는 전통적인 직업윤리에서의 나이, 성장욕구 및 신뢰가 있다. 고령의 종업원들은 그들의 성장욕구를 만족시킬 만한 더욱 많은 책임감과 도전, 기회를 가지기 때문에 통상적으로 그들의 직무에 좀 더 몰입하게 된다. 직무관여가 사람들의 일에 대한 태도나 일에 대한 접근방식과는 관련이 높지만 직무수행과는 관련도가 낮다고 보고된다.

2) 직무수행

직무수행은 행동에 대한 평가를 의미한다. '이 정도면 되었다' 혹은 '이 정도로는 부족하다'는 행동 수행에 대한 주관적 평가라고 할 수 있다. 직무관여를 조사한 연구들에 대한 통합분석을 실시한 결과, 직무관여가 직무만족과는 평균 .45의 상관을 가지고 있으며 이직과는 -.13, 성실성과는 .53, 직무수행과는 평균 .09의 상관을 보였다.

3) 반사회적 행동

조직이나 조직구성원들에게 실제로 해를 끼치거나 혹은 끼치고자 하는 행동을 조직 내 반사회적 행동이라고 한다. 대표적으로 다른 구성원들에 대한 모욕, 협박, 거짓말, 절도, 근무태만, 신체적 폭력 등이다.

이러한 반사회적 행동이 발생하는 것은 크게 두 가지 원인이 있다. 심리적 계약이 위반되었을 때와 종업원의 지위나 세력이 훼손당했을 때이다. 이러한 불만과 갈등 상황에 대해서 종업원은 발산, 해소, 간직, 폭발의 선택지를 가진다. 발산(Venting)은 자신이 가진 불만과 갈등에 대해서 타인에게 말함으로써 풀어버리는 것이다. 해소(Dissipation)는 타인의 행동을 선의로 해석하여 자신이 가진 불만과 갈등을 없애버리는 것이다. 간직(Fatigue)은 부정적인 감정을 오랫동안 마음에 품고 기억하는 것이다. 폭발(Explosion)은 자신에게 피해를 준 사람에게 신체적 폭력을 행사하거나 지나친 감정적 고양상태로 불만이나 갈등 상황과 직면하는 것이다.

4) 폭력

직장 내 폭력의 빈도와 심각성이 증가하고 있다. 폭력을 이해하기 위한 출발점인 공격성을 이해하는 것이 필요하다. 보통 조직 내에서의 폭력은 심리적 계약의 위반에 대한 보복으로 나타나게 된다. 개인의 부적응적 성격 때문에 나타나기도 한다. 직장에서뿐만 아니라 일상생활에서도 대인 간 갈등을 자주 경험하는 사람들이 폭력을 행사하는 경향이 있다. 직장에서 폭력을 일으키는 사람들의 프로파일을 분석하는 것이 그다지 효과적이지는 않다고 보고된다. 왜냐하면 직장에서의 폭력은 개인요인과 상황요인 둘 다에 의해 발생하기 때문이다.

5) 역할과부하와 역할갈등, 역할모호성

역할과부하는 일반적으로 양적 역할과부하와 질적 역할과소부하 두 가지로 분류될 수 있다. 양적 역할과부하는 우선 제한된 시간 내에 수행할 수 있는 업무의 양과 관련된 과다 역할부하를 의미하며, 질적 역할과소부하는 개인이 습득한 기술이나 지식을 사용할 수 없거나 잠재적 역량을 개발할 기회를 가지지 못할 때 발생하는 것을 말한다. 즉, 자신의 활용할 수 있는 질적 역량 수준이 부족하기 때문에 발생하는 역할부하이다. 어떤 종류의 역할부하이더라도 역할부하의 발생은 개인이 직장에서 겪는 직무스트레스의 직접적 원인이 되며, 직무만족을 저해하고, 결과적으로 자신의 직무에 대해 정서적, 신체적으로 소진된 상태인 직무탈진을 촉진시키는 선행변수로 작용하게 된다.

역할갈등은 서로 다른 요구들의 상충성 정도로 정의하고 있으며, 이러한 역할갈등은 조직 요구와 개인 가치 간의 갈등, 개인적 자원 분배의 문제, 여러 다른 사람에 대한 의무 이행에 따른 상충, 과다하게 많거나 어려운 과제들에 대한 갈등의 형태로 나타난다.

역할모호성은 역할명료성의 반대개념이다. 역할명료성은 한 개인의 행동 결과를 예언할 수 있는 정도와 한 개인이 상황에 적절한 행동을 할 수 있도록 관련 지식에 대한 상황적 지침이 존재하는 정도로 정의되고 있으며 이러한 명료성이 모호한 정도를 역할모호성이라고 한다.

조직 내의 역할부하, 역할갈등과 역할모호성이 조직몰입에 부적 연관성을 나타내고 있으며 이직 의도에는 정적 영향력을 나타낸다고 했다. 일반적으로 역할갈등을 경험한 개인은 상충된 역할에 대한 책임감이 감소하게 되며, 이러한 책임감의 감소는 다시 역할관여의 감소를 가져옴으로써 조직몰입이나 조직동일시의 부족으로 작용하게 된다는 것이다. 역할모호성 역시 구성원 자신이 조직의 요구에 부응할 수 있는 능력에 대한 불확실성을 가져오게 하거나 조직 역할과 개인 성원의 역할 간의 혼동을 일으키게 함으로써 종국적으로는 직무만족과 조직몰입에 부정적인 상관을 가지게 한다.

•••

직업 활동은 육체와 정신건강에 영향을 미친다. 노화과정에 대한 15년간의 연구에서는 장수에 가장 중요한 비결이 직무만족이라고 밝히기도 하였다. 심장병, 위궤양, 관절염, 정신질환, 근심과 두려움, 그리고 직장에서 생기는 스트레스와 불만은 우리들이 직업을 가지고 있기 때문에 발생하는 경우가 많다. 또한, 조직에서 발생하는 사고나 건강상의 문제는 경제적 손실과 배상과 같은 법적 문제들을 파생시킨다. 이러한 문제를 해결하기 위해서 산업심리학자들은 종업원의 건강에 대해서 관심을 기울인다.

선진국에서든 개발도상국에서든 직장에서 발생하는 위험은 관리할 수 있는 영역에 포함되어 있음에도 불구하고 많은 부상과 사망의 원인이 되고 있다. 산업장면이나 직장에서 발생하는 위험은 열악한 관리환경뿐만 아니라 의사소통, 안전문화 그리고 불충분한 훈련 및 조직체계 그리고 무엇보다도 경영진이라고 불리는 위험관리 책임주체의 무관심이 원인으로 지목된다.

XII. 직장에서의 건강

직장이나 조직에서 발생하는 위험은 여러 가지가 있지만 직장에 있는 것 자체가 위험일 수 있다. 플로리다의 3,700만 달러에 달하는 10층 건물에서 종사하는 종업원 수백 명이 천식을 앓기 시작했다. 전문가들은 건물시공 오류로 잘못된 공기조절 장치와 환기순환 및 빗물 배수문제 등을 지적했다.

1. 직장에서의 신체건강

미국 시카고의 BP Amoco사의 연구센터에서는 미국 평균치보다 8배나 높은 희귀한 형태의 뇌종양에 걸린 화학자들이 많이 발생했다. 원인은 두 가지 화학물질에 지속적으로 노출되었기 때문으로 밝혀졌다.

잠재적 위험	잠재적 질병	노출되는 작업자
비소	폐암, 림프종	제련공, 화학공장이나 정유공장 근로자, 스프레이 제조근로자
석면	백색폐질환(석면폐), 폐와 폐내층의 암, 다른 장기의 암	석탄광부, 광물 미쇄 근로자, 면직이나 절연제 제조 근로자, 조선소 근로자
벤젠	백혈병, 재생불량 빈혈	석유화학공장이나 정유공장 근로자, 염료 사용장, 증류주 제조업자, 페이트공, 제화 근로자
비스클로로메틸에테르	폐암	화학물질 취급 근로자
석탄 분진	진폐증	탄광 광부
목화 분진	갈색폐질환, 면폐증, 만성기관지염, 폐공기종	면직물 취급 근로자
납	신장질환, 빈혈, 중추신경계 손상, 불임, 출산 결함	금속연삭기공, 납 제련 근로자, 납-배터리 제조 근로자
방사능	갑상선, 폐, 뼈의 암, 백혈병, 출산결함(자연유산, 유전자 손상)	의료 기술자, 우라늄 광부, 원자력 발전소 근로자
비닐 클로라이드	간암: 뇌종양	플라스틱 산업 근로자

그림 92. 위험물질과 질병

미국 환경보호국(Environmental Protection Agency, EPA)은 16,000개 이상의 화학물질을 유독성 물질로 지정했는데, 이 중 150개는 신경독성 물질들로 사용자의 뇌와 신경계 손상을 유발할 수 있는 것들이다. 미국 천식학회는 천식으로 고생하는 미국 작업자의 15% 정도가 업무 중 라텍스, 니켈, 크롬 그리고 수은 등의 화학물질에 노출되었기 때문이라고 보고하였다. 분진으로 인한 호흡성 천식은 가장 흔한 호흡계 질환 중의 하나가 되었다. 광부나 조선소 작업자들은 석면에 노출될 수 있고 폐암에 걸릴 확률이 7배나 높게 나타난다. 직물공장 작업자들은 목면 분진 흡입으로 갈색폐질환(Brown lung disease)에 걸릴 위험이 높았다.

의료 기술자들은 방사능 노출의 위험이 있으며 사무실 작업자들도 실내 공기오염으로 인한 영향을 받을 수도 있다(Schultz & Schultz, 2008). 이처럼 직장이나 산업체에서 사용하는 재료나 도구들은 조직원들의 건강에 여러 가지 위험으로 작용할 수 있다.

1) 반복 동작과 건강

특정한 일이나 동작을 계속적으로 반복하는 업무는 다른 작업들보다 특정한 위험을 가질 수 있다. 반복적인 행동은 반복 사용 긴장성 증후군(Repetitive Strain Injury) 등을 유발할 수 있다. 예를 들어 컴퓨터 작업을 반복적으로 수행하는 사람의 경우 각종 유해한 선사파에 노출되는 빈도가 높다. 또한, 컴퓨터 작업 동작이 반복되면서 눈, 목, 어깨, 팔, 손목 등의 근육 신경계통에 무리가 올 수도 있다. 이것을 VDT(Visual Display Terminal)증후군이라고 부른다. 컴퓨터 보급과 활용이 보편화되면서 특정 직업군뿐만 아니라 일반인들에게까지 반복적인 컴퓨터 사용으로 인한 VDT증후군 호소는 늘어나고 있다.

반복 작업이나 활동의 또 다른 질병은 팔목터널증후군(혹은 수근관증후군)으로 알려진 CTS(Carpal Tunnel Syndrome)증후군이다. 이 역시 컴퓨터와 같은 반복 작업에 의해서 생겨날 수 있는데 목, 허리, 어깨 등에서 디스크 증상과 유사한 통증을 호소하게 된다. 팔목터널이란 손목 앞부분에 있는 작은 통로를 말하는데 뼈와 인대로 형성되어 있고 여러 개의 근육과 손바닥으로 이어지는 신경 통로이다.

컴퓨터 사용은 육체노동을 하는 직업군에서도 일상화되고 있다. 굳이 직장에서뿐만 아니라 집에서도 컴퓨터 및 유사한 전자제품들로 둘러싸여 있다. 반복적인 손가락이나 손목 움직임은 수근관증후군(Carpal tunnel syndrome)을 발생시킬 수 있다. 손목의 통증과 마비를 동반하는 수근관증후군이 주로 발생하는 직업군은 육가공 작업자, 목수, 수동착암기 조작자 그리고 생산라인 작업자와 컴퓨터 그래픽 제작자나 프로그래머들이다. 이전에는 이러한 질병에 대한 관심이 적었지만 언론계 종사자들에게 이러한 증상이 나타나면서 주목을 받기 시작했다.

반복적 동작으로 인한 질병은 미국 노동인구 중 200만 명 이상에게서 나타나고 있다. 이들 중 상당수는 손상된 신경을 수술로 치료해야 하는 상태까지 악화되거나 만성화되기도 한다(Schultz & Schultz, 2008).

2) 작업시간

미국에서는 한때 하루 10시간씩 일주일에 6일, 60시간의 작업시간을 표준으로 삼았던 때가 있었다. 그러나 인간 생리작용에 관한 연구를 거듭한 끝에 하루에 8시간 일주일에 5일, 40시간이 최적의 작업시간으로 판정되어 오늘날까지 많은 나라에서 시행하고 있다.

하지만 이러한 작업시간에 대한 규정은 일의 종류와 성격에 따라서 과연 타당한 것인가 계속적인 의심을 받고 있다. 대체로는 너무 작업시간이 긴 것이 아닌가 생각된다. 또한, 일의 성과에 앞서서 인간 삶의 질이 노동시간에 우선한다는 가치관의 변화는 효과적인 작업시간이라는 개념자체를 변경해야 한다는 거센 요구에 직면하게 되었다.

연구실에서 근무하고 있는 성인 남자에 대해서 혈청 굴절률을 측정하여 시간적인 변동을 측정해본 결과, 평균 8시간 이후에는 대부분 떨어지는 현상을 보였다. 비록 육체적으로는 쉬운 작업이라 하더라도 근무시간이 길어지면 질병 휴가로 의한 근로 손실도 비례해서 증가했다. 주당 60시간, 즉 1일 10시간 이상 일하게 되면 질병으로 인한 근로 손실이 급격히 증가하게 된다(Ross, 1980). 이러한 연구결과들이 축적되면서 세계보건기구(WHO)에서는 야간근무가 암을 유발시키는 원인이라고 결론을 내린 바 있다.

(1) 교대근무

교대로 근무하는 것은 하루 24시간을 보통 세 부분으로 나누어 8시간 작업하는 것을 의미한다. 이러한 교대근무에서 한 명의 작업자가 특정한 시간대에서만 계속 일하는 것은 문제가 있을 수 있다. 보통 주 단위로 교대시간을 변경하여 편성하고 야간에 작업을 하였을 때에는 평소보다 더 긴 휴식시간이 필요하다. 대다수의 사람들이 낮에는 일하고 밤에는 쉬기 때문에 지속적인 야간 작업자는 사회적 관계가 소원해지거나, 물리적으로 관계를 형성하기 어려울 수도 있다. 야간 작업자의 가장 큰 문제는 야간 불면증을 포함하는 면역 체계의 혼란이나 멜라토닌 생성 등의 내분비계통의 문제에서 야기되는 건강상의 문제일 가능성도 높다. 인공조명이 있지만 자연광선과는 똑같은 효과를 낼 수 없다.

Barton(1994)은 간호사들에 대한 연구에서 고정적으로 교대시간을 정해놓고 일할 때 가장 심신 기능의 적응도가 좋은 것으로 나타났다. 근무시간대를 순환하면서 근무하는 것이 적응에 가장 힘들다는 것이다. 그러나 고정적인 야간시간대 근무는 일-가정의 갈등이 커지거나 수면장애 등의 문제가 발생할 수도 있다. 그리고 교대 근무자들일수록 욕구충족이 제대로 안 되고 있다고 느끼며 자신들의 일에 대해서 만족감이 떨어지는 경우도 많다. 교대근무는 조직의 업무에 자발적 지원이나 의욕이 덜 생기도록 만들 수 있다.

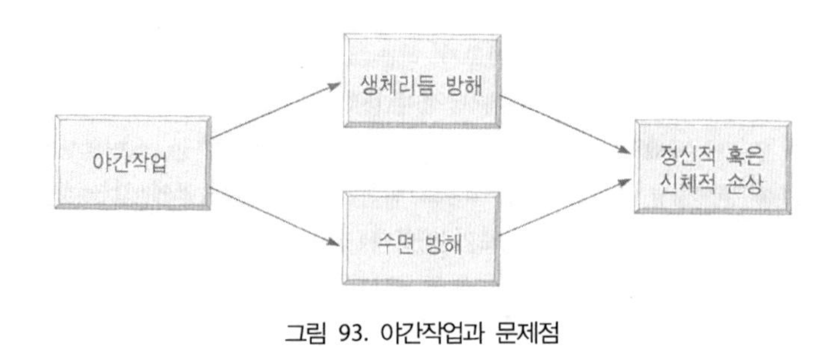

그림 93. 야간작업과 문제점

(2) 탄력적 근무

작업시간의 가장 일반적인 변형은 근무시간을 작업자가 적절히 조정할 수 있도록 해주는 탄력적 근무제도이다. 탄력적으로 근무시간을 조절할 수 있도록 하는 것은 출퇴근의 러시아워를 피해서 근무효율을 높일 수도 있으며, 일-가정의 갈등적 긴장을 해소할 수도 있다. 혹은 작업자의 자기계발이나 여가시간의 증가를 가져다주어 직무만족이나 행복감 향상에 영향을 미치기도 한다. 좀 더 과감한 탄력적 근무는 요일 자체를 조정할 수 있도록 더 많이 일하는 요일과 출근하지 않아도 되는 요일을 자신이 정하는 것이다.

Dalton과 Mesch(1990)는 탄력근무제가 여러 가지 도움을 주지만 근무의 특성에 따라서 전문직보다는 낮은 직급의 작업자에게 더 많은 긍정적 영향을 미친다고 보고하였다. 또 맞벌이 부부에게는 특히 큰 도움을 주기도 하는데, 결근율에서 탄력근무제에 속한 집단이 더 낮은 비율을 나타내기도 하였다. 하지만 탄력근무 제도가 팀별 과업수행이나 기능에는 장애가 될 수도 있다는 연구 결과가 나타나기도 하였다.

3) 생체주기(Biorhythm)

인간의 몸은 정상적으로 하루에 몇 시간을 움직이고 활동할 수 있을까? 최대한 정상적으로 기능할 수 있는 인간의 생체작용 시간은 얼마나 될까? 과거에는 인간을 기름칠

하면 돌아가는 부속품으로 생각하고 끊임없이 작업현장으로 내몰았던 적도 있었지만 정상적이고 최적의 활동을 수행하기 위해서는 생체주기와 기능을 이해해고 있어야 할 것이다.

생체주기(Biorhythm)란 Biological rhythm의 준말이다. 체온, 혈압, 맥박 또는 혈액, 수분, 염분량 등은 24시간 일정한 것이 아니라 시간에 따라 혹은 밤낮의 주기에 따라 변한다. 일반적으로 주간에는 체온, 혈압, 맥박, 맥박수 등이 상승하고 야간에는 하강한다. 또한 혈액 내 염분량은 주간에 감소하고 야간에는 증가한다. 부신피질, 호르몬 분비량, 백혈구 작용도 역시 주기를 가지고 변화한다. 하루를 주기로 변화되는 것은 자율신경계 조절에 의한 것으로 주간에는 교감신경계 기능이 우월해지고 야간에는 부교감신경계 기능이 우월해지도록 하는 유전적 정보체계가 원인이다(Ross, 1980).

생체주기에 따른 기능상의 문제는 대뇌기능의 저하가 원인이다. <그림 94>는 작업자에게 특정한 시간에 깨워 작업을 시키면서 Flicker 수치를 측정한 결과다. 1일 동안 Flicker 수치는 시간에 따라 변화하였다. Flicker 수치는 아침 6시에 최저가 되었다가 12시쯤 최대가 되고, 서서히 저하되어 22시부터 6시까지는 계속 저하된 상태를 보였다. Flicker 수치에 따르면 대뇌기능은 22시부터 6시까지는 최저가 되고 이후 상승하는 낮高-밤低의 특성을 나타낸다.

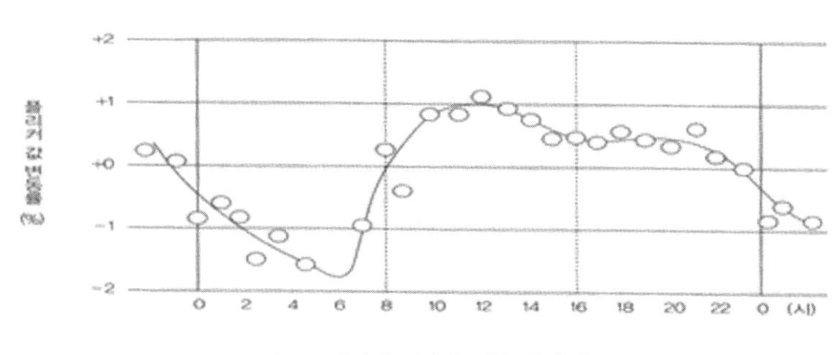

그림 94 시간의 경과에 따른 대뇌기능

일본 국가철도노동연구원에서 시간대별 철도관련 사고를 분석한 결과 심야 시간대에 월등히 많은 사고가 발생하는 것으로 나타났다. <그림 95>에서도 하루 중 오후 4시에서 6시 사이에 사람들이 다른 시간대에 비해서 가장 많은 오류를 저지르는 것으로 나타났다. 이스라엘에서 실시된 1984년에서 1989년 사이의 교통사고 분석 결과에서도 다른 시간대보다 오전 1시에서 4시 사이 그리고 오후 1시에서 4시 사이에 가장 많은 교통사고가 발생했다고 한다. 이것은 생체주기와 일치하는데 각성 정도가 저하되는 시간대(주로 야간이나 저녁이 되기 전 오후)에 실수가 생기기 쉽고 이로 인한 사고 발생률이 증가한다는 것을 보여준다.

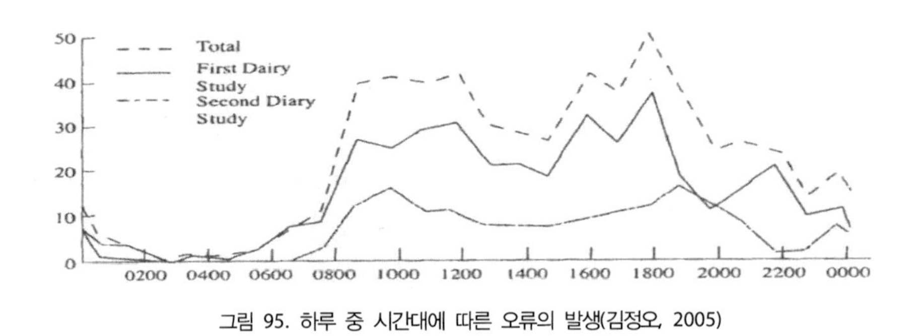

그림 95. 하루 중 시간대에 따른 오류의 발생(김정오, 2005)

4) 피로

계속적인 심신 활동은 피로를 느끼게 한다. 피로는 정신과 운동기능에 부정적인 영향을 미치는데, 일상에서 경험하게 되는 대표적인 피로현상은 졸음이나 집중력 저하이다. 회전하는 톱날 앞에서도 졸음에 눈이 감기게 되거나 중요한 회의를 쉬지 않고 준비하다가 정작 발표시간엔 지각해버리는 경우가 생기는 것도 피로 때문이다.

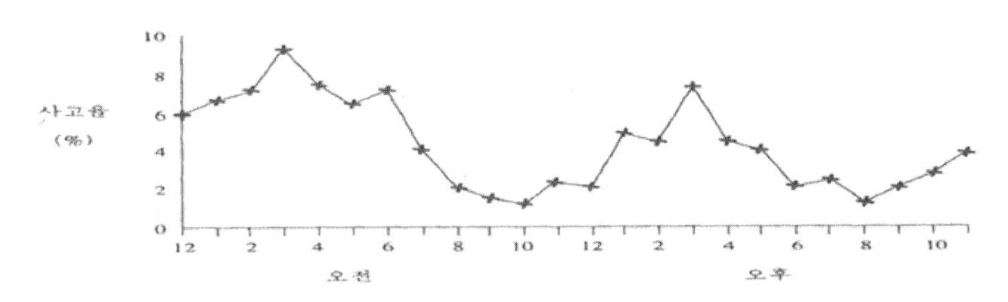

그림 96. 수면부족과 관련한 교통사고의 발생빈도(김정오, 2005)

(1) 피로연구의 방향과 주제들

피로에 관한 연구는 주로 2가지 방향으로 진행되어 왔다. 첫 번째는 인지 및 운동능력이 피로에 의해서 어떻게 저하되는가에 관한 연구들이다. 두 번째는 인지 및 운동능력 저하를 예방하기 위한 연구들이다. 구체적으로는 피로로 인한 부담과 건강상의 장애를 파악하는 것과 작업 및 근로 조건이 건강유지를 위해서 어떻게 개선되어야 하는지에 대한 연구들을 말한다(野澤와 小木, 1980).

피로에 관한 연구 주제들은 시기적으로 크게 3가지로 분류할 수 있다(Cameron, 1973). 첫 번째는 산업장면에서의 생산성과 피로를 관련짓는 연구들이다. 제1차 세계대전과 그 이후에 수행된 연구들이 주로 다루었었던 주제들로 작업자의 생산성이 피로와 연관되어 있음을 증명하고 피로를 줄이는 방법을 모색함으로써 생산성을 높이려는 목적으로 수행되었다. 두 번째는 1940년대와 1950년대 사이 비행기나 탱크 그리고 잠수함 같은 새로운 전쟁 무기나 복잡한 기기들이 발명되면서 공학심리학 및 인간공학적 측면으로 기계 조작과 피로를 관련짓는 연구 주제들이다. 세 번째는 1950년대 이후 자동차가 증가하면서 이로 인한 사고가 피로와 관련 있을 것이라는 연구들이다.

Brown(1994)은 피로현상을 심리적 피로와 생리적 피로로 구분하였다. 심리적 피로는 주어진 과제를 수행하는 작업자가 주관적으로 지각하는 수행 저하를 의미한다. 생리적 피로는 근육에 공급되는 산소나 영향에 문제가 있을 때 경험하게 된다. 생리적 피로는 신체상의 직접적인 손상(impairment)으로 나타난다. 피로는 지속적인 집중이나 수행으로 발생할 뿐만 아니라 정신작용에 영향을 미치는 심리적·환경적·사회문화적 요인들로 인해서도 발생할 수 있다. 피로는 주의를 기울여야 하는 정보량이 얼마나 되는지에 의해서도 영향을 받지만 주의가 필요한 대상이 예측 가능한 것인지 아닌지 등의 의해서도 영향을 받게 된다.

심리적 피로는 반드시 심신기관의 생리적 고갈이나 결핍으로만 발생하는 것은 아니다. Bartley와 Chute(1947)는 심리적 피로는 생리적 손상으로 인해 발생하는 피로와는 다르며, 반드시 생리적 피로와 동시에 발생하는 것이 아니라고 보았다. 생리적 피로를 느끼더라도 수행에는 문제가 없을 수 있으며, 반대로 생리적 피로를 느끼지 못하더라도 수행에 문제가 발생하도록 할 수 있는 것이 심리적 피로의 특징이다.

(2) 피로와 심리작용

피로를 발생시키는 조건들은 다양하다. 피로할 때 나타나는 가장 일반적인 현상은 경계(vigilance)나 선택적 주의 및 복잡한 의사결정 그리고 자동화된 지각-운동 제어 기능 등의 활동들이 저하된다는 것이다. Bartlett(1948)는 피로가 나타나기 전에 발생하는 행동상의 전조 현상을 네 가지로 제시하였다. 첫 번째는 움직임의 시작과 종료에 필요한 시간이 부적절해지는 것이다. 두 번째는 자극반응 내성이 증가(반응하기 위해 점점 큰 자극이 필요함)한다. 세 번째는 예측 시간이 감소된다. 네 번째는 신체변화에 민감하게 반응하게 된다.

野澤과 小木(1980)은 피로가 문제를 발생시키는 원인에 대해서 세 가지로 설명을 내놓았다. 첫 번째는 피로가 작업이나 실행 태도를 거칠고 치밀하지 못하게 만들기 때문이다. 두 번째는 피로해지면 지각 및 운동계통의 협응 능력을 떨어뜨리기 때문이다. 세 번째, 피로는 자극에 대한 반응 동작을 둔화시키는 작용을 하기 때문이다.

Wickens, Gordon과 Liu(2001)는 피로가 시간압력, 불안, 욕구좌절 및 분노와 같은 심리적 요인 중의 하나로 물리적 요인과 함께 스트레스를 발생시킨다고 보았다. 피로로 인한 스트레스는 정보처리에 영향을 미치는데 장기기억으로부터의 정보인출에는 별로 지장을 주지 않지만 제한된 용량을 가진 작업 기억을 방해할 수 있다고 보았다. 또한 시간압력이 있는 상황에서 의사결정을 할 때에는 입력정보를 선택적으로 받아들이고, 중요한 정보원천이 더 큰 비중을 갖게 되며, 정확도가 감소하고, 복잡한 심적 계산 능력이 저하되며, 한 가지 방법에만 집착하는 현상이 발생할 수 있다. 이러한 정보처리상의 문제는 중요한 선택에 실수를 발생시키고 사고나 사건의 원인으로 작용할 수 있다.

피로는 작업부하에 대처하기 위해 노력을 기울이는 상황과 주의, 지각, 의사결정과정에서 예측할 수 없는 사건들에 지속적으로 대처하는 상황에서 주로 발생한다. 그리고 피로를 느끼게 되는 작업자의 동기나 직무에 대한 흥미 그리고 심리적 요인들에 의해서도 영향을 받는다. 금속조립 작업자들의 피로에 영향을 미치는 요인들을 살펴본 조사에서 육체적 부하가 다차원 피로척도로 측정한 피로 점수와 전반적 피로도 그리고 일상생활 기능장애를 증가시키는 것으로 밝혀졌다(장준호, 강동묵, 고상백, 김정원, 조병만과 이수일, 2004). 김성열, 이성수와 이병국(1997)은 특수간호에 종사하는 간호사와 일반간호에 종사하는 간호사들을 대상으로 간호업무별 작업부하 정도와 피로 자각증상 정도를 조사하였다. 연구결과, 작업부하 정도와 피로 자각 증상은 유의한 정적 상관이 있는 것으로 나타났다. 각 영역별로 세분하여 살펴보면, 관리적 간호업무로 인한 작업부하 정도와 피로 자각증상의 신체적, 정신적, 신경 감각적 증상은 각각 유의한 정적 상관을 보였다. 기능적 간호업무의 작업부하 정도와 신경 감각적 증상 호소정도도 유의한 정적 상관을 나타냈다. 피로의 결과는 다양하지만 일반적인 현상은 시간 증가에 따라 물리적 노력을 필요로 하는 활동뿐만 아니라 감시, 선택적 주의, 복잡한 의사결정, 자동화된 지각-운동 제어 기능과 같은 인지적 활동에서 두드러진 감퇴가 발생한다는 것이다.

(3) 피로와 졸음

현대 사회는 만성적인 수면부족을 유발하고 있다. 기술의 발달이 인간에게 휴식시간을 늘려 줄 것이라는 기대와는 달리 오히려 기술이 발달할수록 수면 시간은 줄고 수면의 질 역시 하락하는 정반대의 결과가 발생하고 있는 것이다. 일본 총무청 조사 결과 5년 전에 비해 사람들의 수면시간은 19분 이상 감소하였고 일하는 시간은 12분이나 늘어났다.

수면은 몇 가지 단계로 나뉘는데 각 단계에 따라 생성되는 뇌 전위는 다르다. 수면에 대한 가장 큰 구분은 RAM(Rapid Eye Movement) 수면과 비-RAM 수면이다. 비-RAM 수면은 성인 수면의 70% 정도를 차지한다. 좀 더 세부적인 구분으로는 비-RAM 수면을 1단계에서 4단계까지로 나누는 것이다. 1~2단계는 과도기적 수면으로 얕은 수면상태이다. 깨어 있는 상태에서 금방 잠이 든 상태라고 생각할 수 있다. 3~4단계는 가장 깊은 수면상태이다. 개인마다 차이는 있지만 RAM 수면은 수면 후 대략 90분 이내에 나타나서 90분 정도마다 반복된다.

Horne(1993)은 3~4단계의 수면은 전두엽 피질의 회복에 밀접한 관련이 있다는 연구결과를 내놓았다. 따라서 깊은 숙면을 제대로 취하지 못하는 상황이 오래 지속되면 판단과 고차원적인 인지기능에 손상이 발생할 것을 예상할 수 있다. 그리고 얼마나 피로한지는 얼마나 오랫동안 잠을 잤는가보다 얼마나 깊이 있는 숙면을 취했는지에 더 큰 영향을 받을 수 있다. Brown(1994)은 피로의 주된 결과가 주의력 약화라고 보았다. 주의력 약화는 일반적인 자극에서는 큰 차이가 나타나지 않지만 새로운 대응이 필요한 상황에서는 자극 탐색과 통제에 문제를 발생시킨다. 주의력 손상이 가져오는 가장 일반적인 증상은 졸음(eye closure)이다.

수면부족은 졸린다는 특성이 오후가 될수록 강하게 영향을 미친다. 신체는 나른해지고 활력이 없어진다. 자율신경계에 장애가 발생하면서 식욕부진, 구역질이나 설사 등이 일어나기 쉬워진다. 정신기능에서도 의욕이 감퇴하고 주의집중이 떨어지고 지구력도 약해진다. 계속적인 수면부족 상태는 내장이나 혈관 계통 기능 저하로 이어질 수 있으며 정서적 장애를 불러올 수도 있다.

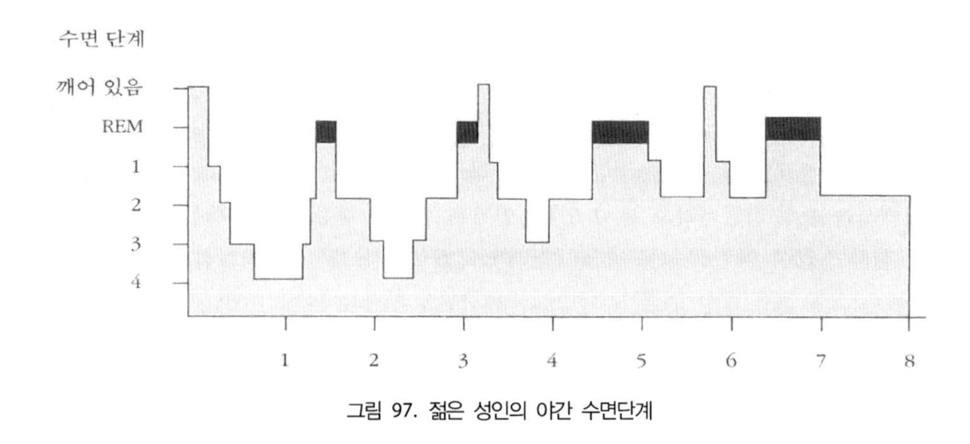

그림 97. 젊은 성인의 야간 수면단계

생체주기에 따라 사람들은 하루에 두 번(새벽 3~4시와 점심식사 이후 오후 시간) 가장 강력한 졸음을 경험하게 된다. 일반적으로 일시적인 수면부족은 어느 정도 견뎌낼 수 있지만 최소한 하루에 5~6시간은 자야지만 정상적인 심신기능을 유지할 수 있다(Horne & Reyner, 2001). 졸음은 휴식 없이 계속 작업해야 하는 상황에서도 발생하지만, 단조로운 작업이 반복되면서 주의가 내적 사고 과정으로 전환되기 때문에 발생하기도 한다. 이렇게 발생된 졸음은 외부환경을 주시하고 있는 상태일 때도 발생할 수 있기 때문에 대응하기 어렵다.

무선통신의 발달과 컴퓨터의 보급은 기계와 기술이 발달하면 여유가 많아질 것이라는 기대와는 반대로 밤에도 졸음을 참아가며 일을 해야 하는 상황에 처하도록 하였다. 피로는 현대 사회의 만성질환이라고 부를 수 있다. 인간은 생리특성상 낮에는 활동하고 밤에는 쉬도록 조절되어 있다. 따라서 밤에 낮처럼 활동해야 하는 상황은 더 큰 위험을 가져다줄 수 있다. 밤에는 시각기능이 제한되어 단조로움이 더욱 커지게 되는데 이것은 대뇌기능 저하를 불러온다. 대뇌기능 저하는 졸음으로 이어지고 육체적 활동이나 정신적 활동 모두에 위험을 가중시킬 것이다. 졸음이나 피로를 해결하기 위해서 커피를 마신다거나 심지어 자신의 따귀를 때리는 신체적 자학을 가하기도 한다. 졸음을 경험하게 되면 활동 중일 때는 잠시 잠을 청하는 것이 가장 효과적인 방법이다.

2. 직장에서의 정신건강

1) 부하와 부담 그리고 과부하

환경에 적응적으로 대응하는 것은 처리해야 하는 정보의 양이 많아질수록 어려워진다. 심신기능에 발생하는 부하(load)는 스트레스를 유발하는 스트레스원(Stressor)이다. 부하 혹은 부담(burden)의 증가로 인한 과부하(over load)는 보유한 용량이 과제로부터 요구되는 용량의 수준에 미치지 못할 때 발생하게 된다. 부하는 과제의 난이도나 개수가 증가할 때 나타나며 보유한 용량이 줄어드는 상황에서 나타난다.

Klebelsberg(1989)는 사용할 수 있는 정보 용량[수행용량(performance capacity)]을 100%라고 가정할 때, 자동화된 작업은 정보용량의 약 40%, 생리적 작업 준비를 위해서는 용량의 약 50%, 통상적인 예비를 위해서는 용량의 약 80%까지 그리고 자기 방어적 예비를 위해서는 용량의 약 80% 이상을 사용하게 된다고 하였다. 작업 종류와 사용할 수 있는 정보 용량이 다르게 되면 부하나 부담 혹은 과부화를 경험하게 된다. 부하는 자동화된 작업과 생리적 작업 준비를 범위로 한다. 부담은 임의로 사용할 수 있는 통상적인 예비를 범위로 하고 과부하는 긴급한 반응에 사용하는 자기 방어적 예비를 범위로 한다.

Schmidtke(1973)는 부하(load)와 부담(burden)의 경계를 생리 현상 차이로 기술하였다. 심장박동이 1분에 30회 이상 증가하고, 호흡이 균형을 유지하며, 상황 종료 후에는 맥박이 안정된 상태로 즉시 돌아올 수 있는 상태이면 부하 상태라고 볼 수 있다. 생리 현상이 부하 상태 이상을 유지하게 되면 부담이라고 설명하는데, 과부하(over load)는 부하가 매우 높은 수준에 있다는 것을 의미한다.

(1) 부하 측정

시간-선분 모델(Time-Line Model)에 따르면 작업부하는 과제를 수행하도록 주어진 가용시간(Available Time: AT)에 대한 과제수행을 위해 실제로 필요한 시간(Required Time: RT)의 비율로 정의된다. 즉, TR/AT의 비율이 1.0을 넘어갈 경우, 작업자는 과제들을 수행할 시간이 부족하게 되어 작업부하를 느낄 수 있다(Wickens, Gordon, & Liu, 2001). Küting(1976)은 다수의 생리적 지표를 부담과 연관시켜 추론해보았지만 일치된 결과가 많지 않다고 보고하였다. 이것은 생리적 지표로만 부하를 설명하는 것이 바람직하지 않을 수 있다는 것을 지적하는 것으로 보인다. 하지만 생리적 지표들과 부하의 관계보다 더 바람직한 관계성을 나타내는 지표가 있는 것도 아니다. 따라서 부하를 파악할 수 있는 보다 실효적인 지표를 개발하는 것이 중요하다. 부하를 나타내는 가장 대표적인 지표는 심박률이나 뇌파 혹은 GSR 같은 생리적 측정치들이다.

(2) 과부하의 문제

Caplan과 Jones(1975)는 세 가지 요인(불안, 분노, 우울)으로 구성된 A유형 성격 질문지를 사용하여 A유형과 작업부하의 관계를 연구하였다. 연구 결과, 불안, 분노, 우울 가운데 불안은 작업부하 수준(지표는 높은 심박수)과 정적인 상관관계를 보였다. Greenglass, Burke와 Moore(2003)의 연구에서도 합병과 인원감축으로 인해 짧은 시간에 많은 일을 하게 된 간호사들은 냉소적 감정이나 정서적 소진감, 탈진, 분노와 같은 심리적 고통을 더 많이 호소하였다.

버스운전자의 작업부하와 건강, 삶의 질 등에 대한 조사에서도 작업부하를 많이 느끼는 버스운전자일수록 일을 마치고 난 후에 극도의 피로를 호소할 뿐만 아니라 긴장을 푸는 것도 어려워하는 것으로 나타났다. 이 연구에서 작업부하는 버스 운행일정 때문에 서두르는 정도, 시간 압력을 느끼는 정도, 운행일정을 지키기 위해 느끼는 긴장의 정도 등 주로 운행 계획과 관련한 부담을 측정하는 내용으로 구성되어 있었다(Rydstedt, Johansson, & Evans,1998). 이 같은 연구결과는 버스운전자가 정해진 운행일정과 이로 인해 유발되는 시간적인 압력에 대해 부담을 느낄 수 있으며 과부하로 인해 피로가 발생할 수 있음을 시사한다.

Rantanen과 Goldberg(1999)는 실험참가자에게 신호음 탐지 과제(tone counting tasks)를 주고 골드만 시야계(Goldman visual perimeter)를 이용해 신호음 탐지 과제로 발생하는 작업부하가 시각영역 크기에 미치는 영향을 살펴보았다. 연구결과, 중간 수준의 작업부하를 느낀 실험 참가자들은 시각영역 크기가 92.2%로 약 8%가 감소하였고, 높은 수준의 작업부하를 느낀 실험 참가자의 시각영역 크기는 86.41%로 약 14% 감소한 것으로 나타났다.

오영진과 김제승(2005)도 제한된 반응시간에서 과도한 정신적 부하가 작업자의 작업수행에 미치는 영향을 살펴보는 연구를 진행하였다. 연구자들은 실험참가자들에게 위험 수위를 나타내는 여러 개의 계기판을 보여주고 실험참가자로 하여금 계기판이 위험

수위에 도달하면 키보드를 누르도록 지시했다. 실험 결과, 제공받은 계기판 수가 많은 집단, 즉 처리해야 할 작업량이 많아 작업부하 수준이 높았던 실험참가자들은 계기판의 위험수위가 끝에 도달할 때 반응하는 시간이 비교 집단에 비해 늦었고, 오동작 횟수도 많았으며, 반응 실패 횟수도 많았다. 또 계기판 작업에 부가적인 작업(단어회상 과제)이 추가되면 반응 실패 횟수가 더 높아지는 것으로 나타났다.

이러한 실험결과는 과부하가 실수를 증가시킨다는 명확한 증거이며, 실수로 인해 사고발생 위험이 증가될 수 있음을 시사한다. 강동묵, 손병민, 고상백, 손미아, 김정원, 장준호, 조병만과 이수일(2004)은 주물업과 선박 건조업, 정밀기계 조립에 종사하는 작업자들을 대상으로 작업부하가 타액(코르티솔)의 농도에 미치는 영향에 대해서 연구하였다. 코르티솔(cortisol)의 농도는 과부하의 수준을 나타내는 생리적 지표 중 하나로 이용되고 있다. 코르티솔 농도의 변동폭이 클수록 높은 부하가 발생한 것으로 간주할 수 있다. 작업량이 많은 작업자들의 코르티솔 농도 변화를 측정한 결과, 높은 작업부하를 가진 작업자들은 타액 속 코르티솔 농도의 변화폭이 큰 것으로 나타났다.

Gonzalez-Munoz와 Guterrrez-Martinez(2007)는 전기회사에 근무하는 작업자들을 대상으로 정신적 부하와 직무스트레스의 관계를 파악하는 연구를 실시하였다. 연구에서 정신적 부하 수준은 NASA-TLX로 측정되었다. 연구 결과 NASA-TLX 하위 요인인 정신적 부하와 시간적 부하, 그리고 좌절감 요인은 직무스트레스와 정적 상관관계를 보였다. 정신적 활동에 대해 부담을 가지거나 시간적 여유가 없는 작업자들은 직무에 대한 스트레스 수준도 높았다.

Rose, Murphy, Byard와 Nikzad(2002)는 96명의 20대 실험참가자들을 대상으로 성격 5요인(Big five-factor personality) 가운데 주관적 작업부하와 상관관계가 있는 요인을 파악하였다. 이 연구자들은 실험참가자들에게 12분 동안 사건을 감시하는 과제를 부여하고, 성격 5요인 측정 도구와 NASA-TLX를 시용하여 주관적 작업부하와 상관관계를 가지는 성격 요인을 살펴보았다. 그 결과 성격 5요인(외향성, 신경증적 성향, 개방성, 친화성, 목표추구성) 가운데 신경증적 성향은 주관적 작업부하 수준과 정적인 상관관계를 나타내었다. 신경증적 성향이 높은 사람들은 환경에 적응하거나 타인과 대인관계를 형성하는 데 불안감이나 긴장감, 공포감을 경험하는 경향이 있었다.

2) 직무스트레스

스트레스에 관한 학회 보고에 의하면 직무스트레스로 인해 10명의 직장인 중 8명이 질병을 앓고 있거나, 전체의 50%에 가까운 직장인들이 스트레스로 인해 직장을 옮겼다고 발표했다. 이처럼 직장인이 경험하는 직무스트레스는 개인의 건강을 해치는 것은 물론 결과적으로 조직에도 생산성 저하와 비용 증대 등의 부정적 영향을 미치는 심각한 사회문제로 대두되고 있다.

많은 학자들이 제시한 다양한 직무스트레스의 출처요인을 살펴보면 크게 개인적 차원과 조직 내적인 차원, 조직 외적인 차원으로 구분된다. 첫째, 개인적 차원은 개인의 조직 내 역할, 개인의 성격, 대인관계, 개인의 역량수준, 개인 성장과 개발에 대한 압력, 경력개발에 대한 필요성, 조직에 대한 헌신과 책임 등이 있으며, 조직구성원에 대한 개인적 변수들을 포괄하고 있다. 둘째, 조직 내적인 차원은 기술다양성, 과제정체성, 과제중요성, 과다한 업무 부하량, 집단 역학적 요인, 조직 구조적 요인, 회사 정책적 요인 등이 포함된다. 셋째, 조직 외적 차원으로 물리적 상황요인과 사회적 상황요인 등이 있으며 조직 외적 차원 역시 직무스트레스를 증가시키는 것으로 나타났다.

이러한 직무스트레스를 조절할 수 있는 개인적 변수로는 A, B 유형 성격과 내·외 통제, 사회적 지원 요인들이 있다고 보았다. 한 개인이 조직 내에서 직무스트레스를 받더라도 조급하고 공격적인 A형 유형의 성격보다는 느긋하고 여유로운 B형 유형의 성격이 직무스트레스에 대한 저항력이 강하며, 이로 인해 직무스트레스를 어느 정도 자기 조절할 수 있다. 또한 자신의 성공을 외적 요인으로 귀인시키는 외적 통제자보다는 능력이나 노력으로 귀인시키는 내적 통제자가 직무스트레스에 대한 내성이 강하다고 본다. 또 다른 조절변수로는 사회적 지원이 있으며, 사회적 지원 역시 직무스트레스로 인한 정신, 신체적 증상을 조절할 수 있는 역할을 한다. 즉, 한 개인이 직무스트레스를 받더라도 조직이나 동료, 가족의 사회적 지원을 받을 경우 이러한 사회적 지원은 개인이 받는 직무스트레스에 대해 완충 역할을 하여 직무스트레스에 대처할 수 있다.

회사 내 임직원들이 이러한 직무스트레스를 받으면 자연히 자신이 맡은 직무에 대해 싫어하게 되어 직무불만족이 생기게 되며 이직을 생각하게 된다. 직장인들은 직무스트레스를 과도하게 받게 되면 직무불만족과 직무혐오를 느끼게 되며 이러한 직무불만족이 누적되면 지각, 결근, 이직 등의 방법으로 자신이 속한 조직을 멀리하게 되며, 심각하게 자발적 이직을 고려하게 된다고 보고 있다.

조직 내적 특성에 대한 지각, 조직 내 개인의 역할, 대인 관계, 개인의 경력개발에 대한 압력, 조직구조와 풍토, 가정과 직장 간의 조화 등이 개인적 직무스트레스 요인이 되며, 이로 인해 개인에게는 혈압상승, 혈관질환과 같은 신체적 증상과 우울증과 출근 압박감, 불안감과 같은 정신적 증상을 경험하게 되며 종국적으로 결근행동과 심각한 이직의도를 보이게 된다.

3) 고용형태와 정신건강

석사학위 이상의 고학력자들의 취업을 알선하는 인터넷 사이트에는 하루에도 수십 건의 취업관련 고용정보가 등재된다. 전문가를 모시겠다는 제목을 읽다가 보면 말미에는 계약직이거나 몇 개월의 임시직인 경우가 많다.

고학력 전문직 종사자들뿐만 아니라 현대 산업사회에서는 직원에 대한 고용을 임시적으로 한정해서 경쟁을 시키거나 필요한 업무가 종료되면 고용을 해지하기 편하도록 형태를 다양화시키고 있다. 다양한 이름들로 불리지만 대다수는 임시직 형태의 고용이다. 고용주들은 자신들의 업무에는 효율적이면서도 고용에 대한 비용 지불은 점점 인색해지고 있다.

Tempositons Group의 대표인 James Essey는 직원으로 지원한 사람들을 확정적으로 고용하기 전에 시험해보는 것이 좋다고 말했다. 임시적인 고용에는 급여를 정규직에 비해서 적게 주어도 되기 때문에 고용주들로서는 일석이조인 셈이다. Avenue Temporary Service의 부회장인 Georgia Ellis는 고용을 계약 결혼처럼 실제 경험을 해보는 확인이 필요하다고 주장했다. 임시직으로 고용되어 회사와 개인이 서로를 알아가는 것이 이력서에 나오지 않는 실체를 파악하고 명료하게 만들 수 있다고 보는 것이다.

그러나 고도의 창조적 작업이나 정규적인 고용형태가 꼭 필요한 곳에서의 임시직 증대는 직원들의 불안을 높이고 갈등을 심화시키는 사회적 위험으로 작용할 수 있다. 경쟁사회의 당연한 결과물처럼 인식되는 임시직은 결과물이 아니라 경쟁사회를 심화시켜 사회불안과 갈등을 증가시키는 원인일 수 있다는 지적이다. 임시직이기 때문에 정규직이 되기 위해서 작업자들은 더 많이 일하면서도 더 적은 월급을 받게 되고, 더 많이 불안하며, 더 많은 불평을 가지게 된다. 불필요한 임시적 고용형태의 만연은 사회를 더욱 불안하게 만들 수 있다(Ellin, 1999).

고용불안을 해소하기 위해서 극단적인 선택이 일어날 수 있는데, Nigeria에서는 해적이 가장 안정적인 직업 중 한 가지가 되었다. 몇몇 국가에 자리를 잡고 있는 테러 조직은 높은 급여와 확실한 고용을 광고하며 사람들을 모으기도 한다. 고용불안에 시달리는 사람들은 안정적인 일자리를 원한다. 사람들은 일의 종류와 성격보다는 얼마나 고용불안을 해소해줄 수 있는가에 더욱 집중하게 되는데 해적이 되거나 테러단체에 가입해서라도 안정을 찾겠다는 것은 고용불안이 만들어낸 흉측한 괴물인 것이다. 나아가 고용불안을 해소하지 못하는 사회에 대한 불만은 자신과 사회에 자해적 위해를 가할 수 있는 가능성도 증가시킬 수 있다.

4) 만족과 정신건강

일반적으로 만족(satisfaction)은 종업원이 자신의 직무로부터 얻는 즐거움의 정도를 말하는 것이다. 자신의 직업에 만족하는가는 폭넓은 개인차가 있기 때문에 다양한 반응들이 존재한다. 만족 특히, 직업에서의 만족은 개인의 긍정적 정서와 객관적 직무상황의 향상을 가져다준다. 자신이 다니는 직장을 자랑스러워하고 만족하는 사람과 항상 불만을 가지고 있는 사람들은 업무성과뿐만 아니라 일상생활의 영역에서도 차이가 발생한다(Kinicki, McKee-Ryan, Schriesheim, & Carson, 2002).

직업이나 직무에 만족하느냐의 여부는 직장의 주차공간에서부터 승진과 근무성과의 평가 및 성취감까지 수많은 요인들에 의해서 결정된다. 또한 나이나 건강, 재직기간, 사회적 평가, 근무시간 및 휴가일수 등에 따라 차이가 발생할 수도 있다. 수많은 변수들의 대응이 가능하기 때문에 심리학에서는 직무만족에 대한 연구가 인기가 있는데, 일반적으로 심리학자들이 원하는 것은 직무만족이 얼마나 업무성과에 영향을 미치는지를 알아내는 것이다.

장태연과 장태성(2004)은 직무만족과 택시 교통사고 발생 간의 관계에 대한 연구를 실시하였다. 연구에 의하면 공정게임(사회 전반적으로 법을 지키지 않는 태도가 만연하므로 자기만 법을 지키면 손해라는 태도) 및 부적격률(면허 취소 운전자 및 승무부적격 운전자에 대한 총 운전자의 비율)과 관계가 있었다. 또한 택시운전자의 직무만족이 교통사고 발생과 밀접한 관련을 보였다. 부적격률이 높고, 직무만족도가 낮을수록 교통사고 발생률이 증가하였다.

시내버스 운전자들에 대한 조사연구를 통해서도 직무만족도와 교통사고 경험 간의 높은 상관관계를 확인하였다. 직무만족도에 영향을 미치는 요인으로는 삶의 만족도가 가장 중요하며, 경영진에 대한 인식과 근로조건 만족도 등이 순차적으로 중요한 역할을 하는 것으로 제시되었다. 이 밖에도 안전이 직무만족과 관련이 높다는 연구들은 많다(Machin & De Souza, 2004).

Hart(1999)는 479명의 경찰관들을 대상으로 한 연구에서 직무만족이 업무 외적인 것들에 영향을 받는다고 밝혔다. 연구에서 연봉이나 승진의 기회, 외부적 평가와 더불어 얼마나 직무가 안전한지 혹은 그렇지 않은지는 만족도에 큰 영향을 미치는 요인이었다. 높은 급여를 바라는 것처럼 사람들은 안전한 직무를 선호하고, 자신의 직무가 안전하다고 인식할수록 만족도가 높아졌다. 직무의 만족도는 단순히 직업 환경에만 머무는 것이 아니라 삶의 긍정적 만족감과도 밀접하게 연계되어 상호 만족에 영향을 주게 된다.

(1) 급여형평성

누군 부자이고 누군 가난한 사회보다 모두가 가난한 사회의 만족도가 더 높다는 말이 있다. 공평한 조직이라는 인식에 가장 큰 영향을 미칠 것이라고 생각되는 것이 급여이다. 따라서 급여가 형평성 있게 주어지는 것은 만족도의 중요한 원인이다. 납득할 만한 이유 없이 자신의 급여가 더 적거나, 비슷한 능력의 다른 사람의 급여가 더 높은 것은 만족도를 해치는 요인으로 작용하게 된다. 반대로 동료보다 더 많은 월급을 받는 사람들의 만족도는 더 높다.

미국의 경우도 급여형평성은 만족도를 결정하는 중요한 요인이다. 일반적으로 여자들은 같은 일을 하는 남자들보다 급여가 적다. 많은 소수 인종의 월급은 같은 일을 하는 백인들보다 적다. 가족으로 구성된 회사의 CEO는 고용된 CEO보다 급여가 높다. 그들이 받는 월급의 많고 적음을 넘어 급여가 공평하지 않다는 인식은 근로의 질이나 만족도를 심각하게 훼손할 수 있다(Gomez-Mejia, Larraza-Kintana, & Makri, 2003).

(2) 성과연봉

많은 직장에서 성과에 따른 차등적인 연봉을 지급하면, 종업원들이 더 많은 생산력을 보일 것이라고 기대한다. 그러나 시간-동작 연구에서부터 전통적으로 주장해온 것처럼, 더 많은 생산에 더 많은 임금을 주는 제도의 효과는 절대적이지 않다. 호손 연구의 결과를 보더라도 직원들은 그들 나름의 생산량에 대한 기준을 가지고 있으며, 더 많은 생산량에 따른 임금의 증가도 중요하지만, 편안하게 일하기를 바란다. 즉, 직업에서 가져가고자 원하는 것이 임금만이 아니라 즐길 수 있는 만큼의 작업량이기도 한 것이다. 이러한 직원들의 성과와 임금에 대한 태도는 의사에서부터 청소부까지를 포함하는 1,700명의 병원 노동자들을 대상으로 한 8개월간의 연구에서 보다 분명히 밝혀졌다. 연구는 성과급의 효과는 모든 직원에게서 동일하게 나타난 것이 아니라 성과급을 인정과 평가라고 내면화한 사람들일수록 긍정적으로 작용한다는 결과를 보여주었다. 즉, 성과급의 지급과 평가가 공정하고 자신에 대한 인정의 표현으로 지급된다고 직원에게 인식될 때에만 직무만족과 성과가 연결될 수 있음을 보여준 것이다.

(3) 상사의 문제

Hogan, Curphy와 Hogan(1994)은 75%의 미국 종업원들이 스트레스를 유발하는 주범으로 상사를 지목했다고 보고하였다. 직원들의 가장 공통적인 불만은 상사가 책임을 지려 하지 않고, 폭군처럼 군림만 한다는 것이고, 직원들을 바보처럼 대한다는 것이다. 일부러 이른 새벽이나 금요일 저녁에 회의를 잡는 상사들, 회의에서 부하들에게 면박을 주는 상사, 부하가 납득할 만한 의견을 얘기했는데도 자신의 명령에 토를 단다며 서류를 내던지고 고성을 지르는 상사들에 대한 이야기를 들으면 "어떻게 그런 사람들이 상사가 되었을까?" 하는 생각이 든다. 대표적인 어처구니없는 사례들로는 심장마비로 쓰러진 직원을 위해 119에 전화를 못 하게 한다든지, 아이를 유산하는 일을 겪은 직원의 조퇴 신청을 허락하지 않는다든지 하는 것들이다.

Hogan 등(1994)은 직원들이 가지고 있는 상사들의 이미지에 대해서 조사하였다. 조사결과는 10명 중 7명의 상사는 무능력하고 착취적이며, 지배적이고 짜증스럽고, 믿지 못할 사람들로 인식된다고 보고하였다. 그렇다면 왜 리더로 뽑히는 사람들은 하나같이 다들 이 모양일까? 어째서 이런 사람들을 리더로 뽑은 것일까? 아니면 부하일 때는 유능하였지만 리더가 되면 이렇게 변하는 것인가? 10명 중 과반이 훨씬 넘는 상사가 그야말로 '나쁜 사람'이라는 것은 직장이나 조직의 가장 큰 골칫거리가 아닐 수 없다.

Goleman(1998)은 이러한 상사의 문제가 잘못 리더로 임명된 문제라기보다는 리더의 자리 자체가 공감능력의 부재를 만들 수 있기 때문이라고 지적하였다. Goleman(1998)은 직원이 점점 상위직급의 리더 자리로 올라갈수록 부하들의 감정을 이해하지 못하게 되고, 점점 더 자기중심적인 세계관 속에 빠져 들 수 있다고 지적하였다. 이러한 현상은 간단한 사례를 통해서 증명되었는데, 당신이 직원의 입장이라면 굳이 증명할 필요도 없이 잘 이해할 것이다.

두 통의 E-mail을 받았다고 가정해보자. 하나는 부하직원에게서 온 것이고 하나는 상사로부터 온 것이다. 어떤 E-mail에 먼저 답장을 쓸 것인가? 대다수는 상사로부터 온 E-mail에 먼저 답장을 쓰기 위해 노력할 것이다. 이것은 조직에서의 서열을 나타내는 가장 기본적인 사례이다. 일반적으로 사람들은 자신보다 권력이 많은 사람들에게는 관심을 더 기울이며 힘이 약한 사람들에게는 관심을 적게 기울인다.

권력과 관심의 관계에는 처음 만난 사이에서도 극명하게 드러난다. 처음 만난 사람들이지만 첫 5분간의 대화만을 관찰해보더라도 사회적으로 높은 지위에 있는 사람은 낮은 지위에 있는 사람들에게 눈을 덜 마주치거나, 고개를 덜 끄떡이는 식으로 관심을 덜 기울였다. 이런 차이는 부유한 집안 출신과 가난한 집안 출신의 대학생 사이에서도 나타났다.

Goleman(1998)은 사회생활에서 나타나는 이런 리더의 공감능력 부재나 부하직원들에게 집중하지 못하는 문제는 조직이나 산업체에서 위험요소가 될 수 있다고 지적하였다. 왜냐하면 가장 효과적으로 리더의 역할을 수행하기 위해서는 설득이나 영향력 발휘, 동기부여, 경청, 팀워크, 협업 등과 같은 공감능력이 뒷받침되어야 하기 때문이다. Goleman(1998)이 밝힌 공감능력에는 3가지 종류가 있다. 첫 번째는 인지적(cognitive) 공감능력이다. 다른 사람들이 어떤 방식으로 생각하는지, 즉 타인의 세계관을 느낄 수 있는 능력이다. 이 능력을 통해 다른 사람들이 이해할 수 있는 방식으로 이야기를 전달할 수 있다. 두 번째는 감정적(emotional) 공감능력이다. 다른 사람들의 감정에 즉시 공명할 수 있는 능력이다. 그리고 세 번째로는 감정이입적인(empathic concern) 공감능력이다. 사람들이 필요로 하는 것이 무엇인지 이해하고 그것을 도와주는 방식으로 다른 사람에 대한 관심을 표현할 줄 아는 능력을 말한다.

Goleman(1998)은 공감능력 결핍의 징후를 보이는 리더의 특성에 대해서도 3가지로 요약하였다. 첫째는 부하가 보기에 말이 안 되는 지시사항이나 메모는 리더가 직원들의 위치에서 세상을 보지 못하고 직원들이 납득할 만한 수준의 말로 풀어내는 데 실패했다는 것을 보여주는 징후라고 밝혔다. 또 다른 낮은 인지공감능력의 징후로는 막상 그 목표를 수행해야 할 직원들에게 납득이 가지도 않고 말도 안 되는 전략이나 계획을 제시하는 것이다. 둘째는 부하들을 당혹스럽게(upset) 하는 공식발표나 명령이다. 이것은 보스가 직원들의 감정적인 현실을 제대로 읽지 못하며 부하들에 대해서 무지하다는 것을 나타낸다. 셋째는 직원들이 힘들어하는 일에 대해 보스가 차갑게 대하거나 무심한 태도를 보이는 것이다. 이것은 감정이입 능력이 없다는 것을 보여주는 징후인데, 부하들은 자신의 리더가 차갑고 무심한 사람이라는 것을 알게 되면 방어적이 된다. 예를 들어 무심한 리더와 일하는 직원들은 혁신을 위해 모험을 감수하는 것을 꺼리게 될 것이다. 안타깝게도 Goleman(1998)은 높은 지위에 있는 리더일수록 공감결핍증에 빠질 위험이 크다고 밝혔다. 그 이유는 지위가 높아질수록 솔직하게 의견을 밝히는 부하들의 수가 줄어들기 때문이다. 특히 리더가 주위 사람들에게 어떻게 대하는지에 따라서 솔직한 의사표현은 더욱 줄어들 수 있다.

5) 일-가정 갈등

일반적으로 역할갈등은 두 가지 이상의 욕구가 역할을 수행하는 과정 속에서 동시에 존재하며 해결이 곤란한 상태에서 발생하게 된다(최수찬, 백지애, 2006). 일과 가정 갈등은 직장과 가정이란 두 영역에 속한 사람에게 상호 분리할 수 없는 역할 수행의 압력으로 인해 발생하는 갈등이다. 따라서 일-가정 갈등은 일 때문에 가정에서의 역할을 수행하기 어려운 경우와 가정 때문에 일을 수행하기 어려운 경우로 구분된다. 일과 가정이 서로 영향을 미친다는 관점은 1930년대에 나타났으며, 오늘날에는 일과 가정의 역할은 서로 중첩된다고 보고 있다.

Spector, Cooper, Poelmans, Allen, O'Driscoll, Sanchez, Siu, Dewe, Hart, Lu, De Moraes, Ostrognay, Sparks, Wong과 Yu(2004)는 일-가정의 갈등이 문화에 따른 차이를 가진다고 보고하였다. 서구권(호주, 캐나다, 영국, 뉴질랜드, 미국)과 중국권(홍콩, 중국, 타이완) 그리고 라틴 아메리카권(7개국)은 주당 평균시간이 각 49시간, 47시간, 50시간으로 유사했다. 그러나 집합주의 문화를 가진 중국권과 라틴 아메리카권보다 개인주의 문화의 서구권에서 일-가정 갈등이 더 강한 것으로 나타났다. 이것은 초과근무 등으로 직장에서 더 많은 시간을 보내는 것에 대해 가정에 더 많은 죄책감을 느끼고 갈등관계를 형성하기 때문으로 보인다. 또 서구권은 생계를 위해 근로시간을 늘릴 필요성에서도 중국권이나 라틴 아메리카권보다 적다. 이런 상황에서 직장에서 더 많은 시간을 보내는 것에 대해서 가족 구성원들은 불평할 수 있고 다른 문화권보다 더 많은 일-가정의 긴장관계가 형성될 수 있다.

Greenhaus와 Beutell(1985)은 일-가정 갈등을 유발하는 유형을 3가지로 구분하였다. 3가지 유형은 시간 갈등, 긴장 갈등, 행동 갈등이다. 시간 갈등은 일과 가정에서의 역할을 수행할 때 시간적 압력이 발생하면서 생기는 갈등이다. 긴장 갈등은 하나의 역할 수행이 다른 역할 수행의 질을 하락시킬 때 발생하는 갈등이다. 행동 갈등은 하나의 역할 수행에 효과적인 행동이 다른 역할 수행에는 효과적이지 않을 때 발생하는 갈등이다.

6) 정서적 탈진

탈진은 주로 사람을 응대하는 직종의 작업자들에게서 나타나는 소진으로 만성적인 스트레스 반응의 하나로 정의된다(Maslach & Jackson, 1986). 정서적 탈진은 주로 소진과 비인격화 그리고 성취감 감소라는 세 가지 주요한 증상을 보인다. 구체적으로 소진(exhaustion)은 과도한 심리적 부담이나 요구들로 인해 개인의 정서적 자원들이 고갈되었다고 느끼는 것이다. 비인간화(depersonalization)는 타인에 대해 부정적이고 냉소적인 반응을 보이는 것을 말한다. 성취감의 감소(reduced personal accomplishment)는 일에 나타나는 역량이나 생산성이 저하되면서 느끼는 자신에 대한 부정적 평가 경향을 의미한다. 탈진상태의 지속은 이직 의도 및 결근의 증가와 조직몰입감 감소와 같이 직무태도에 부정적인 영향을 미치게 된다. 여러 선행연구에서는 탈진의 증상들 중 소진이 가장 먼저 나타난다고 보고하고 있다(Burke & Greenglass, 1995).

7) 정서노동

광범위하게 본다면 모든 인간관계를 기반으로 하는 노동은 정서적 에너지 투여가 필요하다. 흔히들 솔직하게 살고 싶어 하지만 솔직할 수 있는 것은 권력이 있을 때나 가능한 일이다. 대다수 인간관계는 권력의 차이가 있기 때문에 솔직하게 자신의 정서를 표현할 수 없는 경우가 많은데, 자신의 정서를 솔직하게 표현하지 못하는 모든 경우를 일종의 정서노동이라고 볼 수 있다.

보다 좁은 영역으로 한정한다면, 서비스 산업에서 경쟁의 우위를 차지하기 위해서는 육체적 노동과 같이 정서적 표현을 요구받는 경우가 많은데, 이러한 노동을 정서노동이라고 정의할 수 있다(Hochschild, 1979). 좀 더 구체적으로 Hochschild(1993)는 정서

노동에 대해서 "교환가치를 위해서 자신의 감정을 의식적으로 조절하는 노력을 하는 노동"이라고 정의하였다.

한국의 경우 '손님이 왕'이라는 말로 소비자의 반응이나 평가에 전적인 기준을 설정하고 있는 경우가 많다. 따라서 한국의 경우에는 정서노동의 범위가 거의 모든 대인(對人) 업무로 확장되어 있다고도 볼 수 있다. 아울러 조직 내 상사나 동료 등을 내부 고객으로 파악하게 된다면 정서노동은 모든 직업관계에서 나타난다. 정서는 사건이나 생각에 대한 평가로 인해서 활성화된 정신적 상태를 말한다. 음성이나 몸짓, 자세나 얼굴 표정 혹은 생리적 변동 등에 의해서 반영되기도 한다. 정서를 억압하는 것은 물론이거니와 내적 감정과 외적 감정이 일치하지 않는 정서부조화는 심리적 고통을 유발할 수 있다. 한국의 경우 이러한 정서적 불일치가 '화병'을 일으키는 주요한 원인으로 지목되고 있다. '화병'은 한국만의 독특한 정신의학적 진단명이기 때문에 정서표현의 억제나 불일치가 특히 한국인의 심신건강에 주요하면서도 독특한 영향을 준다는 것을 짐작하게 한다.

Hochschild(1979, 1993)는 정서노동을 두 가지 상황으로 구별했다. 첫째는 개인이 자신의 정서를 무시하고 조직이 요구하는 정서를 일방적으로 따르게 되는 표면 행위로서의 정서노동이다. 둘째는 표현하도록 조직에서 요구하는 정서를 실제로 자신이 느끼기 위해서 스스로에게 내면화시키는 행위로서의 정서노동이다. 표현으로서의 정서노동은 자신의 실제 정서와 표현해야 하는 정서의 불일치를 경험하게 되면서 스트레스나 소진으로 이어질 수 있다. 내면화로서의 정서노동은 표현해야 하는 정서를 느끼기 위해서 노력하는 과정에서 피로와 스트레스를 경험하게 된다. 지나친 감정소비와 에너지 낭비는 정서적 소진으로 이어질 수 있다. 정서적 소진은 업무 중 발생하는 스트레스의 가장 일반적인 형태이다. 비슷한 양상으로 냉소나 효능감의 감소가 나타날 수 있다. 냉소는 정서적 소진이 관계적 측면에서 나타나는 것으로 주변 사람들에게 냉담하고 기계적으로 응대하는 태도를 말한다. 효능감의 감소는 자기에 대한 평가에서 성취가 부족하다고 느끼는 것으로 역시나 정서적 소진의 한 형태일 수 있다.

Mann(1999)은 영국의 서비스업 종사자 137명을 대상으로 대인 상호작용 빈도와 정서노동 정도에 따른 스트레스와의 관계를 연구하였다. 연구 결과 정서노동의 강도가 증가될수록 스트레스도 증가하였다. 또한, Pugliesi(1999)는 동료나 고객을 만족시키기 위해 감정을 바꾸거나 인지적 노력을 투자하는 것이 스트레스의 정도와 비례한다고 보고하였다. 한국의 경우에도 정서노동은 우울 등을 포함한 부정적 정서와 상당한 관련을 보였다. 김효정(2014)의 연구에 따르면 감정통제와 감정요구가 적은 직업에 비해서 중간 정도의 강도로 감정통제와 요구를 수행해야 하는 직업은 우울 위험도가 2.01배 높았다. 감정통제와 요구가 가장 높은 직업은 낮은 직업에 비해서 3.32배나 높은 우울 위험도를 나타내었다. 이 밖에도 정서노동을 수행하는 사람들은 여러 가지 심리적 외상사건(고객이나 동료 혹은 상사의 부당한 대우를 감내해야 하는 등)을 경험하면서 불안수준도 높았다. 정서노동의 부정적 영향은 피로나 불면증, 두통과 같은 신체화된 증상으로 나타날 수도 있다. 나아가서는 대인관계나 직장생활을 그만두게 되는 사회적 회피증상이나 태만한 업무 혹은 책임회피와 같은 조직에 부정적인 영향을 줄 수 있는 행동이 증가하게 된다(이진욱, 2003; Brotheridge & Grandey, 2002).

3. 해고와 실직 그리고 건강

산업 활동 및 직업 활동에서 개인에게 가장 큰 위험은 아마도 직장에 소속되지 못하게 되는 해고나 실직일 것이다. 해고와 실직은 직원의 가족에게까지 극심한 스트레스가 된다. 해고나 실직을 당한 사람이 부양의 책임이 있는 경우라면, 교육의 기회나 자녀들의 양육이 부실해지면서 다시 제대로 직업을 구하지 못하는 악순환의 고리가 될 수 있다. 연쇄적이고 계승적인 실업상태가 발생하게 되는 것은 사회구조적 문제로 증폭될 수 있다.

캐나다 Queen's 대학의 연구에서 대학생들의 성적과 부모들의 직업 안정성은 유의미한 상관관계를 보였다. 부모 중 누구라도 해고되거나 해고될 것에 대해서 불안감이 높아질 경우에는 대학생들의 성적은 나빠지기 시작했다.

즉, 부모의 해고나 해고 불안만으로도 집어서 떨어져 나와 생활하는 대학생들에게조차 극심한 스트레스가 될 수 있다는 것이다. 성적이 좋지 못한 대학생은 좋은 직장을 가질 기회가 줄어들게 되는데, 이것은 부모의 문제가 다음 세대로 이어질 가능성이 높아진다는 것을 의미한다(Barling, Zacharatos, & Hepburn, 1999).

한국에서는 직장에서 해고되거나 실직하는 것을 '목이 잘린다'란 말로 표현한다. 이것은 해고나 실직이 가져오는 충격이 얼마나 큰 것인지를 표현한 단적인 예일 것이다. 해고는 죄책감이나 분노, 우울, 불안과 신체적 질병, 알코올 및 약물의 오남용, 이혼, 배우자나 자녀에 대한 학대나 피학대 그리고 자살 충동 등의 결과를 가져올 수 있다.

고학력 및 고기능을 필요로 했던 직업을 가진 사람들은 해고나 실직이 더욱 고통스러울 수 있다. 그들이 가지고 있는 직업은 범위가 한정되어 있고 선택에 제한적이기 때문이다. 실직은 삶의 방식이나 기대, 목표나 가치관에 중대한 변화를 가져오는 사건이다. 해고나 실직에 대해서 느끼는 직원들의 정서적 반응은 일반적으로 배신감이다. 왜냐하면 고용계약 과정에서 직원이 성실히 일하면 회사는 안정적인 급여와 고용으로 보답하기를 기대하고 있기 때문이다.

Price와 Choi 그리고 Vinokur(2002)는 2년간 진행된 756명의 실직자들에 대한 연구에서 실직자들은 통제 상실감을 가장 크게 보고하였다. 통제력이 상실되었다는 인식은 건강문제를 야기하고 정서적 기능까지도 손상시키는 것으로 밝혀졌다. 해고방식에 있어서도 충분히 설명을 들은 직원들과 그렇지 않은 직원들의 반응은 달랐다. 정보 전달이 잘 된 직원들은 회사의 어려움을 이해하려는 쪽으로 자신들의 정서를 조절했으며 해고에 대한 소송에 보다 덜 적극적이었다. 반면 과거 해고에 대한 부당한 통고나 설명이 없었던 직원들은 현재 다른 직장에 다니고 있으면서도 직무만족도가 떨어졌다. 과거 직장에서의 불쾌한 해고 경험이 현재 직장생활에까지 영향을 미치기 때문이다(Kinichi, Prussia, & McKee-Ryan, 2000).

해고에서 살아남은 사람들도 영향을 받는다. 그들은 동료들이 그랬던 것처럼 자신들도 조직에서 쫓겨나지 않을지 불안해하게 된다. 미국 노동부는 해고당하지 않은 직원들의 절반 이상이 직무스트레스 증가와 사기 저하, 직무열의 감소 등을 보인다고 밝혔다. 남아 있는 종업원들은 더 많은 생산목표를 달성해야 하는 압박감에 시달렸으며 업무과부하가 60% 이상 증가하였다. 해고에서 살아남았다고 해도 조직에 대한 몰입은 저하된다(Shah, 2000). 나아가 실직은 가족이라는 가장 작은 사회단위에까지도 영향을 미친다. Barbarin(1983)은 실직이나 고용과 같은 개인의 경제 상황 변화가 가족관계를 더 좋아지게도 만들고, 더 불안하게도 만들 수 있음을 검증하였다. 즉, 고용 상황이 가족이라는 정서공동체의 기능에도 빈익빈 부익부 현상을 만들어내는 것이다. 실직 등의 경제상황은 어머니보다는 아버지에게 더 큰 영향을 준다. 아버지는 실직으로 인해서 정서적으로 불안정하고, 긴장하고, 폭발적인 상황을 쉽게 경험할 수 있다. 이 때문에 자녀를 체벌하는 상황에서 체벌의 빈도나 강도가 증가하고 강압적으로 분위기를 조장하는 등으로 자녀들에게 스트레스를 전가할 수 있다. 이러한 상황은 자녀들의 비행 행동이나 기타 부적응적 문제 행동들을 촉발시킬 확률을 높아지게 한다.

1) 실직으로 인한 스트레스

오경자(1998)는 현대 산업사회에서 직장은 개인의 삶에서 매우 중요한 위치를 차지한다고 보았다. 직장은 가족의 생계를 유지하기 위하여 필요한 자원을 확보하기 위한 수단일 뿐 아니라, 개인의 사회에서의 위치를 정의해준다. 그리고 가족 이외의 타인과의 사회적 접촉 기회를 제공해주고, 아울러 각 개인이 사회에 의미 있는 공헌을 할 수 있는 기회를 제도적으로 마련해주는 등 인간이 공통적으로 가지고 있는 다양한 사회적 욕구를 충족시킬 수 있는 기회를 공급해준다. 따라서 실직은 일차적으로는 생계수단의 상실을 의미하지만, 동시에 단순한 경제적인 위협을 넘어서 여러 가지 심리사회적 상실과 좌절 경험을 동반하게 된다. 실직의 부정적인 측면들에 대한 기존의 여러 연구(Jahoda, 1981; Warr, 1983; 오경자, 1998)를 종합해 보면 다음과 같이 요약할 수 있다.

첫째, 실직은 대다수의 경우 생활수준의 갑작스러운 저하를 의미하며, 경우에 따라서는 생계유지 자체가 직접적인 위협을 받을 수도 있다. 그리고 즉각적인 경제적 위협을 느끼지 않는 경우라도 장래의 경제적 안정에 위협을 느끼면서 불안감을 느끼게 된다.

둘째, 직업은 단순한 생계를 위한 수단을 넘어서 개인에게 생산적인 활동을 하고 사회에 참여하고자 하는 인간의 욕구들을 충족시켜주는 기능을 한다. 직장은 사회 속에서 개인의 위치를 정의해주고 사회에 대한 소속감을 느끼게 해주며, 생활 목표와 방향성을 제공해주고, 개인 전문성과 기술을 발휘할 기회를 제공해주는 역할을 한다. 따라서 직업의 상실은 별도의 개인적인 노력이 없이도 직업을 통하여 자연스럽게 충족시켜오던 이러한 사회참여와 자기실현의 기회를 잃는 것을 의미한다.

셋째, 실직이 개인적 실패로 해석될 경우 실직자들은 자존감에 큰 손상을 입을 수 있다. 또한 실직자들은 생활 속에서 자존감을 위협하는 경험에 부딪치게 될 가능성이 높다. 예컨대 구직을 위하여 여러 직장을 찾아다니면서 거절당하거나, 지인들에게 돈을 빌리는 것과 같은 자존심 상하는 일을 자주 경험하게 될 가능성이 크고, 이러한 경험은 실직자의 정서적 안정을 크게 위협하는 요인이 될 수 있다.

넷째, 실직은 개인의 사회적 접촉 범위를 크게 축소시킬 수 있다. 실직자는 의도적으로 기회를 만들지 않고는 가족 이외의 다른 사람들과 접촉하는 기회가 줄어들게 된다. 또한 대부분의 경우 수입이 감소함에 따라 여가 활동에 참여할 기회도 감소하게 되고 전반적으로 위축된 생활을 하게 될 가능성이 크다.

이와 함께 하루의 시간을 구조화시켜주는 역할을 하던 직장이 없어지면서 대다수의 실직자들은 생활 자체가 단순해진다. 사회적 접촉 범위의 축소와 활동 다양성의 감소는 실직자의 생활에서 즐거움과 활력소를 감소시키고 아울러 정신건강 유지에 중요한 역할을 하는 사회적 지지망을 위축시키는 결과를 가져오게 된다.

다섯째, 실직은 개인의 생활에 여러 가지 변화를 일으킨다. 예컨대 실직과 동시에 직장이 중심이던 하루 일과가 변화하게 된다. 가정에서의 역할수행도 달라져 육아나 기타 가사활동에의 참여시간이 증가할 가능성이 크다. 또한 실직자들은 급격한 수입 감소와 함께 생활양식 및 소비행동에서 대폭적인 변화를 강요당하게 되어 장기적인 빈곤층보다 더욱더 심각한 스트레스를 경험할 가능성이 크다. 생활수준의 저하와 함께, 경제적 압박이 심하게 되는 경우, 혹은 떨어져 살던 가족이 다시 동거하게 되는 등의 생활 변화가 불가피해질 수도 있다.

2) 정신건강과 신체건강에 미치는 실직의 영향

오경자(1998)는 실직이 개인의 삶에 매우 부정적 영향을 미치리라고 가정하고 실직률과 다양한 정신건강 및 신체건강의 지표, 범죄율, 이혼율, 자살률 등의 사회병리 지표와의 관련성을 분석하는 연구들에 대해서 다각도로 살펴보았다. Brenner(1984)가 New York주의 정신병원에 입원한 사례를 조사한 결과, 경제대공황 시기 등 실업률이 증가한 시기에는 입원사례 또한 현저하게 증가하는 경향이 나타났다. 이것은 실직이 정신건강의 문제를 야기할 가능성이 높음을 시사해주는 결과이다. 또한 Platt(1984)는 1960년대 후반 이후에 발표된 자살률과 실업률의 관계에 대한 연구들을 종합적으로 고찰하는 연구를 진행하였다. 연구 결과 실직률의 증가는 곧 자살률의 증가와 관련성이 높게 나타난다고 보고하였다. 실직의 부정적 영향은 정신건강에 국한되는 것이 아니라 신체적 건강의 지표와도 유의한 관계가 보고되었다.

Brenner(1984)는 미국과 영국에서 수집된 자료를 토대로 경제적 지표와 다양한 건강지표의 관계를 분석한 결과, 경제불황과 실직률은 건강에 중요한 영향을 미친다고 하였다. 구체적으로 경기 침체 후 첫 2년간은 어린아이들이나 만성질환자 등의 취약 집단에서 조기사망률이 증가하는 경향이 있었지만, 경기 침체 후 2~3년이 경과한 시점에서는 대부분의 계층에서 건강지표에서의 저하와 함께 심혈관계 질환과 간경변증 등의 유병률 및 이로 인한 사망률이 증가한다고 보고하였다. 실업율의 증가는 또한 개인의 일탈 행동, 특히 폭력 및 범죄행동의 원인이 될 수 있다. Brenner(1984)는 경기 침체 후 첫 2년 동안 공격행동의 여러 지표가 증가하며, 그 후 일정기간이 경과한 후에는 재산 범죄 및 대인폭력 범죄가 증가한다고 보고하였다. 특히 아동학대 빈도와 실업률과의 정적 상관이 보고되고 있는데(Steinberg, Catalano, & Dooley, 1981) 실직으로 인한 스트레스와 절망감 혹은 분노가 가장 약한 사람들에게 표출된다는 것은 안타까운 일이다. 따라서 더욱 실직에 대한 정신적 대응이나 조절이 필요할 것이다.

이상 언급된 자료들에 의하면 실업률은 자살, 범죄, 정신질환 등 여러 가지 사회문제의 지표와 정적 상관관계를 보이고 있어 실업률의 상승과 함께 사회가 지불해야 하는 비용이 상당함을 보여주고 있다. 그러나 실업 자체가 위와 같은 사회문제를 유발하는 직접적인 원인이라고 해석되기는 어렵다는 것이 또 다른 연구자들에 의하여 지적되기도 한다.

O'Brien(1986)은 실업률과 정신병원 입원율 간의 정적 상관관계는 경제적으로 어려운 시기에는 정신장애자들의 가족들이 환자들을 돌볼 여력이 없어져서 이들을 입원시키는 경우가 증가하는 현상을 반영할 가능성도 있음을 지적하였다. Catalano, Dooley와 Jackson(1985)은 미국 Rochester의 실업률과 정신병원 입원과의 관계를 하위집단별로 분석한 결과, 첫 번째 입원은 실업률과 관련이 없었던 데 비하여 보다 저소득층이나 만성적인 환자들이 이용하게 되는 주립정신병원에의 입원율은 실업률과 정적 상관을 보였다고 보고하였다. 이것은 O'Brien(1986)이 제기한 지적사항을 간접적으로 지지하는 결과라고 볼 수 있다.

비슷한 맥락에서 사회 전체의 비관적인 분위기로 인하여 실직여부와 관계없이 전반적인 자살률이 높아질 수도 있으므로, 실직률 증가와 함께 자살률이 함께 증가하는 것이 반드시 실직이 자살을 유발할 가능성이 높음을 의미하는 것은 아님을 지적한 연구도 있다. 또한 실업률이 전반적으로 높았던 지역에서는 실직률과 자살률이 도리어 부적 상관을 보이거나 혹은 실직률의 증가에도 불구하고 자살률이 종전 수준대로 유지되는 경우가 있어, 상황에 따라 실직이 곧 자살 기도 비율의 증가로 이어지지 않을 수도 있음을 말해주고 있다(Platt & Kreitman, 1990).

3) 실직과 사회적 지지

오경자(1998)는 스트레스에 대한 연구들에서 대처행동에 중요한 영향을 미칠 수 있는 중재요인으로 경제적, 시간적 여유와 같은 실질적인 가용 자원을 들었다. 스트레스에 대응할 수 있는 가용 자원이 풍부할수록 보다 효과적인 대처행동을 취할 수 있는 가능성이 증가하게 된다. 실직자의 경우에도 가용 자원은 매우 중요한 변인이 될 수 있다. 예를 들어 상대적으로 경제적 자원이 넉넉할 경우, 실직을 새로운 경력을 시작하기 위한 재교육, 재충전의 기회로 활용할 수 있는 여유를 가질 수 있게 된다.

실질적인 자원에 못지않게 정신건강의 유지를 위하여 중요한 역할을 하는 것이 사회적 지원이다. 가족이나 친구들로부터 얻는 정서적 사회적 지지는 스트레스 사건으로 인한 심리적 타격을 막아주는 일종의 방파제 역할을 하는 것으로 알려져 있다(Kessler, Price & Wortman, 1985). 실직자들을 대상으로 한 여러 연구에서도 사회적 지지는 실직의 부정적 영향을 완화시키는 주요 요인의 하나로 보고되어 있다(Bolton & Oatley, 1987; Kessler, Turner & House, 1988; Dooley, Catalano & Rook, 1988).

여러 가지 사회적 지지의 측정요인들 중에서 가족, 특히 배우자의 지지는 실직한 남편의 정서적 반응을 완화시켜줄 수 있는 요인으로 관심을 받는다. 그러나 Liem과 Liem(1988)은 실직에 대한 반응으로 배우자로부터의 정서적 지지의 밑바탕이 되는 부부관계 자체가 악화되는 경우가 있으므로, 부부관계가 실직 스트레스를 완충시켜주는 기능을 기대하기 어려운 경우도 있음을 지적하고 있다. 실제로 실직자 가정은 직업을 유지하고 있는 가정에 비하여 별거 및 이혼의 비용이 7:2 정도로 높게 나타났다.

Liem과 Liem(1988)은 실직자 배우자들의 정서적 반응을 몇회에 걸쳐 종단적으로 조사한 결과, 실직자 본인들의 경우와는 약간 다른 양상을 보고하였다. 실직자의 배우자들은 실직 이후 첫 번째 면접에서는 통제집단에 비하여 우울감 측정치에서만 약간의 상승을 보였다. 그러나 4개월 후 실시된 두 번째 면접에서는 신체증상, 대인관계 민감성, 적대감, 불안, 우울 등 여러 측정치에서 유의미한 증가를 보였다. 이와 같이 실직자 배우자들의 정서적 반응이 실직에 곧바로 뒤따르는 것보다 수 개월의 기간을 두고 나타난다는 결과는 이들의 정서적 반응이 실직에 대한 직접적인 반응이라기보다는 실직 당사자들의 정서적 반응에 의해 유발된 이차적 결과일 가능성을 시사해주고 있다.

가족은 실직자들을 정서적으로 뒷받침해주는 가장 중요한 사회적 지지의 근원이기도 하지만 실직의 부정적 영향을 실직자 본인과 함께 받게 되므로 사회적 지지로서의 기능 수행이 어려울 수가 있고 경우에 따라서 가족관계의 악화는 실직자들이 경험하는 심리적 고통을 가중시키는 결과를 가져올 수가 있다. 가족의 기능은 실직자들이 신체적 정신적 건강을 유지하고 실직경험에 적극적으로 대처하도록 이끄는 데 매우 중요한 역할을 하게 되므로 이들을 위한 지원프로그램은 중요한 의미를 갖는다.

실직은 개인의 삶에 여러 방향으로 부정적 영향을 미치고 심리적 위축을 가져온다는 것은 기존의 여러 연구를 통하여 확인된 바 있다. 그러나 동시에 실직에 대한 반응은 개인에 따라 상당한 차이가 있다. 실직자들이 절망에 빠져서 무기력하게 있다는 부정적인 이미지는 적절하지 않은 경우도 많다. 오경자(1998)는 사람마다 실직이라는 동일한 사건에 대하여 다른 대응을 보이기 때문에 실직에 대한 사회적 개입방법도 몇 가지 고려점이 있다고 주장하였다.

첫째, 실직자들을 모두 동일한 어려움과 욕구를 가진 동질적인 집단으로 간주하는 획일적 사고의 틀을 벗어날 필요가 있다. 즉 개인에 따라 현실적 여건도 다르고 실직이 의미하는 바도 다를 것이며, 실직 상황에 대처하는 방식도 상당히 다를 수 있다. 따라서 가능한 한 실직자들을 그 개인적 특성에 따라 분류하여 각 집단의 필요에 적합한 지원프로그램을 제공하는 보다 세분화된 접근을 취하는 것이 효율적일 것이다. 예를 들어, 고학력 사무직 작업자들이나 관리직에 종사하다 실직한 사람들은 단순노동직 실직자들과는 가용 자원이나 심리적 욕구에서 매우 다를 가능성이 크다. 그럼에도 불구하고 모든 실직자들에게 동일한 지원프로그램을 제공한다면 좋은 성과를 거두기 어려울 것이다. 이와 같이 세분화된 접근을 취하기 위해서는 우선 실직자 집단의 현황 파악과 함께 이들의 다양한 욕구를 체계적으로 조사할 필요가 있다.

둘째, 미국과 영국을 비롯한 서구의 여러 나라에서 수행된 연구 결과들에 의하면 많은 실직자들이 정신적인 고통을 경험하는 것은 사실이다. 하지만 대다수의 경우, 실직으로 인한 심리적 타격이 심각한 심리장애의 수준에까지 이르지는 않는 것으로 나타났다. 또한 실직으로 인한 정신건강 수준의 저하는 재취업과 함께 대부분 회복되는 것으로 보고되어 있다. 따라서 이들 중 심각한 부적응 상태를 경험하게 되는 취약 집단은 실직 이전부터 있었던 적응의 문제가 실직과 함께 더욱 악화되는 경우로 해석되는 것이 타당할 것이다. 하지만 실직자들 중 지속적으로 심각한 심리장애를 보이는 사례들은 상대적으로 그 비율이 그렇게 높지는 않다고 하더라도 이들이 경험하는 고통을 고려할 때, 그 위험성이 높다고 판단되는 취약 집단을 선별하여 이들에 대한 보다 적극적인 지원을 통하여 적응문제를 예방하도록 하는 것이 필요할 것이다.

셋째, 실직경험의 핵심에는 소득의 상실이라는 경제적 측면 못지않게 사회참여의 기회로부터의 소외, 자존감의 상실 등의 심리적 측면이 중요한 비중을 차지하므로, 실직자들에 대한 사회의 태도는 이들의 정서적 안정에 매우 중요한 의미를 갖는다. 따라서 사회 전체적으로 실직자들의 문제를 함께 풀어나가는 분위기의 조성과 함께, 이들을 위한 지원 프로그램들은 긍정적인 자아상을 유지하고 자기효능감을 증진시킬 수 있는 방식으로 진행되어야 할 것이다.

넷째, 실직자들을 위한 지원 프로그램의 궁극적인 목표는 재취업이므로 이것을 위한 기술훈련 및 준비과정이 핵심이 되어야 할 것이다. 그러나 재취업 기회를 극대화하기 위해서는 이러한 기술훈련 및 준비과정과 함께 이것을 위한 동기유발과 동기수준의 유지, 그리고 긍정적 태도와 자아존중감 유지를 위한 자기관리 기술 등의 재취업훈련이 일부 포함될 필요가 있다. 실직은 일회성 사건으로 끝나는 것이 아니라 대다수의 경우 상당 기간 지속되면서 개인의 삶에 다각도로 영향을 미치게 된다. 따라서 그 과정에서 개인이 어떻게 대처하는가에 따라 그 결과에서 상당한 차이가 나타날 수 있다. 이러한 맥락에서 실직상황에 대한 각 개인의 대처방안을 점검하고, 비효율적인 방안은 보다 효율적인 대처방안으로 대처하도록 유도하는 프로그램이 유용할 것이다.

다섯째, 실직경험을 긍정적으로 극복하는데 매우 큰 도움이 될 수 있는 것은 가족과 지인들의 사회적 지지이다. 그러나 실직자의 가족들 또한 가장의 실직으로 인한 스트레스를 받게 되므로 이들이 사회적 지지를 제공해주는 기능을 하지 못하게 될 뿐만 아니라, 가족관계가 악화되는 경우 실직가정의 어려움을 도리어 심화시키는 데 한몫을 하게 되는 경우도 많다. 따라서 실직자들뿐 아니라 그 배우자 및 자녀들에게도 쉽게 접근할 수 있는 심리사회적 지원프로그램이 마련될 필요가 있다.

4. 노동자 지원 프로그램을 통한 건강관리

노동자 지원 프로그램(Employee Assistance Program: EAP)은 조직의 생산성에 영향을 미칠 수 있는 요인에 대하여 근본적 해결 방안을 종합적으로 지원하는 프로그램이다. 노동자 지원 프로그램(EAP)은 전문 상담원 또는 관련 전문가에 의해 노동자의 문제를 파악하고 분석하여 상담치료와 문제 해법 제시 등을 통하여 노동자의 스트레스를 감소, 심인성 질환을 예방하고, 소속 기업에게는 생산성 향상과 노무비용을 절약하는 효과를 제공하는 대표적인 기업복지 제도이다. 1930년대 미국에서 기업복지 차원에서 접근하게 되었고, 한국에서도 1999년에 도입된 이후, 심리 건강을 위해 노동자에게 많은 도움을 주고 있다.

조직이나 사회에 손실이나 손해가 발생하는 것에 인간 요인은 크다. 인간 요인에 의해서 발생되는 조직 내 위험 행동은 몇 가지 있다(Ichikawa, 2010). 첫째, 지각이나 결근의 반복이다. 둘째, 질환의 방치이다. 셋째는 휴직과 복직을 반복하는 것이다. 넷째는 직장에서 협조하지 않는 것이다. 다섯째는 직장과 관계된 사람들을 비방하는 것이다.

인간적 요인에 의해서 발생하는 다각적인 위험에 대응하는 방법으로 기업에서는 노동자 지원 프로그램(EAP)을 활용한다. 기존의 노동자 지원 프로그램(EAP)은 정신건강 대책이 주를 이루었지만 현재는 의료적 문제나 임금 문제, 재해나 결근 예방 혹은 스트레스 증상의 경감 등 조직의 생산성에 영향을 미치는 모든 부분에 관여하는 것으로 확정되고 있다. 즉, 앞에서 밝혀온 여러 가지 조직적 위험들 모두에 대해서 노동자 지원 프로그램(EAP)이 활용될 수 있다는 것이다. 노동자 지원 프로그램(EAP)은 크게 외부모델과 내부모델 그리고 혼합모델로 구분된다. 외부모델은 각 기업체에서 상담이 필요한 종업원을 외부의 상담소나 서비스 제공자에게 연결시키는 방식이다. 내부모델은 자체적으로 노동자 지원센터를 운영하는 방식이다. 혼합모델은 내부모델을 기본으로 해서 운영되며, 작업장이 외부나 다른 지역에 있을 때는 외부모델로 진행된다.

노동자 지원 프로그램(EAP)에서 지원되는 서비스들은 주로 심리상담, 평가, 워크숍, 특강 등의 형태로 제공된다. 개인상담과 집단상담 등의 프로그램을 활용하며 직급별, 팀별, 이슈별로 다양하게 구성될 수 있다. 평가는 주로 스트레스나 과부하, 관계, 일상생활의 어려움 등에 대한 것과 우울이나 분노 혹은 정서 및 정신의 혼란에 대한 것들이다. 이 밖에도 노동자의 전체적인 삶의 균형을 위해서 법률이나 재무 등에 대한 컨설팅이나 상담도 진행할 수 있다.

1) 생존자 증후군

구조조정이나 인수합병으로부터 생존한 노동자들은 생존자 증후군을 겪을 수 있다. 즉, 살아남은 자들일수록 더욱 불안해질 수 있다. 자신도 구조조정을 당하거나 회사로부터 잘려 나갈 수 있다는 생각이 공포심과 불안을 조장한다. 노동자는 회사에 노동력을 제공하고 회사는 노동자에게 안정적인 일자리를 제공한다는 암묵적 약속이 깨지는 순간 조직에 대한 몰입과 충성도 그리고 신뢰는 무너지기 마련이다. 이러한 생존자 증후군에 노동자 지원 프로그램(EAP)이 개입하여 조절해줄 수 있다. Ichikawa(2010)는 선배들의 퇴직을 보면서 생존자 증후군에 빠져든 직원들에 대한 노동자 지원 프로그램(EAP) 과정을 다음과 같이 소개하였다.

1단계 : 상담을 통해 잃어버린 것에 작별인사를 하는 의식을 가지도록 돕는다. 구조조정된 부하나 동료 혹은 선배를 잃어버린 것으로 간주하고 솔직한 기분을 정리해보고, 구체적인 행위와 의식으로 표현해보는 것이다.

2단계 : 장래의 불안을 줄이기 위해서 경력 상담을 해주고 자신의 가치에 대해서 올바로 지각할 수 있도록 돕는다. 또한 더 높은 가치를 획득하도록 연수나 교육 혹은 적절한 훈련 과정을 받을 수 있도록 한다.

2) 사고로부터의 회복

출퇴근 중에 일어나는 교통사고나 장거리 출장을 위해 비행기를 타고 가던 중의 사고 등 노동자들은 예기치 않은 사고에 노출되어 있다. 직장에서 갑작스런 심장마비가 발생할 수도 있고, 임금이나 상사에 불만을 가진 직원이 폭력적인 행동을 할 수도 있다. 어떠한 형태로든 사고를 당한 노동자들은 이전의 상태로 회복시키는 것이 필요한데 여기에도 노동자 지원 프로그램(EAP)이 도움을 줄 수 있다.

일례로 출장 중 비행기 사고로 5명이 사망한 회사의 경우 남겨진 사원들의 죄책감과 충격은 클 것이다. 이때 노동자 지원 프로그램(EAP)은 각 대상을 구분하는 절차에 들어가게 된다. 우선, 사망한 직원의 가족들과 직장의 상사와 동료에게 1:1의 상담 과정을 설계한다. 사고의 영향에서 멀리 떨어져 있는 사람들에게도 사고로 인한 여러 가지 물리적 변화와 심리적 상태를 소상히 알리는 것도 포함된다. 그리고 지속적이고 즉각적인 개입이 가능하도록 전화 상담이나 면접 상담을 병행해서 준비한다(Ichikawa, 2010). 직장에서의 사고는 조직 내에서 발생하는 자살도 있다. 따라서 노동자 지원 프로그램(EAP)은 자살 예방을 위한 자살 징후 관리에도 신경을 써야 한다. 대표적인 자살 징후는 다음과 같다.

첫째, 우울증상 발생이다.

둘째, 신체 부조화 현상이 증가한다.

셋째, 알코올 문제가 발생한다.

넷째, 안전이나 건강상의 문제가 증가한다.

다섯째, 일의 부담이 증가하게 된다.

여섯째, 직장이나 가정에서 지지해주는 사람이 줄어든다.

일곱째, 자존감에 상처받는 일이 발생한다.

여덟째, 심각한 신체 질환이 발생한다.

아홉째, 가까운 사람들 중 죽음이 발생한다.

열 번째, 따돌림 등 사회관계의 질이 나빠진다.

열한 번째, 자살에 대해서 말이나 행동으로 표현하기 시작한다.

열두 번째, 자살을 실행하였지만 실패하는 경우 등이다.

이런 증상을 보이는 노동자들을 노동자 지원 프로그램(EAP)에서는 조기에 발견하고 개입하는 것을 목표로 한다.

3) 부당한 대우로부터의 회복

부하들에 대한 부당한 대우는 주로 상사들에 의해서 자행된다. 부당한 대우를 경험한 부하들은 우울이나 불안장애가 발생하거나 지각이나 결근이 잦아지게 된다. 생산성이 저하되는 것은 물론이거니와 사보타주 같은 조직 위해적인 행동이 증가할 수도 있다. 또한, 이직이나 퇴사를 결심하면서 조직의 인재 선발과 양성 비용을 증가시키게 된다. 이러한 문제를 방지하기 위해서 노동자 지원 프로그램(EAP)에서는 몇 가지 방안을 제시하고 있다(Ichikawa, 2010).

첫째는 경영자가 부당한 대우를 직원들에게 하지 못한다는 것을 명료화하는 것이다.

둘째는 조직 내 발생하는 상사와 부하의 대립 구조를 조기에 발견하기 위해서 의사표현 장치를 다각도로 마련하는 것이다.

셋째는 의사소통의 기술을 상사와 부하 모두에게 습득시키고 강조하는 것이다.

넷째는 부하의 이직이나 결근 혹은 태만한 업무의 책임이 상사에게 상당 부분 있다는 것을 알리는 것이다.

다섯째는 좋은 부하를 육성하는 것이 상사의 책임임을 알리고 상사의 평가에 이러한 내용들을 포함시키는 것이다.

• • •

1980년대 일본기업들의 높은 성장 배경에 문화적인 요인이 존재한다는 사실을 인식하면서 조직문화와 조직변화에 대한 연구가 활발해지기 시작하였다. 조직문화(organizational culture)는 조직의 구성원들이 공유하고 있는 가치관, 신념, 규범 등을 총칭하는 것으로, 조직과 구성원의 태도와 행동에 영향을 준다. 조직구조가 조직구성원의 행동을 지배하는 공식적인 시스템이라면 조직문화는 비공식적인 분위기에 해당한다. 즉, 조직구조를 사람의 몸이라고 한다면 조직문화는 사람의 정신으로 비유될 수 있다. 조직문화를 구성하는 가치체계는 궁극적 가치와 수단적 가치로 구분된다. 궁극적 가치(terminal value)는 조직이 달성하려는 최종적인 목표로, 수익, 혁신, 안정, 절약, 고객서비스, 품질, 사회봉사, 우량기업 등이 있다. 반면에 수단적 가치(instrumental value)는 조직이 최종적인 목표를 달성하기 위해 구성원에게 바라는 행동양식으로, 창조성, 정직, 성실, 노력, 책임, 이행, 용기, 규정준수 등을 가리킨다.

XIII. 조직문화와 조직변화

1. 조직문화

조직문화란 조직구성원이 일반적으로 가지고 있는 신념체계, 가치관, 관습, 그리고 지식과 기술을 포함한 통합적인 개념이다(French & Bell, 1973). 조직문화는 조직구성원의 조직행동과 조직정체성을 형성하는 중요 요인으로 인식된다. 문화는 조직에서도 매우 중요한 구성요소이며, 문화를 고려하지 않고서는 조직에서의 인간행동을 이해할 수 없다.

1) 조직문화란

문화는 원래 사회를 묘사하기 위해서 인류학자들에 의해 제안된 개념이다. 넓은 의미에서의 문화는 한 세대에서 다음 세대로 전달되는 지속적인 행동, 아이디어, 태도, 가치, 전통 등을 지칭한다. 조직에서의 문화는 조직구성원들이 서로 갖고 있으며 공유하고 있는 신념체계, 가치관, 관습, 태도, 관련된 활동, 상호작용, 규범, 감정, 지식과 기술 등을 포함하는 통합적인 개념이다. 기업이 공유할 가치가 있다고 생각하거나 지켜야 한다고 여기는 행동 양식이나 사고방식이다. 한 조직이 다른 조직과는 구별되는 관련된 활동, 상호작용, 규범, 감정, 신념, 태도, 가치 등을 구성원들이 공유하는 것이다. 조직문화란 공유할 가치가 있다고 생각되거나 지켜야 한다고 생각되는 행동 양식이나 사고방식이라고 정의할 수 있다. Deal과 Kennedy(1982)는 조직문화에 대해서 “우리가 여기서 하는 방식”이라고 단순하게 설명하기도 하였다. 공식적으로 통제나 조정과 같은 관리 방법보다 종업원에게 조직의 가치 규범을 공유시킴으로써 보다 효율적으로 조직에 적합한 태도와 행동을 형성하는 관리방식을 조직문화 관리라고 한다.

조직문화의 개념에서 비공식 체계에는 감정, 비공식 활동, 상호작용, 집단 규범, 가치 등이 포함되는데, 이러한 것들은 조직생활에서 가시적이지 못한 영역이다. 한편, 공식적 조직문화 체계란 로고, 사규, 광고, 유니폼과 같이 전형적으로 외현적인 형태로 나타나는 부분이다. 비공식적 조직문화체계(informal system)는 감정, 비공식활동, 상호작용, 집단규범, 가치 등의 가시적이지 않은 영역을 말한다.

이창우(1995)는 조직경영자원으로서 조직문화의 기능을 다음과 같이 네 가지로 정리하였다. ① 기업목표 달성을 위해 기업문화는 모든 종업원의 힘을 수렴할 수 있는 Vector의 기능을 한다. ② 기업 이념이나 가치를 종업원이 수용하고 소화할 수 있다면 종업원이 기업조직을 위해 열심히 일하는 것은 기업조직을 위해서라기보다 종업원 스스로 이상을 추구하고 실현하는 의미가 된다. ③ 종업원 행동을 명령이나 지시가 아닌 기업문화의 가치관에 의해 각자의 조직행동 방향을 설정할 수 있고, 자기조절도 할 수 있는 가치관리가 가능하다. ④ 기업문화를 통해 종업원 행동지침을 마련하거나 스크립트(script) 형성을 해줌으로써 불확실한 상황에서의 행동 방향을 설정해 줄 수 있을 뿐만 아니라 행동양식과 사고방식이 조직문화에 의해 정리될 수 있어서 종업원들의 행동이나 그 결과를 예측가능하게 해줄 수 있다.

(1) 조직문화 특성

주어진 일에 대하여 구성원들이 도전적으로 받아들이고 역동적으로 움직이는 조직이 있는가 하면, 무사안일이나 패배주의에 빠져있는 조직도 있다. 이처럼 조직 내에 존재하는 구성원들이 행동하는 양식이 조직문화다. 조직문화는 융합성, 무형성, 고유성, 안정성, 통제성의 특성들을 가지고 있다.

- 융합성 : 조직문화는 구성개체들이 모인 것이 아니라 함께 융합된 것이다.
- 무형성 : 조직문화는 구성원의 의식 속에 자리 잡고 있으며 행동에 반영되어 나타난다.
- 고유성 : 각 사람의 성격이 독특하듯이 각 조직마다 고유한 문화가 존재한다.
- 안정성 : 조직문화는 오랜 시간에 걸쳐 서서히 형성되거나 변화된다.
- 통제성 : 조직문화는 구성원의 행동을 좌우하는 큰 힘을 발휘한다.

(2) 조직문화 형성

조직문화는 우연히 혹은 의도적으로 변화하면서 형성된다. 각기 다른 성격과 이해관계를 가진 사람들이 상호작용하면서 공통된 신념, 이미지, 가치관 등을 만들어내는 것이다. 조직문화의 형성요인과 구성요소에 대하여 소개한다. 조직문화를 형성하는 요인들로는 창립자, 최고경영자, 사회화, 국가 및 사회의 문화 등이 있다.

① 창립자

조직의 창립자는 초기의 조직문화를 형성하는 데 큰 영향을 미친다. 조직이 처음 출발할 때에 있었던 에피소드나 창립자의 설립목적이 조직문화의 기초가 된다.

② 최고경영자

최고경영자의 관리스타일도 조직문화에 영향을 크게 미친다. 그들이 항상 강조하는 원칙으로 구성원들은 따르게 되고, 그 원칙에 부응하는 사원만이 살아남게 되기 때문이다.

③ 사회화

신입사원이 처음 입사하면 자신이 가지고 있던 습관과 사고방식을 버리고, 다른 사람들이 공통적으로 사용하는 것을 따르도록 무언의 압력을 받는다. 그렇게 생활할 때 서로 편하게 지낼 수 있기 때문이다. 결국 그는 시행착오를 거듭하면서 조직의 구성원이 되어 간다.

④ 국가 및 사회의 문화

조직구성원들은 조직 밖의 사회나 국가의 문화를 가지고 조직에 들어와 조직문화에 영향을 준다. 예를 들어, 우리나라의 연공서열 문화는 기업 내의 연공서열식 승진 풍토를 만들었다.

(3) 조직문화 구성요소

조직문화를 이루는 구성요소를 살펴보기로 하자. 여기서는 Schein이 분류한 3가지 구성요소인 인위적 상징물, 가치, 기본전제에 대하여 소개하기로 한다. 그는 조직문화에 대한 구성원들의 인식을 중심으로 구성요소와 이들 간의 상호관계를 설명하고 있다. 조직문화는 인간 활동의 잠재적 단계에 속하는 기본 전제와, 그에서 파생되는 가치, 그 가치로부터 표출되는 인위적 상징물의 3가지로 이루어진다. 또한 반대로 한 조직의 인위적 상징물들을 분석해보면 조직구성원들이 공유하는 가치와 인간에 대한 기본 전제를 도출할 수 있다. Schein에 의하면 조직문화란 개인의 마음속에 잠재된 무의식적인 요소로부터 시작하여, 인식할 수 있는 의식적인 요소, 그리고 보고 만질 수 있는 조직의 상징물에 이르기까지 다양한 요소로 이루어진 총괄적인 개념이다.

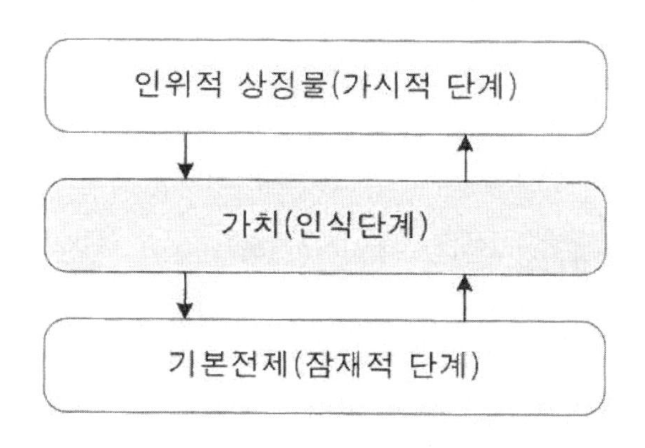

그림 98. 조직문화 구성요소의 관계

① 인위적 상징물

조직문화에서 인위적 상징물(artifact)은 눈으로 볼 수 있는 문화적 상징물을 가리키는 것으로, 여기에는 의식, 에피소드, 상징, 슬로건 등이 있다. 의식(rite)이란 조직 내에서 어떤 상징적인 의미를 갖고 특정한 때에 행해지는 행동을 가리킨다. 환영식과 같이 조직구성원의 역할이나 지위가 변할 때 거행하는 통과의식이 그런 예에 해당된다. 에피소드는 조직의 문화요소를 강하게 실천했던 영웅의 행동에 관한 이야기이다. 에피소드의 사실 여부는 중요하지 않으며 입에서 입으로 전승된다. 상징은 조직의 가치나 신념 등을 무언의 메시지로 나타낸 것이다. 기업의 로고에는 기업이 지향하는 이념과 핵심가치가 잘 나타나 있다. 슬로건은 사람들에게 조직의 가치나 신념을 인식시키기 위하여 사용되는 짧은 글이다. 예를 들어 세계 최대의 소매업체인 WalMart의 매장에는 'Everyday low price!'라는 슬로건이 붙어 있다.

② 가치

가치란 옳고 그름과 같이 개인의 내면적인 신념을 의미한다. 가치는 조직구성원들의 행동과 인위적 상징물에 반영되어 나타난다. 창의성에 대한 존중, 개인 책임에 대한 중요성, 개방적인 의사소통과 같은 것들이 가치의 좋은 예들이다. 가치는 '인지가치'와 '행동가치'로 구분된다. 인지가치는 구성원들에 의하여 가치가 있다고 인정되고 수용된 가치이며, 행동가치는 구성원들이 실제로 행동하는 방식에 반영되어 있는 가치이다. 인지가치와 행동가치가 일치하지 않을 때 조직구성원들은 갈등을 느끼게 된다. 이런 경우 조직문화는 제대로 정립된 것이 아니다.

③ 기본전제

조직문화의 근간이 되는 기본전제는 가치와 밀접히 연관된 개념으로 조직구성원들이 인식하지 못하는 무의식적 가치라고 할 수 있다. 이것은 조직과 환경 간의 상호관계, 현실과 시간, 공간의 본질, 인간의 본성, 인간행동의 본질, 인간관계의 본질 등과 같이 인간의 심층내면에 깊이 자리 잡고 있는 근원적인 믿음을 뜻한다. 기본전제는 사람들이 당연히 받아들이고 있는 전제이므로 구성원들은 아무런 논의를 필요로 하지 않는다. 그럼에도 기본전제들은 조직의 가치에 반영된다. 예를 들어, 인간은 성장할 기회를 원하고 있다는 기본전제는 조직에서 교육훈련을 강조하는 가치로 표출된다.

2) 조직문화의 기능

조직문화는 조직경계를 정의내리는 역할을 한다. 조직문화가 존재함으로써 자신의 조직과 타 조직들 간의 구별이 가능하다. 자신이 소속된 조직이나 기업을 통해 자신을 정의하는 정체감을 형성한다. 문화는 조직과 조직구성원이 운명 공동체라는 동일성(oneness)을 느끼게 하며, 조직과 각 구성원이 심리적으로 상호 연합되어 조직의 공유가치를 구성원 자신의 것으로 동일시하는 조직동일시(organizational identity)와 조직정체성의 형성을 가능케 한다.

개인적인 이해 추구보다 조직을 위해 자신을 몰입할 수 있도록 촉진하는 것이 문화의 기능이기도 하다. 종업원이 기업 이념이나 가치와 같은 문화적 요소를 공유하고 수용한다면, 기업조직을 위해 열심히 일하는 것 자체가 조직과 자신 모두에게 의미를 가지게 해준다. 기업문화를 통해 사회적 시스템의 안정성을 확보할 수도 있다.

종업원 행동지침을 제공하거나 스크립트를 형성해줌으로써 불확실한 상황에서의 행동 방향을 설정해주고 조직 내 언행에 대한 적합한 표준을 제시해준다. 조직 내 적절한 행동양식과 사고방식을 형성하는데, 종업원들의 행동이나 결과를 예측 가능하게 해줄 수도 있다.

(1) 조직문화 순기능

조직문화는 성과와 관련하여 조직에 실질적인 도움을 준다. 첫째, 조직문화는 구성원들로 하여금 서로 동질감을 갖게 하고, 조직에 대한 애착을 느끼게 하여, 내부적으로 협력과 단합을 강화시킨다. 둘째, 조직문화가 발달되어 있으면 구성원들 간에 공감대가 형성되며, 원활한 의사소통이 이루어져, 외부환경의 변화에 대한 대처능력이 좋아진다. 마지막으로, 구성원들이 조직문화에 젖게 되면 조직몰입이 강화되어 조직의 정책에 쉽게 동조하며 이직률이 낮아진다.

(2) 조직문화의 역기능

조직문화가 반드시 조직성과에 좋은 결과를 가져올 것이라고 단정할 수는 없다. 여기에는 2가지 이유가 있다. 첫째로, 강한 조직문화는 환경변화에 적응을 어렵게 하기 때문이다. 오늘날 급속한 기술발전과 다양화된 시장 환경의 변화는 조직에게 새로운 가치관과 조직행동을 요구한다. 외부 변화에 신속히 대응하지 못하는 경우 경쟁에서

낙오될 수 있다. 둘째로, 강한 조직문화가 구성원들을 획일화시켜 조직의 창의성을 방해할 수 있기 때문이다. 조직문화와 다른 특성을 가진 신입사원의 경우, 그의 장점은 숨겨지고 다른 구성원들과 유사한 모습만을 드러내게 된다.

3) 조직문화의 특징

문화라는 개념은 심리학적 배경보다는 인류학적 배경에서 나왔기 때문에, 조직문화라는 개념이 출현했을 당시에는 많은 용어적 혼동이 있었다. 하지만 일반적인 조직문화의 특성을 살펴보면 다음과 같다. 이러한 조직문화 특성은 조직문화 측정 방법과도 연결된다.

개인의 자유 : 조직에서 개개인이 가지는 책임, 자유, 독립 정도
위험감수 정도 : 조직구성원이 공격적, 혁신적 위험을 떠맡도록 격려하는 정도
목표설정 : 조직이 목표나 기대감을 명확히 하는 정도
통합 : 조직 내 부서가 서로 협동하는 정도
관리자의 지원 : 관리자가 부하에게 의사소통을 명확히 하고 도움을 주고 지원하는 정도
통제 : 규칙, 규제 정도 및 부하의 행동 통제를 위해 지시하는 정도
정체성 : 조직구성원이 자신이 속한 부서보다는 전체 조직에 동일시 정도
보상체계 : 보상 분배가 연공서열보다는 능력에 기인하는 정도
갈등 감수 : 조직 내 갈등이나 비판을 밖으로 드러낼 수 있는 분위기
의사소통 유형 : 조직의 의사소통이 공식적인 위계질서에 따라 움직임

조직문화의 특징 중 가장 우선적으로 언급할 수 있는 것이 그 조직의 지배적 문화가 될 것이다. 조직문화를 기술적 의미로 보아야 한다. 대부분의 조직문화는 지배적 문화와 하위문화가 같이 존재한다. 조직문화의 특징으로 강한 조직문화와 약한 조직문화가 존재한다. 조직문화의 특징은 조직문화가 공식화의 기능을 수행할 수 있다는 것이다.

(1) 문화의 기술적 특성

조직문화는 개인이 조직문화의 특성을 어떻게 지각하느냐에 관한 것이다. 즉, 개인은 자신이 속한 조직이 이와 같은 특성이 많다거나 적다의 정도를 지각하는 것으로 조직문

화를 기술한다고 볼 수 있다. 다시 말해 개인이 자신이 속한 조직의 조직문화적 특성을 좋아하느냐 싫어하느냐의 문제가 아니기 때문에 조직에 대한 만족과는 다른 개념이다.

(2) 지배적 문화와 하위문화

지배적 문화는 대부분의 구성원들이 가지고 있는 중심이 되는 가치적 문화를 의미하는 반면 하위문화는 지역, 부서마다 다르게 존재하는 문화를 의미한다.

(3) 강한 문화와 약한 문화

강한 문화는 조직이 강하고 넓게 공유하고 있는 가치관으로서 조직구성원의 행동에 큰 영향을 미친다. 그러나 강한 문화가 지닌 문제점 중 하나는 오랫동안 지속되어 온 강한 문화일 경우 새로운 환경의 변화에 쉽게 적응하기 힘들다는 것이다. 예를 들어, AT&T의 서비스 및 기술 지향 문화는 판매 전략에 중점을 둔 다른 경쟁 회사인 MCI의 등장과 같은 환경의 변화에 따라 시장 지향적 문화인 '판매 중심적 문화'에 쉽게 대응하지 못해 어려움을 겪었다.

4) 조직문화의 창조 및 유지

조직문화는 조직구성원의 조직행동과 조직정체성을 형성하는 중요 요인으로 간주된다. 그러므로 조직구성원에게 조직문화의 시작과 기원, 조직의 가치와 행동양식 등을 공유시킴으로써 효과적으로 조직에 적합한 태도와 행동을 형성할 수 있다.

(1) 조직문화의 시작

조직문화의 기원은 조직 설립자의 생각(편견 및 가정들)과 창립 멤버들이 경험을 통해서 학습한 것과의 상호 작용에서 시작된다. 예를 들어, Disney land는 Walter Elias Disney의 환상적 오락의 꿈을 실현할 수 있는 조직문화를 시작하였다. IBM의 조직문화는 연구 개발, 제품혁신, 보상 정책 등을 강조하는 반면, 애플사는 비공식적이고 창의적인 문화를 강조한다. 그리고 현대그룹은 성취 지향적 문화에 초점을 둔다.

(2) 조직문화의 유지

조직지원자에게 조직문화와 조직의 가치를 제공하는 선발 과정으로 시작하며 최고 경영진의 행동을 통해서도 조직문화를 인식할 수 있다. 조직구성원은 조직에 입사한 후 지속적으로 조직가치와 신념을 인식하게 되는 과정인 조직사회화를 통해서도 조직문화를 이해하게 된다.

① 선발과정

현 조직문화에 적합하다고 판단되는 사람을 선발한다. 예를 들어, P&G사의 경우 합리성을 중시하여 학교에서 면접 2번, 시험 1번을 거친 후 다시 회사에서 일대일 면접 3번과 집단면접 1번을 통해 선발한다.

② 최고경영진의 행동

최고 경영진의 말하고 행동하는 양식에 의해서 조직문화를 유지한다. Xerox 회사의 Wilson 회장의 경우 비공식적, 혁신적, 위험 추구형을 강조하는 반면, McClure 회장은 공식적, 관료주의적 문화에 초점을 맞추었다. 그리고 Kerns 회장은 의사결정의 분권화, 제품 및 서비스 향상을 강조하였으며, 현재는 품질, 혁신적 사고, 효율성을 강조하고 있다.

③ 조직사회화

조직사회화 과정은 신입사원이 회사에 처음 입사하였을 때가 가장 중요하며, 기업교육이나 훈련 등을 통해 조직문화를 유지한다.

(3) 조직문화의 학습방법

① 이야기

일화나 이야기는 조직의 다음 세대로 조직문화를 전수하는 중요한 수단이며 조직에서 실제 일어난 사건에 바탕을 두지만 종종 진실과 허구가 혼합되기도 한다. 예를 들면, 대기업 왕회장님이 다들 안 된다고 했던 것을 성공시킨 사례가 대표적이다. 이런 성공신화 이야기를 조직과 같은 내부시장에 전파시키는 것이다.

② 의식

조직에서 이루어진 의식을 통해 조직의 어떤 목표가 가장 중요하고, 어떤 사람들이 중요하고 중요하지 않은가에 대한 주요 가치를 나타낼 수 있다. 의식은 조직의 주요 가치를 강화하는 일련의 반복적인 활동이다. 예를 들어, 대학에서의 종신 교수가 되기 위해서는 강의, 연구, 학교에 대한 봉사의 중요성을 강조한다. 연례 시상식을 통해 누구든 우수한 업적을 거두었을 경우 보상을 받을 수 있음을 학습시킨다. 즉, 조직구성원에게 열심히 노력하면 성공이 가능하다는 의식을 심어주고 있다.

③ 물질적 상징

회사의 건물 설계, 회사의 수영장, 테니스 장, 조깅 코스 등의 존재 여부는 종업원 건강 증진의 문화라는 물리적 상징으로 보인다. 또한 경영진의 리무진 역시 조직 내에서 누가 중요하며, 회사가 중역 간부진을 어느 정도 위하고 있는지를 알 수 있다.

5) 조직문화의 명암

조직문화는 조직몰입을 가져오며, 종업원행동 일관성을 증가시키는 순기능 측면을 강조해 왔다. 이러한 조직문화의 순기능적인 측면뿐만 아니라 조직문화가 내포하고 있는 역기능적 측면도 간과해서는 안 된다.

(1) 조직문화의 역기능

강한 조직문화를 가진 조직에서는 그 문화가 조직 변화에 대한 장애로 작용한다. 안정된 외부환경에서는 강한 조직문화를 통한 구성원의 행동에 일관성은 장점이라고 할 수 있지만 역동적 환경 하에서는 오히려 짐이 될 수도 있고 환경변화에 대처하기 어렵게 할 수도 있다. 조직의 외부환경 변화에 조직문화가 부응할 수 없고 효과성을 발휘할 수 없다면 그 조직문화 자체가 부담이 되며 더 이상 적합하지 않은 것이다.

조직문화는 조직창의성과 다양성에 대한 장애가 될 수 있다. 강한 조직문화는 직원들에게 상당한 동조를 요구하기 때문에 다양한 창의적 제안이나 아이디어를 받아들일 풍토가 조성되기 어려우며, 기존의 조직문화와는 다른 직원이나 새로운 가치관을 지닌 직원들을 고용하는 것을 방해한다. 즉, 구성원들의 생각과 행동이 지나치게 유사해져서 새롭고 참신한 생각이 나올 가능성이 낮아지는 것이다.

강한 조직문화는 기업 인수와 합병을 원활하지 못하게 할 수 있다. 기업 인수와 합병의 성공 여부는 합쳐지는 기업문화가 서로 얼마나 조화롭게 부합될 수 있는가에 달려 있는데 조직문화가 강할수록 다른 기업의 조직문화를 잘 받아들이지 못하며 문화차이로 혼란을 겪기 쉽다.

조직문화는 조직이 무경계 조직으로 발전하는 것을 저해할 수 있다. 구성원의 조직문화 공유 가치가 지나치게 의식화, 정형화되어 있고 행동유형도 더 강하게 체질화되어 있는 조직에서는 조직의 특성을 자기정체성 개념으로 삼는 자기고정관념(self stereotyping)이 과도하게 학습된다. 이에 따라 자신의 독특한 특성과 창의성은 조직문화 속에 소멸되는 몰개인화(depersonalization)가 나타난다. 이러한 조직에서는 내집단(ingroup) 응집력 혹은 내집단 편향(in-group bias)이 강하게 나타나기 때문에 경쟁업체나 외부업체와의 협력에 존재하는 장벽을 걷어내기가 어렵게 된다. 또한 자신의 조직에 대한 자부심이 커지게 되고, 자신의 조직과 외부조직의 경계를 더욱 부각시키거나 타 조직풍토를 비하하는 외부 조직 혐오증이 나타나기도 한다.

6) 조직문화 모형

조직문화를 설명하는 모형에는 조직문화 수준에 따라 조직문화를 분석한 Schein의 조직문화 모형과 조직문화의 핵심 차원을 7가지로 제시한 7S 조직문화 모형, 개인의 성격 특성과 조직문화 특성 간의 적합도로 조직문화를 정의한 조기 매력-선발-퇴출모형 그리고 조직구성원이 조직에 적응하는 정도로 조직문화를 이해하는 조직사회화 모형이 있다.

(1) Schein의 조직문화모형

Schein(1990)은 조직문화수준에 따라 기본 가정(basic assumption) 단계, 공유가치(shared value) 단계, 인공창조물(artifact) 단계로 분류하였다.

① 기본 가정 단계

기업의 기본 경영이념, 가치와 조직과 인간관계의 본질과 환경에 대한 관계, 현실·

시간·공간에 대한 기업의 철학을 반영한 가장 높은 조직문화 수준으로 볼 수 있다.

② 공유가치 단계

기본 가정을 바탕으로 조직 내의 사회적 합의에 의해 검증 가능한 핵심가치를 내면화시키는 과정에 초점을 둔다.

③ 인공창조물 단계

조직문화를 가시적인 모든 상징물, 행동과 기술·예술로 표현하는 단계이다.

Schein(1990)은 조직문화 모형에서 가장 기본적으로 구성원의 조직행동을 지배하는 첫 번째 요인을 기본 가정으로 보았다. 일반적으로 기본가정은 경영이념이나 철학을 내포하고 있으며 조직의 핵심가치와 사명으로 구성되어 있다. 두 번째 단계는 공유가치로서 세계적 우수 기업은 조직구성원에게 그들만의 공유가치를 강하게 심어주고 있다. 이러한 조직문화가 강한 기업의 공유가치는 조직구성원의 조직행동 양식과 사고방식에 내면화되어 있으며, 이러한 공유가치를 통해서 경영전략과 조직구조에 직접적인 영향을 미친다. 일반적으로 Global 기업에서 볼 수 있는 공통된 공유가치로서는 공동 참여와 몰입, 조직신뢰 형성, 책임감과 신뢰감 등이다. 마지막 세 번째 단계는 기본 가정과 공유가치를 가시적인 모든 상징물, 행동과 기술 혹은 예술로 나타내는 인공창조물 형성 단계라고 할 수 있다. 흔히 인공창조물은 CI(Corporate identity) 형성이라고도 한다.

(2) 7S 조직문화 모형

Peter와 Waterman(1982)은 우량기업(in search of excellence)을 기반으로 7S 기본 문화모형을 제시하였다. 7S는 공유가치(shard value), 전략(strategy), 체계(system), 인적자원(staff), 리더십 스타일(style of leadership), 관리기술(skill of management), 구조(structure)로 구성되어 있다.

공유가치는 조직의 가치관, 이념, 전통가치, 기본 목적 등 기업문화의 기본 가정과 가치를 포함한다. 전략은 조직목적, 목표달성, 물적 인적 자원배분, 장기계획, 행동지침, 조직운영의 장기적 틀을 제공한다. 구조는 조직구조, 직무설계, 권한관계, 방침규정, 상호연관 관계, 조직 성원 행동에 영향을 주는 공식요소를 포함한다. 체계는 체계 목적 및 전략, 의사소통, 의사결정, 경영정보, 보상제도, 인센티브 목표설정, 예산 통제, 생산 마케팅 과정, 성과측정, 현금 흐름체계 등 조직 운영 및 과정에 관련된 모든 체계와 제도를 포함한다. 인적자원은 조직의 인적자원요소, 인력의 구성과 능력, 전문성, 가치관과 신념, 욕구와 동기, 지각과 태도를 포함한다. 리더십 스타일은 리더십 행동 유형, 조직 성원의 행동성향과 태도, 구성원 상호관계, 집단관계, 상사와 부하관계, 조직 분위기를 포함한다. 관리기술은 조직 및 리더의 경영관리 능력과 기술, 동기부여, 강화, 통제, 통합과정, 갈등 관리, 변화 관리를 포함하고 있다.

조직도 일종의 사회적 체계라고 할 수 있으므로 문화는 조직에서도 매우 중요한 구성요소이다. 조직문화는 그 조직이나 기업만이 가지고 있는 독특한 정체성으로서 타 기업과는 차별되는 핵심역량으로 작용할 수 있다. 7S 모형은 공유가치, 즉 기업문화를 중심축으로 여섯 가지 경영 성분들이 유기적으로 연결되어 있다. 모든 경영 성분들이 기업문화와의 적합성을 높이는 방향으로 전략과 구조, 인적자원, 리더십 유형, 관리기술, 체계가 이루어져야 한다.

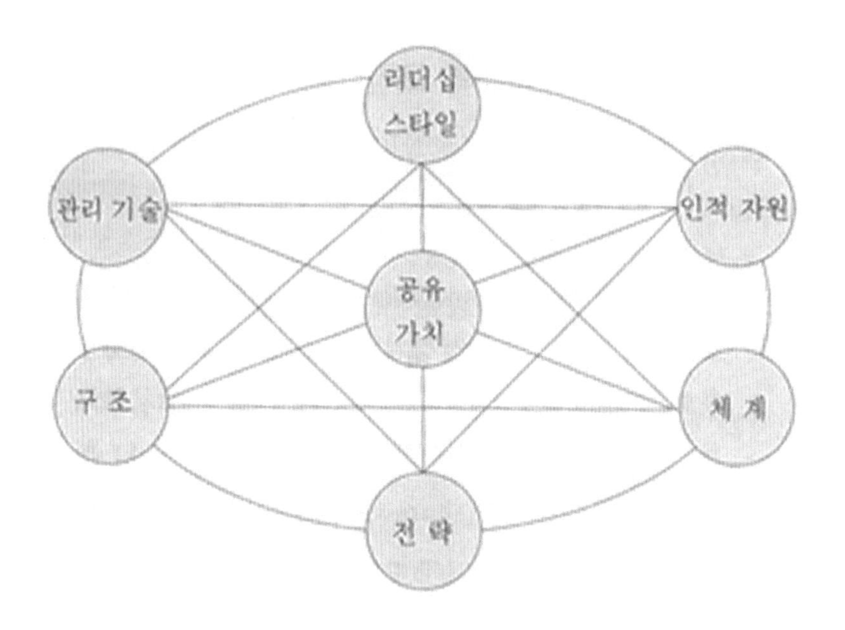

그림 99 7S 기업문화 모형

조직풍토도 조직문화와 비슷한 개념이라고 볼 수 있는데, 조직풍토는 조직에 대한 신념, 가치, 지각, 느낌 등을 포함하는 것이다. 그러나 조직문화가 신념이나 가치와 같은 인지적 변수와 좀 더 밀접히 연관되어 있는 반면, 조직풍토는 느낌, 감정과 같은 조직에 대한 정서 상태와 더 밀접한 관련이 있다는 차이점을 가지고 있기도 하다.

7S 조직문화 모형에서는 각 요소 간의 상호 의존성과 연합성이 강하게 형성될수록 강한 조직문화를 형성할 수 있으며, 상호 의존성과 연합성이 결여될수록 일관성이 없고 약한 조직문화를 형성하게 된다고 보고 있다.

(3) 조직 매력-선발-퇴출 모형

Schneider(1987)가 제시한 모델로 어떤 조직성격이나 문화와 잘 부합되는 성격이나 가치를 지닌 지원자들이 그 조직에 입사하려고 시도하게 되며(매력: attraction), 조직 또한 자신의 조직성격이나 문화와 잘 부합하는 사람들을 고용하려 하며(선발: selection), 조직의 문화와 잘 맞지 않는 사람들은 그 조직에서 오래 재직하지 못하고 이직(퇴출: attrition)하게 된다는 모형이다. 이 모형은 영어 앞 철자로 줄여서 ASA 모형이라고도 한다. ASA 모형은 조직에 잘 부합되는 가치나 성격을 가진 사람들이 그 조직의 가치를 내재화하여 쉽게 조직사회화될 수 있으며 조직에 몰입하는 경향성도 더 높기 때문에 조직의 입장에서도 그러한 사람들에 더 매력을 느끼고 선발하려 하는 반면 자신의 조직문화나 성격과 잘 맞지 않는 사람들은 이직할 가능성이 높다고 본다.

(4) 조직사회화 모형

조직구성원이나 예비 조직 지원자들이 조직에 얼마나 잘 적응하는지의 정도로 측정하는 조직사회화 과정으로 조직문화를 이해하는 모형이다. 조직사회화 연구들은 집단규범, 직무특성, 사회화전략, 직무도전과 같은 상황적 요인들에 근본적으로 관심을 보여 왔다. 한 개인이 한 조직에 적응하는 속도에 대한 것은 상징적 상호작용접근으로 잘 설명될 수 있다. Moreland와 Levine은 조직사회화 단계를 다음과 같이 설명하고 있다.

① 조사 단계

조직은 신입 구성원을 선발하게 된다. 한 조직이 신입구성원을 선발하려고 결정했으면 조직은 지원자들이 조직목표에 어느 정도 앞으로 기여할 수 있는지를 평가하게 된다.

② 사회화 단계

조직에 대한 개인평가와 개인에 대한 조직평가가 조직가입 결정수준에 이르게 되면 조직에 입사하게 된다. 조직에 소속한 후, 조직으로서는 조직목표의 달성에 기여하도록 개인을 변화시키고자 하며, 개인으로서는 자신의 욕구들을 더 잘 충족시키고자 조직을 변화시키려 한다.

③ 유지 단계

개인으로는 조직 내에서 개인의 욕구충족을 극대화하려는 방향에서 자신의 역할을 정의하고자 한다. 신입 구성원이 사회화 단계를 거쳐 정식 구성원이 되면 유지 단계가 시작되고 개인은 조직의 중요한 구성원으로서 간주되며, 조직은 개인생활의 중요한 부분이 된다.

④ 재사회화 단계

조직이나 개인이 서로의 관계가 보상적이라고 평가하면 조직몰입수준이 유지되지만, 사회화 단계와 마찬가지로 그렇지 못하면 만족한 관계를 재확립해야 한다. 조직과 개인의 관계에서 이탈은 정식 구성원의 역할로부터 한계 구성원으로의 역할전환을 의미한다. 이탈이 있은 후에는 개인과 조직은 재사회화의 단계를 밟게 된다.

⑤ 조직탈퇴와 회상 단계

개인은 조직을 떠남으로써 회상 단계에 이르게 된다. 회상 단계에 이르면 조직과 개인은 회고적 관계를 평가한다.

(5) Tuckman의 집단발달 모형

집단이 형성될 때부터 집단은 변화한다. 집단발달을 다룬 단계모형들에서 Tuckman (1965)의 집단발달모형이 있다. Tuckman은 집단발달을 각 단계의 특징에 따라서 구분한다.

① 형성기

형성기에서는 집단이나 조직에 소속된 개인은 타인과 상황에 대한 오리엔테이션과 의존성이 형성되는 단계이다.

② 격동기

격동기에는 타인들에 대한 불안, 구성원 간의 경쟁, 집단 과정에서의 절차상의 의견 불일치, 갈등 등이 표면화된다.

③ 규범형성기(수습기)

역할과 관계 형성을 통하여 집단구조가 이루어지고, 응집력과 조화가 높아짐에 따라 규범에 대한 동의, 의견의 합의도출이나 지원의 증가 등이 특징이다.

④ 수행기

수행기에서는 집단의사결정, 문제해결행동이 증가하며 집단생산성에 관심을 가지게 된다.

⑤ 해체기

해체기에서는 집단 내 사회정서적 활동과 과제활동들이 점차 정리됨에 따라 의무의 종결, 의존성의 격감, 과제의 완수 등이 이루어지며 후회의 증가, 정서적 와해 등이 특징이다.

(6) Super의 경력발달 모형

Super는 조직경력이 4단계로 발달한다고 보았다. 경력발달 4단계는 시도 단계, 안정화 단계, 유지 단계, 쇠퇴 단계이다. 시도 단계는 개인이 조직을 선택하기 위한 준비 단계로서 자신의 역량과 유능성을 개발하려고 하며, 직업선택에 대한 개인적 목표설정이 더욱 현저히 표출되는 시기이다. 안정화 단계 동안에 사람들은 보통 한 직장을 선택했으며, 개인목표 달성을 위해 매우 열심히 노력하는 시기이다. 유지 단계는 구성원의 생활유형이나 경력유형이 완전히 정착된 단계로서 기존에 설정된 자신의 경력에 도움을 줄 수 있는 일을 계속하려는 경향이 특징인 단계이다. 쇠퇴 단계는 조직사회화 모델과 같이 조직으로부터 이탈되는 시기로서 조직 내 활동으로부터 점차 결별하는 시기이다.

2. 조직변화

조직문화는 구성원의 행동에 크게 영향을 미친다. 침체된 조직을 활성화시키고 급격한 환경변화에 대응하여 나가려면 조직문화의 변화가 필요하다.

1) 조직변화 압력

(1) 조직변화에 대한 외부 압력

외부 환경은 계속해서 변한다. 그 변화에 늦게 반응하면 경쟁에 뒤지고 결국에는 도태된다. 다음의 내용들은 조직의 변화를 요구하는 외부의 압력으로 작용한다.

① 경쟁

조직은 생존을 위하여 경쟁력을 강화해야 한다. 효율, 품질, 혁신, 고객서비스 등에서 어느 것 하나라도 경쟁사보다 뒤지게 되면 살아남기 어렵다. 조직은 최근의 신기술을 도입해야 하고, 조직의 구성원들은 신기술을 배워야 한다. 또한 혁신 노하우를 소유해야 하며, 끊임없이 변하는 고객의 요구를 파악하여 대처해야 한다.

② 국제화

정보와 물자유통의 발달과 국제정세의 변화로 인하여 세계는 지구촌 환경으로 급속히 재편되고 있으며 국가 간에 상호의존도는 더욱 증대되고 있다. 이제 자국민의 수요를 뛰어넘어 국제적인 시장침투가 상호간에 매우 치열해졌다. 또한 국가 간의 관세장벽이 철폐되어 다국적 기업의 R&D, 제조, 판매에 이르기까지 세계수준에서 이루어지고 있다.

③ 정보기술 발전

정보기술의 발전은 변화가 심한 국제경쟁에 유연성을 제공하고 있다. 정보수집, 정보네트워크, 장거리 국제통화기술, 이동전화 등 현대적 정보기술도구를 갖추지 않고는 급격한 변화에 유연하게 대처할 수 없다. 정보기술은 조직운영뿐 아니라 조직 내 인간관계, 권력관계, 시장침투와 전략수행에 이르기까지 반드시 필요하다.

④ 가치관의 변화

우리나라에서 70년대 경제성장 이후에 태어난 신세대 사람들은 '보릿고개'를 알지 못한다. 그 대신 정신적 자유와 물질적 풍요 속에서 높은 교육을 받고 자라나, 기성세대와 달리 대중문화를 즐기고 대량소비에 익숙하다. 이들은 직장에 대한 충성도 저하, 3D업종의 기피, 여가생활의 중시, 자율권 행사 등 구세대 사람들에 비하여 직업가치관과 욕구가 판이하게 다르다.

⑤ 윤리적 압력

기업의 사회적 책임에 대한 국민들의 인식은 더욱 높아지고 있다. 이제 기업은 정직해야 하며 종업원의 감원도 회사의 입장만이 아니라 국민여론이 수용하는 범위 내에서만 가능해졌다. 사회적 가치관의 변화로 사회적 평등, 자연보호에 대한 열정 등을 감안하여 소비자 편익을 전보다 더 고려하면서 경영체제와 제품 및 서비스를 고객중심으로 바꾸어야 한다.

(2) 조직변화에 대한 내부 압력

조직변화에 대한 압력은 외부에서만 오는 것이 아니다. 조직내부에서도 조직 전반에 대한 변화를 필요로 하고 있다.

① 조직구성원 불만

조직구성원들의 직무에 대한 불만은 결근, 지각, 이직 등으로 나타난다. 이런 경우 조직은 적절한 조치를 취해야 하며 보상제도의 개선, 역할분배의 수정, 종업원 참여제도의 도입 등 다방면에서 개선을 검토해야 한다.

② 조직구성원들 간 갈등

상사와 부하직원들 간의 갈등이 심화되면 조직의 변화가 필요하다. 리더십의 변화, 구성원의 인간관계 훈련, 더 나아가 부서의 이동까지도 요구된다. 조직의 구조가 구성원들의 성향에 맞지 않는다면 재설계되어야 한다.

③ 변화를 위한 변화

잘 운영되고 있는 조직일수록 Mannerism에 빠지기 쉽다. 이런 경우 신선한 분위기를 조성하기 위하여 가끔씩 의도적으로 조직의 변화를 시도하는 것은 바람직하다.

(3) 조직변화에 대한 저항

조직은 변화를 필요로 하면서도 변화를 기피하는 경향이 있다. 사람들은 누구나 안정을 추구하기 때문이다. 조직의 구성원들은 기존의 상태를 유지하려는 경향이 있는데 이것이 조직변화에 대한 저항의 원인이 된다. 조직변화에 대한 저항은 다음과 같은 이유로 말미암는다.

① 불확실성에 대한 두려움

사람은 잘 알고 있는 일을 늘 하던 방식대로 수행할 때 안정감을 느끼게 된다. 변화는 잘 모르는 새로운 환경에 들어서는 것이다. 친숙한 패턴이 사라지고 익숙하지 않은 상황이 닥치게 되면 사람들은 본능적으로 두려움을 느끼고 저항하기 마련이다.

② 기득권 상실의 우려

사람들은 변화로 인하여 현재 보유하고 있던 지위, 돈, 권리, 우정 등을 잃어버리지 않을까 염려한다. 따라서 기득권이 많은 사람들은 변화를 기피하고, 그렇지 못한 사람들은 변화를 구하게 된다.

③ 새로운 기술의 습득

새로운 기술을 배우는 것은 기존의 익숙한 노하우나 기술을 버리는 것이다. 이는 오랜 경험으로 전문가로 자처해왔던 이들의 입지를 약화시키는 일이다. 더욱이 이들은 상대적으로 나이가 많으므로 새로운 기술을 익히는 것은 쉽지 않다.

(4) 저항극복 전략

조직에 변화가 필요함에도 불구하고 저항으로 인하여 변화가 이루어지지 못하면 생산성의 저하는 물론 구성원의 사기도 떨어진다. 저항을 극복하는 적절한 방법을 찾아 실시해야 한다.

① 교육과 의사소통

의사소통도 제대로 안 되는 상태에서 변화의 내용이 잘못 전달되면 오해로 인하여 저항은 더욱 거세어진다. 변화의 필요성, 방법, 결과를 알리기 위한 교육과 설명회가 있어야 한다.

② 구성원의 참여

변화를 위한 의사결정과 실천과정에 조직구성원들을 참여시키는 것은 의사소통, 정보전달 기능 이외에 사기 증진과 협조심을 유발하는 심리적 효과도 얻을 수 있다.

③ 상부의 지원

저항세력이 있어도 리더가 계속해서 목표를 추진해 나가면 저항은 점차 약해진다. 물론 변화를 위한 교육프로그램이나 각종 지원수단이 리더의 강력한 뒷받침 하에 제공되어야 한다. 일방적으로 변화의 명령만 내리고 지원이 없으면 구성원들의 사기는 떨어지게 마련이다.

④ 협상과 타협

변화가 생기면 피해를 보게 될 개인이나 부서가 있게 마련이다. 그들의 저항을 줄이기 위하여 양보와 피해보상을 놓고 타협해야 한다. 여의치 않은 경우에는 제3자의 중재에 맡겨서라도 타협을 성사시키고 변화를 시도하면 저항을 줄일 수 있다.

2) 조직변화 단계

새로운 조직문화의 도입은 기존 조직문화의 기반을 형성하고 있는 조직구성원의 기본전제와 가치관의 변화를 필요로 한다. 따라서 조직문화를 변화시키려면 구성원들에게 변화의 필요성을 인식시키고 새로운 전제와 가치관을 단계적으로 주입시킬 필요가 있다. 조직의 변화를 성공적으로 수행하기 위한 다양한 프로그램들이 연구되었다. 이러한 연구들 중에서 Lewin의 이론에 의하면 조직 내에는 변화를 원하는 추진세력과 이를 거부하는 저항세력이 존재하는데 이들 간의 힘겨루기에 따라 조직의 변화가 이루어진다고 한다. Lewin은 조직의 변화가 해빙단계, 변화단계, 재동결단계를 거쳐 이루어진다는 3단계 모델을 제시하였다.

① 해빙단계

해빙단계(unfreezing stage)는 구성원들이 변화의 필요성을 인식하는 단계이다. 변화의 필요성은 조직이 위기에 있거나 현재 상태가 적절하지 않다는 사실을 지각하는 데서 생겨난다.

② 변화단계

변화단계(changing stage)는 기존 상태에서 변화된 상태로 바뀌는 단계이다. 이 단계에서는 변화를 수용하도록 유도한 다음 계속해서 동일화, 내면화의 과정으로 진행해나간다.

③ 재동결단계

조직구성원들은 변화를 실시한 이후에도 다시 원래의 상태로 돌아가려는 속성이 있으므로 지속적인 지원과 강화가 필요하다. 이를 재동결단계(refreezing stage)라고 부른다. 변화된 부서나 개인에게 보상을 주는 것은 변화된 상태를 안정화시키는 데 도움이 된다.

3) 조직개발

조직개발(organization development)에 대한 정의는 매우 다양하고 합의된 정의가 없다. 하지만 몇 가지 공통적인 특징을 도출할 수는 있다(Harvey & Brown, 1995). 첫째, 조직개발은 조직이 목표를 달성하기 위한 계획적이고도 체계적인 변화과정이다. 둘째, 조직은 변화과정을 조직원과 함께 협력적 조직과정과 문화로 형성함으로써 달성할 수 있다. 셋째, 조직개발은 응용행동과학으로서 개념, 이론 등의 과학적 방법과 개입과정을 활용한다. 넷째, 조직개발 이론가나 실행자의 기본적 신념은 효율적이고도 지속적인 변화가 계속 일어나도록 하는 데 있으며, 조직원은 자신의 운명을 개척할 능력을 길러야 한다. 즉, 조직구성원에게 자기개발 기회와 자기 역량을 발휘할 수 있도록 해준다는 측면에서 인본주의적 접근을 시도한다.

종합해보면, 조직개발은 조직의 효율성과 조직구성원 개개인의 역량 둘 다를 목적으로 조직의 변화를 촉진시키는 연속된 과정이다. 조직을 영속시키기 위해서는 주기적으로 조직진단을 통해서 조직개발 활동이 이루어져야 한다. 이러한 조직개발은 조직이 건강할 때 더욱 추진되어야 하며, 조직 진단만으로도 기업 활성화가 생기게 된다. 즉,

조직도 인간과 같이 주기적인 건강검진을 받아야 하며 시기를 놓치면 조직수명이 단축될 수 있다.

(1) 조직개발 과정

Miles와 Schmuck(1971)은 조직개발 과정을 다음과 같이 제시하였다. 첫째, 중간 및 최고경영자가 조직개발에 관심을 가지고 조직 진단을 통해서 대처해야 할 문제가 조직에 있다는 것을 느끼게 한다. 보통 최고경영자의 흥미유발은 자신이 조직개발 훈련에 참여한 후에 생기게 된다. 둘째, 경영자는 외부 조직개발 전문가나 컨설턴트를 초빙한다. 셋째, 외부 컨설턴트가 다양한 조직구성원과 집단을 접촉한 후 조직개발의 목적, 일반적 절차를 중간 관리자나 경영층과 상의함으로써 조직개발을 시작한다. 넷째, 컨설턴트는 내부 조직의 변화 대행자와 함께 면담, 질문지법, 관찰 등을 통하여 자료를 수집한다. 다섯째, 수집된 자료는 조직의 문제점이나 조직과 환경의 문제점을 근거로 분석한다. 여섯째, 최초 개입과정이 계획된다. 조직 내 주요 역할을 하는 사람들이나 주요 집단과의 접촉이 계획된다. 일곱째, 개인은 새로 수집된 자료에 따라 평가되며, 조직구성원들이 조직 개선에 대해 개방적이고 관심을 가지며, 참여적인 정도에 따라 조직개발의 성공 여부가 결정된다. 여덟째, 새로 수집된 자료에 기초한 개입과정이 지속된다. 보통 조직개발 훈련 프로그램의 초기 단계의 효과는 조직문화의 변화에 있다. 즉, 조직이 더욱 개방적이고 신뢰적이며 협동적이게 되며 자기분석과 모험 이행 경향도 생기게 된다. 아홉째, 개입이 진행됨에 따라 구조적 변화는 조직 생산력, 재조직화, 새로운 역할과 집단의 개발, 새로운 작업형태로 변환된다. 열 번째, 조직개발 기술은 그 자체가 조직체계 내에서 제도화된다. 즉, 조직개발 부서나 조직개발 집단이 형성되고, 조직개발 과정을 계속 진행시키기 위한 책임부서로서의 역할을 수행하게 된다. 열한 번째, 내부 조직개발 전문가는 점차 전문화되며 NTL과 같이 자신의 조직개발을 위한 책임부서가 되며 다른 조직을 위한 외부 변화 대행자로서의 역할도 수행하게 된다.

(2) 조직개발 기법

조직개발기법은 크게 대인 차원 기법과 팀 차원 기법, 전사적 조직개발 기법 등이 있다.

① Johari의 창문

대인 차원의 조직개발 기법으로 Johari의 창문 기법이 있다. Luft와 Ingham(1955)에 의해 개발된 이론으로 대인 간 의사소통기법을 활성화시키기 위한 조직개발 기법이다. 대인 간 의사소통을 개인의 의사소통 인식 정도와 타인의 의사소통 인식 정도로 구분한 네 개의 창문으로 설명한다. 열린 창(public window)은 자신과 타인이 모두 알고 있는 행동이나 심리상태를 의미한다. 가려진 창(closed window)은 자신은 알고 있지만 타인은 모르는 자신의 영역을 말한다. 맹목적 창(blind window)은 자신은 모르나 타인은 알고 있는 자신의 영역이다. 어두운 창(unknown window)은 자신도 모르고 타인도 모르는 무의식적 영역을 말한다. Johari의 창문 기법은 타인의 말을 솔직히 귀담아 듣고 자신을 솔직히 표현함으로써 대인 간 의사소통이 개선될 수 있으며, 이를 통해서 조직을 보다 개방적으로 개발할 수 있다고 주장한다.

② 교류분석

또 다른 대인 차원의 조직개발 기법으로 교류분석이 있다. Freud의 정신분석을 응용한 교류분석(transactional analysis)은 대인 간 교류 시 말하는 내용, 말버릇, 표정, 태도, 자세 등을 통해 엄격한 부모(controlling parent: CP) 자아, 지원적 부모(nurturing parent: NP) 자아, 성인(adult: A) 자아, 충동적 아동(free child: FC) 자아, 순응적 아동(adapted child: AC) 자아로 분류한다. 자아분석 프로파일을 통해서 자신의 자아 상태를 분석할 수 있다. 전형적 자아 분석의 네 가지 유형은 긍정적 인생관을 가진 자아, 자기패배적 인생관을 가진 자아, 배타적이고 독선적인 자아, 열등감과 무력감을 가진 자아로 나타난다. 이러한 자아분석을 통해서 장점은 살리고, 단점은 보완하여 보다 적응적인 인관관계를 형성하도록 돕는다.

③ 팀 빌딩

팀 빌딩은 팀 차원에서 조직을 개발하는 기법이다. 팀 빌딩은 팀의 효율성을 증진시키기 위해서 새로운 방법을 모색하고, 팀 기능을 지속적으로 평가하고 검토하는 교육과정이다. 일반적으로 팀 빌딩은 첫 단계로 팀 빌딩 회의 및 안건을 상정한다. 두 번째 단계에서는 목표를 설정하고, 셋째는 자료수집, 넷째는 팀 효율성 증진방안 계획, 그리고 다섯째는 팀 효율성 증진방안 실천, 마지막 여섯째로 팀 빌딩 과정평가로 진행된다.

④ 관리격자 모형

전사적 조직개발 기법으로 Blake와 Mouton에 의하여 개발된 관리격자 모형(managerial grid model)이 있다. 관리격자 모형은 경영 그리드 기법이라고도 불리는데 리더십 차원을 인간에 대한 관심과 과업에 대한 관심으로 구분한 모형이다. 이것은 효과적인 리더십 유형을 개발하기 위한 리더십 훈련프로그램으로 실무에서 널리 활용되고 있다. 관리격자 모형에서 리더가 보일 수 있는 리더십행동은 다음의 5가지로 구분된다.

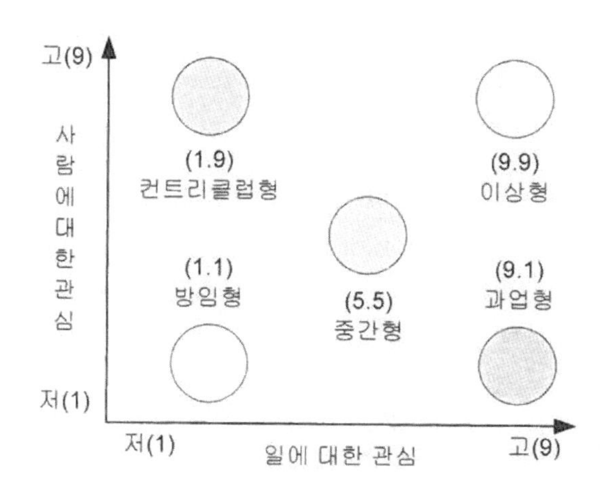

그림 100. 관리격자 모형

[9.1형(과업형)]

과업형리더는 인간에 대한 관심은 낮지만 과업에 대한 관심은 높다. 리더는 과업에만 초점을 맞추어 계획을 세우고, 작업일정을 세우며 지시하면서 업적달성에만 관심을 둔다. 부하직원들을 배려하지 않고 단지 수단으로 여기며, 자신의 요구에 따라올 것만 요구하기 때문에 불만이 높다.

[1.9형(컨트리클럽형)]

컨트리클럽형은 인간에 대한 관심은 매우 높은 반면 과업에 대한 관심은 매우 낮은 리더십 유형이다. 이런 리더들은 편안하고 친근한 조직분위기와 작업환경을 조성하기 위하여, 인간관계에 관심을 기울이므로 부하의 만족도는 높다. 하지만 업무지시와 과업수행에는 소홀하여 생산성은 높지 않다.

[1.1형(방임형)]

방임형리더는 인간과 과업 모두에 관심이 낮다. 리더는 부하직원을 배려하지 않고 업무에 대한 명확한 지시도 하지 않는 등 무간섭과 자유방임을 신조로 삼는다. 이는 부하직원에 대한 무관심과 리더의 무능력에서 비롯된다.

[5.5형(중간형)]

중간형은 사람과 과업 양쪽에 관심을 가지되 일정량의 성과만 있으면 만족하고 더 이상 재촉하지 않는 리더십유형이다. 중간형 리더는 최고의 성과보다는 적절한 수준에서 성과를 유지하려는 리더이다. 적절한 수준에서 과업을 완수하며 동시에 조직구성원들의 만족을 추구한다.

[9.9형(이상형)]

이상형리더는 부하들의 참여와 단결을 호소하고 열심히 노력하는 분위기를 만들어 갈등 없이 목표를 달성하도록 지도한다. 그는 과업에 몰입된 부하직원들이 높은 수준의 성과를 달성하게 된다고 생각한다. 따라서 조직목표에 대한 이해를 확산시키고, 신뢰관계를 구축하여, 목표달성에 대한 동기를 불러일으켜, 과업에 대한 몰입수준을 높인다. 이 유형은 단합을 도모하여 조직구성원의 만족과 과업성과를 동시에 높이는 리더십이다.

⑤ 경력과 생애계획

Shepard(1960)가 개발한 경력과 생애계획은 현재의 자신과 바라는 자신 간의 차이를 발견하여 자신이 바라는 바를 개발하는 기법이다. 다음의 과정으로 진행된다. 첫째, 자신의 경력과 생애목표를 설정한다. 둘째, 성취할 수 있는 목표행동목록을 작성하고, 우선순위를 정하며, 목표 간의 갈등을 조절한다. 셋째, 과거 성취했던 성공 경험이나 정상 경험을 목록화한다. 넷째, 과거 성취했던 목표와 새로운 목표를 조정한다. 다섯째, 목표들 간 상대적 우선순위를 정한 후 구체적인 목표달성 행동을 설정하고 실행한다.

갈등(conflict)은 어느 조직에서나 있다. 갈등이 있다고 항상 부정적인 결과만이 발생하는 것은 아니며, 긍정적인 기능을 수행하기도 한다. 한 조사에 의하면 조직 내에서 관리자들의 활동의 20% 정도는 갈등관리에 소비되고 있다. 갈등을 관리하는 가장 기본은 어떠한 선택을 할 것인가에 달려 있기도 하다. 사람은 살아가면서 끊임없이 선택해야 한다. 조직도 마찬가지이다. 조직에서도 크고 작은 많은 선택이 의사결정을 통해서 이루어진다.

⑥ 품질관리서클(quality control circle: QCC)

품질관리서클(quality control circle: QCC)은 팀원들 간에 상호 공유하고 있는 품질관리 문제에 대해 해결점을 제안하고 토론하며 분석하는 자발적 집단을 말한다. 품질관리 분임조라고도 부르며 분임조에서는 7~8명의 직원이 정기적으로 제품 품질과 문제점을 분석한 후 개선안을 품질 관리 위원회에 제출한다. 위원회에서는 제안을 검토한 후 수용 여부를 결정한다. 위원회에서 수용된 제안은 즉각적으로 현장에 적용하여 생산성을 증진시킨다.

⑦ 직장생활의 질 개선운동

직장생활의 질(quality of work life: QWL) 개선 운동은 조직 의사결정 참여, 노조참여, 직무만족과 직무 자율성 등 종업원의 욕구를 충족시켜 주는 프로그램이다. 직장생활의 질 개선 운동의 원리는 첫째, 적절하고 공정한 보상, 둘째, 안전하고 청결한 근무조건, 셋째, 자기역량 개발과 기회 제공, 넷째, 자기성장 기회와 직업 안정성, 다섯째, 작업 조직의 사회적 통합, 여섯째, 작업집단의 제도적 보호 장치, 일곱째, 직장생활과 일상생활의 균형, 여덟째, 직장과 사회화의 적절성 등이다.

•••

조직에서 해고되는 이유를 조사한 결과 기술능력의 부족으로 해고된 사람들은 10%에 불과하다고 한다. 나머지 90%는 동료직원들이나 상사들과의 마찰이 원인이 되어서 해고된다. 즉, 조직 내에서 발생하는 갈등과 이로 인해서 발생되는 에너지의 낭비가 어마어마할 수 있다는 것이다. 따라서 조직들은 직원과 상사 혹은 직원 상호 간의 대인관계 기술을 개선시키는 훈련에 점점 더 많은 투자를 하고 있다. 갈등을 관리하는 비용이 갈등으로 인해 조직에 문제가 발생해서 지출되는 비용보다 더 경제적이기 때문이다.

XIV. 갈등관리와 의사결정

1. 갈등

개인이나 집단의 목표 행위가 다른 사람이나 집단에 의해서 방해를 받을 때 발생하는 대결과정을 갈등이라고 한다. 전통적으로 갈등에 대한 견해는 부정적이다. 하지만 최근에는 갈등에 대한 긍정적인 견해를 취하는 입장도 있다. 이러한 갈등에 대한 관점은 전통적인 견해, 인간 관계론적 견해, 현대적 견해 등으로 구분할 수 있다.

1) 갈등의 관점

(1) 전통적인 견해

오래전부터 갈등은 파괴와 비능률을 야기하므로 피해야 하고, 갈등이 발생하는 경우 곧 바로 해결해야 한다고 생각하였다. 집단 내에서 갈등은 의사소통의 문제, 상호신뢰의 부족, 불만의 무시에서 생겨난다고 여겨지기 때문에 이런 문제의 해결을 통하여 갈등을 예방하려고 노력하였다. 과학적 관리법을 주장했던 Taylor도 이런 관점에서 갈등에 관한 연구를 수행하였다.

(2) 인간 관계론자들의 견해

Taylor의 과학적 관리론에 대한 반발로 등장한 인간 관계론자들의 견해에 따르면 갈등은 집단에서 관리능력과 상관없이 필연적으로 발생한다고 한다. 이들은 갈등을 한정된 자원을 놓고 서로 경쟁하거나 혹은 목표의 차이에서 발생하는 집단의 부산물로 보았다. 따라서 갈등을 예방하려고 노력하는 것은 헛수고이므로, 집단 내에서 갈등이 발생하면 차분히 인내하면서 수용하는 것이 해결책이라고 주장하였다. 갈등을 관리하려면 구성원들에게 인간적으로 호소하고 가능한 조직분위기를 좋게 유지하는 것이 그나마 피해를 줄이는 방법이다.

(3) 현대적인 견해

1970년대에 들어서면서 갈등은 조직에 부정적인 결과만 주는 것이 아니라 긍정적인 결과를 가져올 수 있음이 밝혀졌다. 즉, 갈등을 없애는 것만이 최선은 아니며 때로 갈등을 조성할 필요도 있다는 것이다. 과다한 갈등은 조직에 혼란과 분열을 가져오지만, 갈등이 거의 없는 경우도 조직구성원들 간에 무관심, 창의력 결핍, 무사안일, 매너리즘에 빠지게 한다. 후자의 경우, 적당한 갈등이 발생하면 오히려 조직은 활력을 찾게 되고, 외부환경 변화에 적절히 대응할 수 있는 긍정적인 결과를 얻을 수도 있다. 따라서 현대적 의미에서 갈등관리란 역기능적인 갈등을 축소하고 순기능적인 갈등을 조장하는 것을 의미한다.

표 22. 갈등수준과 반응

과다 갈등	적정 갈등	과소 갈등
혼란, 분열, 비협조, 투쟁	변화지향, 창조적, 다양성, 도전성	적응력 약화, 획일성, 무사안일

2) 개인 간 갈등

조직의 관리자가 구성원들 간의 갈등을 올바로 알고 있다면 보다 효과적으로 대처할 수 있을 것이다.

(1) 개인 갈등의 원인

개인 간에 발생하는 갈등의 원인은 다양하다. 지금까지 연구된 갈등의 원인들을 살펴보면 개인 차이, 공동책임, 자원 부족, 역할모호성, 의사소통 등이 개인 갈등 발생의 원인들이다.

① 개인차

구성원들이 각자 살아온 배경이나, 경험 등의 차이로 인하서 갈등이 발생할 수 있다. 이러한 개인차로는 능력, 성격, 신념, 태도, 가치관, 윤리 등이 있다. 이들을 줄이기 위하여 기업에서는 직원들의 경력을 일반화시키기도 한다. 예를 들어 직원들이 서로 다른 직무, 부서, 지역 등을 오가도록 순환근무를 시키는 경우, 서로의 경험을 공유하는 영역이 넓어져서 개인차가 점차 줄어들게 된다.

② 공동책임 업무

함께 일하는 업무에서 다른 사람의 성과로 인하여 자신이 받게 될 보상이 영향을 받을 때 갈등이 생길 수 있다. 즉, 과업에서 상호의존성이 클수록 갈등이 생길 가능성은 높아진다. 이러한 갈등을 줄이려면 개인 간에 상호의존성을 줄이는 방법을 모색해야 한다. 비용이 크게 문제되지 않는다면 지금까지 공유해왔던 자원을 분할하여 개인적으로 자원을 사용하게 한다.

③ 자원 부족

조직에서는 한정된 자원을 공급하여 목표를 달성하려고 한다. 이때 조직의 구성원들은 서로 자원을 더 많이 차지하려고 하는데 그 과정에서 갈등이 발생한다. 자원을 늘이는 것은 갈등을 줄이는 가장 간단한 방법이지만 이 경우 비용이 증가한다. 따라서 자원부족으로 인하여 발생하는 갈등의 비용을 자원 증대로 발생하는 비용과 비교해볼 필요가 있다. 자원 부족으로 인한 갈등은 좌절감을 줄 수도 있는데, 좌절상태에서 갈등을 느끼는 개인은 즉시 방어기제로 공격이나 철회, 고착 등 다양한 형태의 부정적 행동을 취하게 된다.

④ 역할 모호성

역할은 행동의 당위성인 규범과 밀접한 관계를 가지고 있다. 일정한 직위에 있는 개인의 행동에 대해서 사람들은 일련의 기대를 가지고 있다. 그런데 이러한 역할이 어느 개인에게 복합적으로 부여될 때 역할갈등을 겪게 될 수 있다. 조직의 제도가 체계화되어 있지 않거나 구성원들의 역할이 분명하지 않을 때 갈등이 발생하기 쉽다. 서로 상대방에게 업무를 미루거나, 다른 사람의 영역을 침해할 수 있기 때문이다. 이러한 갈등은 조직의 규칙과 제도 등을 재정비하면 줄어든다.

⑤ 의사소통

잘못된 의사소통은 조직 내에서 갈등을 유발하는 중요한 원인이다. 의사소통의 불협화음은 조직의 목표에 차질을 빚고, 구성원들 간에 갈등을 일으킨다. 의사소통으로 인한 갈등을 줄이려면 보다 많은 정보를 공유하고 효과적인 의사소통 방법을 사용해야 한다. 또한 전달한 내용을 수시로 피드백 받아 확인하는 것도 의사소통에 도움이 된다.

(2) 개인 갈등의 처리방식

Rahim(2011)은 갈등관리의 유형을 협조, 양보, 강요, 회피, 타협의 5가지 방안으로 구분하였다. 유능한 관리자는 조직 내에 갈등이 발생했을 때, 상황에 따라 적절한 방안을 선택하여 문제를 해결해나간다.

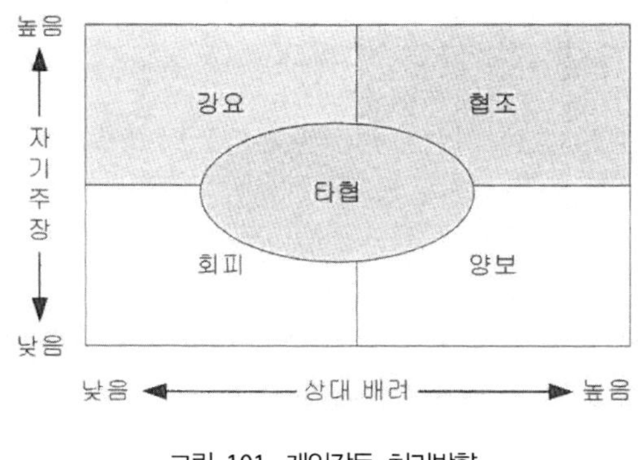

그림 101. 개인갈등 처리방향

① 협조

협조(collaboration)는 피차 간의 관심과 이해관계를 정확히 파악하여 문제해결을 위한 통합적 대안을 도출해내는 방안으로 자신과 상대방이 모두 이익을 얻는 Win-Win의 결과를 가져올 수 있다. 이해관계가 완전히 상반되지 않을 때, 피차 충분히 신뢰하며 모든 정보를 공유하고 있을 때에 채택할 수 있는 적합한 방법이다. 그러나 이 방법은 총체적으로 문제를 다루기 때문에 효력이 오랫동안 지속되지만 많은 시간이 소요된다는 단점이 있다.

② 양보

양보(accommodation)는 타인의 관심을 충족시키기 위하여 자신의 관심을 양보하거나 포기함으로 갈등을 해결하는 방법이다. 이것은 당장에는 손실이 따르지만 차후에 다른 보상을 받을 가능성이 있을 때 사용할 수 있는 방법이다. 양보는 문제를 근본적으로 해결하지 못하고 일시적인 미봉책에 그칠 수 있다는 단점이 있다.

③ 강요

강요(forcing)는 공식적인 권위를 사용하여 갈등을 해결하는 방법으로 받아들이기 싫은 해결책이 제시될 때 주로 사용된다. 갈등이 생겼을 때 신속하게 적용할 수 있으므로 시간적인 여유가 없는 경우에 자주 사용된다. 하지만 강요받는 측에서는 분노와 원망이 생길 수 있는 문제점이 있다.

④ 회피

회피(avoidance)는 갈등을 감추고 원만히 넘어감으로 직면한 갈등문제를 피하는 방법이다. 문제가 사소하거나 시간이 지남에 따라 갈등이 완화될 수 있을 때 적용할 수 있다. 하지만 이 방법은 자칫 중요한 문제마저도 회피해 버릴 가능성이 있으며 문제를 내버려두고 비켜가기만 하므로 미해결 상태로 남아 있게 된다.

⑤ 타협

타협(compromise)은 쌍방의 입장을 중간 정도에서 고려하여 갈등을 풀어가는 방법이다. 서로의 입장을 양보하고 외부나 제3자의 개입, 협상 또는 표결의 방법을 동원한다. 이 방법은 쌍방이 서로 반대의 목표를 가지고 있거나 비슷한 힘을 갖고 있을 때 적합하다. 민주적인 방법이지만 창조적으로 문제해결 방안을 도출하지 못하여 피차 불만족한 결과를 얻기 쉽다.

3) 집단 간 갈등

조직에서는 개인 간에서 뿐만 아니라 팀이나 부서와 같은 집단 간에도 갈등이 발생한다.

(1) 집단 갈등 원인

집단 간 갈등은 목표 불일치, 업무의 상호의존성, 집단 단위 보상제도, 자원 부족, 불균형적 종속 등이 주된 원인이 되어 발생한다.

① 목표 불일치

목표 불일치는 부서 간에 추구하는 목표가 상반될 때 갈등이 생겨나는 것이다. 예를 들어, 임금문제로 인한 노사갈등은 종업원의 목표와 회사의 목표가 다르기 때문에 발생한다. 목표의 불일치에서 오는 갈등을 해소하는 방법은 상위목표에 관심을 기울이게 하는 것이다. 임금문제가 발생했을 때 회사의 존립이나 다른 회사와의 경쟁과 같은 상위목표를 전면에 내세우면 노사갈등을 쉽게 수습하고 조직의 단합을 도모할 수 있다.

② 업무의 상호의존성

업무의 상호의존성이란 여러 집단이 과업수행에서 목표를 달성하기 위하여 상호의존관계에 있는 것을 말한다. 과업수행이 순조롭게 진행될 때는 상호의존성이 크게 문제되지 않는다. 그러나 과업수행에 문제가 발생하는 경우 서로 책임을 전가하고 갈등이 생겨나게 된다. 상호 협력이 필요한 가까운 집단들 간에서 갈등은 자주 일어나게 마련이다.

③ 집단 단위 보상제도

보상제도가 조직차원이 아니라 집단별로 이루어질 때 집단 간에 갈등이 생겨날 수 있다. 두 집단의 상호의존성이 클수록, 경영자가 개별 집단의 업무를 더 강조할수록,

집단 간의 갈등은 더 커지게 된다. 그러나 집단별 성과보상제도는 창조적이고도 건설적인 순기능 갈등 관계로 발전시킬 수 있으므로 조직의 발전을 위하여 적절히 활용할 필요가 있다.

④ 공동자원의 부족

공동으로 필요한 자원이 충분히 공급되지 못할 때 집단들은 더 많은 자원을 확보하려고 서로 경쟁하게 된다. 이러한 경쟁이 심해지면 집단 간에 적대감과 갈등이 생겨난다. 공동자원으로는 공간, 설비, 운영자금, 예산과 같은 물질적인 것들 이외에도 승진, 인정, 업적달성 기회 등 자아실현에 관련된 심리적인 것들도 포함된다.

⑤ 불균형적 종속

불균형적 종속은 한 집단이 다른 집단에 서비스, 정보 등을 의존해야 하는 경우에 생겨난다. 이때 상대적으로 독립적인 집단은 종속적인 집단에게 소극적으로 협력하는 반면, 종속적인 집단은 필요한 도움을 얻기 위하여 적극적이 된다. 이것은 두 집단을 협력하게 만들기도 하지만 갈등을 일으키는 부정적인 역효과를 내기도 한다.

(2) 집단 내 변화

집단 간의 갈등은 역기능 혹은 순기능의 결과를 가져올 수 있다. 역기능적인 결과로는 지나친 집단의식, 독재자의 출현 등이 있고, 순기능적인 결과로는 집단내부의 협조, 환경적응 능력의 강화 등이 있다.

① 지나친 집단의식

집단 간의 경쟁이나 갈등은 집단에 대한 충성심을 자극하여 구성원들에게 집단의식을 지나치게 강조한다. 그 결과 내부적으로는 집단규범이 강조되어 개인의 특성이 무시되고 획일적인 분위기에서 충성을 강요당한다. 또한 자신들의 집단만을 지나치게 강조하고 다른 집단은 근거 없이 비하함으로 집단 간의 협조를 방해하기도 한다.

② 독재적인 리더 출현

집단 내외에서 일어나는 갈등은 집단을 약화시키거나 외부로부터의 위협을 느끼게 한다. 이런 경우 집단 구성원들은 보다 강한 리더를 원하는데 이러한 이유로 독재적인 리더가 출현하기도 한다. 독재적인 리더는 과업주도형으로 집단을 이끌어가기 때문에 개인보다는 집단의 이익을 우선시하게 된다.

③ 집단내부 협조

집단 간에 갈등이 발생하면 집단 내의 구성원들끼리는 협조적인 분위기가 조성되고 많은 의사소통이 이루어진다. 다른 집단과의 갈등해결이라는 보다 큰 공동목표가 생겼기 때문이다. 따라서 집단 내의 구성원들은 서로 단합하여 자신들이 겪고 있는 문제를 해결하기 위한 방안을 적극적으로 찾게 된다.

④ 환경적응 능력 강화

집단 간의 갈등을 겪게 되면 문제를 해결하기 위해서 구성원들은 단합하여 노력하게 되므로 무사안일에서 탈피하게 된다. 또한 자신들이 속한 집단의 문제점을 올바로 자각하고 수정하게 되므로, 이전보다 경쟁력이 강화되어 변화된 외부환경에 보다 잘 적응하게 된다.

(3) 집단 간 갈등해소 방안

집단 간의 갈등은 조직 내에서 필연적으로 발생하는 현상으로 관리자들은 해결방안을 찾고자 적극적으로 노력해야 한다. 갈등을 해결하는 방안으로 지금까지 연구된 내용을 정리하면 다음과 같다.

① 상위목표 설정

집단 간의 갈등을 해결하는 한 가지 방법은 공동의 상위목표를 설정하는 것이다. 집단의 독자적인 목표보다 상위의 공동목표가 더 중요한 경우 집단 간의 갈등은 잠잠해진다. 독재자들은 내부 비판세력의 갈등을 잠재우기 위하여 외국과 전쟁을 벌이거나 전쟁의 위협을 높이기도 한다. 하지만 이러한 방법은 임시 처방일 뿐이며 상위목표가 달성되면 집단 간의 갈등은 다시 나타날 가능성이 많다.

② 자원 확충

갈등이 한정된 자원 때문에 발생했다면 이것을 해결하는 손쉬운 방법은 필요한 자원을 더 많이 확충하는 것이다. 노사 간의 임금 갈등은 회사에서 이익을 더 내는 방법으로, 승진으로 인한 갈등은 조직개편이나 계열사를 만드는 방법으로 어느 정도 갈등을 해소할 수 있다.

③ 협상

협상은 집단의 대표들이 직접 만나 상호의존 관계나 목표의 차이 등을 타협하여 갈등을 해결하는 방법이다. 협상이 현재의 갈등을 완전히 해결해주지는 못하지만 계속해서 발생할 수 있는 잠재적인 갈등을 억제하고 현 상태를 계속 유지시킬 수는 있다.

④ 상급자 명령

상급자가 권한을 사용하여 집단 간의 갈등을 해결하는 방법은 오래전부터 자주 사용되었던 방법이다. 하급자들은 상급자의 명령에 따라야 하므로 단기적으로만 적용할 수 있다. 이것은 갈등의 원인이 아니라 결과에 초점을 두고 조치하는 방법이므로 언제든지 갈등이 다시 발생할 가능성이 있다.

⑤ 조직구조 변화

조직의 구조를 변화시키면 집단 간의 역기능적 갈등을 해소하면서 순기능적 갈등을 유발할 수 있다. 회사 내의 일부 부서를 통폐합하는 경우, 부서 간의 갈등이 해소되는 동시에 부서 내의 구성원들끼리 서로 경쟁하게 된다. 이처럼 조직구조의 변화는 집단 간의 갈등해소는 물론 순기능적인 갈등유발의 효과까지 나타나 조직성과에 유익한 결과를 가져다준다.

(4) 순기능적 갈등조성의 방안

조직의 활성화를 위하여 적절한 방법으로 순기능적인 갈등을 조성할 필요가 있다. 조직 내에 순기능적인 갈등을 일으키는 방법으로는 외부 인력의 영입, 조직구조의 변화, 경쟁심리의 자극 등이 있다.

① 외부 인력 영입

외부로부터 인력을 영입함으로 비능률적인 조직의 분위기를 새롭게 일깨우는 방법도 자주 사용되고 있다. 새로운 사람을 끌어들이는 것은 부정적인 결과를 가져올 수도 있지만 조직의 분위기를 새롭게 하는 긍정적인 효과도 있다.

② 조직구조 변경

조직구조의 변경은 갈등이 있는 집단을 통합하거나, 조직개편을 통하여 갈등관계에 있는 직원들을 이동시키는 것이다. 이는 역기능적 갈등을 해소할 뿐만 아니라 순기능적 갈등을 새롭게 유발하여 조직의 성과를 높이기도 한다.

③ 경쟁심리 자극

의도적으로 조직 내에 경쟁을 유발하여 성과를 높일 수도 있다. 예를 들어, 개인의 업무성과에 따라 보상하는 경우에는 보다 많은 보상을 얻기 위하여 경쟁이 발생한다. 이러한 경쟁은 순기능적인 갈등을 유발하여 조직의 성과를 높이게 된다. 하지만 과도한 경쟁에 따른 부정적인 결과도 생겨날 수 있으므로 주의해야 한다.

2. 협상

협상(negotiation)은 개인, 집단, 조직, 국가들 간에 존재하는 갈등에 대하여 피차 수용할 수 있는 해결책을 상호 대화를 통하여 찾는 과정이다. 협상은 피차 공평한 결과를 얻을 때까지 양보와 인내가 요구된다.

1) 협상 전제

다음과 같은 상황에 협상이 필요하게 된다. 중개자가 없이 서로 갈등을 일으키는 둘 이상의 당사자가 있으며, 이들 간에는 이해관계가 서로 충돌하고 있다. 당사자들은 무작정 싸우는 것보다는 타협하는 것이 더 유리하다고 생각하고 있다. 또한 이들은 상호 의존관계에 있으며 무작정 관계를 끊으면 더 큰 손실을 입게 된다.

2) 협상 유형

협상에는 두 가지 유형이 있다. 분배적 협상과 통합적 협상이 그것이다. 분배적 협상은 일정한 크기를 가진 파이를 나누는 Zero-sum 협상이다. 반면에 통합적 협상은 결과에 따라 파이가 더 커질 수도 있는 Plus-sum 협상이다.

(1) 분배적 협상

분배적 협상(distributive negotiation)은 한정된 자원에서 더 많은 것을 얻으려는 경쟁적인 협상이다. 협상의 당사자들은 서로 더 많이 얻기 위하여 최대한 노력을 기울인다. 이것은 단기적인 인간관계에서 이루어지는 협상으로, 노사 간의 임금교섭, 중고차의 가격흥정 등이 분배적 협상에 해당된다. 협상 당사자들은 목표수준, 개시수준, 저항수준의 3가지 중요한 협상수준을 각자 준비해야 한다.

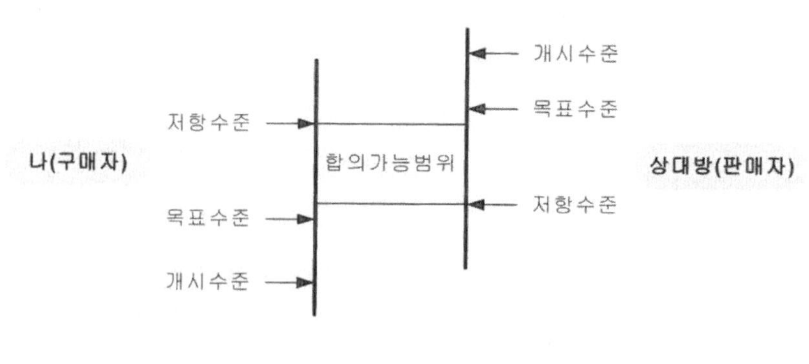

그림 102. 협상가능 범위

① 목표수준

목표수준(target level)은 협상에서 자신이 얻고자 하는 실질적인 목표이거나, 최종적으로 합의되기를 바라는 수준이다.

② 개시수준

개시수준(starting level)은 상대방에게 처음 제시하는 수준이다. 일반적으로 목표수준보다 낮은 수준이다. 개시수준과 목표수준의 차이가 지나치게 크면 협상에서 양보할 수 있는 여지를 충분히 가질 수 있는 이점이 있다. 하지만 이런 경우 자칫 초기부터 상대방으로부터 거절당하거나 완강한 태도에 부딪힐 위험이 있다.

③ 저항수준

저항수준(resistance level)은 협상에서 양보할 수 있는 마지막 한계수준으로 상대방에게 절대 노출되어서는 안 되는 중요한 정보이다.

Cohen(2001)은 분배적 협상에서 고려해야 할 핵심요소로 정보, 시간, 힘 3가지를 꼽았다. 협상은 정보 전쟁이라고도 볼 수 있다. 먼저 협상 상대에 대한 객관적인 정보를 사전에 충분히 파악하고 협상에 임해야 한다. 상대의 목표수준과 최후 보루선이 어디인지 파악하면 협상을 유리하게 진행시킬 수 있다. 이때 자신의 정보는 가능한 숨기고 상대의 정보를 캐내는 것이 협상의 관건이다. 또한 협상 마감시간은 매우 중요하다. 시간이 촉박할수록 협상은 불리해지고 상대방이 이를 알아차리면 상황은 더욱 불리해진다. 따라서 시간을 넉넉히 가지고 협상에 임해야 하며 시간에 대한 정보가 상대방에게 노출되지 않도록 주의해야 한다.

마지막으로 협상은 힘을 겨루는 자리이기도 하다. 더 큰 힘을 가진 쪽이 협상에서 보다 유리한 입지에 서게 된다. 여기서 힘은 실제 보유한 힘이기보다는 상대방에게 영향을 미칠 수 있는 힘을 가리킨다. 힘의 종류로는 보상적 힘, 강제적 힘, 합법적 힘, 전문지식의 힘, 도덕성의 힘, 인내의 힘, 설득의 힘 등이 있다.

(2) 통합적 협상

분배적 협상이 상호 배타적인 목표설정으로 인해 갈등이 초래되는 상황이라면 통합적 협상(integrative negotiation)은 협력적이고 공동의 이익을 위해 문제를 풀어가려고 노력하는 협상이다. 통합적 협상은 양측의 차이점보다는 공통점에 초점을 두고 양측의 필요를 충족시키고자 정보와 아이디어를 교환해나간다. 이것은 장기적인 인간관계에서 이루어지는 협상으로, 판매원이 회사와 판매량에 따른 수당을 약정하는 것이 예가 될 수 있다. 통합적 협상을 성공으로 이끄는 요인으로는 공통의 목표, 문제해결능력, 상대방에 대한 인정, 상호 간의 신뢰, 정확한 의사소통 등이 있다.

① 공통의 목표

당사자들이 서로 경쟁하는 것보다 공통의 목표를 놓고 함께 협력하는 것이 모두에게 이익이 된다는 믿음이 있을 때 협상은 성공할 수 있다.

② 문제해결능력

문제해결의 능력을 자신하는 협상가는 보다 개방적으로 협상에 임한다. 반면에 능력이 부족한 협상가는 협력적 관계설정에 시간이나 노력을 덜 투자하며, 경쟁적이며, 갈등관계를 설정하는 경향이 있다.

③ 상대방에 대한 인정

자신의 입장만을 주장하며 상대방의 입장을 배려하지 않으려하는 분배적 협상과는 달리, 통합적 협상에서는 자신과 상대방의 태도와 필요를 모두 고려하며 협상에 임하게 된다.

④ 상호 간의 신뢰

상대방을 신뢰하지 못하면 방어적인 태도를 보이게 된다. 일단 상호 간에 신뢰가 구축되면 서로의 필요, 입장, 상황 등에 대하여 보다 정확히 의사소통하게 된다. 협상 초기에 협력적이고 친화적인 발언과 행위는 상대방의 신뢰를 불러일으킨다. 구축된 신뢰는 지속되는 경향이 있으나 신뢰가 깨지게 되면 재구축하기는 매우 어렵다.

⑤ 정확한 의사소통

성공적인 협상에는 분명하고 정확한 의사소통이 필수적이다. 서로의 발언이나 비언어적 행동에 대하여 올바로 이해하여 오해가 발생하지 않도록 주의해야 한다.

3) 협상 절차

협상은 준비, 규칙약정, 의견제시, 협상, 실행의 단계를 따라 이루어진다.

그림 103. 협상절차

준비단계에서는 협상에 앞서 협상내용과 상대방에 대한 정보를 수집한다. 동시에 자신의 제시안도 정리해 두고 양보할 수 있는 최후의 보루선도 설정한다. 규칙약정단계에서는 협상방식과 협상기간 등을 놓고 상대방과 규칙을 정한다. 의견제시단계에서는 각자의 요구사항을 제시하고 설명하면서 상대방이 충분히 이해했는지 확인한다. 협상단계에서는 주장과 양보를 거듭하면서 피차 동의하는 내용을 찾아 약정한다. 이 단계에서 양자가 서명한 약정서가 나오게 된다. 실행단계에서는 약정서에 따라 실행에 옮기게 된다. 실행 중에는 상호 간에 약속을 제대로 이행하고 있는지 관찰과 감시가 필요하다.

4) 협상과 제삼자 개입

협상이 잘 진행되지 않거나 시간을 오래 끌 때는 제삼자에게 도움을 청하여 그의 중재를 따르게 된다. 제삼자가 개입하는 방식으로는 상담, 조정, 중재 3가지가 있다. 상담의 경우, 상담자는 완전 중립의 입장에서 양측에게 서로 취할 행동과 의무, 양보사항을 충고해주며 협상이 잘 마무리되도록 도와준다. 조정(mediation)의 경우, 조정자는 양측의 신임을 받는 사람으로 협상을 주재하면서 대안도 제시하여 양측으로부터 양보를 얻어낸다. 중재(arbitration)의 경우, 협상에 임한 양측이 동의하는 제3자에게 판정을 위임하고 그 판정에 무조건 승복하기로 약속한다. 노사 간의 분쟁을 중재하는 노사중재위원회가 여기에 해당된다.

3. 의사결정

1) 의사결정의 정의와 중요성

'인생은 선택이다'라는 말이 있다. 인간은 살아 있는 동안 끊임없이 선택해야 한다. 조직도 마찬가지이다. 조직에서도 크고 작은 많은 선택이 의사결정을 통해 이루어진다. 의사결정이란 바람직한 결과를 얻기 위하여 여러 대안 중에서 하나를 선택하는 과정이다. 주어진 문제를 해결할 수 있는 대안이 하나만 존재한다면 의사결정은 필요 없다. 여러 개의 대안이 있고 그들 중에 하나를 선택해야 한다. 물론 선택에 따라 그 결과는 다양하게 나타난다.

우리는 매일 의사결정을 하며 살아간다. 어떤 대학을 지원할 것인가? 어느 전공을 택할 것인가? 어느 교과목을 수강할 것인가? 어떤 옷을 입을까? 무엇을 먹을까? 어떤 TV 프로그램을 볼까? 언제 잘까? 우리의 삶은 의사결정의 연속이다. 의사결정에는 사소한 것도 있고 중요한 것도 있다. 배우자를 결정하는 것이나 직장을 선택하는 것은 개인적인 차원에서 매우 중요한 일이다.

2) 의사결정 유형

조직에서 이루어지는 의사결정은 상황에 따라 정형화/비정형화 의사결정, 하향적/자율적 의사결정 등으로 유형이 구분될 수 있다.

(1) 정형화/비정형화 의사결정

동일한 문제가 반복적으로 발생하며 문제의 해결방법이 존재할 때 정형화된 의사결정(programmed decision)이 이루어진다. 이런 경우에는 정해진 정책이나 규정에 따르면 된다. 반면에 비정형화된 의사결정(non-programed decision)은 갑작스럽게 발생한 새로운 문제에 대한 것으로 의사결정을 위한 정해진 지침이 없으므로 그때 그때마다 적절히 해결해나가야 한다. 대체로 조직의 하부계층에서 수행되는 단순 업무는 정형화된 의사결정이 많고, 상부계층으로 올라갈수록 비정형화된 의사결정이 많다.

(2) 하향적/자율적 의사결정

하향적/자율적 의사결정은 결정권한이 윗사람에게 있느냐 아니면 아랫사람인 실무자에 있느냐에 따라 구분된다. 전자를 '하향적 의사결정', 후자를 '자율적 의사결정'이라고 부른다. 오늘날에는 실제 업무를 수행하는 담당자에게 더 많은 의사결정권을 주는 것이 보다 효과적이라고 말하는데 그 이유는 다음과 같다.

• 신속한 의사결정이 필요하다.

- 변화가 많아 과거의 선례가 잘 맞지 않는다.
- 사원들의 참여요구가 많아졌다.
- 사원들의 정보수집, 분석능력, 경험이 향상되었다.
- 동기가 유발되어 업무성과가 높아졌다.

3) 의사결정 모델

사람들은 누구나 합리적으로 선택한다고 생각한다. 하지만 의사결정의 접근방법은 사람들마다 다양하다. 의사결정의 대표적인 모델로는 합리적 모델, 관리적 모델, 직관적 모델, 쓰레기통 모델이 알려져 있다.

(1) 합리적 의사결정 모델

합리적 모델(rational model)에서는 의사결정자가 합리적이며, 의사결정을 위한 정보는 모두 주어져 있다고 가정한다. 합리적 모델은 모든 대안을 수집하여 목표를 최고로 달성할 수 있는 최적안을 찾는 것이다. 합리적 의사결정 모델은 문제인식, 대안탐색, 최적안 선택, 실행, 평가의 5단계를 거쳐 이루어진다.

- 문제인식 : 문제를 정확히 인식하고 정의하는 것은 성공적인 의사결정에 매우 중요하다.
- 대안탐색 : 문제를 올바로 이해했다면 문제해결을 위한 대안들을 찾아야 한다.
- 최적안 선택 : 수집한 대안들의 장·단점을 비교 평가하여 최적안을 선택한다.
- 선택안 실행 : 선택된 최적안을 실행에 옮긴다.
- 결과 평가 : 실행된 대안에 대하여 원하는 결과가 얻어졌는지 평가한다.

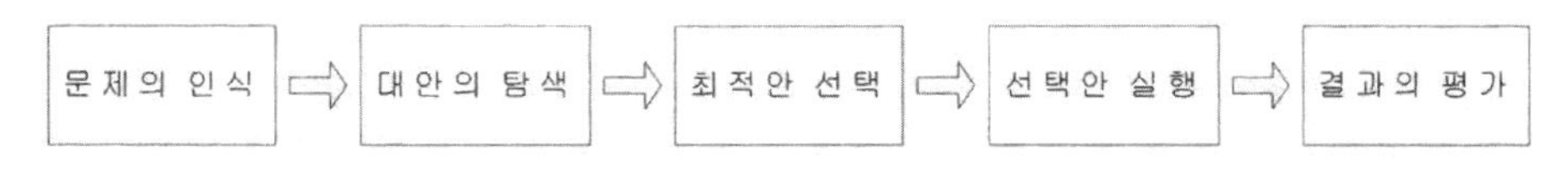

그림 104. 합리적 의사결정 모델 과정

합리적 모델이 내용적으로는 완벽해 보이지만, 실제로 발생하는 문제의 해결에는 거의 사용되지 않는다. 또한 적용된다고 하더라도 다음과 같은 한계로 인하여 올바른 결과를 얻기가 쉽지 않다.

· 시간, 돈, 능력 등의 제약으로 인하여 관련된 모든 정보를 조사하거나 분석할 수 없다.
· 가능한 모든 대안을 비교 검토하는 것은 불가능하다.
· 대안을 분석, 검토, 평가할 때 그 기준이 주관적이다.
· 최선안을 선택했어도 과거의 정보를 사용한 것이므로 그 효과를 보장할 수 없다.

(2) 관리적 의사결정 모델

사람은 합리적 모델에 따라 최적의 해법을 얻을 수 있을 만큼 시간, 정보, 능력 등의 자원을 갖고 있지 않다. 따라서 Simon은 '관리적 모델(managerial model)' 혹은 '규범적 모델(nonnative model)'이라고 부르는 보다 현실에 가까운 모델을 제시하였다. 이것은 문제의 해결 대안을 정할 때 최선책을 찾는 대신, 적절한 기준을 통과하는 대안 중에 가장 먼저 발견되는 것을 선택하는 방법이다.

관리적 모델은 최적의 해법을 찾는 것이 아니라 만족스러운 해를 찾는 방법이다. 또한 모든 대안을 동시에 고려하는 것이 아니라 순차적으로 하나씩 살피게 된다. 아래의 그림을 보면 9번째 발견될 대안이 최적안이지만 5번째 대안이 설정된 만족수준을 넘어섰으므로 관리적 모델의 대안으로 선택된다. 백화점에서 새 양복을 사려고 할 때 모든 백화점을 다 들러 진열된 양복들을 다 비교할 수는 없다. 대부분의 남성들은 자주 가는 백화점에 들러 몇 군데 매장을 둘러보다가 맘에 드는 양복이 눈에 띄면 구입하게 된다.

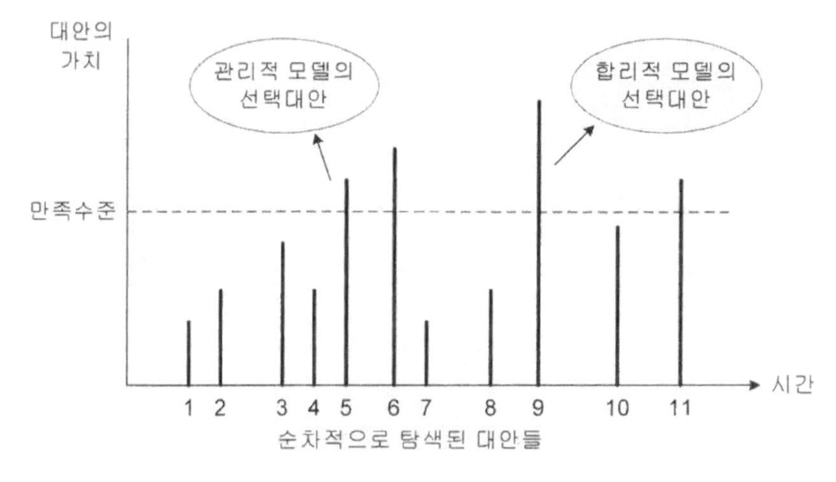

그림 105 관리적 의사결정 모델의 예

(3) 직관적 의사결정 모델

전체 혹은 일부 대안을 비교하는 대신 과거의 경험이나 느낌을 근거로 한 직관을 사용하여 의사결정을 내리기도 한다. 최근 연구에 의하면 직관은 무시할 것만은 아니며 합리적인 결정을 돕는 것으로 알려져 있다.

직관적 결정(intuition decision)이란 오랜 경험에서 나오는 무의식적 판단과정이며, 특수한 사람들만이 아니라 모든 사람이 자주 사용하는 방식이다. 이러한 직관은 상황의 불확실성이 심할 때, 과거의 선례가 없을 때, 현실적 자료와 정보가 부족할 때, 합리적인 예측이 불가능할 때, 비슷한 대안이 많을 때, 시간 제약이 클 때 주로 사용하게 된다.

(4) 쓰레기통 의사결정 모델

Simon의 관리적 모델과 마찬가지로 쓰레기통 모델(garbage can model)도 합리적인 모델로는 사람들의 의사결정을 설명할 수 없기 때문에 제시된 최근 이론이다. 이것은 불확실한 상황에서 조직의 의사결정과정을 설명하기 위한 것으로 Cohen, March, Olsen에 의하여 주장되었다. 이들은 의사결정이 단계적 순서를 따르는 것이 아니라 우연한 과정에 의하여 이루어진다고 주장한다. 조직에서 의사결정은 문제점, 해결책, 참여자, 선택기회의 4가지 요인들이 각각 독립적으로 존재하며 상호작용한 결과로 얻어진다.

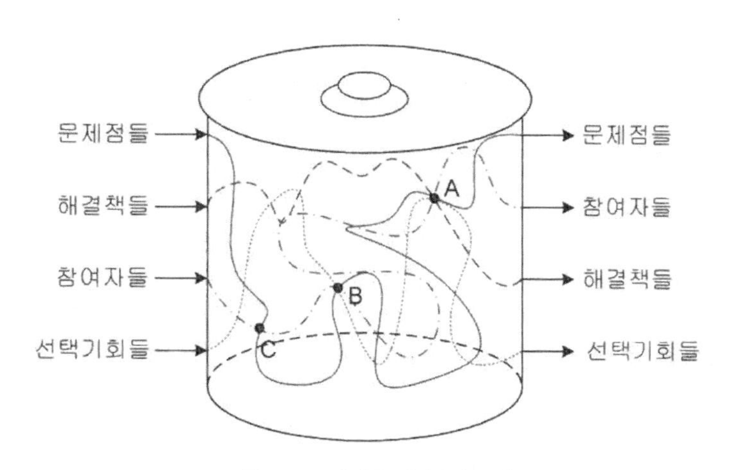

그림 106. 쓰레기통 의사결정 모델

① 문제점

문제점(problem)이란 현재의 상황과 기대하는 상황 간의 차이를 말한다. 이것은 올바른 해결책이 적용되지 않는 한 계속해서 존재한다.

② 해결책

해결책(solution)은 문제를 해결하는 방안으로 조직 내에서 흘러 다닌다. 문제해결을 위한 방안들은 조직원들에 의하여 다양하게 제시된다. 하지만 문제점을 고려하지 않은 채 특정한 해결책을 선택하도록 강요할 수도 있다.

③ 참여자

참여자(participant)는 조직에서 활동하는 구성원을 가리킨다. 이들은 서로 다른 가치, 태도, 경험을 가지고 의사결정에 참여한다. 사람들마다 생각하는 문제점과 해결책은 서로 일치하지 않는다.

④ 선택기회

선택기회(choice opportunity)는 문제점에 대한 해결책을 선택하는 시점을 의미한다. 종업원의 고용 같은 의사결정은 규칙적으로 발생하지만, 그 밖에 많은 의사결정들은 임의로 발생한다. 결정의 시점이 위기나 독특한 상황으로 갑자기 발생하는 경우가 많기 때문이다.

이들 4가지 요인들은 쓰레기통 속에서 어떤 규칙이나 패턴이 없이 마구 뒤엉켜 흘러 다닌다. 그러다가 우연한 기회에 이들 모두가 그림의 지점 A에서와 같이 한곳에서 만나게 될 때 의사결정이 이루어진다. 이 경우 그 결정이 얼마나 효율적인가 하는 것은 또 다른 문제이다. 위 그림의 지점 B에서와 같이 해결책을 제외한 나머지 요인인 문제점, 참여자, 선택기회가 함께 만나는 경우, 문제에 대한 의사결정은 해결책과 전혀 관계없이 얻어지게 된다. 따라서 쓰레기통 모델은 선택된 의사결정들이 왜 문제점을 해결하지 못하는지 설명한다. 한편 그림의 C지점에서는 문제점과 참여자의 2요인만 만나고 있으므로 의사결정이 이루어지지 않는다. 쓰레기통 의사결정과정은 다음과 같은 결과를 가져올 수 있다.

· 문제가 없는 데도 해결책이 제안될 수 있다.
· 선택된 해결책이 문제를 해결하지 못할 수 있다.
· 어떤 문제는 해결되지 않고 계속 방치된다.
· 일부 문제는 해결되기도 한다.

4) 효과적인 의사결정 방법들

집단으로 의사결정할 때 집단사고, 동조, 집단양극화와 같은 문제점이 따르게 된다. 이러한 문제점을 최소화하면서 효과적인 집단의사결정을 위하여 브레인스토밍, 명목집단기법, 델파이기법, 변증법적 토의, 반론지명자법 등이 개발되었다.

(1) 브레인스토밍

브레인스토밍(brain storming)은 여러 사람이 모여 한 가지 문제를 놓고 많은 아이디어를 제안하는 방법이다. 이 방법에서는 효과를 극대화하기 위하여 다음의 4가지 원칙을 정해놓고 있다.

· 자유분방 원칙 : 자유롭게 의견을 발표한다.
· 양 위주 원칙 : 가능한 많은 의견을 제시한다.
· 비판금지 원칙 : 제시된 의견을 절대로 비판하지 않는다.
· 개선 원칙 : 제시된 의견을 결합하거나 변형시켜 개선된 아이디어를 도출해낸다.

브레인스토밍에서는 구성원이 아이디어를 제안하면 그 내용을 칠판에 기록하여 다른 사람들이 모두 볼 수 있게 한다. 아이디어를 창출하는 시간은 한 시간 이내로 정하는 것이 좋다.

(2) 명목집단기법

함께 모여서 의사결정을 하게 되면 상급자의 눈치도 보아야 하고, 개인적으로 좋아하고 싫어하는 다른 사람의 의견에 영향을 받기도 한다. 이런 폐단을 없애려면 누가 이야기했는지 서로 모르도록 해야 한다. 따라서 말로 하는 의사소통을 중단하고 종이나 PC에 의견을 적어 의사결정을 하는 방법이 명목진단기법(nominal group technique)이다. 명목진단기법은 다음의 순서에 따라서 이루어진다.

① 일체 말을 하지 않은 채 자신의 생각을 종이에 적는다.
② 종이에 적은 내용을 익명으로 제출하고 칠판에 기록한다. 토의는 하지 않는다.
③ 기록된 내용에 대하여 보충 혹은 지지설명을 하여 아이디어를 분명히 알린다.
④ 비밀투표를 실시하여 최종안을 선택한다.

(3) 델파이기법

명목집단기법의 경우에 다른 사람의 의견은 들을 수 있지만 토의를 하지 못하는 단점이 있다. 제시된 아이디어에 대하여 함께 토론하게 되면 더 좋은 의견으로 수정될 수 있기 때문이다. 하지만 이렇게 하는 경우 말한 사람이 누구인지 알게 되므로 여전히 문제가 남는다. 델파이기법(Delphi technique)은 의견을 제안하는 것은 물론 토론까지도 무기명 문서를 주고받으면서 진행해 가는 방법이다. 이것은 지리적으로 멀리 떨어진 사람들끼리도 참여가 가능하다는 장점이 있다. 델파이기법은 다음의 순서에 따라 이루어진다.

① 토의참가자들에게 문제를 분명히 알린다.
② 참가자들은 무기명으로 종이에 의견을 기록한다.
③ 의견들을 모은 후 모든 참가자들에게 알려준다.
④ 참가자들은 다른 사람들의 의견을 읽고 그 내용을 수정하여 다시 보낸다.
⑤ 수정된 의견들을 모아 다시 모든 참가자들에게 보낸다.
⑥ 이 과정을 반복하면서 최선의 의견을 찾는다.

델파이기법은 지극히 불확실한 미래현상을 예측할 때 특히 효과적이지만 시간이 많이 걸린다는 단점이 있다. 또한 복잡한 사안인 경우 말과 글이 일치하지 않기 때문에 소기의 목적을 달성하려면 많은 노력이 필요하다. 이 기법은 공장입지 선정, 임원 선발, 정책 결정 등 회사의 사활이 걸린 문제의 의사결정에 적합하다.

(4) 변증법적 토의

집단의 구성원들을 두 편으로 나누어 찬반을 토론하게 하면 장·단점이 모두 드러난다. 이런 내용을 모두 이해한 다음 의견을 나누면서 토의하는 기법이 변증법적 토의(dialectical discussion)이다. 이것은 Hegel의 변증법적 사고에 기초하고 있으며 다음의 과정으로 실시된다.

① 집단의 구성원을 두 편으로 나눈다.
② 한쪽 집단이 먼저 자신들의 의견을 제시한다.
③ 다른 쪽 집단은 정반대의 의견을 제시한다.
④ 양 집단이 토론하여 두 의견의 장단점이 모두 드러나게 한다.
⑤ 토론으로부터 최종 의견을 선택한다.

(5) 반론지명자법

회의에 참여한 구성원 중 일부를 지명하여 집단에서 결정한 안건에 대하여 반론을 제기하도록 한다. 이것은 집단에서 결정된 내용을 한 번 더 생각하게 하여 집단사고의 위험을 줄이는 방법이다. 참가자 가운데 일부 사람을 미리 반대자로 지명하면 반대자로 지명된 참가자는 다른 사람들의 눈치를 보지 않고 비판적인 의견을 제시할 수 있다. 따라서 대안이 가지고 있는 한계나 문제점들이 명확하게 드러나 선택안을 수정 보완할 수 있다. 반론지명자법은 다음의 과정으로 이루어진다.

① 참가자들 중에서 반대의견을 제기할 반론자들을 선택한다.
② 잠정적 선택안을 발의했거나 이것을 지지하는 사람들이 의견을 제시한다.
③ 반론자들은 제시된 의견에 대하여 비판안을 제기한다.
④ 반론과정을 반복하면서 발의된 의견의 수정안을 찾는다.

4. 의사소통

관리자의 업무는 의사소통 그 자체라고 할 수 있으며 대부분은 다음과 같은 활동으로 이루어진다.

- 부하에게 업무를 지시한다.
- 부하가 수행한 업무에 대하여 평가한다.
- 부하에게 피드백을 제공한다.

· 상급자에게서 받은 정보를 부하에게 전달한다.

1) 의사소통의 기능과 과정

의사소통은 조직을 운영하는 데 중요한 기능을 수행한다. 조직 내에서 의사소통이 담당하는 핵심적인 기능으로는 정보전달 기능, 지시통제 기능, 동기부여 기능, 감정표출 기능이 있다.

- 정보전달 기능 : 의사소통은 조직에 필요한 정보를 전달하는 기능을 수행함으로 의사결정의 중추적 역할을 담당한다.
- 지시통제 기능 : 의사소통은 상급자가 지시와 명령을 통하여 하급자를 통제하는 기능을 수행한다.
- 동기부여 기능 : 의사소통은 조직구성원을 칭찬하거나, 목표를 정해주거나, 상담을 통하여 그들의 동기를 높이는 수단으로 사용된다.
- 감정표출 기능 : 의사소통은 조직의 구성원들이 기쁨, 만족, 불쾌감과 같은 자신의 감정을 다른 사람들에게 표출함으로 사회적 욕구를 충족시키는 역할을 한다.

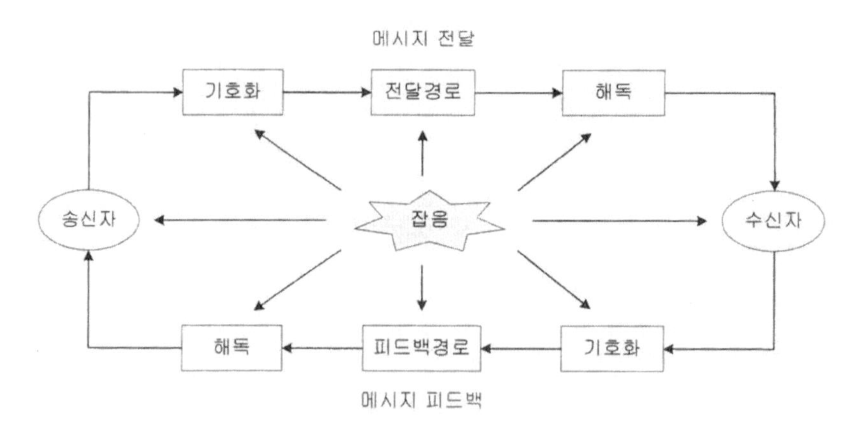

그림 107. 의사소통 과정

의사소통은 송신자, 부호화, 메시지, 전달경로, 해독, 수신자, 피드백 등의 요소들로 이루어져 있다. 의사소통이 이루어지는 구체적인 과정은 다음과 같다.

① 부호화

부호화(encoding)는 생각을 체계적인 기호로 변환시키는 과정이다. 부호화에 사용되는 일반적인 방법으로는 말과 문서 등을 사용하는 언어적인 방법이 있다. 또한 신호, 몸짓, 그림, 숫자 등과 같은 비언어적인 방법을 통해서도 부호화는 가능하다.

② 전달경로

전달경로(channel)는 '매체(medium)'라고도 말하며 메시지의 전달수단을 가리킨다. 방법으로는 대화, 전화, 컴퓨터, fax, E-메일, 게시판 등이 있다. 전달내용에 따라 전달경로를 달리 선정해야 정확하고 효과적인 의사소통이 가능하다.

③ 해독

해독(decoding)이란 수신자가 메시지를 해석하는 과정을 의미한다. 해독은 수신자의 지적수준, 과거 경험 등에 의하여 영향을 받는다. 해독된 내용이 송신자의 의도와 일치할 때 효과적인 의사소통이 이루어졌다고 말할 수 있다. 따라서 송신자는 수신자가 쉽게 이해할 수 있도록 메시지를 전해야 하며, 수신자는 받은 메시지를 정확하게 이해하려고 노력해야 한다.

④ 피드백

피드백(feedback)은 송신자에게 전달된 수신자의 반응을 가리킨다. 이것은 수신자의 반응을 송신자에게 전달하여 메시지가 올바로 전달되었는지 여부를 확인하게 하므로 의사소통에서 반드시 필요하다.

⑤ 잡음

잡음(noise)은 송신자의 메시지를 왜곡시키는 모든 요인들을 가리킨다. 이것은 의사소통의 모든 과정에 항상 존재하며, 물리적인 잡음뿐만 아니라 잡념 같은 심리적인 잡음도 포함된다.

2) 의사소통망

의사소통망(communication network)은 조직 내의 구성원들 간에 정보를 교환하는 경로를 의미하며, 그 유형에 따라 의사소통의 성과가 달라질 수 있다.

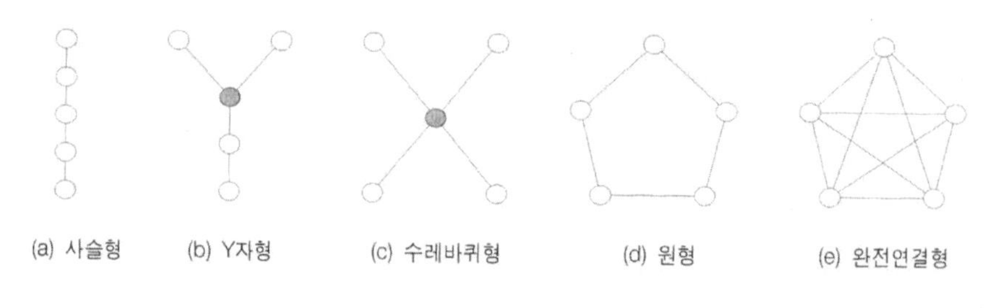

그림 108 의사소통망 유형

(1) 의사소통망 유형

조직에서 의사소통망은 사슬형, Y자형, 수레바퀴형, 원형, 완전연결형의 5가지 유형으로 분류된다.

① 사슬형

사슬형은 정보전달이 상하로 이루어지는 의사소통망 유형이다. 이것은 명령권한 관계의 조직에서 찾아볼 수 있으며, 정보는 단계적으로 최종 중심인물에 집중된다. 단순 업무에 있어서는 신속성과 효율성이 높지만 정보의 왜곡이 일어나기 쉽다. 구성원 상호 간에 피드백이 어려우므로 의사소통 효과는 낮다.

② Y자형

Y자형은 특정한 리더는 없지만 비교적 집단을 대표할 인물이 있을 때 나타나는 의사소통망 유형이다. Y형은 거꾸로 세우면 여러 하위자가 직속상위자에게 보고하는 형태이다. 라인과 스텝의 혼합집단에서 자주 찾아볼 수 있으며, 조정역을 담당하는 사람을 통해야만 전체 의사소통이 제대로 이루어진다. 단순한 문제를 해결할 때 정확도는 비교적 높은 편이다.

③ 수레바퀴형

수레바퀴형은 집단 내에 중심인물이 있을 때 생겨나는 의사소통망 유형이다. 하위자들끼리는 상호교류가 없고 모든 의사소통은 중심인물을 통하여 이루어진다. 단순한 문제가 발생하는 경우 신속하게 문제를 해결할 수 있다. 하지만 정보가 중심인물에게 집중되고 구성원들 간에는 정보공유가 잘 되지 않는 단점이 있다.

④ 원형

원형 의사소통망은 위원회나 태스크포스와 같이 구성원을 대표하는 인물이 없는 경우에 발생한다. 근접한 구성원들의 상호 교류만 주로 이루어지므로 정보전달과 수집, 종합적 상황파악, 문제해결의 속도가 매우 느리다. 이 유형은 집단사고나 차선의 결정을 내릴 위험이 있다.

⑤ 완전연결형

전체 연결형은 친구들의 모임같은 비공식집단에서 생겨나는 의사소통 방법으로, 구성원들 간에 자유로운 의견교류가 이루어진다. 종합적인 상황파악과 문제해결에 시간이 많이 소요된다. 하지만 상황판단의 정확성이 높고, 창의성이 요구되는 문제에 적합하다. 전체 연결형은 조직구성원의 만족도가 높게 나타나는 것으로 알려져 있다.

(2) 의사소통망 유형에 따른 효과

집단의 성과는 의사소통망의 유형과 관계가 깊다. 정보전달의 정확성을 추구하는 경우는 전체 연결형이 바람직하지만, 신속하게 문제를 해결하는 데에는 바람직하지 않다. 사슬형은 정보전달과 문제해결속도는 빠르지만, 정보의 정확도가 떨어지고 결정된 내용을 구성원들이 기꺼이 수용하게 만드는 데 어려움을 겪을 수 있다.

표 23. 의사소통망 유형에 따른 효과

유효성			사슬형	Y형	수레바퀴형	원형	전체연결형
정보 전달	정확도	단순문제	낮음	높음	높음	낮음	높음
		복합문제	낮음	낮음	낮음	높음	높음
	신속성		빠름	빠름	빠름	느림	빠름
조직 행동	문제해결속도		빠름	빠름	빠름	느림	느림
	권력집중도		높음	높음	높음	낮음	낮음
	구성원만족도		낮음	중간	중간	높음	높음
	결정수용도		낮음	중간	중간	높음	높음

3) 의사소통 방법

송신자가 수신자에게 메시지를 전달하는 의사소통은 기본적으로 언어적 의사소통과 비언어적 의사소통으로 구분된다.

(1) 언어적 의사소통

언어를 이용한 의사소통은 말에 의한 의사소통과 문서에 의한 의사소통으로 나누어진다.

① 말에 의한 의사소통

말에 의한 의사소통의 장점은 신속성과 피드백에 있다. 말은 신속하게 전달된다. 또한 피드백이 빠르므로 상대방이 그 내용을 제대로 이해하지 못하였을 때 신속히 수정할 수 있다. 말에 의한 의사소통의 단점은 여러 사람을 통과하면서 메시지 내용이 왜곡될 수 있다는 점이다.

② 문서에 의한 의사소통

문서에 의한 의사소통의 장점은 영구보관이 가능하여 필요할 때 언제든지 읽을 수 있다는 점이다. 특히 정확한 표현이 요구되거나 수신자가 가까이 없을 때에는 문서를 이용하는 방법이 보다 효과적이다. 문서에 의한 의사소통은 깊이 생각하여 작성한 문서를 매체로 사용하므로 논리적이고 명확하다. 하지만 문서를 준비하는 데 시간이 많이 소요되는 것이 단점이다. 문서에 의한 의사소통의 또 다른 단점으로는 상대방이 수신했는지 혹은 그 내용을 제대로 이해했는지에 대한 피드백이 쉽지 않다는 점이다.

(2) 비언어적 의사소통

말과 글이 아니더라도 사람들은 얼굴표정, 몸짓 등의 방법으로 상대에게 메시지를 전달할 수 있다. 예를 들어 상대방을 뚫어지게 쳐다본다든지, 미소 짓는다든지, 눈살을 찌푸린다든지, 고개를 좌우로 흔든다든지, 시계를 자꾸 들여다보는 것들은 상대방에게 비언어적으로 메시지를 전하는 것이다. 이러한 비언어적 의사소통의 방법으로는 얼굴표정, 눈 마주침, 몸 동작과 자세, 송수신자 간 거리, 부언어(para-language) 등이 있다.

① 얼굴 표정

얼굴 표정은 감정을 표현하는 데 있어 가장 탁월한 방법이다. 얼굴로 표현할 수 있는 기본적인 감정은 분노, 경멸, 두려움, 행복, 슬픔, 경악 등이며 이들 감정을 표현하는 얼굴표정은 인종이나 문화에 따라 차이가 없는 것으로 밝혀졌다. 동양인보다는 서양인의 얼굴표정이 훨씬 더 다양하며 의사소통의 보조수단으로 자주 사용된다.

② 눈맞춤

'눈치', '눈웃음', 'eye-contact' 등 눈에 관련된 많은 단어들이 사람들의 감정이나 심리상태를 표현하기 위하여 사용되고 있다. 통상적으로 눈을 마주치는 것이나 눈을 마주치는 시간에 의하여 상대방의 감정 상태를 파악할 수 있다. 감정을 드러내는 시선의 종류로는 노려보기, 곁눈질하기, 눈 내리깔기, 눈 부라리기, 윙크, 쳐다보지 않기, 째려보기 등이 있다.

③ 몸동작

동물들은 다양한 동작(movement)으로 의사표현을 하며, 사람 또한 동작으로 감정이나 생각을 표현한다. 예를 들어 고개를 끄덕이는 것으로 응답여부를 전달할 수 있고, 빨리 걸어가는 모습으로 바쁘다는 것을 알 수 있다.

④ 자세

자세(posture)는 그 사람이 어느 정도나 긴장하고 있는지를 알려준다. 일반적으로 윗사람과 아랫사람이 마주할 때 윗사람은 이완된 자세를 보이는 데 반하여 아랫사람은 경직된 자세를 취하게 된다.

⑤ 송수신자 간의 거리

사람들은 타인으로부터 침범 당하지 않는 자유로운 공간을 원하며, 이것을 '개인적 공간(personal space)'이라고 말한다. 개인적 공간은 각 사람의 문화적 배경, 사회적 지위, 성격, 연령, 성별에 따라 달라진다. Hall은 미국의 문화권에서 사람들이 상황에 따라 편안하게 느끼는 송수신자 간 거리를 공적 거리, 사교적 거리, 개인적 거리, 친밀관계 거리의 4가지로 구분하였다.

그림 109. 송수신자 간 거리

- 공적 거리: 4m 이상 떨어져 있어 공석상에서 연설이나 강의를 들을 때 강사와 청중 간에 편안하게 느껴지는 거리다.
- 사교적 거리: 사무실에서 업무상으로 공식적인 대화를 할 때나 혹은 사교적인 모임에서 불특정 다수와 이야기 나눌 때 편안하게 느껴시는 거리로 1~4m 정도 떨어져 있다.
- 개인적 거리: 50cm~1m 떨어져 있어 친한 친구끼리 대화를 할 때의 거리다. 손을 뻗으면 닿을 수 있으나 신체적 접촉은 원하지 않는다.
- 친밀관계 거리: 50cm 이내의 서로 밀착될 정도의 거리로, 부모-자녀관계나 연인들 간의 친밀한 관계에서 관찰된다.

⑥ 부언어

부언어(para-language)란 말로 표현된 메시지에 담겨 있는 내용 이상의 단서를 의미한다. 이 단서들에는 목소리의 크기, 부드러움, 속도, 리듬 등이 포함된다. 우리 속담에도 '아' 다르고 '어' 다르다는 말이 있다. 같은 말을 하더라도 어떻게 표현하느냐에 따라 언어적 메시지와는 전혀 다른 의미를 전달할 수 있다는 뜻이다.

예를 들어 '자~알 한다'라고 말할 때 자-알에서 말을 길게 끌면서 말끝을 올렸다가 내리 게 되면 몹시 못마땅한 마음상태를 나타난다. "그래 잘 했다"라는 말을 들을 때도 불쾌한 느낌을 받는 경우가 있다. 우리는 평소보다 말이 빠르거나 느린 것, 혹은 높고 낮음을 통하여 상대방의 감정 상태를 파악할 수 있다.

4) 의사소통 장애와 극복

여러 가지 요인에 의하여 송신자의 메시지가 수신자에게 올바로 전달되지 않는 일이 자주 일어난다.

(1) 의사소통 장애요인

구약성경에서는 바벨탑을 쌓던 사람들이 중도에 실패한 이유를 하나님이 그들의 언어를 혼잡하게 했기 때문이라고 말한다. 조직에서도 마찬가지다. 의사소통이 제대로 되지 않을 때 목표를 올바로 달성하는 것은 불가능하다. 조직 내에서 의사소통이 단절되었거나 잘못 이루어지는 경우에 발생하는 문제는 매우 심각하다. 의사소통을 방해하는 여러 장애요인 가운데 대표적인 몇 가지를 소개한다.

① 전문용어 사용

집단에는 그들 내부에서만 통용되는 독특한 단어나 문구가 있다. 이러한 전문적인 특수용어나 집단 언어는 집단 내에서는 효과적이지만 외부인들과의 의사소통에서는 장애를 일으킨다. 10대 학생들이 사용하는 은어를 나이든 세대의 사람들이 이해하지 못하는 것은 이 경우에 해당된다. 상대방이 이해하지 못하는 영어단어를 문장 중에 섞어서 말하는 것도 의사소통 장애를 일으킬 가능성을 높게 한다.

② 여과

정보를 전달할 때 송신자가 의도적으로 사실의 일부를 누락시킬 때 이것을 여과(filtering)라고 한다. 여과가 발생하는 이유는 정보를 모두 전달했을 때 송신자에게 불이익이 올 수 있기 때문이다. 여러 계층을 거쳐 최고책임자에게 올라간 정보도 엉뚱한 내용으로 변해 있는 경우가 종종 있다. 여러 사람을 거치면서 여과가 이루어졌기 때문이다.

③ 선택적 지각

수신자는 송신자가 전달한 내용 가운데 일부만 선택하여 나름대로 해석하기 때문에 의사소통 장애가 일어난다. 사람들은 자신의 욕구를 충족시키거나 신념과 일치하는 메시지는 잘 받아들이고 그렇지 않은 메시지는 부정하거나 귀를 기울이지 않는 경향이 있다.

④ 신뢰감 부족

수신자가 송신자를 불신하거나 선입견을 가지고 있을 때 그의 메시지를 대충 듣거나 내용을 성급하게 판단하면 의사소통에 문제가 생긴다. 구성원들 간의 신뢰는 의사소통에 결정적으로 영향을 미친다.

⑤ 감정상태

극단적인 감정상태는 송신자의 경우 메시지 전달에 지장을 주고, 수신자에게는 메시지 해석에 영향을 미친다. 감정이 격해지면 이성적이고 객관적인 사고과정은 무시되기 쉽기 때문에 의사소통에 막대한 지장을 준다.

⑥ 시간 부족

전달할 메시지의 양에 비하여 시간이 부족하면 올바른 의사소통은 힘들어진다. 송신자의 경우 메시지의 누락이 생기기 쉽고, 수신자의 경우 부호화하고 해독하는 과정에서 오류를 범하기 쉽다.

⑦ 조직분위기

조직의 분위기는 의사소통에 크게 영향을 미친다. 구성원 간에 높은 신뢰가 구축되어 있고 개방적인 분위기인 경우, 긍정적인 의사소통이 이루어질 가능성이 높다. 분위기가 좋은 조직에서는 메시지가 불충분해도 수신자가 그 부족한 부분을 호의적으로 해석하게 된다. 반대로 조직분위기가 좋지 않은 경우에는 좋은 메시지조차도 부정적인 방향으로 해석하여 내용을 왜곡시킬 가능성이 있다.

(2) 의사소통 장애 극복방안

의사소통의 장애는 조직구성원들 간의 원활한 교류를 어렵게 하고 조직분위기와 성과를 저해한다. 따라서 의사소통 장애를 적절히 극복되어야 한다.

① 적절한 매체 선택

송신자는 전하려는 메시지를 명확하게 말, 문서, 행동 등으로 적절히 표현해야 한다. 가능하면 수신자가 쉽게 이해할 수 있는 매체를 사용하여 메시지를 전달해야 한다. 특히 감정 상태와 관련된 메시지를 전달할 경우에는 말이나 글 같은 언어적인 매체보다는 몸짓이나 표정의 비언어적 매체가 효과적이다. 상대방이 이해할 수 있는 수준의 용어를 사용하여 쉽게 설명하거나 말로 지시한 다음 그 내용을 기록한 문서를 넘겨주면, 의사소통의 장애를 극복하는 데 상당히 도움을 준다.

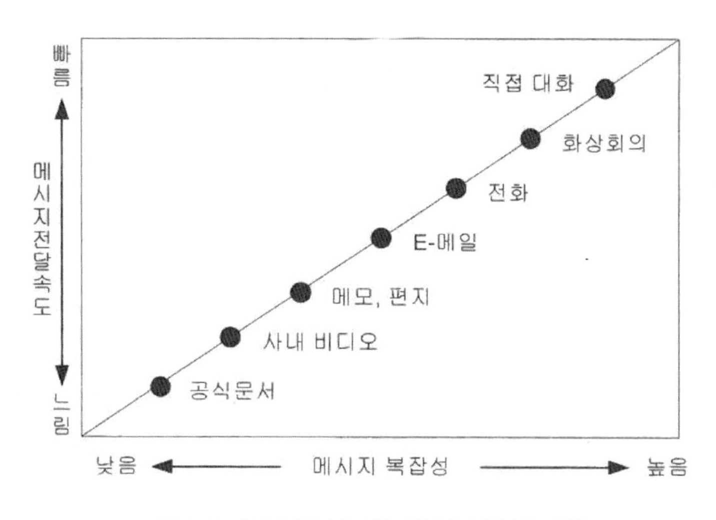

그림 110. 메시지 종류에 따른 적절한 의사소통 방법

② 비언어적 매체에 주의

송신자의 표정, 몸짓, 안색, 억양 등의 비언어적 매체에 주의를 기울이면 메시지 이해에 큰 도움이 된다. 일반적으로 여자들이 남자들보다 비언어적 표현에 대한 이해가 빠르다고 알려져 있다. 우리나라 사람들의 경우 소위 '눈치'를 보는 감각은 비언어적 매체의 변화를 감지하는 중요한 의사소통의 능력이기도 하다.

③ 적극적 경청

대다수의 사람들은 말하는 것을 좋아하면서도 듣는 것에는 별 관심이 없다. 사람들은 아는 것이 많다고 생각할수록, 자기중심적일수록, 자신에 대한 홍보가 필요할수록, 말을 많이 하려고 한다. 상대방의 말을 단순히 듣는 것과 적극적으로 경청하는 것은 다르다. 일반적으로 듣는 것은 수동적인 데 반하여 적극적 경청은 능동적이다. 적극적 경청은 지적인 노력과 정신력의 집중을 필요로 한다. 이것은 상대방의 입장에서 상대의 욕구, 경험, 관심, 기대, 태도에 진지한 태도를 가지고 듣는 것이다.

④ 감정 억제

고도로 흥분된 감정 상태에서는 의사소통이 제대로 될 수 없기 때문에 감정이 가라앉을 때까지 기다리는 것이 좋다. 메시지를 들었을 때 그 내용을 있는 그대로 해독하는 것보다는 송신자와 자신의 감정 상태를 고려하면서 이해하게 되면 상당 부분 오해를 줄일 수 있다. 의사소통의 활성화를 위하여 감정을 억제하는 것만이 바람직한 것은 아니다. 상대방을 설득할 때 말하는 사람이 메시지와 더불어 감정을 표출하는 비언어적인 방법이 뜻밖의 큰 효과를 나타내기도 한다.

⑤ 피드백 활용

송신한 내용이 올바로 전달되었는지 확인하지 않고 다음 내용을 보낸다면 오해가 계속해서 누적되어 엉뚱한 의사소통이 된다. 따라서 송신한 메시지는 수시로 피드백을 받아서 정확하게 전달되었는지 검증하고, 잘못이 확인되면 올바른 내용을 재송신해야 한다. 예를 들어 상사에게 지시를 받을 때 부하직원은 그 내용을 수첩에 메모하고 상사의 말이 끝나면 그 내용을 즉석에서 확인하는 것이 바람직하다. 업무를 수행하는 도중에 틈틈이 중간보고를 생활화하는 것도 의사소통의 오류를 방지하는 유용한 방법이다.

5. 설득

1) 설득의 정의

설득이란 소통(메시지의 전달)을 통해서 상대의 태도를 변화시키는 시도를 말한다. 설득에 대한 초기 연구자들(예일대)은 설득여부를 내용의 파악과정으로 접근하였다. 즉, 메시지를 듣고, 이해하고, 수용여부에 대한 연구를 주로 진행하였다. 설득연구의 근본적인 관심은 사람들이고 태도를 바꾸는 이유가 무엇이며, 어떻게 태도가 바뀌게 되는가이다. 연구자들은 설득에서 수신자의 역할을 적극적인 것으로 상정하고 있다. 그리고 메시지를 접한 수신자의 반응을 중심으로 분석한다. 수신자가 적극적으로 응하면 제공된 정보에 대해서 중심경로로 처리하는 것이며, 메시지에 별 관심 없으면 지엽적인 경로로 처리하는 것이다.

2) 설득을 위한 의사소통

사람들은 자신의 메시지를 상대방이 이해할 뿐만 아니라 받아들여주기를 기대한다. 즉, 상대방이 설득되기를 기대하는 것이다. 설득은 메시지의 이해와 수용을 포함한다. 설득을 위한 의사소통에는 설득자가 가진 특징, 메시지 내용, 의사소통 매체, 설득대상자의 특징 4가지 요소를 고려해야 한다.

(1) 설득자 특징

설득력이 있는 사람들에게는 다음과 같은 특징들이 발견된다. 이들은 그 분야에 대한 전문적인 지식이 있다. 자신감 있게 전문적 용어를 사용하면서 유창하게 말할 때 사람들은 설득되기 쉽다. 또한, 이들은 사람들에게 신뢰를 받고 있다. 메시지를 전하는 사람이 신뢰할 만할 때 상대방은 쉽게 설득되는 경향이 있다. 특히 자신의 주장만 내세우는 사람보다는 반대자의 주장을 인정하면서 자신의 입장을 주장하는 사람에게 더 이끌린다. 그 밖에도 상대방에게 호감을 주거나 듣는 사람과 비슷한 부류의 사람이 더 설득력이 있다고 한다.

(2) 메시지의 내용

메시지의 내용이 크게 중요하지 않을 때는 설득자의 특징에 의하여 설득이 좌우된다. 그러나 메시지의 내용이 중요할 때는 그 내용이 설득의 관건이 된다. 상대방을 효과적으로 설득하려면 메시지의 내용을 준비할 때 다음을 유의해야 한다.

첫째, 메시지에서 논쟁이 되는 부분들을 모두 언급할 때 설득력이 있다. 상대방이 공감하거나 중시하는 내용을 먼저 언급한 다음, 자신의 주장을 이야기하는 것이 설득력을 높인다. 설득자가 자신의 관점에서만 이야기하면 신뢰성이 떨어지고 상대방에게 강요하는 느낌을 주어 메시지를 거부하게 만든다.

둘째, 주장하는 메시지는 몇 가지 핵심내용에 초점을 맞춘다. 일반적으로 사람은 몇 가지 강력한 주장만을 기억하는 경향이 있으므로, 전체 메시지에서 몇 가지 핵심적인 내용만을 강하게 주장하는 것이 설득에 보다 효과적이다. 메시지의 모든 내용을 다 강조하게 되면 설득의 초점이 흐려지고 불필요한 문제를 만들어낼 수 있기 때문이다.

셋째, 메시지는 논리적인 주장과 감성적인 호소를 동시에 하는 것이 바람직하다. 감성적 호소는 심리적으로 활력을 북돋우지만 듣는 사람에게 조종당하는 느낌을 줄 수 있다. 반면에 논리적인 주장은 주장의 타당성은 인정받게 하지만 선택에 대한 심리적 활력을 높여주지 못한다. 따라서 논리적 주장과 감성적 호소를 적절히 함께 사용할 때 상대방을 효과적으로 설득할 수 있다.

마지막으로, 메시지는 반대주장을 미리 차단할 수 있는 내용을 담고 있어야 한다. 설득력 있는 사람은 다른 사람의 주장이 영향을 미치지 못하도록 '예방접종'을 실시한다. 예방접종이란 다른 사람의 주장을 경계하도록 앞질러 경고하는 것을 말한다.

(3) 의사소통 매체

상대방을 설득하고 동기를 부여할 때는 서면이나 전화 같은 매체보다 만나서 마주보고 대화하는 것이 효과적이다. 대면하여 의사소통하게 되면 정보의 신뢰성 또한 높아지는 경향이 있다. 아울러 설득하려는 메시지가 원하는 효과를 발휘하는지 여부도 판단할 수 있다.

(4) 설득대상자 특징

앞서 기술한 설득자의 특징, 메시지의 내용, 매체를 모두 고려했다고 해서 사람들을 모두 설득할 수 있는 것은 아니다. 자존심이 강한 사람이나 자기 신념이 투철한 사람은 설득하기 어렵다. 또한 설득하려는 내용에 대하여 이미 예방접종이 된 사람은 설득하는 것이 거의 불가능하다. 모든 사람을 설득할 수 없다는 사실을 인정하고, 구성원들 중에서 설득할 가능성이 있는 사람부터 우선적으로 선별하여 차츰 그 대상 범위를 넓혀가는 것이 바람직하다.

3) 설득의 경로

(1) 중심경로 처리

자신의 관심사이고, 관련이 깊고, 내용에 대하여 파악하고자 하는 욕구가 강할 때 중심경로로 정보를 처리하게 된다. 수신자의 기분이 안 좋거나 중립적인 경우 혹은 전달내용이 잘 파악될 경우에 중심경로로 정보를 처리하며 이렇게 태도변화가 이루어지면 지속적이다.

(2) 지엽경로 처리

이슈에 별 관심 없고, 자신과 관련성도 적다고 보며, 내용에 대한 파악욕구도 약할 때 지엽경로 처리가 일어난다. 수신자의 기분이 고양되어 있을 때나 전달내용이 빠르게 전달될 때에 지엽경로로 처리된다. 가장 대표적인 지엽경로 처리는 어림법에 의한 처리이다. 지엽경로에 의한 태도변화의 강도는 약하고, 일시적이다.

어림법은 가장 많이 사용하는 경로이지만 정답을 보장해주지는 못한다. 가장 대표적인 어림법으로는 가용성 어림법이 있다. 가용성 어림법은 어떤 일이나 사건이 일어날 가능성에 대한 판단을 그른 일이나 사건을 기억해내기 쉬운 전도를 기초로 내리는 판단 전략이다. 예를 들어, 신종 인플루엔자 사망자와 일반 인플루엔자 사망자 중 누가 더 많을까? 일반 인플루엔자 사망자가 월등히 많다. 하지만 우리는 언론을 통해서 연일 신종 플루의 위험과 사망자 소식을 듣다가 보면 신종 인플루엔자 사망자가 굉장히 많다는 생각을 하게 된다.

어림법의 한 가지 방법으로는 선추정-후조절법이 있다. 이것은 추정문제에 이용되는 어림법으로 먼저 추정치를 정한 다음 추정치를 아래위로 조절하는 전략이다. 추정치는 상식이나 경험수준에서 머물기 때문에 아무리 후조절을 해도 정답에 접근하지 못하는 경우가 많다. 예를 들어 0.1mm의 종이를 100번 접으면 두께가 어떨까? 정답은 지구와 태양 간의 거리의 80배가 넘는 두께가 된다. 이러한 정답에는 우리가 선추정-후조절법을 사용해서는 절대로 접근할 수 없다. 왜냐하면 우리는 이미 0.1mm의 종이 두께를 경험상 아주 얇다고 추정하고 있기 때문에 아무리 조절을 하더라도 상식선에서 정답에 가까워질 수 없는 것이다.

또 다른 어림법으로는 후진작업법도 있다. 후진작업법은 목표상태에서 출발상태로 역행함으로써 문제를 해결하려는 전략이다. 예를 들어, 하루에 2배씩 성장하는 물풀이 있다고 가정하자. 그 물풀이 어느 연못을 50일 만에 완전히 뒤덮었다면, 그 물풀이 연못의 절반을 뒤덮은 날은 이식된 지 며칠째일까? 정답은 49일이다. 왜냐하면 하루에 두 배씩 증가하니까 완전히 뒤덮기 바로 전에는 절반을 뒤덮을 것이기 때문이다. 이처럼 마지막 단계에서 거꾸로 올라가는 것이 후진작업법이다.

수단-목적 분석법도 어림법의 한 가지이다. 수단-목적 분석법은 하위 목표를 설정함으로써 목표 상태에까지의 괴리를 최소화하는 방법이다. 수단-목적 분석법은 출발지점에서 목표지점까지를 구분하여 하위목표부터 차례로 달성함으로써 목표 상태에 이르는 문제해결 전략이다.

4) 설득에 영향을 미치는 요소

(1) 정서

설득은 설득당하는 사람의 현재 정서가 어떤가에 의해서도 영향을 받을 수 있다.

① 좋은 정서

수신자의 기분이 좋을 경우에 메시지의 짜임새에 따른 차이 없이 설득효과가 좋다. 날씨가 궂을 경우에 메시지의 짜임새 효과가 크게 나타난다.

② 공포 정서

공포 정서는 공포감을 느끼게 해서 설득하려는 경우를 말한다. 공포의 틀은 위험이 심각하고, 가능성이 높고, 위험을 피할 수 있는 방책이 실행 가능한 경우에 효과적이다. 그렇지 않다면 방어에 부딪치게 된다. 지나친 공포는 내용의 전달에 지장을 초래할 수도 있다. 주장과 상반되는 주장을 모두 제시하는 것이 면역효과를 가져와서 반대 설득에 저항력을 키우기도 한다.

(2) 정보의 노출 형태

노출효과는 친숙해진 자극은 호감이 가는 것을 말한다. 메시지의 짜임새가 없는 것은 반복되면 노출효과가 없어지게 된다. 같은 메시지의 내용을 변화시킨 반복이 효과가 클 수도 있다. 한 실험에서 다양한 문양을 0, 1, 5, 10, 혹은 20회를 보여주었다. 보여주는 시간은 5ms 혹은 500ms로 아주 짧았다. 이 실험에서 보았는지를 인식하지 못하는 자극에 대한 호감도가 노출빈도에 따라 증가하였다. 반면에 자극에 대한 과잉노출은 지루함을 야기하였다.

(3) 정보의 노출 시간

식역하 효과는 Becker 박사가 식역하 메시지를 사용하여 도시의 한 상점에서 6개월

간 실험한 결과 연간 160만 달러의 도난액이 90만 달러로 줄었다고 보고하면서 효과가 있다는 강력한 증거를 제공해주었다. 또 다른 대형 소매점에서는 절도가 40% 감소됐고, 내부자 절도소행으로 퇴직하는 종업원도 60% 감소하였다. 이러한 연구결과들은 식역하자극의 효과를 인정하는 근거가 된다. 또 다른 예로 고양이를 역하자극으로 제시받은 집단은 화상 입은 얼굴을 역하자극으로 제시받은 집단에 비해서 주인공 여자에 대한 호감이 상승하기도 하였다.

하지만 식역하자극의 반복은 자극에 대한 인지를 가능하게 한다는 주장이 제기되기도 하였다. 메시지가 단순한 경우에만 효과가 있었는데, 역하자극은 그 자극의 내용이 지닌 효과가 아니라 사람들의 기대에 의한 효과라는 주장도 있다. Merikle과 Skane(1992)은 살을 빼려는 47명의 캐나다 성인여성들을 세 집단으로 나누어 두 집단에게는 식역하 살빼기 비디오를 시청하게 하였다. 실험조건에는 시중에서 파는 일반적인 비디오를 주고, 위약조건에는 그 비디오와 모양은 같으나 내용이 치통을 완화시키는 효과가 있다는 식역하 비디오를 주었다. 통제조건의 사람들은 비디오 치료를 받기 위한 대기자로 처치하였다. 이들에게 매주 체중을 측정하여 비교하였다. 세 집단 모두에서 5주 경과하면서 체중이 줄어들었는데, 통제조건에 비해서 더 큰 효과가 없었다. 이러한 연구결과는 식역하 효과가 없다는 증거로 제시된다. 연구결과는 체중감량 실험에 참여하고 있다는 인식 자체가 이들로 하여금 체중 조절적 행위를 취하게 함으로써 체중을 줄이는 것으로 여겨진다.

(4) 정보제공자의 신뢰도

전달자의 신뢰성 효과는 즉각적이고, 시간이 경과되면 사라진다. 전달자의 신뢰성이 낮더라도 내용의 신빙성이 높으면 시간경과 당시 내용의 효과가 나타나게 되는데 이것을 잠복효과라고 한다. 전달자의 영향은 쉽게 없어지고, 내용의 사라짐은 비교적 늦게 일어난다. 잠복효과가 나타나기 위해서는 논점이 이해되었어야 한다. 잠복효과는 누가 말했는지보다는 무엇이 남아 있느냐가 오래 영향을 미치는 것을 의미한다.

(5) 인지욕구

생각하기를 즐기는 성향에 따라서도 설득 효과는 달라질 수 있다. 인지욕구가 높은 사람은 낮은 사람에 비해서 설득메시지를 논점위주로 처리한다. 즉, 중심경로로 처리한다는 것이다. 인지욕구가 강한 사람은 물건 구매 전에 사전 탐색을 많이 하고, 상품 선택에 고려하는 점이 많고, 결정에 걸리는 시간이 길며, 광고내용이 객관성을 바탕으로 할 때 호의적으로 느끼게 된다. 또한, 인지욕구가 높은 사람은 태도변화에 대한 저항이 크다. 인지욕구를 측정할 수 있는 척도 문항은 몇 가지가 있다. 다음은 인지욕구를 묻는 대표적인 문항들이다.

① 생각한다는 것이 내게는 즐거운 일이 아니다.
② 나는 장기적인 계획보다는 단기적인 매일의 일을 생각하는 것을 좋아한다.
③ 나는 새로운 해결책을 모색하는 문제들을 좋아한다.
④ 전혀 새롭게 생각하는 것을 배운다는 것이 그다지 흥미로운 일은 아니다.
⑤ 나는 복잡한 문제를 보면 왠지 그것을 분석해보고 싶은 생각이 든다.

대학생들을 대상으로 실험을 위해 만든 12개의 상품광고를 보여 주고 상품에 대한 호감 정도를 평가하게 하였다. 그중 6번째 광고는 품질 좋아 보이는 전화 자동응답기였다. 이틀 후에 이들에게 다른 광고들과 섞어서 전화응답기에 대한 광고를 제시하고 다시 평가하게 했을 때, 인지욕구가 높은 사람의 평가는 일관성을 유지하지만, 낮은 사람은 변화가 많이 나타났다.

5) 설득 커뮤니케이션 모형

정보의 출처는 설득 메시지를 매체를 통해 전달하고, 이 메시지를 1차 수신자가 받아들이며, 1차 수신자는 이 메시지에 대한 피드백을 출처에게 제공한다. 출처부터 1차 수신자까지의 흐름은 설득 커뮤니케이션의 공식적인 과정에 해당하며, 이것은 기존의 설득 커뮤니케이션 모델에 해당한다. 즉, 출처(기업)가 설득 메시지(광고)를 TV, 라디오, 신문, 잡지, 인터넷 등의 대중매체를 통해 내보내고 소비자가 이 메시지를 수용한 다음, 메시지 처리 결과에 대한 피드백을 출처에게 제공하는 것이다. 이러한 공식적인 과정에서는 출처가 메시지와 매체를 통제할 수 있으며, 이를 통해 수신자에게 영향을 미칠 수 있다.

6) 출처

출처는 커뮤니케이션의 개시자로 메시지를 전달하는 개인 또는 대상이다.

(1) 출처의 신뢰성

출처 신뢰성은 출처가 전문적 지식을 가지고 있으면서 진실하다고 수신자가 지각하는 정도를 의미한다. 출처 진실성은 출처가 편파적이지 않고 정직하게 정보를 제공한다고 수신자가 지각하는 정도이다. 출처의 전문성과 진실성이 증가할수록 수신자는 출처가 신뢰할 만하다고 지각할 가능성이 더 커진다.

(2) 출처의 신체매력

신체매력의 영향에 관한 연구들은 신체적으로 매력적인 출처가 그렇지 않은 출처보다 신념을 변화시키는 데 일반적으로 더 성공적임을 보여주었다.

(3) 출처의 호감도

출처에 대한 호감은 소비자가 정보출처에 대해 갖는 긍정적이거나 부정적인 감정을 말한다. 일반적으로 출처호감에 영향을 줄 수 있는 요인으로는 첫째, 출처를 관찰하는 청중의 욕구를 출처가 충족시켜준다고 인식되는 정도, 둘째, 출처가 청중을 유쾌하게 만드는 정도, 셋째, 출처가 청중의 신념과 유사한 신념을 가지고 있거나 유사하게 행동하는 정도 등이 있다.

(4) 수면자 효과

신뢰성이 높은 출처의 설득효과는 시간이 경과하면서 없어질 수 있다. 비록 신뢰성이 높은 출처가 신뢰성이 낮은 출처보다 초기에는 더 영향력이 있다 하더라도 연구는 출처 신뢰성의 효과가 대략 3주 후에는 사라지는 경향이 있다고 보고하였다. 다시 말해, 신뢰성이 낮은 출처도 높은 출처와 마찬가지로 설득효과를 갖는다. 이러한 현상이 수면자 효과이다. 소비자는 메시지 자체를 잊기보다 메시지 출처를 더 빨리 잊는다. 그러나 메시지 출처를 다시 부각시키면 이 효과는 나타나지 않는다. 다시 말해 신뢰성이 높은 출처가 낮은 출처보다 훨씬 더 설득적인 것으로 다시 나타난다.

• • •

모든 사람들이 조직에 속해서 월급을 받거나, 보상을 받는 일을 하지는 않는다. 그러나 우리 모두는 생산품과 서비스를 소비하는 소비자이다. 소비자심리학은 소비자와 소비자에게 영향을 미치는 조직들의 상호작용에 관심을 가진다. 광고주들은 소비자에게 영향을 주기 위해서 광고비를 지출하고 효과적인 마케팅을 위해서 노력한다. 소비자심리학은 종합적인 응용분야이다. 소비자심리학의 학문적 핵심을 이루고 있는 분야는 심리학이지만 경영학, 광고학, 문화인류학, 법학 등의 여러 분야와 상호 교류하면서 확립되었다. 심리학 분야 중에서는 사회심리학이나 인지심리학의 영향을 가장 많이 받고 있기도 하다.

마케팅은 소비 극대화, 소비자 만족 극대화, 소비자 선택 극대화 및 생활 질 극대화라는 네 가지 목표를 달성하는 것을 목적으로 한다(Kotler, 1986). 그러나 이러한 목표를 달성하기 위해서는 많은 비용이 들고 경제적 손실을 감수해야 한다. 이런 목표를 최대한 달성하면서 비용을 최소화하는 것은 소비자에 대해서 제대로 알 때 가능해진다. 따라서 마케팅심리학은 심리학을 통해서 이상적인 마케팅을 구현하고자 하는 것을 목표로 하며, 고객의 심리를 우선적으로 이해하여 마케팅의 효율성과 효과성을 높이기 위해서 노력한다.

XV. 소비자 및 마케팅심리학

소비자심리학은 우리들이 소비자로서 충동구매를 하지 않기 위해서라도 잘 알아두어야 한다. 그리고 상품과 서비스를 판매하는 종업원의 입장이라면 영업실적 향상을 위해서도 중요하다. 기업체에서는 소비자들에게 주의를 끌고, 구매 욕구를 발생시키고,

재화와 서비스를 구매하도록 하는 데 엄청난 비용을 투자하고 있다.

생산수준과 제품의 질이 아무리 좋더라도 대중들이 선택하여 소비하지 않는다면 아무 소용이 없다. 제품과 서비스는 알려야 하고 이것을 소비하도록 대중들을 설득할 수 있어야 한다. 이러한 설득의 가능성을 소비자심리학이라고 부르고, 산업심리학의 한 분야를 담당하고 있다. 심리학자들은 소비자들의 선택이나 광고에 거대한 공헌을 했다.

1. 소비자심리학

소비자심리학은 제품, 서비스, 시간, 아이디어의 획득, 사용, 처분 등에 관한 의사결정과 행동의 저변에 깔려 있는 역동성을 포함하여 소비자와 관련된 모든 영역을 연구한다. 소비자에 영향을 미칠 수 있는 요인들 중에서 기업에서 통제할 수 있는 요인과 통제할 수 없는 요인이 있다. 이것을 Wilkie와 Moore(2006)는 각각 4Ps와 5Cs로 명명하고 있다.

소비자에 영향을 미칠 수 있는 요인들 중 통제할 수 있는 요인들인 4Ps는 제품(product), 가격(price), 유통(place) 및 촉진(promotion)을 말하며, 통제할 수 없는 요인들인 5Cs는 경쟁사(competitors), 기업(company), 유통구조(channels), 환경조건 (conditions), 고객(customers)을 말한다.

1) 상품가격과 특성

경쟁은 초기단계에는 가격경쟁, 다음 단계에는 비가격 경쟁으로 나아간다. 비가격 경쟁은 상품특성과 서비스 요소가 중요하다. 상품의 특성은 품질, 디자인, 기능 등 실질적 요소와 brand image와 같은 심리적 요소가 포함되어 있다. 비가격 경쟁에서는 제품차별화가 요구된다. brand image에 대한 차별화 전략의 마케팅이 필요하다. 상품 내용의 이해에 고도의 지식이 필요할 경우에 소비자는 brand image에 의해서 제품을 구매하게 된다. brand image의 형성에 영향을 미치는 요인은 사용경험, 가격, 광고, 판매방법, 기업 image 등이다. 기업 image와 brand image의 구별은 매우 어렵다. 긍정적인 brand image의 확립으로 고정적인 고객을 확보하게 되면 brand 충성도가 높아진다. 동일한 가격 지출이라고 하더라도 상품이나 상황에 따라 심리적 차이가 발생할 수 있다.

2) 소비자 연구의 기본 개념

소비자를 이해하기 위해서 알아야 할 개념은 소비자, 행동 및 영향요인이다. 소비자는 그 역할과 주체에 따라 구분해 볼 수 있고 행동은 크게 의사결정과정과 정보처리과정으로 구분해볼 수 있다. 그리고 영향요인은 심리적 영향요인과 환경적 영향요인으로 구분할 수 있다.

(1) 소비자

소비자(consumer)는 소비 장면에서 담당하는 역할에 따라서 다음과 같이 구별할 수 있다.

① 제품, 서비스, 아이디어의 필요성을 제안하는 발안자
② 정보를 수집하고 평가하는 정보 수집자
③ 비교나 평가를 위한 기준을 마련하고 가장 적합한 평가기준을 결정하는 영향력 행사자
④ 최종결정을 내리는 의사결정자
⑤ 직접 제품을 구매하는 구매자
⑥ 실제로 제품을 사용하고 소비하는 사용자

소비자는 구매 행동상의 특성에 따라 여러 가지로 분류될 수 있다. 첫째는 우량고객과 불량고객이다. 사업자의 입장에서 많은 이득을 주는 우량고객과 적은 이익, 심지어 손해를 입히는 불량고객이 존재한다. 둘째는 이성적 고객과 감성적 고객이다. 이성적 고객은 효용적 가치에 기초를 두고 다양한 정보에 입각하여 구매를 하는 소비자이고, 감성적 고객은 상징적 가치에 근거를 두고 감정이나 의미에 입각하여 구매를 하는 소비자다. 셋째는 대량 소비자와 소량 소비자이다. 대량 소비자는 소비를 했다 하면 한 번의 소비가 대량으로 이루어지는 고객이고, 소량 소비자는 적은 양의 소비가 이루어지는 고객이다. Heavy user라고 부르는 대량 소비자는 대략 전체 소비자 분포의 20%에 해당하는데, 전체 판매량의 80%를 차지하는 경향이 있다. 마지막으로 불평이 많은 고객과 불평이 없는 고객으로 구분할 수 있다. 기업의 입장에서 도움이 되는 고객은 불평을 하는 고객이다. 이들은 보다 개선된 마케팅 전략과 전술을 마련하는 데 중요한 정보를 제공해주고, 불평을 제때에 해결해주는 경우에 단골 고객이 될 가능성이 불평을

하지 않는 고객보다 더 높다.

(2) 행동

행동(behavior)은 소비자의 내적인 심리과정과 외적인 행위를 포괄하는 것이다. 소비자행동을 이해하기 위한 기본적인 틀이 바로 행동이다. 소비자의 행동에 영향을 미치는 외적 요인은 가격, 제품, 유통, 촉진을 포함하는 마케팅 변수가 있다. 그리고 가족, 대면 및 준거집단, 사회계층, 문화 및 하위문화를 포함하는 사회문화적 환경 내적 요인이 있다. 동기, 지각, 학습, 태도, 성격, 가치 등을 포함하는 심리적 요인도 있다. 소비자행동은 정보처리과정, 구매의사결정 과정, 그리고 구매행동 및 구매 후 평가로 구성된 결정 후 행동으로 구분할 수 있다.

(3) 소비자 의사결정과정

소비자 의사결정은 목표지향적인 문제해결 과정이다. 소비자가 구매에 이르는 의사결정 심리단계는 상품광고에 주목하는 주의 단계(attention), 상품에 대한 흥미를 가지게 되는 흥미 단계(interest), 상품에 대해 소유하려는 욕구 단계(desire), 상품을 기억하여 저장하는 단계(memory), 마지막으로 상품을 구매하는 행동 단계(action)로 구분하고, 영어철자의 머리글자를 따서 AIDMA 단계라고 부르기도 하다.

소비자는 상품구매라는 의사결정을 위해서 제일 먼저 문제인식 단계를 거치게 된다. 자신의 현재 상태와 그에 상응하는 바람직한 상태 간의 차이를 느끼게 되면 그 차이를 해소시켜줄 수 있는 수단에 대한 욕구를 갖게 된다. 두 번째는 정보탐색 단계이다. 문제를 인식하게 되면, 내적 탐색과 외적 탐색을 하게 된다. 세 번째는 선택대안 평가 단계이다. 정보탐색과정과 정보탐색 후에 선택 대안들에 대해 비교하거나 평가하게 되는데, 이것을 선택대안 평가라 한다. 대안들은 제품군일 수도 있고 한 제품군 내의 상표들일 수 있다. 네 번째는 구매행동 단계이다. 소비자는 선택대안들을 비교하거나 평가하여 자신의 능력에 비추어 가장 마음에 드는 대안에 대한 구매 의도를 갖게 되고 구매를 하게 된다. 구매 과정은 특정 상표에 대한 구매결정뿐만 아니라 점포의 선택 및 점포 내의 쇼핑과정 그리고 충동구매나 상표애호도 같은 특수한 형태의 구매행동이 포함된다. 다섯 번째는 구매 후 행동 단계이다. 구매 후 행동은 크게 소비자 만족과 구매

후 부조화, 불평행동, 재구매 행동 등으로 구분된다. 소비자 만족은 제품기대와 제품성과 간의 관계로 나타난다. 소비자들의 불평행동과 재구매 행동은 구매 전 태도 및 제품 사용 후의 경험(만족 혹은 불만족)으로부터 영향을 받게 된다.

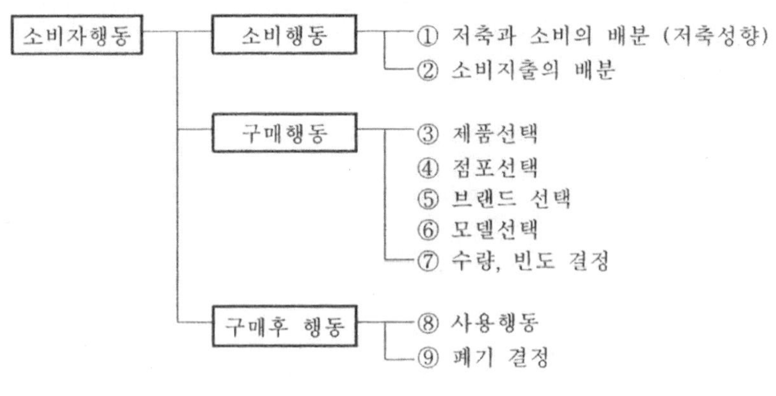

그림 111. 소비자행동과 의사결정 과정

(4) 소비자 정보처리과정

소비자는 일상생활에서 수많은 외부자극들에 노출된다. 이러한 외부자극에 대해 주의를 기울이고, 나름의 의미를 부여하게 되는데 이것을 지각과정이라고 부른다. 정보란 여러 종류의 자료를 수집, 분석해서 이해하기 쉬운 형태로 만들어놓은 유용성 있는 자료를 말한다. 정보와 자료는 종종 혼용되는데, 그 이유는 어떤 사람에게는 정보이지만 다른 사람에게는 단지 자료에 불과할 수도 있기 때문이다. 아주 큰 소비자에게 있어서 정보는 제품, 서비스, 아이디어를 포함한 상품, 각 상품에 매겨진 가격, 이런 상품을 다루는 유통, 그리고 이런 상품을 팔기 위한 촉진과 관련된 구체적 사항들을 말한다. 물론 가족이나 친지 혹은 친구들과 동료들의 경험담을 포함한 구전도 소비자가 접하는 정보에 포함된다.

① 노출 단계

정보처리과정은 자극에 노출되는 것으로부터 시작된다. 노출은 우연적(무작위적) 노출과 의도적(목적적) 노출로 나눌 수 있다. 소비자에게 자극이 영향을 주기 위해서는 식역수준이란 노출현상에서 절대식역(absolute threshold)과 차이식역(differential threshold)을 넘어서야 한다. 절대식역은 감각기관이 자극을 감지할 수 있는 최소한의 강도를 말한다. 차이식역은 두 개의 자극이 지각적으로 구별될 수 있는 최소한의 차이를 말한다.

② 주의 단계

주의는 자극이나 정보에 관심을 갖고 주목하는 과정인데, 집중과 초점화라는 두 가지 특징을 지닌다. 소비자는 자극들에 선택적으로 주의를 기울이는데 이러한 선택적 주의집중에 영향을 미치는 개인적 요인은 얼마나 그 정보에 대해서 잘 알고 있는지를 나타내는 관여도가 있다. 그리고 개인이 가지고 있는 신념이나 태도, 감정상태 그리고 주의 범위가 있다. 선택적 주의집중을 활발하게 하는 자극의 특징들로는 두드러진 자극, 신기하고 독특한 자극, 즐거움을 유발하는 자극 등이 있다.

③ 지각 단계

지각은 소비자가 자극에 주의를 하여 자극의 내용을 이해하고 나름대로 의미를 부여하는 과정이다. 이런 지각적 과정은 지각적 조직화와 지각적 해석을 포함한다. 지각은 여러 감각기관을 통해서 들어온 자극들에 주관적인 의미를 부여하는 과정이라고 정의할 수 있다. 이러한 지각은 조직화와 지각적 해석에 의해서 영향을 받는다. 인간의 지각은 몇 가지 조직화의 원리를 가지고 있다. 대표적인 지각 조직화의 원리는 완결성, 집단화, 전경과 배경 등이 있다. 지각은 또한 동기나 기대, 자신감, 맥락 등에 의해서 해석되는 의미가 달라지는 영향을 받게 된다.

④ 기억 단계

처리된 정보는 기억 속에 저장되는데, 기억속에는 기존의 여러 정보와 경험 그리고 환경적 영향요인과 새로운 자극으로부터 제공된 여러 정보가 저장되어 있다. 기억 속에 저장된 신념, 태도 혹은 만족 정도가 구매의사결정에 많은 영향을 미치게 된다.

⑤ 선택적 정보처리과정

소비자 정보처리과정의 가장 분명한 특성은 정보처리과정이 선택적으로 이루어진다는 것이다. 소비자는 정보처리과정의 모든 단계에서 선택적인 행동을 취한다. 소비자는 자신이 어느 정도 관련되거나 관심 있는 제품군과 마케팅 자극에는 자신을 노출시키지만 그렇지 않은 것은 회피하는 경향이 있는데, 이것을 선택적 노출이라 한다.

(5) 소비자에게 영향을 미치는 심리적 요인들

소비자의 구매행동에는 여러 가지 심리적 요인들이 영향을 미치게 된다. 대표적으로 필요나 동기, 성격, 학습, 태도, 관여, 생활양식, 가치가 영향을 미친다.

동기(motivation)는 어떤 행동의 원인이 되는 것으로, 그 행동의 방향과 강도를 결정하고 그 행동의 지속성을 유지시켜주는 내적인 구성 개념으로 정의할 수 있다. 소비 장면에서 나타나는 소비자행동은 그 저변에 깔려 있는 동기가 무엇인가에 따라서 달라진다. 성격(personality)은 환경에 대한 적응이나 대인관계에서 비교적 일관성 있고 독특한 개인의 행동양식이나 사고방식의 특징적 총체로 정의된다. 학습(learning)은 개인의 반복적인 연습이나 훈련 혹은 직·간접적인 경험에 의해 이루어진 비교적 지속적인 행동의 변화로 정의된다. 학습의 결과에 따라서 소비자의 구매행동은 직간접적인 영향을 받게 된다. 일반적으로 태도(attitude)는 어떤 대상에 대해 일관성 있게 호의적이거나 비호의적으로 반응하려는 학습된 사전성향이다. 소비자의 구매행동은 소비자의 태도가 어떠한가에 의하여 영향을 받게 된다. 관여(involvement)는 주어진 상황에서 특정 대상에 대한 개인의 지각된 중요성 혹은 주어진 상황에서 특정 대상에 대한 개인의 지각된 관련성으로 정의된다. 소비자의 관여 정도에 따라 정보처리과정, 의사결정과정, 태도형성과정 등 소비자의 행동이 상당히 달라질 수 있다. 생활양식(life style)은 사람들이 자신의 시간을 어떻게 소비하는가, 주위환경에 특별히 중요하게 고려하는 것은 무엇인가, 그리고 자신과 주위세계에 대한 생각은 무엇인가 등 소비자가 어떤 활동을 즐기며, 무엇에 관심이 있으며, 어떤 의견을 지니고 있는가를 포괄하는 것이다. 소비자의 구매행동은 사람들이 취하는 생활양식에 따라서 매우 다르게 나타날 수 있다. 가치(value)는 개인적으로나 사회적으로 선호되는 안정적인 상위 신념이다. 가치는 태도와 행동에 중심적인 역할을 하며 소비자 동기의 기초로 작용한다.

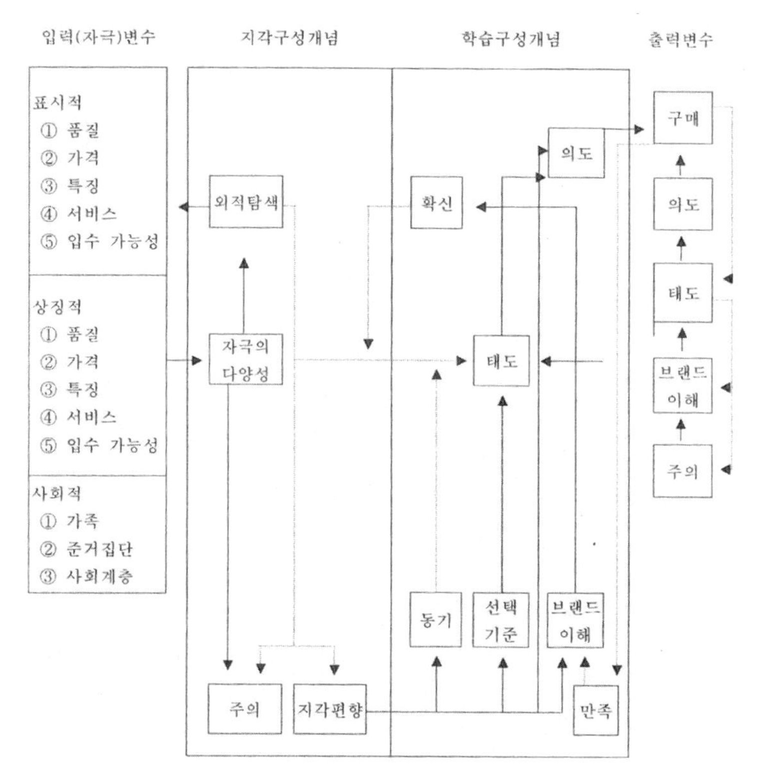

그림 112. 소비자 구매행동에 대한 Howard와 Sheth(1969) 모델

3) 소비자에게 영향을 미치는 환경적 요인

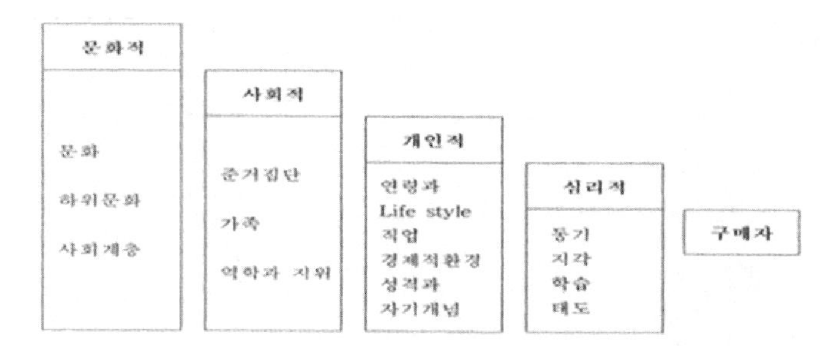

그림 113. 소비자의 의사결정에 영향을 미치는 요인들

(1) 마케팅믹스

마케팅믹스(marketing mix)란 기업이 표적시장에서 마케팅 목표를 추구하는 데 사용할 수 있는 마케팅 도구의 집합으로 기업이 외부환경에 적응하거나 외부환경을 자사에 유리하게 변화시키기 위해 활용할 수 있는 통제 가능한 전략적 도구들이다.

(2) 문화

문화는 여러 세대를 거쳐 남겨진 사회적 유산이며, 그 사회가 직면하는 환경에 적응하며 살아가는 방식을 반영한다, 문화는 어떤 특별한 사회를 구성하는 사람들의 소비행동을 방향 짓기 위하여 제공되는 학습된 신념, 가치 및 관심의 총합으로 정의할수 있다. 문화는 다음과 같은 특성을 지니고 있다.

① 문화는 그 사회에 속한 사람들의 욕구를 충족시키기 위하여 존재한다.
② 생물학적 특성들(성, 피부, 머릿결 혹은 지능)과 달리 문화는 학습된다.
③ 대다수의 사회구성원에 의해서 공유되어야 한다.
④ 문화는 역동적이다.

(3) 사회계층

사회계층(social class)은 사회의 구성원들을 독특한 지위계층 위계로 구분하는 것으로 다음과 같은 특성이 있다.

① 사회계층은 위계적이다.
② 사회계층은 시장 세분화에 사용될 수 있다.
③ 사회계층은 행동적 요인들에서 차이가 있다.
④ 사회계층은 참조 틀로서 작용한다.

(4) 참조집단

참조집단은 개인행동에 직접적 또는 간접적인 영향을 미치는 개인이나 집단이다. 참조집단은 소비자의 선택에 매우 많은 영향을 끼친다.

(5) 가족

가족은 개인소비자의 행동에 가장 중요한 참조집단이다. 가족구성원들은 가족 전체가 소비하거나 사용하는 제품뿐만 아니라 제품의 구매행동에도 서로 영향을 미친다.

(6) 집단 내 커뮤니케이션

집단 내 커뮤니케이션은 특정 주제에 관한 개인들 간의 의사소통을 말한다. 소비자는 그들 상호 간의 빈번한 의사소통을 하는 과정에서 구매행동에 영향을 끼치기도 하고 받기도 한다.

(7) 집단 간 커뮤니케이션

집단 간 커뮤니케이션(between group communication)은 생산주체인 기업과 소비주체인 소비자 간의 커뮤니케이션이다.

4) 소비자 연구의 접근방법

소비자에 대한 과학적 연구의 주목적은 소비자와 관련된 변수들 간의 인과적 관계를 밝혀내어 소비자 행동을 예측하고 나아가 소비자 행동의 일반법칙을 정립하는 데 있다. 소비자에 대한 연구가 하나의 학문분야로 자리 잡기 시작한 것은 오랜 역사를 갖고 있지 않다. 소비자 행동에 대한 관심이 증폭되면서 폭넓은 발전이 이루어지고 있다.

(1) 경제학적 접근방법

경제학적 접근방법은 소비자를 경제학에 입각하여 연구한다. 경제학정보 관점에서 경제소비자는 제품에 대한 완전한 정보를 수집하고 이에 기초하여 최대의 효용을 얻을 수 있도록 합리적으로 제품의 종류와 구매량을 결정한다고 본다.

(2) 정신분석학적 접근방법

정신분석학적 접근방법은 경제학적 접근방법의 한계로 Freud의 정신분석학에 바탕을 둔 동기조사를 통하여 소비자를 연구한다. 제품이나 상표의 선택과 같은 특정한 소비자의 행동은 소비자 자신에게 어떤 심리적 의미를 부여하고, 이것이 구매를 결정짓는다고 본다.

(3) 변수적 접근방법

변수적 접근방법은 1950년대부터 1960년대에 주로 이루어진 소비자연구의 접근방법이다. 소비자를 설명하고 예측하기 위하여 여러 학문분야에서 제안된 소비자에 영향을 미치는 변수들에 중점을 두고 소비자를 연구한다. 인구통계학적 변수(성, 연령, 교육수준 등), 심리통계학적 변수(동기, 태도, 성격, 생활양식 등), 사회적 변수(문화, 하위문화, 사회계층, 집단역학, 가족생활주기 등) 등에 관한 연구가 이루어졌다.

(4) 정보처리적 접근방법

정보처리적 접근방법은 1970년대 이후부터 현재까지 소비자연구에서 지배적인 개념의 틀로 사용되는 접근방법이다. 소비자를 연구하는 소비자정보처리모형은 소비자의 의사결정과정과 정보처리과정을 중심으로 이것에 영향을 미치는 여러 요인을 주요 연구주제로 한다.

(5) 감성적 접근방법

감성적 접근방법은 소비자연구의 중점을 인지적 관점보다는 정서적 관점에서 두어야 한다는 접근방법이다. 소비자의 구매행동은 합리적이고 논리적인 사고보다는 감정적인 정서(사랑, 긍지, 기쁨 등)에 의하여 이루어진다고 본다.

2. 마케팅심리학

제조회사는 완성품들은 소비자가 구입하도록 광고하고 매혹적으로 노출되도록 포장과 배열에 신경을 쓴다. 이러한 일련의 활동들이 바로 마케팅이다. 마케팅은 개인과 조직 목표를 만족시킬 수 있는 교환을 창조하기 위한 아이디어, 재화, 서비스의 개념형성, 가격, 촉진(promotion), 유통을 계획하고 실시하는 과정을 말한다. 마케팅은 소비의 극대화, 소비자 만족의 극대화, 소비자 선택의 극대화 및 생활의 질의 극대화라는 네 가지 목표를 달성하고자 한다. 그러나 이런 목표를 달성하기 위해서는 많은 비용을 충당해야 하며 경제적 손실을 감수해야 한다. 이런 목표를 최대한 달성하면서 그에 따른 비용을 최소화할 수 있는 가장 근본적인 방법은 소비자를 제대로 아는 것이다.

1) 경영철학과 마케팅의 역사

경영철학과 마케팅 개념은 기업 환경의 변화에 영향을 받아서 달라진다. 기업 환경의 변화는 크게 고객(customer), 경쟁(competition), 그리고 기술, 인구, 경제, 사회, 문화, 정치, 자연을 포함한 거시환경의 변화(change)로 간단히 3C로 표현할 수 있다.

(1) 1900년대 : 생산·제품지향 개념

생산·제품지향 개념은 제품에 대한 수요가 공급을 초과하는 상황, 즉 '만들면 팔리는 시대'에 적용 가능한 마케팅 개념이다. 산업혁명을 통하여 대량생산이 이루어짐에 따라 생산비가 절감되고, 생산량이 증대됨에 따라 제품의 수요나 공급이 대등한 상황에 놓이게 되었고, 소비자는 가장 우수한 품질이나 효용을 제공하는 제품을 선호하게 되었다.

이런 제품지향 경영은 기업으로 하여금 소비자의 본원적 욕구가 무엇인가보다는 구체적인 욕구와 관련된 제품 그 자체에 집착하는 마케팅 근시를 초래할 수 있다. 마케팅 근시(marketing myopia)란 기업이 자사가 관장하는 제품시장의 영역을 너무 좁게 규정함으로써 경쟁자의 범위를 파악하지 못하는 오류를 범하는 것으로 마케팅 계획 중 제품지향 경영에 입각하여 본원적 욕구보다는 관련된 제품 그 자체에만 집착할 때 초래된다.

(2) 1930년대: 판매지향 개념

제품은 구매되는 것이 아니라 판매되는 것이라는 입장으로 변화되었는데, 이것을 판매지향 개념이라고 한다. 소비자는 그대로 두면 제품의 존재를 알지 못할 뿐만 아니라 알더라도 더 많이 구입하지 않는다. 따라서 '판매 없이는 기업도 없다(no sales, no business)'는 사고로 소비자로 하여금 경쟁사의 제품보다는 자사제품을 소비하도록 촉진하는 데 열을 올린다.

(3) 1950년대: 마케팅 개념-소비자중심 시대

마케팅 개념은 1952년 GE(General Electric)사의 연례보고서에서 처음으로 등장하였다. 소비자의 다양한 욕구와 이질성, 공급과잉, 경쟁과 대량생산제품에 대한 구매저항, 그리고 교육 및 소득 수준의 증대로 인하여 기업들에게는 소비자가 원하는 제품을 생산하고 판매하는 것이 점점 더 중요하게 되었다. 이를 위해서는 소비자의 기호나 가치를 먼저 이해해야 했다. '소비자는 왕이다'라는 슬로건(United 항공사의 'You're the Boss'처럼)하에 제품의 생산, 전달 및 최종적인 소비와 관련된 전반적 활동을 통해서 소비자의 필요와 욕구를 만족시키는 데 초점을 두게 된 것이다.

마케팅 개념은 고객지향성, 전사적 마케팅, 고객만족과 조직목표달성으로 특징지을 수 있다. 고객지향성은 고객의 필요와 욕구를 중심으로 마케팅믹스를 수립하는 것이다. 전사적 마케팅은 마케팅 부서만이 아니라 조직의 모든 부서들의 통합된 노력이 필요하다는 것이다. 고객만족과 조직목표달성은 고객의 만족이 조직의 목표달성(적정이익의 추구, 조직성장의 유지 등)을 위해 필수적인 수단이라는 것을 말한다.

(4) 1970년대: 사회적 마케팅 개념

자원부족, 인구과잉, 교통정체와 환경오염 등은 경제사회 전반에 걸쳐 주요한 문제로 부각되었다. 특히 소비자보호운동과 환경보호운동 등은 기업의 사회적 책임을 강조하게 되었고, 기업은 소비자 생활의 질을 향상시키기 위하여 기업의 이익뿐만 아니라 소비자의 욕구 충족 및 고객·조직·사회 전체의 이익과 복지도 함께 고려한 마케팅 관리활동을 해야 한다. 이것을 사회적 마케팅 개념이라고 한다.

(5) 현대: 통합적 마케팅 개념

기업의 마케팅은 전체 마케팅 시스템이 장기적으로 최선의 성과를 얻을 수 있도록 지원을 해야 한다는 입장이 통합적 혹은 계몽적 마케팅 개념이다. 현대의 마케팅은 ① 소비자중심 마케팅, ② 혁신적 마케팅, ③ 가치 마케팅, ④ 사명의식 마케팅, ⑤ 사회적 마케팅의 다섯 가지 원칙을 준수하는 것이다.

지향되어야 할 기업경영철학과 마케팅 개념은 목표 지향적 마케팅, 사회적·책임 지향적 마케팅, 그리고 시장 지향적 마케팅이 되어야 할 것이다. 목표 지향적 마케팅이란 기업은 '잘 되어 가는 기업(going concern)'으로 나아가는 것을 목표로 하며, 궁극적 목표인 생존을 영위하기 위해서는 성장과 이익이 뒷받침되어야 한다는 것이다. 사회적·책임 지향적 마케팅이란 마케팅은 사회적으로 유익하고, 다양한 사회구성원들의 복지향상에 도움이 되는 활동을 추구해야 한다는 것이다. 시장 지향적 마케팅이란 사회적으로 가치 있는 기업이라고 하더라도 그 기업 미시적 영리목표는 달성되어야 한다는 것이다.

(6) Marketing manager 이론

McCarthy(1975)는 Marketing manager 이론을 통해 소비자를 중심으로 한 4P를 제안하였다. 4P는 제품(product), 장소(place), 가격(price), 판매촉진(promotion)이다. 4P는 다시 문화적 사회적 환경과 기업 자원과 목적, 경제적 환경 그리고 정치적 법률적 환경, 경쟁기업 현황 영향을 받는다.

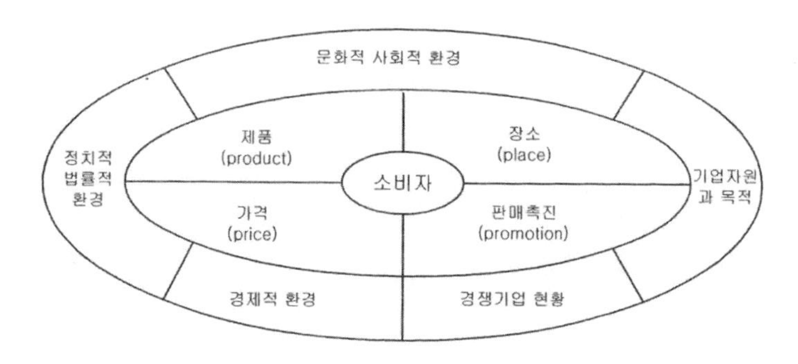

그림 114. McCarthy의 Marketing manager 4P 이론 모형

2) 소비자와 마케팅 전략

어느 기업이든 자사의 능력을 고려하여 적절한 수의 세분시장을 구분하고, 자사의 모든 능력을 집중할 표적시장을 선택한 다음에 그 표적시장에 가장 적합한 마케팅전략과 방법을 사용해야 한다. 왜냐하면 소비자들의 모든 욕구를 충족시켜줄 수 없기 때문이다. 이러한 마케팅 전략을 STP(segmentation-targeting-positioning) 마케팅 전략이라고 한다.

(1) 시장 세분화 단계

시장 세분화 과정은 소비자 행동에 대한 이해가 선행되어야만 가능하다. 시장 세분화는 세분시장 상호 간에는 이질성이 극대화되어야 하고, 세분시장 내에서는 동질성이 극대화되도록 비슷한 성향을 가진 사람들을 다른 성향을 가진 사람들의 집단과 분리하여 하나의 집단으로 묶을 수 있어야 한다. 시장 세분화란 하나의 제품시장을 여러 개의 고객집단으로 나누는 과정이다. 시장 세분화를 위해서는 측정가능성, 접근가능성, 실체성 및 행동가능성을 지녀야 한다.

① 측정가능성은 세분시장의 규모와 구매력이 측정될 수 있는 정도, 즉 수량화할 수 있는가를 의미한다.
② 접근가능성은 세분시장에 마케팅믹스의 도달 정도와 영업가능성을 의미한다.
③ 실체성은 이익발생가능성을 의미한다.
④ 행동가능성은 영업활동이 가능한 효과적인 프로그램이 존재하는가에 관련되어 있다.

(2) 표적시장 선정 단계

표적시장 선정이란 여러 개의 세분시장들 중 그 기업이 욕구를 가장 잘 충족시킬 수 있고 경쟁력을 가질 수 있는 세분시장을 결정하는 과정이다. 평가과정에 관련된 요인은 첫째, 시장규모와 시장성장률을 포함한 세분시장요인, 둘째, 현재의 경쟁자와 잠재적 경쟁자를 포함한 경쟁요인, 셋째, 기업목표, 자원, 마케팅믹스를 포함한 자사와의 적합성으로 구성되어 있다.

(3) 제품 포지셔닝 단계

제품 포지셔닝이란 소비자의 마음속에서 자사의 상표가 경쟁상표와 비교하여 상대적으로 경쟁우위를 확보할 수 있는 위치를 구축하기 위한 마케팅 노력이다. 포지셔닝 절차는 첫째, 소비자분석, 둘째, 경쟁자의 확인, 셋째, 경쟁제품의 포지션 분석, 넷째, 자사제품의 포지셔닝 개발, 다섯째, 포지셔닝 실행, 여섯째, 포지셔닝의 확인과 재포지셔닝 절차를 거친다.

3) 소비자와 마케팅믹스

마케팅믹스에 관한 분류는 학자마다 차이가 있다. 가장 일반적으로 수용되는 마케팅 믹스는 McCarthy(1975)의 가격(price), 제품(product), 유통(place), 촉진(promotion)으로 구성된 4P이다.

(1) 제품

제품(product)은 재화와 서비스의 물리적이거나 기능적인 특성 그 자체를 의미하는 것이 아니다. 소비자에게 제시하는 제품은 제품 개념에 무엇을 포함시키는가에 따라 핵심제품, 유형제품, 확장제품을 포함한 3가지 차원으로 분류할 수 있다.

① 핵심제품 차원은 아름다워지려는 소망처럼 소비자가 원하는 추구효익을 말한다.
② 유형제품 차원은 추구효익을 속성으로 형상화한 것으로 아름다워지려는 소망을 형상화한 화장품이 여기에 속한다.
③ 확장제품 차원은 추구효익을 속성으로 형상화한 것에 부가적인 서비스를 제공하는 것으로 화장기술을 교육하는 것이 여기에 속한다.

제품의 3가지 차원을 고려할 때 몇 가지 시사점을 얻을 수 있다. 첫째, 제품을 항상 넓은 의미로 정의하여야 한다. 둘째, 경쟁이 치열해지고 문제해결지향적인 제품 개념에 따라서 소비자가 추구하는 효익에 적합한 제품의 개발과 판매에 많은 비중을 두어야 한다. 셋째, 경쟁사의 제품과 유형제품상에 차이가 없다고 해도 차별화하여 소비자에게 제시하여야 한다. 넷째, 개발부서와 마케팅 부서 간의 협력체제를 강화해야 한다.

제품은 소비의 목표가 일반 소비자에게 목표를 두는 제품인 소비제와 다른 제품의 제조나 판매에 직간접적으로 사용하기 위하여 기업에서 구매하는 산업제로 분류된다. 소비제는 다시 편의품, 선매품, 전문품으로 분류할 수 있고, 산업제는 다시 장치제, 부속치장품, 구성품, 원재료, 산업소모품으로 분류할 수 있다.

소비제(consumer product)는 소비자가 빈번하게 최소한의 쇼핑 노력을 들여서 구입하는 제품인 편의품이 있다. 그리고 소비자가 경쟁적인 제품을 여러 점포에서 가격, 질, 스타일 등에 대해서 비교를 하고 난 후에 구입하는 제품인 선매품이 있다. 마지막으로 전문품은 구매하기 이전에 그 제품에 대한 정보를 완벽하게 알고 있는 상태에서 구입하게 되는 제품이다. 하지만 이러한 소비제 분류는 소비자의 입장을 고려하지 않고 제품 자체만을 고려한 것이므로 이를 기본으로 마케팅 전략을 수립하는 것은 문제가 발생할 수 있다.

산업제(industrial product)는 소비제와 다음과 같은 차이가 있다. 첫째, 산업제는 소비제와는 달리 근본적으로 기술적인 특성을 더 가지고 있다. 둘째, 산업제는 대부분 사양서에 의해서 구입된다. 셋째, 산업제는 동일한 제품이라고 하더라도 구입회사에 따라 사용되는 목적이 다양하다. 넷째, 산업제는 즉시 사용하기 위해 구매되는 경우가 거의 없다. 다섯째, 산업제의 제품형태는 반제품과 원재료다. 여섯째, 판매 후에 제품에 대한 서비스가 무엇보다도 중요하다. 일곱째, 구매자가 완전한 공장을 운영할 수 있도록 보장하는 것이 구매와 관련된 매우 중요한 사항이다. 여덟째, 산업제의 포장은 판촉목적이 아니라 제품 그 자체를 보호하려는 성격을 가진다. 아홉째, 산업제에서는 제품이 즉각적으로 운반되는 것이 중요하다.

(2) 서비스

현대사회는 서비스 사회라고 부를 수도 있다. 대부분의 국가 경제 분야에서 서비스가 차지하는 비중과 중요도는 점점 더 커지고 있다. 미국의 경우 이미 1984년에 경제의 66% 이상이 서비스에 의존하고 있다고 한다.

① 서비스 분야의 성장배경

서비스 분야가 성장하게 된 배경은 몇 가지가 있다. 첫째, 소비자의 욕구가 다양화되었다. 둘째, 기술이 급속도로 발전하게 되었다. 셋째, 기업 생산 활동을 활성화하는 데 서비스의 역할이 증대되었다. 넷째, 소득이 증가되었다. 다섯째, 여가시간이 증가되었다. 여섯째, 여성의 생산 활동이 증가되었다. 일곱째, 가족생활 스타일이 변화하게 되었다. 여덟째, 제품 기능이 복잡해졌다. 아홉째, 생활이 복잡해졌다.

② 현대 서비스 분야의 특성

현대 서비스 분야의 특성은 다음과 같다. 첫째, 신종 서비스업이 등장하였다. 둘째, 기존의 서비스 기업이 기존의 본원적인 서비스 이외에도 보조 서비스를 제공하여 기업 전체의 서비스 활동이 증가하고 있다. 셋째, 기존 서비스업이 고급화, 전문화, 다양화되고 있다. 넷째, 전통적인 제조 기업이 서비스 기업으로 바뀌거나 서비스업을 추가하여 확장하고 있다. 다섯째, 제조업에서 제품을 판매하면서 부수적인 서비스를 점차 증가시키고 있다.

③ 서비스 패러독스

서비스 패러독스(service paradox)란 과거에 비해 경제적인 부를 누리며 풍요롭고 더 많은 자유시간을 가지면서 더 많은 서비스를 원하고 제공받음에도 불구하고 서비스가 악화된 것으로 체감하게 되는 현상을 말한다.

서비스 패러독스가 발생하는 이유는 몇 가지가 있다. 첫째, 표준화, 기계 및 시스템 기술을 이용하여 노동력을 절약하고 균일한 서비스를 대량으로 생산하므로 종업원의 자유재량이나 서비스의 기본적 인간적 서비스가 결여되면서 서비스의 빈곤이라는 인식을 가지게 되었다. 둘째, 생산성 증대나 품질의 일관성을 가져왔으나, 차별화를 추구하여야 하는 서비스에서도 획일적인 서비스를 제공함으로써 서비스의 균일성을 추구하다가 개별성을 상실하게 되었다. 셋째, 효율성만 강조한 나머지 인간미를 상실하게 되었다. 넷째, 기술의 복잡화에 따라서 수리가 어렵게 되었다. 다섯째, 종업원 확보의 악순환으로 서비스의 질이 저하되었다.

④ 서비스가 갖추어야 할 요건

이유재(1994)는 약화된 서비스를 개선하기 위해서 다음과 같은 특성을 서비스가 갖추고 있어야 한다고 주장하였다.

S 판매의 3S: Sincerity, Speed, Smile(성의 있고 신속하고 웃는 얼굴로).

E Energy : 서비스에는 활기찬 힘이 넘쳐야 한다.

R Revolutionary : 서비스는 신선하고 혁신적이어야 한다.

V Valuable : 서비스는 가치 있는 것이어야 한다.

I Impressive : 서비스는 감명 깊은 것이어야 한다.

C Communication : 서비스는 상호 간의 커뮤니케이션이 있어야 한다.

E Entertainment : 서비스는 고객을 환대하는 것이다.

(3) 상표와 포장

상표(brand)란 특정 판매업자의 제품이나 서비스를 다른 판매업자들로부터 식별하고 차별화시키기 위하여 사용되는 명칭, 말, 상징, 기호, 디자인, 로고와 이것들의 결합체이다. 상표는 언어적 차원, 시각적 차원, 법률적 차원의 3가지 차원으로 구성된다. 언어적 차원은 상표명으로 상표 중에 말로 발음되고 나타낼 수 있는 문자, 단어, 숫자 부분을 말한다. 시각적 차원은 상표표시로 상표 중에 상징, 디자인, 독특한 색상이나 문자와 같이 인식은 되지만 말로는 표현할 수 없는 부분이다. 법률적 차원은 등록상표로 해당 상표의 독점적 사용이 법적으로 보장되어 보호받을 수 있는 상표라는 의미로 registered mark라고 한다. 포장은 색상, 디자인, 형태, 크기, 소재, 레이블 등의 여러 구성요소를 잘 조합하여 상표이미지를 제공한다. 포장은 개별포장, 외장 및 내장으로 구분된다.

(4) 가격

가격은 소비자의 입장에서 특정 제품·서비스·아이디어를 구매함으로써 얻게 되는 효용에 부여된 시장에서의 교환가치이고, 경제적인 측면에서 사회 전체의 경제 활동을 위한 자원의 효율적인 배분수단이고, 기업의 입장에서는 이익의 원천으로 총수익과 총이익에 영향을 미친다.

가격결정과정은 첫째, 시장 확대나 경쟁력 확보와 같은 가격목표의 결정, 둘째, 상대적 고가격전략·대등가격전략·상대적 저가격전략을 포함한 가격전략의 방향설정, 셋째, 원가 가산법, 목표수익률 기준 가격 산정법, 경쟁중심 가격 산정법, 소비자기대수준 가격 산정법을 통한 가격 산정, 넷째, 소비자지각과 지역을 고려한 최종 가격결정의 단계를 거친다.

가격인하(discount)는 현금할인, 수량할인, 기능할인, 계절할인으로 구분된다. 현금할인은 대금지불을 현금으로 할 때 가격의 일정률만큼을 할인해주는 것이다. 수량할인은 제품을 일정량 이상 구입하는 경우에 가격을 할인해주는 것이다. 기능할인은 거래할인 혹은 업자 간 할인으로 불리는 방법으로 판매·보관·장부정리 등과 같은 중간 상기능을 수행하는 판매업자에게 제조업자가 가격을 할인해 주는 것을 말한다. 계절할인은 주로 비수기에 구매를 자극하여 자사제품의 판매증대를 목적으로 특정 시기를 기하여 가격을 할인해주는 것을 말한다.

소비자의 가격지각은 상표품질에 대한 지각에 직접적인 영향을 미칠 뿐만 아니라 구매행동을 결정하기도 한다. 최종가격을 결정할 때 수용가능가격범위와 기대가격범위를 고려해야 한다. 가격과 품질 간에도 밀접한 관련이 있다. 일반적으로 소비자는 제품의 품질을 가늠할 충분한 정보를 갖고 있지 못할 때 가격을 품질의 지표로 사용하는 경향이 있다.

(5) 유통

유통(place) 혹은 유통경로는 특정 제품이나 서비스가 소비 또는 사용될 수 있도록 하는 과정과 관련되는 일체의 상호의존적인 조직으로 제품이나 서비스를 생산자로부터 소비자에게 전달하는 수단을 제공한다. 유통구조는 기본적으로 5가지 기능을 담당한다. 첫째는 교환의 촉진 기능을 한다. 둘째는 거래의 표준화 기능을 한다. 셋째는 제품구색 기능을 한다. 넷째는 연결 기능을 한다. 마지막으로 다섯째는 고객서비스 기능을 한다.

유통경로를 설계하는 과정은 다음의 단계를 거친다. 첫째, 유통서비스에 대한 고객의 욕구분석, 둘째, 유통경로의 목표설정, 셋째, 유통전략의 결정, 넷째, 유통경로의 갈등관리이다.

(6) 촉진

촉진(promotion)은 기업의 제품이나 서비스를 소비자들이 구매하도록 유도할 목적으로 해당 제품이나 서비스의 장단점에 대하여 실제 혹은 잠재고객을 대상으로 정보를 제공하거나 설득하는 마케팅 노력의 일체이다.

촉진수단은 광고, 판매촉진, 인적 판매, PR의 네 가지 요소로 구분될 수 있다. 광고란 확인된 광고주가 표적 집단에게 정보를 제공하거나 설득하기 위하여 제품이나 서비스에 관해 유료로 대중매체를 이용하는 과정이다. 판매촉진은 간단히 판촉이라고도 하는데, 특정 제품이나 서비스의 판매를 증가시키기 위해서 단기간에 소비자 또는 중간상을 대상으로 벌이는 다양한 촉진활동이다. 인적 판매란 판매원이 고객을 직접 만나 대화를 통해 자사의 상품을 구매하도록 권유하는 활동을 말한다. PR은 비인간적 매체로 하여금 제품, 서비스, 기업 등을 뉴스나 논설의 형태로 다루게 함으로써 수요를 자극하는 것이다.

...

판매활동의 초기경쟁은 가격이었다. 대량생산으로 가격 경쟁에서 우위를 확보하려고 노력하였다. 따라서 생산과 판매가 기업 활동의 중요한 부분이었다. 생산과 판매의 중요성은 다시 "누구에게 어떻게 팔 것인가?"의 문제로 나아가게 되었다. 이러한 고민에 심리학적 이론이 더해진 것이 바로 광고심리학이다. 현대산업에서 광고는 빠질 수 없는 분야이고, 경제규모에서도 점점 더 많은 비중을 차지하고 있다. 라디오와 TV, 잡지나 신문 혹은 게시판이나 작은 전단지까지 물품과 재화 혹은 서비스 등을 구매하고 소유하며 소비해야 한다는 광고문구들은 쉴 틈 없이 우리들에게 전달된다.

고객의 판매활동을 증진시키는 방법은 기본적으로 두 가지이다. 첫째는 고객의 매장 방문 증가이다. 둘째는 고객 일인당 매상금액의 증가이다. 매상에 영향을 주는 요인은 동선, 체재시간, 멈추는 비율, 구매비율, 구매개수, 상품가격이다. 동선은 상품에 대한 지각기회가 증가되도록 구성하여야 한다. 자연스럽게 매장 전체를 돌아다닐 수 있도록 유도하여야 한다. 체재시간은 천천히 이동하도록 유도하는 것이 유리한데, 매장의 음악이 좌우할 수 있다. 멈추는 비율은 주의를 환기시켜 멈추게 할 필요가 있을 때 사용하는데, POP(point of purchase)에서의 광고 혹은 눈에 띄는 진열이 효과적일 수 있다. 다음으로 구매비율은 제조회사의 광고, 지역판촉활동이 중요한 역할을 한다. 구매 개수는 관련 상품을 주변에 진열(cross-merchandising)하거나 Set 상품(bundle) 등이 유효한 방법이다. 마지막으로 상품가격은 고객이 고가품을 선호하도록 유도하는 것이 하나의 방법이 될 수 있다.

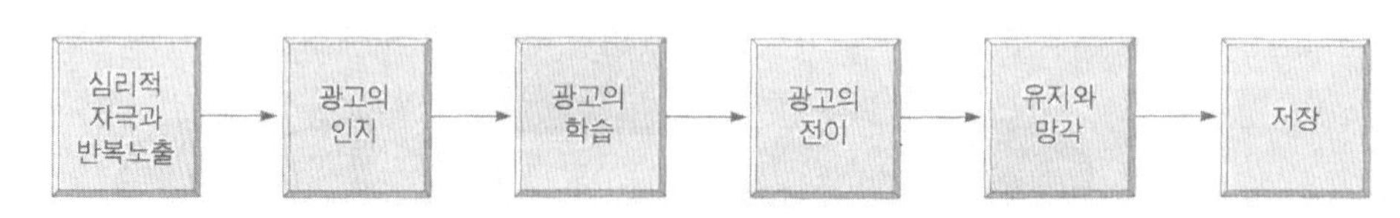

그림 115. 광고정보 단계

XVI. 광고심리학

광고를 상품을 판매하는 좁은 범위로 한정해서 정의 한다면 광고주에 의해, 아이디어, 상품, 재고, 서비스를 유료형태로 인적수단이 아닌 제시 및 촉진활동이다. 따라서 무료 출판물을 통한 활동이나 판매원에 의한 판매촉진 활동과는 구별된다. 다시 말해, 인적수단에 의하지 않는 메시지에 명시된 광고주가 특정사람을 대상으로 행해지는, 상품, 서비스, 아이디어에 관한 정보전달 활동으로 광고주의 관리로 이루어지는 활동이 바로 광고이다.

1. 광고목표와 광고전략

1) 광고목표

광고는 판매촉진과 의사소통, 사회에 미치는 영향을 목표로 한다. 우선 판매촉진은 가장 기본적인 광고목표이다. 광고의 역할은 단기적, 직접적으로 회사의 이익에 공헌하여야 한다. 이러한 판매촉진을 광고를 통해서 성취하기 위해서는 몇 가지 선행조건이 있다. 첫째, 해당 상품이 유리한 수요추세에 있는 것이어야 한다. 둘째, 상품을 차별화할 수 있는 기회가 커야 한다. 셋째, 소비자가 외형적 품질보다 잠재적 품질을 중시해야 한다. 넷째, 강력한 정서적 구매동기가 존재하거나 판매촉진에 기업이 충분한 투자를 해야 한다. 이러한 조건이 갖추어져야만 광고를 통한 판매촉진에 성공할 수 있다.

광고의 목표가 의사소통인 것은 광고는 정보전달 활동이며, 정보를 접하는 사람의 심리적, 정서적 영향을 광고효과로 측정할 수 있기 때문이다. 이러한 광고를 통한 의사소통 단계를 Colley(1961)는 DAGMAR의 5단계로 설명하였다. DAGMAR는 Defining Advertising Goals for Measured Advertising Results의 약자이다. Colley(1961)는 DAGMAR의 5단계는 상품과 기업의 존재조차 모르는 단계(unawareness), 존재의 인지(awareness), 상품내용의 이해(comprehension), 구입하고 싶다는 확신(conviction), 최종 행동(action) 단계의 순으로 구성되어 있다고 한다. 광고의 목표 중에서 사회에 미치는 영향은 광고 자체가 문화적 가치를 가지기 때문에 발생한다. 광고는 오락 제공의 측면이 있다. 기업이나 개인, 생활과 경제, 정치 및 사회에 광고 자체는 오락과 문화적 가치를 제공한다.

2) 광고전략

크리에이티브 전략(creative strategy)이라고 통칭되는 광고표현 전략은 광고주의 입장에서는 마케팅 지향적 행동원리이고, 크리에이티브 전문가의 입장에서는 단순한 행동지침이다. 크리에이티브 전략이란 광고목표를 달성하기 위하여 광고의 표현, 즉 광고물을 어떤 방법으로 제작할 것인가와 관련하여 광고의 테마 및 아이디어 등을 도출하고 그것을 적절히 조합하여 최적의 광고물을 만들어내기 위한 작업이다. 크리에이티브 전략은 다음과 같은 내용을 포함한다.

① 광고목적으로 광고를 통하여 반드시 달성해야 할 것이 무엇인가가 포함되어야 한다.
② 표적대상으로 모든 소비자를 대상으로 하는 광고는 거의 존재하지 않는다.
③ 소비자혜택으로 소비자가 제품, 서비스, 아이디어를 살 때 그 혜택의 핵심이 무엇인가를 포함해야 한다.
④ 지원으로 소비자가 광고에서 제시하는 혜택을 믿게 할 수 있는 합리적인 근거는 무엇인가를 고려해야 한다.
⑤ 톤과 매너로 소비자들에게 영향을 미치기 위하여 광고 분위기를 어떻게 연출할 것인가 등이 고려되어야 한다.

(1) 보편주의 전략

보편주의(common touch) 전략은 카피라이터로 활약한 Leo Burnett의 광고철학이다. 단순함과 평범함을 강조하여 평범한 생활 속에서 소재를 구하고 평범한 인물을 정보출처로 이용하여 친근감을 갖도록 하고 이해하기 쉽도록 간략한 메시지를 설계해야 한다.

(2) 상표이미지 전략

상표이미지(brand image) 전략은 David Ogilby에 의하여 제안된 이후로 가장 각광받은 대표적인 광고 크리에이티브 전략이다. 광고가 성공하기 위해서는 상표에 대한 개성 있고 독특한 이미지를 확립하고 유지해야 하며, 장기적인 상표이미지의 관리를 위하여 모든 광고 캠페인은 이미지와의 일관성이 있어야 한다.

(3) 집행중심 전략

집행중심(execution) 전략은 예술광고의 주창자 William Bernbach에 의하여 제안된 크리에이티브 전략으로 광고의 일차적 과업은 판매하는 것이기 때문에 설득메시지를 의사소통하느냐가 광고평가의 기준이 된다.

(4) 고유 판매명제 전략

고유 판매명제(unique selling proposition: USP) 전략은 Reeves가 제안한 크리에이티브 전략으로 여러 대안 중에서 특정 상표를 사야 되는 이유를 제공할 수 있도록 모든 상품은 타 상품에 비해 독특하게 내세울 수 있는 상품의 고유 판매명제(USP)가 있어야 한다는 것이다.

(5) 기타 크리에이티브 전략

① 상표위상 광고(brand positioning advertising)

상표위상 광고는 상품의 원료 및 성능에는 실질적으로 큰 차이가 없다고 할지라도 자사의 상품이 타 상품들과는 다르다는 심리적인 이미지, 즉 차별화를 부각하여 직접적인 경쟁을 피할 수 있다.

② 제품이탈 광고(product deviation advertising)

제품이탈 광고는 1984년에 일본 ACC 대상을 받은 미라쥬자동차의 목도리 도마뱀 광고처럼 제품과는 실질적인 관련이 없는 내용과 화면 구성을 통하여 제품을 직접적으로 광고하지 않고 간접적으로 혹은 상징적으로 광고하는 것이다.

③ 예고 광고(teaser advertising)

예고 광고의 'teaser'란 약 오르게 하는 사람이나 사물을 말하는데, 정식 제품출시일 이전까지는 제품의 일부분만을 보여주거나 불완전한 정보만을 제공해 소비자의 호기심과 기대감을 높여 최종 광고효과를 극대화하는 것이다.

④ 애니메이션 광고(animation advertising)

애니메이션 광고의 'animation'이란 말의 어원은 라틴어 Anima(생명, 영혼, 정신)로 애니메이션은 사물에 Anima를 부여하는 행위이다.

2. 크리에이티브 실현

1) 소구점과 실현방법

광고의 소구점(appeal point)이란 광고 캠페인에서 상품이나 서비스의 특징 중 소비자에게 가장 전달하고 싶은 특징이다. 소구점은 예상고객의 구매동기를 고려하여 결정되어야 한다. 즉, 광고의 소구점이란 크리에이티브 개념에 입각하여 광고물에서 강조할 내용을 말한다.

(1) 가격과 설득

제품 판매에서 있어서 실질적인 소구는 흥미와 욕구에 관련이 깊다. 작은 요청으로부터 시작해서 보다 큰 요청으로 나아가는 문간에 한 발 걸치기 기법(foot in the door technique)이나 처음에 큰 요구를 했다가 거절당할 때 본 요청으로 승낙하도록 하는 방법인 면전에서 문 닫기 기법(door in the face technique) 등의 주요한 설득 기법이 있다. 낮은 공 기법(low ball technique)은 처음에는 쉬운 공을 던져서 선수가 되도록 하고, 이후에는 높은 공을 던질 때 뛰어서라도 잡도록 책임감을 가지게 하는 전략이다. 집을 보러가거나 자동차를 시승하는 가벼운 접촉으로 구매라는 무거운 접촉을 유도할 때 사용하게 된다. 양면적 설득은 교육수준이 높고, 정보가 풍부하고, 생각이 확실하게 정해져 있지 않을 경우 유효하다.

2) 포지셔닝 전략

포지셔닝(positioning)이란 소비자의 마음속에서 자사의 상표가 경쟁상표와 비교하여 상대적으로 경쟁우위를 확보할 수 있는 위치를 구축하도록 하기 위한 마케팅 노력을 말하며, 소구(訴求)라고 하기도 한다.

(1) 속성(혜택)에 의한 포지셔닝

가장 흔히 사용되는 포지셔닝의 방법으로 자사의 제품, 서비스, 아이디어가 경쟁사의 것과 비교하여 차별적 속성이나 특징을 지니고 있기 때문에 소비자들에게 독특한 혜택을 제공한다는 인식을 심어 주는 것이다. 이를 위하여 주로 사용되는 소구점은 가격, 부가혜택, 상품속성, 신규성, 절약 등이고 실현방법은 과장, 문제해결, 실연, 실증사진 등이 있다.

(2) 사용상황에 의한 포지셔닝

사용 상황에 의한 포지셔닝은 말 그대로 특정한 제품, 서비스, 아이디어의 적절한 사용상황을 묘사하거나 제시함으로써 포지셔닝을 하는 것이다. 이 경우에 주로 사용되는 소구점은 상품속성, 신규성, 부가혜택, 두려움이나 즐거움, 성적 특성, 유머 등이 해당되며, 실현방법은 드라마 및 생활의 단면, 모델 및 대변인, 증언 등이다.

(3) 사용자에 의한 포지셔닝

특정한 제품, 서비스, 아이디어가 특정한 소비자들에게 적절하다고 포지셔닝하는 방법으로 고가격정책을 취할 때 적합하다. 이때 주로 사용되는 소구점은 자기표현, 성적 특성 등이고 실현방법은 은유, 증언 등이다.

(4) 경쟁에 의한 포지셔닝

소비자의 지각 속에 자리 잡고 있는 경쟁제품과 명시적이거나 묵시적으로 비교함으로써 자사제품의 혜택을 강조하는 것으로 비교 광고를 이용하는 방법이다. 구체적인 소구점은 경쟁우위이고 실현방법은 비교 등이다.

(5) 제품군에 의한 포지셔닝

소비자들이 특정 제품군에 대해 좋게 평가하고 있는 경우에는 자사의 제품을 그 제품군과 동일한 것으로 포지셔닝하고, 반대로 소비자들이 특정 제품군에 대해서 나쁜 평가를 할 경우에는 자사의 제품을 그 제품군과 다른 것으로 포지셔닝하는 방법이다.

소구점은 제품속성, 신규성, 근원적 수요 등이고 실현방법은 실연과 비교 등이다.

(6) 틈새시장에 의한 포지셔닝

경쟁적 포지셔닝의 한 방법으로 기존의 제품들이 충족시키고 있지 못하는 시장기회를 이용하는 것이다. 일반적으로 틈새시장은 시장규모가 작기 때문에 비교적 소규모 기업에서 사용되는 포지셔닝 전략이다.

3) 크리에이티브 효과

일반 소비자들은 매일 수백 개의 광고에 노출되지만 그중 대부분은 소비자들의 주의를 끌지 못하며, 소비자들이 주의를 기울일 경우에도 그 메시지의 내용을 오래 기억하는 경우는 드물다. 따라서 광고는 창의성 있는 광고 메시지를 개발하고, 효과적인 매체를 선택하여 소비자들이 광고에 노출되고, 주의를 기울이며, 메시지를 이해하고 기억할 수 있도록 하여야 한다.

(1) 정보출처효과

소비자에게 전달되는 메시지가 동일한 것이라고 하더라도 그 정보를 누가 전달하는가에 따라 소비자들의 메시지에 대한 수용도나 해석에 있어 많은 차이를 보일 수 있다. 이것을 정보출처효과라 한다. 소비자행동에 영향을 미치는 정보출처와 관련된 변수들 중에서 대표적인 것은 정보출처의 신빙성과 매력도이다. 정보출처의 신빙성이란 소비자들이 메시지의 전달자에게서 느끼는 전문성과 진실성을 말한다. 정보출처의 매력도는 정보출처가 소비자에게 호감을 주는 정도와 소비자가 정보출처를 얼마나 자기 자신과 유사하게 느끼는가에 의해서 결정된다. 정보출처의 매력도가 높을수록 메시지의 수용도가 증가하게 된다.

(2) 메시지효과

메시지 자체의 특성과 그것이 제시되는 방식도 커뮤니케이션의 유효성에 영향을 미치게 되는데, 이를 메시지효과라 한다.

① 이성 대 감성

오늘날의 연구는 이성과 감성을 구분하려고 노력하기보다는 정서적 각성수준에 따른 효과를 밝히는 데 관심을 갖는다. 비교 광고는 자사상품과의 대비를 위해 경쟁상품 또는 상표명을 명시적으로 거명하는 광고를 말한다. 유머광고는 소비자들을 설득하기 위해 널리 사용되는 방법이다. 공포광고는 소비자에게 어떤 제품의 사용이나 비사용으로 인한 위험이나 손해를 알리려고 하는 것이다.

② 이미지 대 수치

개별적인 이미지의 생생함이 통계적 수치보다 훨씬 더 설득적이다.

③ 일방주장 대 양방주장

메시지를 전달하는 사람과 동일한 의견을 지니고 있는 사람에게 일방적 접근방법이 효과적이지만, 반대의견을 가지고 있는 사람에게는 양방적 접근방법이 효과적이다.

④ 초두효과 대 최신효과

메시지가 제시되는 순서가 그것들이 얼마나 호의적으로 지각되는가에 영향을 미칠 수 있다. 초두효과와 최신효과에 의하여 가능한 한 좋은 내용은 처음과 마지막에 제시하는 것이 좋다.

⑤ 불일치의 크기

일반적으로 메시지와 청중의 태도 간에 불일치가 비교적 적을 때 태도를 변화시키는 경향이 더 많다.

(3) 매체효과

광고를 통해 메시지를 전달하려면 메시지가 의도한 대로 표적청중에게까지 전달될 수 있는 매체를 선택하는 일이 매우 중요하다. 잡지의 경우에는 정보제공보다는 이미지를 전달하기에 적절하고, 전문잡지의 경우에는 구체적인 상품정보를 실어 이미지보다는 제품정보를 제공하는 것이 적절하다. 방송매체는 이미지나 상징적인 메시지를 전달하는 데 효과적이고 인쇄매체는 정보전달을 위한 매체로 사용하는 것이 바람직하다.

3. 광고평가

광고의 평가란 광고의 유효성을 측정하는 것이다. 광고를 평가하기 위해서는 전반적인 마케팅 목표의 공헌도와 광고의 수행수준이 고려되어야 한다. 전반적인 광고목표의 공헌도란 광고가 전반적인 마케팅 목적에 얼마나 공헌하는가를 검토하는 것에 초점을 맞춘 것이다. 광고의 수행수준이란 광고가 소비자들에게 영향을 미치는 과정으로 수신, 이해, 반응의 세 가지 수행수준에서 검토되어야 한다.

광고는 기업의 입장에서 볼 때 비용, 투자, 자산의 역할을 한다. 비용이라 함은 광고비처럼 하나의 마케팅 비용이라는 점이고, 투자라 함은 광고의 지속적이고 누적적인 효과가 판매에 영향을 비칠 수 있다는 것이며, 자산이라 함은 광고가 상표의 자산 가치를 축적하는 데 중요한 역할을 한다는 것이다. 따라서 광고가 이런 역할을 잘 수행하고 있는지를 평가할 수 있어야 한다.

1) 광고 자체에 대한 평가

광고자체에 대한 평가로 주로 인쇄광고에 많이 사용되는 광고개념검사와 방송광고에 많이 사용되는 커머셜검사가 있다. 광고개념검사는 다시 카드광고개념검사, 포스터검사, 레이아웃검사가 있다.

(1) 광고개념검사

광고개념검사는 크리에이티브 전략에 대한 표적대상의 평가이다. 광고의 표적대상에 의하여 수용 정도에 따라서, 좋은 아이디어와 나쁜 아이디어로 구분하고, 수용이나 거부를 동기화시키는 요인들에 대한 통찰을 제공한다.

① 카드광고개념검사

카드광고개념검사(card concept test: CCT)는 말 그대로 하얀 카드 위에 헤드라인과 바디카피를 제시하여 소비자의 반응을 얻는다. 이때 각각의 광고개념은 개별적인 카드에 제시한다. 그러나 이 방법은 유머와 같이 무드가 많이 반영되는 경우엔 사용하기 어렵다.

② 포스터검사

포스터검사(poster test: PT)는 CCT에 포함된 것에 부가하여 단순화된 일러스트레이션을 추가한 작은 포스터를 제시하여 소비자의 반응을 얻는다.

③ 레이아웃검사

레이아웃검사(layout test: LT)는 인쇄광고의 개략적 시안이나 문안을 수반하는 TV 광고의 Artwork를 보여 주고 반응을 얻는다. CCT나 PT와는 달리, 레이아웃 검사는 전체적인 카피와 일러스트레이션이 포함된 거의 완결된 형태의 광고 테스트로, 기본적인 광고개념을 측정하기보다는 의사소통, 이해, 혼동과 같은 보다 미묘한 영향요인을 측정하는 것이 목적이다.

(2) 커머셜검사

커머셜(commercials)은 TV 및 라디오 광고를 지칭하는 말로 라디오의 경우 CM과 동의어로 쓰이고 TV의 경우 CF와 동의어로 쓰인다. 커머셜검사는 필름이나 비디오테이프에 대한 광고평가로 네 가지 범주 중의 하나에 해당한다.

만화나 실제 그림으로 작업한 것을 Animatics, 필름상에 연속적으로 사진들이 제시되는 것을 Photomatics, 최종 커머셜과 가깝게 만들어진 것으로 필름이나 테이프로 제시되는 것을 Liveamatics, 시각적 기법을 실험하기 위한 것으로 다른 커머셜의 필름에서 추출한 것을 Ripamatics라 한다.

2) 커뮤니케이션 효과에 대한 평가

(1) 광고사전검사

광고사전 검사는 광고를 대중에게 선보이기 전에 이루어지는 평가로, 직접평정, 포트폴리오검사, 실험실검사 등으로 구분된다. 직접평정은 소비자 패널 혹은 광고 전문가에게 평가할 광고물을 보여준 다음에 광고의 제작상의 특성이나 의도된 목적에 관한 반응을 얻는 것이다.

포트폴리오검사는 소비자에게 여러 가지 광고물을 나누어 주고 원하는 시간만큼 보게 한다. 그 다음에 보았던 광고에 대한 기억테스트를 실시하는 데 가능한 많은 내용을 기억해내도록 한다. 실험실검사는 소비자의 맥박, 혈압, 안구운동, 긴장도 등에 대한 생리적 반응을 측정하는 방법이다.

(2) 광고 사후검사

광고사후 검사는 광고매체를 통하여 집행된 광고가 대중들이나 표적대상들에게 얼마나 잘 기억되는가 혹은 어떤 생각이나 느낌을 주었는가를 알아보는 광고평가로 재인검사, 회상검사, 의견검사 등으로 나뉜다. 재인검사는 신문, 잡지, 라디오, 텔레비전 등의 광고매체에 집행된 광고를 소비자에게 보여준 후 그 광고를 본 적이 있는가를 알아보는 것이다. 회상검사는 집행된 광고를 의도했던 소비자들에게 기억해 보라고 요청한 후에 그 반응을 살펴보는 것으로 보조회상 검사와 비보조회상 검사로 구분된다. 의견검사는 주어진 광고에 대한 소비자의 전반적인 인지적이거나 정서적인 측면들에 대한 반응을 알아보는 것이다.

• • •

산업심리학자들은 자동차의 손잡이나 조정장치가 더 편리하게 작동될 수 있도록 설계하는 데 기여하기도 한다. 도로표지판의 글자크기와 형태 색상 등도 산업심리학 연구의 결과물이다. 이러한 도구나 기계에 꼭 산업심리학적 접근이 필요한가에 대해서 의문이 생긴다면 1987년 사고를 생각해자. 1987년 Persia만에서 미 해군 순양함 Vincennes호는 이란의 민간 항공기를 피격하게 된다. 레이더에 잡힌 비행물체의 정보가 모호하게 인식되었기 때문이다. 접근하는 비행체가 하강하는 것이라면 자신들을 공격할 수 있다고 판단한 Vincennes호는 미사일을 발사하였다. 그러나 비행체는 민간 항공기였고, 하강하는 것이 아니라 상승하는 것이었다. Persia만의 안타까운 참사는 기계와 컴퓨터를 기반으로 하는 현대 사회에서 공학적 측면의 접근이 필요한 이유를 보여준다.

오늘날의 공학심리학의 중요성은 점점 더해지고 있다. 초음속 비행기와 복잡한 무기들을 관리할 수 있는 안전한 조작 장치가 필요하기 때문이다. 인간이 실수하지 않고 복잡한 기계를 다룰 수 있어야 하는 경우가 점점 더 많아지고 있다. 아무리 멋진 제품이라도 사용이 불편하게 디자인 되었다면 생활의 장애가 될 수도 있다.

XVII. 공학심리

공학심리(engineering psychology)는 기본적으로 인간 능력의 한계에 관한 심리학적 내용을 다룬다. 실수를 줄이고 생산성을 향상시켜서 작업 활동의 능률과 효과를 극대화시키는 것이 목적이다. 구체적으로는 안정성을 향상시키고 피로와 스트레스를 감소하고 안락감 증가, 사용자의 만족, 작업 만족, 삶의 질 향상을 통해서 바람직한 인간 가치를 창조하는 것을 목표로 한다. 공학심리학은 미국 이외 지역에서는 인간공학(Ergonomics)이라고 불리기도 한다.

1. 공학심리의 의의와 역사

1) 공학심리란

공학심리는 인간 능력 한계, 특징, 행동, 제품 사용자의 만족과 작업 동기에 관한 관련 지식을 구조적으로 활용한다. 공학심리는 몇 가지 원리를 가지는데 첫째, 물건, 기계는 인간을 위해 제작되어야 하고 사용자를 염두에 두고 제작되어야 한다. 둘째, 인간 능력 한계의 차이점을 인식하고 활용되어야 한다. 셋째, 제품과 디자인이 인간 행동과 번영에 직결된다. 넷째, 실증적인 자료와 평가에 중점을 둔다. 다섯째, 인간 행동에 관한 기본적 데이터와 가설 검증을 위해 객관적 자료와 과학적 방법에 의존한다. 여섯째, System orientation 및 제품, 공정, 환경, 인간이 별개일 수 없다는 인식이 주요하다고 본다.

그리고 공학심리학은 인간공학적 오해 가능성을 불식시키기 위해서 노력한다. 단순한 체크리스트 지침을 적용하는 것이나, 제품을 디자인하기 위한 모델을 개발하는 것이 아니라 실수와 사고를 예방하고 줄이는 것이 목적인 지침과 디자인을 개발한다는 것이다. 공학심리의 핵심은 인간과 도구, 즉 인간과 기계의 차이점을 인식해야 한다는 데 있다. 인간공학은 단순히 지식을 정리하여 만들어낸 장난감을 다루는 것이 아니라, 인류 문명을 창조하고 확장하는 도구와 인간의 관계를 심리적으로 살펴보는 작업을 수행하는 학문인 것이다.

2) 공학심리 발달과정

최초의 공학심리학적 연구는 Gilbreth 부부의 동작 연구이다. 이후 2차 세계대전 중에 첨단 무기와 인간 행동에 관한 연구가 공학심리학이 탄생하는 계기가 되었다. 1945년 2차 세계대전이 종전되면서 미국 Army Air Corporation(나중에 U. S. Airforce)에 공학심리학 연구실을 설치하였다. 1949년에는 Ergonomics research society(현재 Ergonomics society)가 영국에서 설립되었다. 1957년에는 Ergonomics research society에서 논문집

Ergonomics를 출간하게 된다. Human factors society가 발족하면서 미국 심리학회(APA) 하위 분과로 편입된다. 1959년에는 International ergonomics association이 결성된다.

1960년대에는 항공 우주산업의 확장이 공학심리 발전에 중요한 역할을 수행하게 된다. 1980년대까지 제약부분, 컴퓨터, 자동차, 소비재 제품 생산 등에서도 인간공학의 역할이 증대되었다. 1980년대 이후부터는 컴퓨터와 재해, 소송 등도 공학심리가 접근하게 된다. 컴퓨터와 인공지능 발달, 1979년 Three mile 섬 핵발전소 사고, 1984년 인도 보팔 유니온 카바이드 공장 유독가스 사고로 4천 명 사망, 20만 명 부상, 1986년 러시아 체르노빌 핵발전소 사고로 300명 이상 사망 등에 공학심리 이론과 관리체계가 적용되었다. 1990년 이후에는 미국의 Occupational safety and health admiral(OSHA), Federal aviation admiral(FAA) 등의 기관에서 공학심리학 연구에 집중적인 투자를 하고 있다.

2. 오류(Error): 실수와 착오 그리고 위반

Ross(1980)의 연구에 따르면 사고와 관련된 인간 원인은 여러 조사에서 60% 이상을 차지하는 것으로 나타나고 있다. 좀 더 구체적으로는 미사일 검사에서 고장의 40%가 인간적인 오류가 원인이라고 지적된다. 선박충돌과 좌초의 63.5%, 항공기 사고의 70%가 인간이 저지른 오류 때문에 발생한다고 밝히기도 했다. Rasmussen(1983)은 원자력 발전소에서 발생하는 200가지의 사고를 분류하여 어떤 실수가 발생하는지 조사하였다. 연구 결과, 가장 많은 실수는 작업자가 해야 하는 행위를 생략하는 것(42%)으로 나타났다. 부주의가 원인으로 지목되는 이러한 오류들은 설비 유지와 관련된 숙달된 작업 행동에서도 발생할 수 있다.

위험이 사고에 도달할 수 있도록 하는 인간 행동을 오류라고 정의할 때, 오류는 심리내적 원인에 따라 실수나 착오 및 위반과 실책 등으로 세분화해서 구분할 수 있다. 착오(Laps)는 의도하지 않은 오류를 나타내는 것이다. 의도성이 없는 단순한 실수를 말한다고 보면 된다. 착오는 실제 행동으로 나타나지 않는 경우가 많아서 당사자만이 인식하는 경우가 많다. 주로 고의성도 없고 위험성도 없지만 당황하게 하는 행동으로 주의나 기억의 문제로 발생하게 되는 행동을 말한다. 실책(Mistake)은 부적절한 주의를 반영하는 것으로 부적절한 의도에서 발생하는 실수를 말한다. 부정확한 정보에서 출발하여 잘못된 판단이나 계획 때문에 어떤 행위가 진행되지만 그 계획에서부터 결과까지 좋지 않은 상태를 말한다. 다음으로 실수(Slip)는 일반적으로 행위자가 의도하지 않았고 어떤 기준에 맞지 않는 것이다. 시스템이 납득할 수 있는 한계를 넘어서 잘못 작동되는 경우를 말하기도 한다. 실수는 고의성이 없는 위험한 행동을 지칭하며, 행위자의 의도와 맞지 않는 행동을 말한다. 의도하지 않았던 말이 튀어나는 말실수 등이 실수의 대표적인 예이다. 위반(Violation)은 고의성이 있는 위험한 행동이다(Parker, Reason, & Manstead, 1995). 오류에 대한 세분화된 구분은 사고나 재난의 발생 이후 원인을 분석하거나 예방을 위한 연구를 위해서 하는 것이다.

1) 시스템

시스템이란 인간, 기계 그리고 다른 요인이 각각 독립적으로 성취할 수 없는 어떤 목적을 위해 같이 적용하는 것을 의미한다. 인간 행동의 3가지는 시스템은 수동(manual), 기계(mechanical), 자동(automated)의 3부분으로 나누어볼 수 있다. Manual 시스템은 동력으로서 인간의 신체적 힘을 중요시한다. Mechanical 시스템은 동력이 장치된 도구 사용이다. Automated 시스템은 인간 장치, 프로그램 유지 보수를 말한다. 시스템의 기능은 첫째, 정보입력, 정보저장, 정보처리와 판단, 행동이다. 시스템 기능에 문제가 생기면 오류가 발생하게 된다. 즉, 정보입력 단계, 정보저장 단계, 정보처리와 판단 단계, 행동 단계의 문제가 바로 오류이다.

2) 오류(Error)

인간은 실수하는 존재이다. 인간의 속성에는 오류가 포함된다. Hawkins(1993)의 연구에 따르면 인간은 다이얼식 전화를 사용할 때 20회 중 1회, 단순 반복 작업에서는 100회에 1회 그리고 잘 정비된 환경에서도 1,000회의 활동 중 1회는 오류를 발생시키는 것으로 나타난다. 인간이 발생시키는 오류는 다음의 4가지 특성을 가진다.

첫째, 오류는 매우 비슷한 상황에서 자동화된 수행을 할 때 주로 발생된다. 둘째, 대다수의 오류(40%)는 진행 중인 행동의 결정적 지점에서 자동화된 행동이 끼어들면서 발생한다. 즉, 강한 습관이 오류를 발생시킨다. 셋째, 모든 상황에서 강한 습관이 끼어들 수 있다. 습관화된 행동이 필요 없을 때나 습관 행동의 일부 수정이 필요할 때도 습관에 의한 오류가 발생할 수 있다. 넷째, 전체를 이루는 부분들의 순서를 혼동해서 오류가 발생한다. 즉, 부분 동작의 생략이나 착오로 오류가 발생한다.

Swain과 Guttmann(1983)은 주로 원자력 발전소에서 일어나는 오류 유형에 대해서 조사하였다. 연구를 통해 오류를 5가지 종류로 분류하였다. 5가지 오류는 다음과 같다.

첫째, 필요한 절차를 수행하지 않아서 생기는 오류(생략 오류).
둘째, 필요한 절차의 수행이 지연되어서 생기는 오류(시간 오류).
셋째, 필요한 절차의 불확실한 수행으로 생기는 오류(실행 오류).
넷째, 필요한 절차의 순서를 잘못 이해해서 생긴 오류(순서 오류).
다섯째, 불필요한 절차를 수행함으로써 생기는 오류(부적절 행동 오류)이다.

大島(1982)는 오류를 행동과정에 따라 구분하였는데, 오류 발생을 정보의 입력(Input)-결정(Decision Making)-출력(Output)-피드백(Feed back) 과정으로 분류할 수 있다고 보았다. 좀 더 구체적으로 大島(1982)은 오류의 종류를 6가지로 구분하였다. 첫째는 입력과정의 오류이며, 둘째는 정보처리 과정에서의 오류, 셋째는 의사결정 과정에서의 오류, 넷째는 출력 지시 단계에서의 오류, 다섯째는 출력에서의 오류, 여섯째는 피드백 과정에서의 오류이다. Rook(1962)는 제품의 설계단계에서 적용될 수 있는 오류의 종류로 인간공학적 설계 오류, 제작 오류, 검사 오류, 설치 및 보수 오류, 조작 오류, 취급 오류를 제시하였다.

(1) 오류에 대한 접근 방법

오류에 대한 과학적 접근은 크게 개연적 접근과 인과적 접근으로 이루어진다. 개연적 접근(Probabilistic approach)은 전체 체계의 신뢰성에 대한 추정치를 제공하는 방식으로 인간의 신뢰성을 측정하려고 하는 전문가들에 의해서 제기된 접근방법이다. 특수한 형태의 작업과 절차에 종사하는 사람들의 실패율을 통해서 위험 정도를 평가하는 방식이다. 즉, 얼마나 오류가 사고를 발생시키는 데 영향을 미쳤는가를 살펴봄으로써 오류 속의 위험을 평가한다.

인과적 접근(Causal approach)은 오류가 발생하는 원인에 집중하는 접근방법이다. 인과적 접근은 모든 오류에는 원인이 존재하기 때문에 오류를 발생시키는 상황들을 알 수 있다는 가정에 기초한다. 오류에 대한 인과적 고려를 한 연구에서 Singleton(1973)

은 여러 가지 가설들을 논의하는 다양한 심리학적 이론들을 고찰하였다. 연구 결과, 인과적 접근은 사고 발생 원인에 대한 것뿐만 아니라 인간이 저지르는 오류의 다양한 발생 요인들에 대해서 설명해준다.

(2) 오류 발생요인

오류가 발생하는 이유는 다양하다. 직장에서의 인간 오류는 인간 특성과 교육 훈련의 문제, 직장 환경의 문제, 작업 특성, 설계 문제 등으로 구분된다. 인간특성은 경험부족이나 능력 결여, 성격과 습관, 부적절한 신체조건, 낮은 동기부여 등이 원인이 되는 오류로 분류된다. 교육훈련의 문제는 부족한 교육 및 훈련시간, 부적절한 지침서 및 정보의 부족, 의소사통의 부족 등이 원인이 되는 오류이다. 직장환경의 문제는 무리한 작업시간 운영, 미숙한 작업계획, 낮은 유대감, 부적절한 작업 기준, 신뢰가 낮은 노사관계 등이 원인이 되는 오류이다. 작업특성은 다루기 힘든 기계나 도구, 복잡한 작업 공정, 정보공유 문제에 따른 상황파악의 어려움, 혼란스런 신호, 지속적인 긴장 등이 원인이 되는 오류이다. 설계 문제는 난해한 신호, 낮은 적합도 장치, 공간설계의 문제 등이 원인이 되는 오류이다. 오류의 발생을 줄이기 위한 안전 설계 기법은 오류를 범할 수 없도록 하는 배타 설계(Exclusion design)와 오류를 범하기 어렵도록 하는 보호 설계(Preventive design) 그리고 오류 가능성은 감소시킬 수 없지만 오류의 결과를 감소시킬 수 있도록 하는 안전 설계(Fail-safe design) 등이 있다.

(3) 오류를 줄이기 위한 가이드라인

오류를 줄이기 위해서는 제품이나 도구의 디자인에서부터 몇 가지 원칙이 필요하다. 이창우, 김영진과 박창호(1996)는 오류를 줄이기 위한 디자인 4원칙을 다음과 같이 제시하였다.

① 오류의 원인을 파악하고 최소화하도록 디자인한다.
② 원상태로 되돌릴 수 있도록 디자인한다. 원상태로 되돌릴 수 없다면 조작을 어렵게 하라.
③ 오류를 발견하기 쉽고 고치기 쉽게 디자인한다.
④ 오류의 원인을 사용자가 아니라 디자인 단계에서부터 파악하도록 한다.

오류가 사람이 아니라 디자인이 원인이라고 볼 수 있는 대표적인 사례로 미국의 자동차 안전띠의 제품 디자인을 들 수 있다. 한때 미국에서는 자동차를 탑승할 때에 안전띠를 착용하지 않으면 시동이 걸리지 않도록 장치를 고안한 적이 있었다. 안전띠 착용을 강제하기 위한 디자인이었지만 사람들은 곧 정비소에서 안전띠와 자동차 시동이 연동되도록 하는 장치들을 떼어내기 시작했다. 안전을 담보하기 위한 너무 강력한 디자인이 문제를 만들어낸 것이다.

Nielsen(1993)은 사용성에 보다 많은 중점을 두는 디자인의 원칙을 10가지로 제시하였다. 첫째, 단순하고 자연적인 상호작용이다. 간단할수록 탐색의 부담이 줄어들게 된다. 사용자의 과제와 인터페이스는 가능한 한 자연스럽게 대응이 되어야 하는데, 이를 위해서 지각조직화와 주의의 원리를 응용해야 한다. 둘째, 사용자의 언어로 말해야 한다. 시스템이 아닌 사용자의 관점에서 말하고, 사용자의 개념 모형에 잘 대응하는 적절한 비유를 활용해야 한다. 전문어, 외국어, 비표준어를 사용해서는 안 된다. 셋째, 사용자의 기억부담을 최소화해야 한다. 회상보다는 재인이 쉬우므로, 가시성을 높여야 한다. 이것을 위해서는 내정값(Default value), 범위, 단위 등을 제공하는 것이 좋다. 넷째, 일관성을 가져야 한다. 기호와 의미 지각과 조작의 대응을 일관적으로 해야 한다. 같은 문제가 과제, 기능 구조 등에도 적용된다. 표준에만 의지해서는 안 된다. 다섯째, 피드백을 주어야 한다. 오류가 발생할 때에만 피드백을 주는 것이 아니라, 긍정적 피드백도 필요하다. 피드백은 사용자 인터페이스 변화를 실시간으로 반영하고, 의미 있는 정보적 피드백을 주어야 한다. 여섯째, 출구를 분명히 표시해야 한다. 언제든지 현 상태에서 빠져나가거나 원 위치로 돌아올 수 있다면 탐색이 촉진될 것이다. 그리고 시스템은 사용자의 가장 최근 행동에 우선적으로 반응해야 한다. 일곱째, 지름길을 만들어두어야 한다. 생략, 기능키, 핫키, 더블클릭, 구조 생성기, 미리 입력하기, 이전 상호작용 재사용, 내정 값 등을 활용하는 것이 방법이다. 여덟째, 오류 메시지를 잘 만들어야 한다. 오류를 알려줄 뿐만 아니라 시스템을 더 잘 이해하는 데도 필요하다. 오류 메시지는 사용자의 언어로 정확하고 정중하게 그리고 문제 해결에 도움이 되도록 전달해야 한다. 아홉째, 확인을 최소화해야 한다. 사용자의 조작에 대한 확인을 너무 자주 요구하면 응답이 자동화되는 오류가 생긴다. 열 번째, 도움 기능 및 문서를 만들어야 한다. 사용자는 매뉴얼을 거의 읽지 않는다. 과제 중심적이고 찾아보기식의 온라인 매뉴얼이 필요하다. 매뉴얼의 양보다 질이 중요하다. 사용자 중심의 관점에서 수준에 따라 여러 단계의 매뉴얼을 준비하는 것이 좋다.

Norman(1988; 1990)은 제품, 기계 또는 설비의 디자인에 있어서 사용자 중심의 디자인이라는 개념을 발전시켰다. 인간과 기계 시스템 즉 디자인은 상호작용을 통해서 오류를 줄 일 수 있다고 보았으며, 이에 대한 7가지 원칙을 다음과 같이 제시하였다. 첫째, 머릿속 지식과 세상 속의 지식을 모두 이용해야 한다. 사용자가 시스템에 대해 가지고 있는 심상이 시스템이 드러내는 외적 이미지와 일치할 때 효율적으로 수행할 수 있다. 둘째, 과제의 구조를 단순하게 구성해야 한다. 과제들이 서로 비슷하거나 숨겨져 있는 것을 가시적으로 만들어야 한다. 이것을 위해서는 자동화 하는 것이 좋다. 그러나 자동화를 하더라도 반드시 통제할 수 있는 장치를 마련해야 한다. 셋째, 일이 가시적이게 만들어야 한다. 이것을 위해서 실행 간격과 평가 간격을 좁혀야 한다. 실행 가능한 행동들은 사용자의 의도와 일치하도록 하여야 하고, 시스템의 상태는 즉시 지각될 수 있고 해석될 수 있어야 한다. 넷째, 대응관계가 올바르게 만들어야 한다. 의도와 행동, 시스템 반응, 시스템 상태에 대한 사용자의 대응이 쉬어야 한다. 다섯째, 자연스러운 제약 및 인공적 제약의 위력을 활용해야 한다. 물리적, 의미적, 논리적, 문화적 제약들은 가능한 행동들의 수를 줄여 준다. 여섯째, 만일의 오류에 대비한 디자인을 해야 한다. 이것을 위해서 오류의 발생원인, 복구 등을 가능하게 하고 비가역적인 행동은 어렵게 만드는 것이 좋다. 일곱째, 이 모든 것이 어렵다면 표준화시키는 것이 대안적 방법이 된다.

(4) 오류의 영향력 줄이기

오류의 영향력을 감소시키는 것도 오류를 줄이는 한 가지 방법이 될 수 있다(Senders & Moray, 1991). 오류의 영향력을 감소시키기 위해서는 3가지를 염두에 둘 필요가 있다. 첫째, 시스템이 잠시라도 오류의 효과를 흡수할 수 있도록 장치되어야 한다. 둘째, 작업자가 오류를 저지를 가능성을 알게 하고 또 인정할 수 있도록 훈련하여야 한다. 셋째, 오류가 생기면 어떤 식으로든 피드백을 주어 작업자가 행동을 바꾸도록 하여야 한다.

3. 오류 이론

1) Norman의 스키마 지향성 이론(Schema-oriented Theory)

Norman(1990)은 오류의 스키마-지향성 이론을 발달시키면서 실책(Mistake)을 부적절한 의도에서 발생한 오류로 정의하였고, 착오(lapse)를 예기치 않은 오류로 정의하였다. 그리고 실수(slip)에 대해서 연구주제로 삼았다. 일상생활에서 발생하는 1,000개의 실수(slip)를 수집하고 행위와 일차적으로 결합되는 오류를 분석하였다. Norman(1990)의 스키마 이론에서 실수(slip)의 기본적 분류는 세 가지의 주제에 대한 것이다. 세 가지 주제에 따른 오류의 종류는 첫째, 의도 형성에 따른 오류와 둘째, 잘못된 활성화에 의한 오류 그리고 셋째, 잘못된 촉발에 의한 오류이다. 각각은 오류 형성 과정에서 차이를 가진다.

(1) 의도 형성 오류

의도 형성에 의한 오류는 사용방식 오류(mode error)를 말한다. 사용방식 오류(mode error)는 적당하지 않은 행위가 뒤따라 발생하면서 나타나는 오류이다. 예를 들어 컴퓨터 자판을 사용하다가 마치 타자기의 carriage를 옮기려고 시도하는 행동을 하는 것과 같은 오류를 말한다. 또 다른 형태의 사용방식 오류(mode error)는 기억 정보의 선택에서 불명확성이 높아질 때 발생하기도 한다. 이러한 불명확성은 모양과 색깔이 비슷한 펜 뚜껑을 바꾸어 덮는 경우나 쓰레기통의 모양이 비슷해서 폐휴지통에 병을 버리는 것과 같은 오류를 말한다.

(2) 잘못된 활성화

기존 지식체계의 의도치 않은 활성화는 기대하지 않은 행동이 발생하는 오류의 원인이 된다. 기존 지식체계의 잘못된 활성화를 막기 위해서는 활성화가 촉발되지 못하도록 하는 것이 방법이 될 수 있다. 잘못된 활성화가 만들어낸 오류의 종류에는 포획 오류와 연상 활성화 오류 그리고 연합 실수가 있다. 첫째, 포획 오류(capture error)는 상황과 부분적으로 결합되는 친근한 정보에 사로잡히면서 발생하는 오류이다. Norman(1990)는 포획 오류의 예로 저녁 식사를 위해 옷을 갈아입으려고 침실로 갔다가, 침대에 사로잡혀

식탁으로 돌아오지 않고 누워 있는 사람을 들고 있다. 둘째, 연상 활성화(association activation) 오류는 정보에 사로잡힌 형태로 발생하는 실수(slip)를 말한다. 연상 활성화 오류는 외부적인 자극에서부터 시작한다. 예를 들어, 전화를 건다는 외부적인 사건 자극 이후에 컴퓨터 패스워드를 입력할 때 방금 전에 건 전화번호를 입력하는 것이다. 이러한 연상 활성화는 포획 오류와 차이가 있다. 포획 오류에서는 연속적으로 행해지는 행동들 간에 어떠한 형식적인 유사성이 없다. 포획 오류를 일으키는 연속된 행동들 간에는 단순하면서 강한 연합만이 필요하다. 하지만 연상 활성화 오류는 실수를 일으키는 행동이 유사성을 가진다.

연합 실수(associative slip)는 수동기어 변환장치가 되어 있는 자동차를 자동기어 변환장치가 된 자동차처럼 운전하게 되는 실수를 생각해보면 된다. 운전사가 자동기어 변환기를 수동 기어 변환기처럼 조작하려고 하는 것은 기억과 자동화된 동작들 간의 연합 실수가 만들어낸 오류이다. 활성화된 기존 지식체계들이 망각되거나 간섭하면서 현재 행동에서 오류가 발생하는 것이다. 다음은 연합 실수(associative slip)의 여러 가지 형태들이다.

① 의도를 망각하기
② 구성 성분의 순서를 바꾸기
③ 작업 절차에서 단계를 뛰어넘기
④ 일련의 순서에서 단계를 반복하기
⑤ 어떤 초기 단계로 일련의 순서를 다시 시작하기

(3) 잘못된 촉발

잘못된 촉발로 인한 실수(slip)는 잘못된 시기에 촉발되는 것이나 촉발되어야 할 때 촉발되지 못하는 것을 나타낸다. Norman(1990)은 두음전환이라고 불리는 언어적 구성요소들의 순서를 바꾸는 오류를 대표적인 예로 들고 있다. 두음전환은 언어적 오류를 말하는데 프로이드는 이러한 오류 현상이 무의식적 욕구의 반영이라고 주장하였다.

Norman의 이론을 종합해보면, 오류를 의도 자체가 잘못된 오류와 의도는 정확했지만 행동이 잘못된 오류(action slip)로 구분하고 있다. 실책(mistake)은 행동 자체는 의도에 맞게 이루어졌기 때문에 고의성은 없는 오류이다. 예를 들어 다림질을 하다가 전화기가 울리자 들고 있는 다리미를 귀에 대는 경우라고 볼 수 있다. 하지만 의도가 있었던 없었던 간에 사고의 결과는 심각할 수 있다. 위에서 예로 든 다리미 사고를 생각해보자. 개인 신체 손상만 보더라도 심각할 수 있고, 자칫 화재나 연쇄적인 문제를 야기할 수도 있다.

2) Rasmussen의 수행수준 이론

Rasmussen(1983)은 인간의 행동을 세 가지 수준으로 분류하였다. 첫 번째 수준은 기능에 바탕을 둔 행동(Skill-based performance)이며, 두 번째 수준은 규칙에 바탕을 둔 행동(Rule-based performance)이다. 그리고 세 번째 수준은 지식에 바탕을 둔 행동(Knowledge-based performance)이다.

첫 번째 수준인 기능에 바탕을 둔 행동(Skill-based performance)은 부드럽고 고도로 통합된 행동 패턴을 말하는데, 의식적 통제 없이 발생하는 자동화 된 감각-운동 과정이나 인지수행에서 발생하는 오류를 말한다. 주로 의도치 않은 오류인 실수(slip)가 여기에 해당한다.

이러한 오류는 낮은 수준의 인지에서 상당히 빠른 양식으로 자극을 반응과 결합시키기 때문에 발생하게 된다. 환경 정보나 신호가 직접적인 의미를 가지지는 않지만, 적당한 행동을 촉발하게 하는 단서로서의 기능을 하기 때문에 기능에 바탕을 둔 오류(Skill-based error)는 힘이나 공간 또는 시간 좌표의 변화성과 관계가 있다. 기능에 바탕에 둔 행동은 지식체계가 잘못 촉발되거나 기술적이고 자료 주도적인 오류를 발생시킬 수 있다. 예를 들어, 이름을 잘못 부른다거나 휴대용 가스버너를 챙긴다는 것이 공구 상자를 챙기는 등의 실제 행동까지 이루어지는 오류를 말한다.

두 번째 수준인 규칙에 바탕을 둔 행동(Rule-based performance)은 작업 기억에 있는 규칙들의 계층이 활성화됨으로써 일어나는 것이다. 사람들은 규칙들을 탐색한 후, 적당한 규칙 또는 묶음으로서 규칙들을 수행한다. 친근한 작업 상황에서 자동화된 하위 과정들이 순서를 결정하게 되는데, 외부적 자극이나 의사결정의 규칙들에 의해 통제된다. 신호(Sign)는 숙련된 하위과정들의 순서를 통제하거나 수정하는 데 사용된다.

예를 들어, 상황판단을 잘못하거나 의사결정 단계에서 오류가 발생하는 것이다. 행위와 계획까지는 정확했지만 부적절한 행동을 계획하여서 발생하는 실책(mistake)이 대표적인 규칙에 바탕을 둔 행동(Rule-based performance)이 발생시킨 오류라고 볼 수 있다. 이러한 오류 형태는 주로 친근한 상황에서 발생한다. 잘못된 분류나 잘못된 재인 혹은 과제에 잘못된 연합 또는 절차를 회상하는 데 관련된 기억 오류이다. 규칙에 바탕을 둔 실책으로서의 오류를 줄이기 위해서는 표시나 절차서 등을 정확하게 준비해두는 것이 방법이 될 수 있다. 상황판단과 행동결정에 있어서 오류가 생기지 않도록 충분히 교육하거나 훈련하는 것도 규칙에 바탕을 둔 행동이 발생시킨 오류를 줄이는 방법이다.

세 번째 수준인 지식에 바탕을 둔 행동(Knowledge-based performance)은 전체적으로 새롭고 구조화되지 않은 복잡한 문제들에 직면했을 때 발생한다. 따라서 지식에 바탕을 둔 행동의 오류를 해결하기 위해서는 현재의 상태를 확인하는 것이 아주 중요하다. 개인은 현재 상태를 원하는 목표 상태로 바꾸기 위해서 먼저 현재의 목표 상태를 조사해야 한다.

지식에 바탕을 둔 행동은 주로 과신이나 과소평가로 나타나는 오류라고 보면 된다. 예를 들어, 비가 내린 도로에서 운전 실력을 과신한 나머지 감속하지 않다가 사고가 나는 등의 경우나 마감 시간이 내일이지만 할 수 있을 것이라고 과신하고 업무에 나태해지는 등의 사례이다.

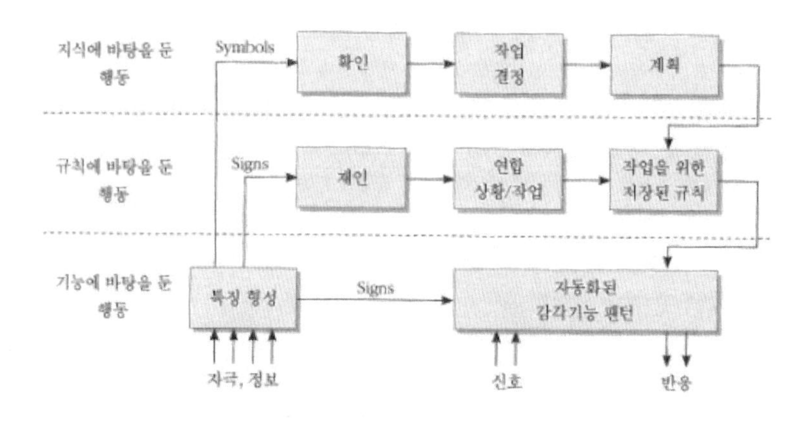

그림 116. Rasmussen의 수행수준 모델

3) SHELL 모델

SHELL 모델은 국제민간항공기구(International Civil Aviation Organization: ICAO)에서 제안한 오류발생 모델이다. Edwards(1972)에 의해서 최초로 개발되었으며 Hawkins (1993)에 의해서 개량되었다.

SHELL 모델의 각 철자들은 다음의 의미를 가진다. S는 Software로 절차서, 매뉴얼, 지시 및 훈련 방식 등 소프트웨어에 관련한 요소들이다. H는 Hardware를 의미하며 기계, 설비, 도구 등 하드웨어에 관련한 요소들이다. E는 Environment로 온도, 습도, 소음, 조명, 공간, 풍토, 관습 등 환경에 관련한 요소들이다. L은 Liveware로 상사, 동료 등 작업자 주변의 인적인 요소들을 가리킨다. L은 Liveware로 작업 당사자를 말한다.

일본은 SHELL 모델에 M요소를 추가하여 M-SHELL 모델로 보완하였다. M은 Management로서 조직체계, 방침 등 관리 체계적 요소들이다. M요소는 전체 SHELL 모델을 조망하면서 조정과 균형을 잡아주는 역할을 한다. 주로 항공업계에서 활용하는 모델이지만 의료업계나 다른 운송업계에서도 널리 사용되는 추세이다.

SHELL 모델을 실제 사고에 적용해 본다면 다음과 같은 분석을 내놓을 수 있다. 2015년 3월 독일의 항공사 Germanwings 비행기 4U9525편이 알프스 산맥에 추락하여 전원 사망하는 사고가 발생하였다. 사고의 원인은 기체결함이나 기후의 문제가 아니라 조종사의 우울증으로 밝혀졌다. 조종사는 자신의 우울증으로 비행기 사고를 발생시킨 것이다. SHELL 모델을 통해 Germanwings 비행기 사고를 조망해본다면, 참사의 요인은 마지막 L(당사자)에 의한 사고로 파악될 수 있다. 더불어 비행기 조종사들의 정신건강이나 상태에 대해서 소홀히 여겼던 M(관리)의 문제로 인해서 발생된 사고이다.

4) Reason의 오류모델

Reason(1984)은 사람들의 오류를 분석하고 심리수준에서 구체적으로 설명할 수 있는 모델을 제시하였다. Reason의 오류모델에 따르면 사람들은 어떤 행위를 하도록 동기를 부여하는 욕구체계(Need system)나 지식 혹은 정보를 저장하는 기억체계(Memory system), 어떤 행동을 계획하고 진행 중인 행동을 감찰하고 지도하며, 앞선 행동을 평가하는 의도체계(Intention system), 출력되는 동작을 제어하는 행위도식(Action schema)들로 구성된 행위체계(Action system), 그리고 사건이나 대상을 인식하는 입력기능 체계 및 환경에 대해 다양한 반응을 하는 출력기능 체계가 존재한다고 가정하고 있다.

이러한 생각을 토대로 Reason(1984)은 오류를 4가지 종류로 분류하였다. 의도하지 않은 오류를 실수(Slip), 기억의 문제로 발생하는 오류를 착오(lapse), 의도 자체에서부터 오류를 가지는 실책(mistake), 그리고 의도적인 오류를 위반(violation)으로 분류하였다. 이 중에서 의도적인 오류인 위반(violence)은 인간 오류에 포함시키지는 않았다.

일단 Reason(1984)의 오류를 직장에서 차를 몰고 집으로 퇴근하는 상황에 대입해서 살펴본다면 다음과 같다. 집으로 가려는 의도체계가 활성화되면서 사람은 자신의 소지품과 집으로 가져가야 할 것들에 대해서 체크하고 사무실을 나서게 된다. 건물을 빠져나와 주차된 차량으로 다가가서 열쇠를 꺼내는 등으로 구성된 일련의 행위도식들이 활성화될 것이다. 이러한 행위모델을 통해서 오류를 설명할 때, 제어방식과 의도체계 그리고 행위체계 및 입력기능 등 각각에서 초래하는 실패나 실수로 나누어서 설명할 수 있다는 것이 Reason(1984)의 견해이다.

먼저, 제어방식(Control mode)에 기인한 오류는 현재 작업이 요구하는 제어방식 안에 있지 않을 때 발생한다. 예를 들어, 의도체계가 어떤 결정을 내려야 할 때 엉뚱한 생각을 하고 있는 것이다. 엉뚱한 생각에 빠져 있는 것을 Reason(1984)은 공개회로 상태라고 보았다. 공개회로 상태에 있으면 원래의 의도와는 다른 습관화된 행동이 자동적으로 일어나기 쉽다.

의도체계는 계획 세우기, 계획과 관련된 정보의 저장 및 인출과 관련된 오류를 범하기 쉽게 한다. 개인이 의도하지 않은 행위도식이 촉발되어 어떤 행동을 해버리면 이것은 행위체계의 실패이다. 입력기능의 실패는 환경의 변화를 제대로 파악하지 못했기 때문에 발생한다. 각각의 오류들은 주로 발생되는 원인이 있다. 제어 방식 실패와 행위체계의 실패는 부주의 때문에 주로 발생된다. 의도체계 실패는 기억의 망각 때문에 발생하는 오류이다. 입력 기능의 실패는 부주의와 망각 때문에 발생한다. 앞서서 Rasmussen(1983)은 오류들을 내용에 따라 규칙기반, 기술기반, 지식기반으로 구분하였다. 규칙기반은 해석이나 이해에서 문제가 발생하는 오류이다. 기술기반은 오류, 착오처럼 감각운동의 수행에서 저지르는 오류를 말한다. 지식기반은 운영자가 시스템에 대해 가지고 있는 지식이 부정확하거나 불완전할 때 생기는 오류이다.

Reason(1990)이 Rasmussen(1983)의 범주에 따라 오류를 분석한 결과 기술기반 오류가 전체 오류의 61%로 가장 많았다. 그 다음이 규칙기반 오류로 27%, 지식기반 오류는 11%로 나타났다. 각각 오류가 실제로 탐지되는 비율은 기술기반이 86%, 규칙기반이 73%, 지식기반이 71%로 나타났다. 대부분의 오류는 잘 탐지되는 편이지만 기술기반 오류는 지식을 바탕으로 하기 때문에 지식을 갖추고 있는 상태라면 가장 잘 탐지되는 것으로 나타났다.

Reason(1984)은 피험자에게 2일 동안 자신이 저지른 오류에 대해서 일기처럼 적어

보도록 요구하고 수집된 내용을 분석하였다. 이들 만에 전체 총 433개의 의도하지 않은 오류가 수집되었는데 이것들을 5가지로 분류하였다. 첫째는 변별 오류로 전체 오류의 11%에 해당한다. 이것은 정보 입력 당시의 오류를 나타낸다. 지각적, 공간적, 기능적 그리고 시간적으로 발생한 혼돈이다. 둘째는 프로그램 결합 실패(Program assembly failure)로 전체 오류의 5%에 해당한다. 이것은 행동 프로그램 각 요소 간에 순서적 혼란이 발생한 경우이다. Reason(1990)이 사용한 프로그램이란 용어는 Norman의 스키마 개념과 유사하다. 셋째는 검출 오류로 전체 오류의 30%에 해당한다. 행동들에는 결정적 지점이 있는데 그 임계치에서 판단을 해야 한다. 검출 오류란 그러한 임계치에서 발생한 오류를 나타낸다. 넷째는 세부 행동 실패(Sub-routine failure)로 전체 오류의 18%에 해당한다. 행동 중에 불필요한 행동이 끼어들거나 필요한 행동이 생략되어서 발생하는 오류다. 다섯째는 기억 오류로 전체 오류의 40%를 차지한다. 지나간 행동이나 계획을 망각함으로써 발생하는 오류이다.

이상의 Reason(1984)의 이론들은 인간의 오류 행동을 분류하는 데 커다란 시사점을 주었고, 사고와 재해의 원인이 되는 인간의 불안전행동을 분류하는 것에서도 후속 연구들에게 기준을 제시해주고 있다.

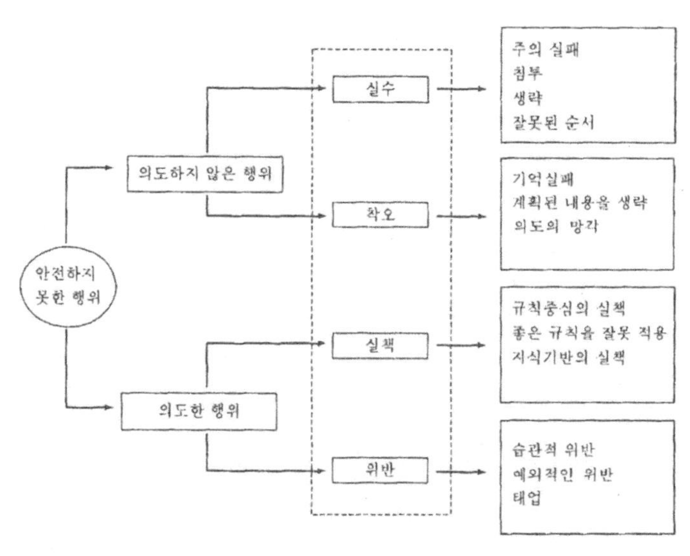

그림 5. 안전하지 못한 행위의 분류(Reason, 1990)

그림 117. 불안전행동의 종류(Reason, 1990)

4. 불안전상태와 불안전행동

불안전상태란 재해나 사고의 원인들 중 물리적 상태 혹은 환경에 관한 것이다. 설계 및 정비 불량, 방호 조치의 미비, 작업장 설계나 크기의 문제, 보호구 미지급, 부적절한 공구 등에 관한 것을 말한다. 불안전행동은 재해 내지 사고의 원인들 중 인간의 행동에 관련한 것들이다. 안전장치의 제거(부주의나 고의), 안전조치 불이행, 위험요소 방치, 보고 누락 및 위반 등에 관한 것들을 포함하고 있다. 일본 노동부가 실시한 산업재해 원인조사에 의하면 각종 산업재해 가운데 불안전상태가 원인인 것은 83%, 불안전행동이 원인이 된 것은 92%로 나타났고, 두 가지가 동시에 원인으로 작용한 재해는 78%였다(정병용, 이동경, 2007).

1) 불안전행동의 종류

불안전행동은 지식부족으로 인한 불안전행동, 기능미숙으로 인한 불안전행동, 태도불량으로 인한 불안전행동, 인적 특성에 의한 불안전행동으로 구분할 수 있다.

(1) 지식부족

현대 산업사회에서는 위험에 대한 정확한 지식 없이 위험에 대한 적절한 조치나 제거가 불가능하다. 위험을 제거하기 위해 필요한 지식에는 2가지가 있다. 첫 번째는 수행에 필요한 기술적 지식이고, 두 번째는 위험을 제거하는 방법적 지식이다. 2가지의 지식체계는 하나로 통합되어 있는 경우가 많지만 분리되어 있을 수도 있다. 자동차를 사용하고 운전하는 기술은 뛰어나지만 기술이 적용되는 방법이나 원리에 대해서는 모를 수 있는 것과 같다.

위험을 제거하는 지식을 높이기 위해서는 2가지 지식체계에 대한 균형 있는 노력이 필요하다. 법령이나 규칙이 제정된 원리에 대한 지식에서부터 순서를 충분히 숙달하기 위한 교육, 돌발 상황이나 이상 사태에 대처하기 위한 지식이 부족하기 때문에 발생하는 불안전행동은 지식부족이 원인이다. 이러한 지식부족은 교육이나 훈련을 통해서 향상시킬 수 있다.

(2) 기능미숙

불안전행동의 원인은 기능 미숙이나 경험의 부족으로 발생하기도 한다. 숙련도를 높이거나 경험을 증가시키는 방법이나 준비상태를 개선하는 방법 등을 통해서 기능미숙의 불안전행동은 개선시킬 수 있다. 예를 들어, 크레인은 무거운 물체를 들어 올리고 이동시키는 장치로 물건을 들어 이동시키는 과정에서 발생하는 진동을 제어할 수 있는 기능이 위험 관리의 중요한 요소가 된다. 경험이 많고 숙련된 운전자는 크레인을 작동시키면서 발생하는 진동의 주기와 속도를 원활하게 제어하며 진동을 최소화할 수 있다.

(3) 태도불량

위험을 해결하기 위해 필요한 지식과 기능을 법규나 규칙으로 제정한다. 따라서 법규나 규칙의 준수만으로도 제거할 수 있는 위험은 상당하다. 그러나 법규나 규칙을 준수하는 것은 시간과 비용 혹은 노력이 필요하기 때문에 무시하거나 생략하고 싶은 욕구가 강해지고 이러한 경향이 불안전행동을 증가시키게 된다. 법규준수 의지나 동기가 약한 사람들은 그만큼 불량한 태도를 보인다. 이러한 태도 불량의 원인은 지식의 문제일 수도 있고 경험의 문제일 수도 있으며, 위험을 자극으로 여기고 추구하는 성향일 수도 있다. 안전에 대한 동기가 약하고 피해가 자기에게만 일어나지 않으면 된다는 이기적인 마음이 원인일 수도 있다. 어떠한 이유로 불량한 태도가 형성되던지 간에 가장 변화를 주기 어려운 부분이 태도라는 점에서 적절한 개입방법이 많지 않다.

(4) 인적특성

위험에 취약한 인적특성을 가진 사람들이 있다. 유전자적으로 스트레스에 취약하다든지, 신체적 경함이나 심리적 결핍을 가지고 있지만 선발과정이나 배치에서 파악하지 못했을 수도 있다. 도덕성이나 성실성의 문제일 수도 있고, 공감이나 배려 능력이 부족하기 때문에 이기적이거나 불합리한 선택을 할 수도 있다. 인적특성의 문제는 단순히 교육이나 훈련만으로 조절할 수 없는 성격적인 부분일 가능성이 높다. 생활사의 문제나 일시적 과부하가 원인이라면 실질적인 도움을 주기 위해서 노력해야 할 것이다. 하지만 성격적인 부분일 경우에는 심리 상담이나 의료적 접근이 필요할 수도 있다.

5. 산업 재해발생 이론

산업재해 발생원인은 크게 물리적 환경요인과 인적 요인으로 구분한다(McComick & Tiffin, 1975). 물리적 환경요인은 작업 환경, 작업 시간, 조명, 온도, 장비 설계와 같은 요인들이며, 인간 요인에는 지능, 건강, 신체적 조건, 피로, 근로경험, 연령, 성격 등이 속한다.

이러한 요인들은 다시 불안전상태(Unsafety Condition)와 불안전행동(Unsafety Act)으로 구별된다. 불안전상태는 재해발생을 야기하는 물리적 환경을 말하며, 불안전행동은 재해를 유발해내는 행동 혹은 재해를 발생시키는 오류로 인간의 부적절한 행동 혹은 인간에게 내재되어 있는 시력, 질병, 걱정, 중독, 근육 운동의 부적절함, 업무지식 부족과 같은 총체적인 요인들을 의미한다. 산업 재해예방을 위한 심리학적 접근들은 인적 요인 또는 불안전행동에 초점을 맞추어서 산업재해 원인을 분석하고 예방 및 관리 대책을 수립한다.

1) Heinrich의 도미노 이론

Heinrich(1980)는 도미노를 사용해서 사고의 원인을 설명하였다. 일렬로 세워진 도미노에서 어느 한 블럭을 넘어뜨리면 연쇄적으로 넘어지게 되는데 사고를 촉발시키는 도미노의 쓰러짐 중에서 불안전상태와 불안전행동을 가장 중요한 도미노로 파악한다.

유전적 요인과 사회적 환경	개인적 결함	불안전상태와 불안전행동	사고	재해

첫 번째 도미노는 유전적 요인과 성장과정이다. 개인의 유전자라는 선천적 요인과 성장이나 학습과정과 같은 사회적 환경은 성격을 형성하는 데 중요한 역할을 한다. 성격의 문제는 두 번째 도미노인 개인적 결함의 중요한 원인이다. 개인적 결함은 다혈질, 부주의 등으로 이어지게 되는데 사고를 잘 유발할 수 있는 성격 및 태도적 결함을 말한다. 세 번째 도미노는 불안전상태와 불안전행동이다. 불안전상태와 불안전행동은 안전사고의 가장 직접적인 원인이 되는데 불안전상태는 안전관리를 통해서 극복될 수 있으며, 불안전행동은 교육 및 훈련을 통해서 개선될 수 있다. 도미노 이론에 따르면 위

험 요소를 미연에 제거하면 다른 쪽에서 문제가 발생하더라도 사고나 재해로 연결되지 않을 것이라고 본다. 즉, 사고나 재해가 발생하기 전에 사고 요인을 제거하는 것이 위험을 해결하고 안전해지는 방법이라는 것이다. 그리고 사고로 이어지는 도미노 블록들 중 가장 중요하면서도 조절하기 쉬운 것을 불안전상태와 불안전행동이라고 생각한다. 따라서 도미노 이론에서는 불안전상태와 불안전행동을 어떻게 조절하고 관리할 것인가에 관심을 가지고 위험해결을 위한 노력을 기울인다.

Heinrich(1980)는 안전사고란 우연히 일어나는 것이 아니라 여러 가지 복합적인 원인에 의해서 필연적으로 발생한다고 보았다. Heinrich(1980)는 사고(Accident)와 재해(Injury)의 개념을 구분해서 사용하였는데, 사고는 필연적으로 인명 피해나 재산상의 손실을 수반하지만 경우에 따라서 인명이나 재산 중 한 가지에만 손실을 가져올 때도 있으며, 때로는 아무런 손실을 수반하지 않는 경우도 있다. 따라서 사고는 손실을 가져다주는 원하지 않는 사건을 의미하며, 재해는 사고의 결과로 나타난 인명 및 재산상의 손실을 가리킨다.

2) 수정된 도미노 이론

Bird와 Germain(1985)은 Heinrich의 도미노 이론을 수정하여 수정된 도미노 이론을 재해 발생의 이론으로 내놓았다. 수정된 도미노 이론에 따르면 불안전상태와 불안전행동은 4M으로 인해서 발생하는 것이며, 관리 부족이 사고의 근원적 원인이라고 주장한다.

관리부족	기본원인	직접원인	사고	재해

Heinrich의 도미노이론과의 공통점은 사고와 재해의 핵심 도미노로 불안전상태와 불안전행동을 지목한다는 것이다. 차이점은 사고나 재해를 촉발하는 원인은 관리자의 계획이나 조직, 지도 통제의 부족과 같은 관리의 문제로 상정한다.

Bird와 Germain(1985)은 관리의 대상으로 네 가지 요소를 지목하고 4M으로 표현하였다. 4M이란 인간(Man), 기계(Machine), 작업(Media), 관리(Management)이다. 수정된 도미노 이론에 따르면 재해는 관리부족, 기본원인, 직접원인, 사고와 재해의 순으로 연쇄적으로 발생하게 된다. 사고나 재해의 기본 원인은 사고의 배후가 되는 간접요인을 말하며, 사고나 재해의 직접적인 원인은 불안전상태와 불안전행동으로 본다. 이러한 사고 원인들에 대해서 관리자가 의지를 가지고 어떻게 접근하는가가 사고나 재해를 줄이는 핵심이라고 생각한다.

3) Adams의 사고연쇄 이론

Adams(1976)는 수정된 도미노 이론과 유사한 사고연쇄 이론을 통해서 재해발생을 설명하였다. 사고연쇄 이론은 관리구조의 결함, 전술적 오류, 관리기술 오류가 연속적으로 발생하게 되며, 재해로 이어진다고 주장한다.

관리구조의 결함	전술적 오류	관리구실 오류	사고	재해

사고연쇄 이론에 의하면 재해의 직접적인 원인은 불안전행동과 불안전상태를 유발하거나 방치한 전술적 오류 때문이라고 본다. 전술적 오류란 감독자의 정책 집행 과정에서의 불명확성 및 관리감독의 미흡, 업무분장의 불확실, 상벌체계의 미정립 등 조직의 긴장 이완과 와해를 조장하는 오류들이다. 이러한 전략적 오류의 원인은 경영자의 의지 부족, 목표설정의 미흡, 조직운영 상의 미숙 등에 기인하는 관리구조의 결함 때문이다.

4) 주의이완 이론(Goal Freedom Alertness Theory)

주의란 작업을 수행하는 동안 특정한 정신활동을 선택적으로 혹은 지속적으로 집중하는 것을 말한다. 그러나 이러한 작업자의 주의력이 저하되거나 약화될 때 작업의 질은 떨어지고 오류가 발생해서 사고나 재해를 유발시키기 쉽다고 보는 것이 주의이완 이론(Goal Freedom Alertness Theory)에서 산업 재해를 바라보는 시각이다(Zohar, 1980). 작업 중에 주의 집중력은 심리적 안정감, 경제적 관심의 정도, 작업상태의 위험 정도를 작업자 개인이 어느 정도 지각하느냐에 따라 다르게 영향을 받게 된다.

5) 적응 긴장 이론(Adjustment Stress Theory)

적응 긴장 이론(Adjustment Stress Theory)에서는 일반적인 부적응의 결과로 나타나는 심리적 긴장을 강조한다. 긴장 수준이 지나치게 높은 작업자가 사고를 일으키기 쉽고 작업 수행의 질도 떨어지게 된다는 것이 적응 긴장 이론(Adjustment Stress Theory)의 핵심이다.

Alkov(1976)는 이러한 긴장이 영구적인 것이 아니라 일시적인 내외적 요인들에 의해서 유발된다고 보았다. 외적 요인들은 작업장의 환경으로 소음이나 조명, 취급물품의 수량, 작업 과정 등이다. 내적 요인들은 작업자의 정서적 요인으로 일시적인 불만이나 욕구이다. 특히, 가정생활의 일시적인 변화나 어려움과 연관된 긴장 상태가 사고발생과 밀접한 관련을 가진다고 보는데 생활 변화가 긴장에 미치는 영향을 수량화 하여 생활 변화 단위표를 제시하기도 하였다.

6) Reason의 스위스 치즈 모델(The Swiss Cheese Model)

Reason은 구멍이 뚫린 스위스 치즈를 비유로 산업재해를 설명하는 모델을 개발하였다. 사고나 재해는 사고를 낸 당사자나 사고 발생 당시의 불안전행동 그리고 불안전행동을 유발하는 조건과 감독의 불안전 등이 동시에 나타날 때 발생한다는 것이 이 모델의 핵심이다.

불안전행동, 불안전환경, 감독 그리고 조직이 개별적으로 문제가 발생해서 사고나 재해가 발생하는 것이 아니라 상호작용하여 사고나 재해를 발생시킨 다는 것이다. 따라서 불안전행동과 불안전환경, 감독자와 조직의 문제를 모든 수준에서 분석하여야지만 사고나 재해의 실체를 알 수 있고 대응할 수 있다는 것이 스위스 치즈 모델의 주장이다(Stranks, 2007).

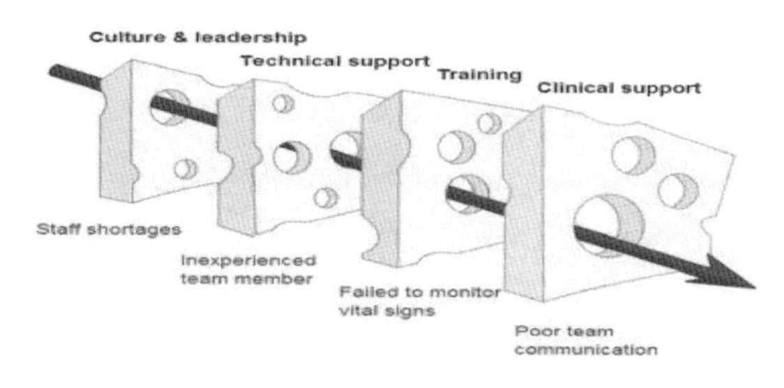

그림 118. Reason의 스위스 치즈 모델

7) 행동주의 기반 안전관리 모델(Behavior Based Safety: BBS)

행동주의 기반 안전관리 모델(behavior based safety)은 작업자의 사고 원인이 되는 안전/불안전행동에 대한 직접적인 통제에 초점을 맞추고 있다. 작업 현장에서의 안전/불안전행동의 발생 여부는 행동이 일어나는 상황, 혹은 제시되는 자극(Antecedents)과 행동의 결과(Consequence)에 영향을 받는다고 본다. 특히, 행동의 추후 발생 가능성은 결과가 영향을 주는데, 작업장에서의 안전행동은 불편하고 작업속도가 늦어지는 부정적 요소가 뒤따른다. 반면, 불안전행동은 편리하고 빠른 일처리라는 긍정적 요소가 뒤따르는데 목표 달성 측면만 고려하는 관리자 아래에서는 불안전행동이 장려될 수도 있다(McSween, 2003).

일반적으로 자연스러운 상황에서는 불안전행동이 주는 이익이 즉각적이기 때문에 안전행동을 증가시키기 위해서는 결과를 직접적으로 조작해주어야 한다. 안전행동을 체크하기 위한 리스트를 개발하고 작업자의 행동을 관찰하고 지적할 수 있는 방법을 모색하며 안전행동 자체를 업무성과에 포함시켜 참여를 유도하는 피드백을 제공하는 등의 방법을 사용한다.

작업자는 행동변화를 위한 다양한 행동적 방법을 사용하는데 대표적인 사례가 인센티브를 통한 급여의 변화다. 이뿐만 아니라 셀프 모니터링, 훈련, 칭찬, 인정, 토큰 이코노미 등 여러 가지 방법들이 사용된다.

이상의 산업재해 이론들은 사고와 예방 차원의 많은 연구들을 이끌어왔다. 연구 결과, 간접적인 부분까지 포함시킬 경우 안전사고의 96%가 불안전행동에 의한 것으로 나타난다. 연구자들은 사고 유발가능성을 높이는 인적 요인으로 태도, 지각, 적성, 정서, 흥미, 성격 등의 심리적 요인과 연령, 경험 또는 경력, 성, 결혼, 자녀, 병력 등 신체적 건강 및 인구학적 요인들을 지목하고 있다(Sheeny & Chapman, 1987; McSween, 2003).

8) Haddon's Matrix Model

Haddon's Matrix Model은 사고와 재난에 대한 역학적 분석과 시계열분석인 도미노 이론을 동시에 수용하는 이론이다. Haddon's Matrix Model은 자동차 교통사고에 사용하기 위해 1970년대 William Haddon에 의해 고안되었다. 인간과 도구(예, 자동차), 환경에 대해 사고 전·중·후를 분석하는 매트릭스를 통해 사고의 원인을 분석하고 예방할 수 있는 효과적인 중재방법을 찾을 수 있다고 보았다.

Haddon의 기본 매트릭스는 12개의 셀로 나눌 수 있다. 매트릭스의 각 열(pre, event, post)은 사건의 시간적 측면을 나타낸다. 매트릭스의 행은 개인과 장비 그리고 환경(물리적, 사회적)을 나타낸다. 매트릭스의 각 열과 행에 대해서 특정된 위험에 영향을 미칠 수 있는 주요 요소들을 채워 넣으면 된다. 매트릭스의 열과 행을 채워 넣으면서 위험 요소의 성격과 그것이 실제로 어떻게 발생할 수 있는지를 체계적으로 다룰 수 있다.

Haddon's Matrix Model

	Human	Equipment	Environment Physical	Environment Social
Pre-Event				
Event				
Post-Event				

그림 119. Haddon's Matrix Model

Haddon's Matrix Model에 따르면 안전사고의 위험을 인지하는 능력을 배양함으로써 원인과 결과를 이해하는 능력을 기를 수 있다. Haddon은 이것을 통해, 사고 예방과 위험 상황에 대처하는 능력을 기를 수 있으며, 나아가서 타인을 위해 교육·지도·구조를 실천하는 능력으로 발전해나갈 수 있다고 보았다.

9) 재해예방 원리

Heinrich(1980)는 도미노 이론을 토대로 재해를 예방하는 원리를 5단계로 분류하여 설명하였다.

그림 120. Heinrich 재해예방 원리

(1) 제1단계-안전 활동 조직

안전 활동 조직은 경영자와 종업원으로 구성되어 안전 목표를 달성하기 위해서 노력하는 단계이다. 안전 활동 조직 단계에서는 안전 목표를 설정하고 안전 관리 조직을 구성한다. 안전 활동방침 및 계획을 수립하고 안전 담당자를 임명하며 조직을 통한 안전 활동을 전개한다.

(2) 제2단계-사실발견

사실발견은 과거 기록과 현재 상태를 점검하여 불안전상태나 불안전행동을 찾아내는 단계이다. 사실발견 단계에서는 사고 및 활동 기록을 검토하고 작업내용을 분석하고 안전 상태를 점검한다. 각종 안전 회의 기록을 살펴보고, 실제 작업자들의 건의사항이나 여론을 조사한다. 관찰 및 보고서를 연구하게 된다.

(3) 제3단계-분석평가

분석평가는 2단계에서 밝혀진 것들을 분석하여 불안전상태와 불안전행동을 구체적으로 알아내는 것이다. 분석평가 단계에서는 사고보고서 및 현장조사 분석을 실시하고, 사고기록의 분석 및 인적, 물적 환경적 조건을 분석하게 된다. 공정을 분석하고 교육 및 훈련내용을 분석하기도 한다. 안전수칙 및 작업표준을 분석하고 보호 장비의 적합 여부 등을 분석하기도 한다.

(4) 제4단계-시정 방법 선정

시정 방법 선정 단계는 분석된 문제점인 불안전상태와 불안전행동을 제거하기 위해서 적절한 대책을 마련하는 것이다. 시정 방법 선정 단계에서는 기술을 개선하기도 하고, 조직 배치를 조정하고 훈련 및 교육 과정에 변화를 주기도 한다. 안전기술의 개선이나 규정 및 수칙을 개선하기도 한다. 작업표준의 개선, 안전운동 강화 등에 힘쓰기도 한다.

(5) 제5단계-시정된 정책 적용

시정된 정책 적용 단계는 제시된 시정 방법을 시행하고 제대로 적용되도록 독려하는 것이다. 시정된 정책 적용은 3가지 방법으로 실시되면 '3E 대책'이라고 부른다. 3E는 기술(Engineering), 교육(Education), 독려(Enforcement)이다. 3E 대책은 불안전상태를 기술적으로 개선하고 안전교육을 통해 불안전행동을 줄이며, 안전에 관련한 기술적 개선과 태도 및 동기의 고양을 위해서 활동하는 것이다.

6. 인간공학 디자인1: 감각-반응의 양립성

인간의 동작은 감각기관으로 입력된 정보에 대한 반응이나 행동이다. 감각기관은 주로 시각과 청각이며 반응은 운동이나 음성이다. 입력과 반응의 오류율을 줄이는 것은 위험을 줄이기 위해서 중요한 사항인데 이것을 잘 구현한 것은 양립성(Compatibility)이 좋다고 할 수 있다.

양립성은 인간 동작 기능 혹은 인지 기능과 제어 및 표시 장치가 어느 정도 일치하는가를 말한다. 양립성이 좋을수록 오류가 줄고 위험을 줄일 수 있다. 제어장치와 표시장치가 양립관계가 좋으면 학습이 빠르고 반응시간과 오류가 줄어든다. 또한 사용자의 만족도 역시 올라간다(Sanders & McCormick, 1993).

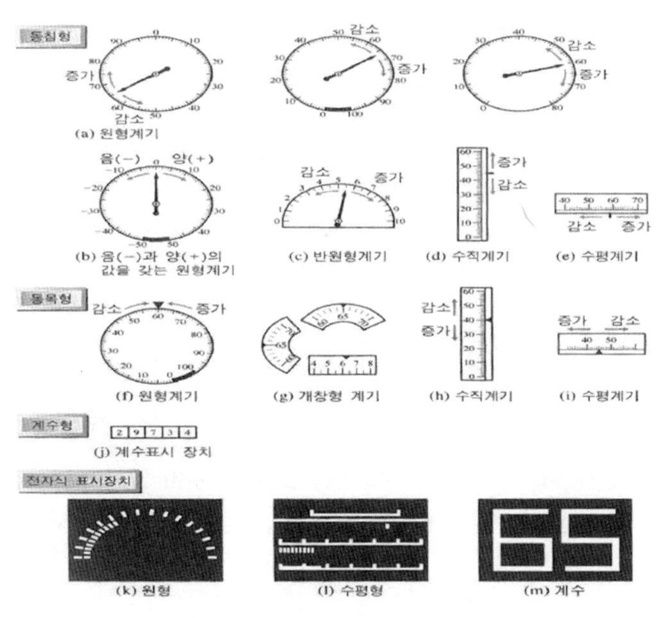

그림 121. 인간공학적 디자인이 적용된 표시장치

양립성은 표시장치의 양립성을 포함하는 지각양립성과 화면의 움직임, 장치이동이나 조절, 반응을 야기하는 장치의 운동, 화면의 표시점 이동 등과 같은 운동양립성, 장치의 배열이나 물리적 접근성과 같은 공간양립성이 있다. 양립성에 대한 개념이 없을 때 항공기 조정석 안의 제어장치들은 일관성이 없었다. 어떤 장치는 위로 올려야 하고, 어떤 장치들은 아래로 내려야 했다. 주의가 분산된 조종사들은 한 번에 수많은 장치들을 제대로 구분하여 작동시키는 데 어려움을 겪었다. 실제로 양립성이 지켜지지 않은 설계는 사고를 야기하기도 했다.

1979년 Pennsylvania 주 Tree Mile Island에 있는 원자력 발전소에서의 사고가 그 예이다. 표시장치와 제어장치가 떨어져 있는 상태에서 표시장치를 보고 제어하는 데 시간이 낭비된 것이 결정적인 사고의 원인이었다. Tree Mile Island 원자력 발선소 사고는 기계 및 표시장치에 대한 양립성이 위험과 사고에 얼마나 큰 영향을 미칠 수 있는지를 보여주었다.

실제로 양립성은 사고 위험을 낮춘다. 자동차 뒤 유리에 정지등이 들어오도록 설계한 자동차 8,000여 대를 조사한 결과 추돌사고가 50%까지 감소되었다(Stanton & Baber, 2003). 양립성을 높이기 위해서는 보다 많은 사람들이 예상하는, 즉 항상 더 좋은 양립성이 있음을 고려하여야 한다. 그리고 양립성은 우선순위가 있어서 우선순위가 높은 양립성을 위해서 우선순위가 낮은 양립성을 희생시켜야 될 수도 있음을 고려하여야 한다.

예를 들어, Bergum과 Bergum(1981)의 연구에 의하면 수직 눈금 표시장치에서 바늘이 위로 움직이면 사람들의 93%가 증가를 예상하였고, 71%는 바늘이 아래로 움직일 때 증가를 예상하였다. 따라서 좋은 양립성을 위해서는 수직 눈금 표시장치 바늘이 위로 움직이는 것을 증가의 의미로 상용하여야 한다.

1) 공간 양립성(Spatial compatibility)

공간적 양립에서 중요한 것은 표시장치와 제어장치의 물리적 유사성(Physical similarity)과 배열(Arrangement)이다(Sanders & McCormick, 1993). 표시 및 제어장치의 물리적 유사성은 물리적 특성과 조작방식이 대응되어야 한다. 앞서 말한 Bergum과 Bergum(1981)의 연구에서처럼 증가를 나타내는 현상은 주로 물리적으로 상승하는 이미지를 가지는 데 표시나 조작 역시나 올라가는 형태를 띠어야 양립성을 높이고 오류나 의미 해석에 필요한 에너지 낭비를 줄일 수 있다는 것이다.

2) 운동 양립성(Movement compatibility)

운동 양립성은 자연적으로 떠오르는 연상이나 문화적 관행과 일치하는 정도를 의미한다. 표시에 따라 제어하는 경우, 반응 없는 지시동작 등에 중요한 영향을 준다 (Sanders & McCormick, 1993). 운동 양립성은 보통 다음의 원리를 따르는데, 첫째는 눈금과 제어장치가 같은 방향으로 움직이도록 하는 원리, 둘째는 눈금 수치는 왼쪽에서 오른쪽으로 혹은 아래에서 위로 증가하게 하는 원리, 셋째는 시계 방향으로 증가하도록 하는 원리 등이다.

대표적인 사례로 자동차 창문을 수동으로 올리고 닫던 때는 창문 손잡이를 왼쪽으로 회전시키는 것이 창문을 올리는 것인지, 오른쪽으로 회전시키는 것이 창문을 올리는 작동인지 혼동되는 경우가 많았다. 그러나 현재는 대다수 자동차에서는 자동 창문 개폐 장치를 사용하는데 스위치를 위로 당기면 창문이 올라가고, 아래로 누르면 창문이 내려가는 형태로 조작된다. 위로 당기는 것과 창문이 올라가는 것 그리고 아래로 누르는 것과 창문이 내려가는 것에 운동 양립성이 적용된 결과로 혼동이 줄어들게 되었다.

7. 인간공학 디자인2: 표시의 원리

여러 인간공학적 연구들을 토대로 정보들을 표시할 때의 원리를 13가지로 종합하게 되었다. 13개의 표시 원리는 다시 4개의 범주로 구분된다. 4개의 정보 표시 원리의 범주는 ① 지각적 조작을 반영한 범주, ② 정신모형(Mental models)을 반영한 범주, ③ 주의(Attention)와 관련된 범주, ④ 기억(Memory)과 관련된 범주이다.

1) 지각적 범주

지각적 범주는 4가지 표시의 원리로 구분될 수 있다. 첫째, 절대판단 원리, 둘째, 하향적 처리 원리, 셋째, 중복이득 원리, 넷째, 변별가능성 원리이다. 절대판단 원리란 절대판단 한계(Absolute judgement limits)를 피하는 것이다. 7개 이상의 수준들을 포함하는 정보들을 단일한 감각으로 판단하도록 요구해서는 안 된다는 것이다.

하향적 처리(Top-down processing) 원리란 사람들은 경험을 기초로 기대하는 것을 일치시키는 방식으로 신호를 지각하고 해석하는 경향이 있다는 것이다. 일상적인 경험이나 기대와 일치하는 신호가 제시될수록 정확히 해석될 가능성이 높아진다. 중복이득(Redundancy gain) 원리란 같은 내용의 정보가 한 번 이상 제시될 때, 한 번만 제시된 정보보다 정확하게 해석할 확률이 높아진다는 것이다. 중복은 단순히 반복하는 것과는 차이가 있는데, 정보의 경우 같은 물리적 형태로 제시하는 것보다 여러 가지 다른 형태로 제시하는 것이 훨씬 유리하다. 예를 들어, 정치적 슬로건을 제시하는 경우 인쇄물과 라디오 방송 그리고 TV 방송 등의 여러 물리적 매체를 사용하는 것이 인쇄물로만 반복해서 제시하는 것보다 훨씬 효과적이라는 것이다.

변별가능성(Discriminability) 원리는 유사성이 혼동을 가져온다는 것에서 출발한다. 유사한 신호가 동시에 제시되든지 시간의 차이를 두고 제시되든지 상관없이 유사성이 높은 정보는 혼동을 초래할 확률이 높다. 유사성으로 인한 혼동이 큰 문제를 만들 수 있다면 유사한 정보에서 유사하지 않은 세부특징을 부각시켜야 한다.

2) 정신모형 범주

정신모형(Mental Model) 범주는 시스템이 어떻게 작동하는지와 사용자의 행위에 따라 어떻게 반응하는지에 대해서 사용자가 가지고 있는 일종의 개념이다. 정신모형은 직접적 지식이나 추론 혹은 이전의 경험에 기초한 일반화와 유추를 통해서 형성된다. 위험은 사용자의 정신모형과 설계자의 정신모형이 서로 다를 때 발생하게 된다. 좀 더 구체적으로 정의한다면 기계나 컴퓨터 시스템이 무엇을 포함하고 있으며, 어떻게 작동하고, 왜 그런 방식으로 작동하는가에 대한 사용자의 이해를 반영하고, 정교화된 구조를 정신모형이라고 한다. 컴퓨터를 설계하는 사람들이 사용자, 특히 처음 컴퓨터를 사용하는 사람들의 정신모형을 염두에 두지 않고 제작하면 사용에 어려움과 수많은 오류들이 나타날 수 있다. 사용자와 설계자의 정신모형이 동일할수록 오류와 오작동에 의한 위험은 줄어들 수 있다(Stanton & Young, 2000).

(1) 정신모형들

좋은 정신모형들의 공통된 특성들은 다음의 4가지를 가진다. 첫째, 시스템에 호감을 가지게 한다. 둘째, 쉽게 조작방법을 익히게 한다. 셋째, 지속적으로 관심을 가지게 한다. 넷째, 유사한 다른 시스템을 사용할 때 쉽게 전이되도록 하는 방법 등을 모색한다. 대표적인 정신모형들은 객체-행위모형(object-action model)과 상태-전환모형(state-transition model) 그리고 대응모형(mapping model)과 유추모형(analogy model) 등이 있다.

① 객체-행위모형

사용자 인터페이스를 통하여 접근이 가능한 객체와 이 객체에 대해 행해지는 행위를 인식하여 형성하는 모형이다. 대표적인 사례는 윈도우의 아이콘과 같은 것들이 해당된다. 개념적 객체가 조작 가능한 스크린상의 객체로 표현되는 객체-행위모형의 경우에는 직접 조작 스타일의 사용자 인터페이스를 채택할 것을 권장한다.

② 상태-전환모형

시스템의 전반적인 상태가 변하는 것을 관찰하여 형성되는 모형이다. 각 상태의 전환에 의해 시스템을 사용하는 경우에는 이에 맞는 메뉴에 기반을 둔 스타일을 사용할 것이 요구된다.

③ 대응모형

사용자가 가지고 있는 의도들을 일련의 행위와 대응시키는 경우로 계산기를 사용하여 사칙계산을 할 때 형성되는 모형이다. 컴퓨터에 직접 명령어를 입력할 때 나타나는 것과 같다.

④ 유추모형

사용자가 특별히 새로운 시스템을 다룰 때 기존의 친숙한 시스템과 유사하게 형성하는 모형으로 새로운 전투기를 타기 전에 조종사가 시뮬레이터에서 훈련을 받을 때에 해당한다. 기존의 시스템에 새로운 객체를 도입할 때의 보조수단으로 권장된다.

무엇보다 중요한 것은 이러한 정신모형들은 과제에 따라 다르게 형성되어야 한다는 것이다. 그러나 과제가 변할 때마다 적합한 상호작용 스타일을 별도로 구축해야 하는 디자이너나 사용자의 입장에서는 모형 간의 전환이 매우 힘든 일이 될 수 있다. 그리고 사용자가 초보자일 경우나 개성에 맞는 상호작용 스타일과 다른 경우에는 그 사용 편의성이 매우 저하될 수 있다. 따라서 사용자의 수준이나 개성에 맞는 디자인이 다양하기 때문에 쉽지 않은 작업일 수 있다.

(2) 정신모형 표시 원리

표시를 지각할 때 사람들은 자신의 기대나 정신모형을 통해서 장치들이 어떻게 움직일 것인지를 해석한다. 이러한 정신모형에 기초한 표시 원리들은 첫째, 회화적 실제성의 원리, 둘째, 움직이는 부분의 원리, 셋째, 생태학적 인터페이스 설계 등이다.

첫째, 회화적 실제성 원리(Principle of pictorial realism)는 표시되는 정보가 실제와 비슷해야 한다는 것이다. 온도계를 생각한다면 수직으로 숫자를 배열할 때 온도의 상승은 올라가는 이미지이기 때문에 높은 숫자는 위쪽으로 표시되어야 해석에 필요한 에너지 소모가 작다(Sanderson, Flach, Buttigieg, & Casey, 1989). 둘째, 움직이는 부분의 원리(Principle of moving part)는 역동적인 정보를 표시는 사용자들이 가지고 있는 정신 모형과 부합하는 공간적 형태와 방향으로 움직여야 한다는 것이다. 예를 들어, 비행기 고도계는 위쪽으로 향할 때 실제 비행기의 고도도 높아지는 것이어야 해석상의 문제가 줄어들게 된다(Roscoe, 1968). 셋째, 생태학적 인터페이스 설계(Ecological interface design)란 정신 모형 원리들의 종합적 고려로 회화적 실제성 원리와 움직이는 부분의 원리를 제대로 구현한다면 실제 환경과 밀접하게 대응하는 표시 장치들을 만들 수 있다는 것이다.

3) 주의 범주

주의는 복잡한 다중 적인 요소들을 처리할 때 3가지 요소가 필요하다. 선택적 주의와 초점 주의 그리고 분산 주의이다. 선택적 주의는 전체 표시 중 무엇에 집중할 것인가에 필요한 주의이고 초점 주의는 다른 정보들에 방해받지 않고 지각될 수 있도록 해준다. 분산 주의는 두 개 이상의 정보들을 동시에 처리할 때 필요한 주의이다. 이러한 주의에 기초한 표시 원리는 첫째, 정보 접근 비용 원리, 둘째, 근접 부합성 원리, 셋째, 중다 자원 원리 등이다.

정보 접근 비용(Information access cost) 원리는 정보 접근 비용을 최소화하는 쪽으로 표시장치가 만들어져야 한다는 것이다. 비행기의 경우 많은 표시장치들에 주의를 보내야 하기 때문에 시간의 소요가 많다. 컴퓨터 자판을 찾는 것도 비슷한 원리이다. 따라서 좋은 표시장치들은 이러한 정보 접근에 시간과 노력이 최소화하도록 설계되어야 한다.

근접 부합성 원리(Proximity compatibility principle)는 두 개 이상의 정보가 동시에 과제와 연관되어 있고 정보들 간의 통합이 필요할 경우 사용되는 원리이다. 표시장치들의 근접성은 동일한 색으로 표시하거나 선으로 연결하여 연관성을 표시하는 형태로 제시될 수 있다.

중다 자원 원리(Principle of multiple resources)는 많은 정보를 처리해야 할 경우 모든 정보를 시각적으로만 혹은 청각적으로만 제시하는 것보다 상이한 자원을 통해 정보를 분산시킴으로써 정보 처리가 더 많이 촉진되도록 하는 것이다. 예를 들어, TV 뉴스에서 아나운서가 전하는 청각적 정보와 TV 화면의 아래에 지나가는 자막이 제시하는 시각적 정보의 내용이 다르다면 훨씬 더 많은 정보들을 다양한 형태로 동시에 수집할 수 있다.

4) 기억 범주

인간의 기억은 완벽하지 않다. 특히 작업 기억은 용량이 제한적이기 때문에 더욱 취약하다. 장기기억은 망각되거나 부정확하게 기억될 여지가 있다. 때문에 이러한 기억의 특성을 고려한 표시장치 원리가 필요하다. 기억을 고려한 표시 원리는 다음과 같다. 첫째, 예측 보조 원리, 둘째, 세상 속 지식 원리, 셋째, 일관성 원리이다.

예측 보조 원리(Principle of predictive aiding)는 사람들이 예측하는 데 도움을 주는 원리로 표시장치가 나타나야 한다는 것이다. 사람들은 미래의 일들은 앞쪽으로 제시될 것이라고 예견한다. 따라서 향후의 상태나 상황에 대한 표시는 전방으로 표시되어야 하며 후방으로 표시되는 것은 오류를 증가시킬 것이다.

세계 속 지식 원리(Principle of knowledge in the world)는 특정한 시간이나 장소에 부합하는 행위가 이루어지기 위해서 관련한 기억 촉발물을 두는 것이다. 비행기 조종사들이 사용하는 체크리스트나 컴퓨터에서 사용되는 프로그램 실행 절차들이 이러한 원리를 이용한 것들이 많다. 일관성 원리(Principle of consistency)는 이전의 표시장치와 새롭게 나온 표시장치들은 유사성이 있어야 한다는 것이다. 이렇게 되면 기존의 표시장치를 통해서 습득한 습관이 새로운 표시장치에 대한 해석이나 사용을 보다 쉽게 만들 수 있다. 휴대 전화기의 경우 제품이 달라지더라도 사용 방법에는 어느 정도 일관성이 유지되는 데 바로 이러한 이유 때문이다.

8. 자동화

머지않아 완전 자율 주행 자동차가 나오게 될 전망이다. 공장에서는 이미 기계가 인간의 자리를 대신해 나가고 있다. 사람들은 쾌적한 사무실에서 모니터를 통해 기계를 제어하고 위험하거나 정밀한 조작을 버튼 하나로 실행시킨다.

하지만 이러한 자동화가 위험을 줄이는 역할만을 하고 있는가는 면밀히 살펴보아야 한다. 자동화는 사고와 위험을 줄여주는 만능키처럼 보인다. 그러나 여러 연구들에서는 최적의 각성상태에서 시스템과 환경에 주의를 기울이며 반응하는 인간보다 자동화된 환경 속에서 과소부화된 사람들의 수행이 더 저조할 수 있음을 보여주고 있다(Walker, Stanton, & Young, 2001). 자동화가 가져다주는 작업자의 과소부하가 수행을 저조하게 하는 것은 가변적 주의 자원 이론(Malleable Attentional Resource Theory: MART)으로 설명할 수 있다.

가변적 주의 자원 이론은 가용한 주의 자원의 양이 과제에 따라 달라진다는 전제에서 출발한다. 과부하 상태에서 인간의 주의 자원 양은 감소한다. 이렇게 주의 자원 양이 감소한 상태에서 갑작스럽게 발생한 과제가 현재 사용하고 있는 가용 주의 자원의 양을 초과하게 될 때 문제가 발생한다.

자동화가 된 환경의 과제는 작은 주의 자원을 할당하는데 갑작스럽게 고장이 나거나, 경고 신호가 들어오게 될 때, 제어나 통제를 넘겨받게 된 인간은 계속적인 주의와 탐색을 기울이고 있었을 때에 비해서 수행이 저조해질 수밖에 없다. 각성 수준에 따른 수행 함수와 비슷하게 가변적 주의 자원 이론은 가용할 수 있는 주의 자원과 수행의 질이 역 U자 형태로 나타난다고 보고하고 있다(Walker, Stanton, & Young, 2001).

1) 기계화

자동화가 주는 과소부화를 어떻게 다룰 것인가의 문제만큼이나 직접적인 위험은 자동화가 가져다주는 실업이나 경제 상황의 변화이다. 자동화가 직장을 구하기 더 어렵게 만들거나 노동자들의 임금을 줄이는 형태로 작용한다면 사람들은 살기 위해 위험을 감수하고 폭력을 행사하더라도 생계를 유지하려 할 것이다. 1811년부터 1817년까지 산업혁명이란 최초의 기계화 산업 변화에 대한 첫 번째 대응이 기계파괴 운동(Luddite Movement)이었던 것은 자동화나 기계화가 위험을 줄이기만 하는 것이 아님을 앞서서 보여준 사례이다.

착시와 인간 기능의 한계를 보완하기 위해서 과학기술의 발달에 의거한 기계장치들에 점점 더 많이 의존하고 있다. 단순히 기계장치의 도움을 받는 것을 넘어 자율자동차와 같이 행위의 출발에서 종료까지 전혀 인간의 감각과 지각을 필요로 하지 않는 장치들이 계발되고 있고, 점점 늘어나고 있는 추세이다. 그러나 기계장치의 발달이 위험을 완벽히 막지는 못한다.

2002년 7월 1일 밤 11시 40분 화물 항공기와 71명의 승객을 태운 러시아 전세기가 서로 충돌하는 경로로 날아가고 있었다. 두 항공기 모두 자동화된 충돌 경고장치가 있었는데 충돌이 임박해져서야 경고등이 울렸다. 하지만 너무 늦었고 두 비행기의 충돌을 막을 수는 없었다. 이처럼 기계화가 완벽한 안전을 보장하는 것은 아니지만 자동적 기계장치로의 변화는 막을 수 없는 대세가 되었다.

기계화의 변화는 자동차 운전의 경우에는 일반인들에게 다가오는 실제적인 일상의 변화이다. 자율주행 자동차는 가까운 미래에 확실히 다가올 기계화 변화 단계이다. 머지않아 자동차 스스로 주행경로를 제어하면서 운전하게 될 것이다. 자동차의 자율주행 기술단계는 총 5단계로 구분할 수 있다.

표 24. 자율주행 자동차 기술단계

단계	정의	개요	운전자역할
Level0	비자동	운전자가 모든 것을 담당	운전자가 모든 것을 담당
Level1	운전자 보조	조향과 가·감속 기능 중 어느 하나의 기능으로 운전자를 도움	운전자는 차선유지, 차간거리유지 외 다른 운전기능 수행
Level2	부분 자율주행	도로 정보를 이용하여 조향과 가·감속 기능 모두 도움	운전자는 주행환경 모니터링
Level3	조건적 자율 주행	모든 동적 운전 자동화 (운전자의 적절한 대응 전제)	필요시 제어권을 받아 운전할 수 있도록 대기
Level4	고도 자율주행	모든 동적 운전 자동화 (운전자의 적절한 대응 불필요)	시스템이 위험최소화 조치가능 (운전자 수면가능)
Level5	완전 자율주행	완전 자동화 단계	운전자 불필요

2) 트롤리의 딜레마

기계화는 항상 윤리적인 문제를 내포하고 있다. 가치 판단을 배재하는 기계와 항상 가치를 판단하면서 선택하는 인간들과는 궁극적으로 다른 결정 과정을 가지고 있기 때문이다. 이러한 기계화와 인공지능의 개발은 가치판단의 딜레마 상황을 예견하게 한다.

기계의 가치판단에 대한 가장 대표적인 질문은 바로 '트롤리의 딜레마' 상황이다. 트롤리는 공사 현장에서 굴착한 흙을 운반하는 트럭을 말한다. 영국 철학자 Philippa(1967)는 기계나 인공지능의 가치판단이 어떠해야 하는지에 대해서 다음과 같은 트롤리의 딜레마 상황을 제시하면서 질문을 던지고 있다.

"당신은 브레이크가 고장 난 트롤리를 운전하고 있다."
"그런데 잠시 뒤 아래 ①, ②, ③과 같은 위험상황을 만나게 된다."

① 직진하면 여러 명의 보행자와 부딪치고, 방향을 바꾼다면 한 명과만 부딪친다. 당신은 어떻게 운전을 하겠는가?

② 직진하면 한 명의 보행자와 부딪치고, 방향을 바꾸면 운전자가 위험하다. 당신은 어떻게 운전을 하겠는가?

③ 직진하면 여러 명의 보행자와 부딪치고, 방향을 바꾸면 운전자가 위험하다. 당신은 어떻게 운전을 하겠는가?

"각각의 상황에서 당신은 무엇을 선택할 것인가?"란 Philippa(1967)의 질문은 기계화와 자동화가 가까운 미래로 다가온 현재는 다음과 같은 질문들로 점점 더 확장되어 갈 수 있다.

"기계가 어떠한 선택을 하도록 설계되어야 하는가?"

"당신이 운전자가 아니라 상황 속에 놓인 보행자라면 어떻게 결정하기를 원하는가?"

"과연 그 선택이 올바른 것인가?" 등의 질문들이다.

400여 명을 대상으로 설문조사를 진행한 결과, 대부분은 희생자를 최소화하도록 자율주행 자동차를 만들어야 한다고 대답하였다. 하지만 일관된 방향의 선택에도 불구하고 참여자들은 자신이 이런 차량에 탑승하는 것은 거부하였다.

이상의 결과들을 볼 때, 사람들은 아직까지 기계에게 가치판단을 맡겨야 되는 상황에 놓일 준비가 되어 있지 않은 것 같다. 기계화와 자동화가 눈앞에 닥치고 있지만 확실히 어떠한 결론을 내리기 힘든 상황에 놓여 있다. 기계화와 자동하는 인류가 문명을 창조한 후 처음으로 제기되는 문제이기 때문에 더욱 어렵게 느껴질 수 있다.

• • •

안전을 위한 심리학적 접근, 즉 인적 요인에 대한 접근은 중요하다. 그러나 가시적인 성과가 쉽게 나타나지는 않는다. 인간행동은 복잡하고 다양하기 때문에, 기계와 같이 일정한 형태를 쉽게 예측할 수 없고, 기계의 부분적인 개신만으로 인간 실수와 사고발생 과정을 예견하고 방지하는 것에는 한계가 있다.

따라서 위험에 이르는 심리적 과정을 정확히 이해하고, 인간이 발생시키는 실수를 파악해야 한다. 기억과정과 판단과정에 관여하는 요인들과 실수의 형태 그리고 실수발생 가능성을 감소시키는 심리학적 원리를 밝혀내어야 할 것이다.

XVIII. 안전심리

사고가 발생할 경우 인간의 실수 때문이라고 비판받는 경우가 많다. 이러한 경향은 인간의 태만, 법규위반 등이 사고의 가장 직접적인 원인이라고 생각하기 때문인데, 결과적으로 사고의 대책이나 처리는 책임을 물을 수 있는 대상을 찾는 것으로 마무리된다. 즉, 사고가 발생한 근원적 이유, 시스템의 문제나 규정의 허점 그리고 인간 실수의 심리적·행동적 원인에 대한 종합적 고찰까지는 나아가지 못하는 한계상황에 고착되어 버리는 것이다.

1. 사고이론

사고가 발생하게 되는 근원적인 이유를 바라보는 관점은 크게 두 가지가 있다. 하나는 고신뢰이론(High reliability theory, HRT)이고, 다른 하나는 정상사고론 [Normal accident theory: NAT; 혹은 체계 사고(system accident)]이다.

고신뢰이론에서는 적절한 조직의 설계와 관리 기술의 정교화가 가능하다면 위험 요소는 체계적으로 관리될 수 있다고 주장한다. 반면, 정상사고론에서는 조직들과 그 조직성원들 간에는 이해관계의 갈등이 존재할 수 있고, 조직은 정치사회적 외부환경에 의해 영향을 받는 개방체계로서의 속성을 필연적으로 갖는다고 보고 있다. 따라서 고신뢰이론에서 주장하는 기술에 기초한 위험 해결책만으로는 총체적인 안전을 확보할 수 없다고 보는 견해가 바로 정상사고론이다. 고신뢰이론에서 제기하는 위험을 제거할 수 있는 조건들은 상황에 의존적이다. 고신뢰이론에서 위험을 제기하기 위해서는 ① 안전을 최우선시하는 리더십, ② 여유인원 및 물자의 존재, ③ 권위의 분권화, ④ 시행착오를 통한 조직학습 등의 상황적 조건이 충족되어야 한다.

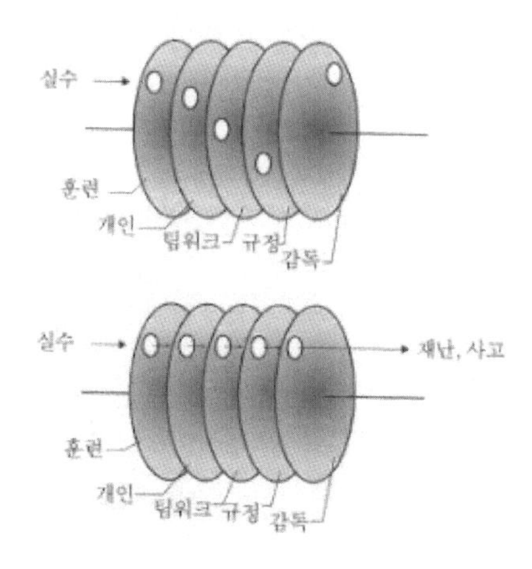

그림 123. 고신뢰이론의 안전상황 및 위험상황

고신뢰이론의 기본 가정은 <그림 123>에 잘 드러나 있다. 고신뢰이론에서의 안전관리는 여러 개의 안전판이 작동하는 것을 의미한다. 각각의 안전판에는 작은 부분이지만 실수나 실패의 가능성이 내포되어 있다. 그림의 원판에 작게 뚫린 구멍들이 바로 실수나 실패의 가능성을 나타내고 있다. 훈련과정, 개인의 판단력, 협동 정도, 규정, 감독과 경영 등의 여러 차원에서 위험관리를 강화하게 된다면 각 단계에서 사소한 실수가 발생하더라도 전체 시스템이 뚫려서 재난이나 사고로 이어지지는 않게 된다. 그러나 시스템 자체가 완벽할 수는 없기 때문에 여러 개의 중첩된 안전판의 각 단계마다 실패가 연속적으로 일어나게 된다면 사고나 실패가 발생하게 될 것이다.

이에 반해 정상사고론에서는 위험을 시스템 자체가 가지고 있는 속성이라고 규정한다. 정상사고론에서는 위험이 공학이나 기술적인 문제뿐만이 아니라 조직체계나 문화와 밀접히 연관되어 있으며, 제도적 장치와 행정체계 등에 결부되어 있다고 주장한다.

Perrow(1999)는 정상사고론을 통해서 조직의 특성을 상호작용과 결합을 기준으로 유형화함으로써 다양한 형태의 조직들에 잠재되어 있는 위험 요소와 그 특성들을 구분할 수 있는 이론적 도구를 제공하였다. Perrow(1999)에 따르면 정상사고란 복합적 상호작용을 하는 산업 영역의 사고나 재난을 설명해주는 이론이다. 특히, 재료나 부속물들이 대단위로 결합되어 있는 화학공장이나 원자력발전소 등에서 주로 발생하는 사고나 재난에 대한 설명이 용이하며, 이때 발생하는 위험은 다른 형태의 위험들과 뚜렷이 구분된다고 보았다.

Perrow(1999)가 제시한 정상사고론의 기본 전제는 위험을 확률론적으로 파악한다는 것이다. 아무리 완벽한 안전장치를 만들기 위해서 인간이 노력하더라도, 위험의 확률을 완벽히 0으로 만드는 것은 불가능하다. 위험의 예상되는 크기는 발생 확률에 사고발생 시의 피해액을 곱한 것으로 계산된다.

설사 위험발생의 확률이 0으로 수렴되는 매우 작은 크기라고 하더라도 일단 재해나 재난이 발생하게 되면 피해의 규모는 무한대로 커질 수 있기 때문에 대다수의 경우 위험이 발생시키는 피해 역시나 무한대에 가깝다는 것이 정상사고론의 관점이다.

P: Probability / D: Damage　　　　**[P(사고발생 확률, ≒0)×D(피해액, ∞)=∞]**

정상사고론은 세 가지 기본 전제를 가지고 있다. 첫 번째 전제는 인간은 실수를 한다는 것이다. 두 번째 전제는 대형사고나 재난의 원인은 작은 실수에서 출발한다는 것이다. 세 번째 전제는 기술보다 기술을 다루는 인간에게서 사고가 나타나기 때문에 기술적으로 완벽하다는 것은 의미가 없다는 것이다. 이 세 가지 전제를 바탕으로 한 정상사고론은 아무리 안전장치와 기술을 개발하더라도 피할 수 없는 사고가 있다는 결론에 도달하게 된다.

Perrow(1999)의 정상사고론은 위험을 인식하는 새로운 시각으로서 중요한 의미를 갖는다. 첫째, 위험을 조직과 체계의 특성을 통해 조명하였기 때문에 과학기술에 국한하여 보는 좁은 시각을 극복할 수 있도록 한다.

둘째, 개방체계로서의 조직을 바라봄으로써 위험에 대한 기술적 해결책이 갖는 또 다른 '위험'을 부각시켰다. 즉, 하위시스템이 동시에 작동될 때 발생할 수 있는 예측되지 못한 위험의 가능성에 대해 환기시킨다.

셋째, 근대사회 위험의 새로운 양상, 즉 제3의 희생자를 발생시킬 수 있는 잠재적 위험 혹은 위험이 대상이나 장소만 바뀌어서 발생할 수 있음을 설명하는 이론적 도구를 제공하였다.

정상사고론은 간단히 감소시킬 수 있는 위험과 중대한 노력이 필요한 위험 그리고 어떤 노력에도 피할 수 없는 위험 등 세 가지로 위험의 범주를 구분하였다. 앞의 두 가지 범주의 위험은 실패나 배우려는 노력을 통해서 줄일 수 있는 위험이지만 세 번째 범주는 어떻게든 발생하는 위험이기 때문에 기술 향상은 포기해야 한다고 주장한다. 왜냐하면 완전한 제거가 불가능할 뿐만 아니라 너무나 많은 비용을 지불해야 하기 때문이다.

정상사고론은 동조현상을 반영하여 '충돌할 수 없는 경로에서 일어나는 충돌(non-collision course collision)'이라는 특이한 사고 현상을 소개하였다. 그것은 선장이 오판을 해서 배를 좌초시키거나 다른 배와 충돌하도록 조타를 하고 있는데도 불구하고, 선원들이 선장의 행동에 침묵하면서 사고를 막을 수 있는 기회를 놓치면서 결국 충돌사고가 발생하는 상황이다. 이러한 정상사고론의 사례는 조심하기만 하면 어떠한 위험도 극복할 수 있을 것이라는 협소한 의미의 위험(risk) 해결을 지적하는 데 주로 사용된다. 부도덕이나 비양심 혹은 범죄나 병리 등 다양한 위험의 속성들을 모두 고려하여 완벽히 위험을 해결하는 것이 얼마나 어려운지를 반증하는 사례이기도 하다.

정상사고론은 개인의 실수에서만 사고의 원인을 찾는 것에 대해 비판한다. 사고는 조작 당사자가 미처 예견하기 어려운 상호작용에 문제가 발생하게 될 때 일어난다고 보기 때문이다. 문제는 현대사회가 고도화 될수록 정상사고의 가능성도 증가하게 된다는 것이다. 따라서 정상사고론에서는 안전사회를 이룩하기 위해서는 기술에만 의존하는 것이 아니라 사회조직과 체계를 안전중심으로 재조직하여야 한다고 주장한다. 이처럼 고신뢰이론과 정상사고론은 핵심적인 가정과 논리에서부터 반대되는 입장에 서 있다. 두 가지 이론의 차이는 이론 구성의 대상이 되는 시스템의 차이에서도 찾아볼 수 있다. 고신뢰이론은 주로 항공모함이나 방공시스템의 운영과정에서 발전된 이론이다. 이러한 조직들의 경우에는 관련된 사람들이 다른 사회와 차단된 상태에서 생활한다.

따라서 개별 구성원들에 대한 통제와 훈련이 철저하게 이루어지고 있다. 동시에 여러 겹의 안전장치들을 중첩해서 만들어냄으로써 위험의 가능성에 대비하는 경험이 축적되어 있다. 반면에 정상사고론의 대상은 원자력발전소나 화학공장 등 민간 부분의 복잡성과 복합성이 높은 열려있는 시스템을 대상으로 한다. 이러한 산업들의 특성은 다양한 사람들이 관련되어 있으며, 또한 전인적인 통제나 격리가 어렵다는 특징을 가진다. 아울러 아주 작은 실패 가능성도 완전 실패로 이어질 수 있다는 점을 들 수 있다.

두 가지 이론이 대비되고 있음에도 불구하고 공통적인 것은 현대사회에서 위험을 근절하는 것이 어렵다는 관점을 공유한다는 것이다. 특히 현대적인 삶의 모습은 개방형 사회 시스템으로 작동하고 있기 때문에 기능적인 유기체로서의 사회가 여러 가지 위험 요소를 시스템 내에 구조화하게 되는 과정을 잘 보여준다는 점에 주목할 필요가 있다. 과거에는 위험 요소를 시스템의 외부에 존재하면서 시스템을 위협하는 것으로만 파악하였다. 즉, 전쟁과 같은 형태(전쟁 모형)로만 위험을 이해했었다. 하지만, 점차 위험을 재난의 형태(병리 모형)로 이해하면서 시스템 내부의 복합성이나 시스템 운영 자체가 왜곡되고 굴절될 때 드러나는 병리적 모델로 파악하고 있다. 즉, 사고와 재난이 유기체와 같은 복합적이고 상호 연쇄적인 형태로 발생한다는 견해로 바뀌고 있다. 그러나 위험에 대한 관점이 어떠하던 궁극적인 사고나 재해의 발생에는 결정적인 인간의 실수나 착오와 같은 오류가 촉발적인 영향을 준다는 데는 변함이 없다.

2. 안전심리란

위험은 한글 사전에서는 '위태롭고 험함'이라는 한 가지 단어와 뜻으로 표현되지만, 영어에서는 'Danger', 'Hazard', 'Risk' 등의 세 가지 단어로 표현되고 각기 구별된 뜻을 가지고 있다. 우선 'Danger'는 현상적으로 발생된 위험 자체를 나타내는 가장 포괄적인 단어이다. 'Hazard'는 사고발생 가능성이 있는 상황적인 위험을 일컫는 물리적이고 객관적인 위험을 말한다. 좀 더 구체적으로 'Hazard'는 상해나 사망의 원인이 되거나 그러한 사건에 기여할 가능성이 있는 조건 혹은 상황을 의미한다. 'Risk'는 사고발생 가능성도 있지만 어떻게 대응하는가에 따라서는 기회가 될 수도 있는 위험으로 사고나 사건 혹은 기회의 가능성을 의미한다. 따라서 'Risk'는 객관적인 위험이라기보다는 위험(Risk)에 대응하는 행동주체의 주관적인 판단에 따라서 달라질 수 있는 사고 가능성으로서의 의미를 가지고 있다.

안전은 한글 사전에서는 '위험이 없는 평안함'이란 뜻인데, 영어에서도 'Safe'란 한 단어로 쓰이고 있다. 안전이란 말은 독립적인 상태나 상황을 나타내기보다는 위험의 반대 상황, 즉 위험하거나 사고가 일어날 염려가 없는 상태, 혹은 허용할 수 있는 위험 상태를 가리킨다. 따라서 '안전(Safe)'은 '용인할 수 있는 수준까지 위험을 감소시킨 상태'라고 정의할 수 있다. 이러한 관점으로 이순열(2015a)은 안전은 미래적 추상성을 함의하고 있으며 위험을 줄인 만큼 증가되고, 위험을 통해서 측정되거나 평가되는 종속적 성격을 가진다고 하였다.

즉, 안전은 미래적이며 불확실한 반면에 위험은 현재적이며 비교적 확실하다. 담배를 피우는 행위만 생각해보더라도, 현대인은 누구나 담배를 피우는 것이 건강에 위험을 증가시키는 선택이라는 것을 알고 있을 것이다. 그래서 담배를 피우지 않는 것이 자신의 건강을 위해서는 보다 안전한 선택이라는 것도 안다. 그러나 담배를 피우지 않는 행위가 자신의 건강을 지켜줄 지는 확실하지 않다. 더군다나 인생의 마지막에 되어서야 알 수 있는 미래의 일이다. 하지만 지금 당장 담배 한 모금을 넘길 때의 느낌은 확실히 좋다. 때문에 흡연자들은 담배를 끊기 힘들다. 흡연이 주는 당장의 유익이 너무 확실하기 때문이다. 또 다른 사례로 교통안전도 마찬가지이다. 교통법규를 지켜서 안전해지는가는 운전 행위가 종료되는 미래에 가서야 판단될 수 있다. 하지만 신호위반은 지금 당장 운전자에게 확실하게 3분의 시간을 줄여준다. 이처럼 위험은 현재에서 확실한 이익을 주기 때문에 유혹적이다. 하지만 안전은 불확실하고 미래에 가서야 검증되는 것으로 위험보다는 매력적이지 못하다.

따라서 위험을 줄이고 안전을 향상시키기 위한 홍보나 교육은 위험 선택으로 지불하게 되는 현재적이고 구체적인 비용에 대해서 강조하는 방향으로 진행되어야 한다. 미래의 막연한 유토피아보다는 지금 여기의 위험이 어떠한 손실을 야기하는지 확실히 보여주어야 한다는 것이다. 그리고 안전의 선택이 확실한 현재적인 이익이 될 수 있도록 조치가 마련되어야 한다. 예를 들어, 안전규정을 준수하지 않았을 때 확실히 비용의 증가나 시간의 증가가 일어나도록 분명하고 강력한 처벌이 이루어져야 할 것이다. 안전규정을 준수하는 경우에 확실한 시간과 비용의 이득이 생길 수 있도록 조치하는 것이 '안전해지면 좋다'는 식의 막연한 강조보다는 효과적일 것이다. 요점은 미래적이며 불확실한 안전의 특성에 초점을 맞추기보다는 현재적이고 확실한 위험의 특성에 초점을 맞추는 것이 위험과 안전의 속성을 고려한 보다 실용적이고 효과적인 대응이 될 수 있다는 것이다.

안전에 대한 심리학적 접근 역시나 안전을 생각할 때 떠오르는 막연하고 불분명한 백지 상태의 이미지들보다는 위험이 보내오는 구체적인 신호들에 집중할 필요가 있다. 위험과 안전에 대한 정의를 종합적으로 살펴보더라도 안전에 대해서 연구한다는 것은 위험을 줄이는 것에 대한 연구이다. 따라서 안전에 대해서 알기 위해서는 위험에 더 집중하여야 할 필요가 있다.

위험에 대한 정의 중에서도 'Risk'는 서양의 항해술 용어에서 유래하였다. '위험을 감수한다'는 것은 '암초를 뚫고 나아간다'는 의미를 가지고 있다(Ulrich, 2014). 이처럼 'Risk'로서의 위험은 난관을 극복하여 이득을 쟁취하거나, 장애를 넘어 전진한다는 의미를 포함하고 있다. 현대 산업 자본 사회에서도 위험(Risk)은 극복의 대상으로 인식되고 있으며, 기업 이득이나 조직 안녕을 위해서 위험을 체계적으로 조절하고 관리해야 한다는 관점에는 변함이 없다.

위험(Risk)에 대한 관리적 접근과 대응은 '위험(Risk)'을 감소시키는 데 많은 기여를 해온 것이 사실이다. 그러나 인간이 삶에서 직면하게 되는 위험은 'Risk'에만 국한되는 것이 아니라 'Hazard'와 'Danger'까지를 포함한다. 때문에 위험에 대한 접근이 'Hazard'와 'Danger'를 포함하는 보다 포괄적이고 근원적인 접근으로까지 나아가지 못한다면 제대로 된 위험 감소, 즉 안전 획득을 성취하기는 어려울 것이다.

더욱이 인간 행동과 행동의 원인이 되는 심리내적 기제를 탐구하는 심리학에서조차 위험을 'Risk'나 'Hazard'의 관점으로만 한정해서 살펴보는 것은 위험 대응에 문제를 발생시킬 수 있다. 현대 주류 심리학이 위험과 안전에 대한 대응 범위를 위반이나 오류 행동 등의 인지 및 지각적 실수에 대한 행동적 관리로만 국한시킨다면 심리학만이 탐구할 수 있는 근원적 위험과 안전에 대한 탐구를 등한시하는 한계상황에 갇히게 되는 것이다. 이 같은 심리학의 제한적 접근 태도는 현대 사회에서 직면하고 있는 수많은 위험들을 제대로 설명할 수 없을 뿐만 아니라, 위험에 적절하게 대응하거나 위험을 예방하는 데도 한계를 가지게 만들 것이다.

일례로 새롭게 발생한 전염병을 생각해보자. 전염병의 위험을 해결하기 위해 심리학적으로 접근한다는 것은 병원체에 대한 방역뿐만 아니라 심리적 안녕감까지를 포함하는 것이다. 왜냐하면 전염병이 개인과 사회를 파괴시키는 강력한 힘을 발휘하는 것은 병원체가 가지고 있는 전염력이나 치사율뿐만 아니라, 새롭게 발생한 전염병에 대해 사람들이 가지는 과도한 심리적 불안과 공포심의 작용도 있기 때문이다.

과학기술과 관리체계의 발전으로 위험(Risk)은 점점 더 잘 관리되고 있는 것 같지만, 에이즈(AIDS), 에볼라(Ebola), 사스(SARS)와 메르스(MERS) 등과 같은 신종 질병의 발생은 위험(Danger)이 인간이 대응할 수 있는 범위를 뛰어넘고 있다는 것을 보여준다. 새로운 종류의 질병이 생겨 날 때마다 그 질병을 예방하거나 치료할 수 있느냐의 문제와 함께 불안과 공포란 또 다른 위험의 씨앗이 발생한다. 이것은 안전해지기 위해서 해결해야 하는 위험의 범위가 병원체 감소라는 의료적인 부분뿐만 아니라 '심리적 방역'과 같은 주관적이고 정서적 영역에까지로 확대되어져야 함을 보여주고 있다. 따라서 심리학에서 다루어야 하는 위험의 범위는 외부의 환경적 위험을 해결하는 것과 함께 인간 심리 내면에서 발생하는 불안과 공포와 같은 위험 요소들에 대한 대응과 관리까지를 포함하여야 할 것이다.

위험에 대한 심리학적 접근이 보다 포괄적이어야 하는 이유는 체르노빌 원자력 발전소 폭파 사고와 후쿠시마 원자력 발전소 사고를 통해서도 알 수 있다. 원자력 발전소에서 발생한 인간의 실수와 자연재해로 인한 사고들은 현대사회의 위험(Risk) 관리가 인간의 실수를 관리하는 데도 한계를 가지고 있을 뿐만 아니라, 자연재해에 대한 관리에는 거의 무방비 상태에 놓여 있음을 여실히 보여주었다.

위험의 범위가 현대 사회에서 더욱 확장되고 있다는 증거들은 곳곳에서 나타나고 있다. 차별과 반목으로 발생되는 전쟁과 테러의 위험(Hazard)은 몇몇 국가에만 국한되는 것이 아니라 전 지구적 영역으로 확대되어 가고 있다. 기계화의 발달과 인공지능의 출현으로 항공기나 차량 사고는 줄어들어 가는 듯 보이지만 스스로 목숨을 끊는 사람들은 늘어나고 있다.

심리학적인 관점으로 현대 사회의 위험과 안전을 살펴본다면, 기계와 정보통신 그리고 인공지능의 발달은 신체활동의 단절과 밀도 있는 인간관계를 축소시키고 있으며, 가상적 허구세계에 중독될 위험은 가중시키고 있다. 기술과 과학의 발달로 관리되는 위험은 더 많아지는 것 같지만 이에 비례하여 인간성의 상실과 소외는 또 다른 위험으로 현대 사회를 몰아가고 있다.

같은 맥락으로 질병 사망률은 감소하고 있지만, 행복지수는 낮아지고 출산율 또한 줄어들고 있다. 자산은 증가되어 가지만 양질의 일자리는 줄어들고 있으며, 안정적인 일자리를 얻는 것은 현대사회 젊은이들의 지상과제가 되어 가고 있다. 즉, 현대사회가 위험을 다루기 위해서 노력해 왔지만 결국 위험이 다른 얼굴로 변모되어 나타나는 것일 뿐 "실제적인 위험감소와 안전충족이 이루어지고 있는가?"라는 물음에는 확실히 "그렇다!"고 대답하기 어려운 실정이다.

점점 더 다각적이고 포괄적으로 발현되고 있는 위험에 대해서 심리학에서조차 직접적 사고나 재난으로만 위험의 범주를 한정하여 행동적 접근이나 인지·지각적 범주에서만 다루는 것은 그야말로 근시적인 한계 상황으로 스스로를 가두는 어리석은 제한이 될 것이다. 표면에 드러나 쉽게 눈길을 사로잡는 위험과는 다르게 심리내적 작용으로 발생되는 위험들은 심리적 불안과 갈등을 증가시키는 보이지 않는 페달로 작동할 수 있다.

인간 내면의 보이지 않는 심리적 요소와 행동 요소 모두에서 기여하기를 원하는 심리학의 태생적 목표를 고려하더라도 위험과 안전에 대한 심리학적인 접근은 훨씬 더 포괄적인 범위에서 보다 더 근원적인 방향으로 이루어질 필요가 있다.

위험에 대한 대응이 'Risk'를 넘어선 'Hazard'와 'Danger'까지를 포함하여야 한다는 것은 위험에 대한 심리학적인 접근이 인간 존재와 심리 전반을 다루어야 한다는 결론에 이르게 한다. 위험과 안전에 관한 심리학적 접근이 인간이 삶에서 직면하는 모든 위험을 제대로 해결하는 데까지 나아가기 위해서는 행동 관리와 인지 및 지·감각적 측면을 넘어서서 인간의 생리적 속성과 발달, 적응, 동기 및 성격과 태도 그리고 산업·조직과 인간공학 등의 심리학 범위 전반을 살펴보는 방향으로 확장되어야 할 것이다.

그림 124. 위험과 안전 그리고 안전심리학의 범위

1) 객관적 위험과 안전 vs 주관적 위험과 안전

환경이 가지고 있는 실체적 위험을 '객관적 위험(Objective Danger)'이라고 정의한다면, 환경의 실체적 위험에 대한 평가를 통해 개인에게 인식되는 위험을 '주관적 위험(Subjective Danger)'이라고 정의할 수 있다(이순열, 2016). 인간은 환경에 존재하는 실체적 위험인 객관적 위험에 대해서 주관적으로 인식하고 느껴지는 범위까지만을 위험으로 인식할 수 있다. 따라서 인간에게 위험이란 실체적으로 존재하는 위험을 말하는 것이 아니라, 실재하는 위험에 대해서 인식하는 정도인 주관적 위험을 지칭하는 것이다.

그러므로 위험과 안전에 대한 심리학적 접근은 객관적 위험을 줄이기 위한 접근과 함께 위험에 대해서 인식하는 주관적 평가 과정을 파악하고, 주관적 위험 인식이 적절성을 유지하도록 하는 방향으로 나아가야 한다. 왜냐하면 객관적 위험에 대한 주관적 위험 평가가 어긋나게 되면 인간은 위험을 올바르게 파악할 수도 없으며, 안전을 온전히 누릴 수도 없기 때문이다. 객관적 위험과 주관적 위험 평가가 일치하는 것, 즉 위험한 상황을 위험하게 인식하고 안전한 상황을 안전하게 받아들이는 것, 이것을 통해서 위험에 적절히 반응하고 안전을 온전히 누릴 수 있도록 하는 것이 바로 안전심리학(Safety Psychology)의 목표이다.

앞서서 밝힌 안전에 대한 정의를 바탕으로 '객관적 안전(Objective Safety)'을 '환경의 실체적 위험이 줄어든 상태'라고 정의한다면, '주관적 안전(Subjective Safety)'은 '실체적 위험이 줄어든 것에 대한 주관적 인식'이라고 정의할 수 있다. 줄어든 위험을 제대로 인식하지 못한다면 끊임없이 위험 감소를 위해 에너지를 소비하게 되거나, 남아 있는 위험을 인식하지 못하여 방심하는 실수를 범할 수 있다. 따라서 안전심리학(Safety Psychology)을 연구하는 또 하나의 목표는 줄어든 위험을 제대로 인식하여 안전해지기 위해 사용되는 에너지를 적절히 조정하거나, 남아 있는 위험을 인식하지 못하여 방심하는 문제 상황을 해결하는 것이다.

Klebelsberg(1989)는 객관적 안전과 주관적 안전의 관계에 대해서 객관적 안전 상황보다 주관적 안전에 대한 인식이 더 높을 때 덜 안전해지는 상황에 놓이며, 주관적 안전보다 객관적 안전이 더 높을 때 더 안전해지는 상황에 놓인다고 설명하였다(그림 125). 그러나 이순열(2016)은 객관적 안전과 주관적 안전의 차이 자체가 문제가 될 수 있다고 보았다. 객관적 안전보다 주관적 안전에 대한 인식이 더 낮은 것도 또 다른 위험으로 작용할 수 있다.

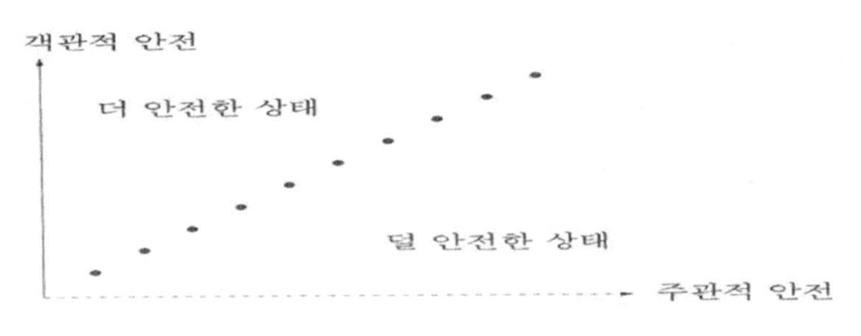

그림 125. Klebelsberg(1989)의 주관적 안전과 개관적 안전 모델

객관적 위험을 줄이고 안전을 획득하기 위해서는 물리·공학적 기술개발과 안전투자, 인지 및 인간공학적 행동 관리와 교육 등의 방법을 사용할 수 있다. 반면, 주관적인 위험과 안전은 심리적 작용을 통해서 획득되는 것이므로 적절한 조절이나 대응이 쉽지 않다.

실제로 객관적 위험이 높고, 안전이 낮은 상황인데도 위험을 제대로 인식하지 못하여 안전행동을 생략해 버려서 사고를 발생시키는 경우가 있다. 반대로 객관적 위험이 낮고, 안전이 높은 상황임에도 불구하고 과도하게 위험을 느껴서 불안과 공포에 휩싸인 나머지 안전을 획득하기 위해 강박적으로 제한된 부분에만 몰입하거나, 한두 가지의 방법만 고집하다가 다른 국면에서 위험을 발생시킬 수도 있다.

때문에 위험과 안전에 대한 심리학적 접근은 객관적 위험을 낮추고 객관적 안전을 향상시키기 위한 노력과 함께 위험과 안전에 대한 객관성과 주관성의 차이가 발생하는 이유와 객관적 위험과 객관적 안전에 주관적 위험과 주관적 안전을 일치시키는 방법을 밝혀내려는 노력을 포함하여야 할 것이다.

2) 객관적 위험과 객관적 안전의 특성

Schrödinger(2007)에 따르면 인간이 속한 자연계는 보존된 에너지의 변화를 통해서 모든 현상들을 구현한다. 이순열(2015a)은 객관적 위험과 안전 역시 환경 속의 현상들로 에너지의 변화를 통해서 설명할 수 있다고 보았다. 열역학 제2법칙[엔트로피(Entropy) 증가 법칙]에 따르면 자연계는 사용할 수 있는 에너지가 감소하는 방향으로 나아가게 된다.

열역학 제1법칙(에너지 보존법칙)에 따라 에너지의 총량은 변화되지 않기 때문에 사용할 수 있는 에너지가 감소하는 것은 반대로 사용할 수 없는 에너지가 증가하는 것이다. 따라서 자연계에서의 객관적 위험은 바로 이러한 사용할 수 없는 에너지와 무질서도가 증가되는 방향으로 움직이는 열역학 제2법칙[엔트로피(Entropy) 증가 법칙] 현상이 발현된 것이라고 규정할 수 있다. 즉, 물리학적으로 위험은 사용 가능한 에너지가 감소하는 것, 무질서도가 증가되는 것, 의미 있는 정보가 줄어드는 것이라고 정의할 수 있다. 위험이 가지고 있는 물리적 속성에 따르면 환경 속의 '객관적 위험'은 항상 증가되는 쪽으로 나아가기 때문에 위험해지는 것은 당연하다. 실제로도 자연 현상계는 점점 더 위험해지고 있다(Jeremy, 2015; 이순열, 2016).

위험이 증가하는 것은 자연스러운 방향인데, 이에 맞서는 모든 의도적 행위와 작용이 안전이다. 따라서 자연계의 '객관적 안전'은 '위험을 감소시키려는 모든 의도적 행위와 작용'이라고 정의할 수 있다.

사용할 수 있는 에너지와 정보가 감소하는 것이 위험이라면 안전은 사용할 수 있는 에너지와 정보를 증가시키고, 무질서를 감소시키려는 일련의 의도적 작용의 결과물이다. Schrödinger(2007)는 사용할 수 없는 에너지가 증가되는 것을 제한하기 위해서는 사용할 수 있는 에너지와 의미가 있고, 질서 있는 정보의 의도적 공급[네트로피(Netropy) 공급 이론]이 반드시 필요하다고 하였다.

따라서 Schrödinger(2007)의 견해에 따르면, 객관적 안전이란 객관적 위험 현상[엔트로피(Entropy) 증가 법칙의 발현]에 사용 가능한 에너지를 공급하여 무질서를 줄이고, 의미 있고 사용 가능한 정보를 증가시키려는 의도적 작용[네트로피(Netropy) 공급 이론의 적용]이라고 볼 수 있다(Rio, Aberg, Renner, Dahlsten, & Vedral, 2011; 이순열, 2016).

3) 주관적 위험과 주관적 안전의 특성

(1) 주관성과 문제 상황 극복

주관적 위험은 객관적 위험과 객관적 안전이 가진 대칭적 관계에 의해 발생한다. 또한, 주관적 안전은 주관적 위험에 대한 의도적 반작용이기 때문에 일상생활 속에서 안전이란 감내할 수 있는 위험 수준 혹은 용인할 수 있는 위험을 지칭하는 것이다. 객관적 안전은 객관적 위험을 완벽히 상쇄시키거나 압도할 수 없다. 따라서 이순열(2016)은 "객관적 안전은 객관적 위험을 상쇄하고 남는 정도를 통해서만 인식할 수 있다"고 하였다.

의미 없는 정보의 증가, 즉 의미 있는 정보의 감소 상황은 인간의 내면에 불안을 만들어내게 된다. 이러한 불안은 대상이 존재하는 불안이 아니라 우주와 인간의 존재 자체가 가지는 숙명적이며 실존적인 불안이다.

극복할 수 없는 위험에 대한 인식은 객관적인 안전으로 상쇄시키지 못한 객관적 위험에 대한 인식과 마찬가지로 개체마다 다르기 때문에 상대적이고 주관적일 수밖에 없다. 따라서 이러한 객관적 위험의 미해결성과 객관적 안전의 비충족성이 바로 위험과 안전을 주관적으로만 인식할 수 있게 하는 주관성(主觀性)이라는 제한점이자 특성을 발생시킨다.

Maslow(1943, 2012)는 위험을 인식하고 안전해지려는 것을 인간의 가장 기초적인 욕구(생리적 욕구 다음) 중 하나로 지목하였다. 인간에게 위험을 줄이는 것은 숙명적 과업이며 안전을 추구하는 것은 삶의 기본원리이자 방향이다. 하지만 위험을 해결하고 안전을 성취하려는 인간 삶의 동기들은 개개인이 신체를 통해 환경과 상호작용하면서 겪어온 경험들과 정보에 대한 의미부여의 차이로 인해 인식에서 주관적인 차이를 발생시키게 된다.

이러한 위험과 안전에 대한 인식의 주관성은 개체나 공동체에 서로 다른 위험감수성(Danger Sensitivity)을 가지도록 한다. 인간은 자신의 지식이나 경험을 바탕으로 수용할 수 있는 위험 역치 이상에 대해서만 위험으로 인식하게 되는데, 이것이 개체마다 다르게 위험을 인식하는 감수성[위험감수성(Danger Sensitivity)]으로 나타나게 된다.

위험에 대한 평가가 개체마다 다르게 인식되는 이유는 개체마다 저마다의 경험과 정보가 다르게 투입되었기 때문이다. 문제는 경험과 정보의 차이로 인해서 주관적 위험인식이 적절하게 이루어지지 못하다면, 실체적 위험에 대해 지나치게 둔감하거나 민감하게 인식하는 상황이 발생할 수 있다는 것이다(표 25).

표 25. 객관적 위험과 주관적 위험 수준에 따른 상태

	수 준			
객관적 위험	↑	↑	↓	↓
주관적 위험	↑	↓	↑	↓
상 태	위험회피	위험둔감	위험과민	위험해결

이순열(2016)은 위험과 안전에 대한 주관적 평가가 적절성을 획득하기 어렵다는 문제 상황을 극복하는 방법으로 주관적 위험과 안전에 대한 인식 기준을 자신이 아니라

타자(약자)를 기준으로 인식하는 방법을 제안하였다. 자신을 기준으로 한 위험 평가는 경험이나 정보의 과·감으로 왜곡될 수 있다. 하지만 타자 특히 약자 편에서 위험을 평가하는 것은 위험 평가의 기준을 외부로 향하도록하기 때문에 객관적 위험과 안전에 대해서 보다 일치된 평가를 내릴 수 있게 할 것이라고 주장하였다.

(2) 역투성과 문제 상황 극복

객관적 위험과 객관적 안전의 관계와 마찬가지로 주관적 위험을 해결하고 주관적 안전을 획득하기 위해서는 인식된 위험에 대해서 의도적으로 사용 가능한 에너지를 투입하여야 한다. 이러한 의도적 에너지 공급은 주관적 위험과 주관적 안전의 관계에서 역투적인 특성[역투성(力投性)]을 발생시킨다.

이순열(2016)은 사용할 수 있는 에너지는 한정되어 있기 때문에 개체가 가진 욕구를 해결하기 위해서 한정된 에너지를 어디에 어떻게 공급할 것인가는 가치판단을 통해 결정될 것이라고 보았다. 따라서 위험을 극복하고 안전을 성취하기 위해 얼마만큼의 에너지를, 어떻게 투입할 것인가는 인식한 주관적 위험과 주관적 안전 수준을 바탕으로 개체나 공동체가 가지고 있는 동기나 태도 그리고 성격구조와 욕구 혹은 위험에 대한 정서적 반응 등에 따라 차이를 발생시키게 될 것이다.

그러나 위험을 극복하기 위해서는 반드시 사용 가능한 에너지가 투입되어야 한다는 필수적인 조건은 개체가 가진 에너지가 한정되어 있다는 상황과 맞물려 잘못된 선택을 하도록 만들기 쉽다. 잘못된 선택은 발생된 위험을 제대로 해결하기 위해 자신의 에너지를 사용하는 것이 아니라, 자신의 한정된 에너지를 줄이는 데 몰두하기 때문에 발생하게 된다.

가장 흔하게 발생하는 잘못된 선택은 위험을 해결하기 위해서 자신의 에너지를 적절히 제대로 투입하는 것이 아니라, 임시방편으로 적은 에너지만 상용해서 문제 상황만 넘기려는 기만적인 방법을 사용하는 것이다. 또 다른 역기능적 상황은 자신의 에너지 투여는 줄이고 대신, 타자[대상(Object)]의 에너지 투여로 자신의 위험을 해결하려는 이기적인 선택을 하는 것이다. 이런 선택을 하는 이유는 위험 극복 및 안전 획득을 위한 에너지 투여를 타자에게 전가시킴으로써 자신의 에너지는 아껴서 다른 과제 해결이나 욕구 충족에 사용하고자 하기 때문이다.

하지만 위험을 해결하기 위해서는 반드시 지금 여기에서 자신의 에너지를 적절하게 투여 하여야만 한다. 열역학 물리 법칙을 보더라도 의도된 에너지 공급 없이 극복할 수 있는 위험은 없다. 적절하게 에너지를 투여하지 못하는 것은 결국, 위험을 제대로 해결하지 못하는 문제 상황에 빠지도록 만들 것이다.

이순열(2016)은 이러한 문제 상황을 극복하기 위해서는 위험을 해결하고 안전을 획득하기 위해서 투여되어야 하는 에너지를 줄여버린다든지, 에너지 투여를 자신이 아니라 타자에게 미루는 것이 결국 제대로 위험을 해결하지 못하고 안전을 획득하지 못하는 또 다른 위험의 발로가 됨을 인식할 수 있도록 의식 수준을 고양시켜야 한다고 주장하였다.

그런 의미에서 이순열(2016)은 현대 인류가 위험(Danger)을 줄이고 근원적인 안전(Safe)을 성취하여 미래에도 생존하기 위해서는, 위험과 안전에 대한 인식에서 어디까지를 자기(self)의 범위로 포함시킬 수 있느냐에 달려 있다고 주장하였다.

즉, 자신의 에너지를 기꺼이 타자(자기로 인식되고 포함되는 타자)의 위험 해결과 안전 충족을 위해서 사용할 수 있는 의식 수준의 도약을 실현해낼 수 있느냐에 인류 번영을 위한 위험 해결과 안전 충족 여부가 달려 있다는 것이다.

자신의 위험을 해결하기 위해서만 에너지를 투여한다면 오늘은 살아남아 생존할 수 있겠지만, 내일 발생하게 될 또 다른 종류의 위험을 해결할 수 있으리라고는 장담할 수 없다. 모든 사람들이 기만적이거나 이기적인 선택을 하려고만 한다면 아무도 위험 해결을 위해서 제대로 에너지를 투여하지 않을 것이기 때문이다.

하지만 타자를 위험하지 않도록 하기 위해서 자신의 에너지를 기꺼이 제대로 사용하는 사람들이 많아진다면, 내일 만나게 될 또 다른 종류의 위험을 해결할 가능성은 커지게 될 것이다. 기만적이거나 이기적이지 않으며 진심으로 자신의 에너지를 투여하는 사람이 많아진다면 위험은 줄어들 수밖에 없다는 역투성(力投性)의 법칙에 의해서 위험이 조절될 것이기 때문이다.

이상의 위험 해결의 특성을 종합해볼 때, 제대로 위험을 해결하고 안전을 성취해내는 것은 타자(약자)를 기준으로 적절히 위험을 평가하는 것과 기꺼이 자신의 에너지를 확장된 자기(자기로 인식되고 포함되는 타자)의 위험 해결을 위해서 진심으로 기꺼이 투여하고자 하는 의식의 고양을 통해서 이루어지게 된다.

위험을 줄이고 안전을 획득하는 것이 인간의 숙명이듯 안전심리학(Safety Psychology) 역시 이상과 같은 위험 해결과 안전 충족 원리가 인간 삶에서 실현되는

데 보탬이 되어야 한다는 분명한 목표와 방향성을 가지고 있다.

4) 위험감수성(Danger Sensitivity)

인간은 탄생과 동시에 위험을 인식하고 그것을 줄이기 위해 노력하는 존재이다. 그럼에도 불구하고 객관적 위험은 줄어들지 않으며, 사용할 수 없는 에너지는 증가하고, 의미를 잃어버린 정보가 늘어나는 현실을 경험하게 된다. 위험의 미해결성과 안전의 비충족성에 대한 인식은 '불안(anxiety)'이라는 심리내적 흔들림으로 나타나게 된다. 완벽히 해결될 수 없는 위험과 충족될 수 없는 안전은 상쇄될 수 없는 근원적 위험에 대해 실존적 '불안'을 느끼도록 한다.

안전에 의해 상쇄되지 못한 위험은 개체의 기분이나 느낌, 정서와 인지적 측면을 통해서 인식되는데 이것을 '위험감수성(Danger Sensitivity)'이라고 부를 수 있을 것이다. 따라서 '위험감수성(Danger Sensitivity)'은 '안전에 의해 상쇄되지 못한 위험에 대한 주관적 인식' 혹은 '해결되지 못한 위험에 대한 주관적 인식'이라고 정의할 수 있다.

일반적으로 감수성이란 유기체가 내·외적인 자극을 수용하는 능력을 말한다. 유기체는 환경의 변화에 대응하여 반응을 나타내게 되는데, 변화된 환경에 대한 반응이 바로 감수성이다(Slovic, Finucane, Peters & MacGregor, 2004). 위험을 직면한 대상은 위험에 대한 예민함에 따라 위험을 평가하게 될 것이고 평가 결과에 따라 대책을 세우고 대응하게 된다.

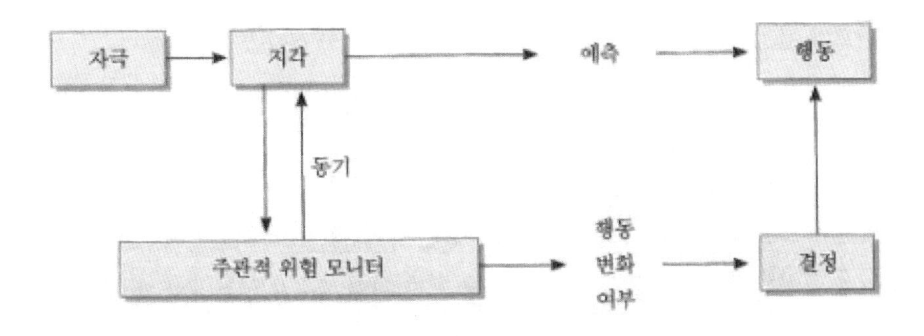

그림 126. 주관적 위험에 기반한 위험감수성(Klebelsberg, 1989)

하지만 앞에서 살펴본 것처럼 주관성과 역투성의 특징으로 말미암아 현실에서 인식되는 위험은 둔감하거나 과민하게 평가되는 문제 상황에 놓이기 쉽다. 즉, 위험감수성은 적절성을 획득하기가 어렵다는 것이다. 위험감수성이 적절성을 획득하기 어렵다는 것은 위험 해결과 안전 충족을 방해하는 핵심적인 장애물이다. 왜냐하면 객관적 위험에 대한 주관적 평가가 어긋나 있다면 고조된 위험에 제대로 대응하지 못하거나, 성취된 안전을 제대로 누릴 수 없도록 만드는 또 다른 위험 상황을 발생시키기 때문이다.

일례로 교통상황에서의 위험 평가는 교통참여자가 교통 환경을 어떻게 인식하는지, 즉 위험에 대한 감수성이 어떠한지로 설명할 수 있다. Klebelsberg(1989)는 교통참여자는 교통 환경에서 인식되는 위험감수성 정도에 따라 위험을 예측하고, 이것을 토대로 위험을 회피하거나 감소시킬 수 있는 안전 행동을 결정한다고 보았다. 따라서 실제 하는 교통상황의 위험을 안일하게 평가하는 운전자는 위험을 인식하지 못하면서, 위험을 고조시키는 행동을 해버릴 수 있다. 반대로 실제 하는 교통상황의 위험이 줄어들고 안전한 상황임에도 불구하고 낮아진 위험을 인식하지 못한다면, 실제 운전상황에서는 주저하거나 머뭇거리면서 제대로 된 행동을 선택하지 못할 수 있다. 이것은 또 다른 형태의 사고 위험을 자신과 환경에 발생시키게 된다.

Zimolong과 Trimpop(1993) 그리고 김인석, 이원영, 신용균과 이순철(2002), 이영애(2005), 이순열과 이순철(2010), 오주석과 이순철(2011) 그리고 이순열(2015a, 2015b, 2015c, 2016) 등의 연구들을 종합하여 보면 위험감수성(Danger Sensitivity)에 영향을 주는 요인들은 크게 4가지로 구분할 수 있다.

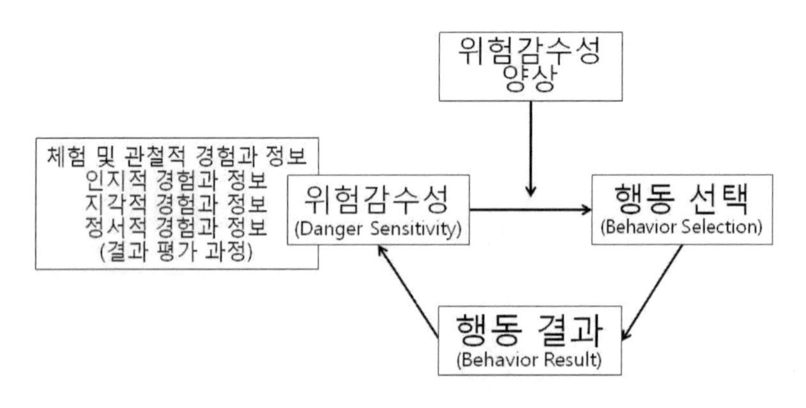

그림 127. 위험감수성을 기반으로 한 위험 발현 경로

위험감수성에 대한 4가지 구성요인은 첫째, 체험 및 관찰적 경험과 정보, 둘째, 인지적 경험과 정보, 셋째, 지각적 경험과 정보 그리고 마지막으로 정서적 경험과 정보이다. 개인은 완벽히 독립적으로 존재하는 것이 아니며 속한 사회와 문화적 환경들과 상호작용하게 된다.

따라서 개인뿐만 아니라 사회집단의 위험감수성 또한 위의 4가지 요소들에 따라 영향을 받으며 독특성을 가지게 될 것이다. 한국 사회의 위험에 대한 감수성도 독특성을 가지고 있을 것이므로 발현된 현상을 토대로 문제점들을 살펴보고 해결 방안을 모색할 수 있을 것이다.

빗길 자동차 운전 상황을 예로 들어 위험감수성에 영향을 미치는 4가지 요인들의 개인적·사회적 작용을 설명해본다면 다음과 같다. 운전자 개인은 자동차를 운전하면서 겪어왔던 과거 위험과 교통사고에 대한 직간접적 경험과 정보 등을 통해서 현재 자신이 처한 빗길 교통 상황이 주는 위험을 평가하게 된다.

또한, 빗길과 자동차 운전이 가지고 있는 물리적·공학적 지식을 토대로 위험에 대해서 인식한다. 그리고 자신의 운전능력과 자동차의 제동 성능 등을 평가해서 현재 차량 속도가 어느 정도 위험한 것인지 지각하게 된다. 마지막으로 빗길 자동차 운전이 가져다주는 불안과 위험에 대한 정서적 평가 혹은 속도를 줄일 수 없게 만드는 사회·문화적 압력(빨리빨리 문화, 속도를 중시하는 의식구조 등)이나 개인의 욕구와 태도(조급성) 혹은 가치순위 등을 종합적으로 고려해서 위험에 대한 최종적인 인식에 도달하게 된다.

이러한 4가지 구성요소로 이루어진 위험감수성 수준은 위험에 대한 선택과 행동 결과에 따라서 다시 개인의 주관적인 위험 평가에 영향을 미치는 순환적 구조를 가지게 된다. 개인이 가진 주관적 위험 평가는 궁극적으로 위험에 대한 선택과 결과를 통해서 나타나게 되는데, 사회나 조직의 위험감수성 또한 여러 가지 발현된 사회 제반 현상들을 통해서 현상적으로 드러나게 될 것이다.

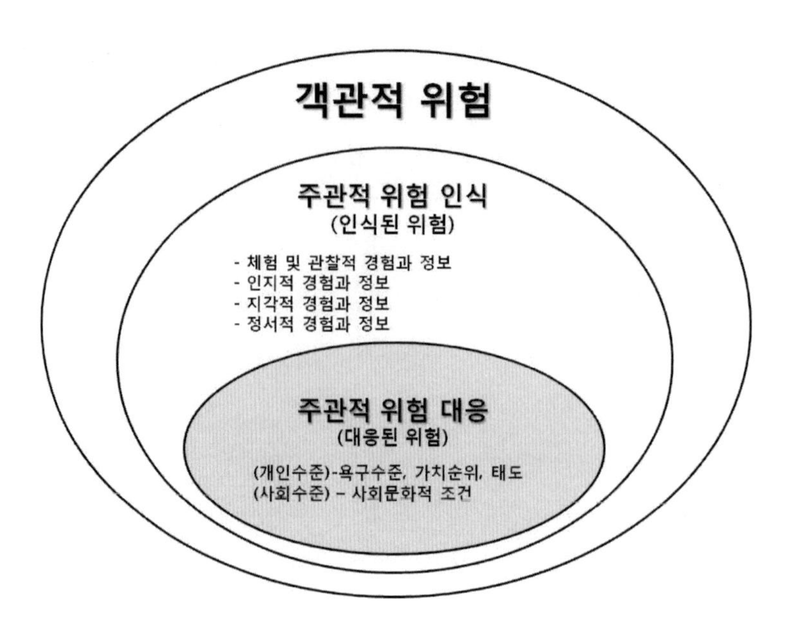

그림 128. 위험에 대한 분류와 범위

(1) 체험 및 관찰적 경험과 정보

위험감수성은 체험이나 관찰적 경험과 정보에 의해서 영향을 받을 수 있다. Lee, Lee와 Song(2009) 그리고 이순열과 이순철(2010)은 교통사고 위험지수(Traffic Accident Risk Index: TARI) 연구를 통해서 교통사고 위험에 대한 인식이 과거 교통사고 경험이나 사고가 발생할 뻔했던 경험들을 통해 민감해질 수 있다고 보고하였다. 2003년 발생한 대구 지하철 참사의 경우를 보더라도 사고 이전과 이후 유사한 상황에 대한 사람들의 대처가 달라졌다는 여러 보고들이 있다. 이것은 체험이나 관찰적 경험과 정보가 위험감수성에 영향을 미치고 위험에 대한 대응과 태도에 영향을 준다는 것을 의미한다(한덕웅, 2003; 이종한, 2003).

사고가 발생된 경험과 정보는 극심한 고통과 불안을 야기할 수 있다. 사고에 대한 직접적 체험이나 관찰적 경험과 정보 등은 위험감수성에 과민을 가져올 수 있고 불안과 분노 그리고 위기에 대한 정서적 고조는 또 다른 사건을 촉발할 수 있는 불씨가 된다(이순열, 2015a). 반면, 위험이 사고로 이어지는 경험을 하지 못한다면 위험감수성은 둔감해질 수도 있다.

Daalmans(2013)는 위험평가에 있어서 위험상황에서의 인간행동을 3가지 학습모델로 제시하였다. 첫 번째는 고전적 조건형성으로 사고라는 자극에 대한 공포반응으로서의 학습모델이다. 두 번째는 조작적 조건형성으로 위험과 공포를 어떻게 다루었는가에 대한 학습모델이다. 그리고 세 번째는 다른 사람들이 위험과 공포에 어떻게 반응하는가를 관찰함으로써 학습하게 되는 사회적 학습모델이다. 학습모델을 통한 위험 평가를 보더라도 직접적 사고 경험과 사고 처리 경험 그리고 조직이나 사회구성원들이 위험과 사고를 어떻게 다루는가를 관찰하는 간접적 경험들은 위험에 대한 평가를 다르게 인식시킬 수 있음을 알 수 있다.

이순열과 이순철(2010)이 실시한 위험 평가에 관한 연구에서도 사고경험이 있는 운전자가 그렇지 않은 운전자들보다 위험을 높게 평가하는 경향을 보였다. 김기식과 박영석(2002)의 연구에서도 산업작업자의 경우 업무 중 사고를 경험한 사람들의 안전 행동과 안전 동기 등이 긍정적으로 변화되었다고 보고하였다. 이것은 사고 경험이 안전동기를 강화시키고 위험에 대한 평가를 변화시키고 있음을 나타내는 것이다.

사고 경험을 통한 주관적 위험 평가는 언론매체에서 사고 소식을 접하는 것과 같은 간접적 관찰과 정보의 형태로도 영향을 받을 수 있다. 대표적으로 대구지하철 사고 이후, 비슷한 지하철 방화사건이나 실화사고가 미연에 방지되거나 작은 규모의 피해로 끝이 난 사례들을 들 수 있다. 이것은 사람들이 대구 지하철 사고 보도를 접하면서 지하철 화재 발생의 위험성을 예전보다 높게 평가하게 되었고, 고조된 위험평가가 안전행동과 동기를 강화시킨 결과라고 볼 수 있다(한덕웅, 2003; 이종한, 2003).

최인철과 김범준(2007)은 안전체감에 대한 연구에서 안전에 대한 평가는 사고가 발생하더라도 그 충격을 여러 가지 사회관계망이 흡수할 것이라는 기대를 얼마만큼 할 수 있는가, 위험에 대해서 관계기관이 얼마나 효율적으로 대응할 역량을 가지고 있는가를 인식하는 정도에 따라서도 영향을 받는다고 하였다. 즉, 발생된 위험과 사고를 개인과 사회조직이 어떻게 처리하는가를 관찰하는 것을 통해서도 위험에 대한 평가가 이루어진다는 것이다.

사고자체와 사고처리 경험을 통한 위험 평가에 관련한 사례로 2010년 칠레의 산호세 광산사고와 2015년 한국의 메르스(MERS) 사태를 들 수 있다. 2010년 8월 5일 칠레 산호세 광산에서 33명의 광부가 700미터 깊이의 갱도에 매몰되는 사고가 발생하였다. 칠레 정부는 발 빠른 대처와 대내·외적인 원조를 받으며 69일 만에 전원구조의 성과를 이루었다. 산호세 광산 사고를 통해 칠레 국민들은 광산 붕괴사고에 대한 경각심을 높이는 계기가 되었고, 더불어 칠레 정부에 대한 긍정적 신뢰감이 증가하면서 향후 어떠한 위기도 극복할 수 있을 것이라는 국민적 자긍심이 고양되는 계기가 되었다. 이와는 반대로 2015년 5월 20일 한국의 첫 메르스(MERS) 감염자 발생은 몇 달 동안 한국 사회 전체에 전염병에 대한 공포와 정부 위기관리에 대한 불신, 사회·경제적 불안을 가중시키는 진통을 겪게 했다. 칠레의 광산 사고와 한국의 메르스(MERS) 사태는 현대 사회의 위험이 단순히 물리적 사고나 병원체의 전염력에 국한되는 것이 아님을 보여주었다. 발생된 위험과 사고에 대해서 개인과 사회가 어떻게 대처하는가를 경험하거나 경험에 의미를 부여함으로써 위험에 대한 주관적 평가가 달라질 수 있음을 극명하게 대비시켜 준 사례라고 할 수 있을 것이다.

Hsee와 Weber(1999)는 공적으로뿐만이 아니라 여러 가지 형태로 사적관계망을 가지고 있는 동양국가 사람들이 국가제도와 같은 공적관계망 중심적인 서양국가 사람들보다 위험에 대한 평가가 더 낮을 것이라는 가설을 세웠다. 이러한 가설은 투자와 의료, 학업의 세 분야에 서 검토되었는데 투자와 같은 경제적 분야에서는 실제로 위험에 대한 평가가 동양 사람들이 서양 사람들보다 낮았다. 반면 의료와 학업의 영역에서는 위험에 대한 평가 차이가 없었다.

이러한 이유에 대해서 Hsee와 Weber(1999)는 투자 실패나 실업과 같은 경제적 위험은 가족, 친척, 친구 등의 사적관계망 영역이 작동할 여지가 있기 때문에 동양 사람들이 서양 사람들보다 위험을 더 낮게 평가한다고 설명하였다. 반면에 의료나 학업의 영역은 사적관계망보다는 공적관계망이 작용하는 영역으로 위험에 대한 평가에서 차이가 발생하지 않는다고 보았다.

Hsee와 Weber(1999)의 연구는 위험이나 사고에 대해 사회관계망이 어떻게 작동하는지를 경험함으로써 위험에 대한 평가가 달라질 수 있음을 시사하고 있다. 투자손실이나 파산과 같이 경제적 사고는 사적 부조의 형태로 회복이 가능한 영역으로 공적관계망을 대신하여 위험 평가를 낮추는 기능을 담당할 수 있다. 그러나 생명이나 신체 안전을 위협하는 사고나 재난의 경우 어떠한 사회안전망도 완벽하게 가치를 회복시켜줄 수 없다. 이러한 영역의 경우 공적관계망의 붕괴는 사회 전체적으로 위험에 대한 평가를 높일 수밖에 없다. 사회관계망의 붕괴로 인해 위험 평가가 높아지게 되면 오히려 위험에 대해 적절히 반응하는 것을 방해할 수 있다.

김의철, 박영신과 박동현(2001)은 아동청소년기와 대학생들의 안전효능감에 대한 연구에서 대학생들이 신체 구조나 위험대처 능력이 아동청소년기보다 발달하였음에도 불구하고 유년기보다 안전효능감을 더 낮게 느낀다고 보고하였다. 이러한 연구 결과에 대해서 김의철 등(2001)은 향후 연구를 통해 적절한 대답을 찾아야 한다고 논의하였다. 한국의 반복된 인재형 참사와 그 처리과정을 살펴보면 김의철 등(2001)이 논의해보자고 남겨두었던 연령 증가와 함께 안전효능감이 낮아지는 현상을 설명할 수 있을 것이다.

연령이 증가하게 되면 일반적으로는 신체적·물리적 안전행위와 실행능력이 증가하게 된다. 그리고 동시에 성장해 가면서 일련의 사건과 사고들을 직간접적으로 경험하게 된다. 그런데 한국의 경우에는 여러 인재형 참사의 발생과 또한 불합리한 사고와 사건 처리과정을 관찰하게 될 수 있다. 이것은 사고와 사건 혹은 재난과 참사에 대한 부정적인 경험을 증가시키는 것이다. 때문에 한국의 대학생들의 경우 아동청소년들보다 제대로 작동하지 않는 사회안전망에 관한 경험과 정보가 많이 축적되어 있을 수 있다. 즉, 한국의 대학생들이 가진 낮은 안전효능감이 잦은 사고 발생에 대한 인식과 함께, 발생된 사고나 사건에 대한 불합리한 처리로 인해서 위험에 대한 부정적인 의미부여가 증가되었기 때문일 수 있다는 것이다.

국무총리실 산하 안전관리기획단(2000)이 조사한 바에 따르면 한국 사회 구성원들은 정부의 안전관리에 대해서 80.8%가 제대로 이루어지지 않는다고 불만을 가지고 있었다. 나아가 한국 사람들의 경우 법규를 지키는 것이 손해라는 의식이 강하다고 지적하였는데, 이것은 사고나 사건의 원인이 결국 부조리한 사회관계망에 연결되어 있음을 반복적으로 경험해왔기 때문일 수 있다(최상진, 김정인, 박정열과 손영미, 2001).

한국 사회의 경우 사고나 사건이 발생하게 되면 직접적인 행위자나 현장 관리자에 국한된 비난과 처벌로 마무리되는 경우가 많았다. 사고가 발생하게 된 배경과 관행, 위험을 방조하는 악습이나 사회문화적 병폐 현상과 그렇게 될 수밖에 없는 구조적 문제에 대해서는 제대로 된 변화를 주지 못했다.

이것은 한국 사회를 살아가는 사람들에게 객관적 위험에 대한 올바른 평가를 가로막고 오히려 '어차피 일어날 사고는 못 피하는 것', '사고는 운명이며, 어쩔 수 없는 것'이라는 체념이나 운명론을 강화시켜 위험에 적절히 대응하지 못하게 만들 수 있다(이영애, 2005). 즉, 위험을 느끼지만 어떻게 할 수 없는 불가항력으로 인식하여서 '가만히 있을 수'밖에 없는 무기력한 상태를 만들어버리거나, '가만히 있다가는 큰일 나겠다'는 과도한 불안 반응이 나타나 혼란이 조장될 수 있는 것이다.

공적관계망에 대한 불신은 사회구성원들로 하여금 위험에 대한 평가를 불필요하게 고조시킬 것이고, 이것은 위험에 대한 사회적 반응의 문제로까지 옮겨갈 수 있다. 한국 사회의 경우 반복되는 참사 경험과 정부부처의 책임회피, 주먹구구식 대처, 금전적 보상에 집중된 사후처리 등을 경험하면서 공적관계망에 대해 불신이 증가하게 된다. 공적관계망에 대한 불신은 왜곡된 사적관계망이라는 사회병리현상으로 나타날 수 있다.

한국 사회가 여타 선진국들에 비해서 학연이나 지연, 혈연과 같은 사적관계망이 유독 큰 힘을 발휘하는 이유가 바로 공적관계망이 제대로 된 기능을 상실하였기 때문일 수 있다(한성열, 2005). 만성적인 부패구조와 갑·을의 부당한 관행, 규정에 대한 편의, 정부와 이익집단의 부패한 연결고리 등 사적 인연에 기초해서 서로의 편의를 봐주고 이득을 담보해주는 문화가 형성된 것이 제대로 된 공적관계망의 작동을 경험하지 못했기 때문일 수 있다는 것이다. '우리가 남이가'라는 말로 대표되는 사적 인연에 근거한 패거리 문화는 결국 믿을 것은 나와 인간적으로 친한 사람, 사적인 연결고리를 가진 사람밖에 없다는 경험에 근거한다고 볼 수 있다. 사적 인연에 대한 기대와 의존은 다시 사익을 쫓아 공적의무를 소홀히 하거나 사적관계의 보존을 위해서 공공의 안녕을 해치는 방향의 결정을 내리는 악순환의 고리가 될 수 있다.

사고와 사건을 극복한 경험과 정보는 현재 위험을 평가하는 강력한 준거가 된다. 위험이 사고로 이어지더라도 이것을 제대로 극복한 경험과 정보의 공급을 통해서 위험에 대해 적절한 평가를 내릴 수 있고, 이것을 통해 위험에 제대로 된 대응과 대책을 마련할 수 있다. 사고를 겪을 수는 있지만 사고와 위험을 어떻게 인식하고 대처할 것인가는 개인 및 사회적 경험과 정보에 따라 달라질 수 있기 때문이다.

(2) 인지적 경험과 정보

위험감수성에 영향을 미치는 또 다른 요인으로는 위험에 대한 정보·지식적 요소인 인지적 경험과 정보를 들 수 있다. Slovic(1987)은 기술 발전에 의해서 알지 못하는 위험은 제대로 된 평가를 내릴 수 없다고 하였다. 특히, 인간이 만들어낸 현대 산업사회의 위험은 과학기술에 대한 지식 없이는 제대로 파악할 수 없다. 발생된 위험이나 잠재적 위험을 인식하기 위해서는 우선 위험으로 인식할 수 있는 준거 틀(Schema)이 있어야만 한다. 산업화로 나타난 여러 가지 위험들에 대한 인식은 지식 유무에 따라 결정적인 영향을 받는다(Ramsey, 1985).

김기식과 박영석(2002)은 산업체의 경우 안전에 대한 지식이 많을수록 안전에 관련한 활동에 보다 참여적이고 순응한다고 보고하였다. 반면에 사람들이 위험에 대한 제대로 된 지식을 가지고 있지 못하거나 위험에 대한 인식이 피상적인 경우, 위험에 대한 평가와 대처에 있어서도 효과적이지 못하였다고 보고하였다. 이것은 안전에 관한 지식 정도가 위험에 대한 평가에 영향을 미치고, 다시 이러한 위험 평가의 정도에 따라 위험 감소 행동이나 안전 행동이 영향을 받게 되는 과정을 나타내는 것이다.

위험에 대한 평가에서 인지적 경험과 정보란 위험에 대한 지식을 말한다. 지식 경험의 요소는 크게 3가지 지식체계로 구분할 수 있다. 첫째는 인간에 대한 지식(인간 심·신기능의 특성 및 한계)이다. 둘째는 도구에 대한 지식(도구, 재료, 기계장치, 구조물 등)이고, 마지막 셋째는 환경에 대한 지식(작업장, 활동구역, 기상 및 기후조건, 과학법칙 등)이다(이순열, 2015a).

위험과 사고를 감소시키기 위한 인지적 접근의 경우 위험을 감소시키기 위해서 제어해야 할 행동이 무엇인지를 다루는 행동기반안전(Behavior Based Safety: BBS)을 대표적인 사례로 들 수 있다. 산업체와 조직별로 많이 발생하는 사고유형이 무엇인지, 작업자의 주된 불안전행동이 무엇인지를 파악하고 관리하려는 행동기반안전(BBS)은 행동주의 심리학에 기초하여 위험에 대한 지식을 바탕으로 안전에 대한 교육과 훈련을 통해서 위험 행동을 관리하려는 시도이다(오세진, 1997; 노진철, 2005; 이강준, 권오영, 2005; Ramsey, 1985; Rumar, 1985; Guastello, 1993; Kuznar, 2002; Neal, Griffin, 2006; Von Thaden, Kessel, Ruengvisesh, 2008; Earle, 2010; Arunraj, Mandal, Maiti, 2013).

인간과 도구 및 환경적 지식을 기반으로 한 위험 관리에서 인간에 대한 지식은 주로 발달과정에 따른 심·신기능의 특성 및 한계, 감각기관의 오류나 생리·생물학적 특성에 관한 것들이다. 인간의 심·신기능에 대한 연구는 전통적인 심리학의 연구영역이기도 하다.

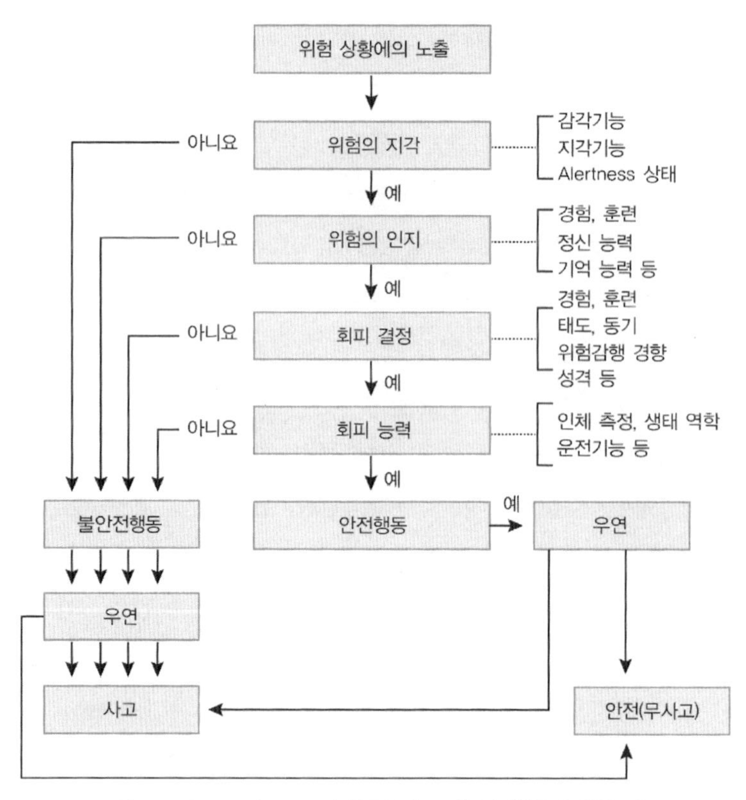

그림 129. Ramsey(1985) 시계열적 사고모형(인지행동적 위험모델)

Reason(1990)은 사고로 이어지는 실수 행동에 대한 연구에서 주의나 기억 실패와 같은 인간의 인지적 원인을 주된 요인으로 꼽았다. 주의능력과 기억과 같은 심리적 능력의 한계를 인식하지 못하면 착오를 발생시키고 사고로 이어질 수 있다. 완료해야 하는 행위에 대한 정보가 제대로 수집되지 못할 때 실수가 발생할 수 있는데, 자신의 신체적 능력의 한계, 시각능력의 한계를 제대로 인식하여야지만 적절한 주의와 정보량을 투입할 수 있는 것과 같은 이치이다(Reason, Manstead, Stradling, Baxter, & Campbell, 1990).

각성상태와 같은 의식수준도 위험과 사고의 원인으로 지목된다. 수면과 교통사고에 관해 이스라엘에서 실시된 연구에서 교통사고 발생 시간대가 오전 1시부터 4시까지가 가장 높았고 다음으로 오후 1시부터 4시까지가 높게 나타났다. 이 같은 연구 결과의 가장 큰 원인으로는 교통량 감소로 인한 운전자의 각성상태 둔화가 지목되었다. 이 연구는 교통량의 감소가 교통에 절대적으로 긍정적인 영향을 미치는 것이 아니며, 인간의 각성상태가 어떻게 변화되는지 그리고 시간대에 따라 의식의 수준이 이완과 긴장으로 변화될 수 있음을 아는 지식이 있을 때 제대로 된 교통안전 향상이 이루어질 수 있음을 시사해준다.

Reason(1984)은 인지체계 내의 문제로 발생하는 사고에 대해서 오작동과 실수와 같은 지각적 혹은 감각적 영역의 문제가 61%, 해석과 이해에서 발생하는 문제가 27%, 지식의 부정확함으로 인해 발생하는 문제가 11%의 비율을 차지한다고 보고하였다. 이것은 작업자가 위험을 인식함에 있어서는 지각과 감각의 문제가 가장 잘 탐지되고, 해석과 이해의 문제, 지식의 부정확함에 대한 문제가 다음의 순서로 탐지된다고 지목한 것이다.

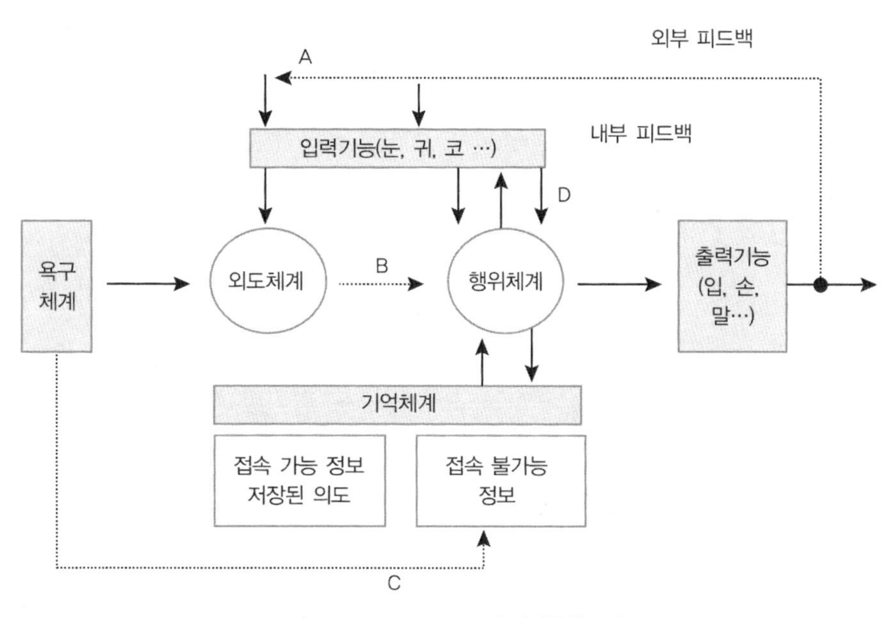

그림 130. Reason(1984)의 인간행위 모델

이것은 위험에 대한 평가가 인간의 감각기능과 의식기능의 불안전한 특성에 대한 지식이 있을 때 제대로 이루어질 수 있음을 나타낸다. 또한, 해석과 이해에서 발생할 수 있는 문제와 더불어 산업재료나 구조물, 기계나 도구가 가지고 있는 위험요소에 대한 정확한 지식이 있어야지만 올바른 위험 평가가 가능함을 나타내는 것이기도 하다. 지식을 기반으로 한 위험 평가는 인지적 틀이 제공되어야 한다는 점에서 향상에 오랜 시간과 노력을 필요로 한다.

따라서 산업조직체 차원에서 지식을 기반으로 한 행동관리를 위해 많은 투자가 이루어지고 있는 것처럼 사회공동체 차원에서도 위험에 대한 지식향상을 이루기 위해서 정책적 목표점을 가지고 지속적인 접근이 이루어져야 할 것이다. 또한, 위험에 대한 해석과 지식을 기반으로 한 평가는 이것을 교육받고 훈련받는 구성원들의 노력이 동반되어야 한다는 특징이 있다.

따라서 사회 구성원들이 위험에 대한 올바른 해석과 지식함양의 필요성을 인식할 수 있도록 하는 캠페인이나 홍보활동을 통한 지속적이고 일관성 있는 메시지 제공이 요구된다. 위험에 대한 지식체계 또한 위험물(Objection)과 같은 불안전(위험)환경이나 위험행동(Behavior)과 같은 불안전(위험)행동이라는 전통적인 주제를 확장하여 위험이 주는 정보(Sign) 및 신호(Signal)에 대한 범위로까지 확대되어야 할 것이다(Heinrich, Petersen, & Roos, 1980).

인지적 측면의 경험과 정보에 영향을 주는 위험감수성은 학습과 훈련 등의 체계적인 관리를 통해서만 갖출 수 있다(Geller, 2001, 2005). 직접적 체험이나 관찰은 조절할 수 없기 때문에 한계를 가진다.

한국 사회의 경우 위험에 대한 무지로 인해 사고가 발생하게 되거나, 발생된 사고의 규모를 키우는 경우가 많았다(국무총리실 안전관리기획단, 2000). 그럼에도 불구하고 한국 사회가 안전에 대한 학습과 훈련을 개인적 차원으로 돌릴 뿐 국가나 사회 조직, 교육 체계에서 제대로 된 조치를 취하지 않고 있는데, 인지적 측면의 경험요소에 관한 대책과 실행이 많이 부족함을 지적하지 않을 수 없다. 사건과 사고가 장소와 대상만 바뀌어서 반복되고 있지만 유치원이나 초등학교에서조차 정규적인 안전교육 커리큘럼이나 위험상황별 행동관리 매뉴얼이 마련되어 있지 않다. 사고나 참사 당시에만 이벤트성 활동이 진행될 뿐 이내 다시 안전교육이나 훈련은 귀찮은 시간낭비나 비용소모로 취급되는 경우가 많다.

안전교육이나 홍보, 캠페인에 쓰이는 비용은 현재 한국의 경제규모에 비추어 감당할 수 있는 수준이다. 위험에 대한 지식 체계를 제대로 교육하고 위험 상황별 구체적인 행동 지침을 훈련할 수 있도록 정책적 접근이 이루어져야 하는 이유는 충분하며 여건 또한 잘 갖추어져 있는 실정이다. 위험상황에 대한 지식을 적절히 제공할 수 있는 효과적인 교육과 훈련 프로그램 및 위험 상황별 구체적인 행동관리 기법들을 개발하는 데 심리학적 이론과 적용이 기여할 점들을 찾아나가야 할 것이다.

(3) 지·감각적 경험과 정보

위험감수성은 위험에 대한 지·감각적 인식을 통해서도 영향을 받을 수 있다. Lerner와 Ketlner(2000)는 불확실한 상황 자체가 위험을 고조시키는 조건이 된다고 밝혔는데, 위험이 확률적으로 지각되기 때문이라고 주장하였다. 왜냐하면 위험하다고 해서 반드시 사고나 재해로 연결되는 것은 아니라는 것을 사람들이 경험하면서 의사결정에서 사고가 발생할 수 있는 객관적 확률을 무시하는 태도가 강화받기 때문이다. 즉, 위험에 대한 평가에서 이미 형성된 지·감각적 패턴이 태도나 행동을 자동적으로 결정하게 된다는 것이다.

NHTSA(2001)는 연구에서 평소 안전띠를 착용하는 운전자와 그렇지 않은 운전자를 비교했을 때, 안전띠를 착용하는 운전자의 평균 속도가 더 높았고, 앞차와의 차간거리도 더 짧았으며, 더 많은 차선변경과 브레이크 페달 조작을 보였다고 보고하였다. 이러한 현상은 안전띠를 착용하게 됨으로써 운전자가 자신이 처한 운전상황의 위험도가 낮아졌다고 지각하면서 다른 부분의 위험 행동을 증가시킨 결과라고 해석할 수 있다. 이처럼 위험에 대한 지·감각적 인식은 위험감수성에 영향을 미치고 위험 감소를 위한 행동 선택에 변화를 주게 된다.

위험 평가에 있어서 지각적 편파는 Eberts와 MacMillan(1985)의 연구에서도 나타났는데 운전자들은 크기가 작게 지각되는 차량의 경우 실제보다 훨씬 먼 거리에 있다고 판단하는 경향이 있었다. 이러한 위험에 대한 지각적 평가 오류는 과속이나 법규위반과 같은 위험 행동을 증가시키는 주요한 원인이 된다.

Katila, Keskinen과 Hatakka(1996)는 차량 미끄러짐 사고 방지 교육을 받은 사람들이 미끄러짐 방지 교육을 받지 않은 사람들보다 더 많이 눈길 미끄러짐 사고를 야기한 사례를 보고하였다. 이것은 위험한 상황을 기술적 측면에서 제어한 경험을 가지게 되면 위험에 대한 과소평가와 통제력에 대한 과대평가가 일어나고, 위험 행동이 증가하여 사고로 이어지게 되는 과정을 설명해주는 것이다. 즉, 위험을 기술적으로만 제어하려는 접근이 오히려 위험 통제력의 과대평가로 이어져 위험에 대한 지각적 평가를 왜곡시킬 수 있음을 나타내는 것이다.

위험에 대한 지각은 위험이 작용하는 환경적 정보를 평가하고 분석하여 처리하는 것이다. 즉, 현재 처한 위험상황에 대해 어느 정도 통제하고 조절할 수 있는지를 지각함으로써 위험을 평가하게 된다. 위험에 대한 평가에 있어서 사고에 대한 귀인과 통제감을 기반으로 하는 평가는 지각적 측면의 접근이다(이영애, 2005). 위험에 대한 지각 정도는 실재하는 위험이 얼마나 강력한 피해를 줄 수 있는지와 함께 그것을 자신이 얼마나 적절히 관리해낼 수 있는가 그리고 위험 발생과 사고 예방 및 처리의 책임소재가 어떠한가에 의해서 영향을 받는다(Slovic, Kunreuther, & White, 1974).

위험을 지각적으로 평가하는 경우, 사고로 이어지느냐 아니냐를 운명에 맡기는 세계관이냐 아니냐에 따라서도 영향을 받을 수 있다(Slovic, 1986). 앞서서 살펴본 위험감수성에 영향을 미치는 경험적 측면과 인지적 측면이 위험에 대한 세계관에 영향을 미치게 되고, 위험에 대한 지각적 평가에 영향을 주는 관계를 예상해볼 수 있다(이순열, 2015a, 2015b, 2015c, 2016).

Wuebker, Jones와 Du Bois(1985)는 버스운전사와 호텔 종업원들에 대한 연구에서 사고발생을 자신이 통제할 수 있다고 여기는 사람들과 운명이나 재수에 달려서 조절이나 관리가 불가능하다고 생각하는 사람들의 안전행동이 차이가 있다고 보고하였다. 사고를 자신의 대처와 조치로 조절할 수 있다고 여기는 사람들은 사고를 운명에 달렸다고 생각하는 사람들보다 더 많이 안전행동을 선택하고 수행하였다. 이것은 위험이 사고로 이어지는 것에 무엇이 결정적으로 관여하는지를 지각하는가에 따라서 행동이 영향을 받을 수 있음을 시사한다.

사고에 대해서 확률론적으로 받아들이는 문화의 경우 사고 확률이 낮음에도 불구하고 발생가능성이나 본인이 사고에 연루될 수 있다는 의식을 높게 가진다. 반면, 운명론적 사고를 하는 사람들의 경우 사고는 '운이 없어서 사고가 나는 것'이고, '위험한 상황에도 재수가 좋으면 피해갈 수 있다'는 의식을 가지게 된다(송동빈, 2002; Kim, 2003).

사람들은 자신이 위험을 얼마나 잘 통제할 수 있는가를 평가하여 위험을 지각하기도 한다. 김의철 등(2001)의 연구에 의하면 한국 사람들의 경우 익숙한 위험요소에 대해서는 통제력을 과도하게 높이 설정하는 경향이 있다고 하였는데, 이것이 과속운전과 같은 위험행동이 증가하는 원인이라고 지적하였다. 즉, 위험에 대한 평가가 익숙한 상황이냐 아니냐에 의해서 과도한 통제력을 지각하는 것이 사고의 원인이 될 수 있다는 것이다.

Wasielewski(1984)는 고속도로에서의 안전운전을 위해서는 최소한의 차간거리가 2초인 데 반해 실제 고속도로 상의 평균 차간거리가 1.32초였다고 보고하였다. 연구를 통해서 차간거리가 축소되면서 사고위험이 증가하는 것은 실제 차량속도에 대한 과소평가와 함께 차량을 정지시킬 수 있다는 자신감과 같은 과도한 속도 통제력이 더해진 결과임을 알 수 있다.

심리학자들은 지각적 위험 평가의 문제를 제어하기 위해서 여러 가지 공학심리학적 접근을 시도하고 있다(이재식, 2005). 가장 대표적인 접근은 운전자가 차량 속도감을 제대로 평가할 수 있도록 방호 울타리 구조물의 결을 보다 촘촘히 만든다든지, 전기자동차에 의도적으로 엔진소음을 강화시켜 주행 중 속도감에 영향을 주려 하는 것 등이다.

그러나 이러한 공학심리학적 접근을 통해 위험 평가를 향상시키려는 노력은 태도와 행동 변화라는 직접적 접근이 병행될 때 효과가 극대화될 수 있다. Evans(1996)는 사고 방지와 개선을 위한 장치 개발로 인해 줄어드는 교통사고 위험보다 운전자의 태도 변화에 초점을 맞춘 접근이 더욱 효과적이라고 밝히고 있다. 과속방지턱이나 속도감 증가를 위한 시각적 접근과 함께 과속 교통사고로 발생되는 유·무형의 비용과 고통을 강조함으로써 운전자 스스로 내면화된 의식변화가 일어나도록 유도하는 것이 보다 효과적인 위험 감소 방법이라는 것이다.

위험 통제능력에 대한 과도한 긍정적 평가를 조절하기 위해서는 주입식 교육이 아니라 시뮬레이션 장치를 활용한 교육이나 실제 훈련장을 이용한 체험식 교육이 필요함을 여러 관련 연구 결과들이 뒷받침 해주고 있다(Pires, 2005; Sime, 2001). 이순열(2015b)은 운전자들을 대상으로 한 연구에서 차량 시뮬레이션을 활용하여 과속운전 상황에서 속도제어의 어려움과 사고로 이어지는 경험을 가상적으로 체험하도록 하는 교육이 강의식 교육에 비해 위험에 대한 통제지각력을 보다 긍정적으로 변화시켰다고 보고하였다.

위험에 대한 주관적 평가는 사고 책임을 어떻게 지각하는가에 따라 달라지기도 한다. 박영신, 박동현과 김의철(1998)의 연구를 보면 안전행동에 대해서 자신이 개입할 여지가 많다고 지각하는 사람의 경우 안전행동이 증가하였다. 문제는 위험 제거가 주의나 조심과 같은 개인적 차원에서의 노력에 집중되면 제도나 시스템에 대한 변화 요구나 개선 노력이 부족해진다는 것이다. 한국 사회는 위험 통제를 개인적 차원에서 주로 다루고 조직이나 제도적 측면에서는 개선의 노력이 부족하다는 지적을 받는다(이종한, 2003; 한덕웅, 2003; 한성열, 2005).

최종적 위험 관리 주체인 정부 역시 사고발생 자체에 대한 제도적·행정적 개선 노력보다는 일단은 개인적 차원의 일탈이나 실수의 문제로 돌리려는 태도를 취하는 경우가 많다. 개인과 조직이 사고발생에 대해서는 운으로 돌리고 위험 통제 주체로서의 의식이 부족하게 되면 위험에 대한 올바른 지각적 판단에 문제가 발생할 수 있다(이원영, 2006).

사고와 위험에 대한 지·감각적 측면의 문제는 위험에 대한 올바른 평가를 방해하고 위험 행동을 증가시켜 사고 발생확률을 높게 만든다. 또, 발생된 사고에 대해서 운으로 돌리는 잘못된 평가가 반복되면서 사고발생 경험을 통해 적절한 위험감수성을 획득할 수 있는 기회를 놓치게 만들 수도 있다.

위험과 사고에 대한 관리 책임이 모호해지면 위험에 대한 평가가 안일해지고, 적절한 대응에 문제를 발생시킬 수 있다. 따라서 위험에 대한 평가와 책임소재를 소비자와 제공자, 관리자 등의 행위 주체별로 차등화시키고, 책임 영역이 분명히 규정되도록 하여서 위험에 대한 책임 있는 평가가 이루어지게 할 필요성이 있다.

따라서 심리학이 위험을 해결하고 안전을 충족시키기 위한 접근을 시도할 때도 책임소재의 모호성과 지·감각적 평가의 오류 및 잘못된 귀인(Attribution)을 감소시키기 위한 노력을 기울이는 방향으로 이루어져야 할 것이다.

한국 사회의 경우 위험이 사고를 발생시켰고, 발생된 사고가 참사로 이어질 수 있는 급박한 상황임을 제대로 인식하지 못한 안일한 지·감각적 평가가 반복되고 있는 실정이다(한성열, 2005; 이순열, 2016).

1995년 삼풍백화점 사고와 2003년 대구지하철 사고, 2014년 세월호 참사 등은 안일한 위험평가와 사고 발생에 대한 지각적 편파 그리고 위험 해결의 주체를 모호하게 인식한 것들이 뒤엉킨 전형적인 인재형 사건이라는 공통점을 가지고 있다.

시설이나 재화, 서비스를 이용하는 사람과 시설이나 재화, 서비스를 공급하는 주체 그리고 사회 및 국가 시스템의 관리자가 인식하는 위험 지각은 차이가 날 수밖에 없다. 각 주체별로 위험에 대한 지·감각적 인식이 어떻게 이루어지는지에 대한 심리학적 연구가 진행될 필요가 있는 이유이다.

위험에 대한 잘못된 지·감각적 평가로 인해 발생되는 사건과 사고 그리고 재난을 막기 위해서는 다양한 환경(산업환경, 교육환경, 교통환경, 생활환경, 의료환경, 건설환경, 자연환경 등)에 따른 정밀하고 세분화된 위험 평가 및 대응 정보가 제공되어야 한다. 또한, 행위 주체별(개인, 조직, 국가)로 구체적인 책임수준을 설정하여 각 주체가 담당해야 하는 위험 정보를 숙지하고 적절한 위험지각을 통해 대처방법과 책임 있는 위험처리가 가능하도록 세부적인 행동 및 관리 매뉴얼이 개발될 필요가 있다.

(4) 정서적 경험과 정보

오주석과 이순철(2011)은 위험상황 발생에 대해서 걱정하거나 두려움을 느끼는 사람들보다 위험상황에 대해서 스릴이나 즐거움을 느끼는 사람들의 위험감행 행동이 증가한다고 보고하였다. 위험에 대해서 스릴이나 즐거움의 정서반응을 보이는 사람들이 그렇지 않은 사람들보다 위험상황을 더 많이 경험한다는 것이다. 이것은 위험에 대해 가지는 정서적 반응에 따라 위험에 대한 평가와 민감도 및 대응이 달라질 수 있음을 나타내는 것이다.

Slovic(2000)은 위험에 대한 평가에 있어서 두려움과 같은 정서반응이 중요한 영향을 미친다고 밝혔다. 위험이 반드시 사고로 이어지는 것은 아니기 때문에 불확실한 상황 및 갑작스런 위험발생 상황에 대한 평가는 느낌과 같은 즉각적 반응인 정서적 측면이 시간을 필요로 하는 인지 및 지각적 측면보다 훨씬 더 큰 영향을 미칠 수 있다(Loewenstein, Weber, Hsee, & Welch, 2001; Finucane, Alhakami, Slovic, & Johnson, 2000).

위험에 대한 평가에서 정서적 측면에 관심을 가지는 것은 인간의 위험 행동과 사고의 저변에 단순히 실수나 오류에 기인하는 것이 아닌 무의식적 위험의 발로, 위법하고 위험한 행동, 불합리하고 문제를 일으키는 파괴적이며 공멸적 행위에 도달하도록 촉진하는 심리적 기제가 있다고 보기 때문이다.

따라서 위험을 인식하는 주관적 평가는 위험에 대한 태도나 자세, 안전해지려는 동기의 방향과 강도가 어떠한지 혹은 위험에 대한 정서적 반응이 무엇이며 강도가 어떠한지에 의해서도 영향을 받는다(이순열, 2015a, 2015b, 2015c, 2016).

그렇기 때문에 심리학적 연구를 통해서 위험을 논의하는 작업이 행동적 측면에만 집중한다든지, 경험이나 인지 · 지각적인 접근 어느 한쪽에만 몰입하는 것은 위험을 바라보는 제한적인 시각만을 제공할 가능성이 크다. 개인과 조직체 및 국가 공동체가 위험을 바라보는 태도나 정서적 반응이 무엇인지, 사회 저변에 흐르는 위험에 반응하는 정서적 태도가 어떠한지를 살펴보는 더욱 활발한 접근이 일어날 필요가 있다.

위험과 사고에 대한 인적요인 및 심리학적 연구는 Greenwood와 Woods(1919)의 사고다발 경향성, 즉 사고를 내는 사람들의 성격적 특성에 관한 연구에서 출발하였다고 보는 견해가 많다. 사고를 내는 사람들은 그렇지 않은 사람들과 차이가 있을 것이라고 생각하는 것이다.

심리학자들의 이 같은 생각은 사고나 위험을 바라보는 주요한 주제로 현재까지도 이어지고 있다. 관련한 연구들은 사고경향성이 높은 사람들의 독특한 성격구조를 알아내려는 시도가 가장 대표적이다.

일련의 연구 결과 사고가 많은 사람들은 그렇지 않은 사람들에 비해서 성격측정 도구인 MMPI(Minnesota Multiphasic Personality Inventory) 척도 중 반사회성(Psychopathic deviated: Pd) 점수와 경조증(Mania: Ma) 점수가 높게 나타난다. 그리고 외향적인 성향과 정서적 불안이 높은 사람들이 그렇지 않은 사람들보다 사고와 관련이 더 많다는 연구 결과들도 있다(Brown & Berdie, 1960; O'Gorman & Kunkle, 1947; 박영호, 1989; Craske, 1968; Harris, 1949; Spielberger, 1972). Kunce와 Reeder(1974)의 연구에 의하면 성격특성과 같은 내적인 요인은 영구적 사고경향성의 기초가 되며 슬픔이나 분노, 스트레스와 같은 요인들은 일시적 사고경향성의 기초가 된다고 하였다. Hansen(1988)의 연구에서도 신경증적인 경향성이나 정서적 불안정성이 위험 행동의 유발가능성을 높인다고 보고하고 있다. 위험과 관계가 깊은 정서로는 두려움, 공포, 분노, 불안과 같은 부정적 정서들이 대부분이다.

특히 위험에 대한 정서적 접근이 이루어질 때, 기본적인 부적 정서로 분류되는 불안을 눈여겨볼 필요가 있다. 사회조직 차원과 개인적 차원에서 불안이 어떻게 작용하고 있는지, 불안이 어떠한 형태로 사회와 개인의 삶에 나타나는가에 따라서 위험을 평가하고 인식하는 것이 달라질 수 있다. 불안은 위험을 느낄 때 발생하는 가장 기본적이고 근원적인 정서 반응이다. 인간은 위험을 인식하면서 불안을 느끼게 되고, 이것을 극복하려는 강력한 동인이 작동하게 된다. 정신분석 심리학에서 불안을 인간 내면의 가장 강력한 에너지로 파악하는 것도 아마 이러한 강력한 동인으로서의 작용 때문일 것이다.

심리학적으로 불안에 대해 개념적인 체계를 갖춘 접근이 최초로 시도된 것은 현상학과 실존주의 철학을 기반으로 하는 실존주의 심리학을 들 수 있다. 정신분석 학파 이전부터 초기 심리학에 관심을 가지고 있었던 학자들은 감각으로서 혹은 철학적 개념으로서 불안을 다루어 왔고 이러한 견해들은 실존주의 심리학자들을 통해서 이어져 왔다. 실존주의 심리학에서는 인간의 주요한 내재적 동인으로 불안을 지목한다(이순열, 2016).

인본주의 심리학자이자 실존주의 심리학자로도 분류될 수 있는 Maslow(1943)는 욕구위계 이론(needs hierarchy theory)을 통해 인간의 내재된 불안을 극복하기 위한 동인으로써 욕구를 설명하였다. 생존 욕구는 생리적 결핍이 가지다 주는 불안을 극복하기 위해 동기화되는 것이며, 안전 욕구는 불안전의 불안을 극복하기 위해서 동기화되는 것이다. 소속과 인정 욕구는 홀로 남는 것과 배척받는 것에 대한 불안을 극복하기 위해 동기화되는 것이며, 자아실현 욕구는 실존적 피투성(被投性)의 불안, 끊임없이 중첩되는 존재적 변화에 대한 불안을 극복하기 위해 동기화되는 것이다(안상혁, 2015).

욕구위계 이론에 따르면 인간은 가장 기본적인 욕구인 생리적 측면에서 불안을 경험하게 되면 다음 단계인 안전 욕구나 소속의 욕구를 추구하기보다는 생리적 욕구에만 몰입하게 된다고 보았다. Maslow(1943)의 욕구위계 이론(needs hierarchy theory)에 따르면 생존의 위협을 느끼는 인간에게 안전에 대한 투자나 위험을 줄이기 위한 노력은 뒷전이 될 수밖에 없다. 왜냐하면, 위험해결을 위해 투자되는 에너지를 줄여서 생존을 획득하는 것이 급하기 때문이다.

Spielberger(1972)도 불안 정서에 관한 연구를 통해 인간의 불안정서가 위험 평가에 영향을 미칠 수 있음을 보고하였다. 연구에 따르면 불안 수준이 높은 사람들은 불안 수준이 낮은 사람들보다 위험 평가가 둔감해지고, 의도치 않게 위험을 추구하려는 성향이 강하게 나타난다고 하였다. 이것은 위험을 인식하고 받아들이는 과정에 있어서 불안이 주요한 원인으로 영향을 줄 수 있음을 나타낸다.

Morgan, Jones 그리고 Harris(2013)는 불안과 행복감 등의 정서들이 위험결정 과정에 어떠한 영향을 미치는지 살펴보는 연구를 실시하였다. 연구 결과 불안을 경험하는 작업자는 불안의 증가가 피로도의 증가로 이어지게 되고 동시에 보다 더 위험한 결정을 하도록 직간접적으로 영향을 미치게 된다고 보고하였다. 이것은 불안이 사람들로 하여금 위험한 선택을 하도록 유도하는 동인으로 작용할 수 있음을 시사한다.

불안의 대표적인 증상은 속도를 높여서 불안 상황을 회피하려는 것이다. 불안은 불안 상황을 피하도록 동기화시키는데 이러한 행동의 가장 대표적인 것이 서두름이다(박선진, 이순철, 2009). 자동차 운전 상황에서는 차량 속도를 높여 목적지에 신속히 도착함으로써 운전을 통해 느끼는 불안을 종료시키고자 하는 것으로 설명할 수 있다.

음주운전이나 법규위반이 사고 위험을 높이는 것 또한 동일한 과정으로 설명할 수 있다. 음주운전이나 법규위반 상황이 발생하게 되면 운전자는 자신의 행위가 교통사고나 단속이라는 부정적 결과로 이어지지 않을까에 대한 불안이 증가하게 된다. 증가된 불안은 빨리 목적지에 도착해서 운전상황을 종료시킴으로써 불안 상황을 회피하도록 하는데 이 때문에 차량속도가 높아지게 되고 동시에 적절한 확인이나 안전조치를 생략하면서 교통사고 위험을 고조시키게 된다(Hansen, 1988; 김동우, 박선진, 이순철, 2009;

이순열, 이순철, 2007a, 2007b).

위험에 대한 정서적 평가에 있어서 불안을 기본적 정서로 파악하고 살펴보는 것은 성격심리학적 요소를 포함하고 있는 것과 동시에 안전에 관련한 심리학적인 연구에서도 중요한 작업이 될 수 있다. 인간은 자신의 내면에 의식적 혹은 무의식적으로 익숙한 불안 수준을 설정하고 있다. 개인은 자신이 설정한 익숙한 불안 수준까지 전체적인 삶의 불안 수준을 맞추어가게 동기화된다. 익숙한 불안 수준을 추구하려는 성향으로 인해 개인은 삶의 일부분에서 불안이 낮아지게 되면 또 다른 삶의 영역에서 의식적·무의식적으로 불안을 고조시켜서 전체적인 불안 수준을 익숙한 수준으로 유지하려고 한다(이순열, 2015a).

불안 수준의 일정성은 위험 수준이 삶의 영역에서 일정한 양을 유지하는 것과 비슷한 형태를 취하게 되는데 불안과 위험이 유사한 구조로 파악될 수 있음을 보여주는 사례이다. 불안이 일정 수준의 보존성을 나타내는 것과 이로 인해 발생하는 불안 평가의 왜곡은 위험 수준의 일정성에 대해 설명하는 '위험항상성 이론(Risk Homeostasis Theory: RHT)'을 적용해서 살펴볼 수 있다. Wilde(1982)는 운전 행위와 안전 대책, 구조물 안전 등을 종합한 위험이 항상 동일한 수준이 되도록 변화를 주는 운전자의 선택을 위험항상성 이론(RHT)으로 설명하였다.

위험항상성 이론(RHT)은 사람들이 설정한 나름의 위험 수준에 대한 목표치가 있다는 것을 기본 전제로 한다. 개인이 허용하는 위험 수준이 정해져 있기 때문에 객관적 상황에서의 환경이나 도구의 위험이 감소되면 조작행위에서의 위험을 증가시켜 목표한 위험 수준까지 도달하게 된다. 반면에 환경이나 도구의 위험이 증가하면 조작행위의 위험을 감소시키게 되는데 결국 환경이나 도구, 개인이 결정한 행위 등을 종합적으로 평가해보면 자신에게 적용되는 위험 수준은 대체로 동일하다는 것이 위험항상성 이론(RHT)의 핵심이다.

위험항상성 이론(RHT)을 불안의 영역에 적용하여 생각해보면 객관적 위험을 감소시키려는 노력은 개인 및 사회가 설정한 위험 수준, 즉 불안 수준의 감소 없이는 제대로 된 효과를 발생시킬 수 없음을 짐작케 한다.

아무리 객관적으로 안전한 환경이나 도구, 구조물이나 사회 및 행동 관리 시스템을 개발하더라도 개인과 사회의 불안 수준 및 용인하는 위험 수준이 높다면, 의도적 범죄나 위험 행동 혹은 이기적인 일탈행동을 선택함으로써 개인 및 사회적 차원에서의 안전 확보를 불가능하게 만들 수 있다.

따라서 한국을 비롯한 현대 사회가 과거에 비해서는 객관적 위험을 많이 감소시켰고, 위험을 관리하기 위한 여러 가지 기술적 방법을 발달시켜 왔음에도 불구하고 정작 사건과 사고, 참사의 발생이 끊이지 않는 이유가 무엇인지에 대한 해답을 찾고자 할 때, 정서적 불안 수준을 제대로 낮추지 못하였기 때문이 아닌가를 심도 있게 살펴보아야 하는 이유가 여기에 있다(이순열, 2016).

현상적인 행동 관리나 기술 체계에 대한 관리만으로 위험을 낮출 수 있다고 생각하는 것은 인간에 대한 기계적 관점을 고수하는 행동주의 심리학이 지적받고 있는 동일한 한계를 가지게 만들 것이다. 사고가 일어나기 직전의 위험 행동에만 초점을 맞추어 살펴보게 되면 행동적 차원에서는 위험을 낮출 수는 있겠지만, 정서적 분노로 인해 발생하는 공멸적 행위나 인간성 소외로 발생하는 불안과 슬픔, 자해적 행위에 대한 대응은 불가능하다.

위험 행동에만 집중된 기계적 위험 관리는 분노와 불안을 내포하고 있는 인간 정서의 촉발에는 무관심하게 만들 수 있다. 이러한 위험과 안전에 관한 제한적 접근들은 오류(Error)와 착오(Lapse)는 감소시킬 수 있겠지만 소외와 분노, 불안에 기인한 위험 행동(Violence)이나 의도적이고 폭력적인 범죄나 테러 혹은 여러 종류의 일탈행동 등 또 다른 차원에서의 위험 증가는 막을 수 없다. 현대사회를 살아가는 사람들은 신체적 위협뿐만 아니라 고용과 소득 등의 경제적 측면, 지진이나 해일과 같은 자연 재해나 테러와 전쟁과 같은 인적 재난 등 여러 방면에서 시시각각 위험과 불안을 경험하고 있다.

위험과 불안은 유사한 발현 양상을 가지는 데 익숙한 불안 수준을 유지하려는 경향은 객관적인 위험이 낮아졌음에도 불구하고 이기적인 선택이나 범죄 행동 및 일탈적 행위 등으로 자신이 설정한 불안과 위험 수준까지 도달하도록 추동시킬 수 있다.

이순열(2016)은 불안 수준이 높아지면 위험을 제대로 평가하지 못하고 오히려 자신에게 익숙한 위험을 수용해버릴 수 있다고 지적하였다. 자신에게 익숙한 위험 수준까지 불안을 수용함으로써 자기도 모르게 위험한 행동을 선택하거나 파괴적 상황이 진행되도록 만들어버릴 수 있다는 것이다.

객관적 위험에 대한 적절히 평가를 통해 인식된 불안은 사고발생 확률을 낮추도록 기여하겠지만, 지나치게 고조된 불안은 위험에 대한 평가에 문제를 발생시키고 잘못된 선택을 하도록 하여 사고나 위험 행동 발생에 작용하게 된다.

따라서 한국 사회가 위험에 제대로 대응하기 위해서는 Maslow(1943)의 욕구위계 이론(needs hierarchy theory)과 Wilde(1982)의 위험항상성 이론(RHT) 등을 종합적으로 고려하여 위험이 발현되는 현상을 세심하게 살펴볼 필요가 있다. 즉, 위험이 가진 정서적 측면을 비롯하여 보다 더 다양한 방면의 접근이 필요하다는 것이다.

한국 사회에서 인재형 참사와 사고가 반복적으로 발생하는 이유가 구성원들이 높은 불안 수준을 용인하고 있으며, 생리적 결핍 충족과 같은 기본적이고 낮은 차원의 욕구에 동기화가 되어 있기 때문이 아닌가 생각해볼 필요가 있다.

또한, 한국 사회 구성원들이 안전을 적절히 추구하지 못하는 것이 개개인의 사고경향성이나 행동 관리의 빈틈뿐만이 아니라 사회풍토나 조직문화적으로 생존에 지나치게 고착되어 몰입하도록 하는 분위기를 조성하고 있기 때문이 아닌지를 살펴보는 것이 필요하다.

생존과 경쟁에서 승리하는 것에만 고착되면 당장의 이익을 위한 이기적인 선택을 할 수밖에 없다. 비양심적인 행위를 통해서라도 살아남는 것에만 급급하게 된다. 사회 차원과 개인 차원에서 불안 수준이 생존단계에 고착되어 버리면 상위단계인 안전 욕구를 성취할 수 없다. 불안 수준의 감소는 해당되는 욕구 수준에 대해서 적절히 반응하고 정보를 제공하는 것을 통해서 이루어질 수 있다(이현주, 이영애, 2011).

최인철과 김범준(2007)은 원자력에 대한 주민 안전 체감에 관한 연구를 통해 주민들은 원자력 안전에 대한 커뮤니케이션에서 신뢰를 보내지 않고 있으며, 이로 인해 위험을 느끼는 정도가 높아졌다고 보고하였다. 김형수, 오세진, 양병화와 김형일(2002)의 연구에서도 위험과 재난에 관련한 솔직하고 긍정적인 의사소통이 안전에 대한 몰입에 정적인 영향을 주는 것으로 나타났다.

이러한 연구 결과들은 안전에 관련해 당사자들 간의 지지와 격려, 활발한 상호 의사소통을 통해 정보제공이 이루어지게 될 때, 불안이 줄어들고 안전행동과 같은 조직 친화적 행동이 증가할 수 있음을 나타내는 것이다.

불안 감소는 정확하고 올바른 정보의 제공과 신뢰관계를 형성함으로써 가능하다. 사회적 불안 수준의 감소는 사회적 신뢰 수준을 높이고 예측 가능한 조직풍토를 만들어 가는 것이 관건이 된다.

그런 의미에서 한국 사회에서 이제까지 사고나 재난에 대해서 제대로 된 조치나 사고원인에 대한 실체 규명, 신뢰할 수 있는 의사소통 등이 제대로 이루어지지 못하여 왔음을 지적하지 않을 수 없다. 신뢰가 낮은 조직과 사회는 그 자체로 여러 가지 위험요소를 발생시키게 된다(한성열, 2005).

임성만, 김명언(2000)의 연구에 의하면 목표나 결과중심적인 사회나 선의를 신뢰할 수 없는 조직풍토가 위험을 높이고 사고를 증가시킬 수 있다고 하였다. 위험에 대한 정보, 사고에 대한 의사소통이 제대로 이루어지지 않는 조직에서는 조직시민행동이 감소하고 당장의 위험만 제거하려는 임기응변식 행위가 만연하게 된다. 이로 인해 근본적으로 위험을 적절히 다루지 못하는 악순환에 빠지게 되는데, 이러한 문화와 풍토는 사회나 조직의 커다란 손실이 아닐 수 없다.

신뢰 감소는 조직과 사회의 붕괴로 이어지는 가장 치명적인 사고이자 사건의 씨앗이 된다. 신뢰를 경험하지 못하면 불안이 줄어들 수 없고, 잠재적 위험 행동을 감행함으로써 자신과 사회조직에 자해적 선택을 하게 된다. 조직분위기가 생존과 경쟁에 고착되어 버리면 당장의 생존을 위한 선택에 급급할 뿐 미래의 안전은 무시되기 십상이다(Slovic, Layman, Kraus, Flynn, Chalmers, & Gesell, 1991).

따라서 심리학이 안전에 대한 심리적 서비스를 제대로 제공하기 위해서는 낮은 수준에 고착되어 있는 불안 수준을 해소하고 한 단계 높은 성숙된 안전 문화(Safety Culture)를 만들기 위한 노력을 보다 활발히 기울일 필요가 있다.

사건이나 재난에 의해서 발생된 현상적 불안이나 트라우마(Trauma) 극복을 위한 임상적, 상담적, 정신의학적 접근과 함께 사회적 부분에 있어서도 낮은 수준에 고착된 삶의 동기를 높이고 근원적 불안 수준을 낮추기 위한 심리학적 접근이 이루어질 필요가 있다.

한국 사회가 급속도로 경제적 발전을 이룩하였고, 안전에 대한 투자나 시설 증가를 보였음에도 불구하고 온전히 안전을 누리지 못하는 이유는 위험의 불씨인 개인 및 사회공동체의 불안 수준을 제대로 낮추지 못하였기 때문이 아닌가 생각된다. 또한, 사회와 구성원들이 추구하는 동기수준이 낮은 단계에 고착되어 있고 상위단계로 향상될 수 있도록 적절한 동기부여가 이루어지지 않았기 때문이 아닌가 여겨진다.

한국 사람들이 경제성장과 발전을 가져왔음에도 불구하고 사회를 불안하게 인식하고 과도하게 생존에 몰입하는 이유도 바로 사회나 조직이 상대적 우월감이나 경제적 성취에만 몰입할 뿐 생명과 인간 자아가 실존적 의미를 획득하는 것에 가치를 두지 않는다는 불신에 기초하고 있을 수 있다.

사회문화나 조직풍토가 경쟁에서의 승리만을 추구하고 경제적 이득이 주는 가치에만 집중하고 있다고 느끼는 순간 안전이나 위험 감소는 형식적 구호로 그칠 수밖에 없다

(박진영, 최혜원과 서은국, 2012).

한국 사회가 가지고 있는 불안과 불신의 씨앗을 그대로 두고 현상적인 위험 해결과 안전 충족만을 추구하는 것은 기둥 없이 지붕을 세우려는 행위가 될 수밖에 없을 것이다. 개인과 사회 내부에 잠재되어 있는 불신의 트라우마(Trauma)를 회복시키는 가장 강력한 방법은 개인과 사회가 신뢰를 새롭게 경험하도록 하는 교정적 정서경험을 체화시키는 것이다(Kellermann & Hudgins, 2008). 사회적 불안을 다루는 것은 조직 구조를 강화시키고 감독 체계를 수정하는 것만으로는 부족하다. 조직문화와 사회전반에 걸친 신뢰풍토 조성은 명령체계의 확립이나 조직계통의 변화로 이룩할 수 있는 수준의 문제가 아니다.

Harlow와 Zimmermann(1958)의 애착 실험이 말해주듯이 불안 수준을 낮추고 신뢰를 획득해 나가는 것은 생존을 위한 자원의 쟁취나 투쟁에서의 승리가 아니라 불안해하는 개체가 보내는 요구에 진실하게 부응하려는 선의와 타자(약자)의 결핍에 반응하려는 진실된 노력을 통해서이다.

한국 사회의 안전을 보다 향상시키기 위해서는 구성원들이 무엇을 요구하는지, 어떤 것에 결핍을 느끼고 있는지를 파악하고 요구를 충족시켜주고 사회적 갈증을 해소시키려는 노력이 병행되어야 하는 이유가 여기에 있다.

심리학적 연구도 행동관리나 조직개발 및 체계정비, 효과적인 조직구조 확립과 같은 환경을 개선하고 행동을 관리하려는 산업·조직적 접근, 인지·학습적 접근, 기계성능이나 구조물, 재료의 안전성을 확보하기 위한 공학적 접근과 함께 사회적 신뢰를 형성하고 불안 수준을 감소시키기 위해서 어떠한 작업이 필요한지 살펴보는 정서적 접근도 병행되어야 할 것이다.

사회 구성원들의 요구와 결핍이 무엇인지를 제대로 파악하는 데 심리학적 관심을 기울일 필요가 있다. 한국 사회의 안전풍토를 높이고 개인과 사회차원의 불안 수준을 낮추기 위해서는 투명하고 공정한 사회, 공적관계망의 올바른 작동, 정직한 책임규명과 제도적 정비가 이루어질 수 있다는 긍정적인 정서 경험을 전체 사회 구성원들에게 공급할 필요가 있다.

요구가 충족되고 결핍이 채워지는 정서적 경험을 통해서 한국 사회와 구성원들이 익숙하게 여기고 있는 위험 수준을 낮추고, 낮은 수준에 머물러 있는 동기수준을 보다 향상시킬 수 있을 것이다.

참고문헌

강동묵, 손병민, 고상백, 손미아, 김정원, 장준호, 조병만, 이수일(2004). 육체적 작업 부하가 타액 코르티솔 농도에 미치는 영향, 대한산업의학회지, 16, 57-69.

국무총리실 안전관리기획단(2000). 안전관리 종합대책.

김기식, 박영석(2002). 안전 분위기가 안전 행동 및 사고에 미치는 영향, 한국심리학회지: 산업 및 조직, 15, 1, 19-39.

김동우, 박선진, 이순철(2009). 서두름 행동이 운전일탈행동에 미치는 영향, 한국심리학회지: 사회문제, 15(4), 487-505.

김성열, 이성수, 이병국(1997). 특수간호단위와 일반간호단위의 간호업무별 작업부하 및 피로자각증상 조사, 순천향산업의학, 3(1), 43-68.

김원형, 남승규, 이재창(2006). 신산업 및 조직심리학, 서울: 학지사.

김의철, 박영신(1997). 스트레스 경험, 대처와 적응 결과: 토착심리학적 접근, 한국심리학회: 건강, 2(1), 96-126.

김의철, 박영신, 박동현(2001). 청소년의 안전사고에 대한 표상과 안전효능감, 한국심리학회지: 사회문제, 7(2), 39-63.

김인석, 이원영, 신용균, 이순철(2002). 위험지각 차원의 유형화 및 위험장면의 등급화: Q-방법을 중심으로, 한국심리학회지: 사회문제, 8(1), 61-77.

김정오(2005). 오류의 심리과정, 한국심리학회지: 실험, 17, 3, 245-263.

김형수, 오세진, 양병화, 김형일(2002). 사회적 교환관계가 안전사고에 미치는 경로효과 모델검증, 한국심리학회지: 산업 및 조직, 15(2), 47-66.

김효정(2014). 서비스직 여성 근로자의 감정노동이 우울에 미치는 영향, 연세대학교 대학원 석사학위청구논문.

노진철(2005). 현대 위험사회에서의 위험연구, 한국위기관리논집, 1, 1, 33-48.

박영신, 박동현, 김의철 (1998). 산업재해 감소를 위한 효율적인 안전교육의 방향 탐색: 작업자, 안전관리자, 공무원의 안전효능감을 중심으로. 한국사회교육학회, 사회교육학연구, 4(1). 277- 307.

박영호(1989). 인적요인에 의한 산업재해분석, 중앙대학교 대학원 박사학위 논문.

송동빈(2002). 산업의학 분야에서 심리학적 이론의 도입 필요성: 산업예방 프로그램을 중심으로. 한국심리학회 연차학술발표대회 논문집, 78-80.

오경자(1998). 실직이 개인의 심리사회적 기능에 미치는 영향, 한국심리학회 춘계심 포지움, 67-95.
오세진(1997). 효율적 산업안전관리를 위한 행동주의적 연구에 대한 개관, 한국심리학회지: 산업 및 조직, 10(1), 1-20.
오세진(2016). 행동을 경영하라, 서울: 학지사.
오영진, 김제승(2005). 제한된 반응시간에서 과도한 정신부하작업의 수행도에 관한 연구, 한국산업정보학회, 10(2), 21-26.
오주석, 이순철(2011). 운전행동 결정요인의 구성과 위험운전행동과의 관계, 한국심리학회지: 사회문제, 17(2), 175-197.
이강준, 권오영(2005). 안전시스템 구축과 심리학의 적용, 한국심리학회지: 실험, 17(3), 299-310.
이순열(2011). 운전스트레스가 교통사고 위험에 미치는 영향: 속도욕구좌절의 조절효과와 속도욕구좌절의 매개효과. 충북대학교 일반대학원 심리학과 박사학위 논문
이순열(2015a). 한국 사회의 위험에 대한 심리학적 접근과 제언: 세월호 참사를 중심으로, 한국심리학회지: 일반, 34(3), 709-739.
이순열(2015b). 위험감수성(Risk Sensitivity) 측정문항 개발과 그 적용의 타당성: 불안정서와 위험지각을 중심으로, 교통연구, 22, 1, 61-74.
이순열(2015c). 위험감수성 향상을 위한 운전자 교육프로그램 개발 및 효과, 한국심리학회지: 산업 및 조직, 28(1), 61-74.
이순열(2016). 위험과 안전에 대한 실존심리학적 고찰, 한국심리학회지: 문화 및 사회문제, 22(3), 387-410.
이순열, 이순철(2007a). 초보운전자의 운전확신수준이 위험운전에 미치는 영향: 경로분석을 이용한 연구, 한국심리학회지: 사회문제, 13(3), 111-125.
이순열, 이순철(2007b). 음주 운전자들의 운전확신수준 특성이 교통사고 위험에 미치는 영향: 경로분석을 이용한 연구, 한국심리학회지: 산업 및 조직, 20(1), 43-55.
이순열, 이순철(2008). 운전 스트레스 척도(Driving Stress Scale: DSS)의 개발과 타당화 연구, 한국심리학회지: 사회문제, 14(3), 21-40.
이순열, 이순철(2009a). 운전자의 속도욕구좌절이 운전 스트레스에 미치는 영향, 한국심리학회지: 사회문제, 15, 2, 319-338.
이순열, 이순철(2009b). 운전스트레스 대처방식에 따른 교통사고 위험의 변화, 한국심리학회지: 사회문제, 15, 3, 431-446.
이순열, 이순철(2010). 교통사고 위험지수에 대한 확인적 요인분석과 타당화 연구,

한국심리학회지: 산업 및 조직, 23(1), 75-87.
이순열, 이순철(2011a). 운전스트레스와 교통사고 위험의 관계에서 대처행동의 매개효과, 한국심리학회지: 산업 및 조직, 24, 4, 673-693.
이순열, 이순철(2011b). 탄력성이 운전스트레스와 교통사고 위험에 미치는 영향, Journal of the korean data analysis society, 13(1), 193-205.
이순열, 이순철, 박길수(2018). 안전심리학, 서울: 학지사.
이순철(1993). 안전운전과 교통심리, 서울: 한국가이던스.
이순철(2000). 교통심리학, 서울: 학지사.
이순철(2001). 산업재해와 오류행동, 사회과학연구, 18(2), 231-250.
이순철, 박선진(2008). 서두름 행동의 심리적 구조 및 특성 파악: 서두름 행동, 확인생략행동, 성취욕구 간의 관계이해, 한국심리학회지: 사회문제, 14(2), 63-81.
이순철, 오주석, 박선진, 이순열, 김인석(2006). 고령운전자와 청소년운전자의 운전확신차이와 운전행동과의 관계, 한국심리학회: 사회문제, 12(1), 81-102.
이순철, 황윤숙, 오주석(2008). 작업부하가 화물차운전자의 작업부하에 미치는 영향, 한국심리학회지: 산업 및 조직, 21(2), 367-381.
이영애(2005). 위험지각 연구의 최근 동향, 한국심리학회지: 실험, 17(3), 265-277.
이원영(2006). 안전행동 및 사고에 대한 성실성, 인지실패 및 직무스트레스의 상호작용, 한국심리학회지: 산업 및 조직, 19(3), 475-497.
이유재(1994). 고객만족의 결정변수에 대한 이론적 고찰. 경영논집, 제28권 1, 2호, 91-123.
이재식(2005). 교통안전에 대한 공학심리학적 접근, 한국심리학회지: 실험, 17(3), 279- 297.
이재식, 이순철, 조대경(1990). 도로표지판의 정보전달에 관한 인간공학적 일 고찰: 한글의 글자체, 굵기, 간격 및 글자의 수에 대한 반응양상을 중심으로, 한국심리학회지: 산업 및 조직, 3(1), 55-71.
이종한(2003). 사고공화국에 대한 심리학적 제의: 안전사고의 심리적 기제와 대안 모색에 관한 여덟 편의 논문을 안내하면서, 한국심리학회지: 사회문제, 9(특집호), 1-14.
이진욱(2003). 직무요구가 정서적 소진과 직무 비관여에 미치는 영향. 개인적 자원과 직무자원의 조절효과를 중심으로, 고려대학교대학원 석사학위청구논문.
이창우, 김영진, 박창호(1996). 디자인과 인간심리, 서울: 학지사.
이창우, 서봉연(1974). K-WISC 실시요강, 서울: 배영사.

이현주, 이영애(2011). 원자력 발전소와 방폐장 낙인의 심리적 모형: 신뢰와 감정, 지식을 중심으로, 한국심리학회지: 일반, 30(3), 831-851.

임성만, 김명언(2000). 조직에서의 신뢰: 개관, 한국심리학회지: 산업 및 조직, 13(2), 1-19.

장준호, 강동묵, 고상백, 김정원, 조병만, 이수일(2004). 일부 남성 금속제품 조립작업자들의 피로에 영향을 미치는 작업관련 요인, 대한산업의학회지, 16(2), 155-165.

장태연, 장태성(2004). 택시교통사고발생에 영향을 주는 요인의 한계효과, 한국지역개발학회지, 16(1), 75-88.

전용신, 서봉연, 이창우(1963). KWIS 실시요강-한국판 Wechsler 지능검사, 서울: 중앙교육연구소.

정병용, 이동경(2007). 현대인간공학, 민영사, 2007.

조소현, 서은국, 노연정(2005). 혈액형별 성격특징에 대한 믿음과 실제 성격과의 관계, 한국심리학회지: 사회 및 성격, 19(4), 33-47.

최상진, 김정인, 박정열, 손영미(2001). 주차위반 유발에 관여되는 위반상황 해석양식과 위반자들의 심리적 특성, 한국심리학회지: 사회문제, 7(1), 91-117.

최수찬, 백지애(2006). 비동거가족 근로자의 직장-가정 갈등이 스트레스와 직무만족에 미치는 영향에 관한 연구: 남성 근로자를 중심으로, 가족과 문화, 18(4), 157-182.

최인철, 김범준(2007). 원자력 발전소 안전체감에 관한 연구: 안전체감지수 개발과 안전체감 수준, 한국심리학회지: 사회문제, 13, 3, 1-21.

한덕웅(2003). 한국 사회에서 안전에 관한 심리학 연구의 과제, 한국심리학회지: 사회문제, 9(특집호), 35-55.

한성열(2005). 한국 사회의 신뢰와 불신에 관한 심리학 연구의 과제 및 제언, 한국심리학회지: 사회문제, 11, 특집호, 163-174.

大島正光(1982). ヒト—その未知へのアプローチ, 東京: 同文書院.

野澤浩, 小木和孝(1980). 自動車 運轉勞動, 勞動科學硏究所, 東京.

Adams, E.(1976). Accident causation & The management systems. Professional safety, OCT,(ASSE).

Adams, J. S.(1965). Inequity in social exchange. In L. Berkowitz(Ed.), Advances in experimental social psychology(Vol. 2, pp. 267-299). New York: Academic Press.

Alderfer, C. P.(1972). Existence, relatedness, and growth: Human needs in organizational settings. NY: The Free Press.

Alkov, R. A.(1976). The life change unit and accident behavior. IN T. S. Ferry & d. A. Weaver(Eds). Directions in Safety, Springfield, IL: Charles C. Thomas, 355-360.

Allen, N. J., & Meyer, J. P.(1990). The Measurement and Antecedents of Affective, Continuance and Normative Commitment to the Organization, Journal of Occupational Psychology, 63, pp.1-18.

Arunraj, N. S., Mandal, S., Maiti, J.(2013). Modeling uncertainty in risk assessment: An integrated approach with fuzzy set theory and Monte Carlo simulation. Accident Analysis and Prevention, 55, 242-255.

Barbarin, O.(1983). Coping with ecological transitions by black families: A psychology model. Journal of Community Psychology, 11, 308-322.

Barling, J., Zacharatos, A. & Hepburn, C. G.(1999). Parents' job insecurity affects children's academic performance through cognitive difficulties. Journal of Applied Psychology, 84, 437-444.

Barrett. R. S.(1966). The influence of the Supervisor's Requirements on Ratings. Personnel psychology, 19(5). 375.

Bartlett, F. C.(1948). A note on early signs of skill fatigue. MRC Flying personnel Research Committee Report, FPRC 703, London: Medical Research Council.

Bartley, S. H. & Chute, E. F.(1947). Fatigue and impairment in man. New York: McGraw Hill.

Barton, J.(1994). Choosing to work at night: A moderating influence on individual tolerance to shiftwork. Journal of Applied Psychology, 90, 1185-1203.

Bass, B. M.(1998). Transformational leadership: Industrial, military, and educational impact. Mahwah, NJ: Erlbaum.

Bergum, B. D. & Bergum, J. E.(1981). Population stereotypes: An attempt to measure and define. Proceedings of the Human Factors Society 25th Annual Meeting. Santa Monica, CA: Human Factors Society, 662-665.

Bird, F. E. J. & Germain, G. L.(1985). Practical Loss Control Leadership. Loganville, Georgia: International Loss Control Institute, Inc.

Blake, R.R., & Mouton, J.S. (1964), The Managerial Grid, Houston: Gulf Publishing Company.

Blanz, F. & Ghiselli, E. E.(1972). The mixed standard scale: A new rating system. Personnel psychology, 25(2).

Blum, M. L. & Naylor, J. C.(1968). Industrial Psychology: Its Theoretical and Social Foundations; a Revision of Industrial Psychology and Its Social Foundations, Revised Edition. Harper & Row.

Bolton, W. & Oatley, K.(1987). A longitudinal study of social support and depression in unemployed men, Psychological Medicine, 11, 561-580, Breakwell, G. M. Brenner, M. H.(1973). Mental illness & the economy. Cambridge, MA: Harvard University Press. Cited in Dooley & Catalano(1988).

Brenner, M. H.(1984). Estimating effects of economic change on national health and social well being(study prepared for the Joint Economic Committee of Congress). Washington, DC: U. S. Government Printing Office.

Brett, K. D.(2009). 심리학사[History of psychology]. (임성택, 안범희 역). 서울: 교육과학사,(원전은 2008년 출판).

Brotheridge, C. M. & Grandey, A. A.(2002). Emotional labor and burnout: Comparing two perspectives of people wok. Journal of vocational behavior, 60(1), 17-39.

Brown, I. D.(1994). Driver Fatigue. Human Factors, 36-2, 298-314.

Brown, K.(2001). Using computers to driver training: Which employees learn and why?, Personnel Psychology, 54, 271-296.

Brown, P. L. & Berdie, R. F.(1960). Driver behavior and scores on the MMPI. Journal of Applied Psychology, 44(1), 18-21.

Burke, R. J. & Greenglass, E.(1995). A longitudinal study of psychological burnout in teacher. Human Relations, 48(2), 187-203.

Burns, J. M.(1978). Leadership. New York. Harper & Row.

Cameron, C.(1973). A theory of fatigue. Ergonomics, 16-5, 633-648.

Campbell, D. J. & Lee, C.(1988). Self-appraisal in performance evaluation: Development versus evaluation. Academy of management review, 13, 302-314.

Campbell, D. T.(1971). Methods for the experimenting society. Paper presented to the Eastern Psychological Association, New York City, and to the American Psychological Association, Washington, D. C.

Caplan, R. D. & Jones, K. W.(1975). Effects of work load, role ambiguity, and Type A personality on anxiety, depression, and heart rate. Journal of Applied Psychology, 60, 713-719.

Carlyle, T.(1907). On heroes, hero-worship, and the heroic in history. Boston: Houghton Mifflin.

Carson, R. E.(1972). The current status of judgemental technique in industry, paper presented at the symposium: Alternatives to paper and pencil personnel testing, University of Pittsburgh.

Catalano, R., Dooley, D. & Jackson, R.(1985). Economic antecedents of help seeking: Reformulation of time series tests. Journal of Health and Social Behavior, 26, 141-152.

Cederblom, D.(1982). The performance appraisal interview: A review, implications, and suggestions. Academy of management review, 7(2), 219-227.

Cohen, J. R. (2001). When People Are the Means: Negotiating with Respect. Georgetown Journal of Legal Ethics, 2001, 14, 739–802.

Colley, R. H.(1961). Defining Advertising Goals for Measured Advertising Results. New York, NY: Association of National Advertisers.

Conger, J.(1986). Empowering leadership. Working paper, McGill University, Montreal.

Cook, J. & Wall, T.(1980). New work attitude measures of trust, organizational commitment and personal need nonfulfillment. Journal of Occupational Psychology, 53: 39–52.

Craske, S.(1968). A Study of the relation between personality and accident history. British Journal of Medical Psychology, 41, 399-404.

Daalmans, J.(2013). Risk sensitivity: The perception of risks. Human behavior in hazardous situations, 43-62.

Dalton, D. R. & Mesch, D. J.(1990). The impact of flexible scheduling on employee attendance and turnover. Administrative Science Quarterly, 35, 370-387.

Day, D.V., & Sulsky, L.M. (1995). Effects of frame-of-reference training and information configuration on memory organization and rating accuracy. Journal of Applied Psychology, 80, 158-167.

Deal. T. E. & Kennedy. A. A.(1982). Corporate cultures: The rites and rituals of.

Dooley, D. & Catalano, R.(1988). Recent research on the psychological effects of unemployment, Journal of Social Issues, 44(4), 1-12.

Dooley, D., Catalano, R., Wilson, G. (1994). Depression and unemployment: Panel findings from the Epidemiologic Catchment Area Study. American Journal of Community Psychology, 22, 745-765.

Dougherty, L.(2004). Shooting victims' families can sue Allstate. St. Petersberg(FL) Times, August, 8, 1995; Perez-Pena, Kocieniewski, & George.

Earle, T. C.(2010). Trust in risk management, Risk Analysis, 30, 541-574.

Eberts, R. E. and MacMillan, A. G.(1985). Misperception of small cars. In R. E. Eberts and C. G. Eberts(eds.). Trends in Ergonomics Human Factors II(pp.33-39). North Holland, The Netherlands: Elsevier Science Publishers, B. V.

Edwards, E. (1972). Man and machine: Systems for safety. In Proceedings of British airline pilots Association Technical Symposium, London.

Ellin, A.(1999). New York Times, April, 18.

Evans, I.(1996). A crash course in traffic safety. 1997 Medical and Hearth Annal, Chicago: Encyclopedia Britannica.

Fiedler, F. E.(1964). A contingency model of leadership effectiveness. Advanced Experimental Social Psychology, 1, 149-190.

Fiedler, F. E.(1967). A theory of leadership effectiveness. New York: McGraw-Hili.

Fine, S.A. (1989). Functinal job analysis scales, a desk aid. Sidney A. Fine Associates.

Finucane, M. I., Alhakami, A., Slovic, P. & Johnson, S. M.(2000). The affective heuristic in judgements of risks and benefits. Journal of Behavioral Decision Marking, 13, 1-17.

Flanagan, J.C. (1953). Flanagan aptitude classification tests. Chicago: Science Research Associates.

Fleishman, E. A.(1964). The Structure and Measurement of Physical Fitness.

Fleishman, E.A. (1989). Supervisory Behavior Description Questionnaire (SBD) examiner's manual. Park Ridge, IL: Science Research Associates.

French, W. L. & Bell, C. H.(1973). Organization Development(Englewood Cliffs, NJ: Prentice Hall).

Geller, E. S.(2001). The psychology of safety handbook. Boca Raton, FL: CRC Press LLC.

Geller, E. S.(2005). People based safety: The source. Virginia Beach, VA: Coastal Training Technologies Corp.

Ghorpadem J. & Atchison, T. J.(1980). The concept of job analysis: A review and some suggestions. Public perrsonnel management, 9(3), 134-144.

Goleman, D.(1998). The emotional intelligence of leaders. Leader to leader, 10, 20-26.

Gomez-Mejia, L., Larraza-Kintana, M. & Makri, M.(2003). The determinants of executive compensation in family controlled public corporations. Academy of Management Journal, 46, 226-237.

Gonzalez-Munoz, E. L. & Guterrrez-Martinez, R. E.(2007). Contribution of mental workload to job stress industrial workers. A Journal of Prevention, Assessment and Rehabilitation, 28, 355-361.

Greenberg, J.(1990). Employee theft as a reaction to underpayment inequity: the hidden costs of pay cuts, Journal of applied psychology, 75, 567-568.

Greenglass, E. R., Burke, R. J. & Moore, K. A.(2003). Reactions to Increased Workload: Effects on Professional Efficacy of Nurses. International Association for Applied Psychology, 52, 580-597.

Greenhaus, J. H. & Beutell, N. J.(1985). Sources of conflict between work and family roles. Academy of Management Review, 10(1), 76-88.

Greenwood, M. & Woods, H. M.(1919). The incidence of industrial accidents upon individuals with specific reference to multiple accidents. Industrial Fatigue Research Board Report, 4, London: HMSO.

Guastello, S. J.(1993). Do we really know how well our occupational accident prevention programs work? Safety Science, 16, 445-463.

Guion, R. M.(1965). Employment tests and discriminatory hiring. Industrial Relations, 5, 20-37.

Hackman, J. L. & Oldham, G. R.(1976). Motivation through the design of work: Test of a theory. Organizational Behavior and Human Performance, 16, 250- 279.

Hansen, C.(1988). Personality characteristics of the accident envolved employee. Journal of Business and Psychology, 2, 346-365.

Harlow, H. F. & Zimmermann, R. R.(1958). The development of affective responsiveness in infant monkeys. Proceedings of the American Philosophical Society, 102, 501-509.

Harris, F. J.(1949). A Comparison of the personality characteristics of accident and non-accident industrial populations. American Psychology, 4, 79.

Hart, P. M.(1999). Predicting employee life satisfaction. Journal of Applied Psychology, 84, 564-584.

Hawkins, F. H.(1993). Human Factors in Flight, 2nd ed., Routledge.

Heinrich, H. W.(1980). Industrial accident prevention. New York: McGraw-Hill.

Heinrich, H. W., Petersen, D. & Roos, N.(1980). Industrial accident prevention. New York: McGraw Hill, Inc.

Henkel, A.G., Repp-bigin, C. & Vogt, J.F. (1993). The lg93 Annual: developing human resources. San Dieg: University Associates.

Hersey, P. & Blanchard, K. H.(1969). Management of organizational behavior: Utilizing human resources. Englewood Cliffs, NJ: Prentice-Hall.

Hersey, P. & Blanchard, K. H.(1982). Management of organizational behavior: Utilizing human resources(4th ed.). Englewood Cliffs, NJ: Prentice-Hall.

Herzberg, F. (1959). The motivation to work. 2nd edition, with Bernard mausner and Barbara blocy snyderman. New York: John Wiley.

Herzberg, F., Mausner, B. & Snyderman, B. B.(1959). The Motivation to Work(2nd ed.). New York: John Wiley & Sons.

Hiltz, S. R.(1994). The Virtual Classroom: learning without limits via computer networks. Human-Computer Interaction Series. Norwood: Ablex Publishing.

Hochschild, A. R.(1979). Emotion work, feeling rules, and social structure. American journal of sociology, 85(3), 551-575.

Hochschild, A. R.(1993). The managed heart. Berkeley: University of california press.

Hogan, R., Curphy, G. J. & Hogan, J.(1994). What we know about leadership. American Psychology, 49, 493-504.

Hollenbeck, J. R., Lepine, J. A., & Ilgen, D. R. (1996). Adapting to Roles in Decision-Making Teams. In: Murphy, K. R. (Hrsg.): Individual Differences and Behavior in Organizations. San Francisco, CA 1996, S. 300-333.

Horne, J. & Reyner, L.(2001). Sleep-related vehicle accidents: some guides for road safety policies. Transportation Research Part F, 4, 63-74.

Horne, J. A.(1993). Human sleep, sleep loss and behaviour: implications for the prefrontal cortex and psychiatric disorder. British Journal of Psychiatry, 162, 413-419.

Howard, J. A., & Sheth, J. N. (1969). The Theory of Buyer Behavior, John Wiley and Sons, 1969, 1, 2-19.

Hsee, C. K. & Weber, E. U.(1999). Cross-national differences in risk preference and lay predictions. Journal of Behavioral Decision Making, 12, 165-179.

Huse, E. F. & Cummings, T. G.(1985). Organization development and change. St. Paul, Minn, West Pub. Co.

Ichikawa, K.(2010). 종업원 지원 프로그램(EAP) 도입의 순서와 운용(김현수, 조현진, 박진희 역). 서울: 민지사(원전은 2004년 출판).

Jahoda, M.(1981). Work, employment, and unemployment: Values, theories, and approaches in social research. American Psychologist, 36, 184-191.

Jeremy, R.(2015). 엔트로피[Entropy]. (이창희 역). 서울: 세종연구원(원전은 1980년 출판).

Katila, A., Keskinen, E. & Hatakka, M.(1996). Conflicting goals of Skid Training. Accident Analysis and Prevention, 28, 785-789.

Katz, D. & Kahn, R. L.(1978). The social psychology of organizations. New York: Wiley.

Kellermann, P. F. & Hudgins, M. K.(2008). 트라우마 생존자들과의 심리극[Psychodrama with Trauma Survivors: Acting Out Your Plan](최대헌, 조성희, 이미숙 역). 서울: 학지사(원전은 2000년에 출판).

Kessler, R. C., Price, R. H. & Wortman, C. B.(1985). Social factors in psychopathology: Stress, social support, and coping processes. Annual Review of Psychology, 36, 531-572.

Kessler, R. C., Turner, B. & House, J. S.(1988). Effects of unemployment on health in a community survey: Main, modifying and mediating effects. Journal of Social Issues, 44(4), 69-86.

Kim, U.(2003). Interface among psychology, technology, and environment: Indigenous and cultural analysis of probabilistic versus the deterministic view of industrial accidents and occupational safety, 한국심리학회지: 사회문제, 9(특집호), 123-147.

Kinichi, A. J., Prussia, G. R. & McKee-Ryan, F. M.(2000). A panel study of coping with involuntary job loss. Academy of Management Journal, 43, 90-100.

Kinicki, A. J., McKee-Ryan, F. M., Schriesheim, C. & Carson, K.(2002). Assessing the construct validity of the Job Descriptive Index: A review and meta-analysis. Journal of Applied Psychology, 87, 14-32.

Kirkpatrick, D. L.(1959). Techniques for evaluating training programs. Journal of the american society of training directors, 13, 21-26.

Klebelsberg, D.(1989). 교통심리학[Verkehrs-Psychologie](윤홍섭 역). 서울: 성원사 (원전은 1982년 출판).

Kotler, P.(1986). Megamarketing, Harvard Business Review, March-April, pp.117-124.

Kunce, J. & Reeder, C.(1974). SVIB scores and accident proneness. Measurement & Evaluation in Guidance, 17, 118-121.

Kunin, T.(1955). The construction of a new type of attitude measure. Personnel Psychology, 8, 65-77.

Kuznar, L., A.(2002). Evolutionary applications of risk sensitivity models to socially stratified species comparison of sigmoid, concave, and linear functions. Evolution and Human Behavior, 23, 265-280.

Larson, C. E. & Fasto, F. M.(1989). Teamwork, Newbury Park, CA: Sage.

Latham, G. P. & Baldes, J. J.(1975). The practical significance of Locke's Theory of goal setting, 60, 123.

Lawler, E. E. (1985). Making performance pay. Enterprise, 9(5), 23-25.

Lawrence, P. R. & Lorsch, J. W.(1967): Organization and Environment: Managing Differentiation and Integration. Boston, Massachusetts: Harvard University.

Lazer, R. I. & Wikstrom, W. S.(1977). Appraising managerial performance: current practices and new directions, The conference board, New York.

Lee, S. Y., Lee, S. C. & Song, H. W.(2009). Confirmatory factor analysis of the Traffic Accident Risk Index(TARI), International Conference on Asia Pacific Psychology(ICAPP), 207-208.

Lerner, J. S. & Ketlner, D.(2000). Beyond valence: Toward a model of emotion-specific influences on judgement and choice, Cognition and Emotion, 14, 473-493.

Liem, R. & Liem, J. H(1988). Psychological effects of unemployment on worker and their families. Journal of Social Issues, 44(4), 87-106.

Locke, E. A. (1968). Toward a theory of task motivation and incentives. Organizational Behavior and Human Performance, 3, 157-189.

Loewenstein, G. F., Weber, E. U., Hsee, C. K. & Welch, N.(2001). Risk as feelings. Psychological Bulletin, 127, 267-286.

Luft, J. and Ingham, H.(1955). The Johari window, a graphic model of interpersonal awareness, Proceedings of the western training laboratory in group development, UCLA.

Lundstedt, E.(1972). A new superior type of cottage cheese. Cultured Dairy Products Journal. 7(1), 8.

Luthans, F., & Kreitner, R.(1975). Organizational behavior modification. Glenview, IL: Scott, Foresman.

Machin, M. A. & De Souza, J. M. D.(2004). Predicting health outcomes and safety behavior in taxi drivers. Transportation Research Part F: Traffic Psychology and Behaviour, 7, 257-270.

Malos, S. B.(1998). Current legal issues in performance appraisal. In J. W. Smither(Ed.), Performance appraisal: State of the art in practice(pp.49–94). San Francisco: Jossey-Bass.

Mann, S.(1999). Emotion at work: to what extent are we expressing. Suppressing, or faking It? European journal of work and organizational psychology, 8(3), 347-369.

Maslach, C. & Jackson, S. E.(1986). Maslach burnout inventory manual(2nd ed.). Palo Alto, CA: Consulting Psychologists Press.

Maslow, A. H.(1943). A theory of human motivation. Psychological review, 50, 370-396.

Maslow, A. H.(2012). 존재의 심리학[Toward a psychology of being](정태연, 노현정 역). 서울: 문예출판사(원전은 1999년 출판).

Mayer, R. C., Davis, J. H. & Schoorman, F. D.(1995). An Integrative Model of Organizational Trust. The Academy of Management Review, 20(3), 709-734.

McCall, M. W. & Lombardo, M. M.(1983). Off the track: Why and how successful executives get derailed. Technical Report No. 21. Greensboro, NC: Center for Creative Leadership.

McCarthy, E. J.(1975). Basic Marketing: A Managerial Approach. Richard D. Irwin, Inc.

McClelland, S. C.(1973). Testing for the competence rather than intelligence. American Psychologist, 28, 1-14.

McComick, E. J. & Tiffin, J.(1975). Industrial Psychology(5th ed.), London: George Allen & Unwin LTD.

McCormick, E. J., Jeanneret, P. R. & Mecham, R. C.(1972). A Study of Job Characteristics and Job Dimensions as Based on the Position Analysis Questionnaire(PAQ). Journal of Applied Psychology, 56, 347-368.

McDougall, W.(1911). Body and mind: a history and a defense of animism Methuen.

McFarlin, D.B. and Sweeney, P.D. (1992) Distributive and Procedural Justice as Predictors of Satisfaction with Personal and Organizational Outcomes. Academy of Management Journal, 35, 626-637.

Mcgehee. W. & Thayer, P. W.(1961). Training in business and industry. New York: Wiley.

McGregor, D.(1960). The human side of enterprise: Theory X and theory Y. Annotated edition. New York: Mcgraw-Hill.

Mcintyre, R. M. & Salas, E.(1995). Measuring and managing for team performance: emerging principles from complex environments, in R. Guzzo and E. Salas(eds), Team EVectiveness and Decision Making in Organizations(San Francisco: Jossey-Bass), 149-203.

McSween, T. E.(2003). The Values-based safety process: Improving your safety culture with a behavioral approach.(2nd). New York: Van Nostrand Reinhold.

Merikle, P. M., & Skanes, H. E. (1992). Subliminal self-help audiotapes: A search for placebo effects. Journal of Applied Psychology, 77(5), 772-776.

Miles. M. B. & Schmuck. R. A.(1971). 1mproving schools through organization development: An overview. 1n R. A. Schmuck & M. B. Miles(Eds.). Organization development in schools. 7-27. Palo A1to. CA: National Press Books.

Miner, J. B.(1965). Studies in Management Education. New York: Springer.

Mintzberg, H.(1992). Structure in fives: Designing effective organizations. Upper Saddle River, NJ: Prentice Hall.

Misumi, J.(1985). The behavioral science of leadership. University of Michigan press: Ann Arbor.

Moorman, R. H.(1991). Relationship between organizational justice and organizational citizenship behaviors: Do fairness perceptions influence employee citizenship?, Journal of applied psychology, 76, 849.

Morgan, G.(2007). Images of organization, Thousand Oaks: Sage.

Morgan, J. I., Jones, F. A. & Harris, P. R.(2013). Direct and indirect effects of mood on risk decision making in safety-critical workers. Accident Analysis and Prevention, 50, 472-282.

Muchinsky, P. M.(2003). 산업 및 조직심리학(유태용 역 서울; 시그마프레스 원전 2000년에 출판).

Murphy, K. R. & Cleveland, J. N.(1991). Performance appraisal: An organizational perspective. Boston: Allyn & Bacon.

Murphy, K. R. & Cleveland, J.(1995). Understanding performance appraisal: Social, organizational, and goal-based perspectives. Thousand Oaks, CA: Sage.

Neal, A. & Griffin, M. A.(2006). A study of the lagged relationships among safety climate, safety motivation, safety behavior, and accidents at the individual and group levels. Journal of Applied Psychology, 91, 946-953.

NHTSA(2001). The relative frequency of usage driving acts in serious traffic crashes: Final report. DTNH22-94-C-05020. National Highway Traffic

Safety Administration.

Nielsen, J.(1993). Usability engineering. Academic.

Norman, D. A.(1988). The psychology of everyday things. New York: Basic Books.

Norman, D. A.(1990). The design of everyday things. New york: Doubleday.

O'Brien, G. E.(1986). Psychology of work and unemployment. Chichester: Wiley.

O'Gorman, W. D. & Kunkle, E. C.(1947). Study of the relation between MMPI scores and pilot error in aircraft accidents, Journal of Aviation Medicine, 18, 31-38.

Osbornc, D. W. & Ellingstad, V. S.(1987). Using sensor lines to show control-display linkages on a four burner stove. In: Proceedings of the Human Factors Society, 31st annual meeting, Santa Monica, CA: Human Factors and Ergonomics Society, 581–584.

Parker, D., Reason, J. T. & Manstead, A. S. R.(1995). Behavioral characteristics and involvement in different types of traffic accident. Accident Analysis and Prevention, 27, 571-581.

Parker, T. C.(1976). Statistical methods for measuring training results. In R. L. Craig(Ed.), Training and development bandbook, 2nd. New York: McGraw-Hill.

Patchen, M.(1974). The locus and basis of influence on organizational decisions. Organizational Behavior and Human Performance, 11, 195-221.

Perrow, C.(1999). Normal accidents: Living with high-risk technologies: With a new afterword and a postscript on the Y2K problem, Princeton: Princeton University Press.

Peters, T.J. ,& Waterman, R.H. (1982). In Search of Excellence-Lessons from America's Best-Run Companies, Harper Collins Publishers, London.

Philippa F.(1967). Theories of Ethics. Oxford: Oxford University Press.

Pires, T. T.(2005). An approach for modeling human cognitive behavior in evacuation motels. Fire Safety Journal, 40, 177-189.

Platt, S. & Kreitman, N.(1990). Long-term trends in parasuicide and unemployment in Edinburgh, 1968-87. Social Psychiatry and Psychiatric Epidemiology, 25, 56-61.

Platt, S.(1984). Unemployment and suicidal behaviour: review of the literature.

Social Science and Medicine, 19, 93-115.

Price, R., Choi, J. & Vinokur, A.(2002). Links in the chain of adversity following job loss: How financial sarin and loss of personal control lead to depression, Impaired functioning, and poor health. Journal of Occupational Health Psychology, 9(4), 302-312.

Prieto, J.(1994). The team perspective in selection and assessment. In H. Schuler, J. L. Farr and M. Smith(eds), personnel selection and assessment: Industrial and organizational perspectives. Hillsdale, NJ: Erlbaum.

Pugliesi, K.(1999). The consequences of emotional labor: Effects on work stress, job satisfaction and well-being. Motivation and emotion, 23(2), 125-154.

Rahim, M. A. (2011). Managing conflict in organizations. Third Edition. Transaction Publishers.

Ramsey, J.(1985). Ergonomic factors in task analysis for consumer product safety. Journal of Occupational accidents, 7, 113-123.

Ramsey, J., Burford, C., Beshir, M. & Jensen, R.(1983). Effects of workplace thermal conditions on safe work behavior. Journal of Safety research, 14, 105-114.

Rantanen, E. M. & Goldberg, J. H.(1999). The effect of mental workload on the visual field size and shape. Ergonomics. 43(6), 816-834.

Rasmussen, J.(1983). Skills, rules, and knowledge: signals, signs, and symbols, and other distinction in human performance models. IEEE Transactions on systems.

Reason, J.(1984). Lapses of attention in everyday life. In R. Parasuraman & D. R. Davies(Eds.), Varieties of attention.(pp. 515-549). New York: Academic Press.

Reason, J.(1990). Human error. New York: Cambridge University Press.

Reason, J., Manstead, A., Stradling, S., Baxter, J. & Campbell, K.(1990). Error and violation on the roads: A real distinction? Ergonomics, 33, 1315-1332.

Reilly, N. P. & Orzak, C. L.(1991). A career stage analysis of career and organizational commitment in nursing. Journal of vocational behavior, 39, 311-330.

Rhinesmith, S. H.(1996). A Manager's Guide to Globalization: Six Skills for Success in a Changing World, 2nd ed., The McGraw-Hill Companies, New York, NY.

Rio, L., Aberg, J., Renner, R., Dahlsten, O. & Vedral, V.(2011). The thermodynamic meaning of negative entropy. Nature, 474, 61-74.

Rook, L. W.(1962). Reduction of human error in industrial production, Office of Technical Services.

Roscoe, S. N.(1968). Airborne displays for fight and Navigation. Human Factors, 10, 321-332.

Rose, C. L., Murphy, L. B., Byard, I. & Nikzad, K.(2002). The role of the Big five personality factors in vigilance performance and workload. European Journal of Personality, 16, 185-200.

Ross. S. S.(1980). product safety management, New York: McGraw Hill Book Co.

Rousseau, D. M. & Robinson, S. L.(1994). Violationg the psychological contract: Not the exception but the norm, Journal of Organizational behavior, 32, 245-259.

Rumar, K.(1985). The role of perceptual and cognitive filters in observed behavior. In Evans, L., Schwing, R. C., Editors, Human Behavior and Traffic Safety, New York, NY: Plenu Press, 151-165.

Rydstedt, L. W., Johansson, G. & Evans, G. W.(1998). A longitudinal study of workload, health and well-being among male and female urban bus drivers. Journal of Occupational and Organizational Psychology, 71, 35-45.

Sanders, M. S. & McCormick, E. J.(1993). Human Factors in Engineering and Design(7th ed.). McGraw-Hill, Inc.

Sanderson, P. M., Flach, J. M., Buttigieg, M. A. & Casey, E. J.(1989). Object displays do not always support better integrated task performance. Human Factors, 31, 183-189.

Schein, E. H.(1990). Career Anchors(discovering your real values), Jossey Bass Pfeiffer, San Francisco.

Schmidt, S. M. & Kochan, T. A.(1972). Conflict: Toward Conceptual Clarity Administrative Science Quarterly, Vol. 17, No. 3, pp.359-370.

Schmidtke, H.(1973). Ergonomics 1. Grundlagen menschlicher Arbeit und Leistung,

München: Hanser.

Schmitt, N.(1976). Social situational determinants of interview decisions implications for the employment interview, Personnel Psychology, 29, 79-101.

Schneider, B.(1987). The people make the place. Personnel Psychology, 40, 437-453.

Schrödinger, E.(2007). 생명이란 무엇인가, 정신과 물질[What is life? and Mind and Matter](전대호 역). 서울: 궁리출판(원전은 1967년 출판).

Schultz, D. & Schultz, S.(1986). 일과 심리학[Psychology and Work Today: An introduction to Industrial and Organizational Psychology](양윤, 이재식, 신강현 역). 서울: 시그마프레스(원전은 2006년 출판).

Schultz, D. & Schultz, S.(2008). 일과 심리학[Psychology and Work Today: An introduction to Industrial and Organizational Psychology](양윤, 이재식, 신강현 역). 서울: 시그마프레스(원전은 2006년 출판).

Senders, J. W. & Moray, N. P.(1991). Human Error: Cause, Prediction and Reduction. Hillsdale, N. J.: Erlbaum.

Shah, P. P.(2000). Network destruction. Academy of Management Journal, 43, 101-112.

Shamir, B. (1991). The charismatic relationship: Alternative explanations and predictions. Leadership Quarterly, 2, 81-104.

Sheeny, N. P. & Chapman, A. J.(1987). Industrial accidents. International Review of Industrial and Organizational Psychology, 2, 201-227.

Shein, E. H.(2010). Organizational culture and Leadership. Fourth Edition.

Sime, J. D.(2001). An occupant response shelter escape time(ORSET) model. Safety Science, 38, 109-125.

Sims, J. & Lorenzi, P.(1992). The new leadership paradigm, CA: Sage publications.

Slovic, P.(1986). Informing and educating the public about risk. Risk Analysis, 6, 403-415.

Slovic, P.(1987). Perception of risk. Science, 236, 280-285.

Slovic, P.(2000). The perception of risk. London: Earthscan Publications.

Slovic, P., Finucane, M. L., Peters, E. & MacGregor, D. G.(2004). Risk as analysis and risk as feelings: Some thoughts about affect, reason, risk, and rationality. Risk Analysis, 24, 311-322.

Slovic, P., Kunreuther, H., White, G. F.(1974). In G. F. White(ed), Natural Hazards Local, national, and global, New York: Oxford University Press.

Slovic, P., Layman, M., Kraus, N., Flynn, J., Chalmers, J., Gesell, G.(1991). Perceived risk, stigma, and potential economic impacts of a high-level nuclear waste repository in Nevada. Risk Analysis, 11, 683-696.

Smith, P.C., Kendall, L. M. & Hulin, C. L.(1969). The Measurement of Satisfaction in Work and Retirement. Chicago: Rand McNally.

Spielberger, C. D.(1972). Anxiety and Emotional State: In Anxiety; Current Trend in Theory and Research. New York: Academic Press.

Spreitzer, G. M.(1996). Social structural characteristics of psychological empowerment. Academy of Management Journal, 39: 483–504.

Stanton, N. A. & Barber, C.(2003). On the cost-effectiveness of ergonomics. Applied Ergonomics, 34, 407-411.

Stanton, N. A. & Young, M. S.(2000). A proposed psychological model of driving automation. Theoretical Issues in Ergonomics Science, 1(4), 315-331.

Stark, S., Chernyshenko, O., Chan, K., Lee, W. & Drasgow, F.(2001). Effects of the testing situation on item responding. Journal of Applied Psychology, 86, 943-953.

Steinberg, L. D., Catalano, R. & Dooley, D.(1981). Economic antecedents of child abuse and neglect. Child Development, 52, 975-985.

Stranks, H.(2007). Human Factors and Behavioral Safety. Oxford: Elsevier.

Swain, A.D., & Guttman, H.E. (1983). Handbook of human reliability analysis with emphasis on nuclear power plant applications. Final report. NUREG/CR-1278. Washington, DC: US Nuclear Regulatory Commission.

Tajfel, H.(1982). Social psychology of intergroup relations. Annual Review of Psychology, 33, 1-39.

Tuckman, B.(1965). Development sequence in small groups. Psychology bulletin, 63, 384-399.

Ulrich, B.(2014). 위험사회-새로운 근대성을 향하여(홍성태 역). 서울: 새물결(원전은 1986년에 출판).

Von Thaden, T. L., Kessel, J. & Ruengvisesh, D.(2008). Measuring indicators of safety culture in a major european airline’s flight operations department.

The Proceedings of the 8th International symposium of the Australian Psychology Association. Movotel Brighton Beach, Sydney, 8-11 April.

Vroom, V. H.(1964). Work and motivation. Oxford, England: Wiley.

Walker, G. H., Stanton, N. A. & Young, M. S.(2001). Where is computing driving cars? International Journal of Human Computer Interaction, 13(2), 203-229.

Wanous, J. P.(1974). Individual differences and reactions to job characteristics. Journal of Applied Psychology, 59, 616-622.

Warr, P. B.(1983). Work, jobs, and unemployment. Bulletin of the British Psychological Society, 36, 305-11. Warr, P. B.(1984). Reported behaviour changes after job loss. British Journal of Occupational Psychology, 23, 271-275.

Wasielewski, P.(1984). Speed as a measure of driver risk: Observed speeds versus driver and vehicle characteristics, Accident Analysis and Prevention, 16, 89-103.

Weber, M.(1947). The Theory of Social and Economic Organization. Translated by A. M. Henderson & Talcott Parsons, The Free Press.

Weiss, D. J., Dawis, R. V., England, G. W. & Lofquist, L. H.(1967). Manual for the minnesota satisfaction questionnaire, Minneaplis: Industrial relations center, University of minnesota.

Wexley, K. N. & Latham, G. P.(1981). Developing and training human resources in organizations. Glenview, IL: Scott, Foresman.

White, L. P. & Wooten, K. C.(1985). Professional ethics and practice in organizational development, New York: Praeger.

Wilde, G. J. S.(1982). The theory of risk homeostasis: Implication for safety and health. Risk Analysis, 2, 209-225.

Wilkie, W. L. & Moore, E. S.(2006). Macromarketing as a pillar of marketing thought. Journal of Macromarketing, 26, 224-232.

Woodward, J.(1958). Management and Technology. London: Her Majesty's Stationery Office.

Wuebker, L., Jones, J. & Du Bois, D.(1985). Safety locus of control as a predictor of industrial accidents. Technical Report. The St. Paul Co, St. Paul, MN.

Yeatts, D. E. & Hyten, C.(1998). High-Performing Self-Managed Work Teams: A Comparison of Theory and Practice by Review. 23(4), pp.816-818.

Yerkes, R. M.(1920). Army Mental Tests. New York: Holt.

Zimolong, B. & Trimpop, R. M.(1993). Managing Human Reliability in Advanced Manufacturing systems(Chapter 15) In: Salvendy & Karwowski: Design of work and Development of Personnel in Manufacturing Systems. New York: John Wiley & Sons.

Zohar, D.(1980). Safety climate in industrial organizations: Theoretical and applied implications. Journal of Applied Psychology, 65, 96-102.

이순열

경북대학교 심리학과 졸업
충북대학교 심리학과 산업 및 조직심리학 석사 졸업
충북대학교 심리학과 산업 및 조직심리학 박사 졸업
충북대학교, 충남대학교, 한동대학교 초빙교수 등 역임

산업심리학의 이해

초판인쇄 2018년 10월 19일
초판발행 2018년 10월 19일

지은이 이순열
펴낸이 채종준
펴낸곳 한국학술정보㈜
주소 경기도 파주시 회동길 230(문발동)
전화 031) 908-3181(대표)
팩스 031) 908-3189
홈페이지 http://ebook.kstudy.com
전자우편 출판사업부 publish@kstudy.com
등록 제일산-115호(2000. 6. 19)

ISBN 978-89-268-8573-4 93180